Otte/Heinrich
Euro im Rechnungswesen

Euro im Rechnungswesen

2. Auflage 1999

Umsetzung in der EDV
Bilanzierung
Steuern

von
Wolfgang Otte
Robert Heinrich

Haufe Verlagsgruppe
Freiburg · Berlin · München · Zürich

Die Deutsche Bibliothek – CIP-Einheitsaufnahme

Otte, Wolfgang:
Euro im Rechnungswesen; Umsetzung in der EDV, Bilanzierung, Steuern/
von Wolfgang Otte; Robert Heinrich. – 2. vollst. aktualisierte Auflage 1999
Freiburg im Breisgau; Berlin; München; Zürich:
Haufe-Verl.-Gruppe, 1999
  ISBN 3-448-04063-0

ISBN 3-448-04063-0   Best.-Nr. 01137

© Rudolf Haufe Verlag, Freiburg i. Br. 1999
Lektorat: Claus Conzelmann *MBA*, Freiburg
            Dipl.-Volksw. Harald Hog, Freiburg

Alle Rechte, auch die des auszugsweisen Nachdrucks, der fotomechanischen Wiedergabe (einschließlich Mikrokopie) sowie der Auswertung durch Datenbanken oder ähnliche Einrichtungen, vorbehalten.

Umschlagentwurf: Budgereit & Heidenreich, Kommunikationsdesign,
Haltern am See
Satz: Kühn & Weyh Satzrechenzentrum, Freiburg i. Br.
Druck: F. X. Stückle, Ettenheim

Vorwort zur zweiten Auflage

Die erste Auflage des Buches wurde vor dem Beginn der dritten Stufe der Europäischen Wirtschafts- und Währungsunion am 1. Januar 1999 vorgelegt. Seither wurden nicht nur die Umrechnungskurse zwischen den teilnehmenden Mitgliedstaaten unwiderruflich fixiert. Durch die Verabschiedung des 2. Euro-Einführungsgesetzes, des Euro-Einführungsschreibens des Bundesministeriums der Finanzen und die Vorlage des Entwurfs des 3. Euro-Einführungsgesetzes wurden eine Reihe von bisher offenen Fragen beantwortet, andere blieben offen.

Es ist unser Wunsch und unsere Hoffnung, mit der zweiten Auflage den Veränderungen aufgrund der Maßnahmen des Gesetzgebers und der Verwaltung vollumfänglich Rechnung getragen zu haben. Viel wichtiger erscheint uns aber der Hinweis, dass wir die Erkenntnisse, die wir aus unserer Arbeit im Rahmen von Euro-Umstellungsprojekten gewonnen haben, in die zweite Auflage haben einfließen lassen. Dies wird ergänzt durch eine aktualisierte und erweiterte Darstellung von Lösungen ausgewählter Softwarelieferanten. Aus gegebenem Anlass und wegen der Nähe dieser Projekte zu Euro-Umstellungsprojekten haben wir auch die Ausführungen zur „Jahr-2000-Problematik" erweitert.

Unser persönlicher Dank gilt in besonderer Weise Frau Ines Ridder und Herrn Paul Sommer, deren unermüdlicher Einsatz auch bei der Erarbeitung der zweiten Auflage die Qualitätssicherung und zeitnahe Fertigstellung erst möglich gemacht hat.

Wolfgang OtteRobert HeinrichBerlin, im August 1999

Vorwort zur ersten Auflage

Die Staats- und Regierungschefs der Europäischen Union haben am 2./3. Mai 1998 auf der Basis der Empfehlung des ECOFIN-Rates sowie unter Berücksichtigung der Stellungnahme des Europäischen Parlaments entschieden, dass 11 Länder ab dem 1. Januar 1999 an der Währungsunion teilnehmen. Dieses war nicht die letzte aber wohl die wesentlichste politische Entscheidung des Jahres 1998 auf dem Weg zur Europäischen Wirtschafts- und Währungsunion. An der Einführung des Euro in 11 Staaten der Europäischen Union kann jetzt kein Zweifel mehr bestehen.

Damit müssten eigentlich die Diskussionen um das Für und Wider einer Europäischen Wirtschafts- und Währungsunion, die Einhaltung der Konvergenzkriterien und die Zahl der Teilnehmerstaaten endgültig beendet sein. Die Unternehmen können jetzt ihr Augenmerk auf die praktische Einführung des Euro und die damit verbundenen Fragen konzentrieren.

Neben den Verordnungen der Europäischen Union, deren Inhalt uns schon seit Mitte 1997 vorliegt, sind in den letzten Monaten eine Reihe nationaler Gesetzesänderungen verabschiedet worden, sodass es jetzt erstmals möglich ist, Fragestellungen, deren Antwort in der Vergangenheit nur unter Vorbehalt gegeben werde konnte, auf der Grundlage verabschiedeter und verkündeter Gesetze zu beantworten.

Wir haben in dem vorliegenden Buch versucht, die Auswirkungen der Einführung des Euro auf Unternehmen und die Fragen, mit denen wir im Rahmen unserer umfangreichen Beratungs- und Vortragstätigkeit konfrontiert wurden, umfassend und übersichtlich darzustellen. Wir sind uns darüber im Klaren, dass weitere Gesetzesänderungen, exemplarisch seien hier nur die Gesetzesänderungen auf dem Gebiet des Steuerrechts genannt, folgen werden und dass diese Änderungen auch noch Auswirkungen mit sich bringen werden, an die wir heute noch nicht denken. Eine abschließende Darstellung kann zu diesem Zeitpunkt insofern noch nicht gegeben werden. Wichtig bleibt aber festzuhalten, dass die Vorgaben, die die Unternehmen benötigen, um die Auswirkungen aus der Einführung des Euro während der Übergangsphase vom 1. Januar 1999 bis zum

31. Dezember 2001 abschätzen, den Risiken begegnen und die Chancen nutzen zu können, jetzt vorliegen.

Die mit der Einführung des Euro verbundenen Chancen und Risiken der Unternehmen sind jedoch zu vielschichtig, um sie detailliert in einem Buch aufzubereiten. Wir haben uns im Anschluss auf die Darstellung der rechtlich-organisatorischen Aspekte Euro-Einführung konzentriert. Hierunter verstehen wir zunächst einmal die Auswirkungen auf das Vertragsrecht, das Gesellschaftsrecht, die Bilanzierung sowie die Steuern und Abgaben. In einem zweiten Teil werden die organisatorischen und EDV-technischen Aspekte bei der Euro-Einführung dargestellt. Hierbei wird auch auf die Unterschiede zwischen kleineren, mittleren und großen Unternehmen eingegangen. Mit der Einführung des Euro zum 1. Januar 1999 steht jedes Unternehmen vor der Aufgabe, seine Organisation, aber auch seine EDV-Systeme so anzupassen, dass Geschäftsvorfälle, die in DM oder Euro anfallen, ordnungsgemäß verarbeitet werden können. Bei kleinen Unternehmen mag dies zunächst zu keinerlei Auswirkungen führen. Bei Unternehmen, die ein erhebliches Mengengerüst an Ein- und Ausgangsrechnungen zu bearbeiten haben, wird sich kurz- und mittelfristig die Frage stellen, wie die Systeme ausgestaltet werden müssen, um die eingehenden und ausgehenden Rechnungen in DM und in Euro korrekt und effizient zu verarbeiten.

Hierbei sind auch strategische Überlegungen in die Euro-Umstellung mit einzuarbeiten. Hiermit befasst sich das erste Kapitel im zweiten Teil dieses Buches. Wir gehen dann auf die verschiedenen Unternehmensbereiche und die Auswirkungen der Euro-Einführung in den verschiedenen Bereichen des Rechnungswesens im Detail ein. Hier wird auch die Frage des Zahlungsverkehrs aufgegriffen, da hier die Euro-Einführung am augenfälligsten zum 1. Januar 1999 für jedermann – ob privat oder im Unternehmen – in Erscheinung tritt. In einem weiteren Kapitel werden die besonderen Vorschriften für die Umrechnung zwischen den Teilnehmerwährungen und den Nicht-Teilnehmerwährungen dargestellt und auf die besonderen Fragen der Rundungsproblematik und deren Verarbeitung in EDV-Systemen eingegangen.

Es folgt die Behandlung der verschiedenen Varianten möglicher Buchhaltungssysteme in der Übergangsphase; von einfachen über die dualen zu mehrwährungsfähigen Buchhaltungen, die den Anforderungen der

EU-Verordnung hinsichtlich der Rundungsproblematik und der Umrechnung entsprechen. Für eine Reihe ausgewählter Software-Unternehmen haben wir den aktuellen Umstellungsstand der Softwarepakete auf dem Weg hin zur Euro-Fähigkeit dargestellt.

Da die Einführung des Euro auch mit der Jahr-2000-Problematik einhergeht, wird es in den meisten Unternehmen unumgänglich sein, eine entsprechende Projektorganisation einzurichten, da eine Vielzahl von Systemen und Verfahren in den unterschiedlichen Bereichen Rechnungswesen, Controlling, Einkauf, Produktion, Vertrieb in den Umstellungsprozess mit einbezogen werden müssen. Der letzte Abschnitt befasst sich deshalb mit der Frage des Aufbaus eines entsprechenden Projektcontrollings.

Alle Unternehmen werden von diesen technisch-organisatorischen Auswirkungen der Einführung des Euro – teilweise mehr, teilweise weniger – betroffen sein. Im Rahmen einer verantwortungsvollen Unternehmensführung ist es nun die Aufgabe der Vorstände, Geschäftsführer und unternehmerisch denkenden Mitarbeiter, die Unternehmen auf die Einführung des Euro vorzubereiten und mögliche Schäden infolge nicht sach- und zeitgerechter Vorbereitung vom Unternehmen abzuwenden. Dabei soll dieses Buch eine Hilfestellung bieten.

Unser persönlicher Dank gilt der KPMG Deutsche Treuhand-Gesellschaft AG für die Unterstützung und Begleitung bei der Erstellung des Buches. Unser Dank gilt in besonderer Weise auch Frau Ines Ridder, Frau Elvira Thieß und Herrn Paul Sommer, ohne deren unermüdliche Einsatzbereitschaft eine zeitnahe Fertigstellung nicht möglich gewesen wäre.

Wolfgang Otte   Robert Heinrich   Berlin, im August 1998

Inhaltsübersicht

Vorwort	I
Inhaltsübersicht	V
Inhaltsverzeichnis	VII
Abkürzungsverzeichnis	XIX
Abbildungsverzeichnis	XXVI
A Von der D-Mark zum Euro	1
B Rechtliche Grundlagen für den Übergang auf den Euro	17
C Vertragsrecht	51
D Gesellschaftsrecht	77
E Bilanzierung – Auswirkungen der Euro-Einführung auf die Rechnungslegung	139
F Steuern und Abgaben	223
G Personalwirtschaft und Euro	235
H Anforderungen an die Unternehmen und die Datenverarbeitung durch die Euro- und Jahr-2000-Umstellung	255
I Technische Auswirkungen der Euro-Einführung auf ausgewählte Unternehmensbereiche	291
J Umrechnungs- und Rundungsregeln im Euro-Währungsraum	325
K Organisatorisch-technische Lösungsansätze für die Übergangsphase	379
L Lösungen verschiedener Softwarelieferanten	403
M Die Euro-Umstellung als Projektaufgabe	463
Anhang	511
Glossar	539
Literaturverzeichnis	552
Stichwortverzeichnis	559
Euro-Scheine und -Münzen	569

Inhaltsverzeichnis

Vorwort	I
Inhaltsübersicht	V
Inhaltsverzeichnis	VII
Abkürzungsverzeichnis	XIX
Abbildungsverzeichnis	XXVII

A	**Von der D-Mark zum Euro**	**1**
1	Einleitung	1
2	Zeitlicher Ablauf der Europäischen Wirtschafts- und Währungsunion	4
3	Teilnehmerstaaten	8
4	Endgültige Festlegung der Umrechnungskurse	9
5	EWS II	10
6	Die Europäische Zentralbank	11
B	**Rechtliche Grundlagen für den Übergang auf den Euro**	**17**
1	Einleitung	17
2	Verordnungen des Rates der Europäischen Union	20
	2.1 Die Euro-Vorbereitungsverordnung (EuroVorbVO)	21
	2.2 Die Euro-Einführungsverordnung (EuroEinfVO)	22
3	Stand der Umsetzungen in Deutschland	26
	3.1 Stückaktiengesetz (StückAG)	26
	3.2 Euro-Einführungsgesetz (EuroEG)	27
	3.2.1 Diskontsatz-Überleitungs-Gesetz (Art. 1 EuroEG)	27
	3.2.2 Gerichtliches Mahnverfahren (Art. 2 EuroEG)	31
	3.2.3 Änderungen von Vorschriften auf dem Gebiet des Gesellschaftsrechts (Art. 3 EuroEG)	31
	3.2.4 Änderung von Vorschriften auf dem Gebiet des Bilanzrechts (Art. 4 EuroEG)	34
	3.2.5 Änderungen von Vorschriften auf dem Gebiet des Börsenrechts (Art. 5 EuroEG)	35

Inhaltsverzeichnis

    3.2.6 Gesetz zur Umstellung von Schuldverschreibungen auf Euro (Art. 6 EuroEG) 35
    3.2.7 Sonstige Regelungen (Art. 5a, 7 bis 15 EuroEG) 36
    3.2.8 Inkrafttreten der Umstellungsgesetzgebung (Art.16 EuroEG) 37
  3.3 Zweites Euro-Einführungsgesetz 38
  3.4 Entwurf des Dritten Euro-Einführungsgesetzes 40
  3.5 Euro-Einführungsschreiben des BMF 42
  3.6 Verordnung über Grundpfandrechte in ausländischer Währung... 45
  3.7 Freiwillige Selbstverpflichtung des deutschen Einzelhandels (doppelte Preisauszeichnung) 45

C Vertragsrecht **51**

1 Bedeutung für bestehende und zukünftige Verträge 51
2 Grundsatz „Kein Zwang – Keine Behinderung" 51
3 Aufrechnungen in Euro 53
4 Grundsatz der Vertragskontinuität 54
  4.1 Art. 3 EuroVorbVO 54
  4.2 Vertragskontinuität bei Verträgen, denen deutsches Recht zugrunde liegt 56
    4.2.1 Rechtliche Unmöglichkeit 56
    4.2.2 Vertragsanpassung nach Treu und Glauben 57
    4.2.3 Wegfall der Geschäftsgrundlage 59
    4.2.4 Vorrang der Vertragsautonomie 62
  4.3 Vertragskontinuität bei Verträgen, die dem Recht eines EU-Mitgliedstaates unterliegen 68
  4.4 Vertragskontinuität bei Verträgen, denen das Recht eines Drittlandes unterliegt 69
    4.4.1 Anerkennung der Einheitswährung als Nachfolgewährung der nationalen Währungen in den Drittländern 70
    4.4.2 Völkerrechtliche Vereinbarungen mit Drittländern............ 71
    4.4.3 Nationales Schuldrecht des jeweiligen Drittlandes............ 71
    4.4.4 Vorrang der Vertragsautonomie 72

5	Prüfung des Vertragswerks auf Euro-Tauglichkeit	73
	5.1 Zinsvereinbarungen	73
	5.2 Kurssicherungsgeschäfte	73
	5.3 Arbeitsverträge	75

D Gesellschaftsrecht ... 77

1 Einleitung ... 77
2 Auswirkungen der Euro-Einführung bei bestehenden Aktiengesellschaften ... 78
   2.1 Beibehaltung der Nennbetragsaktie ... 78
      2.1.1 Umstellung des satzungsmäßigen Grundkapitals ... 80
      2.1.2 Rundungsproblematik ... 84
      2.1.3 Übersicht der Kapitalmaßnahmen zur Nennbetragsglättung ... 87
      2.1.4 Nennbetragsglättung durch Kapitalerhöhung aus Gesellschaftsmitteln ... 90
      2.1.5 Nennbetragsglättung durch Kapitalherabsetzung ... 93
      2.1.6 Aktiensplit ... 96
      2.1.7 Nennbetragsglättung durch Neustückelung ... 97
      2.1.8 Einheitlichkeit des Kapitals ... 101
      2.1.9 Umstellung des Grundkapitals nach Ablauf der Übergangsphase ... 101
   2.2 Umstellung auf nennwertlose Aktien (Stückaktien) ... 104
   2.3 Umstellungsgebühren ... 111
3 Auswirkungen der Euro-Einführung bei Neugründung von Aktiengesellschaften ... 112
4 Auswirkungen der Euro-Einführung bei bestehenden Gesellschaften mit beschränkter Haftung ... 113
   4.1 Umstellung des satzungsmäßigen Stammkapitals ... 115
   4.2 Rundungsproblematik ... 118
   4.3 Übersicht der Kapitalmaßnahmen zur Nennbetragsglättung ... 119
   4.4 Nennbetragsglättung durch Kapitalerhöhung aus Gesellschaftsmitteln ... 121
   4.5 Nennbetragsglättung durch Kapitalerhöhung gegen Einlagen ... 124
   4.6 Nennbetragsglättung durch Kapitalherabsetzung ... 127

4.7	Nennbetragsglättung durch Neustückelung des Stammkapitals ..	131
4.8	Umstellungsgebühren	133
5	Auswirkungen der Euro-Einführung bei der Neugründung von Gesellschaften mit beschränkter Haftung	134
6	Auswirkungen der Euro-Einführung bei Personengesellschaften	135
6.1	Allgemeine Hinweise	135
6.2	Besonderheiten bei der Kommanditgesellschaft	136

E Bilanzierung – Auswirkungen der Euro-Einführung auf die Rechnungslegung ... **139**

1	Einleitung	139
2	Umstellung der Buchführung	140
2.1	Umstellung des Hauptbuches	140
2.1.1	Zeitpunkt der Umstellung	140
2.1.2	Technik der Umstellung	144
2.2	Umstellung der Nebenbücher	148
3	Umstellung des Jahresabschlusses	150
3.1	Erfordernis einer Euro-Eröffnungsbilanz?	153
3.2	Zeitpunkt der Umstellung	153
3.3	Technik der Umstellung	154
3.4	Auswirkungen auf einzelne Jahresabschlusspositionen	155
3.4.1	Anlagevermögen	155
3.4.2	Bewertungsvereinfachungen	158
3.4.3	Bilanzielles Eigenkapital	159
3.5	Auswirkungen auf den Anhang	161
3.6	Auswirkungen auf den Lagebericht	163
3.7	Besonderheiten für den Konzernabschluss	164
3.7.1	Zeitbezugsmethode zur Umrechnung von Einzelabschlüssen	167
3.7.2	Stichtagskursmethode zur Umrechnung von Einzelabschlüssen	167
3.7.3	Übergang auf den Euro nach Anwendung der Zeitbezugsmethode	168

Inhaltsverzeichnis

    3.7.4 Übergang auf den Euro nach Anwendung der Stichtagskursmethode ... 171
    3.7.5 Konzernanhang ... 173
  3.8 Auswirkungen auf die Prüfung der Rechnungslegung ... 173
    3.8.1 Durchführung der Prüfung ... 173
    3.8.2 Prüfungsbericht ... 174
  3.9 Berücksichtigung von Vorjahreszahlen ... 175
4 Fremdwährungsumrechnung und Realisation von Wechselkursdifferenzen ... 176
  4.1 Besondere Regelungen für nicht-monetäre Posten ... 180
  4.2 Besondere Regelungen für monetäre Posten ... 182
    4.2.1 Realisierung von Umstellungsgewinnen ... 182
    4.2.2 Zeitpunkt der Gewinnrealisierung ... 185
    4.2.3 Neutralisation von Umstellungsgewinnen ... 186
  4.3 Behandlung von nicht bilanzwirksamen Geschäften ... 190
    4.3.1 Realisierung von Umstellungsgewinnen ... 191
    4.3.2 Neutralisierung von Umstellungsgewinnen ... 196
5 Behandlung der Umstellungskosten in der Handels- und Steuerbilanz ... 196
  5.1 Erfassung als laufender Aufwand ... 197
  5.2 Eigenständige Aktivierung ... 198
  5.3 Ansatz einer Bilanzierungshilfe ... 200
  5.4 Bildung von Rückstellungen ... 206
    5.4.1 Rückstellungen für ungewisse Verbindlichkeiten in der Handelsbilanz ... 207
    5.4.2 Aufwandsrückstellungen in der Handelsbilanz ... 209
    5.4.3 Bildung von Rückstellungen in der Steuerbilanz ... 213
6 Umstellung des betrieblichen Rechnungswesens ... 214
  6.1 Umstellung der Kosten- und Leistungsrechnung ... 216
  6.2 Umstellung der Planungsrechnung ... 218
  6.3 Umstellung des Berichtswesens ... 220

F Steuern und Abgaben ... 223

1 Umstellung in der Finanzverwaltung ... 223
2 Anpassung des materiellen Steuerrechts ... 223

2.1 Übergangsphase vom 1. Januar 1999 bis 31. Dezember 2001 224
2.2 Umstellung nach dem 1. Januar 2002 224
3 Steuererklärungen, Steueranmeldungen, Steuerfestsetzungen und Bescheinigungen 225
   3.1 Steuererklärungen und -anmeldungen 225
   3.2 Steuerfestsetzungen 226
   3.3 Bescheinigungen 227
4 Steuerzahlungen und -erstattungen 227
5 Steuerliche Buchführung und Bilanzierung 227
   5.1 Rechnungswesen 228
   5.2 Jahresabschluss 229
   5.3 Bilanzierung und Bewertung 230
6 Einzelne Steuerarten 231
   6.1 Einkommensteuer 231
   6.2 Lohnsteuer 231
   6.3 Umsatzsteuer 232
7 Umstellung der Sozialversicherungsträger 233

G Personalwirtschaft 235

1 Einführung 235
2 Umstellung der Personalvereinbarungen 235
   2.1 Grundsatz der Vertragskontinuität 236
   2.2 Tarifvertrag, Betriebsverfassung, Individualvereinbarung 236
   2.3 Umstellung vertraglich vereinbarter Rundungsregeln 241
3 Externe Schnittstellen der Personalabrechnung 243
   3.1 Finanzverwaltung 243
   3.2 Sozialversicherungsträger 245
4 Umstellungsszenarien 248
5 Umstellung der Personalabrechnung 249
   5.1 Lohn- und Gehaltsabrechnung 249
   5.2 Reisekostenabrechnung 250
   5.3 Betriebliche Altersversorgung 251
   5.4 Sonstiges 252

5.5	Übergang zum betrieblichen Rechnungswesen	253
6	Weitere Aspekte	253

H Anforderungen an die Unternehmen und die Datenverarbeitung durch die Euro- und Jahr-2000-Umstellung ... 255

1	Einbindung in die Unternehmens- und IT-Strategie	257
2	Nutzung von Wettbewerbspotentialen	266
3	Jahr-2000-Problematik	270
	3.1 Der Ursprung der Jahr-2000-Problematik	273
	3.2 Die Jahrtausendwende als EDV-Problem	274
	3.3 Die Jahrtausendwende als Problem betrieblicher Abläufe	276
	3.4 Wer ist unmittelbar betroffen?	278
	3.5 Verbindung der Euro-Umstellung mit der Jahr-2000-Problematik	280
4	Ausnutzung der Übergangsphase 1999–2001	282

I Technische Auswirkungen der Euro-Einführung auf ausgewählte Unternehmensbereiche ... 291

1	Vorbemerkungen	291
2	Rechnungswesen	291
3	Zahlungsverkehr	299
	3.1 Einführung	299
	3.2 Inlandszahlungsverkehr und Kontoführung	302
	3.2.1 Bargeldloser Inlandszahlungsverkehr	302
	3.2.2 Belegloser Zahlungsverkehr (DTA)	309
	3.2.3 Die Einführung des Euro-Bargeldes	311
	3.3 Grenzüberschreitender Zahlungsverkehr innerhalb der EWWU	315
	3.3.1 Das Echtzeit-Brutto-Zahlungssystem TARGET	315
	3.3.2 Datenträgeraustausch im Auslandszahlungsverkehr (DTAZV)	318
	3.4 EDI/EDIFACT	320

J Umrechnungs- und Rundungsregeln im Euro-Währungsraum ... 325

1 Grundsätzliche Bemerkungen ... 325
   Durchführung von Rundungen ... 328
2 Verbot der Verwendung „inverser" Kurse ... 328
3 Umrechnungen während der Übergangsphase ... 331
   3.1 Umrechnungen zwischen dem Euro und Nicht-Teilnehmer-Währungen ... 331
   3.2 Umrechnung „über" den Euro während der Übergangsphase ... 333
      3.2.1 Anwendung der „Dreiecksmethode" ... 333
      3.2.2 Zu beachtende Rundungsregeln ... 335
      3.2.3 Anwendungsbereich der Umrechnungs- und Rundungsregeln ... 337
      3.2.4 Durchführung von Umrechnungen zwischen dem Euro und den Teilnehmer-Währungen ... 339
      3.2.5 Umrechnungen zwischen den Teilnehmer-Währungen ... 340
      3.2.6 Umrechnungen zwischen den Teilnehmer-Währungen und Nicht-Teilnehmer-Währungen ... 342
4 Verwendung von bilateralen Wechselkursen für die Umrechnung ... 346
5 Rundungsprobleme im Rahmen der Umrechnung ... 349
   5.1 Grundsätzliche Bemerkungen ... 349
   5.2 „Horizontale" Rundungsdifferenzen ... 350
      5.2.1 „Horizontale" Rundungsdifferenzen bei Umrechnungen von Teilnehmer-Währungen in Euro und zurück ... 350
      5.2.2 „Horizontale" Rundungsdifferenzen bei Umrechnungen vom Euro in eine Teilnehmer-Währung und zurück ... 355
   5.3 „Vertikale" Rundungsdifferenzen ... 359
      5.3.1 Entstehung „vertikaler" Rundungsdifferenzen ... 359
      5.3.2 Verwendung einer Referenzwährung im Einzelhandel ... 362
      5.3.3 Sonstige Fälle ... 364
   5.4 Spezielle Probleme ... 367
      5.4.1 Doppelte Preisangaben mit einem hohen Genauigkeitsgrad ... 367

	5.4.2 Umrechnung von Kleinbeträgen	371
	5.4.3 Umrechnung von Schwellenwerten und Bandbreiten	374
1	Einführung	379
2	Euro-Fähigkeit von DV-Buchhaltungssystemen	380
3	DV-technische Varianten zur Verarbeitung von DM und Euro	383
	3.1 Einführung	383
	3.2 Einfache Währungsdatenverarbeitung (Einwährungs-Buchhaltung)	385
	3.3 Mehrfache Währungsdatenverarbeitung (Mehrwährungsfähigkeit)	387
	3.3.1 Vorbemerkungen	387
	3.3.2 Fremdwährungs-Buchhaltung	389
	3.3.3 Duale Buchhaltung	394
	3.3.4 Multi-Währungs-Buchhaltung	398

L Lösungen verschiedener Softwarelieferanten ... **403**

1	Einführung	403
2	Lexware financial office	404
	2.1 Vorbemerkungen	404
	2.2 Umstellung	406
	2.3 Datenspeicherung	408
	2.4 Umrechnung	409
	2.5 Auswertungen	413
	2.6 Schnittstellen	413
3	DATEV	414
	3.1 Vorbemerkungen	414
	3.2 Umstellung	415
	3.3 Datenspeicherung	416
	3.4 Umrechnung	417
	3.5 Auswertungen	418
	3.6 Schnittstellen	419
4	sage KHK	420
	4.1 Vorbemerkungen	420
	4.2 Umstellung	421

	4.3 Datenspeicherung	422
	4.4 Umrechnung	422
	4.5 Auswertungen	423
	4.6 Schnittstellen	423
5	SAP	423
	5.1 Vorbemerkungen	423
	5.2 Umstellung	425
	5.3 Datenspeicherung	428
	5.4 Umrechnung	429
	5.5 Auswertungen	429
	5.6 Schnittstellen	430
6	J.D. Edwards	430
	6.1 Vorbemerkungen	430
	6.2 Umstellung	432
	6.3 Datenspeicherung	436
	6.4 Umrechnung	438
	6.5 Auswertungen	451
	6.6 Schnittstellen	452
7	BAAN	453
	7.1 Vorbemerkungen	453
	7.2 Umstellung	453
	7.3 Datenspeicherung	455
	7.4 Umrechnung	455
	7.5 Auswertungen	456
	7.6 Schnittstellen	456
8	ISB Varial Software GmbH	456
	8.1 Vorbemerkungen	456
	8.2 Umstellung	457
	8.3 Datenspeicherung	458
	8.4 Umrechnung	459
	8.5 Auswertungen	460
	8.6 Schnittstellen	460

M Die Euro-Umstellung als Projektaufgabe ... 463

1 Einführung in das Projektmanagement und in die Vorgehensweise ... 463
2 Projektplanung ... 467
   2.1 Vorbemerkungen ... 467
   2.2 Entwerfen eines Projektstrukturplans ... 469
   2.3 Entwerfen eines Projektablaufplans ... 472
      2.3.1 Projektterminplanung ... 473
      2.3.2 Verschiedene Techniken der Terminplanung ... 475
      2.3.3 Planung der Projektkapazität ... 476
      2.3.4 Projektpersonalplanung ... 480
      2.3.5 Zusätzliche Planungsaspekte ... 480
3 Projektkontrolle ... 481
   3.1 Vorbemerkungen ... 481
   3.2 Termin-, Kostenkontrolle und Kapazitätskontrollen ... 483
   3.3 Kapazitätskontrolle ... 485
4 Projektsteuerung ... 485
5 Anwendung von Projektmanagementsystemen ... 486
6 Projektorganisation ... 487
   6.1 Vorbemerkungen ... 487
   6.2 Reine Projektorganisation ... 488
   6.3 Einfluss-Projektorganisation (Stabs-Projektorganisation) ... 490
   6.4 Matrix-Projektorganisation ... 492
   6.5 Auswahl der Organisationsform ... 494
   6.6 Praxisbeispiel: Projektorganisation ... 495

Anhang 1: Einführungsgesetz zum Aktiengesetz ... 511
Anhang 2: Ausgewählte Softwareanbieter mit Euro-Lösungen ... 532
Anhang 3: Ausgewählte Internet-Adressen zum Euro und Jahr-2000-Problem ... 533
Anhang 4: Euro-Umrechnungskurse ... 536
Anhang 5: Überregional tätige Einzelhandelsunternehmen mit freiwilliger Selbstverpflichtung ... 537

Inhaltsverzeichnis

Glossar 539
Literaturverzeichnis 552
Stichwortverzeichnis 559
Euro-Scheine und -Münzen 569

Abkürzungsverzeichnis

A	Österreich
a. F.	alte Fassung
a. M.	am Main
AA	Actual Amount
Abb.	Abbildung
Abs.	Absatz
Abschn.	Abschnitt
AC	Consolidations Ledger
AG	Aktiengesellschaft, auch: Die Aktiengesellschaft (Zeitschrift)
AktG	Aktiengesetz
Anm. d. Verf.	Anmerkung des Verfassers
AO	Abgabenordnung
Art.	Artikel
ASCII	American Standard Code for Information Interchange
AS WWU	Arbeitsstab Europäische Wirtschafts- und Währungsunion des Bundesministeriums der Finanzen und der Bundesministerien
ATS	Österreichischer Schilling
Aufl.	Auflage
AZV	Auslandszahlungsverkehr
B	Belgien
BAG	Bundesarbeitsgericht
BavBV	Basiszinssatz-Bezugsgrößen-Verordnung
BBG	Beitragsbemessungsgrundlage
BBI	Baan Business Information
BBK	Buchführung, Bilanz, Kostenrechnung (Zeitschrift)
BEF	Belgische Franc

Abkürzungsverzeichnis

Bemerk.	Bemerkungen
BetrAVG	Besetz zur Verbesserung der betrieblichen Altersversorgung
BetrVG	Betriebsverfassungsgesetz
BGB	Bürgerliches Gesetzbuch
BIOS	Basic Input Output System
BMF	Bundesministerium der Finanzen
bspw	beispielsweise
BWA	Betriebswirtschaftliche Auswertung
bzgl.	bezüglich
bzw.	beziehungsweise
c't	Magazin für Computer Technik (Zeitschrift)
CA	Currency Amount
ca.	circa
CD	Compact Disk
CU	Cumulative
D	Deutschland
d. h.	das heißt
DATEV	Datenverarbeitung und Dienstleistung für den steuerberatenden Beruf
DEM	Deutsche Mark, auch: Dynamic Enterprise Modelers
DEÜV	Datenerfassungs- und -übermittlungsverordnung
DFÜ	Datenfernübertragung
DIHT	Deutscher Industrie- und Handelstag
DIN	Deutsche Industrie Norm
DM	Deutsche Mark
D-Mark	Deutsche Mark
DOS	Disc Operating System
DStR	Deutsches Steuerrecht (Zeitschrift)
DTA	Datenträgeraustausch (-verfahren)
DTAZV	Datenträgeraustausch im Auslandszahlungsverkehr
DV	Datenverarbeitung

dv	datenverarbeitungs
DÜG	Diskontsatz-Überleitungs-Gesetz
E	Spanien
ec	eurocheque
ECOFIN	Europäischer Rat der Wirtschafts- und Finanzminister
ECU	European Currency Unit, Europäische Währungseinheit
EDI	Electronic Data Interchange
EDIFACT	Electronic Data Interchange For Administration, Commerce and Transport
EDV	Elektronische Datenverarbeitung
EG	Europäische Gemeinschaften
EGAktG	Einführungsgesetz zum Aktiengesetz
EGHGB	Einführungsgesetz zum Handelsgesetzbuch
EGV	Vertrag zur Gründung der Europäischen Gemeinschaften (EG-Vertrag)
EIL-ZV	Eiliger Zahlungsverkehr
EKN	Ereignisknotennetz
EMU	The European Union's Economic and Monetary Union
EONIA	EURO Overnight Index Average
ERP	Enterprise Resource Planning
ESP	Spanische Peseta
EStDV	Einkommensteuer-Durchführungsverordnung
EStG	Einkommensteuergesetz
ESZB	Europäisches System der Zentralbanken
et al.	et alii (und andere)
etc.	et cetera
EU	Europäische Union
EUR	Internationaler Normencode für den Euro
EURIBOR	EURO Interbank Offered Rate
EuroEG	Gesetz zur Einführung des Euro
EuroEinfVO	Euro-Einführungsverordnung
EuroVorbVO	Euro-Vorbereitungsverordnung

Abkürzungsverzeichnis

EUV	Vertrag über die Europäische Union
evtl.	eventuell
EWG	Europäische Wirtschaftsgemeinschaft
EWI	Europäisches Währungsinstitut
EWS	Europäisches Wirtschaft- & Steuerrecht (Zeitschrift)
EWS	Europäisches Währungssystem
EWU	Europäische Währungsunion
EWWU	Europäische Wirtschafts- und Währungsunion
EZB	Europäische Zentralbank
F	Frankreich
f.	folgende (Seite)
Fa.	Firma
ff.	fortfolgende (Seiten)
FIBOR-VO	FIBOR-Überleitungs-Verordnung
FIM	Finnmark
Fin	Finnland
FRF	Französische Francs
FW	Fremdwährung
GB	Great Britain
GBP	Englisches Pfund
gem.	gemäß
GG	Grundgesetz
ggf.	gegebenenfalls
GmbH	Gesellschaft mit beschränkter Haftung
GmbHG	Gesetz betreffend die Gesellschaften mit beschränkter Haftung
GmbHR	GmbH-Rundschau (Zeitschrift)
GoB	Grundsätze ordnungsmäßiger Buchführung
GoBS	Grundsätze ordnungsmäßiger DV-gestützter Buchführungssyteme
uV	Gewinn und Verlust(-Rechnung)
GZS	Gesellschaft für Zahlungssysteme

Abkürzungsverzeichnis

HGB	Handelsgesetzbuch
Hrsg.	Herausgeber
hrsg.	herausgegeben
HV	Hauptversammlung
I	Italien
i. a.	im allgemeinen
i. d. R.	in der Regel
IDW	Institut der Wirtschaftsprüfer
i. e. S.	im engeren Sinne
i. H. v.	in Höhe von
i. V. m.	in Verbindung mit
IDW	Institut der Wirtschaftsprüfer
IEP	Irisches Pfund
inkl.	inklusive
Irl	Irland
ISAM	Index Sequential Access Method
ISO	International Standard Organization
IT	Informationstechnologie
ITL	Italienische Lira
Jg.	Jahrgang
JPY	Japanischer Yen
Kap.	Kapitel
kaufm.	kaufmännisch
KG	Kommanditgesellschaft
KostO	Kostenordnung
Kred.	Kreditor
KWG	Gesetz über das Kreditwesen
KWh	Kilowattstunde
l	Liter
L	Luxemburg
LombardV	Lombardsatz-Überleitungs-Verordnung
LUF	Luxemburgische Franc

m³	Kubikmeter
max.	maximal (-e)
Mio.	Millionen
MRC	Multiple Reporting Currency Units
Mrd.	Milliarden
MwSt	Mehrwertsteuer
n. a.	nicht anwendbar
n. F.	neue Fassung
NL	Niederlande
NLG	Niederländische Gulden
Nr.	Nummer
o. ä.	oder ähnliches
OFD	Oberfinanzdirektion
o. g.	obengenannte (-n)
OP	Offene Posten
OPL	Offene Posten-Liste
P	Portugal
PartGG	Partnerschaftsgesellschaftsgesetz
PC	Personal Computer
plc.	public limited company
PPS	Produktionsplanung und -steuerung
Prior.	Priorität
PTE	Portugiesische Escudos
rd.	rund
RTGS	Real-Time Gross-Settlement-System (Echtzeit-Brutto-Verrechnungs-System)
Rundungsdiff.	Rundungsdifferenz
RV	Rentenversicherung
Rz.	Randziffer
S.	Seite (-n)
s.	siehe
SGB IV	Viertes Buch des Sozialgesetzbuches

s. o.	siehe oben
S.W.I.F.T.	Society for Worldwide Interbank Financial Telecommunication
sog.	sogenannte (-n), (-r)
SQL	Standard Query Language
stellvertr.	stellvertretender
Stk.	Stück
StückAG	Stückaktiengesetz
SW	Software
TARGET	Trans-European Automated Real-Time Gross-Settlement-Express-Transfer System (EU-weites Zahlungsverkehrssystem)
TNW	Teilnehmer-Währung
TQM	Total Quality Management
u.a.	unter anderem
u.a.m.	und andere mehr
u.U.	unter Umständen
UN	United Nations (Vereinte Nationen)
US-$	US-Dollar
USD	US-Dollar
UStG	Umsatzsteuergesetz
UStVA	Umsatzsteuervoranmeldung
usw.	und so weiter
vera.	verantwortlich
vgl.	vergleiche
v. H.	vom Hundert
VKN	Vorgangsknotennetz
VO	Verordnung des Rates der Europäischen Union
VPN	Vorgangspfeilnetz
WE	Währungseinheit(en)
WE_{min}	kleinste (Rundungs-)Einheit der betrachteten Teilnehmer-Währung

Abkürzungsverzeichnis

WIN	Windows
WPg	Die Wirtschaftsprüfung (Zeitschrift)
WPK-Mitt.	Wirtschaftprüfer Kammer Mitteilungen
WWU	Wirtschafts- und Währungsunion
XA	Alternate Ledger
z. B.	zum Beispiel
zfb	Zeitschrift für Betriebswirtschaft
zfbf	Zeitschrift für betriebswirtschaftliche Forschung
zfo	Zeitschrift Führung und Organisation
ZGR	Zeitschrift für Unternehmens- und Gesellschaftsrecht
ZIP	Zeitschrift für Wirtschaftsrecht
ZM	Zusammenfassende Meldung

Abbildungsverzeichnis

Nr.	Text	Seite
Abb. 1	Organisatorischer Aufbau der Europ. Zentralbank	13
Abb. 2	DM/Euro-Konstellationen für Hauptbuch und Jahresabschluss	141
Abb. 3	Durch Rundungsdifferenz verursachter Aufwand	146
Abb. 4	Durch Rundungsdifferenz verursachter Ertrag	147
Abb. 5	Währung des Jahresabschlusses	152
Abb. 6	DM/Euro-Konstellationen für den Einzel- und Konzernabschluss	152/ 165
Abb. 7	Umrechnungsalternativen bei Anwendung der Zeitbezugsmethode	169
Abb. 8	Bei der Strategieentwicklung zu berücksichtigende Handlungsfelder	257
Abb. 9	Allgemeine Definition des Begriffes „Jahr-2000-Fähigkeit"	270
Abb. 10	Ursachen für das Jahr 2000-Problem	274
Abb. 11	Systeme mit zweistelligem Jahresformat	275
Abb. 12	BIG BANG-Ansatz – Alle Euro-betroffenen Systeme werden zu einem einheitlichen Stichtag umgestellt	284
Abb. 13	Phasenweise Euro-Einführung	285
Abb. 14	Beispiel für die Umstellung des Rechnungswesens	294
Abb. 15	Berichterstattung in der Übergangsphase	294
Abb. 16	Währungs- und Zahlungsmittelfunktionen in der Übergangsphase (1. Januar 1999 bis 31. Dezember 2001)	300
Abb. 17	Gleitender Übergang zu einer gemeinsamen Währung	302

Abb. 18	Der Zahlungsverkehr in der Übergangsphase (1. Januar 1999 bis 31. Dezember 2001)	304
Abb. 19	Rundungsdifferenzen bei (Einzel-)Überweisungsaufträgen	306
Abb. 20	Rundungsdifferenzen bei Sammelaufträgen	307
Abb. 21	Target-Infrastruktur	317
Abb. 22	Kommunikation über den EDIFACT-Standard	321
Abb. 23	Untereinheiten des Euro	327
Abb. 24	Währungsumrechnung vor dem 1. Januar 1999 mittels „inverser" Kurse	329
Abb. 25	Umrechnung zwischen Teilnehmer-Währungen und Nicht-Teilnehmer-Währungen vor dem 1. Januar 1999 mittels „inverser" Kurse (z. B. USD in DM und umgekehrt)	330
Abb. 26	Umrechnung zwischen dem Euro und Nicht-Teilnehmer-Währungen während und nach der Übergangsphase mittels „inverser" Kurse (z. B. EUR in USD und umgekehrt)	332
Abb. 27	Umrechnung zwischen dem Euro und Nicht-Teilnehmer-Währungen während und nach der Übergangsphase mittels „inverser" Kurse	333
Abb. 28	Umrechnung „über" den Euro während der Übergangsphase	334
Abb. 29	Umrechnung zwischen dem Euro und Teilnehmer-Währungen während der Übergangsphase (z. B. EUR in DM und umgekehrt)	340
Abb. 30	Umrechnung zwischen den Teilnehmer-Währungen während der Übergangsphase mittels der „Dreiecksmethode" (z. B. von DM in FRF)	342
Abb. 31	Umrechnung von Nicht-Teilnehmer-Währungen in Teilnehmer-Währungen während der Übergangsphase mittels der „Dreiecksmethode" (z. B. von USD in DM)	344

Abbildungsverzeichnis

Abb. 32	Umrechnung von Teilnehmer-Währungen in Nicht-Teilnehmer-Währungen während der Übergangsphase mittels der „Dreiecksmethode" (z. B. von DM in USD)	345
Abb. 33	Anwendung der Dreiecksmethode mit unterschiedlich gerundeten Euro-Zwischenbeträgen	347
Abb. 34	Rückrechnung mit Entstehung einer positiven „horizontalen" Rundungsdifferenz	351
Abb. 35	Rückrechnung ohne Entstehung einer „horizontalen" Rundungsdifferenz	352
Abb. 36	Rückrechnung mit Entstehung einer negativen „horizontalen" Rundungsdifferenz	353
Abb. 37	Umrechnung unterschiedlicher DM-Beträge in den gleichen EUR-Betrag	353
Abb. 38	Maximale Rundungsdifferenz bei Rundung auf zwei Dezimalstellen	355
Abb. 39	Maximale horizontale Rundungsdifferenzen für alle Teilnehmerwährungen	358
Abb. 40	Entstehung einer „vertikalen" Rundungsdifferenz im Rahmen der Umrechnung mehrerer verschieden hoher Einzelbeträge	359
Abb. 41	Entstehung einer „vertikalen" Rundungsdifferenz im Rahmen der Umrechnung mehrerer gleich hoher Einzelbeträge	361
Abb. 42	Anzeige der verwendeten Referenzwährung	363
Abb. 43	Wechselseitige Transaktionen zwischen Unternehmen (I)	365
Abb. 44	Wechselseitige Transaktionen zwischen Unternehmen (II)	366
Abb. 45	Doppelte Preisangabe ohne Auftreten einer Differenz	369
Abb. 46	Doppelte Preisangabe mit Auftreten einer Differenz	370
Abb. 47	Verarbeitungsvarianten von Währungsdaten	383
Abb. 48	Architektur der Einwährungs-Buchhaltung	385

Abb. 49	Währungsverhalten der Einwährungs-Buchhaltung	387
Abb. 50	Architektur der Fremdwährungs-Buchhaltung ohne Euro-Modifikation	390
Abb. 51	Architektur der Fremdwährungs-Buchhaltung mit Euro-Modifikation	392
Abb. 52	Währungsverhalten der Fremdwährungs-Buchhaltung	393
Abb. 53	Architektur der dualen Buchhaltung ohne Euro-Modifikation	395
Abb. 54	Architektur der dualen Buchhaltung mit Euro-Modifikation	397
Abb. 55	Währungsverhalten der dualen Buchhaltung	397
Abb. 56	Multi-Währungs-Buchhaltung ohne Euro-Modifikation	400
Abb. 57	Multi-Währungs-Buchhaltung mit Euro-Modifikation	401
Abb. 58	Währungsverhalten der Multi-Währungs-Buchhaltung	402
Abb. 59	Das Lexware control panel	405
Abb. 60	Definition der Firmenwährung bei der Firmenanlage	406
Abb. 61	Im Lexware financial office systemseitig hinterlegter Euro-/DM-Konversionskurs	407
Abb. 62	Wahlweises Buchen in Euro oder DM	408
Abb. 63	Architektur des Lexware financial office	409
Abb. 64	Im Lexware buchhalter integrierter Währungsrechner	410
Abb. 65	Preisfindung mit Lexware europricing	411
Abb. 66	Umsatzanalyse mit Lexware europricing	412
Abb. 67	Nachträgliche Änderung der Firmenwährung	413
Abb. 68	Vereinfachte Darstellung der Erfassung von Geschäftsvorfällen in DATEV-Systemen	416
Abb. 69	Auswertungserstellung in verschiedenen Währungen	419

Abb. 70	Schnittstellenverhalten der DATEV-Programme	420
Abb. 71	Angebotene Module von sage KHK	421
Abb. 72	Die Euro-Fähigkeit der SAP-Release	426
Abb. 73	Buchung einer Eingangsrechnung in Euro im AA- und CA-Buch	433
Abb. 74	Saldenwährungsumrechnung	434
Abb. 75	Detaillierte Währungsumrechnung	435
Abb. 76	Einrichtung der Euro-Fähigkeit: Definition der Mitgliedstaaten der Währungsunion	439
Abb. 77	Einrichtung der Euro-Fähigkeit: Defintion der Teilnehmer-Währungen nach dem Öffnen der Detailebene zur Eingabe des Anfangsdatums für die Währungsunion	439
Abb. 78	Einrichtung der Euro-Fähigkeit: Darstellung des Umrechnungskurses von Euro in DM (wegen „No Inverse Rule" nur Angabe eines Multiplikators)	440
Abb. 79	Einrichtung der Euro-Fähigkeit: Darstellung des Umrechnungskurses von DM in EUR (wegen „No Inverse Rule" nur Angabe eines Divisors)	441
Abb. 80	Gewinne und Verluste aus Kursdifferenzen	442
Abb. 81	Entstehung einer als Gewinn (Ertrag) zu buchenden Rundungsdifferenz ohne Auftreten einer alternativen Kursdifferenz in der Debitorenbuchhaltung	445
Abb. 82	Entstehung eines Verlustes aus alternativer Kursdifferenz in der Kreditorenbuchhaltung bei Eingangsrechnung in Hauswährung (DM)	448
Abb. 83	Entstehung eines Verlustes aus alternativer Kursdifferenz in der Kreditorenbuchhaltung bei Eingangsrechnung in Teilnehmer-Währung (FRF)	451
Abb. 84	Die Euro-Fähigkeit der Baan-Software	454
Abb. 85	Komponenten eines Projektmanagements	464
Abb. 86	Lebensphasen eines Projektes	465
Abb. 87	Zweistufige Projektplanung	469

Abb. 88	Top-Down-Ansatz zur Projektstrukturierung im EDV-Euro-Umstellungsprojekt	471
Abb. 89	Bottum-Up-Ansatz für den Entwurf eines Projektablaufplans	473
Abb. 90	Analyse eines Kapazitätsausgleichs	477
Abb. 91	Abweichungsanalyse der Kosten	484
Abb. 92	Reine Projektorganisation	489
Abb. 93	Einfluß-Projektorganisation	491
Abb. 94	Matrix-Projektorganisation	493
Abb. 95	Typische Elemente einer Euro-Aufbauorganisation	495
Abb. 96	Praxisbeispiel Nauke AG: Aufbau des Euro-Umstellungsprojekts	503
Abb. 97	Praxisbeispiel Nauke AG: Vorgehensweise bei der Umstellung der Hauswährung	504
Abb. 98	Praxisbeispiel Nauke AG: Informationssteuerung im Euro-Umstellungsprojekt	507

Von der D-Mark zum Euro

1 Einleitung

Am 21. Juni 1998 hat die DM ihren 50. und gleichzeitig letzten Geburtstag gefeiert. Seit 1. Januar 1999 hat die DM als eigenständige Währung aufgehört zu existieren und stellt nur noch eine „nicht dezimale Denomination" des Euro dar. Wenn man beobachtet, wie schwer sich Deutschland mit diesem Abschied von der DM tut, will man gar nicht wahrhaben, dass dieser Abschied von langer Hand vorbereitet wurde und seinen Ausgangspunkt bereits kurze Zeit nach der Geburt der DM, am 21. Juni 1948, genommen hatte.

EWG-Vertrag

Bereits 1950 erkannte der französische Währungsexperte Jacques Rueff: „L'Europe se fera par la monnaie ou non se fera pas" – Europa entsteht über das Geld, oder es entsteht gar nicht. Noch im gleichen Jahr wurde mit der Gründung der Europäischen Zahlungsunion ein erster wichtiger Schritt zur monetären Zusammenarbeit gemacht. Ende der fünfziger Jahre wurde die Europäische Zahlungsunion von dem Europäischen Währungsabkommen abgelöst. Zugleich konstituierte sich am 1. Januar 1958 die Europäische Wirtschaftsgemeinschaft (EWG). Der in Rom abgeschlossene EWG-Vertrag sah langfristig eine umfassende europäische Integration vor, die Errichtung eines Gemeinsamen Marktes und die schrittweise Annäherung der Wirtschaftspolitik der Mitgliedstaaten.

Der EWG-Vertrag

- enthält eine allgemeine Absichtserklärung zur Liberalisierung des Zahlungsverkehrs,
- erklärt die Wechselkurspolitik als eine Angelegenheit von gemeinsamem Interesse und
- setzt zur Förderung der Kooperation der Währungspolitik einen beratenden Wirtschaftsausschuss ein.

Von 1962 datiert dann der erste zielgerichtete Schritt der Europäischen Kommission zur Einführung einer umfassenden Wirtschafts- und Währungsunion. Im Zuge dieser Pläne wurde dann 1964 der „Ausschuss der

1 Einleitung

Präsidenten der Zentralbanken" der EWG-Mitgliedstaaten gegründet. Seine Aufgabe lag in der Koordinierung der Geld- und Währungspolitik. Diese Institution trug viele Jahre zum Informationsaustausch und Vertrauensgewinn bei. Wegen des Bestehens des damals noch intakten Festkurssystems von Bretton Woods bestand jedoch zwischen den EWG-Mitgliedstaaten wenig Interesse an einer weitergehenden währungspolitischen Integration.

Werner-Plan

Die zweite Initiative zur Schaffung einer Europäischen Währungsunion wurde im Dezember 1969 gestartet. Damals hatten die EG-Regierungschefs auf ihrem Gipfeltreffen in Den Haag beschlossen, die Bildung einer echten Wirtschafts- und Währungsunion einzuleiten. Eine Arbeitsgruppe unter Leitung des damaligen luxemburgischen Ministerpräsidenten Pierre Werner erarbeitete daraufhin einen Plan zur Verwirklichung der Wirtschafts- und Währungsunion in drei Stufen innerhalb von 10 Jahren, den sogenannten Werner-Plan.

Die wichtigsten Eckpunkte des Werner-Plans waren:

- völlige Freizügigkeit des Kapitalverkehrs innerhalb der Gemeinschaft
- Konvergenz der EWG-Währungen untereinander bis schließlich zur Festlegung unveränderlicher Wechselkurse
- Zusammenlegung der Währungsreserven
- zentralgesteuerte Geldpolitik durch eine Art „Europäische Zentralbank"
- gemeinsame Währungspolitik gegenüber Drittstaaten

Der Werner-Plan war in vielen Details dem Vertrag von Maastricht sehr ähnlich. Mit dem Zusammenbruch des Bretton-Woods-Festkurssystems im Jahr 1971 und der sukzessiven Freigabe der Wechselkurse gegenüber dem US-Dollar und innerhalb der europäischen Staaten hatte der Werner-Plan seinen ersten Rückschlag erlitten. Zur Rettung des Plans zur Verwirklichung der Wirtschafts- und Währungsunion hatte der EG-Ministerrat im Jahr 1972 die Errichtung des Europäischen Wechselkursverbundes

Von der D-Mark zum Euro A

und des Europäischen Fonds für währungspolitische Zusammenarbeit beschlossen. Die Wechselkurse der Währungen der teilnehmenden Länder sollten in einer „Währungsschlange" nur um höchstens 2,25 % von den Leitkursen abweichen.

Die zweite Ölkrise und die unterschiedlichen wirtschaftspolitischen Reaktionen der Teilnehmerstaaten auf die Umbrüche in der Weltwirtschaft ließen dann den Werner-Plan endgültig scheitern. Die mangelnde Konvergenz der Währungen zwischen den Teilnehmerstaaten verhinderte den Erfolg des Werner-Plans. Das Ziel der Verwirklichung einer Wirtschafts- und Währungsunion wurde damals vorübergehend aufgegeben.

Europäisches Währungssystem

Die nächste Initiative ging vom Europäischen Rat aus, der am 5. Dezember 1978 das Europäische Währungssystem (EWS) beschloss. Es trat am 13. März 1979 in Kraft.

Inhalte des EWS

- feste, aber anpassungsfähige Wechselkurse im Rahmen kleiner Schwankungsbreiten von plus/minus 2,25 % (Italien plus/minus 6 %) und
- die Schaffung einer neuen europäischen Währungseinheit (ECU)

Das Europäische Währungssystem wurde in den Anfangsjahren durch eine Reihe von Wechselkursanpassungen stark geschwächt. Das System erwies sich im Laufe der Zeit doch als flexibel genug, die Turbulenzen der Finanzmärkte zu überstehen. So konnte dann der Grundstein für die Europäische Wirtschafts- und Währungsunion gelegt werden.

Europäische Wirtschafts- und Währungsunion

Der unter Führung des Präsidenten der Europäischen Kommission Jacques Delors angefertigte Delors-Bericht wurde den Mitgliedstaaten im April 1989 vorgelegt und vom Europäischen Rat im Juni 1989 in Madrid angenommen. Wie schon der Werner-Plan sah auch der Delors-Bericht die Verwirklichung der Europäischen Wirtschafts- und Währungsunion in drei Stufen vor. Der Delors-Bericht ist der Ausgangspunkt der Europäischen Wirtschafts- und Währungsunion.

2 Zeitlicher Ablauf der Europäischen Wirtschafts- und Währungsunion

1. Juli 1990 Beginn der ersten Stufe der Europäischen Wirtschafts- und Währungsunion. Mit der ersten Stufe ging

- eine weitgehende Liberalisierung des Kapitalverkehrs innerhalb der Gemeinschaft,
- die Freizügigkeit für alle Dienstleistungen in Bank-, Finanz- und Versicherungsgewerbe,
- der Wegfall für die Beschränkungen einer privaten Verwendung des ECU und
- stärkere Abstimmung der Wirtschafts- und Währungspolitik

einher.

7. Februar 1992 In Maastricht wird der Vertrag über die Europäische Union unterzeichnet, der die Verwirklichung der Europäischen Wirtschafts- und Währungsunion (EWWU) bis spätestens Anfang 1999 regelt. Der Vertrag sieht wirtschaftliche Kriterien vor, die die Teilnehmerländer erfüllen müssen, um die Stabilität der gemeinsamen Währung zu sichern. In Deutschland billigen im Herbst 1993 der Bundestag und der Bundesrat den Vertrag.

1. Januar 1993 Der Europäische Binnenmarkt mit freiem Verkehr von Waren, Personen, Dienstleistungen und Kapital ist vollendet.

2. August 1993 Als Reaktion auf starke Währungsspannungen erweitern die Wirtschafts- und Finanzminister die Schwankungsbreiten zwischen den EWS-Währungen von 2,25 % auf 15 %.

2 Zeitlicher Ablauf der Europäischen Wirtschafts- und Währungsunion

1. November 1993 Die Zusammensetzung des ECU-Währungskorbes wird festgeschrieben. Der Maastricht-Vertrag tritt in Kraft.

1. Januar 1994 Beginn der zweiten Stufe der Europäischen Wirtschafts- und Währungsunion. Mit dem Beginn der zweiten Stufe

- wurde das Europäische Währungsinstitut in Frankfurt eingerichtet,

- war die Unabhängigkeit der nationalen Notenbanken herzustellen,

- trat ein Verbot der Haushaltsfinanzierung über die Notenbanken in Kraft und

- wurde ein Mechanismus zur Überwachung der öffentlichen Defizite eingerichtet.

31. Mai 1995 Die Europäische Kommission veröffentlicht ihr „Grünbuch" mit dem Referenz-Szenario für den Übergang zur gemeinsamen Währung.

15./16. Dezember 1995 Die Staats- und Regierungschefs entscheiden sich in Madrid für die Bezeichnungen „Euro" und „Cent" für die neue europäische Währung. Sie legen das technische Szenario und den Zeitplan für den voraussichtlichen Übergang zur einheitlichen Währung fest.

2 Zeitlicher Ablauf der Europäischen Wirtschafts- und Währungsunion

16./17. Juni 1997 Die EU-Staats- und Regierungschefs verabschieden in Amsterdam einen Stabilitäts- und Wachstumspakt, mit dem die Stabilität des Euro nach dem Start der Währungsunion gewährleistet werden soll. Sie einigen sich außerdem über den rechtlichen Rahmen für die Verwendung des Euro und das Nachfolgesystem des EWS (EWS II).

25. März 1998 Nachdem die Mitgliedstaaten Ende Februar ihre Haushaltsdaten für 1997 und ihre Prognosen für die Haushaltsentwicklung in 1998 der Europäischen Kommission gemeldet haben, legen die Europäische Kommission und das EWI ihre Konvergenzberichte vor und empfehlen 11 der 15 EU-Staaten für die Einführung des Euro.

1. Mai 1998 Die EU-Wirtschafts- und Finanzminister (ECOFIN-Rat) empfehlen unter Berücksichtigung der Konvergenzberichte der Europäischen Kommission und des EWI ebenso 11 EU-Staaten für die Teilnahme an der Währungsunion.

2./3. Mai 1998 Das Europäische Parlament stimmt in Brüssel über den ECOFIN-Vorschlag ab, hat aber keine Entscheidungsbefugnis. Anschließend fällt die endgültige Entscheidung über den Kreis der Teilnehmerstaaten. Die Staats- und Regierungschefs entscheiden auf Basis der Empfehlung des ECOFIN-Rates sowie unter Berücksichtigung der Stellungnahme des Europäischen Parlaments, dass 11 Länder von Anfang an, d. h. ab 1. Januar 1999, an der Währungsunion teilnehmen.

2 Zeitlicher Ablauf der Europäischen Wirtschafts- und Währungsunion

- Bestimmung des Direktoriums der Europäischen Zentralbank und des EZB-Präsidenten.

- Die Finanzminister der EU verabschieden eine Vereinbarung über die bilateralen Wechselkurse zwischen den Währungen der künftigen Euro-Staaten. Die Wechselkurse sollen den gegenwärtig gültigen Leitkursen im EWS entsprechen.

1. Juni 1998 Die Europäische Zentralbank nimmt ihre Arbeit auf.

ab Juni 1998 Verabschiedung des Nachfolgesystems des Europäischen Währungssystems, des EWS II.

- Beginn der Herstellung der Euro-Banknoten (ESZB) und der Euro-Münzen (Mitgliedstaaten).

- Schaffung des operationellen Instrumentariums der EZB/ESZB.

1. Juli 1998 TARGET: Beginn der Simulationsphase.

31. Dezember 1998 Unwiderrufliche Festsetzung der Umrechnungskurse der Währungen der teilnehmenden Mitgliedstaaten.

1. Januar 1999 Beginn der dritten Stufe der Europäischen Wirtschafts- und Währungsunion:

- Nationale Währungen sind nur noch nicht dezimale Untereinheiten des Euro.

- Der Euro existiert als Buchgeld.

2 Zeitlicher Ablauf der Europäischen Wirtschafts- und Währungsunion

	• Der ECU-Korb hört auf zu existieren, seine Umstellung auf den Euro erfolgt 1:1.
	• Inbetriebnahme des TARGET-Systems.
1. Januar 2002	Einführung des Euro als gesetzliches Zahlungsmittel.
	• Beginn des Umlaufs der Euro-Banknoten sowie Einziehung der nationalen Banknoten.
	• Beginn des Umlaufs der Euro-Münzen und der Einziehung der nationalen Münzen.
4. Januar 2002	Die Börsennotiz der Aktien erfolgt erstmals in Euro.
spätestens 1. Juli 2002	Die nationalen Währungen verlieren ihre Gültigkeit als gesetzliches Zahlungsmittel.
	• Abschluss der Umstellung der öffentlichen Verwaltung.

3 Teilnehmerstaaten

Die endgültige Entscheidung über den Teilnehmerkreis der Europäischen Währungsunion wurde am 2./3. Mai 1998 auf dem Brüsseler EU-Gipfel getroffen. Die Währungsunion startete am 1. Januar 1999 mit 11 der 15 EU-Staaten. Großbritannien/Nordirland, Dänemark und Schweden bleiben dem Euro fern. Griechenland erfüllt die Konvergenzkriterien nicht.

Teilnehmerstaaten sind Deutschland, Frankreich, Niederlande, Luxemburg, Belgien, Österreich, Irland, Finnland, Italien, Spanien und Portugal. Großbritannien, Dänemark, Schweden und Griechenland nehmen (zunächst) nicht an der Währungsunion teil.

Von der D-Mark zum Euro A

Der Entscheidung über die Teilnehmerstaaten war – wie im Vertrag von Maastricht vorgesehen – ein Konvergenzbericht der Europäischen Kommission und des EWI vorgeschaltet. Beide Institutionen empfahlen in ihrem am 25. März 1998 vorgelegten Bericht 11 Länder für die Teilnahme an der Währungsunion. Wie erwartet waren darunter trotz ihres hohen Schuldenstandes auch Italien und Belgien.

4 Endgültige Festlegung der Umrechnungskurse

Gemäß Maastricht-Vertrag werden die Umrechnungskurse für den Euro vom Europäischen Rat auf Vorschlag der Europäischen Kommission und nach Anhörung der Europäischen Zentralbank zum 1. Januar 1999 festgelegt. Um den Märkten aber schon im Vorfeld der dritten Stufe eine Orientierung zu geben und Spekulationen zu verhindern, haben sich die Minister der Teilnehmerstaaten, die Zentralbankpräsidenten dieser Staaten, die Europäische Kommission und das EWI schon auf dem Brüsseler EU-Gipfel am 2./3. Mai 1998 über das Verfahren zur Bestimmung der unwiderruflich festen Umrechnungskurse für den Euro geeinigt. Gleichzeitig wurden die bilateralen Kurse zwischen den Teilnehmerwährungen festgelegt.

Die endgültigen festen Umrechnungskurse wurden am 1. Januar 1999 festgelegt und veröffentlicht.

Offizielle Umrechnungskurse 1 Euro entspricht:		
Belgische Franc	(BEF)	40,3399
Deutsche Mark	(DEM)	1,95583
Finnmark	(FIM)	5,94573
Französische Franc	(FRF)	6,55957
Irisches Pfund	(IEP)	0,787564
Italienische Lira	(ITL)	1936,27
Luxemburgische Franc	(LUF)	40,3399
Niederländische Gulden	(NLG)	2,20371
Österreichische Schilling	(ATS)	13,7603
Portugiesische Escudo	(PTE)	200,482
Spanische Peseta	(ESP)	166,386

Diese Kurse sind gemäß der EuroVorbVO für alle Umrechnungen zu verwenden, und zwar sowohl für die Umrechnung zwischen dem Euro und den nationalen Währungen als auch für Umrechnungen zwischen den nationalen Währungen.

5 EWS II

Der Europäische Wechselkursmechanismus II ist das neue System fester, aber anpassbarer Wechselkurse in der Europäischen Union. Es hat das bestehende Wechselkurssystem zum 1. Januar 1999 ersetzt. Die Teilnahme am EWS II ist freiwillig, ist für eine spätere Teilnahme an der Währungsunion jedoch unabdingbar. Als erste hinzutretende Teilnehmerstaaten werden Großbritannien, Nordirland, Dänemark und Griechenland erwartet. So wie sich die Teilnehmer am ersten Europäischen Währungssystem (beginnend ab 1979) verpflichtet haben, die Schwankungen der nationalen Währungen der Teilnehmerstaaten innerhalb einer gewissen Bandbreite zu halten, wird auch der Europäische Wechselkursmechanismus II (EWS II) den Teilnehmerstaaten an diesem Wechselkursmechanismus Handlungspflichten auferlegen.

Aufgabe des Europäischen Wechselkursmechanismus II ist es, jene Währungen an den Euro zu koppeln, die in der ersten Phase freiwillig oder wegen der Nichteinhaltung der Konvergenzkriterien nicht am EWWU teilnehmen. Hiermit sollen die EWS II-Teilnehmerstaaten soweit wie möglich vor plötzlichen Wechselkursschwankungen geschützt werden. Ergänzend soll der wirtschaftliche Zusammenhalt zwischen den EWS II-Teilnehmerstaaten und dem Euro gestärkt werden. Die Staaten, die eine spätere Aufnahme in die EWWU anstreben, werden so in die Lage versetzt, ihre Konvergenz zum Euro-Währungsraum nachzuweisen.

Im EWS II stellt der Euro die Ankerwährung dar. Es werden Leitkurse der Währungen der EWS II-Teilnehmerstaaten gegenüber dem Euro definiert. Die Marktkurse der Währungen dürfen bis zu einer gewissen Schwankungsbreite von ihrem Leitkurs gegenüber dem Euro abweichen.

Werden die oberen bzw. unteren Interventionspunkte erreicht, sind die beteiligten Zentralbanken grundsätzlich verpflichtet, in unbegrenzter Höhe zu intervenieren und den Wechselkurs innerhalb der Spannbreite zu

Von der D-Mark zum Euro A

halten. Interventionen sollen grundsätzlich nur in Euro und anderen Teilnehmerwährungen und nicht etwa in US-Dollar erfolgen. Die Pflicht der Zentralbanken zu intervenieren findet ihre Grenze dort, wo sie die auf Geldwertstabilität ausgerichtete Geldpolitik einer Zentralbank stört.

Bislang haben sich nur Dänemark und Griechenland für eine Teilnahme am EWS II entschieden. Für die Dänische Krone wurde eine Bandbreite von 2,25 % festgelegt. Das bedeutet, dass die Krone um bis zu 2,25 % von ihrem Leitkurs gegenüber dem Euro abweichen kann, ohne dass Gegenmaßnahmen ergriffen werden. Für Griechenland wurde eine maximale Bandbreite von +/– 15 % gewählt. Großbritannien/Nordirland und Schweden stehen dem EWS bislang ablehnend gegenüber.

6 Die Europäische Zentralbank

Die Europäische Zentralbank (EZB) hat ihre Arbeit im Juni 1998 aufgenommen. Sie hat damit das Europäische Währungsinstitut (EWI) abgelöst, dessen Aufgabe es war, zur Schaffung der für den Übergang zur dritten Stufe der EWWU erforderlichen Voraussetzungen beizutragen. Zusammen mit den nationalen Zentralbanken der Euro-Teilnehmerstaaten bildet die EZB das Europäische System der Zentralbanken (ESZB). Das ESZB hat seine Arbeit am 1. Januar 1999 aufgenommen. Die bisherigen nationalen, voneinander unabhängigen Zentralbanken der EWWU-Teilnehmerstaaten haben damit ihre geldpolitische Autonomie verloren und einen großen Teil ihrer Kompetenzen an die EZB abgetreten. Sie sind zu ausführenden Organen der EZB geworden, können aber im EZB-Rat mitwirken.

Organisatorischer Aufbau der EZB

Die EZB wird von zwei Organen geführt, vom Direktorium und vom Europäischen Zentralbankrat.

Das Direktorium der EZB wird vom Rat der Regierungschefs der Europäischen Union ernannt und besteht aus sechs Personen, dem Präsidenten der EZB, dem Vizepräsidenten und vier weiteren Mitgliedern. Die Mitglieder des ersten Direktoriums der EZB wurden am 2. Mai 1998 in Brüssel ausgewählt.

6 Die Europäische Zentralbank

Erster EZB-Präsident ist der Niederländer Willem F. Duisenberg, der bereits das EWI, den Vorgänger der EZB, erfolgreich geleitet hat. Als deutscher Vertreter im EZB-Direktorium wurde Otmar Issing, bisheriger Chefvolkswirt der Deutschen Bundesbank und Mitglied des Bundesbank-Direktoriums, nominiert.

Der EZB-Rat umfasst die sechs Mitglieder des Direktoriums und die nationalen Zentralbankpräsidenten der Teilnehmerstaaten. Alle Mitglieder des EZB-Rates besitzen eine Stimme. Bei Stimmengleichheit gibt die Stimme des Präsidenten den Ausschlag.

EZB-Rat
Europäischer Zentralbankrat

Direktorium
1 Präsident
1 Vizepräsident
4 weitere Mitglieder

Präsidenten
der 11 nationalen Zentralbanken

Der EZB-Rat ist oberstes Entscheidungsgremium der EZB. Er bestimmt die Geldpolitik und erlässt Leitlinien für die Ausführung. Das Direktorium führt die Geldpolitik gemäß den Leitlinien und Entscheidungen des EZB-Rates aus. Es erteilt hierzu den nationalen Zentralbanken die erforderlichen Weisungen. Den nationalen Notenbanken obliegt dann die technische Umsetzung der geldpolitischen Maßnahmen in den jeweiligen EU-Ländern.

Aufgaben des ESZB

Oberstes Ziel des ESZB und damit der EZB ist die Sicherung der Preisstabilität. Die Finanzierung öffentlicher Haushaltsdefizite ist der EZB verboten, um ihre Unabhängigkeit zu gewährleisten und sie in die Lage zu versetzen, eine stabilitätsorientierte Geldpolitik umzusetzen. Die Kompetenz der Geldpolitik geben die einzelnen Teilnehmerstaaten an die EZB ab, ihnen bleibt als Steuerungsinstrument allein die Fiskalpolitik.

Von der D-Mark zum Euro

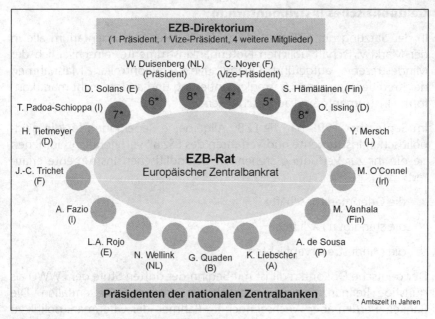

Abb. 1: Organisatorischer Aufbau der Europ. Zentralbank

Die Gewährleistung der Preisstabilität hat oberste Priorität. Neben diesem Hauptziel soll die EZB weitere Ziele verfolgen, die jedoch hinter dem Hauptziel zurückstehen:

- Unterstützung der allgemeinen Wirtschaftspolitik in der Europäischen Union,
- Förderung des reibungslosen Funktionierens des Zahlungsverkehrs,
- Verwaltung der offiziellen Währungsreserven der Mitgliedstaaten,
- Abschluss von Devisengeschäften.

Zur Förderung des reibungslosen Funktionierens des Zahlungsverkehrs hat die ESZB mit Beginn der Währungsunion das TARGET-System eingeführt, das die Zahlungsverkehrssysteme der nationalen Zentralbanken miteinander verbindet und grenzüberschreitende Überweisungen schneller und effizienter abwickeln soll.

Geldpolitisches Instrumentarium

In der Satzung der EZB sind als geldpolitisches Instrumentarium alle in der Marktwirtschaft üblichen Notenbankinstrumente, einschließlich der Mindestreserve, aufgeführt. Quantitative Kreditkontrollen, Maßnahmen der Kreditlenkung oder Zinsreglementierung und andere nicht marktkonforme Instrumente sind ausgeschlossen.

Im September 1998 hat die EZB „Allgemeine Regelungen für die geldpolitischen Instrumente und Verfahren des ESZB" veröffentlicht, in denen sie die ihr zur Verfügung stehenden geldpolitischen Instrumente erläutert:

- die Offenmarktgeschäfte
- die ständigen Fazilitäten
- die Mindestreservepflichten

Der deutsche Diskontkredit ist mit Beginn der dritten Stufe der EWWU als günstige Refinanzierungsmöglichkeit der Kreditinstitute entfallen. Die Banken werden aber Wechsel noch im Rahmen der Offenmarktpolitik zu Marktkonditionen einreichen können.

Offenmarktgeschäfte

Das wichtigste Instrument der Geldpolitik ist die Offenmarktpolitik. Offenmarktgeschäfte werden eingesetzt, um die Zinssätze und Liquidität am Markt zu steuern und Signale bezüglich des geldpolitischen Kurses zu geben. Dem ESZB stehen folgende fünf Arten von Instrumenten zur Durchführung von Offenmarktgeschäften zur Verfügung:

- als Hauptrefinanzierungsinstrument die regelmäßig stattfindenden liquiditätszuführenden befristeten Transaktionen in Form von Pensionsgeschäften oder Pfandkrediten,
- definitive Käufe und Verkäufe von zentralbankfähigen Wertpapieren durch die nationalen Zentralbanken am offenen Markt,
- die Emission von Schuldverschreibungen mit einer maximalen Laufzeit von 12 Monaten,

- die Hereinnahme von Termineinlagen zur Liquiditätsabsorption,
- der Abschluss von Devisenswapgeschäften durch die nationalen Zentralbanken oder die EZB.

Ständige Fazilitäten

Den in der EWWU niedergelassenen mindestreservepflichtigen Instituten stehen die beiden ständigen Fazilitäten, die Spitzenrefinanzierungsfazilität und die Einlagenfazilität, zur Verfügung. Die ständigen Fazilitäten dienen dazu, Übernachtliquidität bereitzustellen oder zu absorbieren. Sie sollen Signale zum allgemeinen Kurs der Geldpolitik geben und einen Zinskorridor für die Geldmarktsätze für Tagesgelder abstecken.

- Die Banken können die Spitzenrefinanzierungsfazilität nutzen, um sich Übernachtliquidität von den nationalen Notenbanken zu einem vorgegebenen Zinssatz gegen refinanzierungsfähige Sicherheiten zu beschaffen. Der Zinssatz für diese Fazilität bildet die obere Grenze für den Geldmarktsatz. Damit entspricht dieses Instrumentarium im Wesentlichen dem bisher von der Deutschen Bundesbank gewährten Lombardkredit.

- Die Einlagenfazilität dient zur Anlage überschüssiger Liquidität der Kreditinstitute bei den nationalen Notenbanken bis zum nächsten Geschäftstag. Der Zinssatz für die Einlagenfazilität soll die Untergrenze für den Geldmarktsatz darstellen.

Mindestreserven

Die EZB hat für Kreditinstitute im Euro-Währungsraum die Einführung einer in allen Teilnehmerstaaten einheitlichen Mindestreservepflicht mit einem Reservesatz in Höhe von 2% beschlossen. Die Einlagen werden mit einem Satz verzinst, der dem Zinssatz für das Hauptrefinanzierungsinstrument entspricht. Die jeweilige Reservepflicht eines Instituts wird anhand bestimmter Positionen seiner Bilanz festgelegt. Die Mindestreserveguthaben müssen im Monatsdurchschnitt erfüllt werden.

Rechtliche Grundlagen für den Übergang auf den Euro

1 Einleitung

Grundlage der Europäischen Währungsunion ist der am 7. Februar 1992 in Maastricht von den Vertretern der damals 12 Mitgliedstaaten unterzeichnete Vertrag über die Europäische Union (Maastricht-Vertrag). Der Maastricht-Vertrag gliedert sich in sieben Titel.

Vertrag über die Europäische Union (Maastricht-Vertrag)	
Titel I	Gemeinsame Bestimmungen
Titel II	Bestimmungen zur Änderung des Vertrages zur Gründung der Europäischen Wirtschaftsgemeinschaft im Hinblick auf die Gründung der Europäischen Gemeinschaft
Titel III	Bestimmungen zur Änderung des Vertrages über die Gründung der Europäischen Gemeinschaft für Kohle und Stahl
Titel IV	Bestimmungen zur Änderung des Vertrages zur Gründung der Europäischen Atomgemeinschaft
Titel V	Bestimmungen über die Gemeinsame Außen- und Sicherheitspolitik
Titel VI	Bestimmungen über die Zusammenarbeit in den Bereichen Justiz und Inneres
Titel VII	Schlussbestimmungen

Die für die weiteren Inhalte dieses Buches wesentlichen Regelungen, denen auch in der Öffentlichkeit das Hauptaugenmerk zuteil wurde, sind in den Titeln I und II des EG-Vertragswerkes enthalten.

EG-Vertrag

Art. 2 [Aufgabe der Gemeinschaft]

Aufgabe der Gemeinschaft ist es, durch die Errichtung eines Gemeinsamen Marktes und einer Wirtschafts- und Währungsunion sowie durch die Durchführung der in den Artikeln 3 und 3a genannten gemeinsamen Politiken oder Maßnahmen eine harmonische und ausgewogene Entwicklung des Wirtschaftslebens innerhalb der Gemeinschaft, ein beständiges, nichtinflationäres und umweltverträgliches Wachstum, einen hohen Grad an Konvergenz der Wirtschaftsleistungen, ein hohes Beschäftigungsniveau, ein hohes Maß an sozialem Schutz, die Hebung der Lebenshaltung und der Lebensqualität, den wirtschaftlichen und sozialen Zusammenhalt und die Solidarität zwischen den Mitgliedstaaten zu fördern.

Art. 3a [Tätigkeit der Gemeinschaft in der Wirtschafts- und Währungsunion]

(1) Die Tätigkeit der Mitgliedstaaten und der Gemeinschaft im Sinne des Artikel 2 umfasst nach Maßgabe dieses Vertrages und der darin vorgesehenen Zeitfolge die Einführung einer Wirtschaftspolitik, die auf einer engen Koordinierung der Wirtschaftspolitik der Mitgliedstaaten, dem Binnenmarkt und der Festlegung gemeinsamer Ziele beruht und dem Grundsatz einer offenen Marktwirtschaft mit freiem Wettbewerb verpflichtet ist.

(2) Parallel dazu umfasst diese Tätigkeit nach Maßgabe dieses Vertrages und der darin vorgesehenen Zeitfolge und Verfahren die unwiderrufliche Festlegung der Wechselkurse im Hinblick auf die Einführung einer einheitlichen Währung, der ECU, sowie der Festlegung und Durchführung einer einheitlichen Geld- sowie Wechselkurspolitik, die beide vorrangig das Ziel der Preisstabilität verfolgen und unbeschadet dieses Zieles die allgemeine Wirtschaftspolitik in der Gemeinschaft unter Beachtung des Grundsatzes einer offenen Marktwirtschaft mit freiem Wettbewerb unterstützen sollen.

Ziele der Europäischen Gemeinschaft

Gemäß Artikel B. der Gemeinsamen Bestimmungen (Titel I) hat sich die Union unter anderem die Förderung eines ausgewogenen und dauerhaf-

Rechtliche Grundlagen für den Übergang auf den Euro B

ten wirtschaftlichen und sozialen Fortschritts, insbesondere durch die Schaffung eines Raumes ohne Binnengrenzen, durch Stärkung des wirtschaftlichen und sozialen Zusammenhalts und durch Errichtung einer Wirtschafts- und Währungsunion, die auf längere Sicht auch eine einheitliche Währung nach Maßgabe dieses Vertrages umfasst, zum Ziel gesetzt.

Der EG-Vertrag über die „Bestimmungen zur Änderung des Vertrages zur Gründung der Europäischen Wirtschaftsgemeinschaft im Hinblick auf die Gründung der Europäischen Gemeinschaft" (Titel II) definiert als wesentliche Änderungen neue Ziele und Bereiche neuer europäischer Politik, wie etwa die Wirtschafts- und Währungsunion. Dies hat insbesondere in Art. 2 und Art. 3a des Vertrages zur Gründung der Europäischen Gemeinschaft Niederschlag gefunden.

Basierend auf den zitierten Aufgaben und Tätigkeiten der Gemeinschaft beinhaltet der Vertrag zur Gründung der Europäischen Gemeinschaft noch verschiedene Regelungen, die weitere Rahmenbedingungen für die Einführung der Europäischen Wirtschafts- und Währungsunion (EWWU) festlegen. Der durch den Maastricht-Vertrag geänderte Vertrag zur Gründung der Europäischen Gemeinschaft trat am 1. November 1993 in Kraft. Damit wurde gleichzeitig die Einführung einer gemeinsamen Währung in den an der EWWU teilnehmenden Staaten beschlossen.

Die Gesetzgebungsverfahren für die Einführung einer Wirtschafts- und Währungsunion waren aber keineswegs mit dem Inkrafttreten des Vertrages zur Gründung der Europäischen Union am 1. November 1993 erledigt. Aufbauend auf dem Vertrag zur Gründung der Europäischen Union hat der Rat der Europäischen Kommission zwei EU-Verordnungen erlassen, die nachfolgend beschrieben werden. Daneben obliegt die Hauptlast der Umsetzung der Wirtschafts- und Währungsunion in die jeweiligen Rechtsordnungen innerhalb der Gemeinschaft dem jeweiligen nationalen Gesetzgeber.

Der deutsche Gesetzgeber ist dieser Verpflichtung insbesondere durch die Verabschiedung des Stückaktiengesetzes, des Ersten und des Zweiten Euro-Einführungsgesetzes und durch die Vorbereitung des Dritten Euro-Einführungsgesetzes nachgekommen. Die Inhalte dieser Gesetze einerseits und ein möglicherweise noch ausstehender Handlungsbedarf andererseits sind weitere Themen dieses Abschnittes.

2 Verordnungen des Rates der Europäischen Union

Zur Wahrnehmung seiner Aufgaben zur Vorbereitung der Wirtschafts- und Währungsunion enthält Art. 109 I Abs. 4 Satz 3 EGV eine Ermächtigungsgrundlage, die es dem Rat der Europäischen Union ermöglicht, alle Maßnahmen, die für die rasche Einführung des Euro als einheitliche Währung der Mitgliedstaaten erforderlich sind, zu treffen. Diese Ermächtigungsgrundlage gilt erst, seitdem der Rat die unwiderruflich festen Euro-Umrechnungskurse festgestellt hat, also seit dem 1. Januar 1999. Alle Regelungen, die im Interesse der Rechtssicherheit und zur Vorbereitung auf die Einführung des Euro schon vor dem 1. Januar 1999 notwendig waren, wurden auf Art. 235 EGV gestützt. Dieser Artikel ermächtigt den Rat der Europäischen Union, geeignete Vorschriften zu erlassen, wenn ein Tätigwerden der Gemeinschaft erforderlich erscheint, um im Rahmen des Gemeinsamen Marktes eines der Ziele zu verwirklichen, und die hierfür erforderlichen Befugnisse nicht vorgesehen sind.

Euro-Vorbereitungsverordnung

Im Ergebnis hat der Rat der Europäischen Union den bestehenden Regelungsbedarf auf zwei Verordnungen verteilt. Die Euro-Vorbereitungsverordnung (Verordnung (EG) Nr. 1103/97 über bestimmte Vorschriften im Zusammenhang mit der Einführung des Euro) wurde auf Art. 235 EGV gestützt und enthält Regelungen zum Grundsatz der Vertragskontinuität und der Vorgehensweise bei der Umrechnung. Diese Regelungen sind im Interesse der Rechtssicherheit, der Transparenz hinsichtlich der Auswirkungen auf bestehende Verträge und der einheitlichen Umstellung der EDV-Systeme auf den Euro vor dem 1. Januar 1999 erlassen worden. Die Euro-Vorbereitungsverordnung ist seit dem 20. Juni 1997 in Kraft.

Euro-Einführungsverordnung

Sämtliche sonstigen Regelungen des Rates im Zusammenhang mit der Einführung des Euro wurden in der Euro-Einführungsverordnung (Verordnung (EG) Nr. 974/98 über die Einführung des Euro) zusammengefasst. Diese Verordnung ist am 1. Januar 1999 in Kraft getreten.

Beide Verordnungen des Rates der Europäischen Union müssen in den einzelnen Nationalstaaten nicht mehr umgesetzt werden. Gemäß Art.

Rechtliche Grundlagen für den Übergang auf den Euro

189 haben die Verordnungen allgemeine Geltung. Sie sind in allen ihren Teilen verbindlich und gelten unmittelbar in jedem Mitgliedstaat, d. h. auch in den Mitgliedstaaten, die am 1. Januar 1999 noch nicht an der Währungsunion teilnehmen (Großbritannien, Nordirland, Dänemark, Schweden, Griechenland).

> Die Verordnungen des Rates der Europäischen Union haben allgemeine Geltung. Sie sind in allen ihren Teilen verbindlich und gelten unmittelbar in jedem Mitgliedstaat. Eine Umsetzung in nationale Gesetze ist somit nicht erforderlich.

2.1 Die Euro-Vorbereitungsverordnung (EuroVorbVO)

Die Vorschriften der EuroVorbVO wurden in sechs Artikeln zusammengefasst:

- Art. 1 EuroVorbVO: Definitionen
- Art. 2 EuroVorbVO: Ersetzung des ECU 1:1 durch den Euro
- Art. 3 EuroVorbVO: Grundsatz der Vertragskontinuität
- Art. 4 EuroVorbVO: Vorschriften für die Umrechnung
- Art. 5 EuroVorbVO: Rundungsregeln
- Art. 6 EuroVorbVO: Inkrafttreten

Art. 1 EuroVorbVO: Definitionen
Art. 1 EuroVorbVO schafft Begriffsklarheit, indem er Begriffe wie „Rechtsinstrumente", „teilnehmende Mitgliedstaaten", „Umrechnungskurse", „nationale Währungseinheiten" und „Euro-Einheit" definiert.

Art. 2 EuroVorbVO: Ersetzung der ECU 1:1 durch den Euro
Gemäß Art. 2 EuroVorbVO wird jede Bezugnahme in einem Rechtsinstrument auf die ECU durch eine Bezugnahme auf den Euro zum Kurs von 1 Euro für 1 ECU ersetzt.

Art. 3 EuroVorbVO: Grundsatz der Vertragskontinuität
Der Art. 3 EuroVorbVO statuiert den Grundsatz der Vertragskontinuität. Damit wird klargestellt, dass die Einführung des Euro weder eine Veränderung von Bestimmungen in Rechtsinstrumenten noch eine Schuldbefreiung oder Nichterfüllung von Verpflichtungen rechtfertigt, wobei dies

vorbehaltlich etwaiger Vereinbarungen der Parteien gilt. Die Regelungen zum Grundsatz der Vertragskontinuität sind im Kapitel C „Vertragsrecht" datailliert dargestellt.

Art. 4 EuroVorbVO: Vorschriften für die Umrechnung

Art. 4 EuroVorbVO bestimmt die Form und die Genauigkeit der unwiderruflich fixierten Umrechnungskurse der nationalen Währungen zum Euro. Die Festlegung der Umrechnungskurse erfolgte mit sechs signifikanten Stellen, d.h., die Kurse weisen ab der von links gezählten ersten Stelle, die nicht eine Null ist, sechs Ziffern auf. Bei Umrechnungen dürfen die zugrunde gelegten Kurse nicht gerundet oder gekürzt werden. Sie gelten für die Umrechnung von Euro in eine nationale Währungseinheit und umgekehrt. Von den Umrechnungskursen abgeleitete inverse Kurse dürfen nicht verwendet werden. Art. 4 EuroVorbVO legt weiterhin explizit die sogenannte Dreiecksmethode als einzig zulässige Umrechnungsmethode fest. Eine andere Berechnungsmethode ist nur zulässig, wenn sie zu demselben Ergebnis führt.

Art. 5 EuroVorbVO: Rundungsregeln

Art. 5 EuroVorbVO legt Rundungsregelungen fest. Zu zahlende oder zu verbuchende Beträge sollen bei einer Rundung, die nach einer Umrechnung in die Euro-Einheit erfolgt, auf den nächstliegenden Cent auf- oder abgerundet werden.

Eine genaue Erläuterung der in Art. 4 und 5 EuroVorbVO vorgeschriebenen Umrechnungs- und Rundungsverfahren erfolgt in Kapitel J „Umrechnungs- und Rundungsregeln im Euro-Währungsraum".

2.2 Die Euro-Einführungsverordnung (EuroEinfVO)

Die wesentlichen Fragen der rechtlichen Umstellung auf den Euro werden in der Euro-Einführungsverordnung aufgegriffen, die am 1. Januar 1999 in Kraft getreten ist. Diese Verordnung basiert auf Art. 109 I Abs. 4 EGV. Durch diesen Bezug bindet sie nur die elf Teilnehmerstaaten der Europäischen Währungsunion, nicht die übrigen EU-Staaten Großbritannien, Dänemark, Schweden und Griechenland.

Im Einzelnen enthält die Euro-Einführungsverordnung verbindliche Vorschriften über die Währungsumstellung, die Einführung von auf Euro lautenden Banknoten und Münzen und die Übergangszeit, in der die nationalen Zahlungsmittel neben dem Euro parallel benutzt werden können.

Euro-Einführungsverordnung		
Teil I	(Art. 1):	Definitionen
Teil II	(Art. 2 – Art. 4):	Ersetzung der Währungen der teilnehmenden Mitgliedstaaten durch den Euro
Teil III	(Art. 5 – Art. 9):	Übergangsbestimmungen
Teil IV	(Art. 10 – Art. 12):	Euro-Banknoten und Euro-Münzen
Teil V	(Art. 13 – Art. 16):	Schlussbestimmungen
Teil VI	(Art. 17):	Inkrafttreten

● **Teil I und II**
Während Teil I der EuroEinfVO ausschließlich Definitionen festlegt, gilt gemäß Teil II seit dem 1. Januar 1999 der Euro als neue gemeinsame Währungseinheit der teilnehmenden Mitgliedstaaten. Ein Euro unterteilt sich in 100 Cent.

● **Teil III**
Teil III enthält Vorschriften, die nur während der dreijährigen Übergangsphase vom 1. Januar 1999 bis zum 31. Dezember 2001 gelten. In dieser Zeit wird der Euro gemäß den Umrechnungskursen in die nationalen Währungen unterteilt (Art. 6 Abs. 1 EuroEinfVO), das heißt, der Euro wird durch diese Währungen denominiert.

Der Euro und die nationalen Währungen sind ab dem 1. Januar 1999 nur noch unterschiedliche Bezeichnungen ein und derselben Währung.

„Kein Zwang – Keine Behinderung"

Für den privaten Rechts- und Geschäftsverkehr gilt nach Art. 6 Abs. 2 EuroEinfVO der Grundsatz der Privatautonomie, der während der Übergangsphase die Wahlfreiheit zwischen Euro und den nationalen

Währungen der Teilnehmerländer ermöglicht. Die Bezugnahme auf eine nationale Währungseinheit ist danach in rechtlichen Instrumenten ebenso gültig wie eine Bezugnahme auf die Euro-Einheit. Dieser Grundsatz hat sich in der Formel „Kein Zwang – Keine Behinderung" niedergeschlagen. Allerdings kommen bis zur Ausgabe von Euro-Banknoten und -Münzen bei Barzahlungen nur die nationalen Währungseinheiten in Betracht.

Gem. Art. 7 EuroEinfVO ändert die Ersetzung der Währungen der teilnehmenden Mitgliedstaaten durch den Euro als solche nicht die Währungsbezeichnung der am Tag der Ersetzung bestehenden Rechtsinstrumente (Verwaltungsakte, Gerichtsurteile, Verträge usw.).

Verwendung einer bestimmten Währungseinheit

Art. 8 EuroEinfVO regelt die für die Ausführung von Handlungen maßgebliche Währungseinheit. So sind Handlungen, die aufgrund von Rechtsinstrumenten erfolgen, die die Verwendung einer nationalen Währungseinheit vorschreiben oder auf diese lauten, in dieser nationalen Währungseinheit auszuführen. Handlungen, die aufgrund von Rechtsinstrumenten erfolgen, die die Verwendung der Euro-Einheit vorschreiben oder auf sie lauten, werden in der Euro-Einheit ausgeführt.

Abweichend von diesem Grundsatz kann nach Art. 8 Abs. 3 EuroEinfVO jeder Betrag, der in Euro oder in der nationalen Währungseinheit eines bestimmten Mitgliedstaates denominiert ist und innerhalb dieses Mitgliedstaates durch Gutschrift auf das Konto des Gläubigers zahlbar ist, vom Schuldner entweder in der Euro-Einheit oder in der nationalen Währungseinheit gezahlt werden. Der Betrag wird dem Gläubiger in der Währungseinheit gutgeschrieben, in der sein Konto geführt wird.

Der Schuldner kann also eine Zahlung in einer anderen Währungseinheit leisten als der Einheit, in der seine Verbindlichkeit denominiert ist. Das Institut, bei dem die Zahlung eingeht, muss den Betrag dem Konto des Gläubigers in der Währungseinheit seines Kontos gutschreiben. Es ist dazu verpflichtet, Umrechnungen zum jeweiligen festen Umrechnungskurs vorzunehmen, wenn der eingehende Betrag nicht auf dieselbe Währungseinheit wie die Währungseinheit des Kontos des Empfängers lautet.

Grenzüberschreitende Zahlungen

Die Bestimmungen des Art. 8 Abs. 3 EuroEinfVO gelten für alle grenzüberschreitenden Zahlungen im Wege von Kontogutschriften, deren Empfängerkonto in einem Teilnehmerstaat in der Euro-Einheit oder in der nationalen Währungseinheit des Teilnehmerstaates geführt wird. Nicht unter die Bestimmungen fallen Zahlungen nach oder innerhalb von nicht zur EU gehörenden Ländern. Zahlungen aus solchen Ländern fallen unter die Vorschrift, vorausgesetzt sie treffen auf einem in einem Teilnehmerstaat befindlichen Konto ein und lauten auf Euro oder die nationale Währung eines Mitgliedstaates, in dem sich das Empfängerkonto befindet.

Art. 8 Abs. 4 EuroEinfVO ermächtigt die Mitgliedstaaten, Maßnahmen zur Umstellung von Schuldverschreibungen auf den Euro zu ergreifen.

Regelungen für Bargeldzahlungen

Während der Übergangsphase behalten Banknoten und Münzen, die auf eine nationale Währungseinheit lauten, innerhalb ihres jeweiligen Gültigkeitsgebietes ihre Eigenschaft als gesetzliches Zahlungsmittel (Art. 9 EuroEinfVO).

Da Euro-Banknoten und -Münzen erst am Ende der Übergangsphase, spätestens ab 1. Januar 2002 zur Verfügung stehen, müssen bis dahin alle Barzahlungen in den nationalen Währungseinheiten geleistet werden. Ein Gläubiger muss daher zur Begleichung einer auf Euro lautenden Verbindlichkeit die nationalen Zahlungsmittel akzeptieren.

- **Teil IV**

In Teil IV wird die Einführung der Euro-Banknoten und -Münzen geregelt. Spätestens am 1. Januar 2002 sollen die Europäische Zentralbank und die nationalen Zentralbanken der Teilnehmerstaaten Euro-Banknoten ausgeben. Ab demselben Zeitpunkt sollen die Teilnehmerstaaten auf Euro bzw. Cent lautende Münzen in Umlauf bringen. Gemäß Art. 12 EuroEinfVO haben die teilnehmenden Mitgliedstaaten sicherzustellen, dass es angemessene Sanktionen gegen die Fälschung des Geldes gibt.

- **Teil V**
Der mit „Schlussbestimmungen" überschriebene Teil V beinhaltet Bestimmungen für die Zeit nach der Übergangsphase. Nach dem 1. Januar 2002 sind Bezüge auf die nationalen Währungseinheiten als solche auf die Euro-Einheit zu verstehen. Dabei ist der jeweilige Umrechnungskurs zugrunde zu legen. Die nationalen Banknoten und Münzen bleiben in ihrem jeweiligen Hoheitsgebiet noch bis zum Ablauf von 6 Monaten nach dem Ende der Übergangszeit gültig, sofern der Zeitraum nicht durch nationale Rechtsvorschriften verkürzt wird.

3 Stand der Umsetzungen in Deutschland

Neben die beiden Verordnungen der EU tritt ergänzend die Gesetzgebung auf nationaler Ebene, die das Europäische Gemeinschaftsrecht ergänzt. Dazu wurden bisher vom deutschen Gesetzgeber verschiedene Gesetze und Verordnungen geschaffen, die die erforderlichen Voraussetzungen für eine erfolgreiche Einführung des Euro in Deutschland schaffen sollen.

3.1 Stückaktiengesetz (StückAG)

Am 1. April 1998 ist das Gesetz über die Zulassung von Stückaktien (Stückaktiengesetz) in Kraft getreten. Es wurde im Bundesgesetzblatt Jg. 1998 Teil I Nr. 19 Seite 590 veröffentlicht.

Bisher mussten nach deutschem Aktienrecht alle Aktien auf einen Nennbetrag lauten. Seit Inkrafttreten des Stückaktiengesetzes ist alternativ auch die Ausgabe von Stückaktien erlaubt, d. h., es dürfen Aktien ohne Nennwert ausgegeben werden. Diese Aktien lauten nicht auf einen Nennbetrag, repräsentieren aber einen Anteil am satzungsmäßig festgelegten Grundkapital der Gesellschaft, d. h., sie haben einen fiktiven Nennbetrag.

Eine Umstellung auf nennwertlose Aktien erspart Aktiengesellschaften bei der schlichten Umrechnung der Nennbeträge des Grundkapitals und der einzelnen Aktien von DM in Euro und bei der anschließenden Glättung

Rechtliche Grundlagen für den Übergang auf den Euro **B**

der dabei entstehenden gebrochenen, optisch wenig attraktiven Euro-Beträge viel Aufwand.

Ein Unternehmen, das auf Stückaktien übergeht, muss nicht jede einzelne Aktie auf Euro umstellen und glätten. Es rechnet nur das Grundkapital insgesamt um, wobei es den dabei entstehenden krummen Betrag beibehalten darf oder freiwillig durch eine geringe Kapitalmaßnahme glätten kann. Die Umstellung der einzelnen Aktien ist entbehrlich, da sie nicht mehr auf einen Nennbetrag lauten.

Die Umstellung auf Aktien ohne Nennbetrag (Stückaktien) bietet Aktiengesellschaften einen eleganten und kostengünstigen Weg, die Umstellung zu bewältigen. Nähere Ausführungen enthält das Kapitel D „Gesellschaftsrecht".

3.2 Euro-Einführungsgesetz (EuroEG)

> Das deutsche Euro-Einführungsgesetz besteht aus 16 Artikeln, die verschiedene Gesetzesänderungen insbesondere im Vertrags-, Währungs-, Bilanz- und Gesellschaftsrecht enthalten.

Das Gesetz zur Einführung des Euro (Euro-Einführungsgesetz – EuroEG) wurde am 15. Juni 1998 im Bundesgesetzblatt Jg. 1998 in Teil I Nr. 34 Seite 1242 ff. veröffentlicht.

Die einzelnen Bestandteile des Gesetzes sollen im Folgenden vorgestellt werden. Die Regelungen z. B. des HGB, des AktG oder des GmbHG, die durch das EuroEG geändert werden, werden im Folgenden durch den Zusatz „neue Fassung", kurz „n.F.", gekennzeichnet, also mit HGB n.F., AktG n.F. oder GmbHG n.F. zitiert.

3.2.1 Diskontsatz-Überleitungs-Gesetz (Art. 1 EuroEG)

In insgesamt 59 Vorschriften des Bundesrechts und zahlreichen landesrechtlichen Vorschriften wird auf den Diskontsatz der Deutschen Bundesbank Bezug genommen. Auch viele Verträge der öffentlichen Hand und privatrechtliche Vereinbarungen knüpfen an diesen Referenzzinssatz an.

Den Diskontsatz der Bundesbank gibt es seit dem 1. Januar 1999 jedoch nicht mehr, da die Befugnis der Bundesbank zur Festsetzung des Diskontsatzes mit der Einführung des Euro entfallen ist. Um aber Gesetze und Verträge, die auf diesen Zinssatz Bezug nehmen, nicht ins Leere laufen zu lassen, bedarf es des Ersatzes durch eine andere Bezugsgröße.

Übergangsregelung für den Diskontsatz der Deutschen Bundesbank

Um erhebliche Zinsausfälle und Vertragsanpassungen durch den Wegfall des Diskontsatzes der Bundesbank zu vermeiden, wurde in § 1 Abs. 1 DÜG eine Diskontsatz-Überleitungsregelung geschaffen. An die Stelle des Diskontsatzes der Bundesbank soll für einen dreijährigen Übergangszeitraum eine Ersatzgröße treten, ein so genannter Basiszinssatz. Dieser Basiszinssatz ist der am 31. Dezember 1998 geltende Diskontsatz der Deutschen Bundesbank. Er wird jeweils am 1. Januar, 1. Mai und 1. September eines jeden Jahres um genau die Prozentpunkte angepasst, um die sich eine bestimmte Bezugsgröße der EZB verändert. Der Basiszinssatz wird nicht angepasst, wenn sich die Bezugsgröße um weniger als 0,5 % verändert hat.

Diese Bezugsgröße der EZB, zu der sich der Basiszinssatz parallel entwickeln soll, wurde von der Bundesregierung durch Rechtsverordnung festgelegt. Die Regierung sollte nach § 1 Abs. 2 DÜG hierfür dasjenige Steuerungsmittel der EZB wählen, das nach seiner Aufgabe, Änderungshäufigkeit und Wirkungsweise dem Diskontsatz der Deutschen Bundesbank am ehesten entspricht. Hierfür hat die Regierung in der Basiszinssatz-Bezugsgrößen-Verordnung (BazBV) den Zinssatz für längerfristige Refinanzierungsgeschäfte (LRG-Satz) der EZB bestimmt.

Der Diskontsatz der Deutschen Bundesbank wird vom 1. Januar 1999 bis zum 31. Dezember 2001 durch einen Basiszinssatz ersetzt. Als erster Basiszinssatz wurde der Diskontsatz der Deutschen Bundesbank vom 31. Dezember 1998 festgelegt, der zu diesem Stichtag 2,50 Prozent betrug. Der Basiszins verändert sich um die Prozentpunkte, um welche der Zinssatz für längerfristige Refinanzierungsgeschäfte (LRG-Satz) der EZB seit der letzten Veränderung des Basiszinssatzes gestie-

Rechtliche Grundlagen für den Übergang auf den Euro B

gen oder gefallen ist. Voraussetzung für eine Anpassung ist jedoch, dass sich der LRG-Satz um mindestens 0,5 Prozentpunkte verändert hat. Um rechtliche Kontinuität zu gewährleisten, wird der Basiszinssatz nur alle 4 Monate auf Änderungsbedarf überprüft.

Von Januar bis April 1999 betrug der Basiszins 2,50 Prozent. Mit Wirkung zum 1. Mai 1999 hat die Deutschen Bundesbank den Basiszinssatz erstmals bei einer routinemäßigen Überprüfung neu auf 1,95 Prozent festgesetzt. Der neue Satz wurde im Bundesanzeiger vom 30. April 1999 bekanntgegeben.

Berechnung des neuen Basiszinssatzes:

Der erste LRG-Satz, der Anfang Januar festgestellt wurde, betrug 3,08 Prozent. Der LRG-Satz von April 1999 betrug 2,53 Prozent. Daraus ergibt sich ein Zinsrückgang von 0,55 Prozentpunkten. Da der Zinsrückgang eine Änderung von mehr als 0,5 Prozentpunkte darstellt, wurde der alte Basiszinssatz angepasst, also um 0,55 Prozentpunkte auf 1,95 Prozent gesenkt.

Das Diskontsatz-Überleitungsgesetz beinhaltet jedoch nur eine Übergangsregelung für die Zeit vom 1. Januar 1999 bis zum 31. Dezember 2001. Bis zum Ablauf dieser Übergangsphase müssen alle Vorschriften und Verträge, die auf den Diskontsatz Bezug nehmen, geändert und gegebenenfalls an einen neuen Referenzzinssatz, z.B. direkt an den LRG-Satz, gekoppelt werden.

Für laufende Zinsforderungen gilt eine besondere Übergangsvorschrift. Soweit Zinsen für einen Zeitraum vor dem Inkrafttreten des DÜG geltend gemacht werden, bezeichnet gemäß § 2 DÜG eine Bezugnahme auf den Basiszinssatz den Diskontsatz der Bundesbank in der in diesem Zeitraum maßgebenden Höhe.

Wird in einem Gesetz auf den Zinssatz für Kassenkredite des Bundes Bezug genommen, tritt gemäß § 3 Abs. 1 DÜG an dessen Stelle der um 1,5 Prozentpunkte erhöhte Basiszinssatz.

3 Stand der Umsetzungen in Deutschland

Überleitungsregeln für Lombardsatz und FIBOR

Durch § 3 Abs. 2 DÜG wurde die Bundesregierung ermächtigt, durch Rechtsverordnung mit Zustimmung des Bundesrates den Lombardsatz und den FIBOR als Bezugsgrößen durch diejenigen Steuerungsmittel der EZB zu ersetzen, die ihnen in ihrer Funktion am ehesten entsprechen.

Durch die Lombardsatz-Überleitungsverordnung (LombardV), veröffentlicht im Bundesgesetzblatt Jg. 1998 Teil I Nr. 84 Seite 3819, wurde der Lombardsatz durch den Zinssatz der Spitzenrefinanzierungsfazilität der EZB (SRF-Satz) mit Wirkung zum 1. Januar 1999 ersetzt. Sofern der Lombardsatz als Bezugsgröße für Zinsen und andere Leistungen verwendet wurde, tritt an seine Stelle der Zinssatz der Spitzenrefinanzierungsfazilität der EZB.

Durch die FIBOR-Überleitungs-Verordnung (FIBOR-VO), veröffentlicht im Bundesgesetzblatt Jg. 1998 Teil I Nr. 45 Seite 1863, wurde eine Überleitungsregelung für die FIBOR-Sätze geschaffen. Die Verordnung ist mit Wirkung zum 1. Januar in Kraft getreten.

Soweit die FIBOR-Sätze für die Beschaffung von Ein- bis Zwölfmonatsgeld von ersten Adressen auf dem deutschen Markt auf ihrer seit dem 2. Juli 1990 geltenden Grundlage (FIBOR-neu-Sätze) als Bezugsgröße verwendet wurden, treten an ihre Stelle die EURIBOR-Sätze für die Beschaffung von Ein- bis Zwölfmonatsgeld von ersten Adressen in den Teilnehmerstaaten der EWWU für die entsprechende Laufzeit.

Wurde auf den FIBOR-Satz für die Beschaffung von Tagesgeld („Overnight") von ersten Adressen auf dem deutschen Markt Bezug genommen, tritt an seine Stelle der EONIA-Satz für die Beschaffung von Tagesgeld von ersten Adressen in den Teilnehmerstaaten der EWWU.

Sofern die FIBOR-Sätze für die Geldbeschaffung von ersten Adressen auf dem deutschen Markt auf ihrer seit dem 12. August 1985 geltenden Grundlage (FIBOR-alt-Sätze) als Bezugsgröße verwendet wurden,

- tritt an die Stelle des FIBOR-alt-Satzes für Dreimonatsgeld der EURIBOR-Satz für Dreimonatsgeld, multipliziert mit der Anzahl der Tage der jeweiligen Dreimonatsperiode und dividiert durch 90,

Rechtliche Grundlagen für den Übergang auf den Euro

- an die Stelle des FIBOR-alt-Satzes für Sechsmonatsgeld der EURIBOR-Satz für Sechsmonatsgeld, multipliziert mit der Anzahl der Tage der jeweiligen Sechsmonatsperiode und dividiert durch 180.

Vertragskontinuität

§ 4 DÜG verweist auf den Grundsatz der Vertragskontinuität. Die im DÜG geregelte Ersetzung von Zinssätzen begründet keinen Anspruch auf vorzeitige Kündigung, einseitige Aufhebung oder Abänderung von Verträgen bzw. Vollstreckungstiteln. Den Parteien steht aber das Recht zu, sich auf andere Bezugsgrößen zu einigen und den Vertrag einvernehmlich entsprechend anzupassen oder den Vertrag aufzuheben.

3.2.2 Gerichtliches Mahnverfahren (Art. 2 EuroEG)

Mit Art. 2 EuroEG wird das Mahnverfahren an die Verwendung des Euro angepasst, damit in Euro denominierte Forderungen im gerichtlichen Mahnverfahren reibungslos geltend gemacht werden können.

3.2.3 Änderungen von Vorschriften auf dem Gebiet des Gesellschaftsrechts (Art. 3 EuroEG)

Die vorgesehenen Änderungen betreffen hauptsächlich die Kapitalgesellschaften (Aktiengesellschaften, Gesellschaften mit beschränkter Haftung) sowie das Umwandlungsrecht. Bezüglich des Aktien- und GmbH-Gesetzes sind folgende Änderungen vorgesehen:

- Bestimmungen, die die Verwendung auf DM beschränken, werden um die Angabe in Euro ergänzt.
- Vorschriften über die Glättung von sogenannten Signalbeträgen wie z. B. das Mindestnennkapital.

Änderungen des Aktiengesetzes

Die Änderungen im Aktiengesetz betreffen in erster Linie die Umbenennung von auf Deutsche Mark lautenden Beträgen in Euro. Die Nennbeträge des Grundkapitals und der einzelnen Aktien, die in den §§ 7 und 8 AktG festgelegt sind, werden durch Art. 3 § 1 EuroEG abgeändert.

3 Stand der Umsetzungen in Deutschland

> Der Mindestnennbetrag des Grundkapitals für AGs wird auf 50.000 Euro festgesetzt. Als Beitrag zur Harmonisierung der Mindestnennbeträge im europäischen Währungsraum wird der Mindestnennbetrag einer einzelnen Aktie nunmehr auf den Wert von 1 Euro herabgesetzt. Höhere Aktiennennbeträge müssen auf volle Euro lauten.

Umstellung bei AGs

Für alle am 1. Januar 1999 im Handelsregister eingetragenen oder zur Eintragung angemeldeten Aktiengesellschaften besteht grundsätzlich keine Verpflichtung zur Umstellung auf den Euro. Sie müssen aber eine Umstellung und Glättung von Kapital und Aktien bei ihrer ersten Kapitalmaßnahme nach dem 31. Dezember 2001 vornehmen. Zur Durchsetzbarkeit dieser Regelung dient eine Registersperre, d.h., Satzungsänderungen werden nur dann in das Handelsregister eingetragen, wenn die erforderliche Umstellung und Anpassung durchgeführt wurde.

Kapitalmaßnahmen zur Nennbetragsglättung bei AGs

Die Anpassung der bei der Umrechnung entstehenden gebrochenen Nennbeträge von Grundkapital und Aktien an die neuen Euro-Nennbeträge kann mit Hilfe von Kapitalerhöhungen oder Kapitalherabsetzungen geschehen. Für die hierfür notwendigen Hauptversammlungsbeschlüsse sind Erleichterungen bei den erforderlichen Mehrheiten vorgesehen. Abweichend von der für Satzungsänderungen erforderlichen Dreiviertelmehrheit des bei der Beschlussfassung vertretenen Grundkapitals ist die einfache Mehrheit zur Glättung des Nennbetrages einer Aktie auf den nächstvollen Euro ausreichend. Auch für die Anmeldung zur Eintragung ins Handelsregister und für die Bekanntmachung gelten zum Teil Vereinfachungen.

Regelungen für Neugründungen bei AGs

Für neue Gesellschaften wird konstitutiv ein Wahlrecht eröffnet, sich während der Übergangsphase mit einem Grundkapital in Euro zu gründen. Für Neugründungen in der Übergangsphase gelten schon die neuen Euro-Nennbeträge. Bei DM-Gründungen gelten sie umgerechnet in DM, d.h., es entstehen zunächst gebrochene DM-Werte, die sich jedoch ab 1. Januar 2002 automatisch in glatte Euro-Zahlen wandeln. Nach dem 31. Dezember 2001 müssen Neugründungen dagegen in Euro erfolgen.

Änderungen des GmbHG

Art. 3 § 3 EuroEG ersetzt die in § 5 GmbHG enthaltenen DM-Nennbeträge durch neue glatte Euro-Beträge.

Das Mindeststammkapital für GmbHs soll künftig 25.000 Euro betragen. Der Mindestbetrag der Stammeinlage wird auf 100 Euro festgesetzt, der Teilungsfaktor für größere Stammeinlagen beträgt 50 Euro.

Eine Pflicht zur Umstellung und Glättung des Stammkapitals und der Geschäftsanteile bestehender Gesellschaften mit beschränkter Haftung besteht grundsätzlich nicht. Die Gesellschaften können die DM-Bezeichnungen von Stammkapital, Stammeinlagen bzw. Geschäftsanteilen beibehalten. Eine Umrechnung in Euro und auch die Glättung der bei der Umrechnung entstehenden gebrochenen Beträge sind freiwillig. Dies gilt auch für die Zeit nach der Übergangsphase.

Nennbeträge bei GmbHs müssen spätestens bei der ersten Kapitalmaßnahme nach dem 1. Januar 2002 in Euro umgerechnet und durch eine Kapitalerhöhung oder -herabsetzung an die neuen glatten Euro-Beträge angepasst werden.

Für die Beschlussfassung einer bloßen Umstellung des Stammkapitals von DM auf Euro genügt die einfache Mehrheit der Gesellschafter. Die Anmeldung dieses Beschlusses kann weitgehend formlos erfolgen und eine Bekanntmachung ist nicht erforderlich. Für materielle Änderungen des Stammkapitals sieht das EuroEG keine Besonderheiten vor. Daher bleibt hierfür das Erfordernis einer Dreiviertelmehrheit bestehen. Auch bezüglich der Anmeldung zum Handelsregister und der Bekanntmachung gelten die bisherigen Regelungen des GmbHG und HGB weiter.

Regelungen für GmbH-Neugründungen

Ab dem 1. Januar 1999 kann eine GmbH wahlweise in DM oder in Euro gegründet werden. Während der Übergangsphase gelten für DM-Gründungen allerdings schon die neuen Euro-Nennbeträge rückgerechnet in DM. Ab dem 1. Januar 2002 sind Neugründungen nur noch in Euro möglich.

Änderungen des Umwandlungsgesetzes

Im Umwandlungsgesetz werden alle diejenigen Betragsangaben, die sich auf die Anteilsstückelung beziehen, an die neuen Vorschriften des GmbH-Gesetzes und des Aktiengesetzes angepasst.

3.2.4 Änderung von Vorschriften auf dem Gebiet des Bilanzrechts (Art. 4 EuroEG)

Die Änderungen auf dem Gebiet des Bilanzrechts in Art. 4 EuroEG betreffen Änderungen des HGB, des EGHGB, des EStG und der Rechnungslegungsverordnungen nach § 330 HGB.

Zunächst werden in § 244 HGB die DM-Bezeichnungen durch Euro ersetzt. Damit wird ab 1. Januar 1999 die Aufstellung des Jahresabschlusses in Euro vorgeschrieben. Art. 42 Abs. 1 EGHGB sieht allerdings eine Übergangsregelung vor. In der Übergangsphase vom 1. Januar 1999 bis 31. Dezember 2001 darf entsprechend dem Grundsatz „Kein Zwang – Keine Behinderung" auch weiterhin noch in DM bilanziert werden. Die Wahl des Umstellungszeitpunktes ist den Unternehmen innerhalb der Übergangsphase freigestellt. Diese Wahlfreiheit gilt auch – und unabhängig vom Einzelabschluss – für den Konzernabschluss.

> In der Übergangsphase können Unternehmen ihren Jahresabschluss und den Konzernabschluss wahlweise in Euro oder DM aufstellen. Ab dem 1. Januar 2002 sind beide Abschlüsse zwingend in Euro zu erstellen.

Weitere wichtige Regelungsinhalte des Art. 4 EuroEG betreffen:

- die Umrechnung der Vorjahresangaben (Art. 42 Abs. 2 EGHGB),
- den Ausweis des gezeichneten Kapitals (Art. 42 Abs. 3 EGHGB),
- die bilanzielle Behandlung von Erträgen aus der Umrechnung von in Währungen der EU-Teilnehmerstaaten und in ECU denominierten Bilanzposten in Euro (Art. 43 EGHGB),
- die Möglichkeit der Bildung einer Bilanzierungshilfe für Aufwendungen, die im Zusammenhang mit der Umstellung auf den Euro anfallen, soweit es sich um selbstgeschaffene immaterielle Vermögensgegenstände des Anlagevermögens handelt (Art. 44 EGHGB),

Rechtliche Grundlagen für den Übergang auf den Euro B

- Erleichterungen für Eintragungen in das Handelsregister und Bekanntmachungen, die nur die bloße Umstellung von DM-Beträgen in Euro-Beträge zum Gegenstand haben (Art. 45 EGHGB).

Nähere Ausführungen hierzu enthält das Kapitel E „Bilanzierung".

3.2.5 Änderungen von Vorschriften auf dem Gebiet des Börsenrechts (Art. 5 EuroEG)

Gemäß Art. 8 Abs. 4 EuroEinfVO dürfen die Mitgliedstaaten die erforderlichen Maßnahmen treffen, um organisierten Märkten die Möglichkeit zu geben, die Rechnungseinheit ihrer operationellen Verfahren zu ändern. Durch Art. 5 EuroEG hat der deutsche Gesetzgeber die Voraussetzungen geschaffen, dass ab dem 1. Januar 1999 an den Börsen die Notierungen in Euro vorgenommen werden können.

Mit Aufhebung von § 29 Abs. 4 des Börsengesetzes durch Art. 5 § 1 EuroEG und durch die Aufhebung der Verordnung über die Feststellung des Börsenpreises von Wertpapieren in Art. 5 § 2 EuroEG können die Börsen währungs- und handelsrechtliche Fragen der Notierung von Wertpapieren künftig selbst in eigenen Börsenordnungen regeln.

Die Börsen können ab dem 1. Januar 1999 die Notierung in Euro vorsehen und entscheiden, ob die Notierung von Wertpapieren in Stück oder Prozent erfolgen soll.

3.2.6 Gesetz zur Umstellung von Schuldverschreibungen auf Euro (Art. 6 EuroEG)

Gemäß Art. 8 Abs. 4 der EuroEinfVO werden die an der dritten Stufe der Währungsunion teilnehmenden Staaten ermächtigt, die in ihrer bisherigen nationalen Währung begebenen Schuldtitel mit Wirkung vom 1. Januar 1999 auf Euro umzustellen. Von dieser Ermächtigung macht der deutsche Gesetzgeber in Art. 6 EuroEG Gebrauch.

Die unwiderrufliche Festsetzung der Umrechnungskurse der nationalen Währungseinheiten zum Euro verändert weder Wertigkeit noch Laufzeit, Zinssatz oder Zinsfälligkeit emittierter Schuldtitel.

3 Stand der Umsetzungen in Deutschland

Zum 1. Januar 1999 wurden Bundesanleihen, Bundesobligationen und Bundesschatzanweisungen auf Euro umgestellt. Die Umstellung wurde von dem Gedanken getragen, dass durch die Vereinheitlichung Handelserschwernisse infolge unterschiedlicher Währungen vermieden werden.

Über die Umstellung der nicht vom Bund ausgegebenen Schuldverschreibungen auf die Euro-Einheit entscheidet der Schuldner.

Für den Emittenten besteht keine Pflicht, bereits begebene Schuldverschreibungen auf Euro umzustellen. Nach Art. 14 EuroEinfVO werden DM-Beträge automatisch als zu den festgelegten Kursen umgerechnete Euro-Beträge zu verstehen sein.

Die ausgegebenen DM-Urkunden der auf Euro umgestellten Schuldverschreibungen bleiben gültig.

3.2.7 Sonstige Regelungen (Art. 5a, 7 bis 15 EuroEG)

- Änderung des Gesetzes über Kapitalanlagegesellschaften (Art. 5a)
- Änderung von Vorschriften des Entschädigungsgesetzes und der Schuldverschreibungsverordnung (Art. 7)
- Änderung von Vorschriften auf dem Gebiet des Münzwesens (Art. 8)
- Änderung von Vorschriften auf dem Gebiet des Währungsrechts und des Preisrechts (Art. 9)
  § 3 WährG wird aufgehoben. Somit entfällt der Genehmigungsvorbehalt für Indexierungen von Verbindlichkeiten in DM sowie für die Eingehung von Fremdwährungsverbindlichkeiten. Die Stabilität des Euro wird künftig durch das ESZB für die gesamte Währungsunion sichergestellt.
- Änderung des Gesetzes zur Regelung der Miethöhe (Art. 10)
- Änderung des Sachenrechtsbereinigungsgesetzes (Art. 11)
- Änderung von Reallastvorschriften (Art. 11a)
- Änderung des Landbeschaffungsgesetzes (Art. 12)
- Änderung des Außenwirtschaftsgesetzes (Art. 13)

Rechtliche Grundlagen für den Übergang auf den Euro B

- Änderung des Versicherungsaufsichtsgesetzes (Art. 14)
- Änderung des Arbeitszeitgesetzes (Art. 14a)
- Rückkehr zum einheitlichen Verordnungsrang (Art. 15)

3.2.8 Inkrafttreten der Umstellungsgesetzgebung (Art.16 EuroEG)

Die mit dem EuroEG geänderten Vorschriften gelten in der geänderten Fassung grundsätzlich seit dem 1. Januar 1999.

Ausnahmen

Die nachfolgend aufgezählten Regelungen sind bereits am Tag nach der Verkündung in Kraft getreten:

- die Regelung des Art. 1 § 3 Abs. 2 EuroEG, die bestimmt, dass die Bundesregierung mit Zustimmung des Bundesrates den Lombardsatz und den FIBOR durch die entsprechenden Steuerungsmittel der EZB ersetzen darf,

- die in Art. 4 § 2 EuroEG enthaltene Regelung über Bilanzierungshilfen (Art. 44 EGHGB) und die hierauf Bezug nehmenden Bestimmungen der Formblattverordnungen für Kreditinstitute und Versicherungsunternehmen in Art. 4 § 3 Abs. 1 Nr. 2 (= § 39 Abs. 8 Satz 2 RechKredV) und Art. 4 § 3 Abs. 2 Nr. 3 (= § 64 Abs. 6 RechVersV),
  Dadurch soll erreicht werden, dass solche Bilanzposten sobald wie möglich gebildet werden dürfen.

- die Regelung über die Preisfeststellung der Börsen in Euro (Art. 5 § 1 Nr. 3 EuroEG),

- das Gesetz über die Umstellung von Schuldverschreibungen auf den Euro (Art. 6 EuroEG),
  Die beiden letzten Ausnahmen verfolgen den Zweck, den dabei zu beachtenden Verfahren einen gewissen Vorlauf zu verschaffen.

- die Änderungen von Vorschriften auf dem Gebiet des Münzwesens (Art. 8 EuroEG),
  Diese Regelungen sollen zum Schutz der Euro-Münzen sobald als möglich wirksam werden.

- Teile der Änderungen des Preisangabengesetzes (Art. 9 § 4 Nr. 2 EuroEG),
- die Änderung von Reallastvorschriften (Art. 11a EuroEG).

3.3 Zweites Euro-Einführungsgesetz

Der Bundestag hat mit Zustimmung des Bundesrates das Gesetz zur Öffnung der Sozial- und Steuerverwaltung für den Euro (Zweites Euro-Einführungsgesetz) beschlossen. Es wurde im Bundesgesetzblatt Jg. 1999 Teil I Nr. 14 Seite 385–387 veröffentlicht. Es ist mit Wirkung zum 1. Januar 1999 in Kraft getreten.

Artikel 1: Änderung des Vierten Buches des Sozialgesetzbuches

Der Artikel 1 schafft die sozialversicherungsrechtlichen Grundlagen für die Währungsumstellung in der Übergangsphase. Ab dem 1. Januar 1999 kann die Lohn- und Gehaltsabrechnung wahlweise auch in Euro geführt werden (siehe Art. 2, Änderung der Gewerbeordnung). Alle Unternehmen, die auf den Euro umstellen, müssen zwingend für alle Meldungen und Beitragsnachweise gegenüber den Sozialversicherungsträgern den Euro verwenden. Rückrechnungen in DM oder geteilte Verfahren, z. B. eine Berechnung in DM und Meldung in Euro, sind nicht zulässig.

Außerdem müssen Unternehmen, die innerhalb eines Jahres auf den Euro umstellen, ihre Beschäftigten ab- und wieder anmelden, um den Wechsel der Währungseinheit eindeutig zu kennzeichnen.

Die Sozialversicherungsträger selbst werden laut Gesetz ihre Haushalte bis zum 31. Dezember 2001 in DM führen. Deshalb müssen die Unternehmen damit rechnen, auch weiterhin Beitragsbescheide in DM zu erhalten. Die Leistungstabellen der Bundesanstalt für Arbeit werden weiterhin in DM ausgewiesen.

Artikel 2: Änderung der Gewerbeordnung

Die Änderung der Gewerbeordnung ermöglicht den Unternehmen, schon in der Übergangsphase vom 1. Januar 1999 bis zum 31. Dezember 2001 ihre Lohn- und Gehaltsabrechnung in Euro zu führen. Bis zum 31. Dezember 2001 kann die Abrechnung natürlich nach wie vor in DM erfolgen. Zu näheren Ausführungen siehe auch Kapitel G „Personalwesen".

Artikel 3: Änderung des Tabaksteuergesetzes

Durch die Änderung des Tabaksteuergesetzes ist es möglich, dass Zigarettenpäckchen ein und derselben Marke in Automaten wegen der Umstellung auf den Euro übergangsweise zwei verschiedene Preise haben: den alten DM-Preis und den neuen runden, wertmäßig vom alten abweichenden Euro-Preis. Diese Möglichkeit gilt aber nur vom 1. Oktober 2001 bis zum 31. Januar 2002.

Würden die Automatenpreise exakt umgerechnet, hätte man keine glatten Euro-Beträge mehr. Wegen der Problematik des Wechselgeldes wären krumme Automatenpreise aber unpraktikabel. Der Preis eines Zigarettenpäckchens in Automaten darf z. B. gleichzeitig 5 DM und 2,50 Euro betragen, obwohl diese Preise sich nicht entsprechen.

Durch diese Gesetzesänderung sollen die Umsatzverluste der Zigarettenautomatenbetreiber in der Phase des parallelen Bargeldumlaufs begrenzt werden. Die Tabaksteuer bemisst sich laut Gesetz weiter nach dem auf DM lautenden Kleinverkaufspreis.

Artikel 4: Änderung des Umsatzsteuergesetzes

Mit Beginn der Dritten Stufe der EWWU zum 1. Januar 1999 ist das Devisenfixing an der Frankfurter Wertpapierbörse entfallen. Seither werden damit auch keine amtlichen Mittelkurse und davon abgeleitete Briefkurse mehr festgestellt. Die Deutsche Bundesbank bildet aber seit Januar 1999 aus Referenzkursen der EZB Durchschnittskurse, die das Bundesministerium der Finanzen öffentlich bekannt gibt. Diese Kurse sind zur Umrechnung von Werten in fremder Währung auf Deutsche Mark bei der Berechnung der Steuer und der abziehbaren Vorsteuerbeträge zu verwenden.

Artikel 5: Änderung des Einführungsgesetzes zur Abgabenordnung

Das Einführungsgesetz zur Abgabenordnung wird durch Anfügung eines § 21 ergänzt, der sich auf die Anwendung des § 168 der Abgabenordnung bezieht.

Danach ist § 168 AO für Besteuerungszeiträume nach dem 31. Dezember 1998 und vor dem 1. Januar 2002 mit der Maßgabe anzuwenden, dass

3 Stand der Umsetzungen in Deutschland

bei einer Steueranmeldung, die in Euro abgegeben wurde, die Steuer als in DM berechnet gilt. Damit wurde die Rechtsgrundlage dafür geschaffen, dass auch Steueranmeldungen für diese Besteuerungszeiträume in Euro einer Steuerfestsetzung unter dem Vorbehalt der Nachprüfung gleichstehen. Durch den Hinweis auf einen vom Bundesministerium der Finanzen bestimmten Vordruck wird klargestellt, dass dies nur gilt, soweit die Finanzverwaltung im Wege der Vordruckgestaltung bundeseinheitlich die Abgabe der Steueranmeldungen in Euro zulässt.

3.4 Entwurf des Dritten Euro-Einführungsgesetzes

Der deutsche Gesetzgeber hat den Entwurf eines Gesetzes über die Änderung währungsrechtlicher Vorschriften infolge der Einführung des Euro-Bargeldes (Drittes Euro-Einführungsgesetz) erarbeitet. Es ist ein Artikelgesetz, das alle im Zusammenhang mit der Beendigung der Zahlungsmitteleigenschaft der DM erforderlichen Änderungen währungsrechtlicher Bestimmungen enthält.

Der Gesetzesentwurf enthält 9 Artikel mit folgenden Regelungen:

- Artikel 1: Gesetz über die Beendigung der Zahlungsmitteleigenschaft der auf Deutsche Mark lautenden Banknoten und der auf Deutsche Mark oder Deutsche Pfennig lautenden Bundesmünzen
- Artikel 2: Münzgesetz
- Artikel 3: Änderung des Gesetzes über die Deutsche Bundesbank
- Artikel 4: Änderung der Verordnung über die Herstellung und den Vertrieb von Medaillen und Marken
- Artikel 5: Rückkehr zum einheitlichen Verordnungsrang
- Artikel 6: Übergangsvorschrift
- Artikel 7: Beendigung der Anwendung von Art. 1 der Anlage I des Vertrages über die Schaffung einer Währungs-, Wirtschafts- und Sozialunion
- Artikel 8: Aufhebung von Rechtsvorschriften
- Artikel 9: Inkrafttreten

Rechtliche Grundlagen für den Übergang auf den Euro B

Gemäß Art. 9 tritt das Gesetz am 1. Januar 2002 in Kraft, mit Ausnahme von Art. 1 § 1, der am Tag nach der Verkündung in Kraft tritt. Im Folgenden sollen die in Artikel 1 enthaltenen Bestimmungen über den Übergang von DM-Bargeld auf Euro-Bargeld vorgestellt werden.

Gemäß Artikel 15 der EuroEinfVO behalten die auf eine nationale Währungseinheit lautenden Banknoten und Münzen ihre Eigenschaft als gesetzliches Zahlungsmittel noch für längstens sechs Monate nach Ende der Übergangsphase, d.h. bis zum 30. Juni 2002. Diese Übergangszeit kann durch nationale Gesetze verkürzt werden.

Von dieser Möglichkeit hat der deutsche Gesetzgeber in Artikel 1 des Entwurfes des Dritten EuroEG Gebrauch gemacht, um die Belastungen, die mit einem doppelten Bargeldumlauf für die Verbraucher, den Handel und die Kreditinstitute verbunden sind, möglichst gering zu halten. Wird das Gesetz in der Fassung des Entwurfs verabschiedet, wird die Phase des doppelten Bargeldumlaufs faktisch auf Null verkürzt. Mit Ablauf des 31. Dezember 2001 verlieren dann die auf DM lautenden Banknoten und Münzen ihre Eigenschaft als gesetzliches Zahlungsmittel. Damit ist ab dem 1. Januar 2002 einziges gesetzliches Zahlungsmittel der Euro. Dieser nahtlose Übergang von DM auf Euro wird auch als „juristischer Big Bang" bezeichnet.

Ein reibungsloser Übergang auf den Euro bei der Verwendung des Bargeldes kann aber gewährleistet werden. Basis dafür ist die Gemeinsame Erklärung vom 22. Oktober 1998 der Spitzenverbände der Automatenwirtschaft, des Handels und vergleichbarer Dienstleistungen sowie der Kreditwirtschaft. In dieser gemeinsamen Erklärung zur sogenannten „Modifizierten Stichtagsregelung" erklären sie sich bereit, DM-Banknoten und Münzen noch bis zum 28. Februar 2002 anzunehmen und abzugeben und auch darüber hinaus eine flexible Handhabung anzustreben.

Folgende Maßnahmen sollen laut der Erklärung der Verbände konkret ergriffen werden:

- Kreditinstitute mit Schalterbetrieb werden bis zum 28. Februar 2002 auf DM lautende Banknoten und Münzen annehmen.

3 Stand der Umsetzungen in Deutschland

- Die Kreditinstitute werden weiterhin auf DM lautende Münzen ab 0,10 DM im Tausch gegen auf DM lautende Banknoten oder gegen Belastung auf dem Kundenkonto abgeben.
- Der Einzelhandel wird bis zum 28. Februar 2002 auf DM lautende Banknoten und Münzen, davon Münzen bis zu einem Höchstbetrag von 20 DM je Einzelgeschäft, in Zahlung nehmen.
- Der Einzelhandel wird auch DM-Banknoten und Münzen aus verfügbaren Kassenbeständen abgeben.
- Automaten, die technisch noch nicht auf Euro umgestellt sind, werden weiterhin auf DM lautende Banknoten und Münzen annehmen und als Rückgeld herausgeben.

In Artikel 1 des Entwurfes des Dritten EuroEG wird weiterhin bestimmt, dass die Deutsche Bundesbank ab dem 1. Januar 2002 DM-Bargeld gegen Euro-Bargeld zum unwiderruflich festgelegten Umrechnungskurs (1,95583 DM/Euro) umtauschen wird. Auch enthält dieser Artikel Regelungen zum strafrechtlichen Schutz des DM-Bargeldes nach dem 31. Dezember 2001, wenn die DM kein gesetzliches Zahlungsmittel mehr ist. Denn mit dem Verlust ihrer Eigenschaft als gesetzliches Zahlungsmittel werden die DM-Banknoten und Münzen aus dem Schutzbereich des Strafgesetzbuches, das Geldfälschungen unter Strafe stellt, herausfallen. Gleichwohl ist der Schutz des DM-Bargeldes aber über den 31. Dezember 2001 hinaus geboten, da die Banknoten und Münzen noch bis zum 28. Februar 2002 zu Zahlungszwecken verwendet werden können.

3.5 Euro-Einführungsschreiben des BMF

Ende September 1998 hatte das Bundesfinanzministerium einen Entwurf über „Steuerliche Fragen im Zusammenhang mit der Einführung des Euro im unternehmerischen Rechnungswesen" den Verbänden und Länderfinanzverwaltungen zur Stellungnahme zugeleitet. Nach scharfer Kritik von Seiten der Verbände ist nach Überarbeitung in abgeänderter Form im Dezember 1998 das endgültige Euro-Einführungsschreiben des BMF über „Steuerliche Fragen im Zusammenhang mit der Einführung des Euro" veröffentlicht worden. Seither ist es mit Diskussionen über dieses Thema sehr still geworden.

Rechtliche Grundlagen für den Übergang auf den Euro **B**

Anwendungszeitraum

Das Euro-Einführungsschreiben ist in der Übergangsphase vom 1. Januar 1999 bis zum 31. Dezember 2001 anzuwenden.

Rechnungswesen und Jahresabschluss

Unter Ziffer 2 beschäftigt sich das Schreiben des BMF mit den Auswirkungen des Euro auf das Rechnungswesen und den Jahresabschluss. Das Rechnungswesen kann erstmals ab dem 1. Januar 1999 in Euro und letztmals bis 31. Dezember 2001 in DM geführt werden. In diesem Zeitrahmen können auch nur bestimmte abgegrenzte Teilbereiche umgestellt werden. Wurde das Rechnungswesen einmal auf Euro umgestellt, ist kein Wechsel zurück zur DM mehr möglich.

Nach dem im EuroEG enthaltenen Wahlrecht kann der handelsrechtliche Jahresabschluss erstmals für das nach dem 31. Dezember 1998 endende Geschäftsjahr in DM oder Euro aufgestellt werden. Letztmals gilt dieses Wahlrecht für im Jahr 2001 endende Geschäftsjahre. Laut Euro-Einführungsschreiben gilt diese handelsrechtliche Regelung nun auch für die Steuerbilanz und die steuerliche GuV sowie für gem. § 60 EStDV beizufügenden Anhänge, Lageberichte und Prüfungsberichte.

Ein besonderes Problem stellt die unterjährige Umstellung dar. Nach Ansicht der Finanzverwaltung soll – mit der Ausnahme für den Fall eines abweichenden Wirtschaftsjahres – eine unterjährige Umstellung grundsätzlich unzulässig sein, da ansonsten die Prüfbarkeit des Rechnungswesens nicht mehr gegeben wäre.

Steuererklärungen, Steueranmeldungen, Steuerfestsetzung, Abrechnung und Erhebung

Das Euro-Einführungsschreiben setzt den Beschluss der Ministerpräsidenten vom 8. Juni 1998 um, Lohnsteueranmeldungen, Umsatzsteuervoranmeldungen und Umsatzsteuerjahreserklärungen in Euro schon während der Übergangsphase vom 1. Januar 1999 bis zum 31. Dezember 2001 zuzulassen. Innerhalb der Anmeldung muss die Verwendung von Euro oder DM aber einheitlich erfolgen.

3 Stand der Umsetzungen in Deutschland

Es erklärt aber die Abgabe anderer Steuererklärungen und Steueranmeldungen in Euro während der Übergangsphase für unzulässig. Die Länder Hessen, Thüringen und Rheinland-Pfalz wollen aber auch andere Steuererklärungen schon ab 1999 in Euro annehmen. Ob dies rechtlich möglich ist, ist noch nicht abschließend geklärt. Da das Euro-Einführungsschreiben rein rechtlich nur den Status einer „Verwaltungsanweisung" hat, besteht diese Möglichkeit wohl.

Steuerfestsetzungen erfolgen für den Übergangszeitraum grundsätzlich in DM. Die Konten der Finanzverwaltung werden innerhalb der Übergangsphase noch in DM geführt. Die Begleichung der Steuerzahlungen im unbaren Zahlungsverkehr kann aber schon in Euro erfolgen. Sollte sich bei der Umrechnung dieses Betrages von Euro in DM eine Rundungsdifferenz ergeben, ist diese für das Außenverhältnis zum Steuerpflichtigen nicht relevant.

Einzelne Steuerarten

Das Euro-Einführungsschreiben nimmt weiterhin Stellung zu speziellen Fragestellungen bei der Einkommen-, Lohn- und Umsatzsteuer. Beispielsweise kann die Gewinnermittlung nach § 4 Abs. 3 EStG schon für Besteuerungszeiträume innerhalb der Übergangsphase in Euro erfolgen.

Bewertung und Bilanzierung

Unter dem Punkt „Bewertung/Bilanzierung" wird auf die Thematik

- der Umrechnungsgewinne aus der Währungsumstellung,
- der Zuschreibung auf den Erinnerungswert von einem Euro und
- der Behandlung der Umstellungsaufwendungen eingegangen.

In der Bilanz des Wirtschaftsjahres, in dem ein Unternehmen auf Euro umstellt, sind Zuschreibungen auf einen Erinnerungswert von 1 DM auf 1 Euro möglich. Diese Zuschreibungen erhöhen den steuerpflichtigen Gewinn. Es besteht aber keine rechtliche Verpflichtung zur Zuschreibung. Auf die Problematik der Behandlung der Umrechnungsgewinne und der Umstellungskosten wird detailliert in Kapitel E „Bilanzierung" eingegangen.

Nähere Ausführungen zu den steuerrechtlichen Themen enthält das Kapitel F „Steuern und Abgaben".

3.6 Verordnung über Grundpfandrechte in ausländischer Währung

Mit Wirkung vom 31. Oktober 1997 ist die Verordnung über Grundpfandrechte in ausländischer Währung und in Euro in Kraft getreten. Nach § 1 dieser Verordnung können Geldbeträge von Hypotheken, Grundschulden und Rentenschulden ab dem 1. Januar 1999 auch in Euro oder den genannten ausländischen Währungen angegeben werden. Vom 1. Januar 2002 an müssen Grundpfandrechte allerdings in Euro angegeben werden. Zu diesem Zeitpunkt bereits im Grundbuch eingetragene Rechte bleiben unberührt.

3.7 Freiwillige Selbstverpflichtung des deutschen Einzelhandels (doppelte Preisauszeichnung)

Weder die EU noch der deutsche Gesetzgeber haben gesetzliche Regelungen zur doppelten Preisauszeichnung zum Schutz der Verbraucher geschaffen, da sie den hohen bürokratischen Aufwand und die damit verbundenen Kosten für nicht gerechtfertigt halten und befürchten, dass sich diese Kosten in Preiserhöhungen niederschlagen könnten. Eine gesetzliche Verpflichtung zur Preisauszeichnung in DM und Euro ab der Einführung des Euro gibt es für die Unternehmen damit nicht.

Statt Rechtsvorschriften befürwortet die Europäische Kommission in ihrer „Empfehlung vom 23. April 1998 zur doppelten Angabe von Preisen und sonstigen Geldbeträgen" freiwillige Vereinbarungen zwischen den betroffenen Verbänden. Dieser Empfehlung sind die deutschen Verbände nachgekommen. Der Hauptverband des Deutschen Einzelhandels (HDE) und die Arbeitsgemeinschaft der Verbraucherverbände (AgV) haben eine „Freiwillige Selbstverpflichtung des deutschen Einzelhandels gegenüber den Verbrauchern im Zusammenhang mit der Einführung des Euro" ausgehandelt und unterschrieben. Diese Selbstverpflichtung soll den Handel zur Einhaltung bestimmter Spielregeln bei der Euro-Einführung anhalten. Sofern sich der Großteil der Handelsunternehmen der Selbstverpflichtung anschließt und die entsprechenden Maßnahmen ergreift, kann dem Ver-

3 Stand der Umsetzungen in Deutschland

braucher auch ohne staatlich vorgeschriebene Verfahren eine größere Preistransparenz gewährleistet werden.

Ziel der freiwilligen Selbstverpflichtung soll sein, unter beiderseits akzeptablen Rahmenbedingungen zum Verständnis der Umstellung auf den Euro sowohl auf Seiten der Unternehmen als auch auf Seiten der Kunden beizutragen und die praktische Durchführung der Umstellung zu erleichtern. In den folgenden Gliederungspunkten soll der Inhalt der „Freiwilligen Selbstverpflichtung des deutschen Einzelhandels gegenüber den Verbrauchern" zusammengefasst dargestellt werden.

Grundsätzliche Verpflichtungen und Absichten des Handels zur fairen Euro-Vorbereitung und -Einführung gegenüber den Verbrauchern

Um die Kunden frühzeitig und umfassend mit der neuen Währung vertraut zu machen, eine Übervorteilung der Kunden zu vermeiden sowie Akzeptanz auf- und Misstrauen abzubauen, will der HDE bei den Einzelhandelsunternehmen darauf hinwirken, dass Maßnahmen bezüglich der Umstellung auf den Euro früh- und rechtzeitig vorgenommen werden.

Die gemeinsame Erklärung der Verbände stellt klar, dass der Handel nicht grundsätzlich zur doppelten Preisauszeichnung verpflichtet ist. Eine Preisauszeichnung jedes Artikels in DM und in Euro würde einen unvertretbar hohen Aufwand für die Einzelhandelsunternehmen darstellen und ist für die Gewöhnung der Kunden an den Euro nicht notwendig. Wird auf eine doppelte Preisauszeichnung wegen des damit verbundenen unverhältnismäßig hohen Aufwandes verzichtet, müssen jedoch für die Kunden geeignete Ersatzinformationen bereitgestellt werden.

Durch die Erstellung und Verbreitung gezielter Informationen an die Einzelhandelsunternehmen will der HDE gerade kleineren und mittleren Unternehmen die Vorbereitung auf den Euro erleichtern. Dazu wird er Informationszeitschriften und -blätter mit Fragen und Antworten, Musterbeispielen und besonderen Hilfestellungen verbreiten, mit denen die Unternehmen ihre Kunden und gleichzeitig ihre Mitarbeiter und Mitarbeiterinnen informieren und vorbereiten können.

Rechtliche Grundlagen für den Übergang auf den Euro **B**

Konkrete Verpflichtungen der Unternehmen

1. Korrekte Umrechnung und Rundung
Bei der doppelten Preisauszeichnung und bei Preisangaben, im Zahlungsverkehr und bei Umrechnungshilfen wie Taschenrechnern und Umrechnungstabellen werden von den Einzelhandelsunternehmen ausschließlich der Umrechnungskurs und die Rundungsregeln angewendet, die in Art. 4 und 5 der EuroVorbVO festgelegt sind.

2. Zahlungsmöglichkeiten in Euro
Weder der Kunde noch das Unternehmen sind während der Übergangsphase zur Verwendung des Euro verpflichtet. Das Unternehmen informiert seine Kunden deutlich und frühzeitig erkennbar darüber, ob – und ab wann – sie in der Übergangsphase in Euro zahlen können und mit welchen Mitteln dies erfolgen kann (per Scheck, Überweisung, Lastschrift, Kreditkarte usw.).

3. Mindestinformationen
Das Unternehmen hat je nach Art und Größe angemessene Informationen zur Verfügung zu stellen. Ab mindestens zwei Monaten vor der Einführung des Euro-Bargeldes soll der Handel – soweit rechtlich möglich – Informationen mit Abbildungen der Euro-Banknoten und -Münzen bereitstellen.

4. Doppelte Preisauszeichnung und weitere doppelte Preisinformationen
Grundsätzlich sollen die Unternehmen die doppelte Preisauszeichnung für ein möglichst großes Spektrum des angebotenen Sortiments vornehmen. Ab dem 1. Januar 1999 sollte mit den nachstehenden Maßnahmen begonnen werden. Die Zahl der doppelt ausgezeichneten Waren soll schrittweise erhöht werden, bis zum 1. Juli 2001 ein wesentlicher Anteil, wenn möglich die Mehrheit der Waren doppelt ausgezeichnet sind.

Folgende Maßnahmen sollten bis zum 1. Juli 1999 umgesetzt werden:
1. Die Gesamtrechnungssumme auf Kassenbons oder Rechnungen wird in DM und Euro angegeben. Ist dies nicht möglich, muss das Unternehmen angemessene Ersatzinformationen vorhalten.
2. Ab 1999 sollen folgende Preisauszeichnungen für Produkte bzw. Dienstleistungen sowohl in DM als auch in Euro erfolgen:
   – in Schaufenstern,

3 Stand der Umsetzungen in Deutschland

- bei Sonderangeboten und Verkaufsaktionen,
- in Werbeprospekten,
- bei den meistverkauften Waren und Dienstleistungen,
- in Tarif- und Preislisten.

Darüber hinaus sind weitere kundenbezogene Maßnahmen zu ergreifen, wie z. B.

- Informationsblätter zur Umrechnungshilfe und Währungstabellen,
- Aktionen, die beim Verbraucher das DM/Euro-Wertverhältnis verfestigen,
- zusätzliche Preistafeln, z. B. Deckenanhänger,
- Weitergabe der durch den HDE erstellten Informationen.

5. Vorbereitung der Mitarbeiter
Die Unternehmen verpflichten sich, ihre Mitarbeiter rechtzeitig und umfassend vorzubereiten, z. B. durch Schulungen, Seminare, Videos oder Informationszeitschriften.

6. Phase der Einführung der Euro-Banknoten und -Münzen
Um einen reibungslosen Ablauf der Umstellung des Bargeldes zu gewährleisten, erklärt der Handel sich dazu bereit,

- bis mindestens zum 28. Februar 2002 auf DM lautende Münzen und Banknoten, davon Münzen im Gesamtbetrag von bis zu 20 DM je Einzelgeschäft, an der Kasse anzunehmen,
- auf DM lautende Münzen aus verfügbaren Kassenbeständen abzugeben.

Dokumentation und Information der Öffentlichkeit

Die in einer als Anlage beigefügten Liste genannten Unternehmen erklären sich zur Einhaltung der Freiwilligen Selbstverpflichtung bereit. Die überregional tätigen Unternehmen, die sich dieser Verpflichtung angeschlossen haben, werden dem HDE über die bei ihnen eingeführten bzw. beabsichtigten Maßnahmen berichten. Lokale und regional tätige Unternehmen werden ihren regionalen Einzelhandelsverband informieren.

Auswahl von überregional tätigen Einzelhandelsunternehmen, die sich beispielsweise der Freiwilligen Selbstverpflichtung angeschlossen haben:[1]

EDEKA Zentrale AG, Hamburg

Karstadt AG, Essen

Lidl & Schwarz Stiftung & Co. KG, Neckarsulm

Metro AG, Köln, mit verschiedenen Vertriebslinien

Rewe-Zentral-AG, Köln, mit diversen Vertriebsschienen und Tochterunternehmen

Spar Handels-AG, Hamburg

---

[1] Ausführliche Liste aller Einzelhandelsunternehmen siehe Anhang 5.

Vertragsrecht

1 Bedeutung für bestehende und zukünftige Verträge

Mit der Einführung des Euro stellt sich für deutsche Unternehmen die Frage, welche Bedeutung die Währungsumstellung für das Fortbestehen und die Auslegung von Verträgen hat. Dabei ist zwischen Verträgen mit inländischen Partnern, mit Partnern aus anderen EU-Mitglieds- bzw. Euro-Teilnehmerstaaten und Partnern aus Drittländern zu unterscheiden.

Von diesen Auswirkungen sind die einzelnen Unternehmen allerdings je nach Außenhandelsorientierung, internationaler Verflechtung und Lieferantenstruktur in sehr unterschiedlicher Intensität betroffen. Die Betroffenheit der Unternehmen in vertraglichen Angelegenheiten kann darüber hinaus auch in Abhängigkeit von der jeweiligen Phase der Währungsumstellung unterschiedlich sein. Grundsätzlich ist auch hier zu unterscheiden zwischen der Übergangsphase vom 1. Januar 1999 bis zum 31. Dezember 2001, der Phase der Einführung des Bargeldes vom 1. Januar 2002 bis längstens zum 30. Juni 2002 und der Phase nach dem Ende des doppelten Bargeldumlaufs.

2 Grundsatz „Kein Zwang – Keine Behinderung"

Während der Übergangsphase vom 1. Januar 1999 bis zum 31. Dezember 2001 besteht in Bezug auf die Auswahl der Vertragswährung grundsätzlich Verwendungsfreiheit. Jeder Verwender hat z.B. in diesem Zeitraum die Wahl, seine Waren in DM oder in Euro auszuzeichnen. Beschränkungen dieser gesetzlichen Regelung sind in den maßgeblichen EU-Verordnungen nicht vorgesehen.

> **Wahlfreiheit: DM oder Euro**
>
> Während der Übergangsphase vom 1. Januar 1999 bis zum 31. Dezember 2001 gilt auch für Verträge der Grundsatz „Kein Zwang – Keine Behinderung".

2 Grundsatz „Kein Zwang – Keine Behinderung"

Beschränkungen ergeben sich jedoch daraus, dass der Grundsatz „Kein Zwang – Keine Behinderung" grundsätzlich für alle Vertragsparteien gilt. Ebenso wie der Gläubiger das Wahlrecht hat, ob er bei der Rechnungsstellung die DM oder den Euro verwendet, hat auch der Schuldner bei der Erfüllung von Schulden das Wahlrecht, in DM oder in Euro zu erfüllen.

Bei Barzahlungen ergibt sich während der Übergangsphase vom 1. Januar 1999 bis zum 31. Dezember 2001 eine weitere Beschränkung, da während dieser Phase noch keine Euro-Banknoten und -Münzen verfügbar sind.

Wahlrechte von Gläubigern und Schuldnern

Während der Übergangsphase vom 1. Januar 1999 bis zum 31. Dezember 2001 hat

- ein Gläubiger das Wahlrecht, Rechnungen in DM oder in Euro zu stellen und

- ein Schuldner das Wahlrecht, unbare Zahlungen in DM oder in Euro zu leisten.

Die nachfolgende Übersicht zeigt die Zahlungsmittel, mit denen in den Phasen der Währungsumstellung bare und unbare Zahlungen getätigt werden können:

Zeitraum	Barzahlung	Unbare Zahlung
1. Januar 1999 bis 31. Dezember 2001	nationale Zahlungsmittel	wahlweise Euro oder nationale Zahlungsmittel
1. Januar 2002 bis längstens 30. Juni 2002*	wahlweise Euro oder nationale Zahlungsmittel *	Euro
ab spätestens 1. Juli 2002*	Euro	Euro

* Die Dauer der Umstellungsphase für die Einführung des Euro-Bargeldes soll in Deutschland auf 2 Monate verkürzt werden. Ab 1. Januar 2002 sollen Euro-Banknoten und -Münzen alleiniges gesetzliches Zahlungsmittel werden. Bis zum 28. Februar 2002 sollen Kreditinstitute und Einzelhandel aber auf DM lautende Banknoten und Münzen annehmen und abgeben (modifizierte Stichtagsregelung).

3 Aufrechnungen in Euro

Gelegentlich kommt es vor, dass Vertragsparteien mit gegeneinander gerichteten Forderungen die Begleichung durch Aufrechnung vereinbaren bzw. kraft Gesetzes aufrechnen. Dabei werden die sich gegenüberstehenden Forderungen verglichen, und im Endeffekt findet eine Zahlung nur in Höhe des Differenzbetrages statt.

Wenn eine Aufrechnungserklärung zum Erlöschen einer Geldschuld führen soll, müssen die nachstehenden Voraussetzungen erfüllt sein:

- **Gläubiger- und Schuldneridentität:**
  Der aufrechnende Schuldner der Hauptforderung muss der Gläubiger der Gegenforderung sein. Der Aufrechnungsgegner muss gleichzeitig Gläubiger der Hauptforderung und Schuldner der Gegenforderung sein. Der Schuldner kann also nur mit seiner eigenen Forderung gegen seinen Gläubiger aufrechnen.

- **Gleichartigkeit der Forderungen im Zeitpunkt der Aufrechnungserklärung:**
  Die aufzurechnenden Forderungen müssen gleichartig sein. Über die Gleichartigkeit entscheidet die Verkehrsanschauung bzw. der Vertragszweck. Nicht gleichartig sind z. B. Geldforderungen in verschiedenen Währungen.

- **Wirksamkeit und Fälligkeit der Gegenforderung:**
  Die zur Aufrechnung in Frage stehende Gegenforderung muss wirksam und fällig sein. Eine Forderung, deren Erfüllung (gerichtlich) erzwungen werden kann und der keine Einrede entgegensteht, erfüllt die oben genannten Bedingungen.

- **Erfüllbarkeit der Hauptforderung:**
  Zuletzt muss die Hauptforderung erfüllbar sein. Sie muss nicht fällig sein.

Erfolgt die Erfüllung der Geldschulden durch Aufrechnung von Forderungen in den EWWU-Teilnehmerwährungen und/oder in Euro, können die sich gegenüberstehenden Forderungen bereits ab dem 1. Januar 1999 aufgerechnet werden. Denn für diese Forderungen ist das Gleichartigkeitserfordernis im Sinne des § 387 BGB erfüllt.

Beispiel: Aufrechnung in EWWU-Teilnehmerwährungen

Der Gläubiger G hat eine auf Französische Franc (FRF) lautende Forderung (Gegenforderung) gegen den Schuldner S, die am 10. Januar 1999 fällig ist. Daneben hat der Schuldner S eine am 20. Mai 1999 fällig werdende Forderung gegen den Gläubiger G (Hauptforderung), die auf DM lautet. G möchte am 10. Januar 1999 aufrechnen.

Nach dem 1. Januar 1999 sind die nationalen Währungseinheiten der Teilnehmerländer (hier die DM und FRF) nur noch unterschiedliche Bezeichnungen derselben Währung. Eine in DM denominierte Forderung ist deshalb mit einer auf FRF lautenden Forderung rechtlich gleichwertig. Die Voraussetzung der Gleichartigkeit der Forderungen ist daher ab dem 1. Januar 1999 erfüllt. Da auch die übrigen Voraussetzungen erfüllt sind, kann G aufrechnen.

4 Grundsatz der Vertragskontinuität

Die Frage nach der Vertragskontinuität bedeutet, dass bestehende oder noch vor der Einführung des Euro abgeschlossene Verträge, deren Laufzeiten über den 1. Januar 1999 hinausreichen, mit der Einführung des Euro angepasst werden müssen oder ungültig werden können. Denn obwohl die Währungsunion nur eine wertgleiche Umstellung bedeutet, könnte sie dazu führen, dass sich die Vertragsparteien von bestehenden Verträgen lösen wollen. Exemplarisch sei der Fall genannt, in dem die Erfüllung in Euro einer in nationaler Währung eines Teilnehmerstaates begründeten Forderung zu einem Geldwertverlust für den Gläubiger führt.

Es stellt sich deshalb die Frage, ob die Währungsumstellung zur Lossagung von den vertraglichen Vereinbarungen berechtigt.

4.1 Art. 3 EuroVorbVO

Um einen möglichst reibungslosen Übergang auf den Euro zu gewährleisten, hat die EU-Legislative in Art. 3 Satz 1 EuroVorbVO eine allgemeine Aussage zur Behandlung von bestehenden Verträgen getroffen.

Artikel 3 EuroVorbVO zur Vertragskontinuität

„Die Einführung des Euro bewirkt weder eine Veränderung von Bestimmungen in Rechtsinstrumenten oder eine Schuldbefreiung, noch rechtfertigt sie die Nichterfüllung rechtlicher Verpflichtungen, noch gibt sie einer Partei das Recht, ein Rechtsinstrument einseitig zu ändern oder zu beenden. Diese Bestimmung gilt vorbehaltlich etwaiger Vereinbarungen der Parteien." Mit diesem Grundsatz der Vertragskontinuität wird also ausdrücklich der Fortbestand von Verträgen bestätigt.

Rechtsinstrumente im Sinne dieser Vorschrift sind gemäß Art. 1 EuroEinfVO Rechtsvorschriften, Verwaltungsakte, gerichtliche Entscheidungen, Verträge, einseitige Rechtsgeschäfte, Zahlungsmittel – außer Banknoten und Münzen – sowie sonstige Instrumente mit Rechtswirkung.

Streitfall nationales Schuldrecht

Ob dieser in Art. 3 Satz 1 EuroVorbVO konstituierte Grundsatz der Vertragskontinuität auch im allgemeinen Schuldrecht zwischen zwei Parteien Geltung erlangt, wird teilweise bestritten. Dieser Streit hat folgenden Hintergrund: Bei dem Erlass der EuroVorbVO hat sich der Rat der Europäischen Union auf den Vertrag zur Gründung der Europäischen Gemeinschaft (EG-Vertrag), insbesondere auf Artikel 235 des EG-Vertrages, gestützt. Artikel 235 des EG-Vertrages lässt ein Tätigwerden der Gemeinschaft zu, um „im Rahmen des Gemeinsamen Marktes eines ihrer Ziele zu verwirklichen". Gemäß der Begründung zur EuroVorbVO musste der Rat den Artikel 235 des EG-Vertrages als Rechtsgrundlage für den Erlass der Vorschriften in Anspruch nehmen, weil Artikel 109 l Abs. 4 Satz 3 des EG-Vertrages erst zur Verfügung steht, wenn bestätigt worden ist, welche Mitgliedstaaten die notwendigen Voraussetzungen für die Einführung der einheitlichen Währung erfüllen.

Nach Ansicht der Europäischen Kommission ermächtigt Art. 235 des EG-Vertrages den Rat der Europäischen Union, Regelungen zur währungsrechtlichen und zur schuldrechtlichen Vertragskontinuität zu erlassen. Letzteres wird in der Literatur teilweise bestritten. Dort wird vertreten, dass die allgemeinen schuldrechtlichen Regeln weiterhin im Kompetenzbereich der nationalen Gesetzgeber liegen.

4 Grundsatz der Vertragskontinuität

Es soll hier nicht weiter untersucht werden, ob wegen des Fehlens von Regelungen zur schuldrechtlichen Vertragskontinuität Handlungsbedarf bei betroffenen Unternehmen besteht oder ob die Kritik der Rechtswissenschaftler unberechtigt ist und der Rat der Europäischen Union die Regelungen zur schuldrechtlichen Vertragskontinuität rechtsfehlerfrei erlassen hat. Zwischen der Notwendigkeit von Anpassungsmaßnahmen und einer Unterlassung solcher Maßnahmen muss jeder Unternehmer selbst abwägen.

Notwendigkeit von Vertragsanpassungen

Bei Verträgen, die mit Parteien aus EU-Mitgliedstaaten geschlossen wurden, könnte Handlungsbedarf bestehen, sofern die schuldrechtlichen Regelungen der nationalen Rechtsordnung des jeweiligen EU-Mitgliedstaates Möglichkeiten für ein Aussteigen aus dem Vertrag gewähren. Je nach Bedeutung des Vertrages wäre hier die Sicherung der schuldrechtlichen Vertragskontinuität durch eine Vereinbarung der Parteien zu empfehlen.

Bei Verträgen mit Parteien aus Drittländern stellt sich die Frage der Geltung des Art. 3 EuroVorbVO nicht, da die Verordnung selbstverständlich nur in den EU-Mitgliedstaaten gilt.

4.2 Vertragskontinuität bei Verträgen, denen deutsches Recht zugrunde liegt

Bei Verträgen, die dem deutschen Recht unterliegen, könnten einzelne Vertragsparteien mit dem Hinweis auf die rechtliche Unmöglichkeit und auf Treu und Glauben (bzw. auf das Rechtsinstitut des Wegfalls der Geschäftsgrundlage) versuchen, geschlossene Verträge teilweise oder ganz aufzulösen.

4.2.1 Rechtliche Unmöglichkeit

Seit dem 1. Januar 1999 stellt sich die Frage, ob eine Vertragspartei ihre Leistung mit der Begründung verweigern kann, ihr sei mit der Einführung des Euro die Erfüllung in der bisherigen nationalen Währung unmöglich geworden.

Vertragsrecht

Besonders deutlich tritt dieses Problem hervor, wenn der Euro im Jahr 2002 die nationalen Zahlungsmittel verdrängt und fortan alleiniges gesetzliches Zahlungsmittel ist.

Die Einführung des Euro ist jedoch lediglich eine bloße Währungsumstellung.

Weil eine Geldschuld eine Wertverschaffungsschuld darstellt, ist der dem Geldgläubiger zu verschaffende Wert in der zum Zeitpunkt der Erfüllung gültigen Währung zu erbringen. Der Schuldner muss allein den Geldwert leisten.

Mit der Umstellung auf Euro lässt sich diese Schuld problemlos erfüllen. Insofern wird der Schuldner auch mit Ersetzung der nationalen Währungseinheiten nicht von seiner Schuld frei.

Eine Berufung auf den juristischen Grundsatz der Unmöglichkeit ist mit Einführung des Euro ab dem 1. Januar 1999 nicht möglich.

4.2.2 Vertragsanpassung nach Treu und Glauben

Beispiel: Kaufkraftverlust und Vertragsanpassung

Das deutsche Unternehmen A hat einen Anspruch auf Zahlung eines bestimmten Betrages in DM gegen das deutsche Unternehmen B aus einem langfristigen Vertrag über die Erstellung einer Großanlage. Der Vertrag sieht Zahlungen von jeweils 1 Mio. DM zum 30. Juni eines jeden Jahres, letztmalig zum 30. Juni 2003, vor. Wenn sich der Euro gegenüber der Vertragswährung DM als schwächer erweisen würde, verlöre die Forderung des A an Kaufkraft. Kann A eine Vertragsanpassung oder die Zahlung eines dem Sachwert entsprechenden Betrages verlangen, wenn durch die Währungsunion ein erheblicher Kaufkraftverlust eintreten würde? Auf diese Frage sind die Regeln des deutschen Schuldrechts anzuwenden.

Für die Beurteilung des Werts einer Schuld nach deutschem Recht kommen grundsätzlich zwei Prinzipien zur Geltung:

4 Grundsatz der Vertragskontinuität

- **Nominalwertprinzip**
  Das Nominalwertprinzip ist für alle Geldschulden im Sinne des § 245 BGB anzuwenden. Hierbei muss der Schuldner dem Gläubiger den durch den Nennbetrag der Schuld ausgedrückten Wert verschaffen. Dieser Grundsatz gilt nur für Geldsummenschulden.

  Die geschuldete Leistung ist bei einer Geldsummenschuld ein bestimmter Betrag in einer Währungseinheit.

- **Geldwertprinzip**
  Dagegen bestimmt bei der Geldwertschuld der jeweilige Schuldzweck die Höhe des zu leistenden Betrages, das heißt, dass die Höhe der Schuld nicht durch einen festen Nennbetrag festgelegt ist. Geldwertschulden sind z. B. die Ansprüche auf Schadensersatz, Wertersatz und Aufwendungsersatz, wenn sie sich nicht von vornherein auf Geld beziehen. Mit Einschränkungen gilt für Geldwertschulden das Sachwertprinzip. Sie sind bis zum Zeitpunkt der Bestimmung der Schuldhöhe wertbeständig.

Einflüsse der Kaufkraft

Wenn sich der innere Wert einer Geldschuld (die Kaufkraft) nicht verändert, das heißt, die Kaufkraft mit dem Nennwert übereinstimmt, führen das Nominalwert- und das Geldwertprinzip zum selben Ergebnis. Dagegen differieren die Ergebnisse, wenn sich der innere Wert der Geldsummenschuld verändert.

Das Nominal- bzw. Nennwertprinzip gehört als ungeschriebener Rechtsgrundsatz zu den Grundlagen unserer Rechts- und Wirtschaftsordnung. Damit ist der Wert der Geldsummenschuld durch den Nennwert festgelegt; Veränderungen des Geldwerts sind unbeachtlich.

Kaufkraftverlust durch Nominalwertprinzip

Mit Zahlung des Nennbetrages erlischt die Geldsummenschuld, auch wenn sich der innere Wert des Geldes bis zum Zeitpunkt der Tilgung wesentlich geändert hat. Damit trägt der Gläubiger grundsätzlich das Risiko der Geldentwertung.

C Vertragsrecht

Grundsätzlich kann der Gläubiger A keine Vertragsanpassung verlangen. Die Ersetzung der DM durch Euro ab dem 1. Januar 1999 kann zwar zu einem Kaufkraftverlust führen. Nach dem im deutschen Schuldrecht geltenden Nominalwertprinzip kann der Gläubiger aber grundsätzlich nur den vereinbarten Betrag verlangen. Dieses Nominalwertprinzip ist durch die Umstellung von DM auf Euro zum Umrechnungskurs gewahrt.

4.2.3 Wegfall der Geschäftsgrundlage

Allerdings gilt das Nominal- bzw. Nennwertprinzip nicht ausnahmslos. Wie jedes andere Rechtsprinzip wird auch dieses vom Grundsatz des Treu und Glauben beherrscht, der unter anderem in der von der richterlichen Rechtsprechung entwickelten Lehre vom Wegfall der Geschäftsgrundlage seinen Ausdruck findet.

Die Rechtsfolgen des Wegfalls der Geschäftsgrundlage bestehen vorrangig in der Anpassung des Vertragsinhalts an die geänderten Verhältnisse. Im Folgenden muss daher untersucht werden, ob mit der Einführung des Euro über das Institut des Wegfalls der Geschäftsgrundlage eine vertragliche Anpassung verlangt werden kann.

Der Grundsatz des Wegfalls der Geschäftsgrundlage gilt prinzipiell für alle Schuldverträge.

Eine Geschäftsgrundlage stellen die bei Vertragsabschluss offensichtlich gewordenen Vorstellungen der Parteien über das Vorhandensein oder den künftigen Eintritt bestimmter Umstände dar, sofern der Geschäftswille der Parteien auf diesen Vorstellungen aufbaut. Handelt es sich um die Vorstellungen einer Partei, dann müssen sie der anderen Partei erkennbar geworden und von dieser nicht beanstandet worden sein. Hierbei genügt es nicht, dass eine Partei ihre Erwartungen der anderen Seite mitteilt. Die Erwartungen gehören nur dann zur Geschäftsgrundlage, wenn sie in den gemeinschaftlichen Geschäftswillen beider Parteien aufgenommen wurden. Die Geschäftsgrundlage gehört jedoch nicht zum Vertragsinhalt.

4 Grundsatz der Vertragskontinuität

Beispiel:
Bei gegenseitigen Verträgen ist der Gedanke der Gleichwertigkeit (Äquivalenz) von Leistung und Gegenleistung Bestandteil der Geschäftsgrundlage.

Voraussetzungen für den Wegfall der Geschäftsgrundlage

Dieser Grundsatz kennt drei Tatbestandvoraussetzungen, die im jeweiligen Fall erfüllt sein müssen, bevor eine Anpassung verlangt werden kann:

- **Wesentlichkeit der Änderung**
  Ein absolutes Maß der Wesentlichkeit gibt es nicht. Eine Veränderung ist stets dann wesentlich, wenn wenigstens eine Partei bei vorheriger Kenntnis der Änderung den Vertrag mit einem anderen Inhalt abgeschlossen hätte.

- **Überschreitung der Grenzen der Risikozuweisung**
  Daneben muss sich die wesentliche Änderung der Umstände derart auf die Risikoverteilung der Parteien auswirken, dass sie für eine Partei nicht mehr vertretbar ist. Wie die Grenzen der Risikosphären gegeneinander abzugrenzen sind, ergibt sich aus dem Vertrag, seinem Zweck und dem anzuwendenden Gesetzesrecht. Eine Überschreitung der Grenzen der Risikozuweisung liegt hingegen nicht vor, wenn die Änderung der äußeren Rahmenbedingungen vorhersehbar war.

- **Unzumutbarkeit**
  Die letzte Voraussetzung verlangt, dass einer Partei das Festhalten am Vertrag nicht mehr zugemutet werden kann. Auch hier ist die Grenze nicht absolut. Die Zumutbarkeit bestimmt sich nach der Art des Vertrages und der aufgetretenen Störung.

Rechtsfolgen bei Wegfall der Geschäftsgrundlage

Sofern die oben genannten Voraussetzungen erfüllt sind, wird der Vertrag an die geänderten Verhältnisse angepasst. Eine weitergehende Rechtsauffassung verpflichtet sogar die Vertragspartner zu kompletten Neuverhandlungen. Eine vertragliche Anpassung muss jedenfalls für beide Parteien zumutbar sein, wobei eine umfangreiche Interessenabwägung vorzunehmen ist.

Ist die Vertragsfortführung nach einer umfangreichen Interessenabwägung für beide Parteien nicht zumutbar, kommt ausnahmsweise die Vertragsauflösung in Betracht. Sie vollzieht sich, indem eine Partei von ihrem Rücktrittsrecht Gebrauch macht. Danach schließt sich die Rückabwicklung des Vertrags nach den für das Bereicherungsrecht geltenden Vorschriften (§§ 812 ff. BGB) an.

Wegfall der Geschäftsgrundlage durch die Euro-Einführung?
Wann der Wegfall der Geschäftsgrundlage eintritt, erörtert die Rechtsprechung anhand von Fallgruppen. Unterstellt man der künftigen Euro-Währung eine höhere Geldentwertung als die Geldentwertung der DM in der Vergangenheit, könnte die Fallgruppe der Gleichwertigkeits- bzw. Äquivalenzstörung herangezogen werden.

Ist das Verhältnis von Leistung und Gegenleistung durch ein nicht vorhersehbares Ereignis gestört, kommt grundsätzlich eine Vertragsanpassung in Frage, sofern die übrigen Voraussetzungen erfüllt sind. Allerdings fällt das Sinken der Kaufkraft einer Geldschuld in den Risikobereich des Gläubigers, sodass dadurch nicht grundsätzlich die Geschäftsgrundlage wegfällt. Ein Recht auf Anpassung des Vertrages an die veränderten Bedingungen begründet sich nur, wenn Leistung und Gegenleistung derart im Ungleichgewicht zueinander stehen, dass die Risikogrenze überschritten und das Interesse der benachteiligten Partei nicht mehr annähernd gewahrt ist.

Nach der Rechtsprechung des BGH liegt eine wesentliche Verschiebung von Leistung und Gegenleistung (Äquivalenzverschiebung) erst bei einer Geldentwertung von mehr als 60% vor. Veränderungen der Kaufkraft, die im Rahmen des Vorhersehbaren bleiben, wie z. B. ein Anstieg der Lebenshaltungskosten um 120–135% in einem Zeitraum von 20 Jahren, sind dagegen nicht ausreichend für einen Wegfall der Geschäftsgrundlage.

Ob die Einführung des Euro zu einem Ungleichgewicht zwischen Leistung und Gegenleistung führt, kann nicht mit Gewissheit behauptet werden. Insofern sind Aussagen über künftige Äquivalenzstörungen spekulativ. Aufgrund der vorliegenden wirtschaftlichen Prognosen und des mit

4 Grundsatz der Vertragskontinuität

der Einheitswährung verfolgten Ziels der Preisstabilität wird die Geldentwertungs-Schwelle von 60% wahrscheinlich nicht überschritten.

Die Anwendung des Wegfalls der Geschäftsgrundlage bei der Euro-Einführung dürfte selbst bei stärkeren Geldwertveränderungen ausgeschlossen sein.

Im Zusammenhang mit den Grenzen der Risikozuweisung ist zu prüfen, ob das Merkmal der Nichtvorhersehbarkeit der Euro-Einführung erfüllt ist. Seit dem Vertragsschluss von Maastricht, dessen Inhalt ordnungsgemäß veröffentlicht wurde, ist die Einführung des Euro vorhersehbar. Zudem sind die im Vertrag umgesetzten Vorgaben seit längerem bekannt. Ebenso ist nicht zu erwarten, dass möglicherweise auftretende Stabilitätsverluste das Maß an Zumutbarkeit übertreffen.

> **Euro-Einführung und Vertragskontinuität**
>
> Die Vertragskontinuität bei Verträgen, denen deutsches Recht zugrunde liegt, ist bei der Euro-Einführung grundsätzlich gegeben. Die bloße Umstellung der Währungen auf den Euro tangiert die Rechte und Pflichten der Parteien nur in dem oben erwähnten Ausnahmefall des Wegfalls der Geschäftsgrundlage. Der Eintritt dieses Ausnahmefalls ist als unwahrscheinlich anzusehen.

4.2.4 Vorrang der Vertragsautonomie

Der Grundsatz der Vertragsautonomie gestattet den Parteien, in beiderseitigem Einvernehmen von den ursprünglichen Bestimmungen ihres Vertrages abzuweichen oder den Vertrag aufzuheben. Diese Freiheit wird in Art. 3 EuroVorbVO ausdrücklich bestätigt. Es ist deshalb möglich, z.B. Geldentwertungen, die nicht zu einer die Grenzen des BGH überschreitenden Gleichwertigkeitsstörung führen, mit freiwilligen Vertragsanpassungen zu berücksichtigen.

> Den Vertragsparteien bleibt vorbehalten, bestehende vertragliche Vereinbarungen im Rahmen der Euro-Einführung abzuändern, aufzuheben oder durch Aufnahme von ergänzenden Regelungen (Klauseln) zu erweitern.

Vertragsrecht C

Vereinbarung von Wertsicherungsklauseln

Ein durch die Umstellung auf den Euro möglicherweise auftretender Kaufkraftverlust könnte dazu führen, Änderungen in bestehenden Verträgen vorzunehmen.

Beispiel:

Wenn sich der Euro gegenüber der in einem Kreditvertrag vereinbarten nationalen Währung als weniger kaufkräftig erweist, so hat der Gläubiger einer Forderung einen Anreiz, den Vertrag zu ändern. Allerdings ist nicht zu erwarten, dass der Schuldner dem Verlangen des Gläubigers auf Anpassung der Forderung an die vorherige Kaufkraft entgegenkommen wird. Erweist sich der Euro dagegen als kaufkräftiger, kehrt sich die Wirkung auf die Vertragsparteien um, und Gläubiger und Schuldner tauschen ihre Rollen.

Mit so genannten Wertsicherungsklauseln kann das für eine Partei nachteilige und für Geldschulden anzuwendende Nennwertprinzip umgangen werden.

Wertsicherungsklauseln sind Regelungen, mit denen die Höhe einer Geldschuld vom Preis oder einer bestimmten Menge anderer Güter oder Leistungen abhängig gemacht wird. Damit sollen Geldschulden wertbeständig gemacht werden.

Bislang waren Wertsicherungsvereinbarungen grundsätzlich nur mit Genehmigung der Deutschen Bundesbank zulässig (§ 3 Währungsgesetz). Allerdings unterlagen nur diejenigen Vereinbarungen einem Genehmigungsvorbehalt, welche die Höhe der Geldschuld an einen außerhalb des Schuldverhältnisses liegenden Maßstab gebunden haben (Gleitklauseln). Bei solchen Vereinbarungen passt sich der bestimmte Vertragsbestandteil automatisch an die Veränderung der Bezugsgröße an. Nicht genehmigte Wertsicherungsklauseln waren schwebend unwirksam; mit Genehmigung galten sie als von Anfang an wirksam.

4 Grundsatz der Vertragskontinuität

Durch Art. 9 § 1 EuroEG wurde § 3 des Währungsgesetzes aufgehoben. Seit dem 1. Januar 1999 können somit die Wertsicherungsklauseln ohne Einschränkungen fester Vertragsbestandteil werden.

- **Gleitklauseln**
  Dies sind Vereinbarungen, nach denen die Höhe der Geldschuld an eine nicht im Vertrag festgelegte Bezugsgröße automatisch angepasst wird. Bislang bedurfte diese Regelung der Genehmigung der Deutschen Bundesbank. Seit dem 1. Januar 1999 kann sie ohne Einschränkungen verwendet werden.

Beispiel: Gleitklausel

Die Partner eines Kreditvertrages einigen sich darauf, den vereinbarten Zinssatz an die Entwicklung des Zinssatzes für Bundesfinanzierungsschätze anzupassen.

- **Spannungsklausel**
  Eine Spannungsklausel macht die Höhe der Geldschuld vom künftigen Preis gleichartiger Güter bzw. Leistungen abhängig. Eine solche Vereinbarung fiel nicht unter das Währungsgesetz und war schon vor dem 1. Januar 1999 genehmigungsfrei.

Beispiel: Spannungsklausel

Der Vermieter behält sich das Recht vor, den vom Mieter zu bezahlenden Mietzins an die Preisentwicklung für vergleichbare Räume anzupassen.

- **Leistungsvorbehalten**
  Eine Regelung, die eine Neufestsetzung einer Geldschuld bei Eintritt bestimmter Umstände wie z. B. einer wesentlichen Veränderung oder nach Zeitablauf vorsieht, heißt Leistungsvorbehalt. Dabei kann die Festsetzung von einer Partei oder von einem Dritten vorgenommen werden. Im Gegensatz zur Gleitklausel erfolgt die Anpassung nicht

automatisch. Zudem steht für die Veränderung der betreffenden Größe ein (wenn auch begrenzter) Ermessensspielraum zur Verfügung.

Solche Vorbehalte waren und sind genehmigungsfrei.

- **Preisklauseln**
Bei Preisklauseln ist es dem Gläubiger einer Geldforderung möglich, die Höhe der Forderung an die Entwicklung seiner Kosten zu koppeln. Einer Genehmigung dieser Vereinbarung bedurfte und bedarf es nicht.

Beispiel: Preisklausel

In einem langfristigen Vertrag über den Bau eines Schiffes ist die Erhöhung des Verkaufspreises in dem Maße vorgesehen, in dem die Lohn- und Materialkosten steigen.

Da die Wertentwicklung des Euro nicht vorausgesagt werden kann, ergeben sich durch die Euro-Einführung für beide Vertragsseiten Chancen und Risiken. Eine Empfehlung für die Vertragspraxis sollte deshalb lauten, vor der Vereinbarung von Wertsicherungsklauseln die Chancen und Risiken so weit wie möglich abzuwägen. Das Ergebnis kann einerseits sein, dass die Einführung des Euro voraussichtlich einen Vorteil verspricht. Andererseits können mit der Einführung des Euro auch negative Erwartungen verknüpft sein.

Glaubt eine Partei, durch die Einführung des Euro einen wirtschaftlichen Vorteil zu erzielen, sollten die betreffenden Verträge unverändert beibehalten werden. Zusätzlich hätte sich die Partei bis zum 31. Dezember 1998 durch eine besondere vertragliche Kontinuitätsklausel abstützen können.

Praxistipp: Beibehaltungs- oder Kontinuitätsklausel

„Den Vertragsparteien ist bewusst, dass mit der (endgültigen) Einführung des Euro die DM ersetzt wird. Die in DM ausgedrückten Geldbeträge sind auf den offiziellen Umstellungsstichtag umzurechnen, wobei die amtlich festgestellten Umrechnungskurse herangezogen werden. Keine der Vertragsparteien ist berechtigt, den Vertrag zu kündigen, anzufechten oder zu ändern."

4 Grundsatz der Vertragskontinuität

Nach Ansicht des Arbeitsstabes Europäische Wirtschafts- und Währungsunion, der in seinem dritten Bericht vom 21. April 1999 zu Kontinuitätsklauseln Stellung nimmt, sind solche Klauseln nicht nur entbehrlich, sondern sogar kontraproduktiv. Begründet wird diese Auffassung mit dem Argument, dass die Verwendung von Kontinuitätsklauseln die uneingeschränkte Anwendbarkeit von anderen Verträgen, die derartige Klauseln nicht enthalten, in Zweifel ziehen würde.

In den übrigen Fällen, in denen ein wirtschaftlicher Nachteil entweder befürchtet oder zumindest als wahrscheinlich eingeschätzt wurde, war es ratsam, sich durch eine Wertsicherungsklausel im Vertrag abzusichern. Die Klausel sollte verhindern, dass durch die Einführung des Euro eine Partei zugunsten der anderen benachteiligt wurde.

Praxistipp: Wertsicherungsklausel

„Wenn sich durch die Einführung des Euro die Kaufkraft der in diesem Vertrag vereinbarten Geldschuld verändert, kann jede Partei von der anderen verlangen, dass über die Höhe der vereinbarten Geldforderung mit dem Ziel neu verhandelt wird, einen entstandenen Kaufkraftunterschied auszugleichen."

Mit dieser Klausel waren die Möglichkeiten einer Vertragsanpassung aber keinesfalls erschöpft. Beispielhaft seien zwei weitere Regelungen in Form einer Umstiegs- bzw. Ausstiegsklausel genannt, die wirtschaftlichen Risiken vorbeugen können.

Praxistipp: Umstiegsklausel

„Wenn der Euro als gesetzliches Zahlungsmittel die DM ersetzt, sind die durch diesen Vertrag begründeten DM-Zahlungsverpflichtungen zeitgleich auf USD (SFr, Yen, ...) nach dem letzten amtlichen Umrechnungskurs umzurechnen und in dieser Währung zu bewirken."

Praxistipp: Ausstiegsklausel

„Nach offizieller Einführung des Euro kann jede Partei innerhalb eines Zeitraums von x Tagen (Monaten) das Vertragsverhältnis durch Kündigung auflösen."

Anpassungsklauseln sind nur einvernehmlich wirksam

Änderungen im Vertrag sind nur im Einvernehmen beider Parteien möglich. Modifikationen von bestehenden Verträgen durch die Aufnahme einer Klausel können mit der Gegenseite nur einvernehmlich vereinbart werden. Gelingt eine Einigung nicht, z. B. weil die eine Partei einen wirtschaftlichen Vorteil erwartet und die andere eher einen Nachteil, besteht der Vertrag unverändert weiter.

Für künftige Verträge sind die oben gemachten Ausführungen entsprechend anzuwenden. Es gelten dieselben Überlegungen für die Vertragsparteien, allerdings mit dem Unterschied, dass den Bedürfnissen von Anfang an bei der Gestaltung des Vertrages Rechnung getragen werden kann.

Euro-Vertragswährung: Kein Zwang, keine Behinderung

Das aus der Privatautonomie abgeleitete Freiwilligkeitsprinzip („Kein Zwang – Keine Behinderung") erlaubt den Vertragsparteien, in der Übergangsphase beim Abschluss neuer Verträge die Erfüllung in nationaler Währung oder in Euro zu vereinbaren (sog. Grundsatz der Verwendungsfreiheit). Hierdurch werden die Vertragsparteien in die Lage versetzt, die Begleichung einer Geldschuld in Euro von Anfang an zu vereinbaren. Ein Verlustrisiko durch Kaufkraftveränderungen gegenüber einer Teilnehmerwährung kann somit ausgeschlossen werden.

Es ist zu beachten, dass sich innerhalb der Übergangsphase vom 1. Januar 1999 bis 31. Dezember 2001 die Rechtsfolgen aus Art. 6 Abs. 2 EuroEinfVO ergeben:

„Bezugnahmen in Rechtsinstrumenten auf eine nationale Währungseinheit sind genauso gültig wie Bezugnahmen auf die Euro-Einheit unter Beachtung der Umrechnungskurse."

Nach Ablauf der Übergangsphase greift dagegen Art. 14 Satz 1 EuroEinfVO (Teil V, Schlussbestimmungen):

„Wird in Rechtsbestimmungen, die am Ende der Übergangszeit bestehen, auf nationale Währungseinheiten Bezug genommen, so ist dies als Bezugnahme auf die Euro-Einheit entsprechend dem jeweiligen Umrechnungskurs zu verstehen."

4 Grundsatz der Vertragskontinuität

4.3 Vertragskontinuität bei Verträgen, die dem Recht eines EU-Mitgliedstaates unterliegen

Bei Verträgen, die dem Recht eines Mitgliedstaats unterliegen, müssen grundsätzlich dieselben Überlegungen angestellt werden, wie sie im Kap. 4.2 beschrieben worden sind. Demnach ist auf den betreffenden Vertrag das Recht des jeweiligen Staates anzuwenden. Das bedeutet, dass nach den nationalen Gesetzen und der nationalen Rechtsprechung des betreffenden Landes der Vertrag hinsichtlich Zustandekommens und Wirksamkeit zu beurteilen ist.

Anerkennung des Euro durch die EU-Mitgliedstaaten

Zunächst soll danach gefragt werden, ob nach dem Recht der EU-Mitgliedstaaten die Nachfolgewährung Euro anstelle der nationalen Währungen akzeptiert werden muss.

Nach Art. 6 der EuroVorbVO und Art. 17 Satz 2 der EuroEinfVO müssen alle EU-Mitgliedstaaten, das heißt auch die nicht an der Währungsunion teilnehmenden Staaten der Europäischen Union, den Euro als Nachfolgewährung akzeptieren. Einer Erörterung nach nationalem Privatrecht bedarf es insoweit nicht.

Beispiel: Vertragspartner in der Europäischen Union

Der griechische Produzent P hat einen Zahlungsanspruch gegen einen Käufer K in Deutschland. K möchte seine Schuld am 1. März 2001 in Euro begleichen, die in DM ausgewiesen ist. Muss P die Zahlung in Euro annehmen?
Art. 3 der EuroVorbVO statuiert den Grundsatz der Vertragskontinuität. Diese Vorschrift gilt im Verhältnis zwischen den EU-Staaten, auch wenn sie noch nicht im ersten Schritt an der Währungsunion teilnehmen. Somit gilt diese Regelung auch im Verhältnis zu Griechenland, das nicht von Beginn an Teilnehmerstaat sein wird.
P darf also die Zahlung in Euro nicht verweigern.

Kaufkraftverluste bei Verträgen mit EU-Mitgliedstaaten

Allerdings ist die bloße Umstellung nicht der alleinige Aspekt, der bei der Einführung des Euro in EU-Mitgliedstaaten berücksichtigt werden sollte. Möglicherweise ist die Stabilität des Euro gegenüber der Stabilität der ur-

Vertragsrecht C

sprünglichen nationalen Währung eines Teilnehmerstaates schwächer. Auch in diesem Fall ergibt sich die Frage, ob die Euro-Währungsumstellung die Lossagung von den vertraglichen Bestimmungen gestattet. Im Gegensatz zur allgemeinen Anerkennung ist an dieser Stelle das Heranziehen der maßgebenden individual-staatlichen Rechtsordnung unverzichtbar.

Vor diesem Hintergrund wird damit der Umstand der Zugehörigkeit eines Vertragstaates zur Europäischen Union bedeutungslos. Im Hinblick auf Kaufkraftverluste unterscheiden sich Verträge, deren Recht das eines EU-Mitgliedstaates ist, nicht von solchen, die sich auf das Recht eines Drittlandes stützen.

Inwieweit ein möglicherweise auftretender Kaufkraftverlust des Euro gegenüber den Vorgängerwährungen zu einer Unwirksamkeit eines Vertrages mit einem Partner in einem anderen EU-Mitgliedstaat führt, ist im Einzelfall nach dem zugrunde liegenden staatlichen Recht zu beurteilen.

4.4 Vertragskontinuität bei Verträgen, denen das Recht eines Drittlandes unterliegt

Bei Verträgen mit Parteien aus Drittländern stellt sich die Frage der Geltung des Art. 3 EuroVorbVO nicht, da die Verordnung selbstverständlich nur in den EU-Mitgliedstaaten gilt.

Ob Vertragskontinuität gilt oder nicht, hängt deshalb ab von:

- der Anerkennung der Einheitswährung als Nachfolgewährung der nationalen Währungen in den Drittländern,
- der Existenz völkerrechtlicher Vereinbarungen mit Drittländern,
- dem nationalen Schuldrecht des jeweiligen Drittlandes oder
- einer einzelvertraglichen Vereinbarung zwischen den Parteien (Vorrang der Vertragsautonomie).

Beispiel: Vertragspartner aus einem Drittland

Ein deutscher und ein US-amerikanischer Unternehmer haben im Jahr 1995 einen Kaufvertrag geschlossen, in dem vorgesehen ist, dass der deutsche Unternehmer den Kaufpreis im Juli 2000 in DM zu zahlen hat. Dabei unterliegt

4 Grundsatz der Vertragskontinuität

> der Kaufvertrag dem Recht des Staates New York. Im Juli 2000 möchte der deutsche Unternehmer den Kaufpreis in Euro zahlen. Der amerikanische Verkäufer der Ware weigert sich, die Zahlung in Euro anzunehmen. Er räumt zwar ein, dass für die Zahlung der Kaufpreisschuld das deutsche Währungsrecht maßgeblich sei, er jedoch die Änderung des Währungsrechts durch die EU-Verordnungen nicht anerkennen müsse.
>
> Ob der US-amerikanische Verkäufer die Zahlung in Euro zu Recht verweigert und möglicherweise sogar die Zahlung in Dollar verlangen kann, ist nach dem Recht des Staates New York zu beurteilen.

Glücklicherweise gibt es keinen Zweifel daran, dass amerikanische Gerichte die Umstellung auf den Euro anerkennen werden und der Verkäufer die Annahme der Euro-Zahlung nicht mit dem Hinweis auf die Währungsumstellung verweigern kann. Das Beispiel soll jedoch mögliche Probleme verdeutlichen und die Notwendigkeit einer detaillierten Auflistung aller Verträge mit Vertragsparteien in Drittländern unterstreichen.

Praxistipp: Verträge mit Drittländern

Eine Inventur aller Verträge mit Drittländern sowie eine einzelfallbezogene Prüfung dieser Vertragswerke ist unerlässlich.

4.4.1 Anerkennung der Einheitswährung als Nachfolgewährung der nationalen Währungen in den Drittländern

Die Anerkennung der Einheitswährung als Nachfolgewährung der nationalen Teilnehmerwährungen von Seiten der Drittländer würde die Kontinuität von Verträgen bewirken. Die Europäische Kommission geht davon aus, dass diese Anerkennung in den Drittländern automatisch zu erwarten sei. Ebenso geht die Kommission davon aus, dass Drittländer die Fortdauer von anderen Vertragsbedingungen wie Zinssätzen und weiteren Bedingungen ohne weiteres anerkennen werden.

Einige US-amerikanische Bundesstaaten haben die Vertragskontinuität bereits ausdrücklich anerkannt. So haben die Staaten New York im „Kontinuitätsgesetz" vom 29. Juli 1997, Illinois mit dem „Euro Conversion

Act" vom 14. August 1997 und Kalifornien im „Kontinuitätsgesetz" vom 5. Juni 1998 dazu eigene Rechtsvorschriften erlassen.

4.4.2 Völkerrechtliche Vereinbarungen mit Drittländern

Eine zweite Lösung der Kontinuitätsproblematik wäre der Abschluss von völkerrechtlichen Vereinbarungen mit den Drittländern. Dadurch könnte ausdrücklich die Anerkennung der Einheitswährung als Nachfolgewährung durch die Rechtsordnung von Drittländern festgestellt werden. Insbesondere kann hierdurch die Gefahr ausgeschlossen werden, dass einzelne Gerichte die Zahlung in Euro anstelle in nationaler Teilnehmerwährung ablehnen.

Im Hinblick auf eine offizielle Anerkennung der Umstellung auf Euro sind mit einigen Drittstaaten, wie z. B. mit Japan und der Schweiz, offizielle Verhandlungen aufgenommen worden.

4.4.3 Nationales Schuldrecht des jeweiligen Drittlandes

Wenn weder völkerrechtliche Vereinbarungen mit Drittländern geschlossen wurden und ebenso die Anerkennung des Euro als Nachfolgewährung durch Drittländer unterbleibt, ist die Prüfung der schuldrechtlichen Auswirkungen der Währungsumstellung in den jeweils anzuwendenden Rechtsordnungen vorzunehmen. Bei einem Unternehmen mit umfangreichen internationalen Handelsbeziehungen zu unterschiedlichen Drittländern wird diese sehr zeitaufwendig sein. Trotz dieses Aufwandes kann die Gefahr, dass einzelne Gerichte zu einer vom eigenen Urteil abweichenden Auffassung kommen, nicht ausgeschlossen werden.

Beispiel: Schuldrecht des Bundesstaats New York

Vorrangige Bedeutung bei Verträgen mit Partnern in US-Bundesstaaten kommt dem Rechtsinstitut der „frustration" zu, das sogar zu einer Aufhebung des Vertrages führen kann. Es kommt allerdings nur zur Anwendung, wenn fundamentale Änderungen der Umstände bei gleichzeitiger Unvorhersehbarkeit durch die Vertragsparteien auftreten. Dass beide Tatbestandsmerkmale in einem konkreten Euro-Fall erfüllt sein werden, ist beinahe auszuschließen. Da aber US-amerikanische Gerichte einen solchen Fall bislang nicht verhandelt

4 Grundsatz der Vertragskontinuität

haben, sollten die Vertragsparteien durch entsprechende Klauseln Vorsorge treffen, um ein verbleibendes Risiko auszuschließen.

4.4.4 Vorrang der Vertragsautonomie

Um Unsicherheiten in Bezug auf die schuldrechtliche Vertragskontinuität zu begegnen, bot sich insbesondere bis zum 31. Dezember 1998 die Verwendung einer entsprechenden vertraglichen Klausel an. Sie sollte erreichen, dass sich die Vertragsparteien auf vorher definierte Rechtsfolgen einigen und damit vor Überraschungen geschützt waren.

Den Parteien stand es frei zu entscheiden, welche Rechtsfolgen sie aus den eintretenden Ereignissen ableiten. Die Vertragspartner konnten durch eine entsprechende Vereinbarung sowohl für ein Festhalten an den vertraglichen Bestimmungen eintreten als auch eine Abwendung von ihnen vereinbaren. Allein ihre Vorstellungen – vorausgesetzt, sie waren einvernehmlich – entschieden über die weitere Gültigkeit ihres Vertrages.

Praxistipp: Beibehaltungs- oder Kontinuitätsklausel für Drittstaaten

„Den Vertragsparteien ist bewusst, dass mit der (endgültigen) Einführung des Euro die DM ersetzt wird. Die in DM ausgedrückten Geldbeträge sind auf den offiziellen Umstellungsstichtag umzurechnen, wobei die amtlich festgestellten Umrechnungskurse herangezogen werden. Keine der Vertragsparteien ist berechtigt, den Vertrag zu kündigen, anzufechten oder zu ändern."

Hatten die Vertragspartner dagegen die Befürchtung, dass sich ein Festhalten am Vertrag nachteilig für beide auswirkt, konnten die Parteien den Vertrag um eine Wertsicherungsklausel ergänzen.

Praxistipp: Wertsicherungsklausel für Drittstaaten

„Wenn sich durch die Einführung des Euro die Kaufkraft der in diesem Vertrag vereinbarten Geldschuld verändert, kann jede Partei von der anderen verlangen, dass über die Höhe der vereinbarten Geldforderung mit dem Ziel neu verhandelt wird, einen entstandenen Kaufkraftunterschied auszugleichen."

5 Prüfung des Vertragswerks auf Euro-Tauglichkeit

Vor dem 1. Januar 1999 begründete Vertragsverhältnisse werden durch die Währungsumstellung in der Regel nicht berührt, weder in ihrer Gültigkeit noch in ihrem Inhalt. Die Verträge bestehen nach Einführung des Euro grundsätzlich fort.

Auch wenn der Kontinuitätsgrundsatz den Fortbestand von Verträgen garantiert, befreit er die beteiligten Parteien nicht von der Notwendigkeit, die Verträge hinsichtlich ihrer Euro-Tauglichkeit zu untersuchen und gegebenenfalls Anpassungen vorzunehmen.

5.1 Zinsvereinbarungen

In Zinsvereinbarungen wird häufig auf verschiedene Referenzzinssätze Bezug genommen. Da mit Beginn der dritten Stufe der EWWU am 1. Januar 1999 der Diskont- und der Lombardsatz sowie der FIBOR entfallen sind, wurden diese Referenzgrößen durch das DÜG und durch die sich darauf beziehenden Verordnungen BazBV, LombardV und FIBOR-VO ersetzt (siehe Kapitel B, 3.2.1 „Rechtliche Grundlagen für den Übergang auf den Euro"). Dieser Ersatz gilt aber nur für die Übergangsphase. Daher sollte man möglichst früh, spätestens aber mit Ablauf der Übergangsphase, eine vertragliche Vereinbarung treffen, mit der die Zinsvereinbarungen angepasst werden.

5.2 Kurssicherungsgeschäfte

Ebenso bedürfen Verträge über Kurssicherungsgeschäfte, die auf Teilnehmerwährungen gerichtet sind, einer Neuformulierung. Denn mit der Fixierung der Umrechnungskurse zum 1. Januar 1999 ist das Wechselkursrisiko und damit der wesentliche Geschäftsinhalt von Devisentermingeschäften entfallen.

Um zu einer abschließenden Beurteilung des fortgeltenden rechtlichen Bestandes der Verträge über Kurssicherungsgeschäfte zu gelangen, muss zunächst danach gefragt werden, welchem Recht sie zu unterwerfen sind.

Gilt deutsches Recht, dann tritt bei einem Sicherungsgeschäft einer Teilnehmerwährung gegenüber einer Drittwährung der Euro an die Stelle der vertraglich abgesicherten Währungseinheit, wobei eine Umrechnung zum festgelegten Kurs erfolgt.

Beispiel: Devisentermingeschäft

Der deutsche Lieferant L erwartet von seinem US-amerikanischen Abnehmer A in 6 Monaten eine Zahlung in USD. Dem Vertrag zwischen L und A liegt deutsches Recht zugrunde. Um einen wechselkursbedingten Verfall seiner Zahlungsforderung auszuschließen, schließt L mit seiner Bank ein Devisentermingeschäft ab. Dieses Termingeschäft verpflichtet die Bank, die Zahlung in USD zu einem vorher vereinbarten Kurs gegen DM zu kaufen. Der Zeitpunkt der Abwicklung des Geschäfts liegt nach dem 1. Januar 1999.

An die Stelle der in dem Devisentermingeschäft vereinbarten DM tritt jetzt der Euro. Hierbei wird die in USD ausgewiesene Währungssumme in einen Euro-Betrag transformiert, der unter Berücksichtigung des fixierten Umrechnungskurses der DM zum Euro der vorher ausgemachten DM-Summe entspricht.

Wird eine Teilnehmerwährung gegenüber einer anderen Teilnehmerwährung abgesichert, beendet die Einführung des Euro das Sicherungsbedürfnis. Denn mit der Fixierung der Umrechnungskurse der Teilnehmerwährungen untereinander kommen die eigenständigen Kursbewegungen zum Stillstand, und ein Wechselkursrisiko wird damit ausgeschaltet. Im Rahmen einer ergänzenden Vertragsauslegung gemäß §§ 133, 157 BGB führt dies aber regelmäßig nicht zu einer vorgezogenen Abrechnung.

Während nach deutschem Recht die Vertragskontinuität von Devisentermingeschäften gewährleistet ist, kann dies allerdings für Verträge mit Drittstaaten, denen ausländisches Recht zugrunde liegt, nicht ohne weiteres unterstellt werden. Dies bedarf im Einzelfall einer detaillierten Prüfung.

5.3 Arbeitsverträge

Abschließend sei erwähnt, dass der Grundsatz der Rechtskontinuität auch auf Arbeitsverträge anzuwenden ist. Dementsprechend sind Anpassungen von Individual- und Kollektivvereinbarungen aus rechtlichen Gründen entbehrlich.

Sofern die Umstellung des Personalwesens, insbesondere der Lohn- und Gehaltsabrechnung sowie -auszahlung, von DM auf Euro vor dem 1. Januar 2002 erfolgen soll, in den zugrunde liegenden Verträgen jedoch zwingend die Verwendung der DM vorgeschrieben ist, muss gemäß Art. 8 Abs. 1 und 2 EuroEinfVO eine entsprechende Vereinbarung zwischen den Vertragsparteien getroffen werden. Eine Anpassung empfiehlt sich außerdem für vertraglich festgelegte Rundungsregeln (z. B.: „... auf volle DM aufzurunden ..."). Ausführliche Informationen zu dieser Problematik enthält das Kapitel G „Personalwesen".

Gesellschaftsrecht

1 Einleitung

Die in Deutschland ansässigen Kapitalgesellschaften verfügen über ein gesetzlich vorgeschriebenes und in Anteile zerlegtes Grund- bzw. Stammkapital, das bis zum 31. Dezember 1998 gem. § 6 AktG bzw. § 5 Abs. 1 GmbHG auf DM lauten musste. Viele weitere gesetzliche Vorschriften haben direkt auf die DM Bezug genommen, beispielsweise § 7 und § 8 Abs. 1 AktG hinsichtlich des Mindestgrundkapitals und des Mindestnennbetrages der Aktien bzw. § 5 Abs. 3 und § 7 Abs. 2 GmbHG bezüglich der Höhe und Einzahlung der Stammeinlagen.

Da es sich bei diesen gesellschaftsrechtlichen Normen um individuelle deutsche Vorschriften handelt, war die Umstellungsproblematik im gesellschaftsrechtlichen Bereich nicht durch EU-Verordnungen zu lösen. Hier war der nationale Gesetzgeber aufgerufen, die für einen reibungslosen Übergang notwendigen gesellschaftsrechtlichen Vorschriften anzupassen bzw. zu schaffen. Der deutsche Gesetzgeber ist dieser Aufgabe mit dem Ersten Euro-Einführungsgesetz und dem Stückaktiengesetz nachgekommen. Er hat damit die für eine Umstellung erforderlichen Bestimmungen sowie Überleitungsregelungen geschaffen.

In Art. 3 des 1. EuroEG werden alle Vorschriften des Aktiengesetzes, des GmbH-Gesetzes und anderer den gesellschaftsrechtlichen Bereich betreffenden Gesetze, die Bezug auf die DM genommen haben, angepasst. Des Weiteren enthält das Gesetz spezielle Vorschriften zur Umstellung und Glättung des Gesellschaftskapitals, insbesondere zu den Voraussetzungen, zum Verfahren, zur Beschlussfassung, Beurkundung und Handelsregistereintragung. Das Stückaktiengesetz ermöglicht die Einführung der nennwertlosen Aktien, die den Aktiengesellschaften die Umstellung auf den Euro wesentlich vereinfacht.

Der Änderungsbedarf bei Personengesellschaften ist im Vergleich zu dem Änderungsbedarf bei Kapitalgesellschaften weniger umfangreich. Die bei Personengesellschaften im Zusammenhang mit der Einführung auf den Euro entstehenden Fragen lassen sich überwiegend mit Hilfe der EU-Verordnungen lösen.

2 Auswirkungen der Euro-Einführung bei bestehenden Aktiengesellschaften

Bei Aktiengesellschaften, die vor dem 1. Januar 1999 im Handelsregister eingetragen waren bzw. die einen Antrag auf Eintragung vor dem 1. Januar 1999 beim Handelsregister gestellt haben (Altgesellschaften), lauteten bisher Grundkapital und Aktien auf einen Nennbetrag in Deutsche Mark. Bei der notwendigen Umstellung des Grundkapitals und der Aktien von der DM auf den Euro bieten sich den Unternehmen in Bezug auf das Umstellungsverfahren und den Umstellungszeitpunkt verschiedenste Möglichkeiten.

Ausgangspunkt aller weiteren Überlegungen ist die Entscheidung, ob die bestehenden Nennbetragsaktien der Aktiengesellschaften weiterhin auf einen Nennbetrag lauten sollen oder ob sie im Zuge der Umstellung auf den Euro auf (unechte) nennwertlose Stückaktien umgestellt werden sollen.

Die Entscheidung für die Nennbetragsaktie oder für die (unechte) nennwertlose Stückaktie bestimmt das weitere Umstellungsverfahren im Rahmen der Euro-Einführung.

2.1 Beibehaltung der Nennbetragsaktie

In Art. 3 des 1. EuroEG werden die in den §§ 7 und 8 AktG enthaltenen Nennbeträge geändert. Der Mindestnennbetrag des Grundkapitals beträgt 50.000 Euro, der Mindestnennbetrag einer Aktie 1 Euro. Höhere Aktiennennbeträge müssen auf volle Euro lauten.

Die neuen Euro-Nennbeträge der §§ 7 und 8 AktG n.F.:

Mindestnennbetrag des Grundkapitals:	50.000 Euro
Mindestnennbetrag der Aktien:	1 Euro
Teilungsfaktor:	1 Euro

Damit stellt sich die Frage, ob und wann Altgesellschaften ihr auf DM lautendes Grundkapital und ihre Aktiennennbeträge auf Euro umzustellen und an die neuen Aktiennennbeträge anzupassen haben.

Gesellschaftsrecht D

Umstellungsprocedere für Aktiengesellschaften

Grundsätzlich besteht weder für börsennotierte noch für nichtbörsennotierte Altgesellschaften gem. § 3 Abs. 2 EGAktG n.F. ein Zwang zur Umstellung des Grundkapitals und der Aktien auf Euro und zur Anpassung an die geraden Euro-Nennbeträge. Altgesellschaften können die auf DM lautenden Nennbeträge beibehalten. Diese Möglichkeit besteht unbefristet, solange keine Kapitalmaßnahmen vorgenommen werden. Sofern die Aktiengesellschaften aber ihr Kapital nach dem Ende der Übergangsphase am 31. Dezember 2001 ändern wollen, müssen die Nennbeträge auf Euro umgestellt und an die §§ 7 und 8 AktG n.F. angepasst werden. Zur Durchsetzung dient eine Registersperre. Lauten die Nennbeträge noch auf DM, dürfen Satzungsänderungen nach dem 31. Dezember 2001 nur in das Handelsregister eingetragen werden, wenn zugleich eine Satzungsänderung über die Anpassung der Aktiennennbeträge eingetragen wird.

Aktiengesellschaften müssen Grundkapital und Aktien spätestens bei der ersten Kapitalveränderung nach dem 31. Dezember 2001 an die neuen Euro-Nennbeträge der §§ 7 und 8 AktG n.F. anpassen. Bis dahin dürfen sie die DM-Bezeichnungen beibehalten.

Möglichkeiten der Umstellung und Glättung der Nennbeträge

Alle Altgesellschaften, die die Nennbetragsaktie beibehalten und durch die Umrechnung von der DM in den Euro gebrochene Euro-Nennbeträge bei Grundkapital und Aktien erhalten, müssen in absehbarer Zukunft Grundkapital und Aktien auf gerade Nennbeträge anpassen. Dazu stehen ihnen mehrere Vorgehensweisen offen. Bei einer Nennbetragsglättung durch Kapitalerhöhung aus Gesellschaftsmitteln oder durch Kapitalherabsetzung wird der Nennbetrag jeder einzelnen Aktie geglättet. Bei der Nennbetragsglättung durch Neustückelung wird zunächst das Grundkapital geglättet und danach neu verteilt.

Vorgehensweise bei der Umstellung und Glättung der Nennbeträge

Hält eine Aktiengesellschaft an der Nennbetragsaktie fest, so sind für Umstellung und Glättung der Euro-Nennbeträge zwei Schritte erforderlich:

1. Schlichte Umstellung der Nennbeträge des Grundkapitals und der Aktien von DM auf Euro
2. Glättung der bei der schlichten Umstellung entstehenden gebrochenen Nennbeträge durch Kapitalmaßnahmen:
   - Kapitalerhöhung aus Gesellschaftsmitteln
   - Kapitalherabsetzung
   - Nennbetragsglättung durch Neustückelung

2.1.1 Umstellung des satzungsmäßigen Grundkapitals

Voraussetzung für eine Nennbetragsglättung bzw. eine Neustückelung ist, dass im ersten Schritt der Nennbetrag des Grundkapitals und der Aktien im Wege der schlichten Umstellung von der DM auf den Euro umgestellt wird.

Die schlichte Umstellung ist nicht an eine bestimmte Frist gebunden. Sie kann freiwillig und unabhängig von einer Glättung vorgenommen werden. Umstellung und Glättung sind aber spätestens bei der nächsten Kapitaländerung durchzuführen.

Die schlichte Umstellung des Grundkapitals einer Aktiengesellschaft bedeutet nichts weiter als die Umrechnung der DM-Beträge in Euro-Beträge unter Zugrundelegung des Umrechnungskurses. Dabei kommt es zwangsläufig zu krummen Beträgen.

Beschlussfassung bei der Euro-Umstellung des Grundkapitals

Die Euro-Umstellung des Grundkapitals macht eine entsprechende Änderung der einschlägigen Bestimmungen des Gesellschaftsvertrages erforderlich. Die Befugnis, über die Änderung des Gesellschaftsvertrages zu beschließen, obliegt gemäß § 119 Abs. 1 Nr. 5 AktG der Hauptversamm-

Gesellschaftsrecht D

lung und ist grundsätzlich an ein bestimmtes Verfahren und eine bestimmte Form gebunden.

Da es sich bei der schlichten Umstellung nur um eine weitgehend formale Änderung handelt, wurden die sonst üblichen Verfahrensregelungen und Formerfordernisse in § 4 EGAktG und Art. 45 EGHGB wie folgt vereinfacht:

- Die Beschlussfassung über die schlichte Umstellung bleibt während der Übergangsphase der Hauptversammlung vorbehalten, wird aber durch vereinfachte Mehrheitserfordernisse erleichtert. Abweichend von § 179 Abs. 2 AktG genügt die einfache Mehrheit des bei der Beschlussfassung vertretenen Grundkapitals. Nach dem 31. Dezember 2001 ist der Aufsichtsrat unmittelbar zu einer entsprechenden Fassungsänderung der Satzung ermächtigt.

- Der Verzicht auf eine Dreiviertelmehrheit macht bei einer nicht börsennotierten Aktiengesellschaft gem. § 130 Abs. 1 Satz 3 AktG die notarielle Beurkundung des Hauptversammlungsbeschlusses entbehrlich. Der Beschluss bedarf lediglich einer Protokollierung durch den Aufsichtsrat.

- Die grundsätzlich für die Anmeldung und Eintragung der Satzungsänderung im Handelsregister zu beachtenden Formerfordernisse des § 181 Abs. 1 Satz 2 und 3 AktG brauchen im Zusammenhang mit der schlichten Umstellung nicht angewandt zu werden. Das bedeutet, dass der Anmeldung zur Eintragung ins Handelsregister weder der vollständige Wortlaut der Satzung noch eine notarielle Bescheinigung beigefügt werden muss. Bedarf eine Satzungsänderung staatlicher Genehmigung, so ist in diesem besonderen Fall keine Genehmigungsurkunde beizufügen.

- Weiterhin ist auf die Eintragung der Satzungsänderung in das Handelsregister § 181 Abs. 2 Satz 2 AktG nicht anzuwenden. Demnach ist bei einer Eintragung die Bezugnahme auf die beim Gericht eingereichten Unterlagen ausreichend.

- Ebenso wenig verpflichtend ist die in § 12 HGB geforderte Vorlage der Anmeldung zur Eintragung der schlichten Umstellung in das Handelsregister in öffentlich beglaubigter Form.

- Letztlich werden jedoch auch die Gerichte entlastet. Eintragungen in das Handelsregister, die grundsätzlich durch den Bundesanzeiger und durch mindestens ein weiteres Blatt bekannt zu machen sind (§ 10 HGB), sind nicht bekannt zu machen, soweit ausschließlich eine schlichte Umstellung eingetragen wurde.

Einberufung der Hauptversammlung zur Euro-Umstellung

Ungeachtet der genannten Vereinfachungsregelungen sind bei der Einberufung der Hauptversammlung bestimmte Fristen und Formen zu beachten. Die Hauptversammlung ist gemäß § 123 Abs. 1 AktG mindestens einen Monat vor dem Tag der Versammlung einzuberufen. Die Bekanntgabe der Einberufung erfolgt gemäß § 121 Abs. 3 AktG in den Gesellschaftsblättern.

Die Einberufung zur Hauptversammlung ist mit den folgenden Angaben bekannt zu geben:

- Firma,
- Sitz der Gesellschaft,
- Zeit und Ort der Hauptversammlung und
- Bedingungen, von denen die Teilnahme an der Hauptversammlung und die Ausübung des Stimmrechts abhängen.

> **Praxistipp: Einladung zur Hauptversammlung**
>
> Einladung zur ordentlichen Hauptversammlung der X-Aktiengesellschaft (Firma), Y-Stadt (Sitz)
>
> Die Aktionäre unserer Gesellschaft werden zu unserer diesjährigen ordentlichen Hauptversammlung am ..., dem ..., um ... Uhr, in ... eingeladen.
>
> **Kurzfassung der Tagesordnung**
>
> 1. Vorlage des festgestellten Jahresabschlusses und des Lageberichts für das Geschäftsjahr mit dem Bericht des Aufsichtsrats.
> 2. Beschlussfassung über die Verwendung des Bilanzgewinns.

Gesellschaftsrecht **D**

3. Beschlussfassung über die Umstellung der auf DM lautenden Nennbeträge des Grundkapitals und der Aktien auf Euro.
... weitere Tagesordnungspunkte

Die vollständige Tagesordnung mit Vorschlägen zur Beschlussfassung ist im Bundesanzeiger Nr. ... vom ... enthalten. Wir bitten, dieser Bekanntmachung Einzelheiten über die Hinterlegung von Aktien zur Teilnahme an der Hauptversammlung zu entnehmen. Letzter Hinterlegungstag ist ....

Datum
X-Aktiengesellschaft (Firma)
Der Vorstand

Checkliste: Euro-Umstellung des Grundkapitals

- Verfahren:
  Die DM-Beträge des Gesellschaftsvertrages werden durch Euro-Beträge ersetzt. Die mathematische Umrechnung erfolgt zum festen Umrechnungskurs von 1,95583 DM/Euro.

- Beschlussfassung:
  Für die Beschlussfassung durch die Hauptversammlung genügt die einfache Mehrheit des bei der Beschlussfassung vertretenen Grundkapitals.

- Beurkundung:
  Eine nicht börsennotierte Gesellschaft braucht den Beschluss nicht notariell zu beurkunden. Es reicht eine vom Vorsitzenden des Aufsichtsrates zu unterzeichnende Niederschrift aus.

- Eintragung ins Handelsregister, Bekanntmachung:
  Die Umschreibung des Gesellschaftsvertrages auf Euro ist gem. § 181 Abs. 1 Satz 1 AktG vom Vorstand zur Eintragung ins Handelsregister anzumelden und wird gem. Abs. 3 erst mit der Eintragung wirksam. Nach § 4 Abs. 1 Satz 3 EGAktG kann aber auf die weiteren Formerfordernisse des § 181 AktG verzichtet werden.

> Nach Art. 45 EGHGB sind eine Bekanntmachung nach § 10 HGB und auch die Formerfordernisse des § 12 HGB entbehrlich.

2.1.2 Rundungsproblematik

Die Umrechnung eines glatten DM-Nennbetrages in Euro führt zu „krummen" Beträgen. Werden die Euro-Nennwerte gerundet, so kann die Rundungsdifferenz bei einer einzelnen Aktie vernachlässigt werden. Bei der Vielzahl von Aktien würden sich jedoch die Rundungsdifferenzen mit der Folge aufsummieren, dass der Gesamtnennbetrag der jeweils gerundeten Aktien von der selbständig umgerechneten Grundkapitalziffer erheblich abweichen kann.

Beispiel: Rundungsdifferenz bei Grundkapital-Umrechnung

1 Euro = 1,95583 DM

	Anzahl der Aktien	Aktiennennwert	Grundkapital
DM	20 Mio.	5	100.000.000,00
Euro	20 Mio.	2,556459...	51.129.188,12
Euro, gerundet	20 Mio.	2,56	51.200.000,00
Euro Differenz			70.811,88

Das Grundkapital einer Gesellschaft in Höhe von 100 Mio. DM, aufgeteilt in 20 Mio. Aktien à 5 DM, würde bei einer Umrechnung (zum endgültigen Umrechnungskurs von 1,95583 DM für 1 Euro) auf zwei Stellen nach dem Komma gerundet 51.129.188,12 Euro betragen. Der Nennwert einer Aktie dieser Gesellschaft ergibt umgerechnet 2,556459... Euro und damit gerundet 2,56 Euro. Das Produkt der Anzahl der Aktien mit ihren gerundeten Nennwerten beträgt 51,2 Mio. Euro, also 70.811,88 Euro mehr als das ausgewiesene Grundkapital.

Gesellschaftsrecht D

Beispiel: Rundungsdifferenz bei Grundkapital-Umrechnung
1 Euro = 1,95583 DM

	Anzahl der Aktien	Aktiennennwert	Grundkapital
DM	20 Mio.	10	200.000.000,00
Euro	20 Mio.	5,112918…	102.258.376,24
Euro, gerundet	20 Mio.	5,11	102.200.000,00
Euro Differenz			58.376,24

Bei einem anderen Aktiennennwert kann der Unterschiedsbetrag aber auch höher oder niedriger ausfallen. Bei einem Aktiennennwert von 10 DM würde dieser umgerechnet 5,112918… Euro und gerundet 5,11 Euro betragen. Das Produkt der Aktien mit ihren gerundeten Nennwerten ergibt 102,2 Mio. Euro. In diesem Fall erhält man also eine Rundungsdifferenz von 58.376,24 Euro.

Auswirkungen gerundeter Nennbeträge

Durch die dargestellten Rundungsdifferenzen können sich (aber nur scheinbar) Mehrheitsverhältnisse verschieben. Ein Minderheitsaktionär, dessen Beteiligung bislang knapp unter 50 % liegt, kann durch leichte Aufrundung der Nennwerte seiner Aktien eine scheinbare Kapitalmehrheit gewinnen, wenn man den Gesamtnennbetrag seiner Anteile ins Verhältnis zum isoliert umgerechneten Nennkapital setzt.

Beispiel: Scheinbare Veränderung von Mehrheitsverhältnissen
1 Euro = 1,95583 DM

	Anzahl der Aktien	Aktiennennwert	Grundkapital
DM	20 Mio.	5	100.000.000,00
Euro	20 Mio.	2,556459…	51.129.188,12
Euro, gerundet	20 Mio.	2,56	51.200.000,00
davon **49,99 %**	9,998 Mio.	2,56	25.594.880,00
	25.594.880,00 Euro von 51.129.188,12 Euro → **50,06 %**		

Auf einen Aktionär, der an dieser Gesellschaft 49,99%, also 9,998 Mio. Aktien hält, würde bei einem umgerechneten und gerundeten Aktiennennbetrag von 2,56 Euro ein Gesamtnennbetrag von 25.594.880,00 Euro entfallen. Gemessen am Grundkapital von 51.129.188,12 Euro besitzt der Aktionär scheinbar 50,06% der Anteile.

Umgekehrt würde ein Aktionär, der z. B. 50% der Anteile zuzüglich einer Aktie besitzt, bei reiner Addition der jeweils abgerundeten Nennbeträge seiner Aktien wahrscheinlich die Anteilsmehrheit verlieren.

Neben der Verschiebung von Mehrheitsverhältnissen können aber auch verschiedene Schwellenwerte überschritten werden, die z. B. eine kartellrechtliche Anzeigepflicht auslösen.

Milderung der Wirkungen gerundeter Nennbeträge

Der Aktiennennbetrag ist in seiner Eigenschaft als Teilbetrag des Grundkapitals ein rechtstechnisches Instrument und gibt mittelbar die Beteiligungsquote an. Ein gerundeter Nennbetrag nach der Euro-Umrechnung kann nicht den exakten Anteil der Aktie am Grundkapital widerspiegeln. Deshalb darf eine Rundung bei Aktiennennbeträgen gemäß § 3 Abs. 4 EGAktG zwar aus praktischen Gründen vorgenommen werden, hat aber keine Rechtswirkung.

Die Rundung von Aktiennennbeträgen nach der Euro-Umrechnung hat keine Rechtswirkung.

Die Rundung von Nennbeträgen nach der Euro-Umrechnung muss auf mindestens zwei Nachkommastellen vorgenommen werden. Diese Regelung stellt keinen Widerspruch zur EuroVorbVO dar, da es sich hier nicht um „zu zahlende oder zu verbuchende Geldbeträge" handelt. In gesellschaftsrechtlichen Instrumenten wie Hauptversammlungsbeschlüssen und Satzungen ist auf die Rundung hinzuweisen.

Da eine Rundung von Aktiennennbeträgen ohne Rechtswirkung bleibt, bestehen die gesellschaftlichen Verhältnisse, die sich durch das Verhältnis der Nennbeträge zueinander bestimmen, unverändert fort.

> Die Rundung von Aktiennennbeträgen nach der Euro-Umrechnung kann keine Änderung der Anteilsverhältnisse in der Gesellschaft herbeiführen.

Diese Vorschriften beziehen sich allerdings nur auf die Nennbeträge der einzelnen Aktien, nicht aber auf den Gesamtbetrag des Grundkapitals. Dieser ist ein „zu verbuchender Geldbetrag" im Sinne der EuroVorbVO und damit auf den nächsten Cent zu runden.

2.1.3 Übersicht der Kapitalmaßnahmen zur Nennbetragsglättung

Bei der schlichten Umstellung des gezeichneten Kapitals entstehen gebrochene Euro-Nennbeträge. Um diese zu glätten und an die Nennbeträge der §§ 7 und 8 AktG n.F. mit Hilfe von Kapitalmaßnahmen anzupassen, stehen drei Varianten zur Verfügung:

1. die Kapitalerhöhung aus Gesellschaftsmitteln,
2. die Kapitalherabsetzung sowie
3. die Nennbetragsglättung durch Neustückelung.

Bei der Entscheidung für die eine oder andere Methode zur Glättung der Nennbeträge sollte ein wesentliches Motiv der Kapitalbedarf der Unternehmung sein. Ein eher unterkapitalisiertes Unternehmen sollte z.B. nicht ernsthaft an eine Nennbetragsglättung durch Kapitalherabsetzung denken. Da derartige Überlegungen zur Kapitalstruktur jedoch für jedes Unternehmen individuell anzustellen sind, müssen diese Motive im Folgenden unberücksichtigt bleiben.

Umfang von Kapitalmaßnahmen

Dargestellt werden soll im Folgenden, welchen Umfang die erforderlichen Kapitalmaßnahmen haben können und an welche Voraussetzungen ihre Durchführung gebunden ist.

> Der Umfang einer erforderlichen Kapitalmaßnahme hängt davon ab, wie hoch der Differenzbetrag zwischen dem gebrochenen Euro-Nennbetrag und der geraden Zielgröße jeder einzelnen Aktie ist. Multipliziert mit der Gesamtzahl der Aktien ergibt sich der Gesamtumfang der Kapitalmaßnahmen.

Umfang der Kapitalmaßnahme =
Anzahl der Aktien × (gebrochener Euro-Nennbetrag je Aktie ./. geglätteter Euro-Nennbetrag je Aktie)

Bei der Glättung jeder einzelnen Aktie setzt aufgrund der Vielzahl von Aktien ein Multiplikatoreffekt ein, der u. U. einen sehr hohen Kapitaländerungsbedarf mit sich bringen kann.

Beispiel: Kapitalerhöhung bei Nennbetragsglättung von 5-DM-Aktien

	Anzahl der Aktien	Aktiennennwert	Grundkapital
DM	20 Mio.	5	100.000.000,00
Euro	20 Mio.	2,556459...	51.129.188,12
Euro, geglättet	20 Mio.	3	60.000.000,00
Kapitalerhöhung Euro			8.870.811,88

Eine Gesellschaft mit einem in 20 Mio. Aktien à 5 DM zerlegten Grundkapital von 100 Mio. DM möchte den Umfang einer möglichen Kapitalerhöhung berechnen. Mit dem endgültig festgelegten Umrechnungskurs von 1,95583 DM/Euro ergibt sich ein Euro-Grundkapital von umgerechnet 51.129.188,12 Euro, aufgeteilt in 20 Mio. Aktien à 2,556459... Euro. Bei einer Glättung des Grundkapitals auf 20 Mio. Aktien à 3 Euro würde sich ein Grundkapital von 60 Mio. Euro ergeben. Durch eine Kapitalerhöhung würde sich das Grundkapital somit um 8.870.811,88 Euro oder 17,3 % erhöhen.

Beispiel: Kapitalerhöhung bei Nennbetragsglättung von 50-DM-Aktien

	Anzahl der Aktien	Aktiennennwert	Grundkapital
DM	2 Mio.	50	100.000.000,00
Euro	2 Mio.	25,564594...	51.129.188,12
Euro, geglättet	2 Mio.	26	52.000.000,00
Kapitalerhöhung			870.811,88

Gesellschaftsrecht D

Hat die Gesellschaft ein in 2 Mio. Aktien à 50 DM zerlegtes Grundkapital von 100 Mio. DM, ergibt sich ein Grundkapital von 51.129.188,12 Euro, aufgeteilt in 2 Mio. Aktien à 25,564594... Euro (Umrechnungskurs 1,95583 DM/Euro). Nach der Glättung des Grundkapitals auf 2 Mio. Aktien à 26 Euro beträgt das Grundkapital 52 Mio. Euro. Es müsste eine Kapitalerhöhung in Höhe von 870.188,88 Euro bzw. 1,7 % durchgeführt werden.

Beispiel: Kapitalherabsetzung bei Nennbetragsglättung von 5-DM-Aktien

	Anzahl der Aktien	Aktiennennwert	Grundkapital
DM	20 Mio.	5	100.000.000,00
Euro	20 Mio.	2,556459...	51.129.188,12
Euro, geglättet	20 Mio.	2	40.000.000,00
Kapitalherabsetzung			11.129.188,12

Die Gesellschaft möchte die Nennbeträge im Wege einer Kapitalherabsetzung glätten. Ausgangspunkt ist ein in 20 Mio. Aktien à 5 DM zerlegtes Grundkapital von 100 Mio. DM. Umgerechnet in Euro ergibt sich ein Grundkapital von 51.129.188,12 Euro und ein Aktiennennbetrag von 2,556459... Euro (Umrechnungskurs 1,95583 DM/Euro). Bei einer Umstellung der Aktie auf 2 Euro und des Grundkapitals auf 40 Mio. Euro müsste eine Kapitalherabsetzung um 11.129.188,12 Euro bzw. 21,8 % erfolgen.

Behandlung von Aktien mit unterschiedlichen Nennbeträgen

Die Umstellung der 50-DM-Aktien auf 26 Euro darf nur erfolgen, wenn diese Aktien die kleinste Nennbetragsstückelung darstellen. Bei Gesellschaften mit Aktien verschiedener Nennbeträge, z. B. 5 DM und 50 DM, ist der Glättungsbedarf der kleinsten Stückelung ausschlaggebend. Wenn die 5-DM-Aktie im Rahmen einer Kapitalerhöhung auf 3 Euro (bei einer Kapitalherabsetzung auf 2 Euro) umgestellt wird, kann die 50-DM-Aktie nicht mehr auf 26 Euro umgestellt werden, sondern auf 30 Euro (bei einer Kapitalherabsetzung nicht auf 25 Euro, sondern auf 20 Euro), da sich sonst die Beteiligungsquoten verschieben würden.

Hat eine Gesellschaft Aktien mit unterschiedlichen Nennbeträgen, so ist der Glättungsbedarf der kleinsten Stückelung maßgeblich.

2.1.4 Nennbetragsglättung durch Kapitalerhöhung aus Gesellschaftsmitteln

Eine Kapitalerhöhung aus Gesellschaftsmitteln erhöht nicht das Eigenkapital der Gesellschaft. Es findet lediglich eine Umschichtung innerhalb des Eigenkapitals von den offenen Rücklagen zum Grundkapital statt.

Abweichend von der sonst geltenden Regel des § 207 Abs. 2 i.V.m. § 182 Abs. 1 Satz 4 AktG erfolgt die Kapitalerhöhung zur Glättung bei Aktiengesellschaften nicht durch die Ausgabe neuer Aktien, sondern durch die Erhöhung der Aktiennennbeträge. Diese Sonderregelung ist in § 4 Abs. 3 EGAktG enthalten.

Angenommen, eine 5-DM-Aktie ergibt nach Umrechnung eine 2,56 Euro-Aktie, könnte man diese um 0,44 Euro auffüllen, um eine Aktie mit glatten 3 Euro zu erhalten. Da jede Aktie aufgefüllt wird, bleiben die Beteiligungsverhältnisse der Aktionäre unverändert.

Umwandlungsfähige Rücklagen

Für die Kapitalerhöhung aus Gesellschaftsmitteln stehen die Kapitalrücklage und die Gewinnrücklagen zu Verfügung. Abweichend von § 208 Abs. 1 AktG und § 150 Abs. 3 AktG können für die Euro-bedingte Kapitalerhöhung aus Gesellschaftsmitteln die gesamte Kapitalrücklage und die gesamte gesetzliche Rücklage sowie deren Zuführungen, auch soweit sie zusammen den zehnten Teil oder den in der Satzung bestimmten höheren Teil des bisherigen Grundkapitals nicht übersteigen, verwendet werden. Diese in § 4 Abs. 5 EGAktG geschaffene Sonderregelung ermöglicht auch solchen Unternehmen die Anwendung einer Kapitalerhöhung aus Gesellschaftsmitteln, deren Kapitalrücklage und gesetzliche Rücklage noch nicht 10 % des Grundkapitals beträgt.

Der erforderliche Kapitalerhöhungsbedarf kann unter Umständen ein erhebliches Ausmaß annehmen. Dafür müssen Rücklagen in ausreichender Höhe zur Verfügung stehen. Sind nicht genügend Rücklagen vorhanden, besteht nach § 272 Abs. 2 Nr. 4 HGB für die Gesellschafter die Möglichkeit der Einzahlung in die Kapitalrücklage. Für solche freiwilligen Zuzahlungen gelten keine besonderen Voraussetzungen. Entscheidend ist eine entsprechende Vereinbarung zwischen der Gesellschaft und den Aktionären.

Nennbetragsglättung durch Kapitalerhöhung aus Gesellschaftsmitteln

Vorteile der Methode:

- Eine Glättung ist reibungslos möglich, der Aufwand vertretbar.
- Die Beteiligungsquoten der Aktionäre ändern sich nicht.

Nachteile der Methode:

- Es müssen ausreichend umwandlungsfähige Rücklagen zur Verfügung stehen. Daher wird diese Methode für viele Unternehmen ausscheiden.
- Durch die Kapitalerhöhung erhöht sich das dividendenberechtigte Kapital, was bei Beibehaltung der Nominaldividende eine höhere Ausschüttungssumme zur Folge hat.

Beschlussfassung

Für die Beschlussfassung einer Kapitalerhöhung aus Gesellschaftsmitteln ist im Normalfall gem. §§ 207 Abs. 2, 182 Abs. 1 Satz 1 AktG eine Mehrheit von drei Vierteln des bei der Beschlussfassung vertretenen Grundkapitals notwendig. § 4 Abs. 2 Satz 1 EGAktG schwächt diese Anforderungen an die Beschlussmehrheit ab, indem er für eine Erhöhung des Grundkapitals aus Gesellschaftsmitteln auf den nächsthöheren Betrag, mit dem die Nennbeträge der Aktien auf volle Euro gestellt werden können, nur eine einfache Mehrheit verlangt. Die Vereinfachung der Beschlussfassung greift also nur bei Kapitalmaßnahmen in dem zur Glättung erforderlichen Umfang.

Beispiel: Beschlussfassung

Die Beschlussfassung mit einfacher Mehrheit gilt bei einer 5-DM-Aktie, die auf 3 Euro umgestellt wird, nicht aber bei einer Umstellung auf 4 Euro.

Da bei Gesellschaften mit Aktien unterschiedlicher Stückelung, z. B. mit Nennbeträgen von 5 DM oder 50 DM, auf eine proportionale Erhöhung der Nennbeträge zu achten ist, ist für die von der Vereinfachungsregel gedeckten Kapitalmaßnahme die Aktie mit der kleinsten Stückelung maßgeblich.

Beispiel: Beschlussfassung

Die Beschlussfassung mit einfacher Mehrheit gilt auch, wenn eine Gesellschaft ihre 5-DM-Aktien auf 3 Euro und ihre 50-DM-Aktien auf 30 Euro umstellt.

In Bezug auf die Form des Hauptversammlungsbeschlusses zur Glättung der Nennbeträge gilt § 130 Abs. 1 Satz 1 AktG. Der Beschluss muss notariell beurkundet werden. Die für nicht börsennotierte Aktiengesellschaften geltende Erleichterung nach § 130 Abs. 1 Satz 3 AktG ist gemäß § 4 Abs. 2 Satz 3 EGAktG im Zusammenhang mit der Nennbetragsglättung nicht anwendbar. Das Protokollieren des Hauptversammlungsbeschlusses und die anschließende Gegenzeichnung durch den Vorsitzenden des Aufsichtsrates reichen deshalb auch für nicht börsennotierte Aktiengesellschaften nicht aus.

Checkliste: Nennbetragsglättung durch Kapitalerhöhung aus Gesellschaftsmitteln

- Verfahren:
  Jede einzelne Aktie wird auf einen vollen Euro-Betrag aufgestockt: z. B. 5-DM-Aktien auf 3 Euro, 50-DM-Aktien auf 26 Euro. Dazu werden die Kapitalrücklage und/oder die gesetzliche Rücklage in Grundkapital umgewandelt.

- Voraussetzung:
  Es sind ausreichend umwandlungsfähige offene Rücklagen vorhanden.

- Beschlussfassung:
  Für den Beschluss der Hauptversammlung über eine Maßnahme, mit der die Nennbeträge der Aktien auf den nächsterreichbaren

vollen Euro gestellt werden, genügt die einfache Mehrheit des bei der Beschlussfassung vertretenen Grundkapitals. Der Beschluss über eine Kapitalmaßnahme in höherem Umfang bedarf der normalen Dreiviertelmehrheit.

- Beurkundung:
  Der Beschluss ist notariell zu beurkunden.

- Eintragung ins Handelsregister, Bekanntmachung:
  Für die Anmeldung zur Eintragung ins Handelsregister und für die Bekanntmachung gelten keine Sondervorschriften. Daher finden die geltenden Regelungen des § 181 AktG und §§ 10 und 12 HGB Anwendung. Mit der Eintragung des Beschlusses ist die Kapitalerhöhung wirksam.

2.1.5 Nennbetragsglättung durch Kapitalherabsetzung

Wird die Glättung der gebrochenen Euro-Nennbeträge im Wege der Kapitalherabsetzung vorgenommen, werden gemäß § 222 Abs. 4 Satz 1 Nr. 1 AktG die Nennbeträge der einzelnen Aktien und damit das Grundkapital herabgesetzt. Beispielsweise müsste man eine 5-DM-Aktie, die bei dem offiziellen Umrechnungskurs von 1,95583 DM/Euro eine 2,56 Euro-Aktie ergeben würde, um 0,56 Euro abschmelzen, um auf glatte 2 Euro zu kommen.

Der Kapitalherabsetzungsbedarf des Grundkapitals ergibt sich dabei aus dem Differenzbetrag zwischen dem gebrochenen Euro-Nennbetrag (2,56 Euro) und der geraden Zielgröße (2 Euro) jeder einzelnen Aktie, multipliziert mit der Gesamtzahl der Aktien.

Problematisch ist eine Kapitalherabsetzung, wenn eine Gesellschaft Aktien mit verschiedenen Nennwerten ausgegeben hat, z. B. 5-DM- und 50-DM-Aktien. Wird die 5-DM-Aktie, die umgerechnet 2,556459... Euro entspricht, auf 2 Euro umgestellt, muss die 50-DM-Aktie, die umgerechnet 25,564594... Euro ergibt, auf 20 Euro umgestellt werden. Ein Abschmelzen auf 25 Euro reicht hier nicht, da sich dann die Beteiligungsverhältnisse der Aktionäre ändern würden.

Durch die Herabsetzung von 25,564594... Euro auf 20 statt auf 25 Euro entsteht ein erheblicher Kapitalherabsetzungsbedarf. Für ein überkapitalisiertes Unternehmen kann diese Kapitalmaßnahme eine interessante Lösung sein. Häufig haftet der Kapitalherabsetzung aber ein gewisser Makel an, da diese in der Vergangenheit vielfach in Verbindung mit Sanierungsmaßnahmen eingesetzt wurde.

Eine Kapitalherabsetzung ist allerdings nicht möglich, wenn dadurch der Mindestnennbetrag des Grundkapitals unterschritten würde, es sei denn, dass dieser durch eine gleichzeitige Kapitalerhöhung wieder erreicht wird.

Die aus der Kapitalherabsetzung gewonnenen Beträge können in die Kapitalrücklage eingestellt werden, soweit die in § 231 Satz 1 AktG bezeichnete Begrenzung eingehalten wird. Nach § 222 Abs. 3 AktG kann der herabgesetzte Teil des Grundkapitals auch an die Aktionäre zurückgezahlt werden.

Vor- und Nachteile der Nennbetragsglättung durch Kapitalherabsetzung

Vorteile der Methode:

- Eine Glättung ist reibungslos möglich, der Aufwand akzeptabel.
- Die Beteiligungsquoten der Aktionäre ändern sich nicht.
- Es ist keine Zuzahlung der Aktionäre erforderlich.
- Bei Einstellung der Differenz zwischen dem alten und dem neuen Grundkapital in die Rücklagen findet kein Kapitalabfluss statt.

Nachteile der Methode:

- Problematisch ist diese Kapitalmaßnahme, wenn in einem Unternehmen Aktien mit unterschiedlicher Nennbetragsstückelung vorliegen. Hier entsteht ein erheblicher Kapitalherabsetzungsbedarf.
- In der Praxis wird eine Kapitalherabsetzung meist nur im Zusammenhang mit Sanierungen durchgeführt und wird deshalb als Makel empfunden.
- Es sind die Gläubigerschutzbestimmungen des § 255 AktG zu beachten.

Gesellschaftsrecht D

Beschlussfassung

Für die Beschlussfassung der Hauptversammlung zur Kapitalherabsetzung auf den nächstniedrigeren Betrag, mit dem die Nennbeträge der Aktien auf volle Euro gestellt werden können, ist in § 4 Abs. 2 EGAktG eine einfache Mehrheit vorgesehen. Diese genügt jedoch bei einer Kapitalherabsetzung nur, wenn mindestens die Hälfte des Grundkapitals bei der Beschlussfassung vertreten ist.

Beispiel: Herabsetzung des Aktiennennbetrags auf 2 Euro

Die Erleichterung der Beschlussfassung in Bezug auf die in der Hauptversammlung erforderliche Abstimmungsmehrheit gilt bei einer 5-DM-Aktie, die bei schlichter Umrechnung auf 2,556459... Euro lauten würde und im Wege einer Kapitalherabsetzung auf 2 Euro umgestellt werden soll, nicht aber bei der Umstellung auf einen geringeren Betrag, z. B. auf 1 Euro.

Checkliste: Nennbetragsglättung durch Kapitalherabsetzung

- Verfahren:
  Jede einzelne Aktie wird so herabgesetzt, dass sie auf einen vollen Euro lautet: z. B. die 5-DM-Aktie auf 2 Euro, die 50-DM-Aktie auf 25 Euro.

- Voraussetzung:
  Das Grundkapital darf nicht unter den Mindestnennbetrag herabgesetzt werden, wenn es nicht durch eine gleichzeitige Kapitalerhöhung wieder erreicht wird.

- Beschlussfassung:
  Für den Beschluss der Hauptversammlung über eine Kapitalherabsetzung, mit der die Nennbeträge der Aktien auf den nächstniedrigeren vollen Euro gestellt werden, genügt eine einfache Mehrheit, wenn mindestens die Hälfte des Grundkapitals vertreten ist. Jede andere Kapitalherabsetzung bedarf der normalen Dreiviertelmehrheit. Der Beschluss muss beinhalten, was mit dem Betrag der He-

rabsetzung geschehen soll, d. h., ob er in die Rücklagen eingestellt oder an die Aktionäre ausgeschüttet wird.

- Beurkundung:
  Der Beschluss bedarf der notariellen Beurkundung. Die Erleichterung des § 130 Abs. 1 Satz 3 AktG für nicht börsennotierte Aktiengesellschaften darf gem. § 4 Abs. 2 Satz 3 AktG nicht angewendet werden.

- Eintragung ins Handelsregister, Bekanntmachung:
  Für die Anmeldung zur Eintragung ins Handelsregister und für die Bekanntmachung gelten keine Sondervorschriften. Daher finden die geltenden Regelungen des § 181 AktG und §§ 10 und 12 HGB Anwendung. Das Grundkapital ist erst mit der Eintragung des Beschlusses herabgesetzt.

2.1.6 Aktiensplit

Im Anschluss an die Umstellung des Grundkapitals von DM auf Euro und an die Glättung der gebrochenen Euro-Nennbeträge mit Hilfe von Kapitalmaßnahmen kann ein Aktiensplit durchgeführt werden. Dabei wird jede Aktie in jeweils mehrere Aktien mit entsprechend niedrigeren Nennbeträgen aufgespalten.

Beispiel: Aktiensplit bei 3-Euro-Aktie

Eine Gesellschaft, die ihre Aktien im Zuge einer Kapitalerhöhung aus Gesellschaftsmitteln auf 3-Euro-Aktien angehoben hat, kann diese im Verhältnis 1:3 splitten und so auf Nennbeträge von jeweils 1 Euro stellen.

Ein Aktiensplit stellt eine Satzungsänderung dar. Für die Beschlussfassung genügt gemäß § 4 Abs. 2 Satz 2 EGAktG eine einfache Kapitalmehrheit. Eine Zustimmung der einzelnen Aktionäre ist nicht erforderlich, da sich die Beteiligungsquoten nicht ändern und die Veräußerbarkeit des Aktienbesitzes nicht beeinträchtigt wird.

Gesellschaftsrecht D

Checkliste: Durchführung eines Aktiensplits
• Verfahren: Jede Aktie wird in mehrere Aktien mit entsprechend niedrigeren Nennbeträgen aufgesplittet. • Voraussetzung: Die neuen Aktiennennbeträge müssen auf volle Euro lauten. • Beschlussfassung: Für die Beschlussfassung genügt eine einfache Mehrheit des vertretenen Grundkapitals. • Beurkundung: Der Beschluss ist notariell zu beurkunden. • Eintragung ins Handelsregister, Bekanntmachung: Der Vorstand hat die Satzungsänderung zur Eintragung ins Handelsregister anzumelden. Bezüglich der Formerfordernisse für die Handelsregistereintragung und der Bekanntmachung gelten die regulären gesetzlichen Bestimmungen.

2.1.7 Nennbetragsglättung durch Neustückelung

Die bisher vorgestellten Varianten zur Nennbetragsglättung setzen bei der einzelnen Aktie an und erfordern deren Herauf- oder Herabsetzung auf den nächsthöheren oder den nächstniedrigeren vollen Euro-Betrag.

Abweichend hiervon wird bei der Nennbetragsglättung durch Neustückelung gemäß § 4 Abs. 3 EGAktG nur das Grundkapital geglättet und anschließend neu eingeteilt. Das Volumen der notwendigen Kapitalmaßnahmen ist dementsprechend erheblich geringer und in der Regel zu vernachlässigen.

Das Volumen der Kapitalmaßnahme bei der Nennbetragsglättung durch Neustückelung beschränkt sich auf den Betrag, der es ermöglicht, das Grundkapital in Aktien mit glatten Euro-Nennbeträgen zu zerschneiden.

Zustimmung der Aktionäre erforderlich

Bei dieser Glättungsmethode können sich allerdings die Beteiligungsverhältnisse geringfügig verschieben. Ein Teilrechtehandel wurde wegen des hohen Aufwandes nicht zugelassen. Daher bedarf dieses Verfahren der Zustimmung derjenigen Aktionäre, deren Beteiligungsquote durch die Neustückelung – wenn auch nur minimal – verändert würde.

Die Zustimmung der betroffenen Aktionäre ist auch dann erforderlich, wenn sich durch die Neustückelung die Zahl der in ihrem Besitz befindlichen Aktien verringern würde, denn durch die Neueinteilung in größere Stücke ist die bis dahin mögliche separate Veräußerung eines kleineren Teils des Aktienbesitzes beeinträchtigt. Wird die Stückelung feiner, ist keine Zustimmung nötig.

§ 4 Abs. 3 Satz 2 EGAktG verlangt eine Zustimmung der (betroffenen) Aktionäre, deren Anteil sich durch die Neustückelung ändern oder deren Zahl der in ihrem Besitz befindlichen Aktien sich verringern würde.

Neustückelung kaum durchführbar bei Streubesitz

Die Einholung einer Zustimmung seitens der Aktionäre ist praktisch nur bei Aktiengesellschaften mit einem oder wenigen Aktionären, d. h. ohne Streubesitz, durchführbar. Für börsennotierte Publikumsgesellschaften ist diese Glättungsmaßnahme kein gangbarer Weg, da von jedem einzelnen Kleinaktionär eine Zustimmung erforderlich wäre.

Für Aktiengesellschaften mit nur einem Aktionär oder mit wenigen Aktionären und runden Anteilen (z. B. 50 %, 20 %) ist dieses eine interessante Alternative, denn bei ihnen ist eine Glättung und Neustückelung ohne Verschiebung der Beteiligungsverhältnisse möglich und daher eine Zustimmung der Aktionäre entbehrlich.

Die Nennbetragsglättung durch Neustückelung eignet sich nur für Aktiengesellschaften mit einem oder wenigen Aktionären.

Eine Gesellschaft mit einem Alleinaktionär kann sich darauf beschränken, das Grundkapital um wenige Cent auf den nächsten vollen Euro zu erhöhen und in Aktien mit glatten Nennbeträgen neu aufzuteilen. Bei einer

Gesellschaftsrecht D

Gesellschaft mit mehreren Aktionären und runden Anteilen kann das Grundkapital auf einen entsprechenden glatten Betrag gestellt werden, sodass eine Aufteilung der 1-Euro-Aktien auf die Aktionäre entsprechend ihrer Beteiligungsquoten möglich ist.

Beispiel: Neustückelung bei einem Aktionär

Ein Aktionär hält 100% an einer Aktiengesellschaft mit einem Grundkapital von 100.000 DM. Umgerechnet (zum offiziellen Umrechnungskurs von 1,95583 DM/ Euro) ergibt sich ein Kapital von 51.129,19 Euro. Der Betrag kann mittels einer geringen Kapitalerhöhung von 0,81 Euro einfach auf 51.130 Euro geglättet und in 51.130 1-Euro-Aktien zerlegt werden.

Beispiel: Neustückelung bei mehreren Aktionären

Eine Aktiengesellschaft mit Aktionären, die alle runde Anteile von 5 und 10% halten, hat ein Grundkapital von 10 Mio. DM, also umgerechnet 5.112.918,81 Euro. Sie kann ihr Kapital um lediglich 1,19 Euro auf 5.112.920,00 Euro (nächstliegender durch 5 und 10 teilbarer Betrag) erhöhen und sogleich in ebenso viele Aktien zu je 1 Euro neu zerlegen. Danach entfallen auf jeden Aktionär mit 5% genau 255.646 Aktien, auf jeden Aktionär mit 10% genau 511.292 Aktien.

Da die Euro-Aktien in diesem Fall genau gemäß den Beteiligungsquoten auf die einzelnen Aktionäre aufgeteilt werden können, ist eine besondere Zustimmung der Aktionäre nicht erforderlich.

Die Neustückelung des Grundkapitals ist bei Gesellschaften mit teileingezahlten Aktien nicht zulässig, damit die Haftung für die Erfüllung der Einlagepflicht auch nach der Währungsumstellung und Glättung noch konkreten Aktien zugeordnet werden kann.

Beschlussfassung

In der Hauptversammlung ist für die Beschlussfassung einer Nennbetragsglättung durch Neustückelung gemäß § 4 Abs. 2 EGAktG nur die einfache Mehrheit der Stimmen erforderlich. Bei einer Aufstockung des Grundkapitals ist dies die einfache Mehrheit des vertretenen Grundkapitals. Bei einer Herabsetzung reicht die einfache Mehrheit nur, wenn zumindest die Hälfte des Grundkapitals vertreten ist.

Vor- und Nachteile der Nennbetragsglättung durch Neustückelung

Vorteile der Methode:

- Die Umstellung und Glättung sind einfach und ohne Aufwand möglich.
- Der Kapitalherauf- bzw. -herabsetzungsbedarf ist relativ gering.

Nachteile der Methode:

- Die Methode stellt nicht sicher, dass die Beteiligungsquoten der Aktionäre unverändert bleiben.
- Daher muss die Zustimmung der Aktionäre eingeholt werden, deren Beteiligungsquote sich ändern würde.

Checkliste: Nennbetragsglättung mit Neustückelung

- Verfahren:
  Das Grundkapital wird insgesamt auf den nächstliegenden glatten Euro-Betrag herabgesetzt oder aufgestockt und in neue glatte Euro-Aktien zerlegt, am einfachsten in 1-Euro-Aktien.

- Voraussetzung:
  Es dürfen keine teileingezahlten Aktien vorhanden sein.

- Falls sich durch das Verfahren veränderte Beteiligungsquoten oder eine größere Aktienstückelung ergeben, ist die Zustimmung der betroffenen Aktionäre erforderlich.

- Beschlussfassung:
  Bei einer Aufstockung des Grundkapitals genügt für die Beschlussfassung die einfache Mehrheit des vertretenen Grundkapitals. Bei einer Herabsetzung genügt die einfache Mehrheit nur, wenn zumindest die Hälfte des Grundkapitals vertreten ist.

Gesellschaftsrecht D

- Beurkundung:
Der Beschluss ist notariell zu beurkunden. Die Erleichterung des § 130 Abs. 1 Satz 3 AktG für nicht börsennotierte Gesellschaften ist nicht anwendbar.

- Eintragung ins Handelsregister, Bekanntmachung:
Es finden die regulären Vorschriften des § 181 AktG und §§ 10 und 12 HGB Anwendung.

2.1.8 Einheitlichkeit des Kapitals

Um die Einheitlichkeit des Kapitals zu gewährleisten, ist ein Nebeneinander von Aktien bisheriger Stückelung und künftiger Euro-Stückelung innerhalb derselben Gesellschaft (sog. „gemischte" Nennbetragseinteilung des Grundkapitals) ausgeschlossen.

Ein Nebeneinander von DM und Euro im Grundkapital einer Gesellschaft ist unzulässig.

Beispiel: Kein Nebeneinander von DM und Euro im Grundkapital

Es ist einer DM-Gesellschaft nicht möglich, während des Übergangszeitraumes eine Kapitalerhöhung gegen Einlagen zu beschließen, die durch die Ausgaben von Aktien im neuen Euro-Nennbetragsraster durchgeführt werden soll, bevor nicht das vorhandene Grundkapital auf glatte Euro umgestellt ist.

2.1.9 Umstellung des Grundkapitals nach Ablauf der Übergangsphase

Aktiengesellschaften sind nicht verpflichtet, ihre Aktien und das Grundkapital während der Übergangsphase vom 1. Januar 1999 bis 31. Dezember 2001 auf den Euro umzustellen und zu glätten. Sie können auch noch nach dem Ende der Übergangsphase am 31. Dezember 2001 die DM-Bezeichnungen im Gesellschaftsvertrag weiterführen. Spätestens jedoch bei der ersten Kapitalmaßnahme nach Ablauf der Übergangsphase,

d. h. ab dem 1. Januar 2002, müssen Aktiengesellschaften das satzungsmäßige Grundkapital und die Aktien auf Euro umstellen und an die neuen Euro-Nennbeträge der §§ 7 und 8 AktG n.F. anpassen. Für die Durchsetzung dieser Regelung soll eine Registersperre sorgen, d. h., bei Nichteinhaltung der Vorschrift werden Kapitaländerungen nicht ins Handelsregister eingetragen.

Nach dem 31. Dezember 2001 ist die Eintragung einer Kapitalmaßnahme einer Aktiengesellschaft mit Nennbetragsaktien im Handelsregister nur noch durchzusetzen, wenn das Grundkapital und die Aktien auf Euro lauten und den §§ 7 und 8 AktG n.F. entsprechen.

Euro-Umstellung bei Aktiengesellschaften

Soweit eine Aktiengesellschaft während oder nach der Übergangsphase vom 1. Januar 1999 bis zum 31. Dezember 2001 noch keine Maßnahmen in Bezug auf die Umstellung des Grundkapitals und der Aktien auf den Euro und eine Nennbetragsglättung vorgenommen hat, sind entsprechende Maßnahmen zum Zeitpunkt der ersten Kapitalmaßnahme nach dem 31. Dezember 2001 durchzuführen. Zu diesem Zeitpunkt stehen der Gesellschaft grundsätzlich sämtliche Alternativen offen.

Eine Kapitalherabsetzung ist auch nach Ablauf der Übergangsphase nach den Regeln des § 222 Abs. 4 AktG durch Nennbetragsherabsetzung möglich. Dabei muss sich das Unternehmen an die neuen Euro-Nennbeträge der §§ 7 und 8 AktG n.F. halten, d. h., die Aktiennennbeträge müssen auf volle Euro lauten, und das Grundkapital darf nicht unter 50.000 Euro herabgesetzt werden.

Hat eine Aktiengesellschaft bis zum Ablauf der Übergangsphase keine Maßnahmen zur Umstellung des Grundkapitals und der Aktien auf den Euro und einer Nennbetragsglättung getroffen und muss diese nun im Zusammenhang mit einer anstehenden Kapitalerhöhung treffen, so besteht die Wahl zwischen

- einer Nennbetragsglättung mit Kapitalerhöhung,
- einer Nennbetragsglättung durch Neustückelung ohne wesentliche Kapitalerhöhung,

Gesellschaftsrecht D

- einer Umstellung der Nennbetragsaktien auf nennwertlose Aktien.

Bei einer Nennbetragsglättung bedarf es im ersten Schritt immer einer schlichten Umstellung des Grundkapitals auf den Euro.

Keine Erleichterung bei Zuzahlungen

Frisches Kapital gelangt durch die angesprochenen Maßnahmen jedoch nur in die Gesellschaft, soweit die Aktionäre von der Möglichkeit einer Einzahlung in die Kapitalrücklage nach § 272 Abs. 2 Nr. 4 HGB Gebrauch gemacht haben. Für diese freiwilligen Zuzahlungen sieht das Gesetz, wenn sie im Zusammenhang mit der Umstellung des Grundkapitals und der Aktien auf den Euro erbracht werden, in Bezug auf die Verfahrens- und Formerfordernisse keine besonderen Erleichterungen vor.

Euro-Umstellung nach Ablauf der Übergangsphase

Die Glättung des Grundkapitals und der Aktien auf volle Euro-Nennbeträge nach Ablauf der Übergangsphase ab 1. Januar 2002 erfolgt nach den gleichen Regeln wie während der Übergangsphase.

Die beschriebenen Erleichterungen in Bezug auf das Verfahren und die Form der im Zusammenhang mit der Nennbetragsglättung zu fassenden Beschlüsse der Gesellschaft gelten auch nach Ablauf der Übergangsphase unverändert weiter.

Weitergehende Kapitalmaßnahmen, wie z. B. Kapitalerhöhungen nach den §§ 182, 192 AktG oder Kapitalerhöhungen aus Gesellschaftsmitteln nach § 207 AktG, können unproblematisch mit Maßnahmen zur Umstellung auf den Euro und Nennbetragsglättung verknüpft werden. Die Erleichterungen in Bezug auf das Verfahren und die Form der im Zusammenhang mit der Umstellung auf den Euro und Nennbetragsglättung zu fassenden Beschlüsse gelten jedoch nicht für die mit diesen Maßnahmen verknüpften Kapitalerhöhungen.

2.2 Umstellung auf nennwertlose Aktien (Stückaktien)

Seit Inkrafttreten des Gesetzes zur Einführung der Stückaktie (StückAG) wird den Aktiengesellschaften eine Alternative zur Nennbetragsaktie, nämlich die nennwertlose Aktie angeboten. Die aus anderen Rechtsordnungen bekannte Stückaktie ermöglicht die Lösung des Problems der Umstellung des Grundkapitals auf den Euro auf eine elegante Weise und ist mit geringem Aufwand verbunden.

Wie auch die Nennbetragsaktie verkörpert die nennwertlose Aktie im Sinne des StückAG einen Anteil am Grundkapital der Gesellschaft. Der Unterschied zur Nennbetragsaktie besteht im Wesentlichen darin, dass sie nicht auf einen Nennbetrag lautet.

> Die Stückaktie trägt keinen Nennbetrag. Sie verkörpert aber ebenso wie die Nennbetragsaktie einen Anteil am Grundkapital.

Obwohl die nennwertlose Aktie nicht auf einen Nennbetrag lautet, lässt sich rechnerisch ein fiktiver Nennwert ermitteln. Die Stückaktie wird daher auch als „unechte" nennwertlose Aktie bezeichnet. Dieser Nennwert ergibt sich als Anteil am Grundkapital aus der Division des Grundkapitals durch die Zahl der ausgegebenen Aktien.

Somit wird in Deutschland an dem traditionellen aktienrechtlichen Institut eines festen satzungsmäßigen Grundkapitals, seine Zerlegung in Aktien und den Grundsätzen der Kapitalaufbringung und -erhaltung festgehalten. Eine echte nennwertlose Stückaktie würde eine Aufgabe des Systems des festen Grundkapitals bedeuten. Die Höhe des Grundkapitals wäre weder im Gesetz noch in der Satzung fixiert.

Die Aktie steht zwar für eine Beteiligungsquote am Grundkapital, aber weder in der Satzung noch in den Aktienurkunden soll die auf die Aktie entfallende Quote ausdrücklich genannt werden. Auf diese Weise wird erreicht, dass die ausgegebenen Aktienurkunden nicht bei jeder Kapitalmaßnahme oder bei jedem Aktiensplit unrichtig werden.

Aus dem Verzicht auf die Quotenangabe folgt, dass die Aktien einer Gesellschaft nicht in ihrer Größe unterschieden werden können, sie sind alle in gleichem Umfang am Grundkapital beteiligt.

Gesellschaftsrecht D

Alle Stückaktien einer Gesellschaft sind „gleich groß". Es lässt sich ein fiktiver Nennwert der Aktien errechnen, indem man das Grundkapital durch die Anzahl der ausgegebenen Aktien dividiert.

Kein Mix aus Nennbetragsaktien und Stückaktien

Die nennwertlose Aktie soll die traditionelle Nennbetragsaktie nicht ablösen, sondern vielmehr als ergänzende Möglichkeit neben diese treten. Ein Nebeneinander beider Aktienformen in ein und derselben Gesellschaft ist nach dem StückAG jedoch aus Gründen der Übersichtlichkeit und Praktikabilität nicht zulässig.

Jede Aktiengesellschaft muss eine Entweder-Oder-Entscheidung treffen: Entweder sie hält an den Nennbetragsaktien fest oder sie stellt vollständig auf nennwertlose Aktien um.

Rechnerischer Mindestbetrag der Stückaktie: 1 Euro

Der auf die Stückaktie entfallende anteilige Betrag des Grundkapitals darf einen Mindestbetrag von 5 DM bzw. nach der Währungsumstellung von 1 Euro nicht unterschreiten. Die Festlegung eines solchen Mindestbetrages soll sog. „Penny stocks" vermeiden, die die Anleger verwirren könnten. Somit ist ein unbegrenzter Aktiensplit nicht möglich. Oberhalb des Mindestbetrages gelten keine festen Betragsstufen (etwa auf volle Euro). Der Anteil der Stückaktie am Grundkapital kann auf jeden rechnerisch möglichen Betrag lauten.

Das Verbot der Unterpari-Emission gilt nicht nur für Nennbetragsaktien, sondern auch für Stückaktien. Der auf die einzelne Aktie entfallende Anteil des Grundkapitals bildet den niedrigsten Ausgabebetrag.

Stückaktien können wie Nennbetragsaktien als Inhaber- oder Namensaktien sowie als Aktien verschiedener Gattungen begründet werden.

Umstellung der Stückaktien und des Grundkapitals bei Einführung des Euro

Da die Stückaktie nicht auf einen bestimmten Geldbetrag einer Währung, sondern nur auf einen bestimmten Anteil am Grundkapital einer Gesellschaft lautet, muss sie nicht umgestellt werden. Umzustellen ist lediglich das Grundkapital der Aktiengesellschaft. Dies geschieht im Wege einer schlichten Umstellung des Grundkapitals auf Euro. Eine Glättung mit Hilfe von Kapitalmaßnahmen erübrigt sich.

Umstellungsverfahren von Nennbetragsaktien auf Stückaktien

Die Umstellung von Nennbetragsaktien auf nennwertlose Stückaktien erfolgt in ein oder zwei Schritten. Besitzt eine Aktiengesellschaft Aktien mit mindestens zwei verschiedenen Nennbeträgen, so sind die Aktien im ersten Schritt in Aktien mit gleichem Nennbetrag neu einzuteilen (Neustückelung des Grundkapitals). Die Aktien mit gleichem Nennbetrag sind im zweiten Schritt in Stückaktien umzuwandeln.

Beispiel: Umwandlung in Aktien mit gleichem Nennbetrag

Hat eine Gesellschaft gleichzeitig Aktien im Nennbetrag von 5 DM und 50 DM, sind die 50-DM-Aktien zunächst in jeweils 10 Aktien à 5 DM zu zerlegen. Diese Teilung bedarf nicht der Zustimmung der betroffenen Aktionäre, da deren Anteilsrechte nicht beeinträchtigt werden. Alle Aktien der Gesellschaft weisen nun den gleichen Nennbetrag auf.

Die Umwandlung der Nennbetragsaktien in Stückaktien vollzieht sich automatisch mit Eintragung des entsprechenden Beschlusses in das Handelsregister. Nach Eintragung bestehen die Aktien nicht mehr in Form von Nennwert-, sondern von Stückaktien.

Die Herstellung gleicher Nennbeträge könnte auch durch Aktienvereinigung erreicht werden. Da eine Vereinigung aber die Mobilität der Beteiligungen einschränkt, ist hierzu die Zustimmung der betroffenen Aktionäre erforderlich.

Aktienurkunden sind weiter gültig

Bei der Umstellung von Nennbetrags- auf Stückaktien werden die ausgegebenen Aktienurkunden unrichtig. Bei einer Umstellung von 1:1 ist dies jedoch unschädlich. Die alten Urkunden können weiter in Umlauf bleiben und verkörpern einen unbestimmten Anteil am Grundkapital der Aktien-

Gesellschaftsrecht D

gesellschaft. Die Gesellschaft kann die Aktionäre unter Androhung der Kraftloserklärung nach § 73 AktG auch auffordern, die unrichtigen Aktienurkunden zwecks Berichtigung oder Umtausch bei ihr einzureichen. Dazu besteht aber keine Verpflichtung.

Erforderliche Beschlüsse der Hauptversammlung bei der Einführung von Stückaktien

Die Umstellung der traditionellen Nennbetragsaktien auf Stückaktien kann im Rahmen der regulären Hauptversammlungen erfolgen. Dabei bedarf es einer Satzungsänderung nach den dafür geltenden Vorschriften. In die Satzung muss die Anzahl der ausgegebenen Stückaktien aufgenommen werden. Besondere Beschlusserleichterungen gibt es nicht.

Checkliste: HV-Beschlüsse bei Einführung der Stückaktie

1. Die vorgeschlagene Satzungsänderung ist mit der Einberufung der Hauptversammlung ihrem Wortlaut nach bekannt zu machen (§ 124 Abs. 2 AktG).
2. Die Satzungsänderung erfolgt mit einer Dreiviertelmehrheit (§ 179 Abs. 2 AktG).
3. Der Beschluss der Hauptversammlung bedarf der notariellen Beurkundung.
4. Die Satzungsänderung wird mit der Eintragung in das Handelsregister wirksam (§ 181 Abs. 3 AktG). Die Anmeldung der Eintragung erfolgt durch den Vorstand.

Stückaktien-Einführung unabhängig von Euro-Einführung

Die Einführung der Stückaktie ist nicht zwingend mit der Einführung des Euro verknüpft. Daher könnte ein entsprechender satzungsändernder Beschluss über die Umstellung auf DM-Stückaktien schon vor der Umstellung des Grundkapitals auf den Euro auf der ordentlichen Hauptversammlung gefasst werden.

Die Hauptversammlung kann die Einführung nennwertloser Aktien auch von einer bestimmten Bedingung abhängig machen. Ist dies gewollt, so ist die Satzungsänderung von der Hauptversammlung unter einer sogenannten „unechten" Bedingung zu beschließen. Der Vorstand der Aktiengesellschaft wird in diesem Fall angewiesen, die Satzungsänderung nicht vor Eintritt der Bedingung zur Eintragung ins Handelsregister anzumelden. Die Bedingung ist eindeutig abzufassen. Sie darf außerdem nicht Eingang in den geänderten Wortlaut der Satzung finden.

Praxistipps für die Umstellung auf Stückaktien

- Die Umstellung auf Stückaktien ist unabhängig von der Umstellung auf den Euro möglich.

- Der Beschluss der Satzungsänderung kann unter einer „unechten" Bedingung gefasst werden.

Checkliste: Satzungsändernde Beschlüsse bei Stückaktien-Einführung

1. Beschluss über die Umwandlung von Nennbetragsaktien in nennwertlose Aktien

    - Satzungsändernder Beschluss über die Neustückelung des Grundkapitals in Aktien gleichen Nennbetrags, falls Aktien mit unterschiedlicher Nennbetragsstückelung vorliegen

    - Satzungsändernder Beschluss über die Umwandlung in Stückaktien

2. Beschluss über die Anpassung sämtlicher schwebender Maßnahmen der Kapitalbeschaffung und -herabsetzung

    - Kapitalerhöhung gegen Einlagen (§§ 182 ff. AktG)/genehmigtes Kapital (§§ 202 ff. AktG)
    Sofern Beschlüsse über eine Kapitalerhöhung gegen Einlagen/ genehmigtes Kapital zum Zeitpunkt der Beschlussfassung über die Umwandlung der Nennbetragsaktien in Stückaktien noch nicht vollständig ausgeführt sind, sind diese Beschlüsse dahingehend anzupassen, dass sie nicht mehr durch Ausgabe von

Nennbetragsaktien, sondern durch die Ausgabe von Stückaktien umgesetzt werden.
- Kapitalerhöhung aus Gesellschaftsmitteln (§§ 207 ff. AktG)
Ein Beschluss über eine Kapitalerhöhung aus Gesellschaftsmitteln, der noch nicht vollständig durch Ausgabe neuer Aktien ausgeführt worden ist, ist anzupassen. Hat die Gesellschaft noch keine neuen Aktien ausgegeben, besteht ein Wahlrecht, die Kapitalerhöhung mit oder ohne Ausgabe neuer Stückaktien auszuführen. Werden keine neuen Aktien ausgegeben, erhöht sich der auf die einzelne Stückaktie entfallende Anteil am Grundkapital.
- Bedingte Kapitalerhöhung (§§ 192 ff. AktG)
Ist von den eingeräumten Umtausch- oder Bezugsrechten noch nicht vollständig Gebrauch gemacht worden, ist in einem Hauptversammlungsbeschluss festzulegen, dass sich diese Rechte fortan auf Stückaktien beziehen.
- Wandelschuldverschreibungen, Gewinnschuldverschreibungen (§§ 221 ff. AktG)
Das Umtausch- oder Bezugsrecht der Inhaber dieser Schuldverschreibungen bezieht sich jeweils auf den von der Gesellschaft ausgegebenen Aktientyp. Diesbezüglich besteht also kein Anpassungsbedarf.
- Kapitalherabsetzung (§§ 222 ff. AktG)
Eine Kapitalherabsetzung wird bei Nennbetragsaktien durch eine Nennbetragsherabsetzung der Aktien oder durch Aktienzusammenlegung realisiert. Bei Stückaktien erübrigen sich diese Anpassungen, da diese auf keinen Nennbetrag lauten.

3. Beschluss über die Änderung sonstiger Satzungsbestimmungen
- Mit der Umstellung auf Stückaktien sind sämtliche Satzungsbestimmungen zu ändern, die sich auf Aktiennennbeträge beziehen.

Vor- und Nachteile der Umstellung auf Stückaktien

Vorteile:

- Bei der Umstellung auf nennwertlose Stückaktien entstehen geringe Kosten.
- Es ist nur das Grundkapital, nicht hingegen die Aktien auf den Euro umzustellen.
- Das Grundkapital braucht nicht geglättet zu werden, Kapitalmaßnahmen erübrigen sich.
- Durch die Umstellung des Grundkapitals auf nennwertlose Aktien verändert sich der Anteil der Aktionäre am Grundkapital der Gesellschaft nicht.
- Die Stimmrechte der Aktionäre bleiben unverändert.
- Der Börsenkurs ändert sich – außer durch die Umrechnung in Euro – nicht.

Nachteile:

- Teilweise wird der Einwand der schlechteren Vergleichbarkeit vorgebracht, da die Aktien nicht auf einen bestimmten glatten Nennbetrag lauten. In diesem Argument ist allerdings das Nennbetragsdenken verankert, von dem die Einführung der Stückaktie gerade wegführen soll. Außerdem ist der Aktiennennbetrag keine geeignete Grundlage für eine Anlageentscheidung oder einen Renditevergleich mit anderen Aktiengesellschaften.

Die Einführung einer Stückaktie wird von allen beteiligten Kreisen, von den Landesjustizverwaltungen, den Wirtschaftsverbänden, den Aktionärsvereinigungen und auch von der Wissenschaft durchweg begrüßt.

Dass die Einführung der nennwertlosen Stückaktie zudem eine hohe Akzeptanz bei den Unternehmen genießt, zeigt sich darin, dass viele börsennotierte Unternehmen bereits ihre Aktien auf Stückaktien umgestellt haben, z. B. die Deutsche Bank AG, die Deutsche Lufthansa AG oder die Continental AG.

2.3 Umstellungsgebühren

Notargebühren

Für die Beurkundung der Hauptversammlungsbeschlüsse entstehen der Gesellschaft Notargebühren. Abgesehen von dem gesetzlich geregelten teilweisen Verzicht auf eine öffentliche Beurkundung ist keine gesetzliche Sonderregelung geschaffen worden, die für Aktiengesellschaften eine Reduzierung in Bezug auf die mit der Beurkundung verbundenen Gebühren bedeutet. Daher findet § 47 KostO Anwendung. Nach § 47 Satz 2 KostO darf die Notargebühr höchstens 10.000 DM für sämtliche Hauptversammlungsbeschlüsse betragen.

Registergebühren

Zusätzlich fallen Registergebühren für die Eintragung der Hauptversammlungsbeschlüsse in das Handelsregister an. Gem. Art. 45 Abs. 2 EGHGB findet für die Eintragung einer reinen Währungsumstellung von DM auf Euro ins Handelsregister § 26 Abs. 7 KostO Anwendung. Danach beträgt der Wert für die Eintragung ins Handelsregister 5.000 DM, eine Gebühr bei diesem Wert beträgt gem. §§ 79, 32 KostO 50 DM.

Bei gleichzeitiger Glättung berechnet sich eine Gebühr für die Eintragung ins Handelsregister nach dem Umfang der Kapitalmaßnahme (§ 26 Abs. 1 Nr. 4 KostO). Je nach Höhe der Kapitalmaßnahme können sich dabei beachtliche Beträge ergeben. In Art. 45 EGHGB ist daher vorgesehen, für solche Kapitalmaßnahmen, die allein durch die Glättung auf den nächstmöglichen höheren oder niedrigeren Betrag motiviert sind, nur die Hälfte des sich aus § 26 Abs. 1 Nr. 4 KostO ergebenden Wertes als Geschäftswert zu berechnen.

Entscheidet sich eine Aktiengesellschaft für eine Umstellung von Nennbetrags- auf Stückaktien, greift § 26 Abs. 4 Nr. 1 KostO. Der Geschäftswert dieser Umstellung beträgt 1 % des eingetragenen Grundkapitals, jedoch mindestens 50.000 DM und höchstens 1 Mio. DM.

Gebühren für die Depotumstellung bei Kreditinstituten

Bei einer schlichten Umstellung des Grundkapitals und der Aktien auf den Euro sind keine Umbuchungen in den Depots notwendig. Gebühren sind anlässlich dieser Maßnahme nicht zu erwarten. Bei Nennbetragsglättungen mit Kapitalmaßnahmen, bei der Neustückelung des Grundkapitals ohne wesentliche Kapitalmaßnahmen und beim Aktiensplit sind Umbuchungen vorzunehmen. Hier ist mit Gebühren der Kreditinstitute zu rechnen. Vom Umfang her könnte man den jetzt zu tätigenden Aufwand der Kreditinstitute mit dem Aufwand bei der Herabsetzung des Nennbetrages von 50 DM auf 5 DM vergleichen. Damals haben die Kreditinstitute Pauschalvereinbarungen mit den Emittenten getroffen. Vergleichbare Regelungen wären auch jetzt denkbar.

Bei einer Umstellung von Nennbetrags- auf Stückaktien dürften bei einer Umstellung von 1:1 keine Depotkosten anfallen.

3 Auswirkungen der Euro-Einführung bei Neugründung von Aktiengesellschaften

Auch für Gründungen von Aktiengesellschaften, die nach dem 1. Januar 1999 zur Eintragung im Handelsregister beim Amtsgericht angemeldet werden (Neugründungen), gilt während der Übergangsphase bis zum 31. Dezember 2001 der Grundsatz „Kein Zwang – keine Behinderung". Für Neugründungen besteht bis zum 31. Dezember 2001 ein Wahlrecht, die Aktiengesellschaft in Euro oder in DM zu gründen.

Entscheiden sich die Gründer für die Bezeichnung in Deutscher Mark, gelten – im Fall von Nennbetragsaktien – für das Mindestgrundkapital und die Nennbetragseinteilung bereits die neuen Euro-Beträge rückgerechnet in DM:

Bei Neugründungen von Aktiengesellschaften in DM berechnet sich ab dem 1. Januar 1999 und bis zum 31. Dezember 2001 das Mindestkapital in DM und der Mindestnennbetrag pro Aktie nach den in den §§ 7, 8 AktG n.F. festgelegten Euro-Beträgen multipliziert mit dem endgültig fixierten Umtauschverhältnis 1,95583 DM/Euro.

Gesellschaftsrecht D

Beispiel: Nennbeträge in der Übergangsphase

Für Neugründungen ergeben sich folgende Beträge (Umrechnungskurs 1,95583 DM/Euro):

Mindestgrundkapital:	*50.000 Euro*	*97.791,50 DM*
Mindestnennbetrag pro Aktie:	*1 Euro*	*1,95583 DM*
Teilungsfaktor:	*1 Euro*	*1,95583 DM*

Dies führt vorübergehend zu gebrochenen DM-Beträgen, die sich dann aber bei der späteren Umstellung nach Ablauf der Übergangsphase in glatte Euro-Beträge umwandeln. Damit entfällt jeglicher Glättungsbedarf.

Im Fall einer Gründung in DM mit nennwertlosen Stückaktien muss das Unternehmen ein Mindestgrundkapital von 97.791,50 DM und einen rechnerischen Mindestanteil pro Aktie von 1,95583 DM einhalten. Ab dem 1. Januar 2002 sind nur noch Neugründungen in Euro möglich.

Während des Übergangszeitraumes zwischen 1. Januar 1999 und 31. Dezember 2001 können neue Aktiengesellschaften in DM oder Euro gegründet werden. Bei Nennbetragsaktien sind in jedem Fall die neuen Euro-Beträge für Grundkapital und Aktiennennbeträge zu beachten. Bei nennwertlosen Stückaktien ist darauf zu achten, dass das Mindestgrundkapital von 50.000 Euro und der rechnerische Mindestanteil pro Aktie von 1 Euro nicht unterschritten werden.

Ab dem 1. Januar 2002 müssen Gründungen in Euro erfolgen.

4 Auswirkungen der Euro-Einführung bei bestehenden Gesellschaften mit beschränkter Haftung

Die Vorschriften des EuroEG bezüglich der GmbH sind nicht so umfangreich wie die Vorschriften über die Aktiengesellschaft. Es werden hauptsächlich die Signalbeträge des Stammkapitals und der Stammeinlagen des § 5 GmbHG geändert und Übergangsvorschriften für die Umstellung auf den Euro bestimmt. Im Vergleich zur Aktiengesellschaft sind für die GmbH keine Sondervorschriften für die Nennbetragsglättung vorgesehen.

Neue Mindestnennbeträge für Stammkapital und Geschäftsanteile

Das EuroEG ändert die in § 5 GmbHG enthaltenen Nennbeträge. Danach wird das Mindeststammkapital von bisher 50.000 DM künftig 25.000 Euro betragen. Der Mindestbetrag der Stammeinlage wird von bisher 500 DM auf 100 Euro herabgesetzt, der Teilungsfaktor für die Stammeinlagen wird von 100 DM auf zukünftig 50 Euro festgelegt.

Die neuen Euro-Nennbeträge des § 5 Abs. 1 und 3 GmbHG n.F.

Mindestnennbetrag des Stammkapitals:	25.000 Euro
Mindeststammeinlage:	100 Euro
Teilungsfaktor:	50 Euro

Das gezeichnete Kapital der GmbH wird in § 3 Abs. 1 Nr. 3 und § 5 Abs. 1 GmbHG als Stammkapital bezeichnet und muss gemäß § 3 Abs. 1 Nr. 4 GmbHG durch Einzahlungen der Stammeinlagen der Gesellschafter aufgebracht werden. Der Gesamtbetrag der Stammeinlagen muss nach § 5 Abs. 3 GmbHG mit dem Stammkapital übereinstimmen. Neben dem Begriff der Stammeinlage gebraucht das GmbHG den Begriff des Geschäftsanteils. Der Geschäftsanteil eines Gesellschafters bestimmt sich zwar nach dem Betrag der von ihm übernommenen Stammeinlage, beide Begriffe sind jedoch nicht identisch. Die Stammeinlage bestimmt die Einlageverpflichtung und dadurch den Anteil am Stammkapital, während der Geschäftsanteil die Mitgliedschaft, also die Gesamtheit der aus der Gesellschafterstellung fließenden Rechte und Pflichten bestimmt.

Mindestbeträge bei Kapitalmaßnahmen

Wird im Rahmen einer Kapitalmaßnahme das Stammkapital herauf- oder herabgesetzt, gelten abweichend von § 5 GmbHG kleinere Mindestbeträge und Teilungsfaktoren. Diese geringeren Beträge sollen es erleichtern, dass alle Gesellschafter unter Beibehaltung ihrer bisherigen Beteiligungsquoten an der Kapitalmaßnahme teilnehmen können.

Gesellschaftsrecht D

Bisher galten bei Kapitalmaßnahmen ein Mindestnennwert für die Geschäftsanteile von 50 DM und eine Teilbarkeit von 10 DM. Diese Beträge werden nun auf 50 Euro und 10 Euro festgelegt.

> Bei Kapitalmaßnahmen gelten für den Mindestbetrag des Geschäftsanteils und den Teilungsfaktor geringere Beträge:
>
> Mindestwert des Geschäftsanteils: 50 Euro
> Teilungsfaktor: 10 Euro

Die mit der Umstellung von der DM auf den Euro verbundenen Fragen sind auch bei der Gesellschaft mit beschränkter Haftung für die Gesellschaften, die vor dem 1. Januar 1999 im Handelsregister eingetragen waren oder dies zu diesem Zeitpunkt zumindest beantragt haben (Altgesellschaften), und für die Gesellschaften, die nach dem 1. Januar 1999 die Eintragung im Handelsregister beantragt haben (Neugründungen), getrennt zu behandeln.

4.1 Umstellung des satzungsmäßigen Stammkapitals

Für Altgesellschaften besteht ein Bestandsschutz. Sie haben das Wahlrecht, die DM-Bezeichnungen von Stammkapital und Geschäftsanteilen beizubehalten oder in Euro umzurechnen. Dies gilt – wie auch bei den Aktiengesellschaften – nicht nur während der Übergangsphase vom 1. Januar 1999 bis zum 31. Dezember 2001, sondern auch darüber hinaus. Eine freiwillige Umstellung in Euro kann durch schlichte Umstellung erfolgen, krumme Stammkapitalbeträge und Geschäftsanteile können beibehalten werden.

Auch Kapitalveränderungen können bis zum Ablauf der Übergangsphase am 31. Dezember 2001 noch in DM ausgeführt werden. Ab dem 1. Januar 2002 können Kapitalmaßnahmen nur noch in Euro ausgeführt werden. Für Kapitalmaßnahmen ab dem 1. Januar 2002 kommt erschwerend hinzu, dass die Änderung gem. § 86 Abs. 1 Satz 4 GmbHG n.F. nur in das Handelsregister eingetragen werden darf, wenn das Kapital auf den Euro umgestellt ist und die Geschäftsanteile auf einen durch zehn teilbaren Betrag, mindestens jedoch auf 50 Euro, gestellt worden sind.

115

Bestehende GmbHs können während und nach der Übergangsphase die DM-Bezeichnung von Stammkapital und Stammeinlagen beibehalten.
Bei Kapitalmaßnahmen nach dem 31. Dezember 2001 ist darauf zu achten, dass das Kapital spätestens im Zuge dieser Maßnahme auf den Euro umzustellen ist und die neuen Euro-Nennbeträge des § 5 GmbHG n.F. zu berücksichtigen sind.

Gem. § 86 Abs. 1 Satz 3 wird das Verhältnis der mit den Geschäftsanteilen verbundenen Rechte zueinander durch die schlichte Umrechnung des Kapitals und der Geschäftsanteile in Euro nicht berührt.

Es ist davon auszugehen, dass viele Gesellschaften mit beschränkter Haftung zunächst auf eine schlichte Umstellung des Stammkapitals von DM auf Euro verzichten und diese erst mit der nächsten im ordentlichen Geschäftsbetrieb anstehenden Kapitalmaßnahme verknüpfen. Bei Gesellschaften mit beschränkter Haftung ist kein Grund ersichtlich, sich mit der Durchführung der schlichten Umstellung besonders zu beeilen.

Die schlichte Umstellung des Stammkapitals und der Geschäftsanteile erfolgt mit Hilfe des endgültig festgelegten Umrechnungskurses von 1,95583 DM/Euro durch einfache Umrechnung von DM in Euro.

Erleichterungen bei der Beschlussfassung

Die schlichte Umstellung bedarf eines Beschlusses der Gesellschafter, da eine Anpassung des Gesellschaftsvertrages notwendig ist. Da die Änderungen aber weitgehend formaler Natur sind, sehen § 86 Abs. 3 GmbHG n.F. und Art. 45 Abs. 1 EGHGB n.F. Erleichterungen bezüglich der Beschlussfassung, Beurkundung und Handelsregistereintragung vor:

- Die schlichte Umstellung des Stammkapitals und der Geschäftsanteile soll gem. § 86 Abs. 3 Satz 1 GmbHG mit einfachem Mehrheitsbeschluss nach § 47 GmbHG möglich sein. § 53 Abs. 2 Satz 1 GmbHG findet keine Anwendung, d. h., auf die sonst für eine Änderung des Gesellschaftsvertrages notwendige Dreiviertelmehrheit kann verzichtet werden.

Gesellschaftsrecht D

- Da der § 86 Abs. 3 Satz 1 GmbHG n.F. den § 53 Abs. 2 Satz 1 GmbHG für nicht anwendbar erklärt, ist eine notarielle Beurkundung des Gesellschafterbeschlusses nicht erforderlich.

- Die Anmeldung der schlichten Umstellung zur Eintragung ins Handelsregister geschieht formlos. Auf die Formerfordernisse des § 54 Abs. 1 Satz 2 und Abs. 2 Satz 2 GmbHG kann verzichtet werden.
  Danach muss der Anmeldung weder der vollständige Wortlaut des Gesellschaftsvertrages noch eine notarielle Bescheinigung beigefügt werden (Erfordernisse des § 54 Abs. 1 Satz 2 GmbHG).
  Eine öffentliche Bekanntmachung ist nicht erforderlich (Erfordernis des § 54 Abs. 2 Satz 2 GmbHG).

- Die in § 12 HGB vorgeschriebene öffentlich beglaubigte Form der Anmeldung ist gem. Art. 45 Abs. 1 EGHGB nicht erforderlich.

- Ebenso ist eine Bekanntmachung der Eintragung im Bundesanzeiger und in den Gesellschaftsblättern nach § 10 HGB gemäß Art. 45 Abs. 1 EGHGB nicht erforderlich.

Checkliste: Euro-Umstellung des Stammkapitals

- Verfahren:
  Die DM-Beträge des Gesellschaftsvertrages werden unter Zugrundelegung des festen Umrechnungskurses in Euro umgerechnet.

- Beschlussfassung:
  Der Gesellschafterbeschluss zur Anpassung des Gesellschaftsvertrages kann abweichend von § 53 Abs. 2 Satz 1 GmbHG mit einfacher Mehrheit gefasst werden.

- Beurkundung:
  Der Beschluss bedarf nicht der notariellen Beurkundung.

- Eintragung ins Handelsregister, Bekanntmachung:
  Die Anmeldung und die Eintragung ins Handelsregister kann weitgehend formlos erfolgen, die Formerfordernisse des § 54 Abs. 1 Satz 2 und Abs. 2 Satz 2 GmbHG und § 12 HGB entfallen hier. Eine Bekanntmachung nach § 10 HGB ist entbehrlich.

4 Auswirkungen der Euro-Einführung bei bestehenden GmbHs

4.2 Rundungsproblematik

Im Vergleich zur Aktiengesellschaft haben Rundungsdifferenzen bei der GmbH in der Regel eine geringe Bedeutung. Aufgrund der regelmäßig geringen Anzahl von Geschäftsanteilen fällt nach der Umrechnung in Euro die Abweichung des gerundeten Stammkapitals von der Summe der selbständig gerundeten Geschäftsanteile gering aus. Sie beträgt oft nur einige wenige Cent.

Beispiel: Euro-Umrechnung von GmbH-Geschäftsanteilen

An einer GmbH mit einem Stammkapital von 50.000 DM sind 5 Gesellschafter zu gleichen Anteilen beteiligt.

	Anzahl der Geschäftsanteile	Höhe der Geschäftsanteile	Stammkapital
DM	5	10.000,00	50.000,00
Euro	5	5.112,9188...	25.564,59
Euro gerundet	5	5.112,92	25.564,60
Euro Differenz			0,01

Bei einer Umrechnung zum offiziellen Umrechnungskurs von 1,95583 DM/Euro beträgt das Stammkapital umgerechnet 25.564,59 Euro. Werden die Geschäftsanteile von je 10.000 DM in Euro umgerechnet, ergeben sich 5.112,9188... Euro je Geschäftsanteil, gerundet 5.112,92 Euro.
Das Produkt der Anzahl der Geschäftsanteile mit den gerundeten Nennwerten der Geschäftsanteile ergibt 25.564,60 Euro. Die hier entstandene Rundungsdifferenz von nur einem Cent erlangt keine praktische Bedeutung.

Gemäß § 3 Abs. 4 EGAktG hat eine Rundung bei der Aktiengesellschaft keine Rechtswirkung. Für die GmbH existiert eine explizite Regelung bezüglich der Rechtswirkung einer Rundung nicht. Auch wenn die Rundungsdifferenzen bei der GmbH ein viel kleineres Ausmaß als bei der Aktiengesellschaft annehmen, muss die Regelung des § 3 Abs. 4 EGAktG für die GmbH analog gelten.

4.3 Übersicht der Kapitalmaßnahmen zur Nennbetragsglättung

Hat die Gesellschaft während oder nach Ablauf der Übergangsphase ihr Stammkapital und die Geschäftsanteile freiwillig in Euro umgerechnet, ist eine Glättung der dabei entstehenden krummen Beträge möglich, aber nicht nötig.

Im Gegensatz zur Aktiengesellschaft bestehen für die GmbH keine expliziten Regelungen dahingehend, wie das Stammkapital und die Einlagen auf glatte Euro-Beträge gestellt werden können (mit Ausnahme einer Sonderregelung für die Kapitalherabsetzung). Dementsprechend finden die „normalen" Vorschriften des GmbHG Anwendung. Dies ist ausdrücklich in Art. 3 § 3 EuroEG, der Anpassungen des GmbHG enthält, geregelt.

Auch besondere Beschlusserleichterungen für Glättungsmaßnahmen wie bei der Aktiengesellschaft sind bei der GmbH nicht vorgesehen. Grund dafür ist, dass gebrochene Nennwerte mangels Börsennotierung zu verkraften sind. Für den Glättungszwang bei einer anderweitig motivierten Kapitalmaßnahme nach dem 1. Januar 2002 können die dafür ohnehin geltenden Beschlussmehrheiten beibehalten werden.

> Beschlusserleichterungen für Glättungsmaßnahmen bei den GmbH-Geschäftsanteilen und beim GmbH-Stammkapital im Zuge der Euro-Umstellung sind nicht vorgesehen.

Zur Glättung bieten sich verschiedene Verfahrensweisen an. Entweder werden die Geschäftsanteile auf einen glatten, durch zehn teilbaren Betrag gestellt und das Stammkapital entsprechend herauf- oder herabgesetzt, oder es wird zunächst das Stammkapital insgesamt geglättet und dann in neue Geschäftsanteile zerlegt. Im einzelnen bieten sich folgende vier Möglichkeiten an:

- Kapitalerhöhung aus Gesellschaftsmitteln
- Kapitalerhöhung gegen Einlagen
- Kapitalherabsetzung
- Neustückelung des Stammkapitals

4 Auswirkungen der Euro-Einführung bei bestehenden GmbHs

Umfang von Kapitalmaßnahmen für GmbHs bei der Euro-Umstellung

Im Allgemeinen wird der für die Glättung erforderliche Kapitaländerungsbedarf wegen der verhältnismäßig großen GmbH-Geschäftsanteile und eines relativ geringen Teilungsfaktors von 10 Euro nicht besonders hoch ausfallen.

Die insgesamt erforderliche Kapitalanpassung bei der GmbH hängt davon ab, wie hoch der Differenzbetrag zwischen gebrochenem Euro-Betrag und geglättetem Euro-Betrag bei jedem Geschäftsanteil ist. Multipliziert mit der Gesamtzahl aller Geschäftsanteile ergibt sich der erforderliche Umfang der Kapitalmaßnahmen.

Umfang der Kapitalmaßnahme = Anzahl der Geschäftsanteile x
(gebrochener Euro-Betrag ./. geglätteter
Euro-Betrag des Geschäftsanteils)

Beispiel: Kapitalerhöhung bei Glättung und gleichen GmbH-Geschäftsanteilen

	Anzahl der Geschäftsanteile	Höhe der Geschäftsanteile	Stammkapital
DM	5	10.000,00	50.000,00
Euro	5	5.112,9188...	25.564,59
Euro geglättet	5	5.120,00	25.600,00
Kapitalerhöhung Euro			35,41

Bei der GmbH mit einem Stammkapital von 50.000 DM und 5 Geschäftsanteilen zu je 10.000 DM beträgt das Stammkapital bei dem offiziellen Umrechnungskurs von 1,95583 DM/Euro umgerechnet 25.564,59 Euro. Bei einer Glättung des Stammkapitals auf 5 Geschäftsanteile à 5.120 Euro würde sich ein Stammkapital von 25.600 Euro ergeben. Für die Glättung entsteht ein Kapitalerhöhungsbedarf von 35,41 Euro.

Etwas komplizierter wird die Glättung nach der Euro-Umrechnung bei ungleichen Geschäftsanteilen, wenn dabei die Beteiligungsquoten unverändert bleiben sollen. Im folgenden Beispiel erfolgt eine Glättung, die sicherstellt, dass sich die Anteilsverhältnisse nicht verändern.

Gesellschaftsrecht D

Beispiel: Kapitalerhöhung bei Glättung und ungleichen GmbH-Geschäftsanteilen

	Anzahl der Geschäftsanteile	Höhe der Geschäftsanteile	Stammkapital
DM	1	20.300,00	
	1	30.100,00	
	1	40.200,00	90.600,00
Euro	1	10.379,2251...	
	1	15.389,8856...	
	1	20.553,9336...	46.323,04
Euro geglättet	1	12.180,00	
	1	18.060,00	
	1	24.120,00	54.360,00
Kapitalerhöhung Euro			8.036,96

Eine GmbH hat ein Stammkapital von 90.600 DM und 3 Gesellschafter mit Geschäftsanteilen von 20.300 DM, 30.100 DM und 40.200 DM. Um die Geschäftsanteile zu glätten, sucht man sich den größten gemeinsamen Divisor und glättet zunächst diesen. Der Divisor beträgt in diesem Fall 100 DM, umgerechnet 51,12918... Euro, geglättet 60 Euro. Die geglätteten Geschäftsanteile betragen dann 12.180 Euro (20.300:100 x 60), 18.060 Euro (30.100:100 x 60) und 24.120 Euro (40.200:100 x 60), das geglättete Stammkapital somit 54.360 Euro (90.600:100 x 60). Würde man das Stammkapital schlicht umrechnen, würde man einen Betrag von 46.323,04 Euro erhalten. Somit ergibt sich ein Kapitalerhöhungsbedarf von 8.036,96 Euro.

4.4 Nennbetragsglättung durch Kapitalerhöhung aus Gesellschaftsmitteln

Durch eine Kapitalerhöhung aus Gesellschaftsmitteln erhöht eine Gesellschaft ihr Stammkapital durch Umwandlung von freien Rücklagen. Dazu dürfen gem. § 57d Abs. 1 GmbHG nur bilanzmäßig ausgewiesene Kapital- und Gewinnrücklagen verwendet werden oder Überschussbestandteile, deren Zuführung zu diesen Rücklagen im letzten Gewinnverwendungsbeschluss beschlossen wurde.

Der Kapitalerhöhung aus Gesellschaftsmitteln ist eine geprüfte und mit dem uneingeschränkten Bestätigungsvermerk versehene Bilanz zugrunde zu legen. Der Abschlussstichtag darf höchstens acht Monate vor der Anmeldung des Beschlusses zur Eintragung ins Handelsregister liegen (§§ 57e Abs. 1, 57f Abs. 1 GmbHG). Liegt der Stichtag der letzten Jahresbilanz länger als acht Monate zurück, ist eine spätere Zwischenbilanz erforderlich. Diese Basisbilanz ist entscheidend für die Frage, ob umwandlungsfähige Rücklagen in erforderlichem Umfang vorhanden sind.

Ist eine Nennbetragsglättung durch Kapitalerhöhung aus Gesellschaftsmitteln vorgesehen, darf der Stichtag der zugrunde gelegten Bilanz höchstens acht Monate vor der Anmeldung der Kapitalerhöhung zum Handelsregister zurückliegen.

Umwandlungsfähige Rücklagen

Steht den Rücklagen ein Verlust oder Verlustvortrag gegenüber, mindert dieser in seiner Höhe die Umwandlungsfähigkeit der Rücklagen (§ 57d Abs. 2 GmbHG). Nicht umwandlungsfähig sind Rücklagen für eigene Anteile. Zweckbestimmte Gewinnrücklagen können verwendet werden, wenn deren Zweckbestimmung mit der Umwandlung vereinbar ist. Die Zweckbestimmung kann von den Gesellschaftern ansonsten jederzeit geändert werden. Beruht die Zweckbindung auf einer Satzungsbestimmung, muss die Satzung geändert werden.

Die Kapitalerhöhung kann nach § 57 h Abs. 1 Satz 1 GmbHG grundsätzlich durch Bildung neuer Geschäftsanteile oder durch Erhöhung der Nennbeträge der bestehenden Geschäftsanteile ausgeführt werden, wobei eine Nennbetragsglättung im Rahmen der Euro-Umstellung nur durch die zweite Variante erreicht werden kann. Stehen in der GmbH also ausreichend umwandlungsfähige Rücklagen zur Verfügung, kann sie ihre in Euro umgerechneten gebrochenen Geschäftsanteile durch Aufstockung der Nennbeträge auf einen glatten Euro-Betrag stellen. Dabei ist zu beachten, dass die Gesellschafter anteilig im Verhältnis ihrer bisherigen Beteiligung an der Kapitalerhöhung teilnehmen. Die Geschäftsanteile müssen nach der Erhöhung ihrer Nennbeträge gem. § 57h Abs. 1 Satz 2

Gesellschaftsrecht D

GmbHG n.F. auf mindestens 50 Euro und einen durch 10 Euro teilbaren Betrag lauten.

Vor- und Nachteile der Nennbetragsglättung durch Kapitalerhöhung aus Gesellschaftsmitteln

Vorteile der Methode:

- Eine Glättung ist reibungslos möglich, der Aufwand vertretbar.
- Werden alle Geschäftsanteile proportional aufgestockt, ändern sich die Beteiligungsquoten der Gesellschafter nicht.

Nachteile der Methode:

- Es müssen ausreichend umwandlungsfähige Rücklagen zur Verfügung stehen.

Beschlussfassung

Jede Kapitalmaßnahme stellt eine Änderung des Gesellschaftsvertrages dar, die von den Gesellschaftern beschlossen, im Handelsregister eingetragen und bekannt gemacht werden muss. Das EuroEG sieht für die Nennbetragsglättung durch Kapitalmaßnahmen bei der GmbH im Gegensatz zur Aktiengesellschaft keine Beschlusserleichterungen vor. Daher bedarf die Kapitalerhöhung gem. § 53 Abs. 2 Satz 1 und 2 GmbHG eines satzungsändernden Beschlusses der Gesellschafter, der mit Dreiviertelmehrheit der abgegebenen Stimmen gefasst werden muss, wenn im Gesellschaftsvertrag nichts anderes geregelt ist. Dieser Beschluss ist nach § 53 Abs. 2 Satz 1 GmbHG notariell zu beurkunden.

Die Änderung des Gesellschaftsvertrages ist von allen Geschäftsführern zur Eintragung ins Handelsregister anzumelden. Der Anmeldung ist gem. § 54 Abs. 1 Satz 2 GmbHG der vollständige Wortlaut des Gesellschaftsvertrages beizufügen, versehen mit der notariellen Bescheinigung, dass die geänderten Bestimmungen mit dem Änderungsbeschluss und die unveränderten Bestimmungen mit dem zuletzt zum Handelsregister eingereichten Wortlaut des Gesellschaftsvertrages übereinstimmen. Ferner muss der Anmeldung gem. § 57i Abs. 1 GmbHG die der Kapitalerhöhung zugrunde gelegte Bilanz hinzugefügt werden. Die Abänderung des Gesellschaftsvertrages ist bekannt zu machen. Hierfür gelten § 54 Abs. 2 GmbHG und § 10 HGB.

> **Checkliste: Nennbetragsglättung durch Kapitalerhöhung aus Gesellschaftsmitteln**
>
> - Verfahren:
>   Jeder Geschäftsanteil wird auf einen vollen, durch 10 teilbaren Euro-Betrag aufgestockt. Dazu werden Kapitalrücklagen und/oder Gewinnrücklagen in Stammkapital umgewandelt.
>
> - Voraussetzungen:
>   Es sind ausreichend umwandlungsfähige Rücklagen vorhanden. Die Geschäftsanteile, deren Nennbetrag erhöht wird, müssen nach der Erhöhung durch 10 Euro teilbar sein und auf mindestens 50 Euro lauten.
>
> - Beschlussfassung und Beurkundung:
>   Der Gesellschafterbeschluss bedarf der Dreiviertelmehrheit der abgegebenen Stimmen und muss notariell beurkundet werden.
>
> - Eintragung ins Handelsregister, Bekanntmachung:
>   Die Satzungsänderung ist im Handelsregister einzutragen und bekannt zu machen. Die Anmeldung zur Eintragung ist von sämtlichen Geschäftsführern vorzunehmen. Die beschlossene Änderung wird mit Eintragung ins Handelsregister wirksam.

4.5 Nennbetragsglättung durch Kapitalerhöhung gegen Einlagen

Bei entsprechender Übernahmezusage aller Gesellschafter ist eine Glättung durch eine Kapitalerhöhung gegen Einlagen möglich. Hier erhöht sich das Stammkapital durch die Zuführung von außen. Durch die Kapitalerhöhung gegen Einlagen entstehen grundsätzlich gem. § 55 Abs. 3 GmbHG neue Geschäftsanteile. Auf diese Weise ist jedoch keine Glättung der Geschäftsanteile möglich.

Entgegen dem ausdrücklichen Gesetzeswortlaut können die bestehenden Geschäftsanteile aber auch aufgestockt werden, wenn diese entweder voll einbezahlt sind oder sich in der Hand des Gründers befinden, oder wenn ein Rückgriff auf den Vormann nach § 22 Abs. 3 GmbHG ausschei-

Gesellschaftsrecht **D**

det. Zusätzlich muss die Aufstockung im Kapitalerhöhungsbeschluss ausdrücklich beschlossen werden.

Für die Glättung der nach der Umrechnung in Euro gebrochenen Stammeinlagen müssen gemäß § 55 Abs. 4 GmbHG die Signalbeträge des § 5 GmbHG n.F. beachtet werden. Außerdem sind nach § 86 Abs. 1 Satz 4 GmbHG die Nennbeträge der Geschäftsanteile auf einen durch 10 teilbaren Betrag und mindestens auf 50 Euro zu stellen.

Übernahmevereinbarung zwischen Gesellschafter und Gesellschaft

Zur Kapitalerhöhung gegen Einlagen ist eine Übernahmevereinbarung zu treffen, d. h. eine Erklärung der Übernahme neuer Stammeinlagen durch den Übernehmer und deren Annahme durch die Gesellschaft. Die Übernahmeerklärung des Übernehmers muss notariell beurkundet und beglaubigt sein. Mit Abschluss des Übernahmevertrages wird der Übernehmer verpflichtet, die Einlage zu erbringen, die Gesellschaft wird verpflichtet, die Kapitalerhöhung durchzuführen.

Eine Pflicht zur Teilnahme der Gesellschafter an Kapitalerhöhungen kann in der Satzung festgeschrieben sein. In Ausnahmefällen kann die Treuepflicht eine Verpflichtung zur Teilnahme an der Kapitalerhöhung begründen. Ansonsten steht es den Gesellschaftern frei, teilzunehmen oder nicht. Eine Kapitalerhöhung zur Glättung der Geschäftsanteile scheint nur sinnvoll, wenn alle Gesellschafter zustimmen.

Vor- und Nachteile der Nennbetragsglättung durch Kapitalerhöhung gegen Einlagen

Vorteile der Methode:

- Der Gesellschaft wird neues Kapital von Seiten der Gesellschafter zugeführt.
- Die Glättung ist ohne Änderung der Anteilsverhältnisse möglich.

Nachteile der Methode:

- Die Gesellschafter müssen sich zur Zuzahlung bereit erklären.

Beschlussfassung

Eine Kapitalerhöhung stellt eine Änderung des Gesellschaftsvertrages dar. Beschlüsse über die Abänderung des Gesellschaftsvertrages bedürfen gem. § 53 Abs. 2 Satz 1 GmbHG der Dreiviertelmehrheit der abgegebenen Stimmen der Gesellschafter – es sei denn, im Gesellschaftsvertrag ist etwas anderes geregelt – und gem. § 53 Abs. 2 Satz 1 GmbHG der notariellen Beurkundung.

Neben dem Kapitalerhöhungsbeschluss muss nach h. M. ein Zulassungsbeschluss gefasst werden, in dem die Höhe der neuen Stammeinlagen und die Gesellschafter, die die Stammeinlagen übernehmen sollen, genannt werden. Grundsätzlich ist für diesen Beschluss die Gesellschafterversammlung zuständig, die Kompetenz kann von ihr aber auf ein anderes Gesellschaftsorgan übertragen werden. Für den Zulassungsbeschluss genügt eine einfache Mehrheit der anwesenden Stimmen.

Die Änderung des Gesellschaftsvertrages muss ins Handelsregister eingetragen und bekannt gemacht werden. Die Anmeldung zur Eintragung darf erst erfolgen, wenn Kapitalerhöhungs- und Zulassungsbeschluss vorliegen und wenn die Mindesteinlagen (Geldeinlagen zu einem Viertel, Sacheinlagen in voller Höhe) vollständig bewirkt sind. Mit der Eintragung wird die Änderung des Gesellschaftsvertrages wirksam.

Checkliste: Nennbetragsglättung durch Kapitalerhöhung gegen Einlagen

- Verfahren:
  Die Geschäftsanteile werden durch Einlagen der Gesellschafter auf einen vollen, durch zehn teilbaren Euro-Betrag aufgestockt.

- Voraussetzungen:
  1. Es bestehen Übernahmevereinbarungen zwischen den Gesellschaftern und der Gesellschaft.
  2. Die bestehenden, aufzustockenden Geschäftsanteile sind vor der Aufstockung in voller Höhe einbezahlt oder befinden sich in der Hand des Gründers, oder ein Rückgriff auf den Vormann scheidet aus.

Gesellschaftsrecht D

3. Da im Normalfall neue Geschäftsanteile entstehen, muss eine Aufstockung bestehender Geschäftsanteile ausdrücklich im Kapitalerhöhungsbeschluss beschlossen werden.

- Beschlussfassung und Beurkundung:
  1. Kapitalerhöhungsbeschluss:
     - Dreiviertelmehrheit der abgegebenen Stimmen
     - notarielle Beurkundung des Beschlusses

  2. Zulassungsbeschluss:
     - einfache Mehrheit der anwesenden Stimmen
     - notarielle Beurkundung nicht erforderlich

- Eintragung ins Handelsregister, Bekanntmachung:
  Der Beschluss muss ins Handelsregister eingetragen und bekannt gemacht werden. Die Anmeldung zur Eintragung ins Handelsregister muss von sämtlichen Gesellschaftern vorgenommen werden und darf erst erfolgen, nachdem der Kapitalerhöhungs- und Zulassungsbeschluss gefasst und die Stammeinlagen übernommen wurden.

4.6 Nennbetragsglättung durch Kapitalherabsetzung

Eine vereinfachte Kapitalherabsetzung nach § 58a GmbHG kommt für Zwecke der Glättung nicht in Frage, da sie an den Zweck des Ausgleichs von Verlusten gebunden ist.

Eine ordentliche Kapitalherabsetzung nach § 58 GmbHG dürfte wegen der in § 58 GmbHG enthaltenen, dem Gläubigerschutz dienenden Vorschriften kaum Zuspruch finden, ist aber grundsätzlich durchführbar.

Bei der Herabsetzung ändert sich die Höhe der einzelnen Geschäftsanteile. In Bezug auf den Mindestnennbetrag und die Teilbarkeit von Stammeinlagen und Geschäftsanteilen gelten über § 58 Abs. 2 GmbHG die Regelungen des § 5 GmbHG. Danach muss das herabgesetzte Stammkapital der Gesellschaft mindestens 25.000 Euro, die Stammeinlage eines jeden Gesellschafters mindestens 100 Euro betragen.

Bei einer Kapitalherabsetzung nach dem 31. Dezember 2001 kommt § 86 Abs. 1 Satz 4 GmbHG n.F. zur Anwendung. Die Geschäftsanteile müssen dann (abweichend von § 5 GmbHG) auf einen durch zehn teilbaren Betrag und mindestens auf 50 Euro gestellt werden.

4 Auswirkungen der Euro-Einführung bei bestehenden GmbHs

Entscheiden sich die Gesellschafter einer GmbH für die Durchführung einer Kapitalherabsetzung, so gelten für die Zustimmung der Gesellschafter die folgenden Erfordernisse: Werden die Geschäftsanteile aller Gesellschafter um den gleichen Prozentsatz gesenkt, so muss keine Zustimmung der Gesellschafter eingeholt werden. Sollten die Gesellschafter jedoch nicht gleichmäßig betroffen sein und sich die Beteiligungsverhältnisse ändern, ist unabhängig von der Beschlussfassung die Zustimmung sämtlicher betroffener Gesellschafter erforderlich.

Der Betrag, um den sich das Stammkapital verringert, kann entweder an die Gesellschafter ausgezahlt oder in die Rücklagen eingestellt werden.

Vor- und Nachteile der Nennbetragsglättung durch Kapitalherabsetzung

Vorteile der Methode:

- Die Glättung der Nennbeträge kann ohne Änderung der Beteiligungsquoten erfolgen; sollten sich die Anteilsverhältnisse aber verschieben, ist die Zustimmung der betroffenen Gesellschafter einzuholen.
- Es ist keine Zuzahlung der Gesellschafter erforderlich.
- Die Differenz zwischen dem alten und dem neuen Stammkapital kann ausgeschüttet oder in die Rücklagen eingestellt werden. Bei Einstellung in die Rücklagen findet kein Kapitalabfluss statt.

Nachteile der Methode:

- Eine ordentliche Kapitalherabsetzung dürfte wegen der zahlreichen, die Gläubiger schützenden Vorschriften unpraktikabel sein.
- In der Praxis wird eine Kapitalherabsetzung meist nur im Zusammenhang mit Sanierungen durchgeführt. Daher haftet ihr häufig ein negativer Ruf an.

Beschlussfassung

Wie die Kapitalerhöhung stellt auch die Kapitalherabsetzung eine Änderung des Gesellschaftsvertrages dar und muss daher, sofern der Gesellschaftsvertrag keine anderen Mehrheitserfordernisse vorsieht, gem. § 53 Abs. 2 GmbHG mit Dreiviertelmehrheit der abgegebenen Stimmen beschlossen und notariell beurkundet werden.

Gesellschaftsrecht D

Bei der Kapitalherabsetzung sind die folgenden Gläubigerschutzbestimmungen einzuhalten:
- Der Beschluss muss in den Gesellschaftsblättern dreimal veröffentlicht werden mit der Aufforderung an die Gläubiger, sich bei der Gesellschaft zu melden. Der Gesellschaft bekannte Gläubiger sind zusätzlich gesondert aufzufordern (§ 58 Abs. 1 Nr. 1 GmbHG).
- Sich daraufhin meldende Gläubiger sind zu befriedigen oder ihnen sind Sicherheiten zu stellen (§ 58 Abs. 1 Nr. 2 GmbHG).
- Erst nach Ablauf einer Sperrfrist von einem Jahr ab dem Erscheinungstag der letzten Veröffentlichung darf der Beschluss zur Eintragung ins Handelsregister angemeldet werden (§ 58 Abs. 1 Nr. 3 GmbHG).
- Mit der Anmeldung zum Handelsregister sind die Bekanntmachungen des Beschlusses einzureichen. Gleichzeitig haben die Gesellschafter Versicherungen abzugeben, dass die Ansprüche der Gläubiger, die sich bei der Gesellschaft gemeldet und der Herabsetzung nicht zugestimmt haben, befriedigt oder sichergestellt wurden.

Die Anmeldung zur Eintragung ins Handelsregister muss von sämtlichen Geschäftsführern erfolgen. Mit der Eintragung wird die Herabsetzung wirksam, der Rückzahlungsanspruch der Gläubiger entsteht, bzw. der Herabsetzungsbetrag kann in die Rücklagen eingestellt werden.

Kapitalherabsetzung mit gleichzeitiger Kapitalerhöhung

Bei der Beschlussfassung einer Kapitalherabsetzung zur Anpassung der Nennbeträge der Geschäftsanteile an die neuen Euro-Beträge greift eine Erleichterung unter der Voraussetzung, dass gleichzeitig mit der Herabsetzung eine Erhöhung des Stammkapitals mindestens auf den vorherigen Betrag gegen Bareinlagen beschlossen wird und die Einlagen bis zur Anmeldung zum Handelsregister in voller Höhe geleistet werden.

Eine Kapitalherabsetzung mit gleichzeitiger Kapitalerhöhung läuft folgendermaßen ab:
1. Schritt: Kapitalherabsetzung
2. Schritt: Auszahlung des Herabsetzungsbetrages des Stammkapitals oder Einstellung in die Rücklagen

4 Auswirkungen der Euro-Einführung bei bestehenden GmbHs

3. Schritt: Kapitalerhöhung gegen Bareinlagen
4. Schritt: Einzahlung der Einlagen

Wird mit der Kapitalherabsetzung gleichzeitig eine Kapitalerhöhung gegen Bareinlagen beschlossen und werden diese in voller Höhe geleistet, kann gem. § 86 Abs. 3 Satz 3 GmbHG n.F. auf das Sperrjahr und die Gläubigersicherung des § 58 Abs. 1 GmbHG verzichtet werden, da hier keine Gefährdung der Gläubiger zu befürchten ist.

Checkliste: Nennbetragsglättung durch Kapitalherabsetzung

- Verfahren:
  Bei einer Kapitalherabsetzung zur Glättung wird jeder Geschäftsanteil auf einen glatten, durch 10 teilbaren Betrag, mindestens aber 50 Euro herabgesetzt.

- Voraussetzung:
  1. Die Mindeststammeinlage darf 100 Euro, das Stammkapital 25.000 Euro nicht unterschreiten, wenn es nicht durch eine gleichzeitige Kapitalerhöhung wieder erreicht wird.
  2. Ändern sich die Beteiligungsverhältnisse, muss die Zustimmung aller Gesellschafter eingeholt werden.
  3. Beachtung eines Sperrjahres, wenn nicht das Stammkapital durch eine gleichzeitige Kapitalerhöhung gegen Bareinlagen wieder heraufgesetzt wird.

- Beschlussfassung und Beurkundung:
  Der Beschluss der Gesellschafter bedarf der Dreiviertelmehrheit und der notariellen Beurkundung.

- Eintragung ins Handelsregister, Bekanntmachung:
  Der Kapitalherabsetzungsbeschluss ist einzutragen und bekannt zu machen. Die Anmeldung zur Eintragung ins Handelsregister muss durch sämtliche Gesellschafter erfolgen. Mit der Eintragung wird die Kapitalherabsetzung wirksam.

4.7 Nennbetragsglättung durch Neustückelung des Stammkapitals

Für die GmbH kommt eine weitere Variante der Glättung in Betracht, die Nennbetragsglättung mit anschließender Neustückelung des Kapitals. Bei diesem Verfahren kann zunächst das Stammkapital insgesamt auf einen glatten Betrag herauf- oder herabgesetzt und anschließend in neue Geschäftsanteile geschnitten werden.

Beispiel: Nennbetragsglättung durch Neustückelung

Eine GmbH hat ein Stammkapital von 80.000 DM und drei Gesellschafter, davon einen mit einer Beteiligung von 40.000 DM (= 50%) und zwei mit 20.000 DM (= 25%). Mit dem offiziellen Umrechnungskurs von 1,95583 DM/Euro ergibt sich gerundet ein Stammkapital von 40.903,35 Euro. Dieses kann man auf 40.920 Euro erhöhen und anschließend nach dem Verhältnis der bisherigen Beteiligung in neue Geschäftsanteile zerlegen, nämlich in einen Geschäftsanteil zu 20.460 Euro und zwei zu 10.230 Euro. Der Kapitalerhöhungsaufwand beträgt in diesem Fall 16,65 Euro.

Bleiben die Beteiligungsverhältnisse dabei unverändert, muss keine Zustimmung der Gesellschafter eingeholt werden. Kommt es dagegen zu geringfügigen Anteilsverschiebungen, bedarf der Beschluss der Zustimmung der betroffenen Gesellschafter.

Vor- und Nachteile der Euro-bedingten Neustückelung

Vorteile der Methode:

- Die Umstellung und Glättung sind einfach und ohne Aufwand möglich.
- Der Kapitalherauf- bzw. -herabsetzungsbedarf ist minimal.

Nachteile der Methode:

- Die Methode stellt nicht sicher, dass die Beteiligungsquoten der Gesellschafter unverändert bleiben.
- In den Fällen mit einer Veränderung der Beteiligungsquote muss die Zustimmung aller betroffenen Gesellschafter eingeholt werden.

Beschlussfassung

Eine Neustückelung des Stammkapitals hat weitergehende Auswirkungen als die rein formale Änderung der Höhe der Geschäftsanteile. Der Nennbetrag eines Geschäftsanteils ist Grundlage für die Bemessung des Umfangs der Rechte und Pflichten zwischen den einzelnen Gesellschaftern und zwischen Gesellschaft und Gesellschaftern.

Wegen dieser materiellen Änderung müssen die Vorschriften über die Abänderung des Gesellschaftsvertrages beachtet werden. Der Beschluss über die Änderung des Gesellschaftsvertrages ist von den Gesellschaftern mit einer Mehrheit von drei Vierteln der abgegebenen Stimmen zu fassen, sofern der Gesellschaftsvertrag nicht andere Mehrheitserfordernisse stellt. Der Beschluss bedarf zu seiner Wirksamkeit der notariellen Beurkundung.

Die Satzungsänderung ist zur Eintragung ins Handelsregister von den Geschäftsführern anzumelden und nach § 10 HGB bekannt zu machen.

Checkliste: Nennbetragsglättung durch Neustückelung des Stammkapitals

- Verfahren:
  Das Stammkapital wird insgesamt auf einen nahe liegenden glatten Betrag herauf- oder herabgesetzt und anschließend in neue Geschäftsanteile geschnitten.

- Voraussetzungen:
  Kann das Stammkapital nicht genau entsprechend der bisherigen prozentualen Beteiligung der Gesellschafter zerlegt werden, muss die Zustimmung aller betroffenen Gesellschafter eingeholt werden.

- Beschlussfassung und Beurkundung:
  Die Abänderung des Gesellschaftsvertrages bedarf eines Beschlusses, der mit Dreiviertelmehrheit der abgegebenen Stimmen gefasst werden muss und notariell zu beurkunden ist.

Gesellschaftsrecht D

- Eintragung ins Handelsregister, Bekanntmachung:
Die Änderung des Gesellschaftsvertrages ist im Handelsregister einzutragen und bekannt zu machen. Die beschlossene Änderung wird mit Eintragung ins Handelsregister wirksam.

4.8 Umstellungsgebühren

Für die Anmeldung und die Eintragung von einfachen Währungsumschreibungen ins Handelsregister ist § 26 Abs. 7 KostO anzuwenden. Danach beträgt der Wert für die Eintragung 5.000 DM. Eine Gebühr bei diesem Wert beträgt gem. § 32 KostO 50 DM.

Wird zugleich mit der Umstellung eine Glättung, etwa durch Kapitalerhöhung, vorgenommen, so muss eine zusätzliche Gebühr gezahlt werden. Diese berechnet sich gem. § 26 Abs. 1 Nr. 3 KostO nach dem Unterschiedsbetrag, d. h. nach dem Betrag der Kapitalerhöhung oder -herabsetzung.

In diesem Zusammenhang sieht Art. 45 EGHGB eine Sonderregelung vor. Danach ist für Kapitalmaßnahmen, die allein durch die Glättung motiviert sind, nur die Hälfte des sich aus § 26 Abs. 1 Nr. 3 KostO ergebenden Wertes als Geschäftswert anzusetzen. Diese Ermäßigung gilt nur für eine Erhöhung oder Herabsetzung des Kapitals auf den nächsthöheren oder nächstniedrigeren Betrag, mit dem die Geschäftsanteile auf einen durch zehn teilbaren Betrag gestellt werden können.

> Bei in das Handelsregister eintragungspflichtigen Kapitalmaßnahmen, die lediglich in dem zur Euro-bedingten Glättung nötigen Umfang durchgeführt werden, ist nur die Hälfte des sich aus der KostO ergebenden Geschäftswertes anzusetzen.

Da bei Gesellschaften mit beschränkter Haftung nur Kapitalmaßnahmen in sehr geringem Umfang zur Glättung nötig sind, werden die Registergebühren kaum ins Gewicht fallen.

5 Auswirkungen der Euro-Einführung bei der Neugründung von Gesellschaften mit beschränkter Haftung

Wie auch bei der Aktiengesellschaft besteht bei der Gründung einer GmbH für die Übergangsphase zwischen dem 1. Januar 1999 und dem 31. Dezember 2001 Wahlfreiheit zwischen der Gründung in Euro oder in DM.

Für Neugründungen in Euro gelten gemäß § 5 GmbHG n.F. ein Mindeststammkapital von 25.000 Euro, eine Mindeststammeinlage von 100 Euro und ein Teilungsfaktor von 50 Euro.

Soll die Gründung noch in DM erfolgen, gelten auch hier die neuen Beträge des geänderten § 5 GmbHG, die dann anhand des fixierten Umrechnungskurses in DM rückgerechnet werden. Dies kann vorübergehend zu gebrochenen DM-Zahlen führen, welche sich dann aber mit Ablauf der Übergangsphase in glatte Euro-Beträge wandeln. Damit werden Anpassungsmaßnahmen am Ende der Übergangsphase vermieden.

Beispiel: GmbH-Neugründung während der Übergangsphase in Euro

Ausgehend von dem am 31. Dezember 1998 festgelegten Umrechnungskurs von 1,95583 DM/Euro würden sich für Neugründungen folgende Beträge ergeben:

Mindeststammkapital:	25.000 Euro	48.895,75
Mindeststammeinlage:	100 Euro	195,50
Teilungsfaktor:	50 Euro	97,79

Während der Übergangsphase vom 1. Januar 1999 bis 31. Dezember 2001 besteht ein Wahlrecht, die Gesellschaft in Euro oder in DM zu gründen. Auch bei einer Gründung in DM gelten bereits die neuen Euro-Beträge für Stammkapital und Stammeinlage.

Ab dem 1. Januar 2002 haben Neugründungen in Euro zu erfolgen.

6 Auswirkungen der Euro-Einführung bei Personengesellschaften

6.1 Allgemeine Hinweise

Für Personengesellschaften wie die BGB-Gesellschaft, Offene Handelsgesellschaft, Kommanditgesellschaft oder Partnerschaftsgesellschaft enthält das Erste EuroEG keine expliziten Regelungen. Da die entsprechenden Gesetze für diese Gesellschaftsformen (BGB, HGB, PartGG) sich nicht auf ausdrückliche Währungsbezeichnungen beziehen, müssen keine gesetzlich fixierten DM-Beträge geändert werden.

Es tritt aber die Frage auf, in welcher Währung die Gesellschaften und Gesellschafter ihr Gesellschaftskapital und die Gesellschaftsanteile ausdrücken sollen. Da das EuroEG dazu nichts regelt, muss auf das allgemeine Recht für Vertragsanpassungen zurückgegriffen werden.

Kein Zwang – keine Behinderung in der Übergangsphase

Gem. Art. 6 Abs. 2 EuroEinfVO darf während der Übergangsphase vom 1. Januar 1999 bis 31. Dezember 2001 wahlweise auf die nationale Währungseinheit oder auf den Euro Bezug genommen werden. Somit steht es den Altgesellschaften während dieser Phase frei, in welcher Währungseinheit sie ihr Kapital und die Gesellschaftsanteile ausdrücken. Sie können theoretisch die Währungsbezeichnungen beliebig wechseln. Auch bei Neugründungen in der Übergangsphase steht es Personengesellschaften bzw. ihren Gesellschaftern frei, als Währungseinheit DM oder Euro zu vereinbaren.

Euro-Umstellung ab 31. Dezember 2001

Nach Ablauf der Übergangsphase sind nach Art. 14 EuroEinfVO alle Bezugnahmen auf nationale Währungseinheiten als solche auf Euro zu verstehen. Ab dem 1. Januar 2002 sind also in Gesellschaftsverträgen von Personengesellschaften enthaltene DM-Beträge als zum festen Umrechnungskurs umgestellte Euro-Beträge zu lesen. Neugründungen können ab dem Jahr 2002 nur noch in Euro vorgenommen werden.

Zu empfehlen ist, das Gesellschaftskapital und die Anteile der Gesellschafter, d.h. die Kapitalkonten, per Gesellschafterbeschluss auf Euro umzustellen. Da wohl kein Gesellschaftsvertrag Regelungen über die Mehrheitsverhältnisse bei Beschluss einer Währungsumstellung enthalten wird, ist dieser Umstellungsbeschluss grundsätzlich einstimmig zu fassen.

Während der Übergangsphase vom 1. Januar 1999 bis 31. Dezember 2001 steht es Personengesellschaften frei, Beträge im Gesellschaftsvertrag in DM oder in Euro auszudrücken. Auch bei Neugründungen kann als Währungseinheit DM oder Euro vereinbart werden.

Nach Ablauf der Übergangsphase sind – sofern eine Umstellung der DM-Beträge auf Euro nicht von den Gesellschaftern beschlossen wurde – kraft EG-Recht die in den Gesellschaftsverträgen enthaltenen DM-Beträge unter Verwendung des festen Umrechnungskurses als Euro-Beträge zu verstehen.

Keine Verpflichtung zur Glättung von Euro-Beträgen

Zur Glättung der durch eine schlichte Umstellung von der DM auf den Euro entstehenden krummen Beträge besteht während und nach der Übergangszeit keine Verpflichtung. Wird eine solche Glättung dennoch vorgenommen, muss der Gesellschafterbeschluss einstimmig gefasst werden, da die Glättung eine Änderung des Gesellschaftsvertrages bedeutet.

Eine Glättung erscheint sinnvoll für die Kapitalkonten, die die Beteiligungsverhältnisse ausdrücken. Für jeden Gesellschafter gibt es in der Regel ein solches Konto, das Kapitalkonto 1. Sofern dieses Konto unverzinslich und der Wert damit beständig ist, ist eine Glättung angebracht, vor allem vor dem Hintergrund eines späteren Gesellschafterwechsels oder einer Verschiebung der Kapitalanteile. Für verzinsliche Kapitalkonten ist eine Glättung nicht nötig, da sie durch die Verzinsung ohnehin permanenten Veränderungen unterworfen sind.

6.2 Besonderheiten bei der Kommanditgesellschaft

Eine besondere gesellschaftsrechtliche Auswirkung durch die Einführung des Euro ergibt sich für die Kommanditgesellschaft, da bei ihr der Betrag der Haftsumme der Kommanditisten im Handelsregister in DM eingetragen ist.

Umstellung von Kommanditeinlagen

Unstrittig ist, dass Neueintragungen in das Handelsregister während der Übergangsphase vom 1. Januar 1999 bis zum 31. Dezember 2001 wahlweise in Euro oder in DM erfolgen dürfen. Ab dem 1. Januar 2002 sind Neueintragungen nur noch in Euro möglich. Problematisch ist jedoch die Umstellung der Hafteinlage von Kommanditisten von sogenannten Altgesellschaften, deren Hafteinlage im Handelsregister in DM eingetragen ist. Es besteht keine gesetzliche Regelung darüber, ob diese Beträge von DM auf Euro umzustellen sind oder nicht. Da die Haftsumme der Kommanditisten Bestandteil des Gesellschaftsvertrages ist, bedarf die Umstellung von DM auf Euro eines Gesellschafterbeschlusses.

In einer Stellungnahme vom 9. Januar 1998 hatte der Handelsrechtsausschuss des Deutschen Anwaltsvereins gefordert, bei einer Umstellung und Glättung auf einen niedrigeren Betrag die Beschlussfassung durch das Erfordernis der einfachen Mehrheit zu vereinfachen. Wegen der fünfjährigen Nachhaftung des § 160 HGB würde diese Vereinfachung den Gläubigerinteressen nicht schaden. Eine Glättung auf einen höheren Betrag sollte aber wegen der damit verbundenen Haftungserweiterung die Zustimmung aller Kommanditisten erfordern. Durch die fehlende Übernahme dieser Vorschläge in das EuroEG ist jedoch unklar, ob eine mit einfacher Mehrheit beschlossene Glättung auf einen niedrigeren Betrag wirksam wäre.

Um Rechtunsicherheiten und Rechtsstreitigkeiten zu vermeiden, ist in jedem Fall zu empfehlen, eine Euro-Umstellung der Hafteinlage von Kommanditisten durch einen einstimmigen Beschluss vorzunehmen.

Um den Umstellungsaufwand möglichst gering zu halten, bedarf die Anmeldung der Umstellung zur Eintragung ins Handelsregister, die nur die Ersetzung von DM-Beträgen durch Euro betrifft, gem. Art. 45 EGHGB nicht der Form des § 12 HGB, sondern kann formlos beantragt werden. Entsprechende Handelsregistereintragungen werden nicht entsprechend § 10 HGB bekannt gemacht.

Bilanzierung – Auswirkungen der Euro-Einführung auf die Rechnungslegung

1 Einleitung

Mit der Festlegung der Umrechnungskurse wurden die nationalen Währungen am 1. Januar 1999 durch den Euro ersetzt. Während der Übergangsphase bis zum 31. Dezember 2001 bleiben die nationalen Währungen zwar erhalten, stellen aber nur noch bloße Umrechnungen des Euro dar. Eine vollständige Umstellung aller Geschäftsvorgänge eines Unternehmens auf den Euro zu einem einzigen Zeitpunkt wird nicht möglich sein, da zum einen nicht alle Geschäftspartner zum selben Zeitpunkt umstellen werden, und zum anderen der Euro in der Übergangsphase nur als Buchgeld zur Verfügung steht. Als Bargeld müssen vorerst die nationalen Banknoten und Münzen weiterverwendet werden. Bei allen Unternehmen wird es demzufolge in der Übergangsphase Geschäftsvorfälle in mindestens zwei Währungen geben.

Weitere Gestaltungsspielräume

Es stellt sich die Frage, in welcher Währung die Buchführung und die Aufstellung des Jahresabschlusses erfolgen sollen, ob und wie im Rechnungswesen in beiden Währungen parallel gearbeitet werden kann und wann der günstigste Zeitpunkt für eine endgültige Umstellung auf den Euro gekommen ist. In den beiden EU-Verordnungen und im EuroEG wurden die Rahmenbedingungen für die Umstellung von Buchführung und Jahresabschluss getroffen. Allen Unternehmen bleibt dennoch viel Freiraum, die Umstellung den unternehmensspezifischen Erfordernissen entsprechend vornehmen zu können.

Zusätzlich ergeben sich mit der Einführung des Euro spezielle Probleme im Rahmen der Umstellung des Jahresabschlusses, die der Klärung bedürfen. Wichtig ist insbesondere die Frage der Gewinnrealisierung und die Behandlung der durch die Einführung des Euro bedingten Aufwendungen.

2 Umstellung der Buchführung

Angesprochen werden soll auch die Umstellung des internen Rechnungswesens von DM auf Euro. Die Umstellung bleibt wiederum den Unternehmen selbst überlassen, hierfür gibt es keine gesetzlichen Vorschriften.

2 Umstellung der Buchführung

Für die in der Buchhaltung zu verwendende Währung gibt es bislang keine gesetzliche Fixierung. § 239 HGB schreibt keine Währung vor, sondern fordert lediglich die Führung der Bücher in einer lebenden Sprache. § 244 HGB schreibt zwar die Verwendung einer Währung vor, bezieht sich aber ausschließlich auf den Jahresabschluss. Die Bedeutung des § 244 HGB wird deshalb erst bei den Ausführungen zur Umstellung des Jahresabschlusses behandelt.

Den Unternehmen stand schon bis zum 31. Dezember 1998 ein Wahlrecht bezüglich der Währung zu, in der sie die Bücher und sonstigen erforderlichen Aufzeichnungen führen. Seitdem der Euro am 1. Januar 1999 seine rechtliche Gültigkeit erlangt hat, kann die Buchführung auch in Euro erfolgen. Dies gilt sowohl für die der handelsrechtlichen als auch für die der steuerlichen Buchführung zugrunde liegenden Aufzeichnungen.

Den Unternehmen steht es frei, ihre Bücher ab dem 1. Januar 1999 in Euro zu führen.

2.1 Umstellung des Hauptbuches

2.1.1 Zeitpunkt der Umstellung

Der Zeitpunkt der Umstellung des Hauptbuches kann frei gewählt werden. Die Euro-Umstellung des Hauptbuches ist völlig unabhängig von der des Jahresabschlusses. Ein Euro-Jahresabschluss kann aus einem DM-Hauptbuch erstellt werden und umgekehrt.

Bilanzierung E

Für das Rechnungswesen ergeben sich die folgenden Möglichkeiten:

DM/Euro-Konstellationen für Hauptbuch und Jahresabschluss

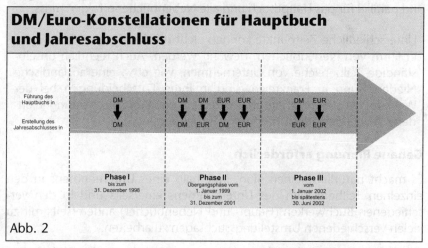

Abb. 2

Zu beachten ist, dass bisher wie auch zukünftig zusätzlich die Führung des Hauptbuches in anderen existenten Währungen möglich ist, z. B. in US-Dollar.

Grundsätzlich kann die Umstellung des Hauptbuches innerhalb oder am Ende eines Geschäftsjahres erfolgen. Der Vorteil einer Umstellung am Ende eines Geschäftsjahres liegt darin, dass sich die Zahl der umzustellenden Konten auf die Bestandskonten reduziert.

EDV-Schnittstellen berücksichtigen

Regelmäßig bestehen zwischen dem Hauptbuch und einigen Nebenbüchern EDV-Schnittstellen, die das Hauptbuch mit bestimmten Informationen versorgen. In diesen Fällen ist für jedes Nebenbuch gesondert zu prüfen, ob eine parallele Umstellung von Haupt- und Nebenbuch erfolgen soll oder ob unterschiedliche Umstellungszeitpunkte gewählt werden. Werden unterschiedliche Zeitpunkte gewählt, stellt sich die Frage, ob die EDV-Schnittstelle wegen der Verwendung unterschiedlicher Währungen im Haupt- und Nebenbuch getrennt werden soll oder ob an der Schnittstelle ein Konverter eingesetzt werden kann.

2 Umstellung der Buchführung

An dieser Stelle soll zunächst nur verdeutlicht werden, dass die Umstellung der Buchführung nicht mit einem „Big Bang" zu einem Stichtag und parallel für das Hauptbuch und alle Nebenbücher erfolgen muss.

Unterschiedliche Zeitpunkte können nicht nur für einzelne Buchwerke in Form von Nebenbüchern gewählt werden. Auch rechtlich unselbständige Teilbereiche von Unternehmen, wie etwa eine ausländische Niederlassung in Frankreich, sind in ihren Entscheidungen bei der Wahl des Umstellungszeitpunktes frei und nicht an Entscheidungen anderer Teilbereiche des Unternehmens gebunden.

Genaue Planung erforderlich

Es macht natürlich keinen Sinn, innerhalb eines Unternehmens in den einzelnen Teilbereichen des Unternehmens einerseits und in den verschiedenen Buchwerken (Haupt- und Nebenbücher) andererseits mit zu vielen verschiedenen Umstellungsstichtagen zu arbeiten.

Es ist deshalb für jedes Unternehmen unerlässlich, die Umstellung der Buchwerke detailliert zu planen. Bei der Wahl der Umstellungszeitpunkte gibt es verschiedenste Aspekte, die zu berücksichtigen sind. Die Aspekte lassen sich in zwei Gruppen aufteilen. Zum einen ist die Wahl des Umstellungszeitpunktes von technisch-organisatorischen Aspekten beeinflusst. Diese Aspekte können ein K.o.-Kriterium für eine frühe Umstellung darstellen, wenn technische Einschränkungen die Aufnahme einer weiteren Währung in die Buchführung ausschließen oder organisatorische Engpässe die Durchführung des Umstellungsprojektes nicht ermöglichen. Zum anderen wirkt sich die Wahl des Umstellungszeitpunktes auch auf die Strategie der Unternehmenstätigkeit aus.

Checkliste: Aspekte für den Zeitpunkt der Euro-Umstellung

Technisch-organisatorische Dimensionen
- EDV-Umstellung
- Rechnungswesen
- Zahlungsverkehr
- Finanzmanagement

Bilanzierung E

- Steuern und Recht
- Strategische Dimensionen
- Umsätze in DM oder Euro
- Internationalität des Unternehmens
- Konzerneinheitliches Vorgehen
- Verhalten von Geschäftspartnern
- Kostenaspekte
- Umstellung der öffentlichen Verwaltung

Bewertung strategischer Umstellungsaspekte
Die exemplarisch aufgezählten Aspekte sind bei jedem Unternehmen möglichst vollständig zu erfassen und unter dem Gesichtspunkt des optimalen Umstellungszeitpunktes zu bewerten. Als Ergebnis daraus ergibt sich dann für jedes Buchwerk ein optimaler Umstellungszeitpunkt.

Die Darstellung der Dimensionen der einzelnen technisch-organisatorischen Aspekte ist Hauptzweck dieses Buches. Die Erläuterung der strategischen Dimensionen ist nicht der eigentliche Zweck dieses Buches und soll deshalb nachfolgend nur kurz angerissen werden.

Werden die Umsätze überwiegend in Euro getätigt, sollte ein möglichst früher Umstellungstermin gewählt werden, um den Aufwand für Währungsumrechnungen möglichst gering zu halten.

Ein früher Termin ist auch von Vorteil, falls Tochterunternehmen oder Niederlassungen in anderen Ländern der EU bestehen, die an der Währungsunion teilnehmen. Die Verwendung einer einheitlichen Währung innerhalb des Unternehmens bzw. des Konzerns führt zur Vereinfachung des betrieblichen Rechnungs- und Berichtswesens.

Als weiterer strategischer Aspekt sollte das Verhalten der Geschäftspartner beachtet werden, zu denen umfangreiche Geschäftsbeziehungen bestehen. Eine Abstimmung mit einem Hauptabnehmer oder Hauptlieferanten bezüglich des Umstellungszeitpunktes ist sinnvoll.

Die mit der Umstellung der Buchführung verbundenen Kosten führen bei früher Umstellung und erfolgswirksamer Erfassung zu einem Steuerstundungseffekt; eine späte Umstellung führt dagegen zu einer Verschiebung oder Glättung der Kosten.

Des Weiteren sollte bei der Wahl des Umstellungszeitpunktes bedacht werden, dass die Abgabe der Unterlagen an die öffentliche Verwaltung (z. B. Steuererklärungen) in der Übergangsphase voraussichtlich nur in DM möglich ist. Zusammenfassend sollte der Ermittlung des optimalen Zeitpunktes der Umstellung größte Sorgfalt beigemessen werden.

2.1.2 Technik der Umstellung

Das Verfahren der Umstellung der Buchführung ist relativ einfach. Da die Währungsunion lediglich eine Währungsumstellung und keine Währungsreform ist, findet keine Neubewertung der Aktiva und Passiva statt. Die Werte bleiben unverändert, sie werden nur in einer anderen Währung ausgedrückt. Zur Ermittlung der Euro-Beträge sind die DM-Beträge aller Konten durch den seit dem 1. Januar 1999 geltenden offiziellen Umrechnungskurs zu dividieren.

> Die Umstellung der Konten erfolgt mit Hilfe des festen Umtauschverhältnisses durch lineare Transformation der DM- in Euro-Beträge.

Mit der linearen Transformation der DM-Salden in Euro-Salden ist das Problem der Umstellung der Buchführung, insbesondere des Hauptbuches, jedoch nicht abschließend gelöst.

Neben diesen einmaligen Transaktionen der Salden im Zeitpunkt der Umstellung der Buchführung werden die Unternehmen mit dem Problem konfrontiert, dass die Geschäftspartner der Unternehmen, da es keinen gesetzlich vorgeschriebenen Termin für die Umstellung gibt, möglicherweise zu anderen Zeitpunkten umstellen. Seit dem 1. Januar 1999 muss daher jedes Unternehmen in der Lage sein, in seiner Buchführung Geschäftsvorfälle zumindest in DM und Euro zu verarbeiten.

Rechtlich gesehen stellen Euro und DM nicht zwei verschiedene Währungen dar, in Bezug auf die technische Implementierung werden sie jedoch wie zwei verschiedene Währungen auseinander gehalten.

Die Verarbeitung von Geschäftsvorfällen in mehreren verschiedenen Währungen ist für große Unternehmen, die oft international tätig sind, nichts Ungewöhnliches. Kleinere Unternehmen wurden dagegen in der Vergangenheit häufig gar nicht oder nur in einem sehr geringen Maße mit Geschäftsvorfällen in Fremdwährungen konfrontiert. Mit der Einführung des Euro zum 1. Januar 1999 sind zudem für Währungsumrechnungen die von der EU vorgeschriebenen Umrechnungs- und Rundungsregeln zu beachten, die sich von der bisherigen Vorgehensweise bei Fremdwährungsumrechnungen erheblich unterscheiden (vgl. dazu Kapitel J „Umrechnungs- und Rundungsregeln im Euro-Währungsraum"). Buchhaltungssysteme sind daher um entsprechende Funktionalitäten zu erweitern, damit eine korrekte Verarbeitung gewährleistet ist (vgl. dazu Kapitel K „Organisatorisch-technische Lösungsansätze für die Übergangsphase").

> Für Unternehmen, die Geschäftsvorfälle in Euro immer manuell in die Hauswährung umrechnen, kann dies je nach Anzahl der umzurechnenden Geschäftsvorfälle umfängliche und zeitaufwendige Zusatzarbeiten nach sich ziehen.

Für jedes Unternehmen stellt sich daher die Frage, ob die Anschaffung eines neuen Euro-fähigen Buchhaltungssystems bzw. eine Erweiterung des bisherigen Buchhaltungssystems um die erforderlichen Euro-Funktionalitäten nötig ist oder statt dessen die Umrechnungen manuell vorgenommen werden sollen.

Buchhalterische Behandlung von Rundungsdifferenzen aus laufenden Transaktionen

Bei der laufenden Umrechnung von Transaktionen in die Hauswährung können Rundungsdifferenzen auftreten.

Beispiel: Durch Rundungsdifferenzen verursachter Aufwand

> Ein Unternehmen hat gegenüber einem Abnehmer eine Forderung über 800 DM. Der Abnehmer zahlt diesen Betrag in Euro, da er seine Buchhaltung bereits auf Euro umgestellt hat. Er rechnet den Betrag von 800 DM zum Umrechnungskurs von 1,95583 DM/Euro um, erhält einen Betrag von 409,0335... Euro und überweist dann 409,03 Euro an die Bank des Unternehmens.

2 Umstellung der Buchführung

Die Bank schreibt dem Unternehmen einen Betrag von 799,99 DM (409,03 Euro x 1,95583 DM/Euro) gut, da das Empfängerkonto noch in DM geführt wird. Das Unternehmen muss die Rundungsdifferenz von 0,01 DM auf einem Konto „Aufwendungen aus Rundungsdifferenzen" erfassen.

Der Geschäftsvorfall verursacht beim Unternehmen folgende Buchungen:

Bank	799,99 DM	an	Forderungen	800,00 DM
Aufwand aus Rundungsdifferenz	0,01 DM			

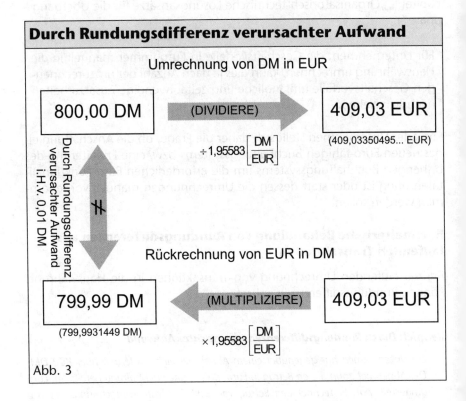

Abb. 3

Bilanzierung

Beispiel: Durch Rundungsdifferenzen verursachter Ertrag

Hat das Unternehmen gegen den Abnehmer eine Forderung von 600 DM und rechnet der Abnehmer diesen Betrag zum Kurs von 1,95583 DM/Euro in Euro um, erhält er einen Betrag von 306,7751... Euro. Er überweist daher 306,78 Euro.
Die Bank schreibt auf dem Empfängerkonto einen Betrag von 600,01 DM gut (306,78 Euro x 1,95583 DM/Euro). Die Rundungsdifferenz von 0,01 DM ist auf dem Konto „Erträge aus Rundungsdifferenzen" zu erfassen.

Der Geschäftsvorfall verursacht beim Unternehmen folgende Buchungen:
Bank   600,01 DM   an   Forderungen   600,00 DM
                                      Ertrag aus Rundungsdifferenz   0,01 DM

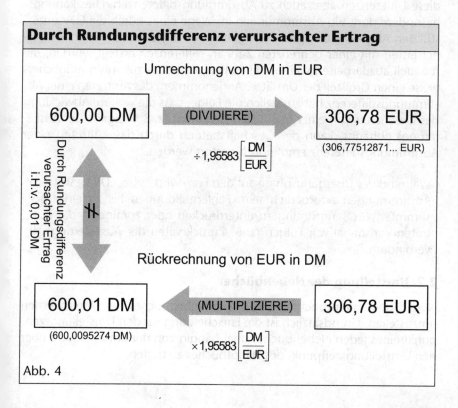

Abb. 4

Auch bei einer strikten Beachtung des vorgegebenen Umrechnungsalgorithmus lassen sich Rundungsdifferenzen nicht vermeiden. Für die buchhalterische Erfassung dieser Rundungsdifferenzen sollten die Unternehmen je ein Konto für die Soll- und Haben-Differenzen einrichten. Gegen eine Saldierung dieser Konten zum Ende eines jeden Geschäftsjahres bestehen keine Bedenken. Da es sich um keinen außerordentlichen Posten handelt, ist der Saldo unter den sonstigen betrieblichen Aufwendungen bzw. Erträgen auszuweisen, obwohl er keinen betrieblich verursachten Währungsgewinn oder -verlust beinhaltet.

Auftreten von Abstimmungsdifferenzen

Neben der Tatsache, dass durch die Euro-Umrechnung Rundungsdifferenzen anfallen können, die auf separaten Konten zu erfassen sind, führen diese Differenzen aber auch zu Abstimmungsdifferenzen. Dies kann insbesondere dort, wo Abstimmungen im Wege eines durch die EDV unterstützten Abgleichs erfolgen, unangenehme Folgen haben. Dort, wo bisher Listen mit einer begrenzten Zahl an Differenzen erstellt wurden, die manuell abzuarbeiten waren, beinhalten die Listen zukünftig möglicherweise einen Großteil der Umsätze. Angenommen, das Auftreten einer Abstimmungsdifferenz hat zusätzlich die Folge, dass die weitere Abwicklung des Geschäftes von einer manuellen Handlung (z. B. Freigabe der Auslieferung) abhängt, kann der Geschäftsbetrieb durch das Auftreten einer Abstimmungsdifferenz empfindlich gestört werden.

> Während der Übergangsphase auf den Euro wird es bei EDV-gestützten Abstimmungen erforderlich sein, Fehlermeldungen bis zu einer bestimmten Größenordnung zu unterdrücken oder zumindest das Auftreten von negativen Folgen (z. B. Zurückhalten der Auslieferung) zu verhindern.

2.2 Umstellung der Nebenbücher

Neben dem Hauptbuch sind auch die Nebenbücher der Unternehmen umzustellen. Grundsätzlich ist die Entscheidung für den Umstellungszeitpunkt eines jeden Nebenbuches unabhängig von der Entscheidung über den Umstellungszeitpunkt des Hauptbuches zu treffen.

Bilanzierung E

Je größer die Anzahl der Nebenbücher ist, desto aufwendiger gestaltet sich die Planung, um eine reibungslose Umstellung des Hauptbuches und aller Nebenbücher einer Unternehmung sicherzustellen. Gesetzliche Restriktionen, die die Reihenfolge und den Termin der Umstellung einzelner Nebenbücher vorgeben, bestehen nicht. Bei der Entscheidung für verschiedene Umstellungszeitpunkte innerhalb eines Unternehmens ist jedoch zu beachten, dass dies eine Vielzahl von manuell oder EDV-mäßig vorzunehmenden Umrechnungen nach sich ziehen kann, die wiederum zwangsweise zu Umrechnungsdifferenzen führen werden. Bei der Vielzahl der von verschiedenen Unternehmen geführten Nebenbücher sind jedoch teilweise unterschiedliche Aspekte zu beachten, die wiederum den Zeitpunkt der Umstellung beeinflussen können.

Wichtige Nebenbücher
• Anlagenbuchhaltung
• Kontokorrentbuchhaltung
• Debitorenbuchhaltung
• Kreditorenbuchhaltung
• Lohnbuchhaltung
• Lagerbuchhaltung

Während der Übergangsphase könnte sich eine Beibehaltung der Lohnbuchhaltung in DM anbieten, da die öffentliche Verwaltung und die Sozialversicherungsträger erst zum 1. Januar 2002 auf Euro umstellen werden.

Weiterhin sollte berücksichtigt werden, dass Steuererklärungen vom Finanzamt in der Übergangsphase grundsätzlich nur in DM akzeptiert werden (weitere Ausführungen hierzu in Kapitel F „Steuern und Abgaben"). Für Unternehmen, die schon früh auf Euro umstellen, ist dies mit einem erheblichen Mehraufwand verbunden.

Checkliste: Umstellung der Anlagenbuchhaltung
• Umrechnung der Bestände
• Anpassung von Anschaffungs- und Herstellungskosten sowie Abschreibungen

- Erstellen neuer Anlagenspiegel
- Wahlrecht der Zuschreibung der Erinnerungswerte auf 1 Euro und Erfassung der Erträge aus der Zuschreibung in der GuV

Checkliste: Umstellung der Debitoren- und Kreditorenbuchhaltung

- Anpassung des Mahnwesens
- Umstellung der Kontokorrentbuchhaltung
- Umstellung aller oder einzelner Kunden- und Lieferantenkonten
- Verarbeitung von Umrechnungsdifferenzen aus dem Zahlungsverkehr mit Kunden und Lieferanten

Checkliste: Umstellung der Lagerbuchhaltung

- Umrechnung der Bestände an Waren, Rohstoffen, halbfertigen und fertigen Erzeugnissen
- Anpassung der Bewertung der Vorräte, die mit der Durchschnittsmethode oder dem Verbrauchsfolgeverfahren errechnet wurden
- Umstellung der Inventuren

3 Umstellung des Jahresabschlusses

Gemäß § 242 HGB hat der Kaufmann zu Beginn seines Handelsgewerbes und für den Schluss eines jeden Geschäftsjahres eine Bilanz aufzustellen. Er hat zusätzlich für den Schluss eines jeden Geschäftsjahres eine Gegenüberstellung der Aufwendungen und Erträge des Geschäftsjahres (Gewinn- und Verlustrechnung) aufzustellen. Die Bilanz und die Gewinn- und Verlustrechnung bilden den Jahresabschluss.

Diese für alle Kaufleute geltende Vorschrift wird für Kapitalgesellschaften durch § 264 Abs. 1 HGB ergänzt, wonach die gesetzlichen Vertreter einer Kapitalgesellschaft den Jahresabschluss um einen Anhang zu erweitern sowie einen Lagebericht aufzustellen haben. Die Aufstellung des Lageberichts ist für kleine Kapitalgesellschaften freiwillig.

Bestandteile eines Jahresabschlusses
- Bilanz
- Gewinn- und Verlustrechnung
- Anhang

Mittelgroße und große Kapitalgesellschaften müssen den Jahresabschluss um einen Lagebericht ergänzen.

Bezugnahmen auf den Jahresabschluss sind nachfolgend als Bezugnahmen auf die Bilanz, die Gewinn- und Verlustrechnung sowie den Anhang zu verstehen.

Jahresabschluss in DM oder Euro bis 31. Dezember 2001

Nach dem bis zum 31. Dezember 1998 geltenden § 244 HGB ist der Jahresabschluss in Deutscher Mark aufzustellen. Durch das Erste EuroEG wurde der § 244 HGB mit Wirkung zum 1. Januar 1999 geändert. Nunmehr ist der Jahresabschluss in Euro aufzustellen. Für die Übergangsphase vom 1. Januar 1999 bis zum 31. Dezember 2001 wurde gleichzeitig durch Art. 42 EGHGB eine Übergangsregelung geschaffen, wonach der Jahresabschluss letztmalig am 31. Dezember 2001 in DM aufgestellt werden kann. Mit diesem Wahlrecht wird dem in der Übergangsphase allgemein geltenden Grundsatz „Kein Zwang – Keine Behinderung" Rechnung getragen.

Während der Übergangsphase vom 1. Januar 1999 bis zum 31. Dezember 2001 haben alle Kaufleute das Wahlrecht, den Jahresabschluss in DM oder Euro aufzustellen.

3 Umstellung des Jahresabschlusses

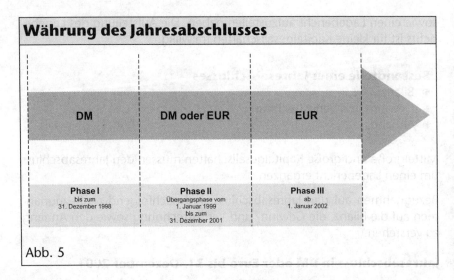

Abb. 5

Diese für den Einzelabschluss geltenden Vorschriften sind über § 298 Abs. 1 HGB auch auf den Konzernabschluss anzuwenden. Auch hier gilt, dass das Wahlrecht für den Einzel- und Konzernabschluss jeweils unabhängig voneinander ausgeübt werden kann.

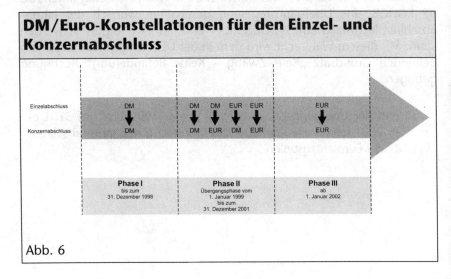

Abb. 6

Bilanzierung E

3.1 Erfordernis einer Euro-Eröffnungsbilanz?

Die Einführung des Euro stellt keine Währungsreform, sondern lediglich eine Währungsumstellung dar. Anders als etwa im Zusammenhang mit der Währungsreform im Jahr 1948 oder der deutschen Währungsunion im Jahr 1990 erfolgt keine Neubewertung des Mengengerüstes. Wertansätze können aus den vorherigen Bilanzen übernommen werden und müssen lediglich rechnerisch in Euro umgestellt werden. Es besteht weder eine Verpflichtung noch die Möglichkeit, eine gesonderte Euro-Eröffnungsbilanz aufzustellen.

Zur Klarstellung und Dokumentation der umgestellten Euro-Werte ist die Aufstellung einer „Euro-Umstellungsbilanz" möglich. Diese Umstellungsbilanz stellt lediglich das Ergebnis der linearen Transformation der DM-Bilanzwerte in Euro dar. Durch diese Umrechnung werden die Bilanzrelationen und der Periodenerfolg nicht verändert. Es besteht kein Bedürfnis, die Euro-Umstellungsbilanz durch einen externen Wirtschaftsprüfer prüfen zu lassen.

Im Rahmen der Umstellung des Jahresabschlusses findet keine Neubewertung der Vermögensgegenstände und Schulden statt. Somit ist auch keine gesonderte Euro-Eröffnungsbilanz aufzustellen.

3.2 Zeitpunkt der Umstellung

Der früheste Zeitpunkt für die Umstellung des Jahresabschlusses von DM auf Euro ist der erste Abschlussstichtag nach dem 31. Dezember 1998. Die Umstellung muss spätestens zum letzten Abschlussstichtag vor dem 1. Januar 2002 erfolgen. Der Termin kann innerhalb des Zeitraumes frei und unabhängig von der Umstellung der Buchführung gewählt werden.

Die Umstellung des Jahresabschlusses kann an einem frei zu wählenden Jahresabschlussstichtag zwischen dem 1. Januar 1999 und dem 31. Dezember 2001 erfolgen. Das handelsrechtliche Wahlrecht für die Aufstellung in DM oder in Euro besteht auch für die Steuerbilanz.

Da der mit der Erstellung eines Euro-Jahresabschlusses verbundene Aufwand überschaubar ist und nicht mit der möglicherweise sehr aufwendigen Umstellung der Buchführung gekoppelt werden muss, können die

3 Umstellung des Jahresabschlusses

Beweggründe für die Erstellung und Veröffentlichung eines Euro-Jahresabschlusses andere sein als die, nach denen der optimale Zeitpunkt für die Umstellung der Buchführung ermittelt wurde.

> **Aspekte bei der Wahl des Umstellungszeitpunktes**
>
> - Frühe Umstellung auf den Euro zur Dokumentation der Innovationsfähigkeit
> - Umstellung parallel mit anderen Unternehmen der Branche zur Wahrung der Vergleichbarkeit der Abschlüsse
> - Umstellung parallel mit dem Umfeld, d. h. mit den Geschäftspartnern

3.3 Technik der Umstellung

Die Umstellung des Jahresabschlusses erfolgt im Wege der Umrechnung der einzelnen Bilanzpositionen von DM in Euro mit Hilfe des Umrechnungskurses, d. h., es erfolgt eine einfache Division der DM-Beträge durch eine Konstante.

Aus § 244 HGB ergibt sich, dass alle Bestandteile des Jahresabschlusses in einer einheitlichen Währung aufzustellen sind. Dies gilt auch für den Anhang und den Lagebericht sowie die dem Jahresabschluss zugrunde liegenden Daten. Vorjahreszahlen und historische Daten des Anlagespiegels sind linear in Euro zu transformieren, bei einer Umstellung zwischen zwei Stichtagen zusätzlich die GuV-Konten.

Vorjahreswerte ebenfalls in Euro umrechnen

Wird der Jahresabschluss in Euro aufgestellt, so ist entsprechend § 265 Abs. 2 HGB zu jedem Posten auch die entsprechende Vorjahresangabe in Euro zu machen. Die Umrechnung hat insoweit auch für Vergleichszahlen von Geschäftsjahren, die vor dem 1. Januar 1999 enden, zu dem fixen Umrechnungskurs zu erfolgen. Hierfür sprechen Gründe der Vergleichbarkeit der aktuellen Bilanzzahlen mit den Vorjahreszahlen.

> Die Umstellung des Jahresabschlusses von DM auf Euro erfolgt mittels linearer Transformation, indem alle DM-Beträge durch den Umrechnungskurs dividiert werden. Auch die Vorjahreszahlen sind entsprechend in Euro anzugeben.

Bilanzierung E

Beispiel: Umrechnung einer DM-Bilanz in eine Euro-Bilanz

Umrechnungskurs: 1,95583 DM/Euro

Bilanz in DM

Aktiva		Passiva	
Anlagevermögen	4.500,00	Eigenkapital	3.000,00
Umlaufvermögen	2.000,00	Rückstellungen	2.500,00
Rechnungsabgrenzung	500,00	Verbindlichkeiten	1.500,00
	7.000,00		7.000,00

Bilanz in Euro

Aktiva		Passiva	
Anlagevermögen	2.300,81	Eigenkapital	1.533,88
Umlaufvermögen	1.022,58	Rückstellungen	1.278,23
Rechnungsabgrenzung	255,65	Verbindlichkeiten	766,94
	3.579,04		
Differenz	0,01		
	3.579,05		3.579,05

Umgerechnete Euro-Beträge dürfen nur auf zwei Nachkommastellen lauten. Die bei der Rundung zwangsläufig entstehenden Umrechnungsdifferenzen sind weder durch eine Neubewertung noch durch das betriebliche Geschäft verursacht. Daher sind sie nach herrschender Auffassung im Jahr der Umstellung erfolgswirksam zu erfassen. Andererseits bestehen gegen die direkte Verrechnung mit dem Eigenkapital wegen der regelmäßig nur geringen Höhe auch keine Bedenken.

3.4 Auswirkungen auf einzelne Jahresabschlusspositionen

3.4.1 Anlagevermögen

Umstellen der Anlagenbuchhaltung
Die Umstellung der Anlagenbuchhaltung kann unabhängig von der Umstellung des Hauptbuches und des Jahresabschlusses erfolgen. Auf die

3 Umstellung des Jahresabschlusses

Problematik der Schnittstellen, die sich ergibt, wenn die einzelnen Buchhaltungen aufgrund unterschiedlicher Umstellungszeitpunkte in unterschiedlichen Währungen geführt werden, haben wir bereits hingewiesen.

Die Umstellung der Anlagenbuchhaltung ist mit einer Anpassung aller verwendeten Werte verbunden. Historische Anschaffungs- und Herstellungskosten müssen ebenso umgestellt werden wie kumulierte Abschreibungen. Nach der Umstellung sind Zu- und Abgänge des Anlagevermögens bzw. die laufenden Abschreibungen in Euro zu erfassen.

Für Vermögensgegenstände, die in der Anlagenbuchhaltung mit einem Erinnerungswert von einer DM geführt werden, ergibt sich eine Besonderheit. Bei der Umstellung des Rechnungswesens bzw. des Jahresabschlusses würde sich für diese Gegenstände ein krummer Euro-Betrag ergeben. Da der Erinnerungswert nur eine symbolische Größe darstellt, wird man daran interessiert sein, wieder einen glatten Betrag herzustellen. Daher ist bei Erinnerungswerten eine Zuschreibung erlaubt.

> Bei der Umrechnung von Vermögensgegenständen mit einem Erinnerungswert von 1 DM zum offiziellen Umrechnungskurs von 1,95583 DM/Euro ergibt sich ein Wert von 0,51 Euro. Um einen Erinnerungswert von 1 Euro herzustellen, kann eine Zuschreibung in Höhe von 0,49 Euro vorgenommen werden.

Der Ertrag aus der Zuschreibung ist in der Gewinn- und Verlustrechnung zu erfassen und erhöht den Jahresüberschuss des Geschäftsjahres. Eine solche Zuschreibung ist laut Euro-Einführungsschreiben des BMF vom 15. Dezember 1998 ausdrücklich auch steuerlich zulässig.

> **Euro-Einführungsschreiben des BMF**
>
> ...in der Schlussbilanz des Wirtschaftsjahres, in dem das Unternehmen auf den Euro umstellt, sind Zuschreibungen auf einen Erinnerungswert von 1 Euro zulässig. Die Zuschreibungen erhöhen den Gewinn.

Umstellen des Anlagespiegels

Die Umstellung der Werte des Anlagespiegels ist nicht an den Zeitpunkt der Umstellung der Anlagenbuchhaltung gebunden, sondern erfolgt sinnvollerweise zeitgleich mit der Umstellung des Jahresabschlusses. Bei

Bilanzierung E

unterschiedlichen Umstellungsstichtagen zwischen Buchhaltung und Jahresabschluss müssen die Werte aus der Buchhaltung zur Erstellung des Anlagespiegels in die jeweils andere Währung umgerechnet werden.

Dazu sind
- die historischen Anschaffungs- und Herstellungskosten,
- die kumulierten Abschreibungen,
- die Zu- und Abschreibungen des Geschäftsjahres,
- die Zu- und Abgänge,
- die Umbuchungen und
- der Anfangs- und Endbestand

zum festen Umrechnungskurs von 1,95583 DM/Euro umzurechnen.

Anpassen der Abschreibungen
Für die Umstellung der Abschreibungen ist zu beachten, dass die Abschreibungsverfahren grundsätzlich beibehalten werden. Umgerechnet werden die Anschaffungswerte. Dann werden auf Basis des zugrunde gelegten Abschreibungsverfahrens die Restbuchwerte und die Abschreibungen in Euro berechnet.

Bei bereits bilanzierten abnutzbaren Vermögensgegenständen muss überprüft werden, ob sich durch die Einführung des Euro die Nutzungsdauer dieser Gegenstände vermindert. Kassensysteme, Verkaufsautomaten oder Software werden unbrauchbar, wenn sie nicht umgerüstet und „Euro-tauglich" gemacht werden.

Sind Euro-Umrüstungsmaßnahmen für das Anlagevermögen nicht möglich oder werden solche Maßnahmen unterlassen, verlieren die Gegenstände jeglichen Wert für das Unternehmen. Daher müssen die Abschreibungen an die verkürzte Nutzungsdauer angepasst und Wertberichtigungen vorgenommen werden.

Es sollte frühzeitig entschieden werden, wann im Einzelfall auf den Euro übergegangen wird und ob sich dadurch die Nutzungsdauer einzelner Vermögensgegenstände verkürzt. In dem Jahr, in dem das Unternehmen auf den Euro übergeht, sollten diese Vermögensgegenstände im Rahmen der planmäßigen Abschreibung oder gegebenenfalls durch außerplanmäßige Abschreibungen entsprechend der verbleibenden Restnutzungsdauer neu bewertet werden.

3.4.2 Bewertungsvereinfachungen

Zur Bewertung von Vermögensgegenständen dürfen nach dem HGB abweichend vom Prinzip der Einzelbewertung unter gewissen Voraussetzungen Bewertungsvereinfachungsverfahren angewendet werden. Zu unterscheiden sind die Festbewertung nach § 240 Abs. 3 HGB, die Durchschnittsmethode nach §§ 240 Abs. 4, 256 Satz 2 HGB und die Verbrauchsfolgeverfahren nach § 256 HGB.

Bei der Umstellung des Rechnungswesens auf den Euro ist auch die Bewertung der Vorräte anzupassen. Wie eine Umstellung der Vorratsbewertung auf Euro erfolgen kann, wenn eines der Bewertungsvereinfachungsverfahren verwendet wird, soll im Folgenden erläutert werden.

Festbewertung (§ 240 Abs. 3 HGB)
Bei einer Bewertung zum Festwert wird in mehreren aufeinander folgenden Jahresabschlüssen die gleiche Menge zum gleichen Wert angesetzt. Mit einem Festwert dürfen nur Vermögensgegenstände des Sachanlagevermögens sowie Roh-, Hilfs- und Betriebsstoffe bewertet werden.

Dazu müssen die folgenden Voraussetzungen erfüllt sein:
- Die Größe, der Wert und die Zusammensetzung des Bestandes verändern sich nur geringfügig,
- die Gegenstände werden regelmäßig ersetzt,
- ihr Gesamtwert ist für das Unternehmen von nachrangiger Bedeutung,
- alle drei Jahre wird eine Überprüfung des Bestandes durch Inventur vorgenommen.

Bei der Umstellung auf den Euro ist lediglich der Festwert umzurechnen. Werden bei der Ermittlung des Festwertes Schlüsselgrößen verwendet, sind diese in Euro umzurechnen, sofern es sich um monetäre Größen handelt.

Durchschnittsmethode (§§ 240 Abs. 4, 256 Satz 2 HGB)

Eine Bewertung nach der Durchschnittsmethode ist bei gleichartigen Vermögensgegenständen des Vorratsvermögens und anderen gleichartigen oder annähernd gleichwertigen beweglichen Vermögensgegenständen zulässig. Die Preise aller in der Vergangenheit eingegangenen und noch im Bestand befindlichen Gegenstände, die in die Durchschnittsbewertung eingehen, sind in Euro umzurechnen. Alle künftigen Zugänge sind in Euro zu erfassen. So kann ein neuer Euro-Durchschnittswert errechnet und fortgeschrieben werden.

Verbrauchsfolgeverfahren (§ 256 HGB)

Die Bewertung mit Hilfe von Verbrauchsfolgeverfahren unterstellt eine bestimmte Verbrauchsfolge. Sie ist zulässig bei gleichartigen Vermögensgegenständen des Vorratsvermögens. Dazu zählen Roh-, Hilfs- und Betriebsstoffe, unfertige und fertige Erzeugnisse sowie Handelswaren. Schwierigkeiten bei der Bewertung solcher Gegenstände können sich insbesondere ergeben, wenn Vorräte zu unterschiedlichen Anschaffungskosten gekauft bzw. zu unterschiedlichen Herstellungskosten hergestellt wurden, aber trotzdem nicht getrennt gelagert werden. Um eine Bewertung vornehmen zu können, wird eine Verbrauchsfolge unterstellt. Beispielsweise wird bei der LIFO-Methode (last in – first out) angenommen, dass die zuletzt zugegangenen Vermögensgegenstände zuerst entnommen werden. Weitere Verfahren sind die FIFO-Methode (first in – first out), die HIFO-Methode (highest in – first out) und die LOFO-Methode (lowest in – first out).

Bei der Euro-Umstellung wird zum Umstellungsstichtag der Bestand an Vorräten in Euro umgerechnet und werden im Folgejahr die Zugänge und der Materialverbrauch in Euro erfasst, sodass am Ende des Folgejahres eine Bewertung in Euro möglich ist.

3.4.3 Bilanzielles Eigenkapital

Bei der Umstellung des bilanziellen Eigenkapitals auf den Euro ist zu beachten, dass einmal das im Jahresabschluss ausgewiesene Kapital umzurechnen ist und unabhängig davon die Umstellung des Kapitals im Gesellschaftsvertrag bzw. in der Satzung erfolgen muss.

3 Umstellung des Jahresabschlusses

Die Umstellung des bilanziellen Kapitals ist auch in Bezug auf die Wahl des Umstellungszeitpunktes vollkommen unabhängig von der Umstellung des satzungsmäßigen Kapitals.

Die Umstellung des bilanziellen Eigenkapitals ist als Teil der Umstellung des Jahresabschlusses an die Übergangsphase vom 1. Januar 1999 bis zum 31. Dezember 2001 gebunden. Die Umstellung des satzungsmäßigen Eigenkapitals muss nicht notwendigerweise in der Übergangsphase erfolgen. Wegen der weiteren Einzelheiten wird auf die Ausführungen im Kapitel Gesellschaftsrecht verwiesen.

Die Umstellung des Kapitals in der Bilanz erfolgt wie bei den übrigen Bilanzposten auch durch einfache lineare Transformation von DM in Euro. Auch das Vorjahreskapital ist in Euro umzurechnen.

Unabhängigkeit der Umstellungen des bilanziellen und satzungsmäßigen Eigenkapitals
Mögliche Konstellationen:
- Bilanzielles und satzungsmäßiges Eigenkapital lauten auf DM.
- Bilanzielles und satzungsmäßiges Eigenkapital lauten auf Euro.
- Das bilanzielle Eigenkapital lautet noch auf DM, und das satzungsmäßige Kapital wurde bereits auf Euro umgestellt.
- Das bilanzielle Eigenkapital wurde bereits auf den Euro umgestellt, und das satzungsmäßige Kapital lautet noch auf DM.

Bilanzielles und satzungsmäßiges Eigenkapital lauten beide auf Euro oder DM

Diese beiden Konstellationen sind unproblematisch. Vor der Umstellung werden Bilanz- und Vorjahresangabe in DM gemacht. Nach der Umstellung wird das gezeichnete Kapital in der Bilanz in Übereinstimmung mit dem satzungsmäßigen Eigenkapital gemäß Gesellschaftsvertrag in Euro ausgewiesen.

Hat die Gesellschaft im Zuge der Umstellung des gezeichneten Kapitals im Gesellschaftsvertrag eine Glättung vorgenommen, ergibt sich ein glatter Betrag als Bilanzausweis. Wurde das Kapital schlicht in Euro umgerechnet, wird der umgerechnete krumme Betrag auf zwei Nachkommastellen gerundet in der Bilanz ausgewiesen. Im ersten Euro-Jahresabschluss ist auch die Vorjahreszahl unter Zugrundelegung des Umrechnungskurses in Euro umzurechnen. Hier ergibt sich in jedem Fall ein krummer Betrag.

Bilanzielles und satzungsmäßiges Eigenkapital lauten unterschiedlich

Probleme ergeben sich nur, wenn die Umstellungen des bilanziellen und des satzungsmäßigen Kapitals nicht gleichzeitig erfolgen. Für diesen Fall enthält Art. 42 Abs. 3 EGHGB eine Sonderregelung.

Stellt das Unternehmen den Jahresabschluss in DM auf und ist das gezeichnete Kapital im Gesellschaftsvertrag schon auf Euro umgestellt, kann der sich in DM ergebende Betrag des gezeichneten Kapitals in der Hauptspalte der Bilanz ausgewiesen werden. Das im Gesellschaftsvertrag in Euro festgelegte gezeichnete Kapital ist dann entweder in einer Vorspalte in der Bilanz oder alternativ im Anhang anzugeben.

Hat das Unternehmen das gezeichnete Kapital noch nicht umgestellt, stellt den Jahresabschluss aber bereits in Euro auf, darf das gezeichnete Kapital in der Bilanz schon in Euro ausgewiesen werden. Bei der Umrechnung in Euro ergibt sich ein krummer Betrag. Der sich aus dem Gesellschaftsvertrag ergebende glatte DM-Betrag ist zusätzlich in einer Vorspalte der Bilanz oder im Anhang anzugeben.

Weicht die Währung des satzungsmäßigen Eigenkapitals laut Gesellschaftsvertrag von dem bilanziellen Eigenkapital ab, ist das bilanzielle Eigenkapital in der Hauptspalte der Bilanz auszuweisen. Der Betrag des satzungsmäßigen Kapitals gemäß Gesellschaftsvertrag ist entweder in einer Vorspalte in der Bilanz oder im Anhang zu nennen.

3.5 Auswirkungen auf den Anhang

Bei Kapitalgesellschaften bildet der Anhang gem. § 264 Abs. 1 HGB mit der Bilanz und der Gewinn- und Verlustrechnung eine Einheit. Der Anhang soll zum tieferen Verständnis der Bilanz und der Gewinn- und Verlustrechnung beitragen und zusätzliche Informationen zur Vermögens-, Finanz- und Ertragslage bereitstellen. Gleichzeitig soll er die Bilanz und die GuV entlasten, indem viele Informationen hieraus der Übersichtlichkeit halber in den Anhang verlagert werden können. Für kleine und mittelgroße Kapitalgesellschaften bestehen größenabhängige Erleichterungen. Auch Genossenschaften und Unternehmen, die unter das PublG fallen (mit Ausnahme der Personenhandelsgesellschaften und Einzelkaufleute), haben ihren Jahresabschluss um einen Anhang zu erweitern.

Neben einer Reihe von verbalen Erläuterungen enthält der Anhang verschiedene betragsmäßige Angaben. Die Umstellung des Jahresabschlusses von DM auf Euro bedeutet deshalb auch die Umstellung dieser im Anhang enthaltenen Betragsangaben von DM auf Euro. Für die Umrechnung der DM-Betragsangaben im Anhang gelten die gleichen Regeln wie für die Bilanz und die Gewinn- und Verlustrechnung.

Daneben bringt die Einführung des Euro einige Besonderheiten mit sich, die der besonderen Erläuterung im Anhang bedürfen. Über die im Ersten EuroEG vorgeschriebenen Pflichtangaben hinaus sind freiwillige Angaben wünschenswert und für eine eindeutige Interpretation der Bilanz- und GuV-Zahlen von Vorteil.

Pflichtangaben im Anhang bei der Euro-Umstellung

- Nach der Umstellung des Jahresabschlusses auf den Euro sind die Grundlagen der Umrechnung der Fremdwährungspositionen im Anhang nicht mehr in Bezug auf die DM, sondern in Bezug auf den Euro anzugeben.
- Erfolgen die Umstellung des gezeichneten Kapitals im Gesellschaftsvertrag und die Umstellung des Jahresabschlusses nicht gleichzeitig, ist der sich aus dem Gesellschaftsvertrag ergebende DM- bzw. Euro-Betrag entweder in einer Vorspalte der Bilanz oder im Anhang anzugeben (Art. 42 Abs. 3 EGHGB).
- Wurden Umstellungsaufwendungen als Bilanzierungshilfe unter der Bezeichnung „Aufwendungen für die Währungsumstellung auf den Euro" aktiviert, so ist dieser Posten im Anhang zu erläutern (Art. 44 EGHGB).

Freiwillige Angaben im Anhang bei der Euro-Umstellung

- Höhe der vereinnahmten, aber noch nicht realisierten Währungskursgewinne, die nicht in den Sonderposten aus der Währungsumstellung eingestellt wurden und damit das Jahresergebnis erhöht haben
- Angabe der realisierten Umrechnungsgewinne bzw. -verluste, die durch die Umstellung hervorgerufen wurden
- Höhe der bereits angefallenen und ggf. der noch zukünftig erwarteten Umstellungskosten

3.6 Auswirkungen auf den Lagebericht

Mittelgroße und große Kapitalgesellschaften (i. S. d. § 267 HGB) haben gem. § 264 Abs. 1 HGB den Jahresabschluss um einen Lagebericht zu ergänzen. Für kleine Kapitalgesellschaften ist die Aufstellung freiwillig. Betroffen von der Pflicht, einen Lagebericht aufzustellen, sind auch Genossenschaften und nach dem Publizitätsgesetz rechnungslegungspflichtige Unternehmen, soweit sie nicht Personenhandelsgesellschaften oder Einzelkaufleute sind.

Nach § 289 Abs. 1 HGB sind im Lagebericht Geschäftsverlauf und Lage der Gesellschaft so darzustellen, dass ein den tatsächlichen Verhältnissen entsprechendes Bild vermittelt wird. Daneben soll der Lagebericht nach Abs. 2 Informationen zu bedeutenden Vorgängen nach Ablauf des Geschäftsjahres, zur voraussichtlichen Entwicklung der Gesellschaft, zu Forschung und Entwicklung und zu Zweigniederlassungen enthalten.

Zur Aufstellung des Lageberichts enthält das Erste EuroEG keine Sondervorschriften. Um aber ein den Tatsachen entsprechendes Bild vermitteln zu können, sollte auf besondere mit der Einführung des Euro verbundene Probleme, insbesondere auf Umstellungsaktivitäten und Auswirkungen der Währungsunion auf das Unternehmen, eingegangen werden.

Mögliche Sachverhalte im Lagebericht

- Stand der technisch-organisatorischen Vorbereitungen, bisherige Umstellungsarbeiten bzw. noch anstehende Umstellungsarbeiten
- durch die Währungsunion bedingte Chancen und Risiken für das Unternehmen

3 Umstellung des Jahresabschlusses

> **Beispiel: Formulierung im Lagebericht**
>
> **Einführung des Euro**
> Seit Anfang 1999 ist .... in der Lage, mit Geschäftspartnern Transaktionen in Euro durchzuführen. Mit dem Beginn des .... Geschäftsjahrs nach Einführung der gemeinsamen Währung stellt .... die Konzernwährung auf Euro um. Für einen reibungslosen Übergang sind mit allen Geschäftspartnern individuelle Vereinbarungen getroffen worden. Eine Festlegung, zu welchem Zeitpunkt die Umstellung auf den Euro erfolgen soll, haben .... Geschäftspartner abgegeben. Die Anpassungen der Prozesse und die Vorbereitungen der Datenverarbeitungssysteme für die Konvertierung der Hauswährung zum .... liegen im Plan.

3.7 Besonderheiten für den Konzernabschluss

Für Unternehmen, die einem Konzern angehören, müssen die gesetzlichen Vertreter des Mutterunternehmens nach den §§ 290 ff. HGB einen Konzernabschluss und einen Konzernlagebericht aufstellen. Der Konzernabschluss umfasst gemäß § 297 Abs. 1 HGB analog dem Einzelabschluss die Konzernbilanz, die Konzern-Gewinn- und Verlustrechnung und den Konzernanhang, die eine Einheit bilden.

Nach den bis zum 31. Dezember 1998 geltenden Vorschriften ist der Konzernabschluss gemäß § 298 Abs. 1 HGB i.V.m. § 244 HGB a.F. in DM aufzustellen. Ab dem 1. Januar 1999 hat die Aufstellung gemäß § 244 HGB n.F. in Euro zu erfolgen. Auch hier gilt jedoch die Übergangsregelung des Art. 42 EGHGB, wonach der Abschluss in der Übergangsphase vom 1. Januar 1999 bis zum 31. Dezember 2001 wahlweise auch in DM aufgestellt werden kann. Im Ergebnis heißt dies, dass auch der Konzernabschluss im Laufe der Übergangsphase von der DM auf den Euro umzustellen ist.

> Innerhalb der Übergangsphase kann der Umstellungszeitpunkt für den Konzernabschluss frei gewählt werden. Die Umstellung auf Euro kann unabhängig von der Umstellung des Einzelabschlusses vorgenommen werden. Folgende Konstellationen sind denkbar:

Bilanzierung E

DM/Euro-Konstellationen für den Einzel- und Konzernabschluss

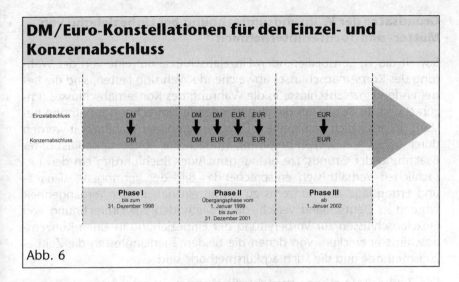

Abb. 6

Mit der Währungsunion entfällt durch die Einführung einer einheitlichen Währung in den teilnehmenden Staaten die wesentliche konzeptionelle Grundlage für die im Rahmen der Aufstellung des Konzernabschlusses vorzunehmende Fremdwährungsumrechnung der Einzelabschlüsse der in den Teilnehmerstaaten ansässigen Tochterunternehmen. Umstritten ist allerdings, wie der Übergang zu einem Euro-Konzernabschluss darzustellen ist.

Behandlung stiller Reserven

Wenn die Grundsätze über die Währungsumrechnung auf die Einbeziehung der Jahresabschlüsse von Mutter- und Tochterunternehmen in einer Euro-Währung nicht mehr anzuwenden sind, könnte es auch im Konzernabschluss wie im Einzelabschluss zur vorzeitigen Auflösung von stillen Reserven kommen. Hier wäre dann noch zu klären, wie die vorzeitige Auflösung in der Bilanz und/oder der Gewinn- und Verlustrechnung abzubilden wäre.

Wenn die historischen Anschaffungskosten bzw. Buchwerte unter Beibehaltung der Zeitbezugsmethode auch nach der Einführung des Euro anzusetzen sind, könnte sich die Realisierung der stillen Reserven bis längstens zur Veräußerung der Beteiligung hinziehen.

3 Umstellung des Jahresabschlusses

Grundsätze der Währungsumrechnung bei Einbeziehung von Mutter- und Tochterunternehmen

Soweit die zu konsolidierenden Einzelabschlüsse auf eine von der Währung des Konzernabschlusses abweichende Währung lauten, sind die betreffenden Einzelabschlüsse in die Währung des Konzernabschlusses umzurechnen. In Bezug auf die anzuwendende Umrechnungsmethode besteht grundsätzlich Wahlfreiheit. Die Grenzen dieser Wahlfreiheit werden durch § 297 Abs. 2 HGB bestimmt, wonach der Konzernabschluss unter Beachtung der Grundsätze ordnungsmäßiger Buchführung ein den tatsächlichen Verhältnissen entsprechendes Bild der Vermögens-, Finanz- und Ertragslage des Konzerns zu vermitteln hat. In der Vergangenheit wurden in Deutschland verschiedene Methoden zur Umrechnung von Einzelabschlüssen zur Vorbereitung der Einbeziehung in einen Konzernabschluss entwickelt, von denen die beiden anerkanntesten die Zeitbezugsmethode und die Stichtagskursmethode sind.

Die Zeitbezugsmethode versteht die Währungsumrechnung als Bewertungsvorgang und verwendet differenzierte Umrechnungskurse, während die Stichtagskursmethode dagegen eine lineare Transformation des Tochterabschlusses darstellt, indem sie alle Abschlussposten mit einem einheitlichen Kurs umrechnet.

Grundsätzlich besteht zwischen diesen Methoden Wahlfreiheit. Die gewählte Methode ist nach § 313 Abs. 1 Nr. 2 HGB im Konzernanhang anzugeben. Obwohl zwischen den Umrechnungsmethoden Wahlfreiheit besteht, müssen die Grundsätze der Methodenbestimmtheit, Methodeneinheitlichkeit und Methodenstetigkeit beachtet werden.

Ein Methodenwechsel und damit eine Durchbrechung des Grundsatzes der Methodenstetigkeit ist nur in Ausnahmefällen zulässig und kann nicht mit reinen Zweckmäßigkeitsüberlegungen begründet werden. Die Einführung einer neuen einheitlichen Währung in Europa stellt aber einen Ausnahmefall dar, der einen Methodenwechsel rechtfertigt. Bei Einführung des Euro kann also – bei entsprechender Angabe und Begründung im Anhang – die Umrechnungsmethode gewechselt werden.

Bilanzierung E

3.7.1 Zeitbezugsmethode zur Umrechnung von Einzelabschlüssen

Bei der Zeitbezugsmethode wird das Tochterunternehmen so behandelt, als ob es ein Bestandteil des Mutterunternehmens wäre. Entsprechend werden die Einzelposten des Abschlusses so behandelt, als ob sie das Ergebnis von Geschäftsvorfällen der Muttergesellschaft selbst wären.

Daher werden die einzelnen Posten nicht einheitlich zum Wechselkurs des Abschlussstichtages, sondern zu verschiedenen Kursen umgerechnet. Vermögensgegenstände und Verbindlichkeiten werden zu den historischen Kursen bewertet, die zum Zeitpunkt des Entstehens des Postens galten. Es kommen daher unterschiedliche historische Kurse zur Anwendung. Bei liquiden Mitteln und dem Jahresüberschuss wird der Stichtagskurs zugrunde gelegt. Aufwendungen und Erträge sind zu historischen Kursen oder aus Praktikabilitätsgründen zum Durchschnittskurs umzurechnen. Wegen der Anwendung unterschiedlicher Kurse entstehende Umrechnungsdifferenzen sind erfolgswirksam zu behandeln.

Im Anschluss an die Umrechnung ist für Vermögensgegenstände ein Niederstwerttest durchzuführen. Dazu werden die einzelnen Vermögensgegenstände mit dem Tageskurs umgerechnet. Der gewonnene Tageswert wird mit dem historischen Wert verglichen und der jeweils niedrigere von beiden angesetzt. Analog müssen die Schulden einem Höchstwerttest unterzogen werden.

> Bei Anwendung der Zeitbezugsmethode zur Währungsumrechnung von Einzelabschlüssen werden Aktiva und Passiva zu historischen Kursen, liquide Mittel und Jahresüberschuss zum Stichtagskurs und GuV-Posten zu historischen Kursen oder zum Durchschnittskurs umgerechnet. Anschließend muss ein Niederstwert-/Höchstwerttest durchgeführt werden.

3.7.2 Stichtagskursmethode zur Umrechnung von Einzelabschlüssen

Bei Anwendung der reinen Stichtagskursmethode werden sämtliche Posten der Jahresabschlüsse der ausländischen Tochterunternehmen zum Stichtagskurs umgerechnet. Die Stichtagskursmethode wird aber auch in verschiedenen modifizierten Formen angewandt. Zum Beispiel werden die Positionen der Gewinn- und Verlustrechnung mit dem Tageskurs zum Zeitpunkt der Realisation des Geschäftsvorfalls oder aber auch mit einem Durchschnittskurs umgerechnet. Eine andere Modifizierung betrifft das Eigenkapital, das nicht zum Tageskurs, sondern zu dem historischen Kurs zum Zeitpunkt des Zugangs umgerechnet wird. Bei der Verwendung unterschiedlicher Kurse kann zwischen dem Ergebnis der Gewinn- und Verlustrechnung und dem Jahresergebnis in der Bilanz eine Differenz entstehen. Diese Differenz wird erfolgsneutral mit dem Eigenkapital verrechnet oder unter dem Eigenkapital in einem Posten „Differenzen aus der Währungsumrechnung" ausgewiesen.

Die Existenz der beschriebenen Differenzen ist zeitlich begrenzt. Mit dem Ausscheiden der zugrunde liegenden Vermögensgegenstände aus dem Konzernabschluss durch sukzessive Abschreibung oder bei Verkauf fallen auch die Differenzen weg.

3.7.3 Übergang auf den Euro nach Anwendung der Zeitbezugsmethode

Durch die Einführung des Euro in den EWWU-Teilnehmerländern entfällt das Erfordernis der Fremdwährungsumrechnung der Einzelabschlüsse der in den Teilnehmerländern ansässigen zu konsolidierenden Unternehmen. Zukünftig können diese Einzelabschlüsse direkt in den Konzernabschluss übernommen werden. In Abhängigkeit von der in der Vergangenheit angewandten Umrechnungsmethode sind die folgenden Besonderheiten zu beachten.

Bei Anwendung der Zeitbezugsmethode stellt sich die Frage, wie die Vermögenswerte und die Schulden von Tochterunternehmen, die bislang nach der Zeitbezugsmethode zu historischen Kursen umgerechnet wurden, zu behandeln sind. Für diese Vermögensgegenstände und Schulden kommen zwei Möglichkeiten in Betracht:

- Die historischen Anschaffungskosten dieser Gegenstände werden zunächst wie bisher nach der Zeitbezugsmethode von der nationalen Währung des Tochterunternehmens in die Währung des Mutterunternehmens und danach in Euro umgerechnet (1. Alternative) oder
- die Anschaffungskosten werden direkt mit dem Euro-Umrechnungskurs in Euro umgerechnet (2. Alternative).

Bilanzierung E

Die Anwendung der Zeitbezugsmethode bei der Umrechnung der Fremdwährungsabschlüsse von Tochtergesellschaften führt immer dann zu Differenzen, wenn die bisher verwendeten historischen Umrechnungskurse zwischen zwei nationalen Währungen von zwei Teilnehmerstaaten von den mit Einführung des Euro fixierten Währungsparitäten abweichen.

Umrechnungsalternativen bei Anwendung der Zeitbezugsmethode

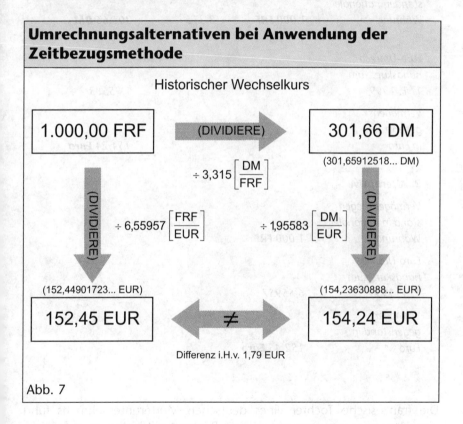

Abb. 7

3 Umstellung des Jahresabschlusses

Beispiel: Umrechnungsalternativen bei Anwendung der Zeitbezugsmethode

	Tochter-gesellschaft	Historischer Wechselkurs	Muttergesellschaft
1. Alternative			
Vermögensgegenstand in nationaler Währung	1.000 **FRF**	3,315	301,66 **DM**
Euro-Umrechnungskurs zum 1.1.1999			1,95583
Vermögensgegenstand in Euro			154,24 **Euro**
2. Alternative			
Vermögensgegenstand in nationaler Währung	1.000 **FRF**		
Euro-Umrechnungskurs zum 1.1.1999	6,55957		
Vermögensgegenstand in Euro	152,45 **Euro**		

Die französische Tochter eines deutschen Mutterunternehmens führt einen Vermögensgegenstand in ihren Büchern mit historischen Anschaffungskosten von 1.000 FRF. Umgerechnet in Euro ergibt sich in den Büchern und für den Einzelabschluss ein Betrag von 152,45 Euro (vgl. Beispiel).

Das Mutterunternehmen hat diesen Posten aber im Konzernabschluss aufbauend auf dem bisherigen Ansatz und unter Berufung auf den Grundsatz der Bewertungsstetigkeit mit 154,24 Euro anzusetzen. Das Mutterunternehmen muss von dem zum historischen Kurs in DM umgerechneten Betrag auf den Euro übergehen.

Differenzen zwischen Einzel- und Konzernabschluss

Die konsequente Umsetzung des Anschaffungskostenprinzips und des Grundsatzes der Bewertungsstetigkeit hat zur Folge, dass die Wertansätze im Einzelabschluss des Tochterunternehmens und im Konzernabschluss des Mutterunternehmens regelmäßig voneinander abweichen. Diese Differenzen spiegeln die Auswirkungen der Wechselkursschwankungen zwischen dem Erwerb der Vermögensgegenstände und der Einführung des Euro wider. Die Differenzen lösen sich erst auf, wenn die entsprechenden Posten durch Verkauf oder Abschreibung aus dem Konzernabschluss ausscheiden.

Die Umstellung von DM auf Euro bietet für die Muttergesellschaft keinen Anlass, Aktiva und Passiva ihrer ausländischen Tochterfirmen anders zu bewerten. Die Wertansätze im Einzelabschluss des Tochterunternehmens und im Konzernabschluss können voneinander abweichen. Diese Differenzen lösen sich mit der Zeit auf, wenn die entsprechenden Posten durch Verkauf oder Abschreibung aus dem Konzernabschluss ausscheiden.

Solche Differenzen zwischen Einzel- und Konzernabschluss ließen sich vermeiden, indem man im Konzernabschluss genauso wie im Einzelabschluss vorgeht und bei der Umrechnung der Vermögensgegenstände und Schulden des Tochterunternehmens Stichtagskurse verwendet (2. Alternative). Dieses Vorgehen ist nicht bei Beibehaltung der Zeitbezugsmethode, aber bei Wechsel zur Stichtagskursmethode zulässig.

3.7.4 Übergang auf den Euro nach Anwendung der Stichtagskursmethode

Nach der endgültigen Fixierung der Euro-Umrechnungskurse werden die Währungsumrechnungsdifferenzen aus der Fremdwährungsumrechnung

3 Umstellung des Jahresabschlusses

ausländischer Tochtergesellschaften in EWWU-Teilnehmerstaaten zu feststehenden Beträgen.

Für die weitere Behandlung dieser Umrechnungsdifferenzen kommen drei Möglichkeiten in Betracht:

- Die Umrechnungsdifferenzen werden fortgeschrieben und verbleiben bis zu dem Ausscheiden der zugrunde liegenden Vermögensgegenstände durch sukzessive Abschreibung oder durch Verkauf im Konzernabschluss.
- Die Umrechnungsdifferenzen werden über die Konzern-Gewinn- und Verlustrechnung erfolgswirksam im Konzernabschluss erfasst.
- Die Umrechnungsdifferenzen werden in die Gewinnrücklagen umgebucht.

Von der Europäischen Kommission wird bis zur vollständigen Abschreibung bzw. der Veräußerung des Vermögensgegenstandes die erfolgsneutrale Behandlung empfohlen. Eine erfolgswirksame Erfassung in der Gewinn- und Verlustrechnung erscheint deshalb nicht sachgerecht, weil die Umrechnungsdifferenzen nicht in Bezug zum aktuellen Betriebsergebnis stehen. Eine Realisierung würde die tatsächlichen Verhältnisse nicht wahrheitsgetreu wiedergeben.

Der gegenwärtige Diskussionsstand lässt nicht erkennen, welcher der Varianten ein zwingender Vorzug zu geben ist. Im Gegenteil: Bei Erläuterung der angewandten Methode im Anhang dürften alle Varianten zulässig und damit anwendbar sein.

Stichtagskursmethode

Unternehmen, die bei der Fremdwährungsumrechnung der Einzelabschlüsse ihrer Tochtergesellschaften zur Einbeziehung in den Konzernabschluss nach der Stichtagskursmethode vorgehen, haben nach der hier vertretenen Ansicht das Wahlrecht, die Umrechnungsdifferenzen

- erfolgsneutral mit dem Eigenkapital zu verrechnen oder unter dem Eigenkapital in einem Posten „Differenzen aus der Währungsumrechnung" auszuweisen,
- über die Konzern-Gewinn- und Verlustrechnung erfolgswirksam im Konzernabschluss zu erfassen oder
- in die Gewinnrücklagen umzubuchen.

3.7.5 Konzernanhang

Wegen der allgemeinen Anhangangaben im Zusammenhang mit der Umstellung des Jahresabschlusses auf den Euro wird auf die Ausführungen in Kapitel 3.5 verwiesen.

Folgende Informationen sind zusätzlich im Konzernanhang offenzulegen:

- Angabe der Fremdwährungsumrechnungsmethode, mit der die Einzelabschlüsse der Tochtergesellschaften zur Einbeziehung in den Konzernabschluss umgerechnet wurden.
- Angabe, ob zwischen der Bewertung von Vermögensgegenständen im Einzel- und Konzernabschluss eine Differenz besteht und gegebenenfalls Angabe der Höhe dieser Differenz.

3.8 Auswirkungen auf die Prüfung der Rechnungslegung

Kapitalgesellschaften, die nicht kleine Kapitalgesellschaften im Sinne des § 267 Abs. 1 HGB sind, haben gemäß § 316 HGB ihren Jahresabschluss und den Lagebericht durch einen Abschlussprüfer prüfen zu lassen. In die Prüfung des Jahresabschlusses ist gemäß § 317 Abs. 1 Satz 1 HGB die Buchführung einzubeziehen. Dies vorausgeschickt kann es dann auch nicht verwundern, dass die Umstellung der Buchführung und des Jahresabschlusses auf den Euro sowie die Vorbereitungshandlungen hierzu nicht nur Auswirkungen auf die Prüfung haben, sondern selbst auch Gegenstand der Prüfung sind.

3.8.1 Durchführung der Prüfung

Der Abschlussprüfer hat sich spätestens bei der Prüfung des Jahresabschlusses zum 31. Dezember 1998 erstmals mit dem Stand der Vorbereitungshandlungen bzw. mit den bereits abgeschlossenen Arbeiten des Projektes „Umstellung der Buchführung und des Jahresabschlusses auf den Euro" zu befassen.

Gegenstand einer solchen Prüfung ist der Projektplan „Umstellung der Buchführung und des Jahresabschlusses auf den Euro" sowohl unter zeitlichen als auch unter inhaltlichen Gesichtspunkten. Als Ergebnis dieser Prüfung muss sich der Abschlussprüfer eine eigene Meinung gebildet haben, ob die vorgesehene Anpassung des bestehenden Buchführungssystems bzw. die geplante Einrichtung eines neuen Buchführungssystems den gesetzlichen Anforderungen der EU-Verordnungen und des EuroEG, insbesondere den Vorschriften über die Umrechnung von einer Teilnehmerwährung in eine andere und den Umgang mit Rundungsdifferenzen, gerecht werden wird und ob die Umstellungsarbeiten rechtzeitig abgeschlossen werden können.

Der Abschlussprüfer sollte weiterhin auf die möglichen Folgen einer unzureichenden Vorbereitung der Umstellung, auf mögliche Engpässe durch die zeitliche Überlagerung mit der Jahr-2000-Problematik und auf die daraus folgende dringende Notwendigkeit einer frühzeitigen und detaillierten Planung der Umstellungsmaßnahmen aufmerksam machen. Im Rahmen der Abschlussprüfung ist aber keine Prüfung der Vollständigkeit, Angemessenheit und Zweckmäßigkeit der Vorbereitungsmaßnahmen vorzunehmen.

Die Abschlussprüfer wurden vom Hauptfachausschuss des IDW angehalten, sich von der Geschäftsführung der geprüften Unternehmen ergänzend zur Vollständigkeitserklärung bestätigen zu lassen, dass die Geschäftsleitung die notwendigen Maßnahmen zur Umstellung auf den Euro und auf die Jahrtausendwende ergriffen hat oder noch ergreifen wird, um die Funktionsfähigkeit der EDV-Systeme und anderer automatisierter Prozesse zu gewährleisten.

Formulierungsvorschlag für die Geschäftsführung gegenüber Abschlussprüfern

„Um die Funktionsfähigkeit der EDV-Systeme und anderer automatisierter Prozesse auch nach der Einführung des Euro und über den Jahreswechsel 2000 hinaus zu gewährleisten, haben wir die erforderlichen Maßnahmen eingeleitet und dafür Sorge getragen, dass die notwendigen Ressourcen zur Verfügung stehen."

3.8.2 Prüfungsbericht

Im Prüfungsbericht sollte der Abschlussprüfer im Rahmen der Thematik des Rechnungslegungs- und internen Kontrollsystems auf die ihm bekannten Vorhaben des Unternehmens zur Umstellung des Rechnungswesens auf den Euro, deren planmäßige Umsetzung und auf ausstehende, aber notwendige Vorbereitungsmaßnahmen eingehen.

Wird im Rahmen der Jahresabschlussprüfung ein erheblicher Mangel an Vorbereitungen und Anpassungsmaßnahmen festgestellt, der den Bestand des geprüften Unternehmens gefährdet oder seine Entwicklung wesentlich beeinträchtigt, löst diese Tatsache eine Berichtspflicht nach § 321 Abs. 2 HGB aus.

3.8.3 Bestätigungsvermerk

Der Bestätigungsvermerk des Abschlussprüfers erstreckt sich auf eine bestimmte Währung. Wird der Bestätigungsvermerk zum Beispiel für einen DM-Abschluss erteilt und entschließt sich das Unternehmen nach Abschluss der Prüfung, einen Euro-Abschluss aufzustellen, so darf der Euro-Abschluss nicht mit dem Bestätigungsvermerk, der sich auf den DM-Abschluss bezieht, veröffentlicht werden. Hier ist zu erwägen, ob eine Nachtragsprüfung vorzunehmen ist, die sich nur auf die Prüfung der linearen Transformation des DM-Abschlusses auf den Euro erstreckt.

Stellt der Abschlussprüfer im Rahmen seiner Prüfungshandlungen fest, dass Anpassungsmaßnahmen von dem Unternehmen nicht in dem gebotenen Maße eingeleitet worden sind, können sich Auswirkungen auf den Bestätigungsvermerk ergeben, wenn in Ausnahmefällen aufgrund drohender Systemzusammenbrüche nicht von der Fortführung der Unternehmenstätigkeit ausgegangen werden kann und diesem Umstand im Jahresabschluss und im Lagebericht nicht angemessen Rechnung getragen wurde.

3.9 Berücksichtigung von Vorjahreszahlen

Werden der Jahresabschluss und der Konzernabschluss in Euro aufgestellt, ist gemäß Art. 42 Abs. 2 Satz 1 EGHGB der § 265 Abs. 2 HGB mit der Maßgabe anzuwenden, dass zu jedem Posten der entsprechende Betrag des vorhergehenden Geschäftsjahres in Euro anzugeben ist. Die Umrechnung hat gemäß Art. 42 Abs. 2 Satz 2 EGHGB auch für ein Geschäftsjahr, das vor dem 1. Januar 1999 endet, zu dem unwiderruflich fixierten Umrechnungskurs zu erfolgen.

Art. 42 Abs. 2 Satz 2 EGHGB gilt entsprechend für die Darstellung der Entwicklung der einzelnen Posten des Anlagevermögens und des Postens

4 Fremdwährungsumrechnung

„Aufwendungen für die Ingangsetzung und Erweiterung des Geschäftsbetriebes" in der Bilanz und im Anhang nach § 268 Abs. 2 HGB (Art. 42 Abs. 2 Satz 3 EGHGB).

Werden darüber hinaus auf freiwilliger Basis im Lagebericht Vergleichszahlen für frühere Jahre angegeben, so ist es sachgerecht, auch diese zu dem unwiderruflich festgelegten Kurs umzurechnen.

Vorjahreszahlen im Jahresabschluss und im Lagebericht sind auch im Wege der linearen Transformation mit dem zum 1. Januar 1999 unwiderruflich festgelegten Kurs in Euro umzurechnen.

4 Fremdwährungsumrechnung und Realisation von Wechselkursdifferenzen

Jahres- und Konzernabschluss sind in einer einheitlichen Währung aufzustellen. Dies ergibt sich indirekt aus § 244 HGB a.F. bzw. aus § 244 HGB n.F., die explizit bestimmen, dass der Jahresabschluss in DM bzw. nach der neuen Fassung des Gesetzes in Euro aufzustellen ist. Für den Konzernabschluss gilt über § 298 Abs. 1 HGB dasselbe. Vermögensgegenstände und Schulden wie auch Erträge und Aufwendungen, die auf eine Fremdwährung lauten, müssen daher in die Währung des Jahres- und Konzernabschlusses umgerechnet werden.

Umrechnung von Fremdwährungspositionen in Drittwährungen

Soweit die umzurechnenden Vermögensgegenstände, Schulden, Erträge und Aufwendungen auf Fremdwährungen von nicht an der Währungsunion teilnehmenden Staaten lauten (Drittwährungen), werden Wechselkursschwankungen im Verhältnis zum Euro fortbestehen. Veränderungen im Vergleich zur bisher geltenden Bilanzierungspraxis ergeben sich nicht.

Bewertung von Fremdwährungspositionen in Drittwährungen

Für die Bewertung von Fremdwährungspositionen in Drittwährung ist seit dem 1. Januar 1999 deren Wechselkurs gegenüber dem Euro ausschlaggebend. So sind etwa für eine zu diesem Zeitpunkt bestehende

Bilanzierung E

> Yen-Forderung die historischen DM-Anschaffungskosten umgerechnet mit dem endgültig fixierten Wechselkurs in Euro zu bestimmen und mit dem zum Stichtagskurs Yen/Euro umgerechneten Wert der Forderung zu vergleichen. Der niedrigere der beiden Beträge ist dann im Jahresabschluss anzusetzen. Für Verbindlichkeiten gilt dies unter umgekehrten Vorzeichen entsprechend.

Umrechnung von Fremdwährungspositionen in EWWU-Teilnehmerwährungen

Materielle Auswirkungen aus der Umstellung auf den Euro können sich jedoch bei einzelnen Posten ergeben, die originär auf Währungen anderer EWWU-Teilnehmerstaaten lauten. Die Umrechnung dieser Posten sowie die Behandlungen von gegebenenfalls entstehenden Gewinnen und Verlusten aus der Währungsumrechnung sollen in diesem Abschnitt dargestellt werden.

Bei der Umrechnung der Posten, die originär auf die Währung eines anderen EWWU-Teilnehmerstaates lauten, stellt sich die Frage, ob der Ausgangswert für die Umrechnung

- der Buchwert in der Währung des Jahresabschlusses oder
- der Wert in der originären Währung des Postens

ist.

Beispiel: Umrechnung von Buchwerten und originären Werten

Eine in Deutschland ansässige Kapitalgesellschaft D ist im Jahr 1996 eine Beteiligung an einer Kapitalgesellschaft F, die in Frankreich ansässig ist, in Höhe von 10 Mio. FRF eingegangen und hat der Gesellschaft darüber hinaus ein Darlehen über 1 Mio. FRF gegeben. Der Wechselkurs im Zeitpunkt der Anschaffung von Beteiligung und Darlehen betrug 29 DM = 100 FRF. Der Buchwert der Vermögensgegenstände im Jahresabschluss von D beträgt dementsprechend

Beteiligung 2.900.000,00 DM

Darlehen 290.000,00 DM

4 Fremdwährungsumrechnung

Auf der Grundlage der unwiderruflich festgelegten Umrechnungskurse zum 1. Januar 1999 (1,95583 DM/Euro, 6,55957 FRF/Euro) ergeben sich für die Beteiligung und das Darlehen die folgenden in Euro ausgedrückten Wertansätze:

Beteiligung: 2.900.000,00 DM / 1,95583 DM/Euro = 1.482.746,46 Euro
(Buchwert)

10.000.000,00 FRF / 6,55957 FRF/Euro = 1.524.490,17 Euro
(originärer Wert)

Darlehen: 290.000,00 DM / 1,95583 DM/Euro = 148.274,65 Euro
(Buchwert)

1.000.000,00 FRF / 6,55957 FRF/Euro = 152.449,02 Euro
(originärer Wert)

Entscheidet man sich bei der Währungsumrechnung für den Buchwert der Währung des Jahresabschlusses, haben die Beteiligung und das Darlehen einen niedrigeren Wert, als wenn man die Posten aus ihrer originären Währung in den Euro umrechnet.

Gesetzlich vorgeschriebene Methode zur Währungsumrechnung

Welche Methode der Währungsumrechnung anzuwenden ist, ist in Art. 43 Abs. 1 Satz 1 des Einführungsgesetzes zum Handelsgesetzbuch (EGHGB) geregelt. Dort heißt es, dass „Ausleihungen, Forderungen und Verbindlichkeiten, die auf Währungseinheiten der an der Währungsunion teilnehmenden anderen Mitgliedstaaten oder auf die ECU ... lauten, ... zum nächsten, auf den 31. Dezember 1998 folgenden Stichtag im Jahresabschluss und im Konzernabschluss mit dem ... unwiderruflich festgelegten Umrechnungskurs umzurechnen und anzusetzen" sind.

Der Inhalt dieser Regelung ist implizit bereits in Art. 4 Abs. 4 der Euro-VorbVO enthalten, der besagt, dass „Geldbeträge, die von einer nationalen Währungseinheit in eine andere umgerechnet werden, ... zunächst in einen auf die Euro-Einheit lautenden Geldbetrag umgerechnet" werden.

Dies erklärt, weshalb teilweise die Meinung vertreten wird, Art. 43 Abs. 1 Satz 1 EGHGB habe nur klarstellenden Charakter.

Unterscheidung in monetäre und nicht-monetäre Positionen

Mit der Hervorhebung von Ausleihungen, Forderungen und Verbindlichkeiten (Art. 43 Abs. 1 Satz 1 EGHGB) bzw. von Geldbeträgen (Art. 4 Abs. 4 der EuroVorbVO) ist eine Differenzierung in monetäre, an einem Nominalwert hängende Posten und nicht-monetäre Posten geschaffen worden. Zur Erleichterung der Anwendung dieser Regelung ist es erforderlich, zunächst einmal die Begriffe monetäre und nicht-monetäre Posten exakt zu definieren.

Monetäre Posten sind Barmittel sowie Aktiva und Passiva (einschließlich bilanzunwirksamer Posten), die in bestimmten oder zu bestimmenden Geldbeträgen ausstehen oder zu entrichten sind. Alle übrigen Aktiva und Passiva sind nicht-monetäre Posten.

Beispiel: Monetäre und nicht-monetäre Posten

Monetäre Posten:
- *Barmittel*
- *Forderungen*
- *Ausleihungen*
- *Verbindlichkeiten*
- *Forderungen und Verbindlichkeiten aus nicht bilanzwirksamen Devisenkontrakten*

Nicht-monetäre Posten:
- *Immaterielle Vermögensgegenstände*
- *Sachanlagen*
- *Beteiligungen*
- *Vorräte*
- *Eigenkapital*
- *Rückstellungen*

4 Fremdwährungsumrechnung

Hintergrund der Entscheidung für eine Differenzierung zwischen monetären und nicht-monetären Posten ist der Gedanke, dass die Realisierung der Gewinne und Verluste bei monetären Posten auch unter Beachtung des Vorsichtsprinzips und aus der Sicht des Prinzips der periodengerechten Zuordnung von Kursdifferenzen als gesichert angesehen werden kann. Diese Sicherheit ist bei nicht-monetären Posten nicht annähernd gegeben.

Wertbestimmend für nicht-monetäre Posten sind neben dem Nominalwert des Postens und möglichen Bonitätsrisiken weitere Einflussfaktoren, wie etwa die Marktpreis- und Börsenentwicklung. Da insbesondere die Marktpreisveränderung große Wertschwankungen in positiver wie in negativer Richtung verursachen kann, kann der Gewinn erst dann realisiert werden, wenn der Ergebnisbeitrag als gesichert anzusehen ist.

Noch nicht realisierte Verluste aus monetären und aus nicht-monetären Posten sind weiterhin nach dem Imparitätsprinzip erfolgswirksam durch eine Abschreibung zu berücksichtigen.

4.1 Besondere Regelungen für nicht-monetäre Posten

Mit der Festlegung der Euro-Wechselkurse zum 1. Januar 1999 wurden die Verhältnisse der nationalen Währungen der Teilnehmerstaaten zueinander unwiderruflich festgelegt. Mit diesem Zeitpunkt sind sämtliche Währungskursrisiken zwischen den Teilnehmerstaaten entfallen. Gleichzeitig wurden alle bestehenden Kursdifferenzen bei nicht-monetären Bilanzposten in fremder Währung eines anderen Teilnehmerstaates, die sich aus der Wechselkursentwicklung bis zum 31. Dezember 1998 ergeben haben, fest und endgültig.

Für die Bilanzierung von in fremder Währung erworbenen nicht-monetären Bilanzpositionen stellen sich somit bei der Einführung des Euro die folgenden Fragen:

- Sind die bis zum 31. Dezember 1998 aufgetretenen Wertschwankungen der nicht-monetären Posten in Wertschwankungen aufgrund von Wechselkursänderungen einerseits und in Wertschwankungen aufgrund von Schwankungen des Börsen- oder Marktwertes bzw. des beizulegenden Wertes andererseits zu trennen?

Bilanzierung E

- Sind die Wertschwankungen aufgrund von Wechselkursänderungen, die mit der Einführung des Euro festgeschrieben werden, zu realisieren?

Wären die Wechselkursschwankungen und Schwankungen des Börsen- oder Marktwertes bzw. des beizulegenden Wertes isoliert zu betrachten, so könnte es vorkommen, dass zum nächsten, auf den 31. Dezember 1998 folgenden Stichtag

- Währungsverluste zu realisieren sind, auch wenn zum gleichen Zeitpunkt unrealisierte Gewinne aus Veränderungen des Börsen- oder Marktwertes bzw. des beizulegenden Wertes in mindestens gleicher Höhe bestehen, die ihrerseits unberücksichtigt bleiben,
- einerseits Währungsgewinne zu realisieren sind, andererseits aber auch imparitätisch eine Abschreibung aufgrund von unrealisierten Verlusten aus Veränderungen des Börsen- oder Marktwertes bzw. des beizulegenden Wertes vorzunehmen wäre.

Dies verdeutlicht, dass die isolierte Betrachtung der einzelnen Komponenten kein den tatsächlichen Verhältnissen entsprechendes Bild der Vermögens-, Finanz- und Ertragslage im Unternehmen ergeben kann. Eine unterschiedliche Betrachtung von Wechselkursschwankungen und Schwankungen des Börsen- oder Marktwertes kann deshalb nicht in Frage kommen.

Bewertung nicht-monetärer Bilanzpositionen

Nach Einführung des Euro und der unwiderruflichen Fixierung der Wechselkurse zwischen den Teilnehmerstaaten sind nicht-monetäre Aktiva und Passiva, die auf eine fremde Währung eines EWWU-Teilnehmerstaates lauten, weiterhin nach den §§ 252 bis 256 HGB zu bewerten. Ausgangspunkt für die Umrechnung der nicht-monetären Posten ist der Buchwert der Posten in der Währung des Jahresabschlusses.

Unrealisierte Gewinne oder Verluste, die aus Wechselkursschwankungen bis zum 31. Dezember 1998 herrühren und ab dem 1. Januar 1999 fest und endgültig sind, sind nicht isoliert, sondern nur im Zusammenhang mit den Wertschwankungen aufgrund von Schwankungen des Börsen- oder Marktwertes bzw. des beizulegenden Wertes und möglichen Bonitätsrisiken zu betrachten.

4.2 Besondere Regelungen für monetäre Posten

Kennzeichnend für monetäre Posten ist, dass neben möglichen Bonitätsrisiken in erster Linie der Nominalwert den Wert des Postens bestimmt. Marktpreis- und Börsenentwicklungen spielen bei monetären Posten nur eine untergeordnete Rolle.

Monetäre Posten beschränken sich nicht nur auf die in Art. 43 Abs. 1 Satz 1 EGHGB aufgezählten Forderungen, Ausleihungen und Verbindlichkeiten. Neben diesen Aktiva und Passiva, die auf die Zahlung eines Geldbetrages in der Währung eines anderen EWWU-Teilnehmerstaates oder in ECU gerichtet sind, gehören auch die Barmittel wie etwa Kassenbestände und Schecks zu den monetären Posten. Die Zugehörigkeit von nicht bilanzwirksamen Ansprüchen und Verpflichtungen zu den monetären Posten ist unter einem gesonderten Gliederungspunkt behandelt.

4.2.1 Realisierung von Umstellungsgewinnen

Mit der Festlegung der Euro-Wechselkurse zum 1. Januar 1999 kommt es unabhängig von der Entscheidung über die Umstellung des Jahresabschlusses oder der Buchführung wirtschaftlich gesehen zu einer Gewinnrealisierung. Diese Gewinnrealisierung ist auch buchhalterisch abzubilden. Dabei ist völlig unerheblich, in welcher Währung ein Unternehmen seine Bücher führt.

> Für die Realisierung von Wechselkursgewinnen oder -verlusten ist völlig unerheblich, ob die Buchführung noch in DM oder schon in Euro geführt wird.

Durch die Fixierung der Wechselkurse zum 1. Januar 1999 fällt das Währungsrisiko zwischen den Teilnehmerstaaten der Währungsunion endgültig weg. Zum Stichtag bestehende Umstellungsgewinne und -verluste können damit als sicher angesehen werden. Unrealisierte Verluste sind nach dem Imparitätsprinzip sofort erfolgswirksam zu berücksichtigen. Umstellungsgewinne müssen mit Fixierung der Wechselkurse am 1. Januar 1999 ergebniswirksam erfasst werden, ansonsten würden sie nicht der Periode ihrer Entstehung zugeordnet werden.

Die Realisationspflicht lässt sich auch damit begründen, dass mit Beginn der dritten Phase der Währungsunion die Währungen der EWWU-Teil-

Bilanzierung E

nehmerstaaten nicht mehr wie Fremdwährungen zueinander stehen. Vielmehr sind alle nationalen an der Währungsunion teilnehmenden Währungen nur noch nicht dezimale Untereinheiten des Euro. Die Umstellung der nationalen Währungen der Teilnehmerstaaten auf den Euro hat deshalb auch nicht nach den sonst für Währungsumrechnungen geltenden Grundsätzen zu erfolgen.

Zusätzlich lässt sich die Auffassung vertreten, dass die ursprünglich in fremden nationalen Währungen angeschafften Fremdwährungsposten mit der Zusammenführung der nationalen Währungen als neu erworbene Euro-Posten gelten. Diese „neu erworbenen" Posten wären dann auch mit den Anschaffungskosten in Euro anzusetzen. Währungsgewinne werden damit realisiert.

Die Realisationspflicht wurde in der Vergangenheit von Teilen der Literatur mit der Argumentation abgelehnt, dass keine Pflicht zur Überschreitung der Anschaffungskosten bestünde. Diese Argumentation übersieht, dass sich die Anschaffungskosten monetärer Posten nicht aus der Buchwährung, sondern aus der Denominationswährung ableiten. Spätestens seit der gesetzlichen Normierung der Realisationspflicht in Art. 43 Abs.1 Satz 1 EGHGB ist der Streit um die Zulässigkeit der Realisation von Währungsgewinnen obsolet.

Bewertung monetärer Bilanzpositionen

Bei der Umstellung der auf die Währung eines anderen EWWU-Teilnehmerstaates oder den auf die ECU lautenden monetären Posten sind die nach deutschen Rechnungslegungsgrundsätzen für die Währungsumrechnung in DM geltenden Prinzipien
- Anschaffungswertprinzip in DM
- Imparitätsprinzip
- Realisationsprinzip

nicht anzuwenden.

Beispiel: Realisierung eines Umstellungsgewinns

Ein deutsches Unternehmen hat einem Abnehmer einen Kredit über 100.000 FRF gewährt. Zum Zeitpunkt der Kreditgewährung betrug der Kurs 3,398 FRF/DM. Die Euro-Umrechnungskurse wurden zum 1. Januar 1999 wie folgt festgesetzt:

183

4 Fremdwährungsumrechnung

1 Euro = 1,95583 DM
1 Euro = 6,55957 FRF

Das Unternehmen bilanziert noch in DM.

Zum Zeitpunkt der Kreditgewährung steht die Forderung
zu Buche mit:
(100.000 FRF : 3,398 FRF/DM = 29.429,08 DM)   **29.429,08 DM**

Bei Fixierung der Euro-Umrechnungskurse lautet die Forderung auf:
(100.000 FRF : 6,55957 FRF/Euro = 15.244,9017 Euro
15.244,9017 Euro x 1,95583 DM/Euro = 29.816,44 DM)

29.816,44 DM
Kursgewinn   **387,36 DM**

Beispiel: Realisierung eines Umstellungsverlustes

Angenommen, der Kurs betrug zum Zeitpunkt der Kreditgewährung 3,315 FRF/DM.

Zum Zeitpunkt der Kreditgewährung steht die Forderung
zu Buche mit:
(100.000 FRF : 3,315 FRF/DM = 30.165,91 DM)   **30.165,91 DM**

Bei Fixierung der Euro-Umrechnungskurse lautet die
Forderung auf:
(100.000 FRF : 6,55957 FRF/Euro = 15.244,9017 Euro
15.244,9017 Euro x 1,95583 DM/Euro = 29.816,44 DM)

29.816,44 DM
Kursverlust   **349,47 DM**

Verbuchung von Kursgewinnen und -verlusten

Die Kursverluste sind, sofern sie nicht zu einem früheren Zeitpunkt durch eine Abschreibung berücksichtigt wurden, über die Gewinn- und Verlustrechnung erfolgswirksam zu buchen. Auch die Realisierung der Kursgewinne erfolgt über die Gewinn- und Verlustrechnung. In Bezug auf die Realisierung der Kursgewinne besteht jedoch die Möglichkeit, die Ergebnisauswirkung durch die Bildung eines gesonderten Passivpostens vorübergehend zu neutralisieren (vgl. Kap. 4.2.3)

Nach der hier vertretenen Ansicht gehören Wechselkursgewinne bei Unternehmen, die Fremdwährungsgeschäfte tätigen, zur gewöhnlichen Geschäftstätigkeit. Folglich sind die realisierten Kursgewinne wie auch die realisierten Kursverluste aus der Fixierung der Wechselkurse zum 1. Januar 1999 Teil des betrieblichen Ergebnisses und unter den sonstigen betrieblichen Erträgen bzw. Aufwendungen auszuweisen. Auch wenn es sich bei der Währungsunion um ein außerordentliches Ereignis handelt, weichen die hierdurch realisierten Wechselkursdifferenzen nicht von sonstigen realisierten Wechselkursdifferenzen ab.

Im Gegensatz zum Ausweis der Aufwendungen und Erträge aus Rundungsdifferenzen, wo eine Saldierung der positiven mit den negativen Differenzen allgemein nicht beanstandet wird, wird eine Saldierung der Aufwendungen und Erträge aus der Realisierung von Wechselkursdifferenzen für nicht zulässig erachtet.

4.2.2 Zeitpunkt der Gewinnrealisierung

Über den Zeitpunkt der Realisierung wurde in der Vergangenheit gestritten. Die Europäische Kommission sieht eine Verpflichtung zur Realisierung der Kursgewinne bereits zum 31. Dezember 1998, da diese Vorgehensweise die wirtschaftliche Realität am besten widerspiegelt. Sie misst der Festlegung der Euro-Umrechnungskurse zum 1. Januar 1999 nur wertaufhellenden Charakter bei.

Die Tatsache, dass der Wechselkurs erst zum 1. Januar 1999 unwiderruflich festgelegt wurde und zwischen dem Jahresendkurs vom 31. Dezember 1998 und dem unwiderruflich festgelegten Umrechnungskurs eine Differenz bestehen kann, wird in der Literatur dahin gehend ausgelegt, dass die Festlegung der Wechselkurse zum 1. Januar 1999 ein wertbegründendes Ereignis darstellt.

Die Frage, ob die unwiderrufliche Festlegung der Umrechnungskurse zum 1. Januar 1999 ein wertaufhellendes oder wertbegründendes Ereignis darstellt, hat der deutsche Gesetzgeber in Art. 43 Abs. 1 Satz 1 EGHGB gelöst. Monetäre Posten, die auf Währungseinheiten der an der EWWU teilnehmenden Mitgliedstaaten oder auf die ECU lauten, sind zum nächsten, auf den 31. Dezember 1998 folgenden Stichtag im Jahresabschluss und im Konzernabschluss mit dem unwiderruflich festgelegten Umrechnungskurs umzurechnen und anzusetzen. Vorher, also beispielsweise zum 31. Dezember 1998, kommt eine Gewinnrealisierung nicht in Betracht.

Realisierung von Kursgewinnen

Die Währungsgewinne der Euro-Umstellung aus monetären Posten sind zum nächsten, auf den 31. Dezember 1998 folgenden Stichtag, d. h. ab 1. Januar 1999, im Jahres- und Konzernabschluss zu realisieren.

4.2.3 Neutralisation von Umstellungsgewinnen

Eine vorzeitige Realisation von Kursgewinnen in der Handelsbilanz zieht aufgrund der Maßgeblichkeit auch eine Gewinnrealisation in der Steuerbilanz nach sich. Dies führt zu einer Erhöhung des zu versteuernden Einkommens und somit zu einer höheren Steuerbelastung der Unternehmen. Für die Unternehmen entsteht dadurch ein zusätzlicher Liquiditätsabfluss durch Steuerzahlungen, obwohl durch die nur bilanziell berücksichtigten Kursgewinne kein Liquiditätszufluss entstanden ist. Dieser Umstand wurde schon früh von Vertretern der Wirtschaft herausgestellt und mit der Forderung nach einer Regelung, die Unternehmen steuerlich so zu stellen, als würde die Währungsunion nicht stattfinden, verbunden. Der Gesetzgeber ist diesem Wunsch der Wirtschaft zumindest teilweise nachgekommen.

Das Entgegenkommen des Gesetzgebers spiegelt sich in Art. 43 Abs. 1 Satz 2 EGHGB wider. „Erträge, die sich aus der Umrechnung und dem entsprechenden Bilanzansatz ergeben, dürfen auf der Passivseite in einem gesonderten Posten unter der Bezeichnung „Sonderposten aus der Währungsumstellung auf den Euro" nach dem Eigenkapital eingestellt werden." Mit Hilfe dieses Passivpostens ist eine Neutralisation der Kursgewinne möglich.

Behandlung von Kursgewinnen

Aus Art. 43 Abs. 1 Satz 2 EGHGB lässt sich ein Wahlrecht für die Unternehmen herleiten, die Kursgewinne aus der Währungsumstellung
- entweder zum 1. Januar 1999 erfolgswirksam zu behandeln
oder
- in einen gesonderten Posten auf der Passivseite unter der Bezeichnung „Sonderposten aus der Währungsumstellung auf den Euro" nach dem Eigenkapital einzustellen.

Das Wahlrecht zur Neutralisation der Kursgewinne bezieht sich jedoch nicht auf sämtliche Kursgewinne aus der Umstellung aller monetären Posten, die auf eine Währung eines anderen Teilnehmerstaates lauten. Es gilt entsprechend dem Gesetzeswortlaut ausschließlich für Ausleihungen, Forderungen und Verbindlichkeiten.

Im Ergebnis bedeutet dies, dass insbesondere die Kursgewinne aus der Umrechnung der Barmittel, die auf eine Währung eines anderen Teilnehmerstaates lauten, nicht in einen gesonderten Posten auf der Passivseite unter der Bezeichnung „Sonderposten aus der Währungsumstellung auf den Euro" nach dem Eigenkapital eingestellt werden dürfen.

Darüber hinaus ist unklar, in welchem Umfang die Umstellungsgewinne in den gesonderten Posten auf der Passivseite eingestellt werden dürfen. Das folgende Beispiel soll das Problem verdeutlichen.

Beispiel: Kursgewinne aus Wertaufholung und Euro-Umrechnung

Ein deutsches Unternehmen hat im Jahr 1992 einem Abnehmer einen Kredit über 100.000 FRF gewährt. Für den Zeitpunkt der Kreditgewährung wird ein Kurs von 3,398 FRF/DM unterstellt.
Die historischen Anschaffungskosten des Krediets berechnen sich wie folgt:
(100.000 FRF : 3,398 FRF/DM = 29.429,08 DM)

29.429,08 DM

Aufgrund von Wechselkursschwankungen musste das deutsche Unternehmen den Kredit zum 31. Dezember 1995 auf 28.500,00 DM abschreiben.

4 Fremdwährungsumrechnung

Der Buchwert der Forderung belief sich dementsprechend zum 31. Dezember 1998 auf **28.500,00 DM.**

Nach Fixierung der Euro-Umrechnungskurse lautet die Forderung auf:
(100.000 FRF : 6,55957 FRF/Euro = 15.244,9017 Euro
15.244,9017 Euro x 1,95583 DM/Euro = 29.816,44 DM)

 29.816,44 DM
Kursgewinn   **1.316,44 DM**

Der Kursgewinn von 1.316,44 DM resultiert in Höhe von 929,08 DM aus einer Wertaufholung bis zu den ursprünglichen DM-Anschaffungskosten und in Höhe von 387,36 DM aus der Differenz zwischen den ursprünglichen DM-Anschaffungskosten der Forderung und dem zum mit dem unwiderruflich festgelegten Kurs umgerechneten Wert der Forderung. Das Gesetz lässt hier offen, ob nur ein Teil der Gewinne oder sämtliche anlässlich der Währungsumstellung realisierten Kursgewinne in den Sonderposten eingestellt werden dürfen. In Anbetracht einer fehlenden anderweitigen Bestimmung kann nach der hier vertretenen Ansicht der gesamte Kursgewinn in den Sonderposten eingestellt werden.

Auflösung des Sonderpostens aus der Währungsumstellung

Der „Sonderposten aus der Währungsumstellung auf den Euro" ist gemäß Art. 43 Abs. 1 Satz 3 EGHGB insoweit aufzulösen, als die Ausleihungen, Forderungen und Verbindlichkeiten, für die er gebildet worden ist, aus dem Vermögen des Unternehmens ausscheiden, spätestens jedoch am Schluss des fünften nach dem 31. Dezember 1998 endenden Geschäftsjahres.

Mit dieser Regelung ist den Forderungen der Vertreter der Wirtschaft nur teilweise entsprochen worden. Das Ziel, die Umstellungsgewinne erst im Transaktionszeitpunkt, also zum Zeitpunkt des Liquiditätszuflusses, realisieren zu müssen, wurde nur innerhalb der ersten fünf Jahre nach der Währungsumstellung erreicht.

Während des genannten Fünfjahreszeitraumes hat ein Unternehmen, das sich für die Neutralisation der Umstellungsgewinne durch die Bildung eines Sonderpostens aus der Währungsumstellung auf den Euro entschieden hat, eine Nebenrechnung zu führen, mit der der Sonderposten zerlegt und den jeweiligen Ausleihungen, Forderungen und Verbindlichkeiten zugeordnet werden kann. Mit dem Ausscheiden jeder einzelnen Ausleihung, Forderung oder Verbindlichkeit aus dem Vermögen des Unternehmens ist auch der Sonderposten, soweit er für die ausscheidende Ausleihung, Forderung oder Verbindlichkeit gebildet wurde, aufzulösen. Eine andere, z. B. pauschale Auflösung über fünf Jahre ist nicht zulässig.

Spätestens am Schluss des fünften nach dem 31. Dezember 1998 endenden Geschäftsjahres ist der gesamte zu diesem Zeitpunkt verbleibende Sonderposten aus der Währungsumstellung auf den Euro ertragswirksam aufzulösen.

Steuerliche Anerkennung des Sonderpostens aus der Währungsumstellung

Aus der Tatsache, dass der Art. 43 Abs. 1 EGHGB den Unternehmen für die handelsrechtliche Bilanzierung die vorübergehende Einstellung der realisierten Kursgewinne in einen „Sonderposten aus der Währungsumstellung auf den Euro" wahlweise zur sofortigen ertragswirksamen Vereinnahmung angeboten hat, ergibt sich für die steuerrechtliche Bilanzierung ein Passivierungsverbot. Zur Vermeidung der nicht gewollten Liquiditätsbelastung der Unternehmen hat man deshalb eine zum Art. 43 EGHGB inhaltlich weitgehend identische Vorschrift für die steuerrechtliche Bilanzierung im neuen § 6d EStG n.F. aufgenommen.

§ 6d EStG n.F. kodifiziert die Zulässigkeit der Bildung einer den steuerlichen Gewinn mindernden Rücklage. In diese Rücklage dürfen Umstellungsgewinne, die aus der Umrechnung von monetären Posten in der Währung eines anderen EWWU-Teilnehmerstaates oder der ECU mit den unwiderruflich festgelegten Umrechnungskursen resultieren, eingestellt werden. Aufgrund der im Vergleich zum Art. 43 EGHGB gleich lautenden Regelung des § 6d EStG n.F. dürfen sämtliche Umrechnungsgewinne, die in den Sonderposten aus der Währungsumstellung auf den Euro nach Art. 43 EGHGB eingestellt wurden, auch in die Euro-Umrechnungsrücklage nach § 6d EStG n.F. eingestellt werden. Wegen der Einzelheiten wird deshalb auf die Ausführungen zur Neutralisation der Umstellungsgewinne verwiesen.

Steuerliche Euroumrechnungsrücklage

Nach § 6d EStG n.F. darf ein passivischer Sonderposten zur Neutralisation der Umstellungsgewinne auch in der Steuerbilanz gebildet werden. Die einzustellenden Gewinne sind die gleichen wie bei dem für die handelsrechtliche Bilanzierung eingeführten Sonderposten aus der Währungsumstellung auf den Euro.

Der steuerliche Sonderposten ist genauso wie der handelsrechtliche Sonderposten dann gewinnerhöhend aufzulösen, wenn das entsprechende Wirtschaftsgut aus dem Betriebsvermögen ausscheidet.

Mit der Regelung des § 6d EStG n.F. wird die handelsrechtliche Norm des Art. 43 EGHGB entbehrlich, da steuerlich zulässigerweise gebildete Passivposten gemäß §§ 247 Abs. 3, 273 HGB auch in der handelsrechtlichen Bilanz gebildet werden dürfen.

Gemäß § 6d Abs. 3 EStG müssen die Bildung und Auflösung der jeweiligen Rücklage in der Buchführung verfolgt werden können. Hieraus folgt, dass, obwohl für die handels- und steuerrechtliche Bilanzierung jeweils eigenständige Vorschriften existieren, das steuerliche Wahlrecht nur in Übereinstimmung mit der Handelsbilanz ausgeübt werden kann.

Dies ergibt sich jedoch auch aus § 5 Abs. 1 Satz 2 EStG, wonach bei Inanspruchnahme eines Bilanzierungswahlrechts in der Steuerbilanz eine entsprechende Ausübung des Wahlrechts auch in der Handelsbilanz erfolgen muss (Grundsatz der umgekehrten Maßgeblichkeit).

4.3 Behandlung von nicht bilanzwirksamen Geschäften

Nicht bilanzwirksame Devisenkontrakte wurden in der Vergangenheit von deutschen Unternehmen auch zur Absicherung gegen Fremdwährungsrisiken gegenüber anderen EWWU-Teilnehmerstaaten abgeschlossen. Mit der unwiderruflichen Festlegung der Umrechnungskurse entfällt das Wechselkursrisiko für bestehende Kontrakte zwischen den Währungen der EWWU-Teilnehmerstaaten. Ohne das Wechselkursrisiko lassen sich mögliche Umstellungsgewinne und -verluste aus diesen Devisenkontrakten zweifelsfrei ermitteln.

Kursverluste sind nach wie vor durch Bildung einer Rückstellung zu antizipieren. Für Umstellungsgewinne, die bislang nicht erfolgswirksam berücksichtigt werden durften, ergibt sich aber eine Änderung.

4.3.1 Realisierung von Umstellungsgewinnen

Zunächst ist zu fragen, ob Art. 43 Abs. 1 Satz 1 EGHGB die Realisationstatbestände gesetzlich beschränkt. Dass dies vom Gesetzgeber nicht gewollt ist, zeigt schon die Nichtberücksichtigung der Barmittel. Obwohl der Kassenbestand als Bestandteil der Barmittel nicht unter die Begriffe Ausleihungen, Forderungen und Verbindlichkeiten zu subsumieren ist, besteht Einigkeit darüber, dass Umstellungsgewinne z. B. aus der Umrechnung des Kassenbestandes zu realisieren sind. Daraus lässt sich dann auch schließen, dass die Nichterwähnung von nicht bilanzwirksamen Geschäften die Realisationspflicht von Umstellungsgewinnen aus diesen Geschäften per se nicht ausschließt.

Indizien für eine Realisierungspflicht von Devisenkontraktgewinnen bietet auch die Regierungsbegründung zu Art. 43 EGHGB, die ausführt, dass nicht nur bei monetären Aktiva und Passiva, sondern auch bei nicht bilanzwirksamen Geschäften in der Währung eines anderen EWWU-Teilnehmerstaates oder in ECU Umstellungsgewinne zu realisieren sind.

Aufschlussreich ist auch der von der Europäischen Kommission herausgegebene Untersuchungsbericht zur „Einführung des Euro in der Rechnungslegung", der zur Realisationspflicht von nicht bilanzwirksamen Devisenkontrakten differenziert Stellung bezieht. Der Bericht stellt das Untersuchungsergebnis der Kommissionsdienststellen dar, die im Benehmen mit dem Kontaktausschuss untersucht haben, wie die Einführung des Euro in den geltenden europäischen Rahmenvorschriften für die Rechnungslegung berücksichtigt werden könnte.

Zudem sprechen Art. 43 Abs. 2 EGHGB und § 6 d Abs. 2 EStG von einer Neutralisierung von Kursgewinnen aus Devisenkontrakten, was impliziert, dass diese Gewinne realisiert werden können bzw. müssen.

Maßgebend für die Realisationspflicht von Umstellungsgewinnen aus Devisenkontrakten ist danach der Zweck des jeweiligen Devisenkontrakts.

4 Fremdwährungsumrechnung

Spekulationskontrakte

Umstellungsgewinne aus spekulativen Devisenkontrakten sind sofort in der GuV zu realisieren, da die erzielte positive Kursdifferenz in keiner direkten Beziehung zu künftigen Aufwendungen und Erträgen steht.

Beispiel: Kursgewinn aus spekulativem Devisenkontrakt

Ein deutsches Unternehmen hat im Jahr 1992 100.000 FRF zu einem Kurs von 3,398 FRF/DM auf Termin (1. Januar 2002) gekauft.

Der DM-Gegenwert für die am 1. Januar 2002 anzuschaffenden 100.000 FRF beträgt
(100.000 FRF : 3,398 FRF/DM = 29.429,08 DM) **29.429,08 DM**

Seit Festlegung der Euro-Umrechnungskurse zum 1. Januar 1999 (1,95583 DM/ Euro, 6,55957 FRF/Euro) steht der Wert der am 1. Januar 2002 anzuschaffenden 100.000 FRF fest:
(100.000 FRF : 6,55957 FRF/Euro = 15.244,9017 Euro
15.244,9017 Euro x 1,95583 DM/Euro = 29.816,44 DM)
29.816,44 DM

Kursgewinn **387,36 DM**

Absicherung von Bilanzposten

Devisenkontrakte zur Absicherung eines Bilanzpostens sollten als eine einheitliche Bewertungseinheit zwischen Grund- und Sicherungsgeschäft angesehen werden.

Beispiel: Kursgewinn aus Sicherungsgeschäften

Ein deutsches Unternehmen hat im Jahr 1992 einen auf 15 Jahre befristeten Kredit über 100.000 FRF vergeben. Für den Zeitpunkt der Kreditgewährung wird ein Kurs von 3,398 FRF/DM unterstellt.
Die historischen Anschaffungskosten des Krediertes berechnen sich wie folgt:
(100.000 FRF : 3,398 FRF/DM = 29.429,08 DM) **29.429,08 DM**

Bilanzierung E

Zur Absicherung der Wechselkursrisiken aus dieser Fremdwährungsposition hat das deutsche Unternehmen die im Jahr 2007 zurückfließenden französischen Franc bereits 1992 auf Termin zu einem Kurs von 3,391 FRF/DM verkauft.

Aus dem Verkauf der im Jahr 2007 zurückfließenden 100.000 FRF wird das deutsche Unternehmen (100.000 FRF : 3,391 FRF/DM)　　　　**29.489,83 DM**
erlösen:
Kursgewinn　　　　　　　　　　　　　　　　　　　　　　　　　**60,75 DM**

Im Jahr 2007 wird das deutsche Unternehmen Kursgewinne aus dieser Position in Höhe von 60,75 DM erzielen. Der Fremdwährungskredit und die Devisentermin-Verkaufsposition bilden eine geschlossene Position, die bisher auch als solche bewertet worden ist. Die saldierte positive Kursdifferenz aus der Bilanzposition und dem Devisentermingeschäft wurde bisher nicht vereinnahmt.

Seit Festlegung der Euro-Umrechnungskurse zum 1. Januar 1999 (1,95583 DM/Euro, 6,55957 FRF/Euro) steht der Wert der im Jahr 2007 auszutauschenden Zahlungen fest:
(100.000 FRF : 6,55957 FRF/Euro = 15.244,9017 Euro
15.244,9017 Euro x 1,95583 DM/Euro = 29.816,44 DM)
　　　　　　　　　　　　　　　　　　　　　　　　　　　　　　29.816,44 DM

Im o.g. Beispiel erhält das deutsche Unternehmen als Rückzahlung für den Kredit über 100.000 FRF den mit dem unwiderruflich festgelegten Kurs umgerechneten Euro-Gegenwert von 15.244,90 Euro. Dies entspricht einem Betrag von 29.816,44 DM und übersteigt die Anschaffungskosten um 387,36 DM.

Zum gleichen Zeitpunkt muss das deutsche Unternehmen das nun fällige Devisentermingeschäft beliefern. Gemäß dem 1992 geschlossenen Vertrag über das Devisentermingeschäft sind nun 100.000 FRF bzw. 15.244,90 Euro an den Kontrahenten zu zahlen, der dafür aber nur einen Gegenwert von 29.489,83 DM bzw. 15.077,91 Euro zu zahlen hat. Hieraus wird das Unternehmen einen Verlust von 326,61 DM bzw. 166,99 Euro realisieren.

4 Fremdwährungsumrechnung

Die Frage, die sich hier stellt, ist, ob der Wegfall des Risikos weiterer Verluste dazu führt, dass die Bewertungseinheit zwischen dem Grund- und dem Sicherungsgeschäft aufzuheben ist.

Die Konsequenzen einer Aufhebung des Sicherungszusammenhangs soll für das auf S. 192/193 aufgeführte Beispiel kurz verdeutlicht werden.

Aus dem Grundgeschäft erzielt das Unternehmen Umstellungsgewinne in Höhe von 387,36 DM. Da diese aus der Umstellung eines monetären Postens resultieren, dürfen sie neutralisiert werden, d. h., in den „Sonderposten aus der Währungsumstellung auf den Euro" eingestellt werden (vgl. Gliederungspunkt 4.2). Aus dem Sicherungsgeschäft erzielt das Unternehmen Verluste in Höhe von 326,61 DM. Diese sind am 1. Januar 1999, dem Moment, an dem die Bewertungseinheit aufgebrochen wird, erfolgswirksam zu erfassen. Diese Bilanzierung widerspricht den eigentlichen Gedanken des Art. 43 EGHGB und des § 6d EStG, deren Normzweck es sein sollte, die Unternehmen so zu stellen, wie es ohne die Einführung des Euro der Fall wäre. Eine separate Erfassung von Währungsgewinnen und -verlusten ist deshalb abzulehnen.

Zu einem sachgerechten Ergebnis kommt man hier nur, wenn die Bewertungseinheit auch über den 1. Januar 1999 hinaus Bestand hat und mit der unwiderruflichen Festlegung der Umrechnungskurse lediglich die Kursdifferenz aus dem Devisenkontrakt und der Bilanzposition realisiert wird. Im Beispielfall belaufen sich die saldierten Kursgewinne auf 60,75 DM. Nur in dieser Höhe besteht nach der hier vertretenen Ansicht eine Realisationspflicht.

Die Beibehaltung von gebildeten Bewertungseinheiten erscheint auch in den Fällen geboten, in denen Zahlungsflüsse aus nicht bilanzwirksamen Sicherungsgeschäften durch gegenläufige, nicht bilanzwirksame Sicherungsgeschäfte abgesichert werden.

Antizipatorische Sicherungsgeschäfte

Nicht bilanzwirksame Geschäfte werden auch in Form von antizipatorischen Sicherungsgeschäften eingesetzt. Sie dienen der Absicherung von in der Zukunft geplanten Geschäften. Grund- und Sicherungsgeschäft können nicht als Bewertungseinheit behandelt werden. Mögliche Kursgewinne bei antizipatorischen Sicherungsgeschäften sind zum nächsten

Bilanzierung E

auf den 31. Dezember 1998 folgenden Stichtag als sonstiger Ertrag zu realisieren.

Beispiel: Kursgewinn aus antizipatorischem Sicherungsgeschäft

Ein deutsches Unternehmen bestellt in 1998 in Frankreich eine Maschine, die im Jahr 1999 geliefert wird. Der Kaufpreis für die Maschine beträgt 100.000 FRF. Zur Absicherung des zukünftigen Zahlungsstromes gegen Kursschwankungen kauft das deutsche Unternehmen die 100.000 FRF im Jahr 1998 auf Termin zu einem Kurs von 3,398 FRF/DM.

Der DM-Gegenwert des Termingeschäftes beträgt
(100.000 FRF : 3,398 FRF/DM = 29.429,08 DM) **29.429,08 DM**

Mit Festlegung der endgültigen Euro-Umrechnungskurse (1,95583 DM/Euro, 6,55957 FRF/Euro) steht der Wert der am 1. Januar 2002 anzuschaffenden 100.000 FRF fest:

(100.000 FRF : 6,55957 FRF/Euro = 15.244,9017 Euro
15.244,9017 Euro x 1,95583 DM/Euro = 29.816,44 DM)

29.816,44 DM

Kursgewinn **387,36 DM**

Obwohl die Umstellungsgewinne aus antizipativen Sicherungsgeschäften in einer direkten Beziehung zu künftigen Zahlungsströmen stehen, ist hier eine Realisierung der positiven und negativen Marktwerte zum nächsten auf den 31. Dezember 1998 folgenden Stichtag anzunehmen.

> Die unwiderrufliche Fixierung der Wechselkurse kann auch bei bisher in der Bilanz und Gewinn- und Verlustrechnung nicht erfassten schwebenden Geschäften zu einer Realisierung von Kursgewinnen oder -verlusten führen. Eine Realisierung als sonstiger Ertrag oder sonstiger Aufwand ist dann vorzunehmen, wenn sich der in einem Devisentermingeschäft begründete Anspruch aufgrund der unwiderruflichen Fixierung der Wechselkurse zu einer betragsmäßig feststehenden Forderung konkretisiert.

4.3.2 Neutralisierung von Umstellungsgewinnen

Soweit sich für nicht bilanzwirksame Devisenkontrakte eine Pflicht zur Realisierung von positiven Marktwerten aus der Währungsumstellung ergibt, stellt sich die Frage, inwieweit die Ergebnisauswirkung durch die Bildung eines „Sonderpostens aus der Währungsumstellung auf den Euro" neutralisiert werden kann. Wie auch bei den bilanzwirksamen Ansprüchen und Verbindlichkeiten dürfen diese realisierten Gewinne gem. Art. 43 Abs. 2 EGHGB in einen Passivposten, den so genannten „Sonderposten aus der Währungsumstellung auf den Euro", eingestellt werden, um die Gewinne zu neutralisieren. Damit diese Neutralisierung auch steuerlich wirksam, das heißt eine Steuerzahlung für diese Gewinne vermieden werden kann, darf dieser Passivposten gem. § 6d Abs. 2 EStG als „Euroumrechnungsrücklage" auch in der Steuerbilanz gebildet werden.

Artikel 43 Abs. 2 EGHGB:
„In den Sonderposten ... dürfen auch Erträge eingestellt werden, die sich aus der Aktivierung von Vermögensgegenständen aufgrund der unwiderruflichen Festlegung der Wechselkurse ergeben. ..."

§ 6d Abs. 2 EStG:
„In die Euroumrechnungsrücklage ... können auch Erträge eingestellt werden, die sich aus der Aktivierung von Wirtschaftsgütern aufgrund der unwiderruflichen Festlegung der Umrechnungskurse ergeben. ..."

5 Behandlung der Umstellungskosten in der Handels- und Steuerbilanz

Mit der Einführung des Euro kommen auf die Unternehmen wegen der erforderlichen organisatorischen und technischen Änderungen zusätzliche Kosten zu. Die Kosten entstehen hauptsächlich durch:

- Mitarbeiterschulungen
- EDV-Umstellungen
- Austausch von technischen Einrichtungen wie Automaten, Kassen, Scannern
- Anpassung bestehender Verträge

Bilanzierung E

- doppelter Preisauszeichnung und
- Anpassung von Formularen und Preislisten.

Der Umfang des Umstellungsaufwands ist stark branchen- und unternehmensspezifisch und kann ein erhebliches Ausmaß annehmen. An dieser Stelle soll die Frage erläutert werden, wie mit diesen Aufwendungen im Rahmen der Aufstellung des Jahresabschlusses umzugehen ist.

Mögliche Vorgehensweisen für die Behandlung des Umstellungsaufwandes auf den Euro:

- eine Erfassung als laufender Aufwand
- eine eigenständige Aktivierung
- ein Ansatz einer Bilanzierungshilfe oder
- eine Rückstellungsbildung

Durch eine Aktivierung könnte der Periodenerfolg des bilanzierenden Unternehmens zunächst entlastet und der Aufwand auf künftige Perioden verteilt werden. Bei sofortiger Erfassung als laufender Aufwand wird das Ergebnis gemindert und ein Steuerstundungseffekt erreicht. Durch die Bildung einer Rückstellung können künftig anfallende Ausgaben schon vor ihrer Entstehung ergebniswirksam, d.h. ergebnismindernd, erfasst werden, sodass sie im Zeitpunkt ihres Anfalls wirtschaftlich verkraftbar sind.

Welche Alternative für welche Art von Umstellungsaufwendungen zulässig ist und welche Auswirkungen sie mit sich bringt, wird in den Gliederungspunkten 5.1 bis 5.5 behandelt.

5.1 Erfassung als laufender Aufwand

Laufender Aufwand in der Handelsbilanz

Grundsätzlich sind die durch die Umstellung bedingten Aufwendungen nach den allgemeinen bilanziellen Vorschriften zu behandeln, da diese mit regulären Kosten vergleichbar sind. Umstellungskosten sind in der Periode ihrer Entstehung als Aufwand zu erfassen, sofern es sich nicht um aktivierungspflichtige Anschaffungs- oder Herstellungskosten handelt.

5 Behandlung der Umstellungskosten in der Handels- und Steuerbilanz

Die meisten der Umstellungsaufwendungen gehören zur üblichen Geschäftstätigkeit, da sich die Unternehmen fortwährend an den wirtschaftlichen Wandel und den technischen Fortschritt anpassen müssen. Sie treten zwar im Zusammenhang mit der Einführung des Euro auf, entsprechen aber tendenziell dem Charakter laufender Aufwendungen und sind daher nicht als außergewöhnlich einzustufen. Zum Beispiel können im Zusammenhang mit der Umstellung Ausgaben für die Information von Kunden, Lieferanten und Mitarbeitern auftreten, die auch unabhängig von der Einführung des Euro anfallen würden.

Bilanziell wirft diese Vorgehensweise keine besonderen Probleme auf. Die Ausgaben stellen Aufwand dar und mindern das Periodenergebnis. Bei geballtem Anfall verursachen die Aufwendungen allerdings eine erhebliche Ergebnisbelastung, die insbesondere von ertragsschwachen Unternehmen schwer zu verkraften ist.

> Bei Umstellungskosten, deren Höhe für ein Unternehmen eine wesentliche Bedeutung erlangt, ist eine angemessene Offenlegung der Aufwendungen vorzunehmen, damit die Auswirkungen auf die Gewinn- und Verlustrechnung des Unternehmens deutlich werden.

Laufender Aufwand in der Steuerbilanz

Steuerrechtlich ist nach dem Maßgeblichkeitsprinzip genauso vorzugehen wie handelsrechtlich. Die Aufwendungen sind erfolgswirksam zu behandeln und mindern den Steuerbilanzgewinn und damit die zu zahlenden Steuern.

5.2 Eigenständige Aktivierung

Aktivierung in der Handelsbilanz

Eine Vielzahl von Umstellungskosten sind nach geltendem Recht aktivierungspflichtig. Dies gilt für die Anschaffungskosten von materiellen Vermögensgegenständen (z. B. Automaten, Kassen, Scanner) ebenso wie für entgeltlich erworbene immaterielle Vermögensgegenstände (z. B. Software).

Bilanzierung E

Die aktivierten Vermögensgegenstände sind in den Folgejahren planmäßig abzuschreiben. Durch die Abschreibungen werden die Aufwendungen über die wirtschaftliche Nutzungsdauer verteilt. Dadurch verringert sich das Ergebnis dieser Perioden.

Werden Aufwendungen für bereits vorhandene Vermögensgegenstände getätigt (z. B. Umstellung von Automaten), liegt in der Regel sofort abzugsfähiger Erhaltungsaufwand vor, da diese Aufwendungen nur dazu dienen, den Gegenstand auch nach der Umstellung auf den Euro weiter nutzen zu können. Aktiviert werden dürfen solche Umstellungsaufwendungen nur, wenn sie zu einer Erweiterung oder zu einer über den ursprünglichen Zustand hinausgehenden wesentlichen Verbesserung führen und somit Herstellungskosten i.S.d. § 255 Abs. 2 HGB darstellen.

Praxistipp

- Ansatz:
Für materielle und entgeltlich erworbene immaterielle Vermögensgegenstände besteht eine Ansatzpflicht. Aufwendungen für bereits vorhandene Gegenstände müssen als Herstellungskosten zu qualifizieren sein, um sie aktivieren zu dürfen.

- Ausweis:
Aktivierte Vermögensgegenstände sind entsprechend dem in § 266 HGB enthaltenen Schema auszuweisen.

- Abschreibung:
Die aktivierten Vermögensgegenstände sind planmäßig über die Perioden ihrer Nutzungsdauer abzuschreiben.

Aktivierung in der Steuerbilanz

Handelsrechtlich aktivierungspflichtige Vermögensgegenstände sind aufgrund des Maßgeblichkeitsprinzips auch in der Steuerbilanz anzusetzen. Die für die planmäßige Abschreibung maßgebliche Nutzungsdauer der Vermögensgegenstände ist in Übereinstimmung mit den steuerlichen AfA-Tabellen festzulegen.

5.3 Ansatz einer Bilanzierungshilfe

Handelsbilanz

Nach bisherigen handelsrechtlichen Vorschriften sind zwei Aktivierungswahlrechte gesetzlich als Bilanzierungshilfen bezeichnet, zwei weitere Wahlrechte werden nicht ausdrücklich so genannt, wirken aber wie Bilanzierungshilfen. Das EuroEG sieht für die Aufwendungen für die Umstellung auf den Euro eine weitere Bilanzierungshilfe vor. Um die allgemeine Behandlung von Bilanzierungshilfen zu verdeutlichen, werden zunächst die bereits bestehenden Aktivierungswahlrechte dargestellt, bevor die neue Bilanzierungshilfe beschrieben wird.

Als Bilanzierungshilfen ausdrücklich bezeichnet werden im HGB zwei Wahlrechte, deren Ausübung Kapitalgesellschaften eine Aktivierung erlaubt, die ohne spezielle gesetzliche Regelung nicht möglich wäre. Diese Wahlrechte betreffen zum einen den Ansatz von Ingangsetzungs- und Erweiterungsmaßnahmen nach § 269 HGB und zum anderen den Ansatz von aktiven latenten Steuern nach § 274 Abs. 2 HGB.

Für diese ausdrücklichen Aktivierungshilfen im Sinne des HGB sind bestimmte gesetzliche Vorschriften bezüglich Ansatz und Abschreibung bzw. Auflösung, Ausweis, Erläuterung und Ausschüttung vorgesehen:

- Diese Bilanzierungshilfen dürfen nur von Kapitalgesellschaften genutzt werden.
- Es besteht ein handelsrechtliches Ansatzwahlrecht.
- Die Ingangsetzungs- und Erweiterungsausgaben sind über maximal 4 Jahre abzuschreiben. Die aktivierten latenten Steuern sind in den künftigen Perioden entsprechend der eintretenden Steuerentlastung aufzulösen. Eine Auflösung muss auch erfolgen, wenn mit einer Steuerentlastung nicht mehr gerechnet werden kann.
- Die Posten sind gesondert auszuweisen. Damit ist keine versteckte Bilanzpolitik möglich.
- Die aktivierten Beträge sind im Anhang zu erläutern.
- Es besteht eine Ausschüttungsbeschränkung, d. h., Gewinne dürfen nur ausgeschüttet werden, wenn die nach der Ausschüttung verbleibenden, jederzeit auflösbaren Gewinnrücklagen zuzüglich Gewinn-

vortrag abzüglich Verlustvortrag dem angesetzten Betrag mindestens entsprechen.

Merkmale der gesetzlichen Bilanzierungshilfen:

Ingangsetzungs- und Erweiterungsaufwendungen:

- Aktivierungswahlrecht für Kapitalgesellschaften
- Abschreibung über maximal 4 Jahre
- gesonderter Ausweis
- Erläuterungspflicht im Anhang
- Ausschüttungssperre

Aktive latente Steuern:

- Aktivierungswahlrecht für Kapitalgesellschaften
- besonderes Auflösungsgebot
- Erläuterungspflicht im Anhang
- Ausschüttungssperre

Darüber hinaus wirken zwei weitere Aktivierungswahlrechte des HGB wie Bilanzierungshilfen, auch wenn sie nicht ausdrücklich so bezeichnet werden. Hiermit sind die Ansatzwahlrechte für den derivativen Geschäfts- oder Firmenwert (§ 255 Abs. 4 HGB) und für das Disagio (§ 250 Abs. 3 HGB) gemeint. Diese Wahlrechte dürfen von allen Kaufleuten in Anspruch genommen werden. Die für die ausdrücklichen Bilanzierungshilfen kennzeichnenden Merkmale der beschleunigten Abschreibung, der Erläuterungspflicht im Anhang und der Ausschüttungssperre fehlen.

Diese vier Aktivierungswahlrechte sollen eine periodengerechte Aufwandsverrechnung ermöglichen, indem die Beträge nicht sofort als Aufwand verrechnet werden, sondern zunächst aktiviert und dann abgeschrieben bzw. aufgelöst werden. Im Zeitpunkt der Aktivierung wird das Ergebnis positiv beeinflusst. In den Perioden der Abschreibung bzw. Auflösung tritt der gegenläufige Effekt ein, das Jahresergebnis wird gemindert.

Die Möglichkeit dieser Wahlrechte ist in der Vergangenheit jedoch selten genutzt worden und mit einem negativen Image behaftet. In der Regel werden sie von Unternehmen wahrgenommen, um eine bilanzielle Überschuldung zu vermeiden.

Seit Verabschiedung des Ersten EuroEG ist eine weitere Bilanzierungshilfe mit der Bezeichnung „Aufwendungen für die Währungsumstellung auf den Euro" gesetzlich zulässig.

Bilanzierungshilfe „Aufwendungen für die Währungsumstellung auf den Euro"

Art. 44 Abs. 1 EGHGB gestattet für selbst geschaffene immaterielle Vermögensgegenstände des Anlagevermögens, die aus der Währungsumstellung resultieren, den Ansatz einer Bilanzierungshilfe mit der Bezeichnung „Aufwendungen für die Währungsumstellung auf den Euro". Ohne diese Sonderregelung wären diese Umstellungsaufwendungen sofort gewinnmindernd als Aufwand zu verrechnen. Dadurch würde deutschen Unternehmen im internationalen Vergleich jedoch ein Wettbewerbsnachteil entstehen, da in den anderen EU-Staaten die Aktivierung selbstgeschaffener immaterieller Vermögensgegenstände überwiegend zulässig ist.

Der Ansatz einer Euro-Bilanzierungshilfe kommt z. B. in Betracht für Aufwendungen für die Entwicklung neuer Softwareprogramme oder für Änderungen und Anpassungen bereits aktivierter Software.

Entsprechend dem Wortlaut des Gesetzes dürfen nur „Aufwendungen für die Währungsumstellung auf den Euro ... als Bilanzierungshilfe aktiviert werden, soweit es sich um selbstgeschaffene immaterielle Vermögensgegenstände des Anlagevermögens handelt."

In der Praxis erfordert die Anwendung dieser Norm

- eine Abgrenzung zwischen Aufwendungen, die für die Währungsumstellung auf den Euro getätigt wurden, und Aufwendungen, die für andere Zwecke getätigt wurden, und
- eine Abgrenzung zwischen selbst geschaffenen und nicht selbst geschaffenen immateriellen Vermögensgegenständen des Anlagevermögens.

Bilanzierung E

Probleme bereitet insbesondere die Abgrenzung der Aufwendungen, die für die Währungsumstellung auf den Euro getätigt wurden, von den Aufwendungen, die für andere Zwecke getätigt wurden. Diese Abgrenzung wäre nur unproblematisch durchzuführen, wenn der Zweck der Aufwendung in jedem Fall eindeutig festzustellen wäre und Überschneidungen nicht vorkommen würden. Dies muss, wie das folgende Beispiel zeigen soll, nicht immer der Fall sein.

Beispiel

Ein Unternehmen verwendet eine Individualsoftware, die bisher nicht Euro-fähig und nicht über das Jahr 1999 hinaus verwendbar ist. Das Unternehmen beschließt, die Software selbst an die Anforderungen des Euro und an das Jahr 2000 anzupassen. Es wird ein Programmierer abgestellt, dessen Aufgabe die Anpassung der Individualsoftware an den Euro und an das Jahr 2000 ist. Da nur die mit der Anpassung an den Euro verbundenen Aufwendungen als Bilanzierungshilfe aktiviert werden dürfen, muss der Programmierer seinen Aufwand entweder dem Projekt „Euro" oder dem Projekt „Jahr 2000" zuordnen. Aufwendungen, die beiden Projekten zugute kommen, wären prozentual zu verteilen. Genauso wäre mit Gemeinkosten zu verfahren.

Das Beispiel zeigt, dass schon bei der Verfolgung von nur zwei Zielen innerhalb der Anpassung einer Individualsoftware die Isolierung des Anteils der Aufwendungen, die durch die Währungsumstellung auf den Euro verursacht werden, aufwendig ist und zahlreiche Ermessensentscheidungen beinhaltet. Je komplexer die Anpassungsarbeiten an der Software werden und je größer die Stückzahl der mit der Anpassung verfolgten Ziele wird, desto problematischer wird die Bestimmung des aktivierungsfähigen Teils der Aufwendungen. Bei der Entscheidung für oder gegen den Ansatz einer Bilanzierungshilfe sollten die Unternehmen deshalb auch die mit einem Ansatz verbundenen Aufwendungen berücksichtigen. Der ohnehin zweifelhafte Nutzen der Bilanzierungshilfe nach Art. 44 EGHGB könnte sich dann nochmals reduzieren.

Die Abgrenzung zwischen selbst geschaffenen und nicht selbst geschaffenen immateriellen Vermögensgegenständen des Anlagevermögens ist kein neues Problem. Nicht selbst geschaffene immaterielle Vermögensgegenstände des Anlagevermögens werden als entgeltlich erworbene immaterielle Vermögensgegenstände des Anlagevermögens definiert. Es kommt demzufolge darauf an, ob

- ein Erwerb vorliegt und
- ein Entgelt für den Erwerb vereinbart wurde.

Bisher trat dieses Problem nur im Zusammenhang mit der Frage auf, ob gemäß § 248 HGB ein Aktivierungsverbot besteht. Zukünftig wird dieses Problem auch im Zusammenhang mit dem Ansatz der Bilanzierungshilfe „Aufwendungen für die Währungsumstellung auf den Euro" diskutiert werden.

Das Aktivierungswahlrecht gilt für alle Kaufleute. Die Bilanzierungshilfe darf erstmals gem. Art. 44 Abs. 2 EGHGB in dem auf das nach dem 31. Dezember 1997 endende Geschäftsjahr gebildet werden.

Die als Bilanzierungshilfe ausgewiesenen Beträge sind in jedem der Aktivierung folgenden Geschäftsjahre zu mindestens einem Viertel durch Abschreibung zu tilgen. Anders als bei materiellen Wirtschaftsgütern ist der Beginn der Abschreibung hier also nicht an die Fertigstellung der selbstgeschaffenen immateriellen Vermögensgegenstände gebunden und kann auch nicht bis zur Fertigstellung hinausgezögert werden.

Durch die Abschreibungen wird der Aufwand und damit die Belastung der Ertragslage des Unternehmens über mehrere Jahre verteilt. Höhere Abschreibungen als 25 % sind zulässig. Dabei ist eine gleichmäßig höhere Abschreibung nicht notwendig, da eine planmäßige Abschreibung nicht vorgeschrieben ist. Der über 25 % hinausgehende Teil der Abschreibung kann frei gewählt werden. Dieser über die Mindestabschreibung hinausgehende Teil darf aber nicht von der Mindestabschreibung der Folgeperiode gekürzt werden, sondern mindert vielmehr die Abschreibung der letzten Periode.

Beispiel: Zulässige Abschreibungszyklen für die Euro-Bilanzierungshilfe

1. Jahr	2. Jahr	3. Jahr	4. Jahr
30 %	35 %	25 %	10 %
30 %	30 %	40 %	0 %

Bilanzierung E

Beispiel: Nicht zulässige Abschreibungszyklen für die Euro-Bilanzierungshilfe

1. Jahr	2. Jahr	3. Jahr	4. Jahr
30%	30%	20%	20%

Dieser Zyklus ist unzulässig, da in der 3. Abschreibungsperiode der Mindestsatz von 25% unterschritten wird. Eine Unterschreitung der Mindestabschreibung in der vierten oder auch schon in der dritten Periode ist natürlich zulässig, wenn die Abschreibungen insgesamt bereits 100% betragen.

Kapitalgesellschaften trifft eine Erläuterungspflicht der gebildeten Bilanzierungshilfe für die Euro-Umstellung im Anhang gem. Art. 44 Abs. 1 Satz 4 EGHGB. Werden solche Posten in der Bilanz von Kapitalgesellschaften ausgewiesen, so dürfen nach Art. 44 Abs. 1 Satz 5 EGHGB Gewinne nur ausgeschüttet werden, wenn die nach der Ausschüttung verbleibenden, jederzeit aufkündbaren Gewinnrücklagen zuzüglich eines Gewinnvortrags und abzüglich eines Verlustvortrages dem angesetzten Betrag mindestens entsprechen. Diese Ausschüttungssperre erscheint wegen der erforderlichen Kapitalerhaltung dringend notwendig. Bei Personengesellschaften und Einzelkaufleuten ist ein Entnahmeverbot entsprechend einer solchen Ausschüttungssperre nicht erforderlich, da die persönliche Haftung der Gesellschafter bzw. des Einzelkaufmanns einen ausreichenden Gläubigerschutz darstellt.

Checkliste: Euro-Bilanzierungshilfe

- Ansatz:
  Für Aufwendungen für die Währungsumstellung auf den Euro besteht ein Ansatzwahlrecht. Sie dürfen als Bilanzierungshilfe aktiviert werden, soweit es sich um selbsterstellte immaterielle Vermögensgegenstände des Anlagevermögens handelt.

- Ausweis:
  Der Posten ist in der Bilanz gesondert unter der Bezeichnung „Aufwendungen für die Währungsumstellung auf den Euro" vor dem Anlagevermögen gesondert auszuweisen.

5 Behandlung der Umstellungskosten in der Handels- und Steuerbilanz

> - Abschreibung:
>   Die Bilanzierungshilfe ist über höchstens vier Jahre abzuschreiben.
> - Für Kapitalgesellschaften besteht eine Erläuterungspflicht des gebildeten Postens im Anhang und eine Ausschüttungssperre.

Die Bilanzierungshilfe „Aufwendungen für die Währungsumstellung auf den Euro" weist große Ähnlichkeiten mit den beiden ausdrücklichen gesetzlichen Bilanzierungshilfen auf. Auch diese müssen gesondert ausgewiesen, beschleunigt abgeschrieben und im Anhang erläutert werden. Die Ausschüttungsbeschränkung ist eine weitere Parallele. Der einzige Unterschied liegt darin, dass die neue Bilanzierungshilfe von allen Kaufleuten in Anspruch genommen werden darf, während die beiden anderen nur für Kapitalgesellschaften gelten.

Steuerbilanz

Für die Bilanzierungshilfe „Aufwendungen für die Währungsumstellung auf den Euro" besteht aufgrund der fehlenden Eigenschaft eines Wirtschaftsgutes in der Steuerbilanz ein Aktivierungsverbot. Hier ist der Umstellungsaufwand sofort im Jahr der Entstehung erfolgswirksam als Betriebsausgabe zu verrechnen. Für die Unternehmen entsteht dadurch aber kein besonderer Nachteil, da die Ergebnisminderung eine Senkung der Steuerzahlungen bedeutet.

> Die Bilanzierungshilfe „Aufwendungen für die Währungsumstellung auf den Euro" darf in der Steuerbilanz nicht angesetzt werden.

Eine Aktivierung von Euro-Aufwendungen in der Handelsbilanz führt aber wegen des Ansatzverbots in der Steuerbilanz zu einer Ansatzpflicht von passiven latenten Steuern gem. § 274 Abs. 1 HGB.

5.4 Bildung von Rückstellungen

Von Bilanzierenden wurde verschiedentlich das Recht eingefordert, für die mit der Einführung des Euro voraussichtlich anfallenden Aufwendungen eine Rückstellung bilden zu dürfen. Die Frage der Zulässigkeit einer solchen Rückstellung ist nach dem geltenden Recht zu beantworten.

Rückstellungen sind Passivposten, die solche Wertminderungen der Berichtsperiode als Aufwand zurechnen, die bezüglich ihres Eintretens oder ihrer Höhe nicht völlig, aber dennoch ausreichend sicher sind und erst später zu einer Auszahlung führen. Sie dienen der Erfassung von ungewissen Verbindlichkeiten (Verbindlichkeitsrückstellungen), von drohenden Verlusten aus schwebenden Geschäften (Drohverlustrückstellungen) sowie von bestimmten Aufwendungen (Aufwandsrückstellungen).

Gesetzlich wird der Rückstellungsbegriff nicht definiert. § 249 HGB enthält lediglich einen Rückstellungskatalog, der den Kreis der handelsrechtlich zulässigen Rückstellungen abschließend aufzählt.

Mögliche Rückstellungen für Euro-Umstellungsaufwendungen

- eine (auch steuerlich anzuerkennende) passivierungspflichtige Rückstellung für ungewisse Verbindlichkeiten nach § 249 Abs. 1 Satz 1 HGB und

- eine (steuerlich unmaßgebliche) passivierungsfähige Aufwandsrückstellung nach § 249 Abs. 2 HGB.

Ob diese Rückstellungen für die künftigen, bei der Umstellung auf den Euro anfallenden Aufwendungen gebildet werden dürfen, soll im Folgenden jeweils für die Handels- und die Steuerbilanz untersucht werden. Sollte die Möglichkeit der Rückstellungsbildung gegeben sein, könnten die künftig anfallenden Ausgaben schon vorher erfolgswirksam verrechnet werden, sodass sie im Zeitpunkt ihres Anfalls wirtschaftlich verkraftbar sind.

5.4.1 Rückstellungen für ungewisse Verbindlichkeiten in der Handelsbilanz

Als Rückstellung für ungewisse Verbindlichkeiten (nach § 249 Abs. 1 Satz 1 HGB) sind Verpflichtungen gegenüber einem Dritten auszuweisen, die wegen der Ungewissheit ihres Bestehens bzw. ihrer Höhe nach zwar noch nicht als Verbindlichkeiten in die Bilanz aufgenommen werden können, aber doch hinreichend sicher erwartet werden. Am Abschlussstichtag müssen die ungewissen Verbindlichkeiten wirtschaftlich verursacht und ihre Inanspruchnahme objektiv wahrscheinlich sein.

5 Behandlung der Umstellungskosten in der Handels- und Steuerbilanz

> **Checkliste: Voraussetzungen für den Ansatz einer Verbindlichkeitsrückstellung**
>
> - Es bestehen eine Schuld und ein Leistungszwang gegenüber einem Dritten (Außenverpflichtung).
> - Die Verpflichtung ist am Abschlussstichtag wirtschaftlich verursacht.
> - Ihre Inanspruchnahme ist wahrscheinlich.
> - Es besteht Ungewissheit bezüglich Bestehens und/oder Höhe der Verpflichtung.

Sofern diese Voraussetzungen erfüllt sind, muss nach § 249 Abs. 1 Satz 1 HGB eine Rückstellung für ungewisse Verbindlichkeiten gebildet werden, es besteht eine Passivierungspflicht.

Kriterium der Außenverpflichtung

Die Voraussetzung einer Außenverpflichtung könnte bei der Währungsumstellung auf den Euro durch das Vorliegen einer rechtlichen Verpflichtung zur Verwendung des Euro erfüllt sein. Eine solche rechtliche Verpflichtung besteht aber erst ab dem 1. Januar 2002 nach Ablauf der Übergangsphase. Vorher ist entsprechend dem Grundsatz „Kein Zwang – Keine Behinderung" eine Verwendung des Euro möglich, aber nicht verpflichtend. Vor diesem Zeitpunkt ist eine Rückstellungsbildung also nicht zulässig, allenfalls nach dem 1. Januar 2002.

Alternativ zur rechtlichen Verpflichtung könnte eine Außenverpflichtung auch faktisch begründet werden. So wird argumentiert, dass z. B. ein Lieferant einen abhängigen Abnehmer unter Druck setzen könne, mit Beginn der Währungsunion Preise und Zahlungsverkehr auf Euro umzustellen. Der Abnehmer ist aber grundsätzlich nicht dazu gezwungen, der Forderung nach der Umstellung nachzukommen. Vielmehr schafft er mit der Anpassung die Voraussetzung für die Erwirtschaftung künftiger Erträge. Zudem war es aus wirtschaftlichen Gründen seit jeher notwendig, sich bei ausländischen Lieferanten bzw. Abnehmern bezüglich der Währung flexibel zu zeigen. Eine faktische Umstellungsverpflichtung ist also nicht gegeben.

Kriterium der wirtschaftlichen Verursachung

Neben die Voraussetzung einer Außenverpflichtung tritt das Kriterium der wirtschaftlichen Verursachung. Danach müssen die zurückzustellenden Aufwendungen durch die Geschäftstätigkeit in der Vergangenheit verursacht worden sein und zudem vergangenen, bereits realisierten Erträgen zugerechnet werden können. Die mit der Umstellung auf den Euro verbundenen Aufwendungen stellen aber zukunftsbezogene Aufwendungen dar, da die mit der Umstellung verbundenen Erträge auch erst in der Zukunft, nämlich nach der Umstellung, anfallen.

Die Voraussetzung der wirtschaftlichen Verursachung vor dem Abschlussstichtag ist damit nicht erfüllt, da die Aufwendungen nicht vergangenen Erträgen zugerechnet werden können.

Zu diesem Ergebnis kommt die herrschende Meinung in der Literatur. Auch die Europäische Kommission sowie der Hauptfachausschuss des Instituts der Wirtschaftsprüfer lehnen die Bildung einer Rückstellung für ungewisse Verbindlichkeiten für die erwarteten Umstellungskosten ab.

Nur eine Mindermeinung sieht die Ansatzvoraussetzungen mit der Begründung erfüllt, dass mit Inkrafttreten der EuroEinfVO am 1. Januar 1999 eine öffentlich-rechtliche Verpflichtung zur Verwendung des Euro entstehen würde, der sich ein Kaufmann nicht entziehen könne. Wenn zusätzlich der Bilanzierende wirtschaftlich belastet und die Verpflichtung quantifizierbar ist, soll die Zulässigkeit einer Rückstellungsbildung gerechtfertigt sein.

> Die herrschende Meinung in der Literatur und auch die Europäische Kommission sowie der Hauptfachausschuss des Instituts der Wirtschaftsprüfer halten die Bildung einer Rückstellung für ungewisse Verbindlichkeiten nach § 249 Abs. 1 HGB für den erwarteten künftigen Aufwand aus der Einführung des Euro für nicht zulässig. Auch nach der hier vertretenen Auffassung muss die Zulässigkeit der Bildung einer Verbindlichkeitsrückstellung abgelehnt werden.

5.4.2 Aufwandsrückstellungen in der Handelsbilanz

Gemäß § 249 Abs. 2 HGB dürfen Rückstellungen für Aufwendungen gebildet werden, die ihrer Eigenart nach genau umschrieben, dem Geschäftsjahr oder einem früheren Geschäftsjahr zuzuordnen, am Abschlussstichtag wahrscheinlich oder sicher und hinsichtlich ihrer Höhe oder des Zeitpunktes ihres Eintritts unbestimmt sind.

> **Checkliste: Voraussetzungen für den Ansatz von Aufwandsrückstellungen**
>
> - Die Aufwendungen müssen ihrer Eigenart nach genau umschrieben,
>
> - dem Geschäftsjahr oder einem früheren Geschäftsjahr zuzurechnen,
>
> - am Abschlussstichtag wahrscheinlich oder sicher und
>
> - bezüglich ihrer Höhe bzw. des Zeitpunktes ihres Eintritts unbestimmt sein.
>
> Für Aufwandsrückstellungen, die alle diese Kriterien erfüllen, besteht ein Passivierungswahlrecht.

Die ersten beiden Bedingungen konkretisieren die Aufwendungen, für die Rückstellungen gebildet werden dürfen. Demnach sind für allgemeine Vorsorgen und allgemeines Unternehmerrisiko Rückstellungen nicht zulässig. Die beiden übrigen Bedingungen entsprechen im Wesentlichen den allgemeinen Rückstellungsvoraussetzungen.

Weitgehende Einigkeit besteht darin, dass die Euro-Umstellungsaufwendungen bezüglich Höhe und Zeitpunkt unbestimmt sind und sehr wahrscheinlich anfallen, die beiden letztgenannten Voraussetzungen also erfüllen. Auch lassen sich die potentiell zurückzustellenden Aufwendungen genau umschreiben und abgrenzen. Strittig ist jedoch hauptsächlich die Frage, ob die künftig anfallenden Aufwendungen für die Umstellung auf den Euro dem Geschäftsjahr oder einem früheren Geschäftsjahr zurechenbar sind, ob also die zweite Voraussetzung erfüllt ist.

Kriterium der Zurechnung zu einem jetzigen oder früheren Geschäftsjahr

Für die Beurteilung dieser strittigen Frage können zwei Auslegungsvarianten herangezogen werden: einerseits das Prinzip der Zuordnung von Aufwendungen zu den Erträgen (Realisationsprinzip) und zum anderen das Prinzip der Erfolgsglättung. Die unterschiedliche Auslegung führt zu unterschiedlichen Ergebnissen. Anhänger der ersten Auslegungsvariante verneinen die Erfüllung der Voraussetzung und damit die Bildung von Aufwandsrückstellungen, Befürworter der zweiten Variante halten die Rückstellungsbildung für zulässig.

Zur Frage, ob die Umstellungsaufwendungen dem laufenden oder einem früheren Geschäftsjahr zugerechnet werden können, herrschen im Schrifttum zwei Meinungen. Die einen ziehen das Realisationsprinzip, die anderen das Prinzip der Erfolgsglättung heran. Beide kommen damit zu unterschiedlichen Ergebnissen.

Auslegung nach dem Realisationsprinzip

Die Befürworter der Auslegung nach dem Realisationsprinzip sehen im periodengerechten Erfolgsausweis den Sinn und Zweck von Aufwandsrückstellungen. Die zurückzustellenden Aufwendungen müssten vergangenen, bereits realisierten Erträgen zugerechnet werden können. Wie aber bei den Verbindlichkeitsrückstellungen bereits herausgestellt wurde, stellen die mit der Umstellung auf den Euro verbundenen Aufwendungen zukunftsbezogene Aufwendungen dar, da sie künftig anfallenden Erträgen zuzurechnen sind. Eine Aufwandsrückstellung würde für die Umstellungsaufwendungen wegen des fehlenden Zusammenhangs mit vergangenen Erträgen somit nicht in Betracht kommen.

Auslegung nach dem Prinzip der Erfolgsglättung

Andererseits wird die Auffassung vertreten, dass das Prinzip der Erfolgsglättung ausschlaggebend ist, d.h., Rückstellungen beabsichtigen eine Ergebnisglättung. Nach dieser Auffassung kommt es für eine Zurechenbarkeit der konkretisierten Umstellungsaufgaben zu vergangenen Perioden nicht wie bei der ersten Auffassung darauf an, dass die Aufwendungen vergangenen Erträgen zuzuordnen sind. Bedeutend ist nur, dass die

5 Behandlung der Umstellungskosten in der Handels- und Steuerbilanz

Aufwendungen allgemein in einem Zusammenhang mit vergangenen Geschäftsjahren stehen. Genauer ausgedrückt kommt es darauf an, dass etwas bereits Vorhandenes angepasst wird und dass es durch die Umstellungsmaßnahmen zu keiner wesentlichen Funktionserweiterung oder Funktionsverbesserung innerhalb der Betriebsabläufe kommen wird. Unter diesem Gesichtspunkt steht die Mehrzahl der Umstellungsmaßnahmen in einem Bezug zu vergangenen Geschäftsjahren, sodass für diese Aufwendungen nach dieser Auslegungsvariante eine Rückstellungsbildung möglich ist. Zu beachten ist hierbei, dass Kapitalgesellschaften die Aufwandsrückstellungen im Anhang erläutern müssen, sofern sie einen nicht unerheblichen Umfang annehmen (§ 285 Nr. 12 HGB).

Diese Auffassung wird z. B. von Adler/Düring/Schmaltz vertreten. Die Bildung einer Aufwandsrückstellung soll im Sinne einer gleichmäßigen Aufwandsverteilung zulässig sein.

Der Hauptfachausschuss des Instituts der Wirtschaftsprüfer sieht die Voraussetzungen für die Bildung einer Aufwandsrückstellung für die aus der Währungsumstellung resultierenden Aufwendungen als nicht erfüllt an. Auch die Europäische Kommission lehnt die Rückstellungsbildung grundsätzlich ab.

> Ein Teil des Schrifttums, der Hauptfachausschuss des Instituts der Wirtschaftsprüfer und die Europäische Kommission lehnen die Bildung einer Aufwandsrückstellung für die künftig anfallenden Umstellungskosten nach § 249 Abs. 2 HGB grundsätzlich ab.
>
> Eine andere Literaturmeinung, unter anderem Adler/Düring/Schmaltz, hält eine Rückstellungsbildung bei Erfüllung der Ansatzvoraussetzungen für zulässig. Auch nach unserer Auffassung bestehen gegen die Bildung einer Aufwandsrückstellung keine Bedenken.

Nach Ansicht des Hauptfachausschusses des Instituts der Wirtschaftsprüfer sind Aufwandsrückstellungen im Einzelfall aber dann zulässig, wenn Maßnahmen bei der Umstellung auf den Euro unterlassen, aber künftig nachgeholt werden.

5.4.3 Bildung von Rückstellungen in der Steuerbilanz

Nach dem Maßgeblichkeitsprinzip, das in § 5 Abs. 1 EStG verankert ist, sind für die Aufstellung der Steuerbilanz die handelsrechtlichen Vorschriften maßgeblich, soweit steuerrechtliche Bestimmungen nicht ausdrücklich etwas anderes vorschreiben. Handelsrechtliche Ge- und Verbote gelten auch steuerlich. Die Steuerrechtsprechung hat das Maßgeblichkeitsprinzip allerdings dahin gehend eingeschränkt, dass handelsrechtliche Ansatzwahlrechte in steuerliche Ge- und Verbote transformiert werden. Aktivierungswahlrechte werden zu Geboten, Passivierungswahlrechte zu Verboten.

Eigenständige Bilanzierungsvorschriften für Rückstellungen enthält das EStG nur für Pensionsrückstellungen in § 6a EStG, für Rückstellungen wegen Patentverletzung in § 5 Abs. 3 EStG und für Rückstellungen für Jubiläumszuwendungen in § 5 Abs. 4 EStG. Auf alle übrigen Rückstellungen ist das Maßgeblichkeitsprinzip bzw. der Transformationsanspruch der Steuerrechtsprechung anzuwenden. Für in der Handelsbilanz ansatzpflichtige Rückstellungen besteht auch eine Ansatzpflicht in der Steuerbilanz, für in der Handelsbilanz ansatzfähige Rückstellungen besteht ein steuerliches Ansatzverbot (mit Ausnahme der Pensionsrückstellungen i. S. d. § 28 Abs. 1 EGHGB).

Rückstellungen für ungewisse Verbindlichkeiten in der Steuerbilanz

Lehnt man – wie die herrschende Meinung, das Institut der Wirtschaftsprüfer und die Europäische Kommission – die Passivierung einer Rückstellung für ungewisse Verbindlichkeiten in der Handelsbilanz ab, ist aufgrund der Maßgeblichkeit auch ein Ansatz in der Steuerbilanz nicht möglich.

Das Euro-Einführungsschreiben des BMF nimmt zur Bildung einer Rückstellung nicht ausdrücklich Stellung. Indem es aber im Hinblick auf die steuerliche Behandlung der Umstellungsaufwendungen nur auf die Alternativen der Aktivierung und der Erfassung als Betriebsausgabe eingeht, spricht es sich implizit gegen eine Rückstellungsbildung aus.

Nur wenn man wie die oben dargestellte Mindermeinung die Bildung einer Verbindlichkeitsrückstellung für zulässig erachtet, müsste man konsequenterweise aus der handelsrechtlichen Passivierungspflicht auch eine steuerliche Ansatzpflicht ableiten. Die Durchsetzbarkeit im Besteuerungsverfahren dürfte jedoch wegen der Stellungnahme des BMF problematisch sein.

Aufwandsrückstellungen in der Steuerbilanz
Nimmt man die Position ein, dass für Umstellungsaufwendungen keine Aufwandsrückstellung gebildet werden darf, folgt daraus aufgrund der Maßgeblichkeit auch für die Steuerbilanz ein Ansatzverbot.
Hält man die Rückstellungsvoraussetzungen für erfüllt und gesteht ein handelsrechtliches Passivierungswahlrecht zu, wird aus diesem Wahlrecht ein Passivierungsverbot für die Steuerbilanz.

In der Steuerbilanz darf in keinem Fall eine Aufwandsrückstellung für die aus der Währungsumstellung resultierenden Umstellungsaufwendungen angesetzt werden. Dieser Auffassung schließt sich das BMF in seinem Euro-Einführungsschreiben an.

6 Umstellung des betrieblichen Rechnungswesens

Das betriebliche Rechnungswesen verfolgt den Zweck, dem Unternehmen Daten für die Planung, Steuerung und Kontrolle innerhalb des Betriebes (interne Informationsaufgabe) und Daten für die Information und Beeinflussung von Außenstehenden (externe Informationsaufgabe) zur Verfügung zu stellen.

Aus der Verschiedenheit der Aufgaben hat sich die folgende Gliederung des betrieblichen Rechnungswesens nach Funktionen herausgebildet:

- Finanzbuchhaltung
- Kosten- und Leistungsrechnung
- Planungsrechnung
- Berichtswesen (betriebswirtschaftliche Statistik)

Bilanzierung E

Für Unternehmen ab einer bestimmten Größe ist die Funktionsfähigkeit aller Teilbetriebe des betrieblichen Rechnungswesens genauso wichtig wie die Funktionsfähigkeit der Finanzbuchhaltung. Dennoch gab es bis vor kurzem keine branchen- und rechtsformübergreifenden gesetzlichen Vorschriften zum Inhalt und zur Ausgestaltung der Kosten- und Leistungsrechnung, der Planungsrechnung und des Berichtswesens. Eine Ausnahme hierzu haben die Banken und Versicherungen gebildet, die insbesondere zur Erfüllung von aufsichtsrechtlichen Anforderungen schon bisher über funktionsfähige Instrumentarien zur Überwachung von Risiken und der Erstellung von Meldungen verfügen mussten.

Mit der Verkündung des Gesetzes zur Kontrolle und Transparenz im Unternehmensbereich wurden erstmals Vorschriften eingeführt, die die Unternehmen unter anderem zur Implementierung eines detaillierten Berichtswesens verpflichten. Nach § 91 Abs. 2 AktG ist der Vorstand künftig verpflichtet, im Rahmen seiner organisatorischen Pflichten ein Überwachungs- und Risikomanagement-System einzurichten, das die Aufgabe hat, Entwicklungen, die den Fortbestand der Gesellschaft bzw. des Konzerns gefährden, frühzeitig zu erkennen. Das hier angesprochene Überwachungs- und Risikomanagement-System ist ohne ein in allen Teilbereichen funktionsfähiges betriebliches Rechnungswesen sicherlich nicht denkbar.

Nach der Regierungsbegründung zum Gesetz über die Kontrolle und Transparenz im Unternehmensbereich hat die Neuregelung des Aktiengesetzes in Abhängigkeit von der Größe und Komplexität der Unternehmen Ausstrahlungswirkung auf den Pflichtrahmen der Geschäftsführer anderer Gesellschaftsformen, weshalb in andere Gesetze keine expliziten Regelungen aufgenommen wurden.

Es bleibt festzuhalten, dass die Ausgestaltung der Kosten- und Leistungsrechnung, der Planungsrechnung und des Berichtswesens, insbesondere deren Aufbau und Ablauf, gesetzlich nicht vorgegeben ist und jedem Unternehmen überlassen bleibt. Auch bezüglich der Wahl der Währung existieren keinerlei Vorschriften. Mit der Umstellung der Finanzbuchhaltung auf den Euro wird aber der Bedarf generiert, auch die übrigen Teilbereiche des betrieblichen Rechnungswesens umzustellen. Diese Umstellungen sind an keinen festen Termin gebunden und sind auch nicht innerhalb einer bestimmten Übergangsphase vorzunehmen. Sofern die Umstellung technisch-organisatorisch durchführbar ist, sind jedoch keine vernünftigen Gründe erkennbar, den Zeitpunkt der Umstellung der Kosten- und Leistungsrechnung, der Planungsrechnung und des Berichtswesens lange hinauszuzögern. Der genaue Umstellungstermin ist gemeinsam mit der Umstellung der Buchführung zu planen. Zwingende Gründe für eine gleichzeitige Umstellung aller Teilbereiche des betrieblichen Rechnungswesens bestehen nicht. Bei der Wahl von unterschiedlichen Umstellungsterminen der einzelnen Teilbereiche ist jedoch zu beachten, dass die Teilbereiche regelmäßig eng miteinander verflochten sind und bei der Wahl unterschiedlicher Umstellungstermine an den Schnittstellen Konverter bzw. andere EDV-technische oder manuelle Überbrückungshilfen zu verwenden sind. Keinesfalls sollten jedoch zu viele verschiedene Umstellungstermine gewählt werden. Hier ist entsprechend den Bedürfnissen des Unternehmens zu entscheiden.

6.1 Umstellung der Kosten- und Leistungsrechnung

Die Kosten- und Leistungsrechnung lässt sich untergliedern in die

- Betriebsabrechnung,
- Kostenarten- und Kostenstellenrechnung, ggf. auch Erlösarten- und -stellenrechnung,
- Selbstkostenrechnung bzw. Kalkulation,
- sowie kurzfristige Erfolgsrechnung.

Sie dient der Erfassung, Systematisierung und Registrierung betrieblicher, vergangenheitsbezogener Daten und deren Verrechnung als Ist-Kosten über die Kostenarten- und Kostenstellenrechnung.

Die lineare Transformation der vergangenheitsbezogenen Daten mit dem unwiderruflich festgelegten Umrechnungskurs kann wegen der Vielzahl der Daten sehr aufwändig sein, stellt jedoch unter technisch-organisatorischen Gesichtspunkten kein wirkliches Problem dar. Wegen der Vielzahl der Daten, die regelmäßig aus unterschiedlichsten Datenbanken zusammengeführt werden, ist jedoch ein strukturiertes Vorgehen unerlässlich.

Im ersten Schritt wäre festzulegen, für welchen Zeitraum historische Daten umgerechnet werden sollen. Die diesbezügliche Entscheidung

Bilanzierung E

könnte man daran ausrichten, über welchen Zeitraum das Unternehmen in der Vergangenheit historische Daten zum Vergleich herangezogen hat.

Im zweiten Schritt wäre dann die Herkunft der Daten zu verifizieren. Sollten nicht alle anliefernden Datenbanken zum gleichen Zeitpunkt umgestellt werden, wären die Auswirkungen der Wahl unterschiedlicher Umstellungszeitpunkte zu ermitteln und gegebenenfalls Anforderungen für den Einsatz von Konvertern bzw. von anderen EDV-technischen oder manuellen Überbrückungshilfen an den Schnittstellen zu definieren.

Nach durchgeführter linearer Transformation ergeben sich aus der Umrechnung gebrochene Werte. Das Unternehmen muss entscheiden, ob es mit diesen krummen Beträgen weiterrechnet oder die Beträge gerundet werden sollen. Im Falle einer Rundung sollten die materiellen Auswirkungen überprüft werden, da gerade eine Rundung von Beträgen im Pfennig- (bzw. Cent-)Bereich zu Verzerrungen führen kann. Auch Zuschlagsätze wären auf einen eventuellen Anpassungsbedarf hin zu überprüfen.

Den Auswirkungen der Einführung des Euro in der Kosten- und Leistungsrechnung ist allein mit der Ersetzung der DM-Werte durch Euro-Werte nicht ausreichend Rechnung getragen. Durch die Entstehung eines europäischen Binnenmarktes mit nur einer Währung wird der Binnenmarkt eine neue Qualität erhalten. Unternehmen werden zukünftig in einem veränderten Umfeld tätig sein. Hierdurch können sich auch Dispositions- und Entscheidungsgrundlagen ändern.

Beispiel

Ein Unternehmen, das bisher seine Produkte nur im Inland vertrieben hat, sieht die Chance, nach Einführung des Euro die Produkte auch in den anderen Teilnehmerstaaten zu verkaufen. Dadurch hofft man, den Umsatz des Unternehmens verdoppeln zu können.

Es können aber auch infolge der Einführung des Euro einzelne Prozesse wegfallen oder sich verändern.

6 Umstellung des betrieblichen Rechnungswesens

Beispiel

Ein Unternehmen hat bisher hohe Umsätze mit Unternehmen anderer Teilnehmerstaaten der Währungsunion in den jeweils anderen nationalen Währungen getätigt. Zur Absicherung der Währungsrisiken aus den getätigten Geschäften hat das Unternehmen bisher Devisentermingeschäfte abgeschlossen. Die mit der Absicherung dieser Geschäfte befassten Mitarbeiter werden zum 1. Januar 1999 andere Funktionen im Unternehmen übernehmen. Die bisher der Absicherung der Risiken dienenden Prozesse werden zu diesem Zeitpunkt ersatzlos gestrichen.

In beiden Fällen bewirken die anlässlich der Einführung des Euro veränderten Bedingungen, dass einzelne Werte der Kosten- und Leistungsrechnung anzupassen sind. Im Ergebnis wäre es nicht auszuschließen, wenn einzelne Unternehmen in nahezu allen Teilbereichen der Kosten- und Leistungsrechnung Anpassungen vornehmen müssen. Um hier nicht unvorbereitet überrascht zu werden, bedarf es einer rechtzeitigen und sorgfältigen Prüfung der Auswirkungen der Einführung der Währungsunion.

6.2 Umstellung der Planungsrechnung

Die Planungsrechnung stellt eine mengen- und wertmäßige Prognose der erwarteten betrieblichen Entwicklung dar. Sie hat die Aufgabe, die betriebliche Planung zahlenmäßig zu konkretisieren, und bedient sich hierzu auch des bereits von dem betrieblichen Rechnungswesen erfassten und verarbeiteten vergangenheitsbezogenen Zahlenmaterials. Deshalb lässt sich die Planungsrechnung nicht immer eindeutig von den anderen Teilbereichen des betrieblichen Rechnungswesens abgrenzen. Sie baut regelmäßig auf den Ergebnissen der Kosten- und Leistungsrechnung auf.

Für die Umstellung der Planungsrechnung gilt deshalb, dass sie sinnvollerweise zusammen mit der Umstellung der Kosten- und Leistungsrechnung erfolgt. Dies bedeutet jedoch nicht, dass eine Umstellung zu einem abweichenden Termin unzulässig ist. In diesem Fall sollte jedoch an den Schnittstellen dieser beiden Teilbereiche des betrieblichen Rechnungswesens der Einsatz von Konvertern bzw. von anderen EDV-technischen Überbrückungshilfen in Erwägung gezogen werden. Ersatzweise können die Schnittstellen in Abhängigkeit vom Umfang der Daten und der Komplexität der Systeme auch manuell überbrückt werden. Der Aufwand, der mit manuellen Lösungen verbunden ist, kann jedoch sehr schnell den Aufwand für technische Überbrückungshilfen übersteigen.

Neben den vergangenheitsbezogenen Daten müssen in einem auf die Zukunft gerichteten Planungsprozess auch Zukunftserwartungen mit einbezogen werden. Sie werden regelmäßig in der Planungswährung vorgenommen.

Die Wahl der Planungswährung kann in Abhängigkeit zu der im betrieblichen Rechnungswesen dominanten Währung erfolgen, um den zusätzlichen Aufwand durch die Umrechnung von Währungsbeträgen so gering wie möglich zu halten. Als dominante Währung ist diejenige Währung zu verstehen, in der die Mehrzahl der in die Planung einfließenden Daten angeliefert werden. Dies wird regelmäßig entweder die Währung der Kosten- und Leistungsrechnung oder die Währung der Finanzbuchhaltung sein. Sofern die Planungsrechnung in der Übergangsphase noch in der alten nationalen Währung vorliegt und die Finanzbuchhaltung bereits auf den Euro umgestellt wurde, empfiehlt es sich zur Vermeidung von Irritationen, die fertige, in der alten nationalen Währung vorliegende Planungsrechnung linear in Euro zu transformieren, um eventuelle Soll-/Ist-Vergleiche zwischen den Plandaten und den Ist-Daten der Finanzbuchhaltung vergleichbar aufbauen zu können.

Alternativ hierzu kann die Planungsrechnung auch parallel mit der Finanzbuchhaltung umgestellt werden, sodass beim Vergleich der Ist-Daten aus der Finanzbuchhaltung und der Planungs-Daten keine Währungsumrechnung mehr erforderlich ist.

Größen mit Vorgabecharakter und Plankennzahlen sind neben der schlichten Umrechnung neu zu überdenken. Aufgrund von geänderten Kostenstrukturen und Marktveränderungen durch die Währungsunion können Anpassungen nach oben oder nach unten notwendig sein.

Umstellung der Planungsrechnung von DM auf Euro
- Die Planungsrechnung weist regelmäßig verschiedene Schnittstellen zu anderen Teilbereichen des betrieblichen Rechnungswesens auf, weshalb eine gleichzeitige Umstellung mit diesen Teilbereichen sinnvoll sein kann.

6 Umstellung des betrieblichen Rechnungswesens

- Wird die Planungsrechnung zu einem von der Umstellung der Finanzbuchhaltung abweichenden Termin umgestellt, empfiehlt sich bei komplexeren Systemen z. B. die Verwendung von Konvertern.

- Wird die Planungsrechnung in einer von der Finanzbuchhaltung abweichenden Währung erstellt, empfiehlt sich zur Durchführung eines vereinfachten Soll-/Ist-Vergleichs die lineare Transformation der Planungsrechnung in die Währung der Finanzbuchhaltung.

- Nach der Umrechnung von Zielgrößen und Kennzahlen ist deren Anpassung an möglicherweise veränderte Kostenstrukturen und Marktbedingungen zu erwägen.

6.3 Umstellung des Berichtswesens

Die Aufgabe des Berichtswesens ist es, mit Hilfe der betriebswirtschaftlichen Statistik Zeitvergleiche, Soll-/Ist-Vergleiche und zwischenbetriebliche Vergleiche zu erstellen, um zusätzliche Erkenntnisse über betriebliche Vorgänge zu gewinnen, die über die Aussagen der anderen Teilgebiete des betrieblichen Rechnungswesens hinausgehen. Hierzu bedient man sich insbesondere betrieblicher Kennzahlen und Relationen. Kennzeichnend für das Berichtswesen ist ähnlich wie für die Planungsrechnung, dass die Abgrenzung zu den anderen Teilbereichen des betrieblichen Rechnungswesens nicht immer eindeutig möglich ist.

Deshalb gilt auch für das Berichtswesen, dass sich der Einsatz von Konvertern im Falle eines von den anderen Teilbereichen des betrieblichen Rechnungswesens abweichenden Umstellungszeitpunktes empfiehlt.

Wird das Berichtswesen in einer von der Finanzverwaltung abweichenden Währung erstellt, empfiehlt sich auch hier die lineare Transformation der währungsbezogenen Basisdaten des Berichtswesens in die Währung der Finanzbuchhaltung.

Um mittel- und langfristige Zeitvergleiche zu ermöglichen, die ihrerseits teilweise erst die Aussage von Kennzahlen und Relationen sichtbar machen, müssen die Unternehmen für einen festzulegenden Zeitraum die währungsbezogenen Kennzahlen und Relationen rückwirkend in Euro umrechnen.

Bilanzierung E

Auch bei der Umstellung des Berichtswesens stellt sich die Frage, ob die sich nach der Umrechnung ergebenden Kennzahlen und vorgegebenen Mindestniveaus zu glätten oder möglicherweise an die veränderten Kostenstrukturen und Marktbedingungen anzupassen sind.

Umstellung des Berichtswesens von DM auf Euro

- Das Berichtswesen weist regelmäßig verschiedene Schnittstellen zu anderen Teilbereichen des betrieblichen Rechnungswesens auf, weshalb eine gleichzeitige Umstellung mit diesen Teilbereichen sinnvoll sein kann.

- Wird das Berichtswesen zu einem von der Umstellung der Finanzbuchhaltung abweichenden Termin umgestellt, empfiehlt sich bei komplexeren Systemen z. B. die Verwendung von Konvertern.

- Wird das Berichtswesen in einer von der Finanzbuchhaltung abweichenden Währung erstellt, empfiehlt sich zur Durchführung eines vereinfachten Soll-/Ist-Vergleiches die lineare Transformation der währungsbezogenen Daten des Berichtswesens in die Währung der Finanzbuchhaltung.

- Nach der Umrechnung der währungsbezogenen Kennzahlen und des Mindestniveaus ist deren Anpassung an möglicherweise veränderte Kostenstrukturen und Marktbedingungen zu erwägen.

Steuern und Abgaben

1 Umstellung in der Finanzverwaltung

Die Umstellung der Finanzverwaltung auf den Euro wirft viele Fragen auf. Zunächst einmal ist in diesem Zusammenhang die Anpassung des materiellen und des formellen Steuerrechts zu nennen. Auch wenn diese Anpassung nicht durch die Finanzverwaltung zu beschließen ist, obliegt die Umsetzung dieser Änderungen weitgehend der Finanzverwaltung. Nicht weniger bedeutsam ist die Umstellung der Besteuerungsverfahren, insbesondere die Verfahren zur Erhebung der Besitz- und Verkehrssteuern. Daneben sind die mit der Umstellung der Gewährung von Investitions-, Eigenheim- und Arbeitnehmersparzulagen, der Erteilung von Unbedenklichkeitsbescheinigungen sowie der Erhebung statistischer Daten verbundenen Belastungen nicht zu unterschätzen.

Beachtlich wird auch der Aufwand für die innerbetriebliche Umstellung der Finanzverwaltung auf den Euro sein. Mit über 130.000 Mitarbeitern und einem jährlichen Budget von ca. 15 Mrd. DM stehen die Finanzverwaltungen der Länder vor Herausforderungen, die mit denen von Wirtschaftsunternehmen dieser Größe vergleichbar sind.

In Anbetracht der Vielzahl von Auswirkungen der Einführung des Euro auf die Finanzverwaltung verwundert es nicht, dass die öffentliche Verwaltung insgesamt erst zum 1. Januar 2002 auf den Euro umstellen wird.

Die weiteren Ausführungen beschränken sich auf die Anpassung des materiellen Steuerrechts, die Steuererklärungen, -anmeldungen und -bescheide, die Steuerzahlungen und -erstattungen sowie die Auswirkungen auf die steuerrechtliche Buchführung und Bilanzierung.

2 Anpassung des materiellen Steuerrechts

Die Auswirkungen der Einführung des Euro auf das materielle Steuerrecht werden beachtlich sein. Dabei stellt sich nicht nur die Frage der materiellen Anpassung von bestehenden Signalbeträgen wie Steuerfreibeträgen, Freigrenzen und Pauschbeträgen oder die Umrechnung der Steuertabellen. Auch die eher formellen Fragen, wann die materielle Anpassung der

2 Anpassung des materiellen Steuerrechts

Gesetze durchgeführt werden kann und in welcher Währung Steuererklärungen in der Übergangsphase eingereicht werden können, werden diskutiert. Bei der Behandlung der materiellen Fragen ist zwischen den einzelnen Phasen der Einführung des Euro zu unterscheiden.

2.1 Übergangsphase vom 1. Januar 1999 bis 31. Dezember 2001

Während der Übergangsphase vom 1. Januar 1999 bis zum 31. Dezember 2001 gilt der Grundsatz „Kein Zwang – Keine Behinderung". Dies bedeutet, dass eine einseitige Festlegung der Steuergesetzgebung auf den Euro nicht zulässig wäre. Ein während der Übergangsphase wahlweise zum bisher geltenden DM-orientierten Steuerrecht anzuwendendes Euro-Steuerrecht dürfte keine nachteiligen steuerlichen Folgen beinhalten. Der hier zum Ausdruck kommende Zwang zur steuerlichen Gleichbehandlung folgt auch aus dem Gleichbehandlungsgrundsatz (Art. 3 GG).

Dies erklärt, weshalb der deutsche Gesetzgeber bisher davon abgesehen hat, umfangreiche steuerrechtliche Übergangsvorschriften zu schaffen. Allein wegen der Rundungsdifferenzen muss man es wohl als ein unmögliches Unterfangen bezeichnen, steuerrechtliche Übergangsregelungen in DM und Euro so zu gestalten, dass im Ergebnis jeweils die gleiche steuerliche Belastung der Steuerschuldner entsteht. Da dieses Abwarten rechtlich nicht zu beanstanden ist, ist davon auszugehen, dass die Umstellung der DM-Beträge in Euro-Beträge in den Steuergesetzen erst zum oder nach dem 1. Januar 2002 erfolgt und bis zu diesem Zeitpunkt eine Umrechnung der DM-Beträge mit dem unwiderruflich festgelegten Umrechnungskurs vorzunehmen ist. Dies hätte zur Folge, dass sich während der Übergangsphase bisher glatte Steuerfreibeträge, Freigrenzen und Pauschbeträge durch die Umrechnung zu gebrochenen Euro-Beträgen umwandeln. Dieses Ergebnis kann sicherlich nicht befriedigen, stellt aber die Verpflichtung des Gesetzgebers, die Währungsumstellung steuerneutral darzustellen, zumindest während der Übergangsphase sicher.

2.2 Umstellung nach dem 1. Januar 2002

Mit dem Ende der Übergangsphase am 31. Dezember 2001 läuft auch der Grundsatz „Kein Zwang – Keine Behinderung" aus. Danach, zum 1. Januar 2002, müssen dann Finanzverwaltung und Unternehmen vollständig auf den Euro umstellen. Da ab diesem Zeitpunkt alle steuerpflich-

Steuern und Abgaben F

tigen Subjekte in Euro veranlagt werden, schränkt der Gleichbehandlungsgrundsatz (Art. 3 GG) den Gesetzgeber nicht mehr ein. Inwieweit die dann vorzunehmenden Anpassungen in den Gesetzen steuerneutral erfolgen, ist offen. In Bezug auf die Anpassung einer jeden Einzelregelung macht die Forderung nach Steuerneutralität wenig Sinn, da die Rundung und Glättung der bestehenden Steuerfreibeträge, Freigrenzen und Pauschbeträge sowie die Umrechnung der Steuertabellen regelmäßig zu kleinen Veränderungen der Steuerlast führen werden. Zu hoffen wäre aber, dass sich die gesetzgebenden Organe auf eine ausgewogene, insgesamt aufkommensneutrale Steuerreform, die auch auf Gruppeninteressen Rücksicht nimmt, einigen können.

3 Steuererklärungen, Steueranmeldungen, Steuerfestsetzungen und Bescheinigungen

Über die Frage, ob die Finanzverwaltung während der Übergangsphase vom 1. Januar 1999 bis zum 31. Dezember 2001 Steuererklärungen und -anmeldungen auch in Euro akzeptiert, ist lange beraten worden. Auf der Sitzung der Ministerpräsidenten der Länder am 8. Juni 1998 wurde bereits beschlossen, Lohnsteueranmeldungen, Umsatzsteuervoranmeldungen und Umsatzsteuerjahreserklärungen in Euro schon während der Übergangsphase zuzulassen. Diesen Beschluss setzt das Euro-Einführungsschreiben vom 15. Dezember 1998 um. Das BMF äußert sich in seinem Euro-Einführungsschreiben weiterhin eindeutig zur Währung, in der Erklärungen, Anmeldungen und Festsetzungen anderer Steuerarten zu erfolgen haben.

3.1 Steuererklärungen und -anmeldungen

Ein generelles Wahlrecht für die Verwendung von DM oder Euro während der Übergangsphase, das dem Grundsatz „Kein Zwang – Keine Behinderung" gerecht würde, wurde nicht zugelassen, da die Finanzverwaltung mit den ihr zur Verfügung stehenden Mitteln nicht in der Lage wäre, den sich hieraus ergebenden Mehraufwand zu bewältigen.

Steuererklärungen und -anmeldungen für Besteuerungszeiträume innerhalb der Übergangsphase sind in DM abzugeben, auch dann, wenn sie nach dem 31. Dezember 2001 abgegeben werden.

3 Steuererklärungen, Steueranmeldungen, Steuerfestsetzungen und Bescheinigungen

Von diesem Grundsatz kann bei folgenden Anmeldungen bzw. Erklärungen abgewichen werden:

- Lohnsteueranmeldungen,
- Umsatzsteuervoranmeldungen und
- Umsatzsteuerjahreserklärungen.

Diese Anmeldungen bzw. Erklärungen können schon für Besteuerungszeiträume in der Übergangsphase wahlweise in DM oder in Euro abgegeben werden. Dies gilt auch dann, wenn sie erst nach Ablauf der Übergangsphase eingereicht werden. Innerhalb der Erklärung bzw. Anmeldung muss die Währung aber einheitlich verwendet werden.

Für Besteuerungszeiträume ab dem 1. Januar 2001 sind sämtliche Steuererklärungen und -anmeldungen in Euro abzugeben.

Werden Steuererklärungen oder Steueranmeldungen in der Übergangsphase unzulässigerweise in Euro abgegeben, sind sie laut der Verfügung der OFD Düsseldorf vom 19. Februar 1999 unter Hinweis auf Abschnitt 3.1 des Euro-Einführungsschreibens zurückzuweisen.

Die Länderfinanzverwaltungen der Länder Hessen, Thüringen und Rheinland-Pfalz haben aber angekündigt, Steuererklärungen auch schon während der Übergangsphase in Euro anzunehmen bzw. – wie es in der offiziellen Erklärung heißt – keine Erklärung zurückzuweisen, weil sie auf Euro lautet. Diese Option weicht vom Standpunkt des BMF ab.

3.2 Steuerfestsetzungen

Steuerfestsetzungen der Finanzämter erfolgen für Veranlagungszeiträume innerhalb der Übergangsphase grundsätzlich in DM. Bei der Mehrzahl der nach dem 1. Januar 1999 ergehenden maschinell erstellten Bescheide werden die zu zahlenden oder zu erstattenden Beträge aber nachrichtlich in Euro ausgewiesen.

Für Bescheide, die nach dem 31. Dezember 2001 ergehen, aber Besteuerungszeiträume innerhalb der Übergangsphase betreffen, werden die festgesetzten Beträge in Euro abgerechnet. Bei der Festsetzung bzw. Feststellung der Besteuerungsgrundlagen erfolgt kein nachrichtlicher Ausweis in Euro.

Steuerfestsetzungen für Besteuerungszeiträume nach dem 31. Dezember 2001 erfolgen in Euro. Die Verwendung der DM ist dann weder für die Finanzverwaltung noch für die Unternehmen zulässig.

3.3 Bescheinigungen

Bescheinigungen, Anzeigen und Meldungen, wie z. B. Lohnsteuerbescheinigungen, Kapitalertragsteuerbescheinigungen, Freistellungsaufträge, sind für Zeiträume innerhalb der Übergangsphase in DM auszustellen. Nachrichtlich kann – außer für die Lohnsteuerbescheinigung – ein Ausweis in Euro erfolgen.

4 Steuerzahlungen und -erstattungen

Die zu zahlenden und zu erstattenden Steuerbeträge werden von den Finanzämtern innerhalb der Übergangsphase in DM festgesetzt. Auch die internen Konten der Finanzverwaltung werden bis zum 31. Dezember 2001 weiterhin in DM geführt. Da der Zahlungsverkehr mit der Finanzverwaltung jedoch ausschließlich unbar über die Zahlungsverkehrssysteme der Banken läuft, hat dies keine praktischen Folgen für den Steuerpflichtigen. Sämtliche Zahlungen, unabhängig davon, ob sie in DM oder in Euro veranlasst wurden, werden auf den Konten der Finanzverwaltung in DM gutgeschrieben. Überweisungen in Euro werden automatisch von den Banken zum offiziellen Umrechnungskurs in DM umgerechnet. Erstattungen werden vom Finanzamt in DM veranlasst und dem Empfängerkonto in DM oder Euro gutgeschrieben – je nachdem, wie er sein Bankkonto führt. Eine aus der Umrechnung resultierende Rundungsdifferenz ist gemäß Euro-Einführungsschreiben für das Außenverhältnis zum Steuerpflichtigen nicht relevant, d. h., er kann für solche Rundungsdifferenzen nicht in Anspruch genommen werden.

5 Steuerliche Buchführung und Bilanzierung

Bezüglich der steuerlichen Buchführung und Bilanzierung enthält das Euro-Einführungsschreiben des Bundesministeriums der Finanzen detaillierte Regelungen. Der Entwurf zu diesem Schreiben hat massive Kritik von Seiten der Verbände hervorgerufen, da er in Einzelteilen ohne besondere Gründe zu streng war und zum Teil gesetzlichen Regelungen wider-

5 Steuerliche Buchführung und Bilanzierung

sprach. Den kritischen Anmerkungen hat das BMF Rechnung getragen und sie in der endgültigen Fassung des Euro-Einführungsschreibens zumindest teilweise berücksichtigt.

5.1 Rechnungswesen

Das Rechnungswesen kann erstmals ab dem 1. Januar 1999 in Euro und letztmals bis zum 31. Dezember 2001 in DM geführt werden. In diesem Zeitrahmen können auch nur bestimmte abgegrenzte Teilbereiche umgestellt werden. Wurde das Rechnungswesen oder Teile des Rechnungswesens aber einmal auf Euro umgestellt, ist ein neuerlicher Wechsel zurück zur DM nicht mehr möglich.

Verbot der unterjährigen Umstellung

Nach den Euro-Einführungsschreiben vom 15. Dezember 1998 ist eine Umstellung des Rechnungswesens innerhalb eines Wirtschaftsjahres grundsätzlich unzulässig. Hierbei ist auf den Buchungszeitraum und nicht auf das tatsächliche Buchungsgeschehen abzustellen. Ein Wechsel auf den Euro während des Geschäftsjahres, d. h. eine unterjährige Umstellung, ist nicht zulässig. Grund für das Verbot der unterjährigen Umstellung ist laut Euro-Einführungsschreiben das Erfordernis der Prüfbarkeit des Rechnungswesens. Gemäß § 145 Abs. 1 AO muss die Buchführung innerhalb angemessener Zeit prüfbar sein. Aus diesem Erfordernis leitet das BMF ab, dass ein Wechsel von DM auf Euro innerhalb eines Wirtschaftsjahres nicht zulässig sei. Davon abgesehen, dass ein unterjähriger Wechsel mit einem erheblichen organisatorischen und technischen Mehraufwand verbunden ist und viele Unternehmen schon deshalb davon absehen werden, ließ die Finanzverwaltung anfänglich offen, warum ein solcher Wechsel nicht prinzipiell möglich sein sollte. Tatsächlich stellte sich jedoch schnell heraus, dass es eine Reihe von Gründen gibt, die für eine unterjährige Umstellung sprechen. Zu erwähnen sind hier zum Beispiel Service-Gesellschaften oder Abteilungen von Unternehmen, die die Buchführung für mehrere rechtlich selbständige Unternehmen mit unterschiedlichen Stichtagen als Dienstleistung anbieten. Deren Umstellung kann sich nur für einen Teil der jeweiligen Mandanten mit dem Ende des Geschäftsjahres decken.

Steuern und Abgaben

Um den genannten Notwendigkeiten Rechnung zu tragen, hat das BMF mit Schreiben vom 15. April 1999 zur nachträglichen Konvertierung des Rechnungswesens in Euro klarstellend Position bezogen.

Nach dem Euro-Einführungsschreiben vom 15. Dezember 1998 ist eine Umstellung des Rechnungswesens innerhalb eines Wirtschaftsjahres grundsätzlich unzulässig. Hierbei ist auf den Buchungszeitraum und nicht auf das tatsächliche Buchungsgeschehen abzustellen. Umstellungsbuchungen können somit auch später vorgenommen werden.

Bei der nachträglichen Konvertierung sind grundsätzlich die bisher in DM vorgenommenen Buchungen bis zum Beginn des Jahres zurückzukonvertieren. Dies muss sich jedoch nicht auf alle Einzelbuchungen erstrecken. Aus Gründen der Verhältnismäßigkeit genügt es, wenn alle Konten wenigstens zu jedem von der Rückkonvertierung betroffenen Quartalsende abgeschlossen und lediglich die Kontensalden in Euro umgerechnet werden.

Ab dem 1. Januar 2002 ist dann nach Aussage des BMF das Rechnungswesen stets und insgesamt in Euro zu führen. Für eine Rückkonvertierung bedeutet dies, dass auch sämtliche Einzelbuchungen nachträglich in Euro umzurechnen sind.

Unternehmen, deren Wirtschaftsjahr vom Kalenderjahr abweicht, dürfen auch unterjährig zum 1. Januar 1999 oder zum 1. Januar 2002 umstellen.

5.2 Jahresabschluss

Nach Artikel 42 Abs. 1 Satz 1 EGHGB kann der handelsrechtliche Jahresabschluss erstmals für nach dem 31. Dezember 1998 endende Geschäftsjahre in Euro aufgestellt werden. Außerdem kann er letztmals für das im Jahre 2001 endende Geschäftsjahr in DM aufgestellt werden. Gemäß Euro-Einführungsschreiben des BMF gelten diese handelsrechtlichen Regelungen auch für die Steuerbilanz und die steuerliche GuV sowie für die gem. § 60 EStDV beizufügenden Anhänge, Lageberichte und Prüfungsberichte.

5 Steuerliche Buchführung und Bilanzierung

Die Steuerbilanz und die GuV können erstmals für nach dem 31. Dezember 1998 endende Geschäftsjahre in Euro und letztmals für das im Jahr 2001 endende Geschäftsjahr in DM aufgestellt werden.

Im Entwurf des Euro-Einführungsschreibens der Finanzverwaltung war vorgesehen, dass auch in der Übergangsphase das Rechnungswesen und der Jahresabschluss eines Wirtschaftsjahres in ein und derselben Währungseinheit zu erstellen sind. Eine solche Verknüpfung zwischen der Buchführungswährung und der Währung des Jahresabschlusses ist aber weder aus rechtlichen Gründen noch aus Gründen der Prüfbarkeit zwingend. Die Buchführungswährung ist nicht gesetzlich vorgeschrieben und damit frei wählbar. Die Umstellung der Buchführung ist nicht an die Umstellung des Jahresabschlusses gebunden oder umgekehrt. Ein DM-Jahresabschluss kann auch aus einer Euro-Buchführung und ein Euro-Jahresabschluss aus einer DM-Buchführung erstellt werden.

5.3 Bilanzierung und Bewertung

Im Kapitel E „Bilanzierung" werden verschiedene steuerliche Detailprobleme dargestellt, die mit der Einführung des Euro und der Umstellung der Bilanzierung von DM auf Euro verknüpft sind. Insbesondere folgende steuerliche Aspekte werden erläutert:

- die Realisierung von Gewinnen aus der Umrechnung von monetären Posten in der Währung anderer EWWU-Teilnehmerstaaten und
- die Behandlung der durch die Umstellung auf den Euro entstehenden zusätzlichen Aufwendungen.

Die Behandlung dieser Problematiken wurde schon durch das Euro-Einführungsgesetz geregelt. Das Euro-Einführungsschreiben des BMF nimmt in diesen Punkten nur Klarstellungen vor.

Einzige zusätzliche Fragestellung, die das Euro-Einführungsschreiben klärt, ist die Behandlung des Erinnerungswertes für aktivierte Wirtschaftsgüter von 1 DM. Gemäß dem Schreiben des BMF sind in der Schlussbilanz des Wirtschaftsjahres, in dem das Unternehmen auf den Euro umstellt, Zuschreibungen auf einen Erinnerungswert von 1 Euro zulässig. Die Zuschreibungen erhöhen den Gewinn.

Steuern und Abgaben F

6 Einzelne Steuerarten

6.1 Einkommensteuer

Das Euro-Einführungsschreiben des BMF sieht Regelungen bezüglich der Währung für die Einnahmenüberschussrechnung, für die Ermittlung des Gewinns aus Land- und Forstwirtschaft nach Durchschnittssätzen und für die Ermittlung der Überschusseinkünfte vor.

Die Ermittlung des steuerlichen Gewinns nach der Einnahmenüberschussrechnung gem. § 4 Abs. 3 EStG und die zugrunde liegenden Aufzeichnungen können für Besteuerungszeiträume innerhalb der Übergangsphase wahlweise in DM oder Euro erstellt werden. Wurde einmal von der DM auf den Euro gewechselt, ist ein Wechsel zurück zur DM nicht mehr möglich. Der Übertrag in die Einkommensteuererklärung hat in DM zu erfolgen.

Für die Ermittlung des Gewinns aus Land- und Forstwirtschaft nach Durchschnittssätzen gem. § 13a EStG können zusätzliche Angaben und Nebenrechnungen für Besteuerungszeiträume innerhalb der Übergangsphase wahlweise in DM oder Euro beigefügt werden. Ist einmal von der DM auf den Euro übergegangen worden, ist ein erneuter Wechsel zur DM nicht mehr zulässig.

Die Ermittlung der Überschusseinkünfte nach § 2 Abs. 2 Nr. 2 EStG, d. h. die Ermittlung

- der Einkünfte aus nichtselbstständiger Arbeit,
- der Einkünfte aus Kapitalvermögen,
- der Einkünfte aus Vermietung und Verpachtung und
- sonstiger Einkünfte im Sinne des § 22 EStG

ist in der Einkommensteuererklärung in DM vorzunehmen.

6.2 Lohnsteuer

Die Lohn- und Gehaltsabrechnung kann in der Übergangsphase schon auf Euro umgestellt werden. Unabhängig von der Währung der Lohn- und Gehaltsabrechnung kann die Überweisung des Lohns bzw. Gehalts in der Übergangsphase in DM oder Euro erfolgen, da die Banken den

6 Einzelne Steuerarten

Betrag gegebenenfalls in die Währung umrechnen, in der das Empfängerkonto geführt wird. Lohnsteueranmeldungen können für Besteuerungszeiträume innerhalb der Übergangsphase auch schon in Euro abgegeben werden. Lohnsteuerbescheinigungen müssen noch in DM ausgestellt werden, da die Einkommensteuererklärungen während der Übergangsphase nur in DM abgegeben werden dürfen.

Amtliche Lohnsteuertabellen stellt die Finanzverwaltung den Arbeitgebern während der Übergangsphase lediglich in DM zur Verfügung. Es wird den Steuerpflichtigen jedoch die Möglichkeit eingeräumt, hilfsweise Lohnsteuertabellen in Euro aufzustellen. Diese sind aus den amtlichen DM-Tabellen Cent-genau mittels der in der EuroVorbVO vorgeschriebenen Umrechnungs- und Rundungsregeln abzuleiten. Private Tabellenverlage bieten bereits Euro-Tabellen an.

Die maschinelle Berechnung der vom laufenden Lohn einzubehaltenden Steuern kann während der Übergangsphase auch auf der Grundlage eines DM-Programmablaufplans erfolgen, wenn die Lohn- und Gehaltsabrechnung bereits auf Euro umgestellt wurde. Dazu wird der DM-Programmablaufplan insoweit erweitert, dass die Eingabewerte „steuerpflichtiger Arbeitslohn" und „im steuerpflichtigen Arbeitslohn enthaltene Versorgungsbezüge" zunächst von Euro in DM umgerechnet werden.

Die maschinelle Lohnabrechnung kann auch mit einem reinen Euro-Programmablaufplan durchgeführt werden. Voraussetzung ist, dass die maschinell ermittelte Lohnsteuer nur unwesentlich von der maßgebenden Lohnsteuertabelle, d. h. bis zum nächsthöheren oder -niedrigeren Steuerbetrag der Lohnsteuertabelle, abweicht.

6.3 Umsatzsteuer

Umsatzsteuervoranmeldungen und Umsatzsteuerjahreserklärungen können schon für Besteuerungszeiträume innerhalb der Übergangsphase wahlweise in DM oder in Euro abgegeben werden. Die Währung der Umsatzsteuerjahreserklärung kann unabhängig von der Währung der Umsatzsteuervoranmeldung gewählt werden. Für Unternehmen, die ihre Buchhaltung schon 1999 auf Euro umstellen, stellt dies eine wichtige Erleichterung dar.

Steuern und Abgaben

Auf Rechnungen für Lieferungen und Leistungen kann das Entgelt und die darauf entfallende Umsatzsteuer ab dem 1. Januar 1999 gleichzeitig in DM und in Euro angegeben werden. Die Finanzverwaltung sieht darin keinen unberechtigten Steuerausweis nach § 14 Abs. 2 und 3 UStG, wenn aus der Abrechnung eindeutig hervorgeht, dass der Ausweis in beiden Währungen nur das wahlweise Zahlen in einer der beiden Währungen ermöglichen soll. Bei einem Ausweis der Umsatzsteuer in beiden Währungen schuldet der Unternehmer den Umsatzsteuerbetrag nur einmal, ebenfalls ist ein Vorsteuerabzug nur einmal zulässig.

Gemäß Euro-Einführungsschreiben und Artikel 4 des Zweiten Euro-Einführungsgesetzes sind Werte in fremder Währung zur Berechnung der Umsatzsteuer und der abziehbaren Vorsteuerbeträge auf DM nach den Durchschnittskursen umzurechnen, die das BMF monatlich öffentlich bekannt gibt. Wenn das Finanzamt dies gestattet hat, kann die Umrechnung auch nach dem Tageskurs erfolgen. Der Tageskurs ist durch Bankmitteilung oder Kurszettel nachzuweisen.

7 Umstellung der Sozialversicherungsträger

Gemeinsam mit den Euro-Ansprechpartnern der Sozialversicherungsträger und den Vertretern der Arbeitgeberverbände sowie den Gewerkschaften wurde das Gesetz zur Öffnung der Sozial- und Steuerverwaltung für den Euro (Zweites Euro-Einführungsgesetz) erarbeitet. Es schafft die sozialversicherungsrechtlichen Grundlagen für die Währungsumstellung und für die Unternehmen die Voraussetzung für eine Lohn- und Gehaltsabrechnung in der Übergangsphase in Euro. Die detaillierten Vorschriften des Zweiten Euro-Einführungsgesetzes, insbesondere Regelungen zur Berechnung der Beiträge, zu den Meldungen und Beitragsnachweisen gegenüber den Sozialversicherungsträgern, enthält das Kapitel G „Personalwesen".

Die Sozialversicherungsträger selbst werden ihre Haushalte und ihr Rechnungswesen bis zum 31. Dezember 2001 in DM führen.

Personalwirtschaft

1 Einführung

Gemäß dem zum Redaktionsschluss noch im Entwurf vorliegenden Gesetz über die Änderung währungsrechtlicher Vorschriften infolge der Einführung des Euro-Bargeldes (Drittes Euro-Einführungsgesetz – Drittes EuroEG) muss auch die Umstellung des Personalwesens spätestens bis zum 31. Dezember 2001 erfolgt sein, da die Deutsche Mark dann ihre Eigenschaft als Zahlungsmittel verliert. Im Rahmen der Umstellung des Personalwesens konzentrieren sich die Überlegungen im Wesentlichen auf die Frage der Lohn- und Gehaltsabrechnung. Durch die Vielzahl an internen und externen Schnittstellen sind die Umstellungsauswirkungen jedoch weitreichender, wie im folgenden deutlich werden soll. Bevor mit der Planung und den Vorbereitungen sowie der Umstellung selbst begonnen werden kann, ist daher eine innerbetriebliche Analyse der Personaldatenverwaltung („Euro-Inventur") unabdingbar, da aufgrund der Verschiedenartigkeit der Branchen und Unternehmensbereiche kein einheitliches Szenario gelten kann. Als nützlich wird sich eine Aufstellung aller im Datenbestand enthaltenen bisher auf DM lautenden Geldangaben erweisen, weiterhin eine Aufstellung aller auf Euro anzupassenden Formulare und Informationsunterlagen sowie der notwendigen, bisher auf DM lautenden Stammdaten, z. B. Tarifsätze, Steuertabellen u. ä. Insgesamt gilt, die Umstellung so kosten- und zeitgünstig als möglich durchzuführen. Die Umstellung sollte gleichzeitig als Chance gesehen werden, im Personalwesen bestehende Schwachstellen zu beseitigen.

2 Umstellung der Personalvereinbarungen

Vom juristischen Standpunkt aus betrachtet, ist die Umstellung der Lohn- und Gehaltsabrechnung mit allen damit zusammenhängenden sonstigen Abrechnungen an die Arbeitnehmer von DM auf Euro eng mit der Umstellung der bestehenden DM-Arbeitsverträge verbunden. Diese Vereinbarungen müssen im einzelnen dahingehend geprüft werden, ob ihr Fortbestand gesichert ist, ihr Inhalt infolge der Euro-Einführung geändert werden muss und ob Regelungslücken auftreten (z. B. weil Bezugsgrößen weggefallen sind).

2 Umstellung der Personalvereinbarungen

2.1 Grundsatz der Vertragskontinuität

Grundsätzlich gilt gemäß Art. 3 der EuroVorbVO das Prinzip der Rechts- und damit auch der Vertragskontinuität (vgl. hierzu ausführlicher Kapitel C.4.). Sofern sich also die Vertragsparteien (Arbeitgeber und Arbeitnehmer / Gewerkschaft / Betriebsrat) auf keine anderslautende Regelung einigen, wird durch die Einführung des Euro kein Wegfall der Geschäftsgrundlage für die bestehenden Arbeits- oder Tarifverträge begründet. Das heißt, dass bestehende Arbeits- und Tarifverträge sowie Betriebsverfassungen ihre Bindungswirkung behalten. Erfolgt während der Übergangszeit keine Umstellung der Verträge, besagt Art. 14 EuroEinfVO, dass die DM-Angaben im jeweiligen Vertrag ab dem 1. Januar 2002 als Bezugnahme auf den Euro entsprechend dem festgelegten Umrechnungskurs von 1 Euro = 1,95583 DM zu verstehen sind.

Die Bindungswirkung von bestehenden Arbeits- oder Tarifverträgen wird durch die Euro-Einführung nicht berührt.

Soll eine Umstellung der bestehenden, auf DM lautenden Verträge vor dem 1. Januar 2002 erfolgen, ist die Zustimmung beider Vertragsparteien erforderlich. Diese Regelung enthält Art. 8 Abs. 1 und 2 EuroEinfVO, sie gilt sowohl für außertarifliche als auch tarifliche Arbeitsverträge und die Tarifverträge selbst. Damit ist es den Vertragspartnern für die Übergangsphase freigestellt, ob sie den Euro oder die DM verwenden („Kein Zwang, keine Behinderung").

2.2 Tarifvertrag, Betriebsverfassung, Individualvereinbarung

a) Tarifvertrag

Ist ein Unternehmen Mitglied im Arbeitgeberverband und damit tarifgebunden oder besteht ein Haustarifvertrag, wird zur Schaffung von Rechtssicherheit eine Anpassung dieser Verträge von DM auf Euro notwendig sein. Gemäß Art. 8 Abs. 1 der EuroEinfVO müssen in der Übergangsphase „... Handlungen, die aufgrund von Rechtsinstrumenten erfolgen, die die Verwendung einer nationalen Währungseinheit vorschreiben oder auf diese lauten, (...) in dieser nationalen Währungseinheit ausgeführt (Anm. d. Verf.: werden)." Dies bedeutet, dass auch Tarifverträge nicht einfach seitens des Arbeitgebers von DM auf Euro abgeändert wer-

Personalwirtschaft G

den können, sondern in DM auszuführen sind, wenn dies so vereinbart wurde. Der in der EuroEinfVO an dieser Stelle verwendete Begriff „ausführen" zielt auf die Umsetzung des Vertrages, wenn in den im Vertrag verwendeten Klauseln zwingend die Verwendung der DM vorgeschrieben ist. In diesem Fall sind die Tarifparteien „... vorbehaltlich etwaiger Vereinbarungen der Parteien" (Art. 8 Abs. 2 EuroEinfVO) bis zum 31. Dezember 2001 an die vertraglichen Bestimmungen gebunden. Einige Gewerkschaften sind bereits aktiv geworden. Andere vertreten zum Teil die Meinung, dass eine frühere Anpassung nicht notwendig sei, da sich nach Art. 14 EuroEinfVO ab 1. Januar 2002 ohnehin alle bestehenden Tarifverträge automatisch auf den Euro beziehen. Insbesondere hinsichtlich der noch häufig in Tarifverträgen enthaltenen spezifischen Rundungsregeln (z. B.: Aufrundung tariflicher Zulagen auf die nächste volle DM) werden Anpassungen jedoch nicht zu vermeiden sein (vgl. hierzu Abschnitt 2.3 in diesem Kapitel).

Neue Tarifverträge

Neue Tarifverträge sollten nach Möglichkeit sofort in Euro abgeschlossen werden oder aber entsprechende Klauseln enthalten, die weitere Anpassungsbemühungen ausschließen.

b) Betriebsverfassung

Mitbestimmungsrecht des Betriebsrates

Für einen im Unternehmen existierenden Betriebsrat kommen im Rahmen der Euro-Umstellung in Sachen Lohn und Gehalt zwingende Mitbestimmungsrechte gemäß § 87 Abs. 1 Nr. 4, 10 und 11 BetrVG (Betriebsverfassungsgesetz) in Frage:

- Die Vorschrift in Nr. 4 räumt dem Betriebsrat dann ein Mitbestimmungsrecht ein, wenn Zeit, Ort und Art der Auszahlung des Arbeitsentgeltes geregelt werden sollen. Die Vorschrift trifft somit den fraglichen Sachverhalt, da es um die Regelung der Art der Auszahlung (DM oder Euro) geht (sofern § 87 BetrVG mit „Art der Auszahlung" nicht allein auf die abwicklungstechnische Durchführung – bar vs. unbar – zielt). Die entscheidende Frage ist, ob es sich bei DM und Euro um zwei unterschiedliche Währungen handelt. Nach Art. 6

2 Umstellung der Personalvereinbarungen

EuroEinfVO handelt es sich in der Übergangszeit bei der DM um eine bloße Denomination des Euro, sodass mit der Umstellung von Arbeitsverträgen von DM auf Euro keine neue Vertragswährung vereinbart wird und sich somit kein Mitbestimmungsrecht für den Betriebsrat ergibt. Mit Art. 6 EuroEinfVO verliert die Argumentation über den Ermessensspielraum des Arbeitgebers bei der Wahl des Umstellungszeitpunktes während der Übergangsphase somit ihre Grundlage. Aus § 87 Abs. 1 Nr. 4 BetrVG ergibt sich kein Mitbestimmungsrecht des Betriebsrates.

• Nr. 10 nennt die betriebliche Lohngestaltung; die Vorschrift dient dem Schutz der Arbeitnehmer vor willkürlicher Lohngestaltung durch den Arbeitgeber. Da die Umstellung auf den Euro jedoch keinen Einfluss auf das innerbetriebliche Lohngefüge nimmt und die Rundung der umgerechneten Beträge gesetzlich geregelt ist (Art. 5 Euro VorbVO), ergibt sich aus dieser Vorschrift kein Anspruch auf Mitbestimmung. Lediglich die Glättung von bei der Umrechnung der DM-Beträge entstehenden „krummen" Euro-Beträgen fällt nach der allgemeinen Auffassung unter die Mitbestimmungspflicht nach dieser Vorschrift.

• In Nr. 11 wird die Festsetzung leistungsbezogener Entgelte angesprochen; hieraus ergibt sich – den Ausführungen zu Nr. 10 folgend – grundsätzlich ebenfalls kein Mitbestimmungsrecht. Lediglich die Frage der Glättung der leistungsbezogenen Entgelte fällt nach der allgemeinen Auffassung unter die Mitbestimmungspflicht.

Im Übrigen stellen die EuroVorbVO sowie die EuroEinfVO gesetzliche Regelungen im Sinne des § 87 Abs. 1 BetrVG dar; auch insofern scheidet ein Mitbestimmungsrecht des Betriebsrates aus.

Gemäß Art. 2 des Zweiten EuroEG steht es dem Arbeitgeber in der Übergangsphase grundsätzlich frei, die Arbeitsentgelte in Euro zu berechnen. Nach Art. 8 Abs. 3 EuroEinfVO kann der Arbeitgeber daneben auch die Zahlung in Euro vornehmen, sofern diese auch bisher schon bargeldlos (Überweisung, Scheck) erfolgte. Hier ist grundsätzlich keine Zustimmung des Betriebsrates erforderlich. Anders wäre zu entscheiden, wenn mit der Umstellung auf den Euro eine Umstellung in der Auszahlung von bar auf unbar verbunden wäre und dem Arbeitnehmer dadurch finanzielle Nachteile entstehen würden (z. B. durch erhöhte Kontoführungsgebühren). Hierzu wurde jedoch von Seiten der Kreditwirtschaft in der Vergangenheit mehrfach betont, dass die Kosten für die Umstellung auf den Euro entsprechend der Empfehlung der Europäischen Kommission vom 23. April 1998 zu Bankentgelten im Zusammenhang mit der Umstellung auf den Euro nicht an die Kunden weitergereicht werden.

Informationsrecht des Betriebsrates

Selbstredend wird es jedoch von Vorteil – weil vertrauensbildend – sein, den Betriebsrat in anstehende Entscheidungen im Zusammenhang mit der Umstellung von Anfang an einzubeziehen. Zudem besteht für den Betriebsrat aus § 80 Abs. 2 BetrVG folgend ein Informationsrecht, da der Arbeitgeber mit der Umstellung Maßnahmen ergreift, die einem Mitbestimmungsrecht unterliegen könnten.

Anpassung der Betriebsvereinbarungen

Im Übrigen gilt für die Anpassung bestehender Betriebsvereinbarungen, z. B. über Bereitschaftspauschalen, Zusatzvergütungen o. Ä., das zu den Tarifverträgen Gesagte. Auch in Betriebsvereinbarungen finden sich zum Teil vertragliche Rundungsregeln, die von DM auf Euro anzupassen sind (vgl. Abschnitt 2.3 dieses Kapitels). Existiert eine Vielzahl von Betriebsvereinbarungen, besteht zur Herstellung der „Euro-Tauglichkeit" die Möglichkeit der „Vorschalt-Betriebsvereinbarung" im Sinne einer Generalklausel. Diese könnte folgende Formulierungen enthalten:

Musterformulierung einer „Vorschalt-Betriebsvereinbarung"

„Das Unternehmen wird zum _ _ _ _ (Tag der Umstellung) den Euro als Hauswährung einführen. Der Euro ersetzt damit die DM. Zwischen der Geschäftsleitung und dem Betriebsrat besteht Einigkeit dahin gehend, dass die in den einzelnen Betriebsvereinbarungen genannten DM-Werte zum _ _ _ _ (Tag der Umstellung) unter Beachtung der in Art. 5 EuroVorbVO festgelegten Umrechnungsregeln (kaufmännische Rundung auf den nächsten vollen Cent) in Euro umgerechnet werden. Die Umrechnung erfolgt mit dem am 1. Januar 1999 veröffentlichten offiziellen Umrechnungskurs 1 Euro = 1,95583 DM.

2 Umstellung der Personalvereinbarungen

> Künftige Betriebsvereinbarungen werden spätestens ab dem _ _ _ _ (Tag der Umstellung) in ihren währungsrelevanten Passagen auf Euro lauten. Nachrichtlich werden in der Übergangsphase bis zum 31. Dezember 2001 DM-Beträge bei den jeweiligen Signalbeträgen ergänzend hinzugefügt.
>
> Soweit in bestehenden Betriebsvereinbarungen Rundungsbestimmungen enthalten sind ... [vgl. Abschn. 2.3 in diesem Kapitel].
>
> Mit Umstellung der Datenhaltung auf Euro erfolgt – entsprechend dem gesetzlichen Wahlrecht des Schuldners – auch die Überweisung der Löhne und Gehälter und dergleichen ab dem _ _ _ _ in Euro. Die Gutschrift des Nettoentgeltes auf dem Konto des Gläubigers erfolgt in der jeweiligen Währungseinheit des Kontos. Auch die Verdienstmitteilung wird ab dem _ _ _ _ in Euro ausgestellt, die wichtigsten Signalbeträge (Bruttoentgelt, Steuer, Sozialversicherung, Nettoentgelt) werden nachrichtlich in DM ausgewiesen. ..."

c) Individualvereinbarungen

Auch für den einzelnen bestehenden Arbeitsvertrag ergeben sich aufgrund der Vertragskontinuität mit der Einführung des Euro keine zwingenden Änderungen.

Der Arbeitgeber als Vertragspartner ist nicht zur einseitigen Vertragsanpassung von DM auf Euro berechtigt. Sind Bestimmungen enthalten, die explizit die Anwendung der DM vorschreiben, muss der Arbeitgeber gemäß Art. 8 Abs. 2 EuroEinfVO diese beibehalten, bis eine anderslautende Regelung gefunden ist – längstens bis zum 31. Dezember 2001. Dann werden alle auf DM lautenden Arbeitsverträge gemäß Art. 14 EuroEinfVO auf Euro umgestellt. Soll also frühzeitig (vor dem 1. Januar 2002) auf den Euro umgestellt werden, kommt es entscheidend auf die Euro-Akzeptanz bei den Mitarbeitern an, weshalb sie frühzeitig und ausreichend informiert und überzeugt werden sollten. Eine Informationspflicht des Arbeitgebers ergibt sich für Arbeitnehmer in Betrieben mit Betriebsrat aus § 82 Abs. 2 BetrVG, für Arbeitnehmer in Betrieben ohne Betriebsrat regelt § 242 BGB diese Arbeitgeberpflicht.

Für bestehende Arbeitsverträge bedeutet die Euro-Umstellung lediglich die Einfügung einer Euro-Klausel sowie die Anpassung evtl. im Arbeitsvertrag vorhandener vertraglicher Rundungsregeln (vgl. Abschn. 2.3 dieses Kapitels). Die einzufügende Euro-Klausel könnte wie folgt aussehen:

Euro-Klausel für bestehende Arbeitsverträge

„Das Unternehmen wird zum _ _ _ _ (Tag der Umstellung) den Euro als Hauswährung einführen. Der Euro ersetzt damit die D-Mark. Dies gilt auch für Ihr Einkommen. Die Umrechnung der D-Mark-Werte erfolgt mit dem am 1. Januar 1999 veröffentlichten offiziellen Umrechnungskurs 1 Euro = 1,95583 DM unter Beachtung der in Art. 5 EuroEinfVO festgelegten Rundungsregeln (kaufmännische Rundung auf den nächsten vollen Cent). Nach der Umstellung werden die D-Mark-Werte nachrichtlich neben dem Euro-Wert ausgewiesen."

Für alle in der Übergangsphase neu abzuschließenden Arbeitsverträge gilt hinsichtlich der Verwendung von DM oder Euro der Grundsatz der Verwendungsfreiheit. Bei der Vereinbarung des Euro als Vertragswährung muss jedoch berücksichtigt werden, inwieweit sich die Vergütungsbestandteile der neuen Arbeitsverträge auf Tarifverträge oder Betriebsvereinbarungen beziehen, die noch auf DM lauten. Unter diesem Aspekt sollten bereits ab dem 1. Januar 1999 alle neuen Arbeitsverträge grundsätzlich in Euro bzw. zweigleisig unter Angabe der entsprechenden DM-Werte abgeschlossen werden. Möglich ist auch die Aufnahme der oben dargestellten Euro-Klausel. Ab dem 1. Januar 2002 sind alle neuen Arbeitsverträge zwingend in Euro abzuschließen.

2.3 Umstellung vertraglich vereinbarter Rundungsregeln

Gerade in den im Personalbereich geschlossenen Verträgen sind vertraglich geregelte Rundungsvorschriften – trotz ihrer verzerrenden und die Arbeitsleistung verteuernden Wirkung – noch sehr häufig anzutreffen. Sie sind häufig ein Überbleibsel aus der in Hinsicht auf die elektronische Datenverarbeitung noch unberührten Zeit, in der die Auszahlung des Lohnes noch weitestgehend bar erfolgte. Aufgrund der heute vorzunehmenden Abzüge kommt nur in Ausnahmefällen eine „runde" Summe zur Auszahlung. Dies und Art. 5 EuroVorbVO, der die kaufmännische Auf- bzw. Abrundung auf den nächstliegenden Cent, jedoch keine Glättung vorsieht, sollten zum Anlass genommen werden, die vorhandenen Rundungsregeln bei dieser Gelegenheit abzuschaffen.

Musterformulierung für die Beseitigung von Rundungsregeln

„Sind in bestehenden Arbeitsverträgen, Tarifverträgen oder Betriebsvereinbarungen entgeltrelevante Rundungsbestimmungen enthalten, die eine Auf- oder Abrundung oder eine ausschließliche Aufrundung auf volle DM vorsehen, entfallen diese künftig, da ein Bedarf für derartige Regelungen seit Einführung der modernen Datenverarbeitungssysteme nicht mehr besteht und die gesetzlichen Bestimmungen zur Einführung des Euro eine Glättung der Beträge nicht vorsehen (Art. 5 EuroVorbVO)."

Sofern die Vertragspartner der Streichung von Rundungsregeln nicht bzw. nicht ohne Kompensationsregelung zustimmen, muss nach einem möglichst wertgleichen Kompromiss gesucht werden. Im Wege der Umrechnung sind neue „runde" Euro-Beträge nicht erreichbar. Hierzu wäre eine Neufestsetzung („Glättung") erforderlich. Die automatische Umstellung beispielsweise der Rundungsregelung „... auf volle DM aufzurunden ..." würde ab dem 1. Januar 2002 gemäß Art. 14 EuroEinfVO die Aufrundung „auf volle 51 Cent" bedeuten. Damit ist die „Rundungsregelung" selbstverständlich entbehrlich.

Musterformulierung für eine Rundungsregel

„Sind in bestehenden Arbeitsverträgen, Tarifverträgen oder Betriebsvereinbarungen entgeltrelevante Rundungsbestimmungen enthalten, die eine ausschließliche Aufrundung auf volle DM vorsehen, werden diese künftig bei einer Abrechnung in Euro wie folgt angewandt:

Euro-Bruchteile kleiner 0,5 Euro werden auf 0,5 Euro aufgerundet, Euro-Bruchteile größer 0,5 Euro werden auf den nächsten vollen Euro aufgerundet.

Ist eine Auf- oder Abrundung vorgesehen, wird wie folgt gerundet:

Euro-Bruchteile kleiner 0,25 Euro werden auf volle Euro-Beträge abgerundet, Euro-Bruchteile von 0,25 Euro und größer, jedoch kleiner 0,75 Euro werden auf den nächstliegenden 0,5 Euro-Betrag gerundet, Euro-Bruchteile von 0,75 Euro und größer werden auf volle Euro-Beträge aufgerundet."

Probleme mit „krummen" Euro-Beträgen können auch in der Datenverarbeitung auftreten, wenn beispielsweise Wertfelder nicht für Nachkommastellen vorgesehen sind. An dieser Stelle sei nochmals auf Art. 5 EuroVorbVO hingewiesen, der eine Auf- bzw. Abrundung nur auf den nächsten Cent vorsieht. In Hinsicht darauf sollten die DV-Verfahren im Unternehmen in der Lage sein, Nachkommastellen zu verarbeiten und darzustellen und danach in den üblichen Auswertungen und Meldungen abzubilden.

3 Externe Schnittstellen der Personalabrechnung

Auch das Personalwesen eines Unternehmens wird in seiner Gestaltung sehr stark durch Schnittstellen nach außen beeinflusst und zum Teil gehemmt, da es keine Möglichkeit gibt, die externen Vorgaben zu beeinflussen. Die Rede ist insbesondere von der Finanzverwaltung und den Sozialversicherungsträgern, an die diverse Meldungen abzugeben sind. Die durch Gesetze, Verordnungen usw. gestellten Vorgaben müssen je nach Umstellungszeitpunkt bei der Euro-Umstellung berücksichtigt werden.

3.1 Finanzverwaltung

Der Arbeitgeber ist zur Berechnung, dem Einbehalt, der Anmeldung und der Abführung der Lohnsteuer verpflichtet. Ohne Berücksichtigung der steuerrechtlichen Vorgaben ist die Steuer- und Netto-Einkommensberechnung jedoch nicht durchführbar. Von Interesse für die Euro-Umstellung ist daher die Bereitstellung der Inputdaten, wie z. B. Steuerformel, Steuertabellen, Freibeträge und Pauschalbeträge, in Euro.

Nach den bisherigen Verlautbarungen der Finanzverwaltung wird deren Umstellung auf den Euro sowohl intern als auch gegenüber den Steuerpflichtigen erst zum 1. Januar 2002 erfolgen. Die Kontowährung ist bis zum 31. Dezember 2001 die DM. Die amtlichen Lohnsteuertabellen werden während der Übergangsphase in DM erstellt. Euro-Tabellen können zum bekannt gegebenen Kurs (1,95583 DM = 1 Euro) und mittels Rundungsregel der EuroVorbVO Cent-genau abgeleitet werden (beachte Veröffentlichungen der Fachverlage).

Unabhängig davon kann die **Berechnung und Anmeldung der Lohnsteuer** für Besteuerungszeiträume innerhalb der Übergangsphase durch den Arbeitgeber wahlweise in Euro vorgenommen werden, wenn sie nur unwesentlich von der Lohnsteuerberechnung in DM abweicht und die Abweichungen am Ende des Kalenderjahres oder bei Beendigung des Dienstverhältnisses ausgeglichen werden: Ermittelt der Arbeitgeber den Arbeitslohn in Euro, kann er die Lohnsteuer mittels geringfügig erweitertem DM-Programmablaufplan berechnen (Konverterlösung); er hat aber auch die Möglichkeit, die Lohnsteuer mittels Euro-Programmablaufplan zu berechnen. Als unwesentlich sind Abweichungen bis zum nächsthöheren oder -niedrigeren Steuerbetrag in der Lohnsteuertabelle anzusehen.

Innerhalb einer Anmeldung darf nur eine Währung angewendet werden (kein Währungsmix!). Für eine Anmeldung in Euro ist im Formular die Kennzahl 1 einzutragen. Dies gilt auch bei allen nachfolgenden oder berichtigten Anmeldungen! Ansonsten ergeht ein Prüfhinweis an den Steuerpflichtigen. Ein Wechsel zurück zur DM ist jedoch gesetzlich nicht ausgeschlossen. Eine Abweichung zwischen Lohnsteueranmeldung in DM oder Euro ergibt sich bei Anwendung der Rundungsregel gem. § 8 Abs. 1 KleinbetragsVO, wonach der Steuerpflichtige auf volle 10 Pfennige zu seinen Gunsten runden kann, bei Verwendung des Euro jedoch Centgenau entsprechend den in der EuroVorbVO festgehaltenen Rundungsregeln zu erklären ist.

Die Abgabe der **Einkommensteuererklärungen** für bis zum 31. Dezember 2001 endende Besteuerungszeiträume hat unabhängig vom Zeitpunkt der Einreichung in DM zu erfolgen; für Besteuerungszeiträume nach Ablauf der Übergangsphase ist die Abgabe von Steueranmeldungen und -erklärungen in Euro vorgeschrieben. Der Arbeitgeber muss die hierfür benötigten **Lohnsteuerbescheinigungen** für Besteuerungszeiträume vor und während der Übergangsphase in DM ausstellen. Selbst ein nachrichtlicher Ausweis in Euro ist hier nicht zulässig! Anträge für Freibeträge sowie die Eintragung auf der Lohnsteuerkarte haben in DM zu erfolgen.

Die **Steuerfestsetzung** wird für Besteuerungszeiträume vor und innerhalb der Übergangsphase ausschließlich in DM vorgenommen, auch wenn ein Steuerbescheid erst nach dem 31. Dezember 2001 ergeht. Soweit sich nach dem 31. Dezember 2001 erlassene Steuerbescheide auf zurückliegende Zeiträume beziehen, sollen diese eine zusätzliche Darstellung der Umrechnung der fällig werdenden Beträge in Euro enthalten.

Personalwirtschaft G

Die **Erhebung einschließlich Vollstreckung** der festgesetzten Steuerbeträge erfolgt in der Übergangsphase ausschließlich in DM, danach ausschließlich in Euro. Bei nach Art. 8 Abs. 3 EuroEinfVO möglicher unbarer Begleichung der Steuerschuld in Euro (während der Übergangsphase) wird auf die Festsetzung daraus resultierender Rundungsdifferenzen verzichtet.

Hinsichtlich des **Solidaritätszuschlages** ergibt sich im Wege der Euro-Umstellung kein Handlungsbedarf, da es sich um eine prozentuale Abgabe (derzeit 5,5 %) der berechneten Lohn-/Einkommensteuer handelt. Die **Kirchensteuer** als Steuerabzugsbetrag wird auf der Lohnsteuerbescheinigung eingetragen. **Kindergeld** wird ab dem 1. Januar 1999 wieder von der Familienkasse des Arbeitsamtes ausgezahlt. Insofern ergibt sich keine Relevanz für die Euro-Umstellung im Personalwesen eines Unternehmens. Bis zum 31. Dezember 1998 erfolgte die Auszahlung durch den Arbeitgeber aus der einbehaltenen Lohnsteuer. Daher ist das Kindergeld für Meldungen (Lohnsteueranmeldung, -bescheinigung) über bereits zurückliegende Zeiträume entsprechend zu berücksichtigen, bei Euro-Umstellung vor dem 1. Januar 2001 mittels Umrechnung von DM in Euro.

Weitere Hinweise zur Thematik Steuererklärung, -anmeldung, -festsetzung, Bescheinigungen und Steuerzahlung finden sich in Kapitel F „Steuern und Abgaben", Abschnitte 3 und 4.

3.2 Sozialversicherungsträger

Von der Euro-Umstellung betroffen sind alle Sozialversicherungszweige: Renten-, Kranken-, Arbeitslosen-, Pflege- und gesetzliche Unfallversicherung. Die Sozialversicherungsträger werden ihre Haushalte bis zum 31. Dezember 2001 in DM führen. Aus diesem Grund können die Unternehmen trotz Verwendung des Euro ihre Bescheide noch in DM erhalten.

Das am 24. März 1999 vom Bundestag beschlossene Zweite EuroEG (Gesetz zur Öffnung der Sozial- und Steuerverwaltung für den Euro) tritt rückwirkend zum 1. Januar 1999 in Kraft. Art. 1 enthält die notwendigen Regelungen für die Sozialversicherung, falls schon vor dem 1. Januar 2001 Euro-Einkommen erzielt wird.

Hierzu wurde ein neuer § 18h in das Vierte Buch des Sozialgesetzbuches (SGB IV) eingefügt:

3 Externe Schnittstellen der Personalabrechnung

- § 18 h Absatz 1 SGB IV regelt, dass die gesetzlichen DM-Werte in Euro umzurechnen sind, Gleiches gilt für Entgeltbestandteile in DM. Rückrechnungen des Arbeitsentgeltes von Euro in DM sind nicht zulässig, selbst wenn das in DM umgerechnete Ergebnis zu einer abweichenden sozialversicherungsrechtlichen Beurteilung führt. Die Spitzenorganisationen der Sozialversicherung haben die maßgeblichen Jahresarbeitsentgeltgrenzen sowie Geringfügigkeitsgrenzen Anfang 1999 in Euro bekannt gegeben. Monats-, Tages- oder andere anteilige Werte werden aus dem in Euro umgerechneten, übergeordneten, auf zwei Nachkommastellen kaufmännisch gerundeten Höchstwert ermittelt.

Beispiel: Ermittlung von Monatsbeträgen
(zum gültigen Umrechnungskurs 1 Euro = 1,95583 DM)

Beitragsbemessungsgrundlage (BBG) der
Rentenversicherung (RV) 1999 = DM 102.000,00 / Euro 52.151,77
monatliche BBG der RV 1999 = DM 8.500,00 / Euro 4.345,98 =
(52.151,77 x 30)/360

- § 18 h Absatz 2 SGB IV bestimmt die Umrechnung von in Euro erzieltem Arbeitsentgelt in DM, wenn es einem Zeitraum mit Abrechnung in DM zuzuordnen ist. In diesen Fällen ist eine berichtigte Beitragsberechnung für den betroffenen Zeitraum vorzunehmen und ein entsprechender berichtigter Beitragsnachweis zu erstatten. Die Regelung gilt insbesondere auch für Einmalzahlungen in den ersten drei Monaten eines Jahres, die zusammen mit dem im Kalenderjahr gezahlten beitragspflichtigen Entgelt die Jahresbeitragsbemessungsgrenze überschreiten (Märzklausel). Hat das Unternehmen seit dem 31. Dezember des Vorjahres auf Euro umgestellt, sind solche Zahlungen in DM umzurechnen und dem letzten Entgeltabrechnungszeitraum des Vorjahres zuzuordnen.

> Arbeitsentgelte für Abrechnungszeiträume, die vor der Euro-Umstellung liegen, dürfen nicht in Euro umgerechnet werden.

- § 18 h Absatz 3 SGB IV bestimmt, dass sich die Beitragspflicht eines Arbeitnehmers, der beitragspflichtige Einnahmen in Euro und in DM erzielt, nach den DM-Werten richtet. Das in Euro erzielte Einkommen ist in DM umzurechnen und in die Gesamtbetrachtung einzubeziehen.

- § 18 h Absatz 4 SGB IV gibt den Sozialversicherungsträgern die Möglichkeit, die Beitragsbescheide für in Euro erzielte beitragspflichtige Einnahmen in Euro oder in DM zu erlassen (sofern sie ihre Verwaltungsverfahren technisch in zwei Währungseinheiten durchführen können).

- § 18 h Absatz 5 SGB IV besagt, dass Sozialleistungen während der Übergangsphase weiter in DM festgestellt werden, sodass die Bemessungsgrundlagen zuvor gegebenenfalls von Euro in DM umgerechnet werden müssen. Diese Regelung ermöglicht es den Arbeitgebern, für Arbeits- und Sozialämter Arbeitsentgeltbescheinigungen in Euro auszustellen.

Angepasst wurde durch das Zweite EuroEG auch der § 28a Abs. 3 SGB IV, der das Meldeverfahren zur Sozialversicherung regelt. Dieses wird ebenfalls an den Euro angepasst. Arbeitgeber, welche die Lohn- und Gehaltsabrechnung in Euro führen, haben alle Meldungen und Beitragsnachweise zwingend in Euro abzugeben. Stellt ein Arbeitgeber während eines Kalenderjahres von DM auf Euro um, so wird eine Ab- und Anmeldung erforderlich. Bei der Abgabe der Meldungen in Euro ist analog zu DM-Meldungen auf volle Euro kaufmännisch auf- oder abzurunden (Verzerrung!). Die neuen Formblätter auf der Grundlage der seit 1. Januar 1999 geltenden DEÜV sehen sowohl die Meldung in DM als auch in Euro vor.

Die Verwendung der DM bzw. des Euro lehnt sich bezüglich der Meldungen und Beitragsnachweise gegenüber den Sozialversicherungsträgern zwingend an die Währung der Lohn- und Gehaltsabrechnung an.

Gemäß § 28k Abs. 2 SGB IV hat die Einzugsstelle (Krankenkasse) die Beiträge zur Rentenversicherung und Arbeitsförderung mindestens einmal jährlich mit den gemeldeten Arbeitsentgelten abzustimmen, im Zusammenhang mit der Euro-Umstellung können dabei Differenzen – insbesondere technische Rundungsdifferenzen – auftreten. Durch die Einfügung des Buchstaben g in die genannte Regelung wird der Summenabgleich für Unternehmen, die auf Euro umstellen, vom Jahr der Umstellung bis zum 31. Dezember 2001 ausgesetzt.

Die weiteren im Zweiten EuroEG enthaltenen Regelungen betreffen im Wesentlichen Änderungen im Rahmen der Steuerverwaltung. Insoweit wird auf die Ausführungen im Kapitel F, Steuern und Abgaben, verwiesen.

Die Berechnung und Zahlung von Renten und anderen Sozialleistungen erfolgt bis zum 31. Dezember 2001 in DM, der zusätzliche Ausweis der Beträge auf den Bescheiden in Euro ist vorgesehen.

4 Umstellungsszenarien

Die Wahl des Zeitpunktes der Euro-Umstellung im Personalwesen steht dem Arbeitgeber gemäß Art. 2 des Zweiten EuroEG sowie Art. 8 Abs. 1 und 2 EuroEinfVO frei. Folgende Umstellungsszenarien lassen sich hieraus ableiten:

- **Szenario 1:** Das Unternehmen und das Personalwesen stellen zeitgleich zum 1. Januar 2002 auf den Euro um:
Diese Variante birgt insbesondere hinsichtlich sich bereits abzeichnender personeller Engpässe für die DV-Umstellung (Softwareentwickler usw.) hohe Risiken. Hinzu kommt, dass durch den Zeitaufschub Wettbewerbsvorteile verloren gehen. Das für den Zeitaufschub sprechende Argument, dass insbesondere die Finanzverwaltung erst zum 1. Januar 2002 umstellt, ist durch das Wahlrecht, Lohnsteueranmeldungen auch in Euro abzugeben, zumindest teilweise abgeschwächt worden.

- **Szenario 2:** Das Unternehmen und das Personalwesen stellen zeitgleich vor dem 1. Januar 2002 auf den Euro um:
Für die frühzeitige Umstellung des gesamten Unternehmens spricht insbesondere, dass keine personellen Engpässe zu erwarten sind. Weiterhin können sich ergebende Wettbewerbsvorteile einheitlich für das ganze Unternehmen genutzt werden. Zudem entstehen keine Probleme infolge der Währungsumstellung zwischen den internen Schnittstellen im Unternehmen.
Als Argument gegen die Umstellung vor dem 1. Januar 2002 galt bisher, dass die externen Schnittstellen der Unternehmen (Finanzverwaltung, Sozialversicherungsträger, Gewerkschaften) die notwendigen Informationen (z. B. Steuerformel, tarifliche Einkommenstabellen usw.) nicht rechtzeitig zum 1. Januar 1999 in Euro bereitstellen kön-

nen. Inzwischen ist dieses Argument so nicht mehr haltbar, da viele Daten in Euro vorliegen oder Regelungen bestehen, wonach eine Umrechnung der DM-Daten erfolgen kann. Ferner wird argumentiert, dass frühzeitig umstellende Unternehmen mangels bisher vorliegender Erfahrungen mit der Umstellung auf den Euro Pionierarbeit für die später umstellenden Unternehmen leisten.

- **Szenario 3:** Das Unternehmen stellt vor dem 1. Januar 2002 auf Euro um, das Personalwesen erst zum 1. Januar 2002:
Gegen diese Variante spricht, dass der Umstellungsaufwand zweimal betrieben wird. Zudem entstehen viele Euro-DM-Schnittstellen im Unternehmen, die zu einem im Einzelfall beachtlichen Mehraufwand und vermehrten Fehlerquellen führen können.

5 Umstellung der Personalabrechnung

Im Rahmen der im Vorfeld der Umstellung durchzuführenden Euro-Inventur sind alle entgeltrelevanten und damit umzustellenden Daten zu erfassen. Betroffen werden insbesondere die Leistungsdaten, Arbeitnehmerstamm- und Arbeitsplatzdaten, die Überweisungsdaten, Meldedaten, Bescheinigungsdaten, Historiendaten sowie im Besonderen die Kriterienbänke sein, bei denen auch inhaltliche Anpassungen vonnöten sind. Bei den folgenden Ausführungen wird unterstellt, dass evtl. notwendige vertragliche Anpassungen zur Durchführung der Euro-Umstellung bereits erfolgt sind und die daraus resultierenden Änderungen spätestens mit der Umstellung der Abrechnungsmodalitäten wirksam werden.

5.1 Lohn- und Gehaltsabrechnung

An den Prinzipien der Brutto-/Nettoabrechnung ändert sich infolge der Währungsumstellung nichts. Bei Umstellung gemäß Szenario 1 (zum 1. Januar 2002) ergibt sich kein Handlungsbedarf, da alle Inputdaten bis dahin in Euro vorliegen werden. Insofern sind nur die DV-Programme entsprechend anzupassen.

Erfolgt die Euro-Umstellung im gesamten Unternehmen vor dem 1. Januar 2002 (Szenario 2), ergibt sich im Unternehmen kein Schnittstellenproblem, da die gesamte DV auf Euro umgestellt wird. Müssen externe Schnittstellen mit Daten in DM versorgt werden (z. B. Finanzverwaltung), muss ein Umrechenprogramm (DM/Euro-Konverter) installiert werden; das Gleiche gilt, falls notwendige Input-Daten noch nicht in Euro vorliegen (vgl. hierzu auch die Ausführungen in Kapitel K).

Bei Euro-Umstellung gemäß Szenario 3 muss ein DV-technischer Abgleich aller im Unternehmen vorhandenen Schnittstellen zur Personalabrechnung erfolgen.

Im Wesentlichen kommt es also darauf an, dass nach genau erfolgter Planung die benötigten Software-Releases rechtzeitig zur Verfügung stehen und implementiert werden können.

5.2 Reisekostenabrechnung

Ab dem 1. Januar 1999 sollten die im Unternehmen verwendeten Reisekosten-Abrechnungsverfahren in der Lage sein, auch Rechnungen in Euro zu bearbeiten. Die Belege werden aber größtenteils noch in Euro und informativ in DM (oder umgekehrt) ausgestellt sein. Nach der Umstellung der Personalkostenabrechnung im Unternehmen werden die Reisekostenabrechnungen ebenfalls in Euro erstellt. Hierzu müssen die firmeninternen Reisekostensätze und -pauschalen zeitgleich in Euro umgerechnet und in die Abrechnungssysteme integriert werden. Bezüglich der steuerlichen Reisekostenpauschalen ist den Veröffentlichungen der Finanzverwaltung zu folgen.

Hinsichtlich der Kilometerpauschale von bisher DM 0,52 ergeben sich bei der Umrechnung in Euro (Euro 0,26587, rd. Euro 0,27) und Rückrechnung in DM (DM 0,52807, rd. DM 0,53) erhebliche Abweichungen, die möglichst zu vermeiden sind. Die Bundessteuerberaterkammer hat zu diesem Problem folgenden Vorschlag gemacht:

Berechnungsvorschlag der Bundessteuerberaterkammer:

– entweder die Kilometerpauschalen insgesamt in DM zu berechnen und hiernach das Gesamtergebnis von DM in Euro umzurechnen

– oder die Kilometerpauschale in Euro nicht sofort zu runden, sondern ein Gesamtergebnis unter Berücksichtigung der fünf Nachkommastellen zu ermitteln und anschließend Cent-genau zu runden.

Letztere Vorgehensweise führt zu minimalen Rundungsdifferenzen.

5.3 Betriebliche Altersversorgung

Die Gesetze und Vorschriften zur Einführung des Euro enthalten keine besonderen Bestimmungen betreffend die Umstellung der betrieblichen Altersversorgung. Die allgemeinen Grundsätze (Vertragskontinuität für bestehende Verträge, Umrechnungs- und Rundungsregeln usw.) sind zu beachten. Dem Wert nach ergeben sich keine Änderungen. Seitens des Gesetzgebers sind bei den entsprechenden gesetzlichen Vorschriften, wie z. B. der Pauschalierungsgrenze für Beiträge zu Direktversicherungen, jedoch Anpassungen zu erwarten. Möglicherweise erfolgt aber keine reine Währungsumstellung, sondern eine Neufestlegung.

Neuzusagen sind ab dem 1. Januar 2002 ausschließlich in Euro zu geben, während der Übergangsphase besteht diesbezüglich ein Wahlrecht.

Besondere Aufmerksamkeit erfordern wiederum vertraglich vereinbarte Rundungsregeln, hier gelten die Ausführungen in Abschnitt 2.3 dieses Kapitels. Geringfügige Veränderungen der Höhe nach können auch auftreten, sofern sich die Versorgungszusage in Abhängigkeit von einer Vergleichsgröße (z. B. 60 v.H. des tariflichen Nettogehaltes) bemisst und die Vergleichsgröße infolge der Umstellung von DM auf Euro auf einen glatten Betrag gerundet wird.

Die Einbehaltung von Beiträgen zur betrieblichen Altersversorgung (Direktversicherung, Versorgungskasse usw.) wird im Regelfall prozentual vom Nettoeinkommen vorgenommen und an die Kassen überwiesen, sodass an dieser Stelle kein Handlungsbedarf entsteht. Die Prämienempfänger sollten auf die erfolgte Euro-Umstellung hingewiesen werden.

Wird die betriebliche Altersversorgung vom Arbeitgeber mittels Pensionsrückstellungen finanziert, tritt wiederum das Problem der Umstellungsdifferenzen auf (ausführlicher in Kapitel E „Bilanzierung"). Hinsichtlich der im Zusammenhang mit der Währungsumstellung der betrieblichen Altersversorgung auftretenden Probleme mit externen Schnittstellen sei auf die bereits erfolgten Ausführungen in diesem Kapitel verwiesen.

Wichtig im Zusammenhang mit der Euro-Umstellung des Personalwesens ist die Entscheidung, ab wann Ruhegelder und Pensionen auf Euro umzustellen sind. Grundsätzlich ist die zeitgleiche Umstellung der betrieblichen Altersversorgung mit dem sonstigen Personalwesen zu empfehlen, um Mehraufwand und -kosten zu vermeiden. Die Literatur rät zum Teil jedoch dazu, die Umstellung der betrieblichen Altersversorgung (getrennt vom übrigen Personalwesen) nach Möglichkeit im Rahmen der nach § 16 BetrAVG alle drei Jahre fälligen Rentenanpassung vorzunehmen, vor allem im Hinblick auf evtl. vorhandene und damit von DM auf Euro anzupassende vertragliche Rundungsbestimmungen sowie die mitunter zeitraubende, folglich kosten- und personalintensive Kommunikation mit den Rentnern. Die Anwärter wie auch die Empfänger von Versorgungsleistungen sollten vom Beginn der Umstellungsvorbereitungen an umfassend informiert werden.

5.4 Sonstiges

- Arbeitnehmerdarlehen

Die Darlehensverträge bleiben dem Grundsatz der Vertragskontinuität folgend wie bisher bestehen. Stellt das Unternehmen vor dem 1. Januar 2002 auf Euro um, ist darauf zu achten, dass sämtliche Darlehenswerte (Darlehensbetrag, -rest, Tilgungsmodalitäten) entsprechend den Vorschriften zur Euro-Einführung zum festgelegten Kurs umgestellt und kaufmännisch gerundet werden. Die zu zahlenden Zinsen werden dann auf Basis des Euro-Betrages ermittelt.

- Personalvorschüsse

Eine als Vorschuss auf noch nicht verdientes Arbeitseinkommen gewährte Geldleistung wird regelmäßig beim nächsten oder einem späteren Abrechnungstermin vom Nettoeinkommen einbehalten. Handlungsbedarf entsteht, sofern zwischen Gewährung und Abrechnung die Euro-Umstellung vorgenommen wird. Der in DM gewährte Personalvorschuss ist dann in Euro umzurechnen und in die erste (oder eine spätere) Personalabrechnung nach dem Umstellungstermin einzustellen.

- Pfändung von Arbeitseinkommen

Soweit im Unternehmen ein Programm zur Ermittlung und Überweisung von gepfändeten Einkommen an die Gläubiger existiert, sind die darin enthaltenen Pfändungsbasisdaten (Einkommen, gepfändete Summe usw.) und die Pfändungstabellen entsprechend der Zivilprozessordnung auf Euro umzustellen. Wenn die gepfändete Summe gemäß Pfändungs-

und Überweisungsbeschluss auf DM lautet, muss diese nach der Euro-Umstellung gemäß Art. 5 EuroVorbVO von DM auf Euro umgerechnet werden. Die Überweisung der gepfändeten Summe kann nach Art. 8 Abs. 3 EuroEinfVO in DM oder Euro vorgenommen werden. Für das zivilprozessuale Mahnverfahren wurden durch Art. 2 des EuroEG die notwendigen Voraussetzungen geschaffen, damit bereits ab dem 1. Januar 1999 auch auf Euro lautende Forderungen reibungslos im gerichtlichen Mahnverfahren geltend gemacht werden können. Die betreffenden Vorschriften der Zivilprozessordnung wurden geändert. Besondere Vordrucke zur Geltendmachung von Euro-Forderungen sind neben die bisherigen Euro-Vordrucke getreten, sodass auch die Verfahrenskosten in Euro geltend gemacht werden können.

5.5 Übergang zum betrieblichen Rechnungswesen

Handlungsbedarf ergibt sich, sofern die Umstellung innerhalb des Unternehmens nicht einheitlich vorgenommen wird, sondern zu verschiedenen Zeitpunkten erfolgt. In diesem Fall entstehen Schnittstellen, die besondere Beachtung verdienen. Insbesondere beim Übergang von der Personalabrechnung zum betrieblichen Rechnungswesen können Umrechnungsfehler zu nicht unwesentlichen Differenzen führen. Zur Umrechnung können DM/Euro-Konverter in die bestehenden Programme implementiert werden. Die bekannten Softwareanbieter haben verschiedene Lösungen dafür entwickelt. (vgl. Kap. L).

6 Weitere Aspekte

- Haftung des Arbeitgebers für Rundungsdifferenzen

Bei der Umrechnung von DM in Euro und Rückrechnung in DM können Rundungsdifferenzen – bei Einzelposten in Höhe von maximal einem Pfennig bzw. einem halben Cent – auftreten. Werden beispielsweise bei der Entgeltabrechnung mehrere Einzelposten umgerechnet und gerundet, können sich diese Differenzen ausgleichen oder summieren. Hier stellt sich die Frage, ob der Arbeitgeber für solche Differenzen zuungunsten seiner Arbeitnehmer haftet. Gemäß Art. 8 Abs. 3 EuroEinfVO ist es dem Arbeitgeber als Schuldner des Arbeitsentgeltes während der Übergangszeit freigestellt, ob er seine Verpflichtung in DM oder Euro erfüllt. Der Arbeitgeber kann jedoch nicht für etwas haftbar gemacht werden, das ihm per Gesetz vorgeschrieben wurde. Damit ist diese Frage zu verneinen.

● Information, Kommunikation, Schulung

Über die sich mit der Euro-Umstellung ergebenden Informationspflichten gegenüber dem Betriebsrat und den einzelnen Mitarbeitern wurde bereits in Abschnitt 2.2 dieses Kapitels berichtet. Im Interesse einer erfolgreichen und reibungslosen Umstellung von DM auf Euro im gesamten Unternehmen sollten alle Mitarbeiter rechtzeitig, regelmäßig und ausreichend über den aktuellen Stand der Vorbereitungen informiert und nach Bedarf eingebunden werden. Dies erhöht die Motivation der Mitarbeiter. Ein auf alle Unternehmen passendes Konzept, wie mit den Mitarbeitern zum Thema Euro kommuniziert werden kann, existiert nicht. Je nach Unternehmensgröße und -organisation muss eine Zielgruppenbestimmung (z. B. gewerbliche Mitarbeiter, Auszubildende, Führungskräfte) durchgeführt werden, um die Informationen adäquat zu vermitteln. Möglichkeiten der Übermittlung sind Mitarbeiterbriefe, interne Schulungen, Mitarbeiterzeitung, Broschüren, Schwarzes Brett, Intranet usw. Bei all diesen Kommunikationswegen muss versucht werden, durch persönliche, vertrauenswürdige Ansprache möglicherweise vorhandenes Misstrauen gegenüber dem Euro und Ängste abzubauen, Vor- und Nachteile darzulegen, die Mitarbeiter von Anfang an auf die bevorstehenden Änderungen bei der täglichen Arbeit vorzubereiten und für eventuell auftretende Probleme zu sensibilisieren. Sofern für diese Aufgaben keine personellen Kapazitäten vorhanden sind, können auch externe Berater hiermit beauftragt werden. Ziel muss es sein, dass die Mitarbeiter geschlossen hinter dem Euro-Umstellungsprojekt stehen und die Währungsumstellung als Chance sehen. Daneben ist es außerordentlich wichtig, dass die Mitarbeiter, insbesondere Service- und Außendienstmitarbeiter, bei Anfragen aus dem Umfeld des Unternehmens Auskünfte über den Stand der Euro-Vorbereitungen geben können.

Anforderungen an die Unternehmen und die Datenverarbeitung durch die Euro- und Jahr-2000-Umstellung

In den Jahren vor der Euro-Einführung waren die bestimmenden Themen sowohl in Umfragen als auch in Gesprächen mit Unternehmen und in der Beratung Fragen zur Rechnungslegung und Finanzberichterstellung sowie Umstellungsfragen im Bereich der Informationstechnologie (IT). Strategische Aspekte sind bis zur Euro-Einführung im Januar 1999 in vielen Firmen nur sehr eingeschränkt behandelt worden. Bis auf wenige Ausnahmen im Bereich der Finanzdienstleister (Banken und Versicherungen) und Großunternehmen mit starker internationaler Verflechtung hat sich die überwältigende Mehrheit der deutschen Unternehmen, Gewerbetreibenden und Freiberufler dafür entschieden, die täglichen Geschäftsvorfälle weiterhin in DM abzuwickeln. So sind zum 1. Januar 1999 beispielsweise bei der DATEV als großem IT-Dienstleister nur verschwindend wenige Unternehmen von der DM als Basiswährung (Hauswährung) auf den Euro übergegangen. Wie später noch im Detail dargestellt wird, wurde der Euro – wenn überhaupt – als Transaktionswährung in die Anwendungen eingepflegt. Für viele Unternehmen steht nunmehr zunächst die Lösung der Jahr-2000-Problematik an, bevor dann zum 31. Dezember 2000 bzw. zum 31. Dezember 2001 die Umstellung im externen und internen Berichtswesen von der DM auf den Euro erfolgt.

Auch wenn den Themen Marketing, Preisgestaltung und Vertrieb im Vorfeld der Euro-Einführung eine erfreulich hohe Bedeutung beigelegt wurde, vermitteln aktuelle Umfragen insgesamt den Eindruck, dass die meisten Unternehmen sich mehr mit operativen als mit strategischen Fragen beschäftigen.

So werden im Zusammenhang mit der Umstellung auf den Euro häufig – die überwiegend EDV-relevanten – Schlagworte

- Mehrwährungsfähigkeit,
- Rundungsprobleme,

Neue Anforderungen

- interne und externe Schnittstellen,
- Einsatz von Konvertern oder
- Wahl der Umstellungsstrategie und des Umstellungszeitpunktes

verwandt, ohne dass in den Unternehmen je eine systematische Überprüfung und Analyse der unternehmenseigenen Softwaresysteme erfolgt ist. Die genannten Schlagworte zeigen aber lediglich einen ersten Teil der Anforderungen auf, die sich im Rahmen der Euro-Einführung stellen.

Gerade wenn die Umstellung der Haus- oder Basiswährung auf den Euro nicht zum 1. Januar 1999 erfolgt ist – und dies trifft auf die Mehrzahl der deutschen Unternehmen zu –, müssen in dem verbleibenden Übergangszeitraum umfassende strategische Entscheidungen getroffen werden, die weit über die organisatorisch-technischen Fragestellungen zur Umstellung des Rechnungswesen und der Berichterstattung hinausgehen. Dies hat natürlich Rückwirkungen auf die IT-Infrastruktur und die Organisationsabläufe. Weiterhin ist zu berücksichtigen, dass in vielen Unternehmen im Jahr 1999 erhebliche Anstrengungen im Zusammenhang mit der Jahr-2000-Problematik unternommen wurden und werden. Im Bereich der Finanzdienstleister sind die notwendigen Umstellungsmaßnahmen, die das Jahr 2000 betreffen, weitestgehend bis zum 30. Juni 1999 abgeschlossen worden. Diese Aussage kann für die produzierenden Unternehmen und den Dienstleistungsbereich aber noch nicht getroffen werden. In den verbleibenden Monaten bis zum Jahreswechsel konzentriert sich die Arbeit vieler IT-Abteilungen auf die Lösung der noch offenen Jahr-2000-Fragen und die Gewährleistung einer möglichst hohen Ausfallsicherheit. Bevor die Jahr-2000-Aspekte und Lösungsansätze in der verbleibenden Zeit bis zum 31. Dezember 1999 gesondert dargestellt werden, zuvor noch einige Ausführungen zu strategischen Themen im Zusammenhang mit dem Euro.

Neue Anforderungen

1 Einbindung in die Unternehmens- und IT-Strategie

Die Euro-Einführung wird auf Unternehmen aller Größenordnungen erhebliche strategische Auswirkungen haben, die zum gegenwärtigen Zeitpunkt immer noch unterschätzt werden. Diese Auswirkungen betreffen Marktstrategien und die zu deren Umsetzung notwendigen innerbetrieblichen Funktionalbereiche, wie z. B. Organisation, Vertrieb und IT.

Bei der Entwicklung einer eigenständigen, spezifischen Unternehmensstrategie sollten die folgenden Handlungsfelder angemessen berücksichtigt werden:

Bei der Strategieentwicklung zu berücksichtigende Handlungsfelder

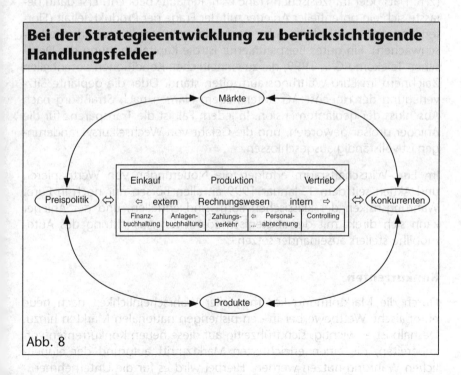

Abb. 8

1 Einbindung in die Unternehmens- und IT-Strategie

Märkte

Mit der Einführung des Euro entfallen währungsbedingte Handelshindernisse. Aufgrund des damit verbundenen größeren Währungsgebietes und der somit größeren Märkte können vor allem kleinere und mittlere Unternehmen, die vornehmlich eine nationale Marktpräsenz hatten, einem schärferen Wettbewerb ausgesetzt sein. Im Gegenzug jedoch erhalten sie die Chance, auf den neuen, größeren Märkten zu agieren.

Um es an einem Beispiel aus dem Finanzanlagenbereich zu verdeutlichen: Bestand vor der Einführung des Euro die Absicht, sich an Automobilherstellern an der Börse zu beteiligen und sollten nicht nur deutsche Werte in das Portfolio einbezogen werden, so wurde bei der Anlageentscheidung im Regelfall zunächst das mögliche Kursrisiko aus italienischer Lira (z. B. Fiat) oder französischen Franc (z. B. Renault) bedacht. Erst dann befasste sich ein potentieller Anleger mit der Frage der Produktvielfalt (Flotten/Konzepte, Logistikvor- oder -nachteile und Produktionsstärken oder -schwächen). Ein gutes Beispiel hierfür ist die Kapitalerhöhung der Deutschen Telekom AG in 1999, die zu einheitlichen Konditionen potentiellen Zeichnern im Euro-Währungsraum offen stand. Oder die geplante Sitzverlegung der Hoechst AG unter neuem Namen nach Straßburg nach Abschluss der geplanten Fusion. In jedem Fall ist die Transparenz für die Anleger größer geworden, und die Gefahr von Wechselkursveränderungen ist vollständig ausgeschlossen.

Im Euro-Wirtschaftsraum erfolgen die Notierungen von Wertpapieren und Aktien seit dem 1. Januar 1999 an allen Börsen nur noch in Euro. Währungsrisiken der klassischen Form sind entfallen, und der Anleger kann sich direkt mit der strategisch-operativen Ausrichtung des Automobilherstellers auseinander setzen.

Konkurrenten

Durch die Marktöffnung kommen aller Wahrscheinlichkeit nach neue europäische Wettbewerber in den bisherigen nationalen Märkten hinzu. Deshalb ist es wichtig, sich frühzeitig auf diese neuen Konkurrenten vorzubereiten, die einen erleichterten Marktzutritt aufgrund der einheitlichen Währung nutzen werden. Hierbei wird es für die Unternehmensentwicklung von entscheidender Relevanz sein, welche Gesellschaft die

Neue Anforderungen

Kosteneinsparungsmöglichkeiten, die sich aus der Euro-Umstellung ergeben, schnell und konsequent nutzt.

In den folgenden Bereichen sehen im Euro-Währungsraum angesprochene Unternehmen die besten Einsparungsmöglichkeiten, die die Wettbewerbs- und Konkurrenzsituation positiv beeinflussen können.

Einsparungsmöglichkeiten im Unternehmensbereich	
Reduzierung von Wechselkursrisiken und -kosten	81 %
Größere Preistransparenz	65 %
Konsolidierung der Finanzplanung	30 %
Rationalisierung von Einkaufsvereinbarungen	29 %
Vergrößerung des „heimischen" Marktes	22 %
Integration interner Kontrollsysteme	20 %
Konsolidierung von Produktionsstandards	11 %
Rationalisierung der Arrangements für Tochtergesellschaften	9 %
Reduzierung des benötigten Working Capital	6 %
Sonstige Einsparungsmöglichkeiten	3 %

Quelle: Fédération des Experts Comptables Européens

Produkte

Die Veränderung der Marktstruktur wird sich auch auf Produkte und Dienstleistungen auswirken. Eine Modifikation kann notwendig werden, weil nur eine veränderte Produktpalette die neuen Märkte erschließen kann. Auch neu auftretende Konkurrenten, die die bisherige Marktstellung streitig machen, können zur Veränderung von Produkten und Dienstleistungen zwingen. Beispielhaft sei hier auf die Veränderungen im Bereich der Finanzdienstleister (Banken und Versicherungen) verwiesen. Durch den gemeinsamen Markt werden nunmehr auch in Deutschland Versicherungsleistungen im Gesundheits- und Anlagenbereich angeboten, die aus England nach Deutschland drängen und viele Jahre auf dem deutschen Markt unvorstellbar waren.

1 Einbindung in die Unternehmens- und IT-Strategie

Preispolitik

Durch die Euro-Einführung ändert sich nicht nur die Preisbezeichnung, sondern auch die gesamte Preispolitik. Auch wenn es sich hier bei der Preispolitik primär um die Gestaltung von Absatzpreisen handelt, sind die Effekte, die sich aus günstigeren Einkaufskonditionen ergeben, natürlich zu berücksichtigen. Die Preispolitik muss auch die Produkteigenschaften (Verpackungsgrößen etc.) und die Bedeutung der größeren Preistransparenz berücksichtigen.

Der Einzelhandel und das Hotelgewerbe haben überraschend schnell von den Möglichkeiten der doppelten Preisauszeichnung in der Übergangsphase Gebrauch gemacht und sich z.B. vom Mehraufwand nicht abschrecken lassen. So lassen sich in vielen Drogerie- und Supermärkten und bei fast allen Hotelrechnungen die Preisangaben in DM und Euro in den Regalen bzw. auf der Rechnung vergleichend wiederfinden, wenn nicht für jede Position, so zumindest als Information für den Gesamtbetrag, vgl. dazu Abschnitt 5.3.2 im Kapitel J „Umrechnungs- und Rundungsregeln im Euro-Währungsraum".

Wie erwähnt, wird die Preispolitik bei länderübergreifenden Aktivitäten durch Faktoren, wie z.B. Wechselkursschwankungen und Kosten des In- und Auslandszahlungsverkehrs, stark beeinflusst. Diese Faktoren entfallen aber durch die Einführung des Euro und könnten somit zu Preissenkungsspielräumen und größerem Marktvolumen führen.

Die Firma SAP AG hat sich aus diesen Gründen mit dafür entschieden, seit 1999 nur noch eine einheitliche Preisliste für ihre Produkte und Dienstleistungen im Euro-Raum zu nutzen. Damit ist eine europaweite Transparenz gegeben. Dies ist eine Vorgehensweise, die noch nicht von vielen deutschen Firmen geteilt wird. So gibt es bei verschiedenen Kfz-Produzenten zwar Listenpreise in DM und Euro, länderspezifische Preisunterschiede bestehen aber fort.

Auch national wird im Regelfall zusätzlich eine neue Preiskalkulation und -festsetzung erforderlich sein. Denn mit der Umstellung auf den Euro werden die bisherigen DM-Preise durch einen Umrechnungsfaktor geteilt. Dies wird zur Folge haben, dass die bisherigen DM-Schwellenpreise (z.B. 99,00 DM) „unhandliche" Euro-Preise (50,08 EUR) ergeben. Aus verkaufspsychologischen Gründen wird es deshalb notwendig sein, die ermittelten Euro-Preise an neue Schwellenpreise heranzuführen. Die Firma Montblanc hat diese Möglichkeit bereits genutzt und die empfohlenen Verkaufspreise für ihre hochwertigen Schreibgeräte auf glatte Euro-Beträge angepasst – auch wenn die Mehrzahl der Kunden weiterhin in DM bezahlen wird. Viele Unternehmen werden sich aber auch der Möglichkeit bedienen, Packungsgrößen oder Füllmengen entsprechend zu verändern. Vgl. dazu Abschnitt 5.4.3 im Kapitel J „Umrechnungs- und Rundungsregeln im Euro-Währungsraum".

Marketing

Die sich durch die Euro-Einführung ergebende Veränderung bei den Märkten, Konkurrenten, Produkten und in der Preispolitik wird sich auch auf die absatzpolitischen Instrumente des Unternehmens auswirken, wodurch eine Anpassung des bisherigen „Marketing-Mix" notwendig wird.

Beispiele absatzpolitischer Instrumente sind neben der Preispolitik:

- Vertriebspolitik,
- Kommunikation/Werbung.

Die Veränderungen bei den Marketinginstrumenten wird dazu führen, dass der Marktauftritt – wahrscheinlich für den ganzen Euro-Wirtschaftsraum – überdacht und überarbeitet werden muss.

Die bisher beschriebenen Aspekte betreffen das äußere Umfeld der Unternehmen. Die Einführung des Euro wird aber, wie bereits mehrfach angesprochen, erhebliche Auswirkungen in den verschiedenen betrieblichen Funktionsbereichen innerhalb des Unternehmens haben.

Rechnungswesen und Zahlungsverkehr

Auf die beiden besonders wichtigen Bereiche Rechnungswesen und Zahlungsverkehr soll an dieser Stelle nicht weiter eingegangen werden. Diese Aspekte werden im Kapitel I „Technische Auswirkungen der Euro-Einführung auf ausgeweitete Unternehmensbereiche" ausführlich behandelt.

Investitionen

Der Euro wird die Entscheidung über Investitionen innerhalb der EU erleichtern und beschleunigen. Es ist anzunehmen, dass es zu beträchtlichen Steigerungen in Bezug auf Volumen und Mobilität EU-interner Investitionen in den Bereichen Finanzen, Industrie und Infrastruktur kommen wird. In jedem Unternehmen wird zudem, in Abhängigkeit von dem

1 Einbindung in die Unternehmens- und IT-Strategie

eingeschlagenen Einführungsweg, erheblicher Investitionsbedarf entstehen. Dieser wird im Wesentlichen Folgendes betreffen:

- System- und Verfahrensumstellungen einschließlich der EDV-Umstellung. Dies umfasst alle internen und externen Aktivitäten einschließlich Beratung für die Umstellung/Anpassung selbstentwickelter Programme, Einführung von Standardsoftwaresystemen, Nutzung von neuen Releaseständen bei Standardsoftwarepaketen, im Rechnungswesen und vorgelagerten Systemen.

- Zusätzliche Aktivitäten im Zusammenhang mit der Euro-Umstellung (neue Kassensysteme, doppelte Preisauszeichnung etc.). So können – wie dargestellt – die Kassensysteme im Hotel- und Gaststättengewerbe bereits heute die Abrechnung in DM und auch Summeninformationen zum Euro-Betrag angeben.

Investitionsentscheidungen für neue Vertriebs- und Produktionsstandorte werden im Euro-Raum verstärkt nach den Infrastruktur- und Arbeitsrechtsrahmenbedingungen bzw. der Konjunkturentwicklung entschieden und nicht mehr im Hinblick auf die Währungsstabilität. Dies kann beispielsweise innerhalb der EU für Großbritannien Vor- und Nachteile bringen.

Die in den Unternehmen bereits angestoßenen Investitionen, die häufig stark EDV-unterstützt sind, sollten dahin überprüft werden, inwiefern sie mit der Euro-Einführung abgestimmt sind.

Organisation

Die Umstellung auf den Euro kann gravierende Veränderungen mit sich bringen, die sich über sämtliche Bereiche des Unternehmens erstrecken. Aufgrund von Engpässen, die während der Übergangsphase unter anderem bei Hardwarelieferanten oder bei Softwarelieferanten auch im Hinblick auf die Jahr-2000-Problematik entstehen könnten, ist eine rechtzeitige Vorbereitung und Planung der Euro-Umstellung unumgänglich.

Im Hinblick auf die EWU (Europäische Währungsunion) sollte eine Euro-Strategie erarbeitet werden, die die unterschiedlichen oben erwähnten Handlungsbereiche geschlossen zusammenfasst und in die Unternehmensstrategie mit einbezieht.

Die verschiedenen Phasen zur Entwicklung einer solchen Euro-Strategie sind der folgenden Übersicht zu entnehmen. Weitergehende Informationen finden sich zudem im Kapitel M „Die Euro-Umstellung als Projektaufgabe".

Neue Anforderungen H

Phasen zur Entwicklung einer Euro-Strategie

Phasen-nummer	Aufgabenstellung	Methoden	Verantwortliche
1	Projektdefinition	Diskussionen	Euro-Team Geschäftsleitung
2	Informationsbedarfs-bestimmung	Kurzbeschreibung der aktuellen Euro-Ausgangslage	Vertrieb Einkauf Produktion Rechnungswesen Controlling Datenverarbeitung Externe Berater
3	Ermittlung der Ausgangslage	Marktanalyse Befragung von Kunden und Lieferanten Länderspezifische Anforderungsprofile Stärken- und Schwächenanalyse Verdichtung der gesammelten Daten	Euro-Team und externe Berater
4	Untersuchung der direkten Veränderungen durch die Euro-Einführung	Beschaffung von Informationsmaterial/ Datenbankanalysen etc.	Externe Berater
5	Bewertung des Euro-Währungsgebietes und der Wettbewerbssituation	Entwicklung möglicher Szenarien Chancen-Risiken-Analyse Bestimmung der strategischen Stoßrichtung	Euro-Team und externe Berater
6	Ausarbeitung der Euro-Strategie	Formulierung der Unternehmensziele Formulierung von Maßnahmen und Aktionsplänen (Projektmanagement)	Euro-Team und externe Berater

1 Einbindung in die Unternehmens- und IT-Strategie

Die bereits bestehenden Unternehmenspläne für die Bereiche

- Finanzierung,
- Investitionen,
- Produkte und
- Märkte

müssen – gerade in der Übergangsphase – auf Euro-Tauglichkeit und die Einbindung in den dargestellten Strategieablauf überprüft werden.

Der nachfolgende Fragenkatalog gibt einige Fragestellungen wieder, die zur Sensibilisierung für die Veränderung der Marktgegebenheiten im Zuge der EWU dienen sollen. Hierbei sind auch immer die EDV-Auswirkungen zu berücksichtigen.

Fragenkatalog zu Veränderungen der Marktgegebenheiten

- Bieten sich durch die EWU verbesserte Kapitalbeschaffungsmaßnahmen?
- Erhalten die strategischen Geschäftsfelder neuen Antrieb, oder werden diese eher neuen Bedrohungen ausgesetzt?
- Welche vorbereitenden Maßnahmen stellen die Konkurrenten hinsichtlich der sich ergebenden Marktveränderung an?
- Ergeben sich neue Anforderungen an die bestehende Produkt- und Leistungsvielfalt?
- Können mit neuen Produkten neue Märkte erschlossen werden?
- Bieten sich für die bestehenden Produkte und Dienstleistungen neue Märkte?
- Welche Bedeutung hat die Umstellung für die Erfolgsfaktoren der aktuellen Märkte?
- Muss die Frage der Eigen- und Fremdfertigung wegen des steigenden Wettbewerbsdrucks neu überdacht werden?
- Ergibt sich ggf. eine neue Zielgruppengewichtung, sodass diese zu überarbeiten ist?

Neue Anforderungen H

- Hat unter Umständen eine neue Marktsegmentierung zu erfolgen?
- Wird bezüglich der Standortfrage eine Überarbeitung der Grundlagenentscheidungen erforderlich?
- Erhält die Kommunikationspolitik eine neue Bedeutung (z. B. Nutzung von Medien, wie z. B. Internet)?
- Sind die angewandten Vertriebsinstrumente noch ausreichend?
- Werden durch die Euro-Umstellung alternative Vertriebswege geschaffen, z. B. Versandhandel?
- Hat aufgrund der Marktveränderungen eine Anpassung der Vertriebskonzeption zu erfolgen?
- Stellt die Einrichtung von Distributionszentren eine Alternative dar?

Da die EDV für das Zusammenwirken der einzelnen Unternehmensbereiche inzwischen unabdingbar geworden ist, wirkt sich die Euro-Umstellung auf das gesamte Unternehmen und die EDV-Infrastruktur aus.

In sämtlichen Programmen und Dateien gibt es auf DM lautende Bezüge, die im Zuge der Euro-Einführung zu berücksichtigen sind. Der damit verbundene Planungs- und Umstellungsbedarf der Hard- und Software ist dabei nicht zu unterschätzen. Deshalb sollten die Unternehmen frühzeitig entsprechende Vorbereitungen einleiten.

Die Aufnahme und Analyse der bisher eingesetzten EDV-Systeme und des verarbeiteten Datenvolumens sind die Voraussetzung für eine Betroffenheitsanalyse und der daraus resultierenden Umstellungspläne und Szenarien für die Organisation und die Software des Unternehmens. Denn die Euro-Einführung ist nicht nur mit Risiken für die Unternehmen verbunden, sondern bietet auch erhebliche Chancen und Entwicklungsmöglichkeiten. Diese Chancen und Entwicklungsmöglichkeiten sind tragende Elemente der Euro-Strategie, die das langfristige Wachstum der Unternehmen sichern.

Zudem ist eine vollständige Aufnahme (Inventur der eingesetzten Systeme und Verfahren für die Jahr-2000-Umstellung) notwendig.

2 Nutzung von Wettbewerbspotenzialen

Den Unternehmen, die sich rechtzeitig mit der Euro-Thematik auseinander setzen und diese in ihre strategischen Überlegungen in der Übergangsphase einbeziehen, bietet sich die Möglichkeit, das Wettbewerbspotenzial, das in der Euro-Einführung steckt, effektiv zu nutzen.

Im folgenden Abschnitt werden einige mögliche Veränderungen der Wettbewerbssituation dargestellt. Insbesondere betrifft dies die Bereiche Absatzmarkt, Beschaffungsmarkt, Preis- und Produktpolitik. Soweit es bei den nachfolgenden Ausführungen zu einigen Überschneidungen und Wiederholungen mit den im vorangegangenen Abschnitt genannten Handlungsfeldern für die Unternehmensstrategie kommt, lassen sich diese aufgrund des engen Zusammenhangs zwischen Unternehmensstrategie und Wettbewerb nicht vermeiden.

Wettbewerbsbedingungen

Die Unternehmen müssen sich permanent einem immer stärker wachsenden Wettbewerb stellen. Deshalb sind unter anderem Flexibilität, niedrige Kosten und natürlich Qualität entscheidende Faktoren, um den Anforderungen der Kunden zu entsprechen. Durch die Einführung des Euro werden neue Konkurrenten in die nationalen Märkte eintreten. Hierdurch wird es zu einem verschärften Wettbewerb kommen, der beispielsweise die Nischenposition eines überwiegend national ausgerichteten Unternehmens gefährden kann. Aus diesem Grund ist die Analyse der unternehmensspezifischen Wettbewerbsvorteile und die Nutzung dieser Kernkompetenzen von besonderer Bedeutung.

Ein weiterer Aspekt in diesem Zusammenhang ist die Preistransparenz. Mit dem Euro wird es im Euro-Währungsraum erstmalig eine Preistransparenz geben, da die Preise gleicher bzw. ähnlicher Produkte verschiedener Anbieter miteinander verglichen werden können. Der Kunde erhält dadurch einen besseren Marktüberblick, der zu entsprechenden Konsum- und Präferenzbewegungen innerhalb dieses Marktes führen wird.

Durch die EWU entfallen – wie dargestellt – für die Unternehmen Transaktionskosten, wie z. B. Gebühren für den Währungsumtausch und Kosten für Kurssicherungsgeschäfte. Die hiermit bewirkte Änderung der Kostenstruktur wird sich auf die Absatz- und Beschaffungsmärkte innerhalb der Währungsunion auswirken. Die Firmen können billiger und aggressiver anbieten.

Auch der größere Finanzmarkt spielt eine wichtige Rolle im Wettbewerb. So ermöglichen die größeren und liquideren Finanz- und Kapitalmärkte den Unternehmen bessere Finanzierungs- und Anlagemöglichkeiten.

Wesentlich für eine gute Wettbewerbssituation eines Unternehmens ist in vielen Fällen eine anpassungs- und leistungsfähige EDV. Viele Unternehmen und Organisationen werden in der rechtzeitigen Anpassung der EDV an die Anforderungen der neuen Euro-Währung einen klaren Wettbewerbsvorteil sehen. Aus diesem Grund sind in zahlreichen Großunternehmen bereits heute entsprechende Maßnahmen zur Anpassung getroffen worden. Vielfach wird die Vorgehensweise auch als Marketingelement offensiv nach außen dargestellt. So hat sich beispielsweise in 1998 eine große Gesellschaft aus dem Sozialversicherungsbereich entschlossen, die Euro-Einführung forciert zu betreiben, da Mitbewerber mit der Möglichkeit zu werben begannen, ab 1. Januar 1999 alle Geschäfts- und Meldevorgänge in Euro abzuwickeln. Ursprünglich war man davon ausgegangen, dass es genüge, die Euro-Fähigkeit bis Ende des Jahres 2001 zu erreichen. Die Wettbewerbssituation hat hier innerhalb weniger Monate zu einer radikalen Veränderung des Zeitplans geführt.

Vergleichbare Aktivitäten sind auch im Zusammenhang mit den Jahr-2000-Umstellungen zu beobachten. So haben viele Finanzdienstleister die Gelegenheit genutzt und die Öffentlichkeit und ihre Kunden über die positive Durchführung der Jahr-2000-Anpassungen und Tests umfassend informiert.

Absatzmarkt

Die oben beschriebenen Veränderungen der Wettbewerbsbedingungen werden viele Unternehmen zwingen, ihren Marktauftritt auf dem Absatzmarkt zu überdenken, um ihre Position zu sichern bzw. auszubauen. Darüber hinaus sollten Unternehmen den Eintritt in neue Absatzmärkte prüfen, zumal durch den Euro der Markteintritt aufgrund reduzierter Transaktionskosten deutlich einfacher wird.

Unternehmen, die von einzelnen Großkunden besonders abhängig sind, sollten die sich aus dem verschärften Wettbewerb ergebenden Gefahren/

2 Nutzung von Wettbewerbspotenzialen

Risiken erkennen und frühzeitig versuchen, die Kundenstruktur zu verändern. Außerdem ist es für diese Unternehmen wichtig, sich rechtzeitig mit ihren Großkunden – hinsichtlich der Euro-Umstellung – abzustimmen. Seit der endgültigen Entscheidung für den Euro im Mai 1998 hat der Abstimmungsprozess zwischen den Unternehmen (Anschreiben der Kunden und Lieferanten), der insbesondere im Hinblick auf die Jahr-2000-Umstellung in den angelsächsischen Ländern gang und gäbe ist, auch in Deutschland deutlich zugenommen.

Anforderungen und Wünsche aus solchen Großkundenbeziehungen schlagen sich im Vertragswesen, aber auch in der EDV-technischen Abwicklung (z. B. Datenträgeraustausch zwischen Industrieunternehmen, Bestellanforderungen aus Rahmenvereinbarungen und Zahlungsausgleich über Gutschriftverfahren im Automobilbereich etc.) nieder.

Zulieferunternehmen im Kfz-Bereich haben deshalb beispielsweise sichergestellt, dass die ordnungsmäßige Abwicklung in Euro zum 1. Januar 1999 gewährleistet ist, wenn dies vom Hauptabnehmer so gewünscht wird.

Beschaffungsmarkt

Auch der Beschaffungsmarkt ist von den Veränderungen betroffen. Deshalb sollten Unternehmen ihre Beschaffungsstrategie überdenken, wobei die gesamten Bezugsquellen im EWU-Raum berücksichtigt werden sollten. Die Berücksichtigung von mehr EWU-Bezugsquellen kann durch den Wegfall der Wechselkursrisiken und der hohen Transaktionskosten erleichtert werden.

Preispolitik

Die mit der Euro-Einführung verbundene Umrechnung von DM in Euro führt zu Produktpreisen, die keine Schwellenpreise mehr darstellen. Aus diesem Grund müssen die Euro-Preise an neue Schwellenpreise herangeführt werden. Dies kann durch eine Preiserhöhung bzw. -senkung stattfinden. Eine Preiserhöhung wird jedoch aufgrund des stärkeren Wettbewerbs nicht in allen Fällen durchführbar sein. (Vgl. dazu Abschnitt 5.4.3 in Kapitel J „Umrechnungs- und Rundungsregeln im Euro-Währungsraum".

Produktpolitik

Durch die Veränderung der Wettbewerbsbedingungen ist es erforderlich, die Produktpolitik hinsichtlich der Kundenbedürfnisse neu zu gestalten.

Neue Anforderungen

Es gibt innerhalb der EWU-Teilnehmerstaaten kulturelle sowie technisch-rechtliche Unterschiede, die sich in abweichenden Kundenpräferenzen niederschlagen. Eine Überarbeitung der Produkte könnte deshalb im Hinblick auf die im Folgenden kurz beschriebenen Aspekte Design, Bedürfnisstruktur/Gewohnheiten, Technik und Verpackung notwendig werden.

- **Design**
  Das Produktdesign muss mit den Ansprüchen der Kunden in den EWU-Teilnehmerstaaten übereinstimmen oder gegebenenfalls verändert werden.

- **Bedürfnisstruktur/Gewohnheiten**
  Es sollte geprüft werden, inwiefern das bisherige Produkt den Bedürfnisstrukturen und den Gewohnheiten der Bevölkerung anderer EWU-Staaten entspricht, um rechtzeitig Änderungen vornehmen zu können.

- **Technik**
  Aufgrund einer Vielzahl von national unterschiedlichen technischen Normen und Regeln ist es erforderlich, das Produkt auf die technischen Voraussetzungen der Bestimmungsmärkte zu prüfen.

- **Verpackung**
  Die Überarbeitung der Verpackung könnte erforderlich werden, um sie den neuen Wettbewerbsbedingungen anzupassen und um den Anforderungen aus der Preisentwicklung zu entsprechen.

Ohne auf die verschiedenen Studien im Einzelnen einzugehen, sprechen einige allgemeine Faktoren dafür, dass die Euro-Einführung mittel- und langfristig zu Wachstumsimpulsen im Euro-Währungsraum führen wird, die höher sind als bei der Beibehaltung der nationalen Währungen. Im Bereich der Softwarelieferanten und Dienstleister wird dies auch kurzfristig zutreffen.

Bevor auf die verschiedenen Einführungsszenarien der Euro-Einführung eingegangen wird, erfolgt im folgenden Abschnitt eine Darstellung zur Jahr-2000-Problemstellung – einschließlich der Verbindung zur Euro-Umstellung.

3 Jahr-2000-Problematik

Zusätzlich zur Euro-Umstellung kommt nahezu zeitgleich am Ende des Jahres 1999 die Thematik der so genannten Jahrtausendwende auf alle Datenverarbeitungssysteme zu. Da auch dies erhebliche Kapazitäten – insbesondere im EDV-Bereich – bindet, soll dieser Aspekt hier in einem gesonderten Abschnitt betrachtet werden.

Im Vergleich zu den angelsächsischen Ländern hatten die Fragestellungen zur Euro-Umstellung in Deutschland zunächst die höhere Priorität. Aus diesem Grunde zeigten nationale und internationale Studien und Untersuchungen eine Reihe von Schwachstellen im Bereich der Jahr-2000-Umstellung. Großunternehmen und Finanzdienstleister hatten sich zwar auch dieses Themas frühzeitig angenommen, während in mittleren und kleineren Betrieben die Planung und Umstellung von Hard- und Software im Hinblick auf das Jahr 2000 bis Anfang 1999 häufig nicht von großer Bedeutung war.

Korrekte Jahr-2000-Funktionalität bedeutet, dass durch Zeit- oder Datumsangaben keine Störungen des Programmbetriebes eintreten <General Integrity>, die Berechnungen, Vergleichsoperationen und Ausgaben (Bildschirm oder Druckberichte) logisch und mathematisch richtig sind <Date Integrity> und an allen Schnittstellen die ordnungsmäßige und verständliche Weitergabe erfolgt <Explicit/Implicit Century> sowie das Jahr 2000 als Schaltjahr erkannt wird.

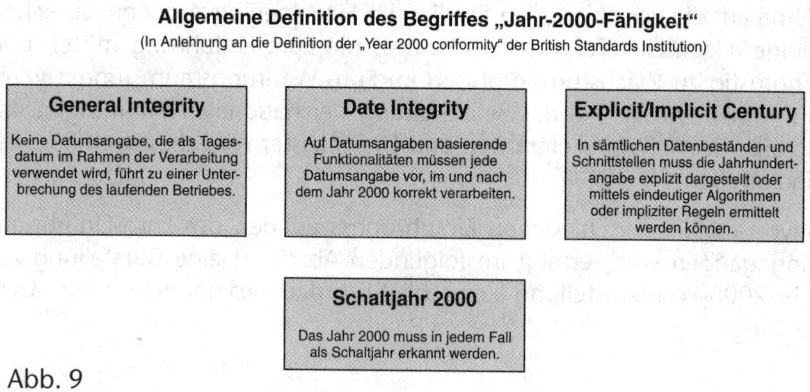

Allgemeine Definition des Begriffes „Jahr-2000-Fähigkeit"
(In Anlehnung an die Definition der „Year 2000 conformity" der British Standards Institution)

General Integrity	Date Integrity	Explicit/Implicit Century
Keine Datumsangabe, die als Tagesdatum im Rahmen der Verarbeitung verwendet wird, führt zu einer Unterbrechung des laufenden Betriebes.	Auf Datumsangaben basierende Funktionalitäten müssen jede Datumsangabe vor, im und nach dem Jahr 2000 korrekt verarbeiten.	In sämtlichen Datenbeständen und Schnittstellen muss die Jahrhundertangabe explizit dargestellt oder mittels eindeutiger Algorithmen oder impliziter Regeln ermittelt werden können.

Schaltjahr 2000

Das Jahr 2000 muss in jedem Fall als Schaltjahr erkannt werden.

Abb. 9

Neue Anforderungen

Finanzdienstleister mit umfangreichen Testzyklen

Gegenwärtig sind in Deutschland die Finanzdienstleister (Banken und Versicherungen) in der Jahr-2000-Umstellung führend. Im Juli 1997 hat das Bundesaufsichtsamt für das Kreditwesen in Berlin bereits die Banken auf die Jahr-2000-Umstellung hingewiesen und von diesen verlangt, dass alle wesentlichen Umstellungsaktivitäten bis zum 30. Juni 1999 abgeschlossen sein sollten. In weiteren Schreiben und einer umfassenden Erhebung hat sich das Bundesaufsichtsamt von den Projektfortschritten einen Überblick verschafft und auch „sanften Druck" sowohl auf die Banken als auch Servicedienstleister (z. B. die großen Rechenzentren der Großbanken, der Sparkassen- und Genossenschaftsorganisationen) ausgeübt, um die Termineinhaltung sicherzustellen. Bei der ersten Erhebung, an der sich 3.851 Kreditinstitute, Rechenzentren und ausgewählte Börsenmakler beteiligten, wurden die folgende Aspekte angesprochen:

- Projektgestaltung und -umfang,
- Verknüpfung der Euro- und Jahr-2000-Aktivitäten,
- Testszenarien und -maßnahmen,
- Zeitplan,
- Einbindung und Abhängigkeiten von externen Zulieferern und Beratern,
- Kundeneinbindung und -information,
- Ausfall- und Notfallplanung.

In den vergangenen Monaten haben die Banken umfassende Testzyklen mit der Deutsche Bundesbank, den Landeszentralbanken und der Deutsche Börse abgeschlossen. Innerhalb dieser Testzyklen konnten mit einer institutsbezogenen einheitlichen Datenbasis umfassende Integrationstests über alle Schnittstellen vorgenommen werden. Die Testfälle konnten also beispielsweise von dem ursprünglichen Maklergeschäft (Wertpapierhandel) bis ins Rechnungswesen verfolgt und auf ihre Ordnungsmäßigkeit hin überprüft werden. Hierbei wurde die Funktionsfähigkeit einer Vielzahl unternehmensinterner Anwendungen überprüft. International hat ein so genannter Global Street Test stattgefunden, an dem sich aus deutscher Sicht mehr als 40 Großbanken beteiligt haben.

3 Jahr-2000-Problematik

Durch diese umfassenden Tests konnten die Kreditinstitute – teilweise auch sehr werbewirksam – darstellen, dass zum „Jahrtausendwechsel" am 1. Januar 2000 mit keinen größeren Ausfällen und Funktionsstörungen zu rechnen sei. So mögen vielleicht Auswertungen und Drucklisten nicht immer das richtige Datum tragen und manche Anwendung im Bereich der so genannten Individuellen Datenverarbeitung (z.B. Nutzung von MS-Office-Anwendungen wie Word und Excel) Schwierigkeiten bereiten. Aber mit großflächigen Störungen im deutschen Kreditgewerbe dürfte nicht zu rechnen sein. Sicherheitshalber werden zwar die Bargeldbestände, die in den Geldautomaten zum Jahresende vorgehalten werden, etwas über dem Durchschnitt liegen, da damit gerechnet wird, dass viele Bankkunden ein Reservepolster in DM bilden wollen. Die Rechenzentren haben jedoch die Geldautomaten inzwischen auf ihre Funktionsfähigkeit am 31. Dezember 1999 und am 1. Januar 2000 umfassend getestet.

Vergleichbare Aktivitäten sind im Versicherungsbereich durch das Bundesaufsichtsamt für das Versicherungswesen seit 1998 angestoßen worden. Auch hier müssen die Versicherungsunternehmen bis zum 30. Juni 1999 alle wichtigen Maßnahmen und Umstellungen abgeschlossen haben – auch wenn bei Versicherungsunternehmen Jahr-2000-Beeinträchtigungen im Regelfall nicht sofort für einen größeren Kundenkreis sichtbar wären wie Störungen im Bankensektor.

Prüfungsstandards des Instituts der Wirtschaftsprüfer

Auf Verbandsebene (z. B. im Bereich der Elektrizitätsversorgung oder bei den Automobilzulieferbetrieben) gibt es zwar Anforderungen und Vorgaben – bis zu umfassenden Prüfungen, denen sich die Zulieferer zu unterziehen haben –, aber keine gesetzlichen Vorgaben. Für alle prüfungspflichtigen Betriebe in Deutschland gelten aber die Verlautbarungen und Prüfungsstandards des Instituts der Wirtschaftsprüfer (IDW). Im Rahmen der Jahresabschlussprüfungen 1998 und 1999 müssen die Wirtschaftsprüfer und vereidigten Buchprüfer den Prüfungsstandard IDW PS 380 „Prüfung der EDV-Anpassung an den Jahrtausendwechsel" und die zugehörige „Prüfungscheckliste" (IDW PH 9.380) beachten.

Auch wenn viele Unternehmen im mittelständischen und freiberuflichen Bereich die notwendigen Maßnahmen bis zum 30. Juni 1999 noch nicht abgeschlossen haben, sind deutlich verstärkte Aktivitäten im 2. Halbjahr

Neue Anforderungen H

1999 zu erkennen. Sofern moderne und überschaubare EDV-Umgebungen vorliegen, sollten die Systeme in einem Projekt einer eingehenden Überprüfung unterzogen und durch notwendige Anpassungen (z. B. Einspielen von Service Packs und Hot Packages) Jahr-2000-fähig gemacht werden. Zeitkritisch wird es im Regelfall aber dann, wenn noch Neuinstallationen (z. B. im Telekommunikationsbereich) oder noch umfassende Softwareanpassungen notwendig wären.

In den verbleibenden Monaten konzentrieren sich die meisten Unternehmen auf Qualitätssicherung und -verbesserung. Bei großen Gesellschaften werden beispielsweise EDV-gestützte Softwaretools genutzt, die noch einmal alle umgestellten und bearbeiteten Programme hinsichtlich der Jahr-2000-Konsistenz untersuchen. Für Unternehmen, die ihre Programme noch in den verbleibenden Monaten umstellen müssten (z. B. viele eigenerstellte Programme in Assembler, Cobol oder PL/1), dürfte der Zeitrahmen aber nicht mehr ausreichend bemessen sein.

Da in den meisten kaufmännisch eingesetzten Systemen sowohl DM-Betragswerte als auch Datumsangaben kombiniert sind, kann es sich aus ökonomischen Gründen anbieten, beide Problemstellungen (Euro-Umstellung und die „Jahrtausendwende") parallel zu behandeln. Nur zur Vollständigkeit sei erwähnt, dass der „wirkliche" Jahrtausendwechsel natürlich erst am 31. Dezember 2000 zum Jahr 2001 stattfindet.

3.1 Der Ursprung der Jahr-2000-Problematik

Der Ursprung der Jahr-2000-Problematik ist darin zu sehen, dass beim Aufkommen computergestützter Informationssysteme der Speicherplatz (Arbeitsspeicher und Festplattenspeicher) im Vergleich zu heute sehr teuer war. Aus diesem Grund wurde versucht, Speicherplatz und damit Kosten zu sparen. Das führte dazu, dass es für Programmierer sehr große Restriktionen bezüglich der Speicherkapazität gab.

Als Kompromiss wurde u.a. bei der Datenerfassung auf die 100%ige Übereinstimmung von Jahresangaben (TTMMJJJJ) z. B. für den 4. Oktober 1956

TT – Tag 04
MM – Monat 10
JJJJ – Jahr 1956

3 Jahr-2000-Problematik

verzichtet, da es sich ausschließlich um ein Jahr im 20. Jahrhundert (19xx) handeln konnte. Diese Lösung, die Jahresangaben mit zwei Stellen anstatt mit vier Stellen in die Programme und Dateien aufzunehmen, entwickelte sich zu einem bis heute gängigen Standard (z. B. „041056").

Die damaligen Softwareentwickler gingen irrtümlicherweise davon aus, dass keines der von ihnen entwickelten Programme den Zeitraum bis zur Jahrtausendwende überdauern würde. Die damalige Kompromissbereitschaft entwickelt sich daher, je näher das Jahr 2000 rückt, für viele Unternehmen zu einem ernsthaften Problem.

Schätzungen unterschiedlicher Institute gehen davon aus, dass 80 bis 90 % aller Computerprogramme einen Zeit- oder Datumsbezug haben.

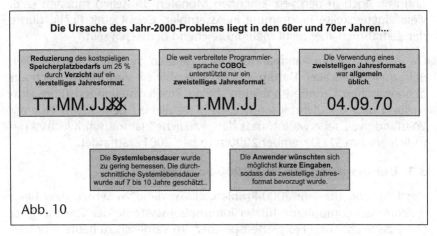

Abb. 10

3.2 Die Jahrtausendwende als EDV-Problem

Das Grundprinzip der EDV besteht aus den Phasen „Eingabe", „Verarbeitung" und „Ausgabe". Algorithmen, Programme, Datenbanken oder Hardwarekomponenten können im Regelfall nicht isoliert auf mögliche Fehler und Konsequenzen hinsichtlich des Jahr-2000-Problems untersucht werden. Es sind immer die Wechselwirkungen mit anderen Elementen und Systemen zu berücksichtigen. Daher kann die Jahr-2000-Problematik zu einem komplexen Problem werden, bei dem ein Fehler möglicherweise zu vielen weiteren Folgefehlern führen kann.

Neue Anforderungen

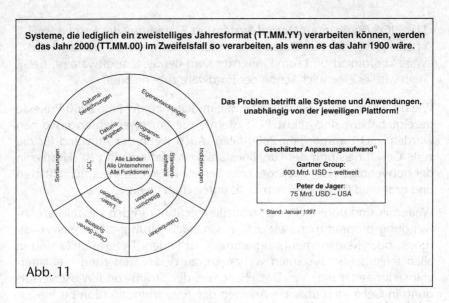

Abb. 11

Im Vergleich zu den angelsächsischen Ländern wurde in Deutschland der Jahr-2000-Problematik zunächst eine relativ geringe Priorität beigemessen. Aufgrund der schnellen Innovations- und Investitionszyklen ging man davon aus, dass die eingesetzten Standardsoftware- und Hardwarekomponenten den Jahreswechsel von 1999 auf 2000 ordnungsmäßig verarbeiten. Lediglich Unternehmen mit einem hohen Anteil eigenentwickelter Programme – vorzugsweise in Assembler, PL/1 und COBOL – haben die Jahr-2000-Problematik erkannt und frühzeitig Schritte eingeleitet.

Zwischenzeitlich hat sich aber herumgesprochen, dass auch Standardsoftwarepakete, PC- und Netzwerksysteme und andere technische Komponenten, die im Betrieb sind und deren Lebenszyklus nicht abgeschlossen ist, nicht „jahrtausendfähig" sind. Wenige Monate vor dem Jahreswechsel sind insbesondere die MS-Office-Anwendungen immer noch für eine Überraschung gut. Detaillierte Informationen zur Jahr-2000-Fähigkeit der MS-Office- und der MS-Anwendungen können von der Homepage der Firma Microsoft (http://www.microsoft.com/yzk/) abgerufen werden.

Zudem ist das Jahr-2000-Problem nicht nur ausschließlich ein Softwareproblem. Problemfelder können in den Betriebssystemen, Datenbanken, Schnittstellen, aber auch im – wie dargestellt – BIOS liegen.

3 Jahr-2000-Problematik

> Das BIOS (Basic Input Output System) ist Bestandteil des Festwertspeichers im PC, der den Datenverkehr der Systemsoftware mit der Hardware koordiniert und somit innerster Kern der Systemsoftware ist, deshalb wird er eigentlich schon der Hardware zugerechnet.

Wie die Erfahrungen bei vielen Firmen im Rahmen der Jahr-2000-Projekte gezeigt haben, sind selbst PC-Systeme, die vor zwei Jahren erworben wurden, nicht immer Jahr-2000-fähig. Auch wenn der Aufwand für die volle Gewährleistung der Funktionsfähigkeit relativ gering ist (Einspielen der notwendigen Hot Packages oder Service Packs), sollte er bei mittleren und größeren Organisationen nicht unterschätzt werden.

Weiterhin sind potentielle Fehlerquellen nicht nur in den zahlreichen Anwendungsprogrammen, wie z. B. Finanzbuchhaltungs-, Personalverwaltungs- oder Managementprogrammen, zu finden. Datumsfehler sind in allen technischen Systemen verborgen, zu deren Steuerung Halbleiterchips eingesetzt werden. Das reicht von der Strom- und Wasserversorgung in Gebäuden über die Anlagen der Telekommunikation bis hin zur Türsicherung und zur automatischen Zeiterfassung (Embedded Chips).

In Deutschland ist die Sensibilisierung von Vorständen und Geschäftsführern von prüfungspflichtigen Gesellschaften hinsichtlich der Euro- und Jahr-2000-Problematik in 1999 stark angestiegen. Dies ist u. a. darauf zurückzuführen, dass die Wirtschaftsprüfer durch eine Verlautbarung des Instituts der Wirtschaftsprüfer in Deutschland angehalten worden sind, zukünftig in den Prüfungsberichten bis einschließlich 1999 auf die aktuelle Umsetzung der beiden genannten Aufgabenfelder einzugehen.

3.3 Die Jahrtausendwende als Problem betrieblicher Abläufe

Die EDV dient im Unternehmen der Unterstützung betrieblicher Abläufe. Eine Störung betrieblicher Prozesse, die durch die Jahr-2000-Problematik innerhalb der EDV hervorgerufen wird, kann sich somit auch auf unternehmerische Prozesse auswirken, die möglicherweise gar nicht computergestützt sind. Aus diesem Grund kann das Jahr-2000-Problem letztendlich alle Prozesse in einem Unternehmen behindern und auf die Euro-Einführungsstrategie, z. B. durch Verzögerungen, zurückwirken.

Diese Beeinträchtigung kann sich auf das gesamte Unternehmensumfeld (Zulieferer, Produktion, Kunden, interne Organisation) erstrecken.

Deshalb kann auch ein Unternehmen, welches selbst kein Jahr-2000-Problem hat, unter Umständen indirekt trotzdem davon betroffen sein, nämlich dann, wenn aufgrund eines Jahr-2000-Problems z. B.

- die Kunden ihren Zahlungsverpflichtungen nicht nachkommen können,
- ein Zulieferer seine Lieferverpflichtung nicht einhalten kann oder
- die Informationen für den Jahresabschluss nicht zeitgerecht aufbereitet werden können.

In den angelsächsischen Ländern haben die Unternehmen deshalb begonnen, Informationsschreiben auszutauschen, in denen man sich gegenseitig die Jahr-2000-Fähigkeit zusagt.

Auch in Deutschland haben die Unternehmen ihre Kunden zunehmend über ihre Jahr-2000-Aktivitäten informiert und versucht, von Zulieferern und Lieferanten Zusicherungen über die Leistungsfähigkeit deren Produkte nach dem kommenden Jahreswechsel zu erhalten. Verständlicherweise sind die meisten Schreiben aber nicht in haftungsrechtlicher Sicht verwertbar. Auch beim Versagen eines Produktes/Systems wird es nur in Einzelfällen möglich sein, den Personen-, Vermögens- oder Sachschaden zu belegen und Ansprüche erfolgreich einzufordern.

Die Allianz Versicherung hat bereits im Juni 1998 ihre Versicherungsnehmer darauf hingewiesen, dass zu den Aufgaben eines ordentlichen Kaufmanns auch die korrekte Lösung des Jahr-2000-Problems gehöre. Verstöße gegen diesen Grundsatz werden sicherlich zur Einschränkung des Versicherungsschutzes führen. Vergleichbare Schreiben hat der Gerling Konzern im Frühjahr 1998 an seine Versicherungsnehmer versandt und Informationsmaterialien zur Jahr-2000-Problemstellung angeboten.

Tatsächlich befinden sich alle Geschäftsbeziehungen in einem instabilen Gleichgewichtszustand, jede hängt von der Stabilität der anderen ab. Nachvollziehbar ist, dass, wenn eine gewichtige Anzahl von Geschäftspartnern wegfallen würde, dies zu Unterbrechungen und Ungleichgewichten führt, die jeden Geschäftsprozess beeinflussen können.

3 Jahr-2000-Problematik

3.4 Wer ist unmittelbar betroffen?

Von der Jahr-2000-Problematik sind alle Unternehmen betroffen, die mit datumsrelevanten Anwendungen arbeiten. Solche datumsrelevanten Anwendungen können z. B. sein:

- Finanz- und Anlagenbuchhaltung,
- Lohn- und Gehaltsbuchhaltung,
- sämtliche Archivierungssysteme,
- Produktions-, Planungs- und Steuerungssysteme,
- Laufzeitberechnungssysteme (z. B. für Kreditverträge),
- Gleitzeiterfassungssysteme,
- Kredit- und Chipkartensysteme oder
- Kontenführungs- und -verwaltungssysteme.

Diese Aufzählung könnte beliebig erweitert werden, da sich diese Problematik wie ein „roter Faden" durch die ganze Unternehmensstruktur zieht.

Unabhängig von der Größe eines Unternehmens sind die in folgender Abbildung dargestellten Phasen zu durchlaufen. Hierbei müssen die Phasen, die organisatorische Ausgestaltung und der Zeitaufwand immer auf die jeweiligen Unternehmensgrößen bezogen werden.

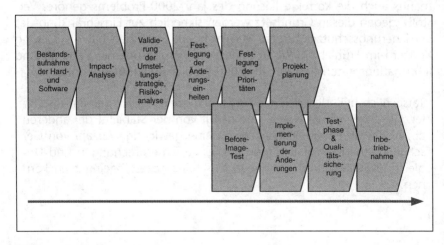

Während die Bestandsaufnahme mit den im Folgenden aufgezählten Komponenten:

- Erstellen einer Bestandsdatenbank (Repository) über die verwendete Hard- und Software,
- Zusammenstellen/Auswerten der vorhandenen Dokumentationen,
- Feststellung/Auflistung, inwieweit der Quellcode der verwendeten Software verfügbar ist,

bei großen Unternehmen eine zeit- und arbeitsintensive Tätigkeit darstellt, kann dies in einem kleineren Unternehmen häufig auf ein bis zwei Seiten dargestellt werden. Insgesamt sollte dieser Punkt aber nicht unterschätzt werden. So haben selbst mittelständische Unternehmen durch die Bestandsaufnahme festgestellt, dass in dem Unternehmen sich mehr als 80 Softwaresysteme im Einsatz befinden. Teilweise werden diese Anwendungen nur von ein oder zwei Personen genutzt – im Rahmen der Jahr-2000-Aufnahme müssen aber auch diese Programme berücksichtigt werden.

Durch die Impact Analyse werden alle Datumsfelder in den Programmen, Datenbanken und Dateien identifiziert. Dies kann manuell erfolgen. Im Regelfall bietet es sich jedoch an, hier geeignete Werkzeuge (Hilfsprogramme) einzusetzen.

Aus der Bestandsaufnahme und der Impact Analyse sind die Programme bekannt, die betroffen sind und geändert werden müssen. Durch eine Risikobetrachtung kann dann abgeschätzt werden, inwieweit das Unternehmen von diesen Umstellungsarbeiten abhängig und welcher zeitliche Aufwand hiermit verbunden ist.

Hieraus lässt sich dann ein Zeitplan ableiten, wann welche Anwendungen wie umgestellt werden müssen. Dies betrifft sowohl Eigenentwicklungen als auch die Umstellung von genutzten Standardsoftwareanwendungen. In all diesen Fällen ist es notwendig, mit den Lieferanten abzustimmen, welche Releaseupdates eingespielt werden müssen (dies betrifft auch Telekommunikationsanlagen und andere chipgesteuerte Systeme (Embedded Systems)).

In jedem Falle sollte möglichst viel Zeit für die Durchführung von Testfällen eingeplant und auch tatsächlich genutzt werden. Hierbei ist kein

3 Jahr-2000-Problematik

Quantitätstest, sondern ein Qualitätstest notwendig, der alle Jahr-2000-Problemfälle berücksichtigt. Bezogen auf die Gesamtprojektdauer sollte für die Testphase die Hälfte der Gesamtzeit zur Verfügung stehen.

Wenn alle Projektphasen zufrieden stellend verlaufen sind und bearbeitet wurden, sollte in der verbleibenden Zeit noch ein der Unternehmensstruktur angemessenes Notfallkonzept erarbeitet werden. Hierbei muss zum einen berücksichtigt werden, wie die Unternehmung auf Störungen des eigenen Betriebs reagiert. Außerdem ist eine geeignete Strategie für den Fall zu entwickeln, dass Zulieferer oder Abnehmer in ihren Betrieben durch die Jahr-2000-Umstellung in Bedrängnis geraten.

Im Normalfall wird es einem Unternehmen nicht möglich sein, eventuelle Ausfälle im Infrastrukturbereich (Strom, Wasser- und Abwasserver- bzw. -entsorgung, Verkehrsdienstleistungen) zu kompensieren. Dennoch sollten Handlungsalternativen zur Vermeidung von Personen-, Sach- und Vermögensschäden auch für diese Fälle vorliegen. Die Deutsche Bundesbank, die Industrie- und Handelskammern und auch der Deutsche Industrie- und Handelstag (DIHT) halten – neben den technischen Überwachungsverbänden und anderen Beratungsorganisationen – vielfältiges Informationsmaterial und Anregungen bereit, die auch in der knapp bemessenen Zeit bis zum Jahresende genutzt werden können, um noch offene Jahr-2000-Fragestellungen zu lösen.

3.5 Verbindung der Euro-Umstellung mit der Jahr-2000-Problematik

Aufgrund der zeitlichen Überschneidung bei den Maßnahmen zur Euro-Umstellung und zur Jahrtausendwende haben die Unternehmen vor der Entscheidung gestanden, diesbezügliche Vorbereitungen miteinander zu kombinieren, um doppelte Arbeiten an den Informationssystemen zu vermeiden oder die Aufgabenstellungen getrennt zu bearbeiten. Sofern die Unternehmen am 1. Juni 1999 umfangreiche Euro-Umstellungsarbeiten in Organisation und Datenverarbeitung (z. B. bei den Finanzdienstleistern) zu bewältigen hatten, stand die Jahr-2000-Problematik regelmäßig im Hintergrund. Sofern der Euro kein Thema mehr ist oder noch kein Thema im Unternehmen ist, konzentrieren sich diese in 1999 im Regelfall auf die Jahr-2000-Anpassungen. Zeitgleich werden nur wenige EDV-Anwender die Jahr-2000-Umstellungen und die Umstellung des Rechnungswesens auf den Euro zum 1. Januar 2000 vornehmen. Vermehrt werden aber Unternehmen im 1. Quartal 2000 den Euro als Hauswährung – rückwirkend zum 1. Januar – umstellen.

Gründe, die für eine Kombination beider Projekte (parallele Problemlösung) sprechen:

Für beide Projekte ist ein Inventar und eine Analyse der Informationssysteme vorzunehmen.

- Entscheidungen, ob die vorhandenen Systeme verändert oder ersetzt werden sollen, können häufig nicht unabhängig voneinander getroffen werden.

- Beide Projekte beziehen sich größtenteils auf die gleichen Informationssysteme.

Aus der praktischen und organisatorischen Blickrichtung mag es angebracht sein, beide Problemstellungen gemeinsam anzugehen. Dabei muss man sich jedoch über den grundlegenden Unterschied beider Projekte im Klaren sein:

Die Lösung des Jahr-2000-Problems muss sicherstellen, dass die Informationssysteme auch nach dem 31. 12. 1999 die Datumsangaben richtig berechnen und verarbeiten und die entsprechenden Verarbeitungsschritte korrekt durchgeführt werden. Die Jahr-2000-Problematik ist im Vergleich zur Euro-Umstellung mehr ein technisches Problem. An die Geschäftsleitung wird die Anforderung gestellt, auf die Bedeutung dieser Problematik hinzuweisen und die Umsetzung sicherzustellen. Die Aufgaben, die mit dem Jahr-2000-Problem anfallen, werden größtenteils von den EDV-Abteilungen der Unternehmen und externen Dienstleistern zu bewältigen sein.

Die Lösung der mit der Euro-Einführung verbundenen Probleme hingegen verlangt im Regelfall, dass die Funktionalitäten der kaufmännischen Informationssysteme erweitert werden. Dies setzt die umfassende Beteiligung der Endanwender bei der Identifizierung der Problembereiche und deren Beteiligung bei der Suche nach angemessenen Lösungsansätzen voraus. Die Geschäftsleitung muss grundlegende Entscheidungen über die zu erweiternden Funktionalitäten treffen, da diese während der Übergangsphase der Euro-Umstellung das Tagesgeschäft des Unternehmens in erheblichem Umfang beeinflusst werden.

Gründe, die für eine getrennte Behandlung beider Projekte sprechen:

- Die Termine für die Euro-Umstellung und das Jahr 2000 unterscheiden sich. Die Euro-Umstellung kann in dem bereits genannten Zeitraum vom 1. Januar 1999 bis zum 31. Dezember 2001 durchgeführt werden. Die Jahr-2000-Problematik dagegen weist einen festen Stichtag (31. 12. 1999) aus. Deshalb darf es aufgrund von Verzögerungen im Euro-Projekt nicht zu Verzögerungen im Jahr-2000-Projekt kommen, da dies unter Umständen unangenehme Folgen mit sich bringen kann.

- Die Verknüpfung beider Projekte könnte einen Umfang bzw. eine Komplexität erlangen, die schwierig mit den verfügbaren internen und externen Ressourcen zu bewältigen ist.

- Beide Projekte sind grundsätzlich verschieden. Das Jahr-2000-Problem ist überwiegend ein technisches Problem der Informationssysteme. Die Euro-Einführung dagegen erfordert zusätzliche Funktionalitäten in den Informationssystemen und Veränderungen in der Organisationsstruktur.

4 Ausnutzung der Übergangsphase 1999–2001

Die im Folgenden erläuterten Szenarien, die Übergangsphase 1999 bis 2001 für das Unternehmen möglichst effektiv zu nutzen, sind mit den dargestellten Anforderungen zur Unternehmens- und IT-Strategie eng verknüpft.

Ob das Unternehmen schnell, möglichst spät oder schrittweise Euro-fähig gemacht werden soll, ist von mehreren Faktoren abhängig. Solche können sein:

- Grad der Internationalität im Beschaffungs- und Absatzmarkt,
- Mitbewerberdichte des eigenen Marktes,

Neue Anforderungen

- Existenz ausländischer Standorte (Multinationalität),
- bisherige Mehrwährungsfähigkeit des Rechnungswesens,
- EDV-Ausstattung,
- Größe und Modernität des Unternehmens – auch in der Außendarstellung,
- Grenznähe des Unternehmens,
- Bargeldintensität der Geschäftstätigkeit bzw. Nähe zum Endverbraucher.

In der seit dem 1. Januar 1999 laufenden dreijährigen Übergangsphase müssen die Unternehmen, Gewerbetreibenden, Handwerker, Freiberufler und auch jede Privatperson entscheiden, in welcher Form die Euro-Umstellung im Zahlungsverkehr, aber auch in allen anderen Bereichen der Organisation erfolgen soll. Dabei sind folgende Ansätze im Unternehmensbereich zu unterscheiden:

- **Einführung zu einem Stichtag (Big Bang)**

Unter der Stichtagseinführung ist die zeitgleiche Umstellung aller Euro-relevanten Anwendersysteme zu einem bestimmten Termin zu verstehen. Diese Form der Einführung vermeidet Probleme, wie sie bei der graduellen (zeitlich gestreckten) Umsetzung auftreten können. Jedoch erfordert diese einheitliche Umstellungsweise im Unternehmen gründlichere und exaktere Planungen und eine umfassendere Testphase als bei der phasenweisen Umstellung. Voraussetzung ist in diesem Szenario ein gut ausgebildetes und vorbereitetes IT-Personal sowie ausreichend interne und externe Ressourcen.

Ferner ist der Zeitaufwand bedeutsam, der für die Konvertierung aller historischen Daten aus der nationalen Währung in Euro benötigt wird, sofern diese Informationen für die betrieblichen Abläufe zwingend sind und somit konvertiert werden müssen. Der Einsatz von zusätzlicher Hardware könnte notwendig sein, falls sich dieser Prozess, insbesondere die Testphase, über einen längeren Zeitraum erstreckt. Unter Umständen ist in solchen Fällen eine graduelle Umstellung zu erwägen.

Grundsätzlich erscheint die Umstellung zum Bilanzstichtag möglich. Hierbei ist aber zu berücksichtigen, dass Nachbuchungen aus der Abschlusserstellung und Prüfung gegebenenfalls bis weit in die folgende Periode

4 Ausnutzung der Übergangsphase 1999–2001

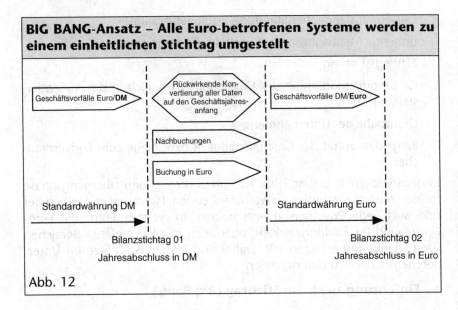

Abb. 12

angestoßen werden. Um die Bedeutung dieses Problems zu verringern, könnte sich die Umstellung während des Geschäftsjahres (z. B. zum 30. Juni) als eine mögliche Alternative darstellen. Die Anforderungen des Euro-Einführungsschreibens der Finanzverwaltung müssen aber berücksichtigt werden. In diesem Fall ist organisatorisch-technisch zu prüfen, ob die Bearbeitung der Geschäftsvorfälle ab dem Bilanzstichtag bereits in Euro erfolgt oder ob zunächst noch in der nationalen Währung weiter verarbeitet wird und die rückwirkende Konvertierung der historischen Datenbestände dann unterjährig erfolgt. Für das Rechnungswesen geht die Finanzverwaltung davon aus, dass innerhalb eines Geschäftsjahres die Geschäftsvorfälle nur in einer Hauptwährung (DM oder Euro) behandelt werden und keine unterjährige Umstellung erfolgt. Die Softwarelieferanten tragen diesen Anforderungen Rechnung (siehe die Beispiele in Kapitel L „Lösungen verschiedener Software-Lieferanten").

● **Phasenweise – graduelle – Einführung**

Bei dieser Form der Euro-Einführung werden die einzelnen Unternehmensbereiche je nach Notwendigkeit und Vorbereitung sukzessive umgestellt. Hierdurch werden einige Risiken, die mit der Stichtagsumstellung verbunden sind, vermieden. Dies betrifft insbesondere die Notwendigkeit, eine Vielzahl von Systemen zu einem Stichtag auf die neue Standardwährung umzustellen.

Nachteilig wirkt sich jedoch aus, dass bei dieser Form der Umstellung einige Systeme weiterhin mit der nationalen Währung arbeiten, während andere bereits den Euro verwenden. Aus diesem Grund ist es bei diesem Ansatz erforderlich, dass spezielle Schnittstellen entwickelt werden, die bei Bedarf die Konvertierungen der Betragsinformationen in die jeweils andere Währung vornehmen. Solche Schnittstellen, die als Konverter bezeichnet werden, sind aufgrund ihres relativ kurzen Lebenszyklus (Einsatzzeit max. 3 Jahre) in der Entwicklung und Wartung verhältnismäßig teuer.

Ein zusätzliches Problem kann durch die unsachgemäße Behandlung und Zuordnung von Daten entstehen. So besteht in diesem Fall die Gefahr, dass verschiedene Währungseinheiten in den einzelnen Anwendungen vermischt werden und dies eine Datenverunreinigung mit erheblichen wirtschaftlichen Auswirkungen zur Folge hätte.

Dieser Ansatz erfordert eine laufende Systemaktualisierung sowie einen hohen internen Informationsaustausch, bindet aber die internen und externen Ressourcen nicht so stark wie im BIG-BANG-Szenario.

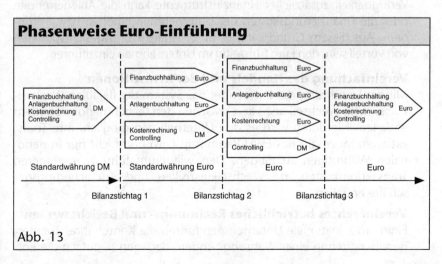

Abb. 13

4 Ausnutzung der Übergangsphase 1999–2001

Das Euro-Einführungsschreiben der Finanzverwaltung lässt auch diesen Ansatz zu. Die jeweils umgestellten Bereiche müssen sich aber sinnvoll abgrenzen lassen.

Nach der Erläuterung der beiden Umstellungsszenarien stellt sich nun die Frage nach dem bestmöglichen Zeitpunkt bzw. Zeitraum. Diese Entscheidung muss von allen Unternehmen getroffen werden. Wenn die Umstellung von DM auf Euro zum letztmöglichen Zeitpunkt (1. Januar 2002) erfolgen soll, ist dies eine typische BIG-BANG-Lösung. Die Entscheidung wird hierbei häufig aus strategischen/unternehmenspolitischen Gründen getroffen und nicht primär unter EDV-Gesichtspunkten.

Gründe, die für die Verwendung des Euro bereits zu Beginn der Übergangsphase sprechen:

- **Zugang zu den Euro-Finanzdienstleistungen**
  Viele Unternehmen sind auf den Kapitalmärkten als Anleger oder Kreditnehmer aktiv und werden deshalb von der Entwicklung der Interbanken-Finanzmärkte beeinflusst. Mit der Errichtung der Währungsunion entsteht auf den internationalen Finanzmärkten eine bedeutende Währung. Der Euro-Markt wird wegen seiner Größenordnung umfangreicher und liquider sein als die bestehenden nationalen Märkte und deshalb zur Entwicklung neuer Finanzinstrumente beitragen. Diese erhöhte Verfügbarkeit zusätzlicher Finanzinstrumente kann die Anlegerrendite oder die Finanzierungskosten der Unternehmen erhöhen bzw. verringern. Aus diesem Grund kann es unter Finanzierungsgesichtspunkten von Vorteil sein, den Euro frühzeitig im Unternehmen einzuführen.

- **Vereinfachung des Handels und der Investitionen**
  Mit der Einführung des Euro endet das System der flexiblen Wechselkurse, d. h., Wechselkursrisiken zwischen den teilnehmenden Ländern entfallen. Hierdurch wird es den Unternehmen möglich, ihre Transaktionen innerhalb des EWU-Raumes in Euro und nicht nur in nationalen Währungen zu tätigen. Dies wiederum führt zu geringeren Transaktionskosten, da Wechselkursrisiken und Kurssicherungsgeschäfte entfallen.

- **Vereinfachtes betriebliches Rechnungs- und Berichtswesen**
  Einige multinationale Unternehmen führen die Konten ihrer Tochtergesellschaften in einer Währung. Andere dagegen benutzen die ent-

sprechenden Landeswährungen ihrer Tochtergesellschaften. Durch Verwendung des Euro kann für Tochtergesellschaften innerhalb des EWU-Raumes das Rechnungs- und Berichtswesen erheblich vereinfacht werden. Diese Vereinfachungen werden sich einige Unternehmen schon frühzeitig zunutze machen. Zudem wird der kurzfristige Informationsaustausch in einer Berichtswährung und damit die Unternehmenssteuerung vereinfacht.

- **Wettbewerbsvorteile einer frühzeitigen Umstellung**
  Für Unternehmen kann es von Vorteil sein, ihre Güter und Dienstleistungen bereits zu Beginn der Übergangsphase im neuen Währungsraum einheitlich in Euro anzubieten. Insbesondere gilt dies für den Finanzdienstleistungssektor (Kreditinstitute, Versicherungen).
  Auch die positive Einstellung gegenüber dem Euro könnte für die Unternehmen von Bedeutung sein. Denn je näher die Währungsunion rückt, desto stärker werden die Unternehmen von den Märkten nach der Qualität ihrer Euro-Vorbereitungen und ihrer Fähigkeit, mit dieser Herausforderung umzugehen, beurteilt. Als Folgen einer unzureichenden Planung könnten sich für größere Unternehmen Abschläge bei den Aktienkursen oder eine ungünstigere Einstufung bei Kreditrisiken einstellen (Rating-Agenturen).

- **Projekte mit einem Zeithorizont über das Jahr 2002 hinaus**
  Der Zeithorizont vieler Geschäftsoptimierungs- und EDV-Projekte erstreckt sich oftmals über mehrere Jahre. Deshalb werden es einige Unternehmen in der Übergangsphase bereits vorziehen, das betriebliche Rechnungswesen für Projekte, die über das Jahr 2002 hinausreichen, in Euro zu erfassen. Hierdurch werden spätere Neuberechnungen vermieden.

- **Vermeidung logistischer und personeller Engpässe**
  Großunternehmen haben eine Vielzahl von Informations- und Managementsystemen, die an den Euro angepasst werden müssen. Die Umstellung dieser Systeme kann so komplex und aufwändig sein, dass kurzfristige Umstellungsmaßnahmen zu logistischen und personellen Engpässen führen. Hier erscheint es sinnvoll, Vorkehrungen für einen längeren Umstellungszeitraum zu treffen, der Pufferzeiten enthält, mit denen auf aktuelle Anpassungen der Prioritäten reagiert werden kann (phasenweise Einführung).

4 Ausnutzung der Übergangsphase 1999–2001

Folgende Gründe könnten die Unternehmen veranlassen, die Euro-Einführung erst zum letztmöglichen Termin durchzuführen:

- **Einzelhandelskäufe bis zum Jahr 2002 in nationaler Währung**
Da bis einschließlich 31. Dezember 2002 keine Euro-Banknoten und -Münzen ausgegeben werden, wird der Großteil der Einzelhandelstransaktionen auch weiterhin in nationalen Währungen abgewickelt. Aus diesem Grund erscheint es für Unternehmen des Einzelhandels, welche vorwiegend Geschäftsbeziehungen zu Privatpersonen unterhalten, wenig sinnvoll, frühzeitig auf den Euro umzustellen.
Ergänzend sei an dieser Stelle erwähnt, dass sich aber auch die Einzelhandelsorganisationen und -unternehmen außerhalb des Euro-Währungsraums auf dessen Einführung organisatorisch-technisch vorbereiten. So wollen z. B. die großen englischen Kaufhäuser sicherstellen, dass während der Übergangsphase Transaktionen auch in Euro möglich sind und Kunden in dieser Währung bezahlen können. Dies wird, unabhängig vom späteren möglichen Beitritt Großbritanniens zum Euro-Währungsraum, besonders dann interessant, wenn die Englandtouristen über Euro-Münzen und -Banknoten verfügen. Die Mehrzahl der Anforderungen wird hier über intelligente Kassensysteme, wie sie bereits heute an internationalen Flughäfen und Fährverbindungen gang und gäbe sind, abgewickelt werden.

- **Entwicklungskosten für die Verarbeitung zweier Systeme**
Wie schon erwähnt, werden eine Reihe von Unternehmen erst im Jahr 2002 vollständig auf den Euro umstellen können. Sie benötigen bis dahin Systeme, die beide Währungen (DM und Euro) verarbeiten können. Dies bedeutet nicht, dass eine doppelte Speicherung der Währungsinformationen zwingend ist. Vielmehr sind Konverter, wie sie auch von den Banken genutzt werden, für die betriebliche Datenverarbeitung zu entwickeln. Da diese aber nach der vollständigen Umstellung nicht mehr benötigt werden, sollten sich die Entwicklungs- und Investitionskosten für diese Konverter in einem relativ kurzen Lebenszyklus amortisieren.

- **Vorteile von Erfahrungsaustausch und Standardpaketen**
Für alle Unternehmen bestehen bei der Umstellung auf die einheitliche Euro-Währung ähnliche Probleme. Daher ist es sinnvoll, dass ein

Erfahrungsaustausch stattfindet, bei welchem die Kreditinstitute und Wirtschaftsverbände eine Schlüsselrolle einnehmen. Auch Beratungs- und Wirtschaftsprüfungsgesellschaften werden im Rahmen ihrer üblichen Dienstleistungen ihre Unterstützung bei der Umstellung anbieten. Seit der endgültigen Entscheidung der Bundesrepublik Deutschland zum Euro-Beitritt ist das Beratungsangebot, aber auch die Nachfrage nach Beratungsunterstützung, sprunghaft angestiegen.

Der Euro bietet den Unternehmen, die die notwendigen Unterstützungsprogramme entwickeln, eine hervorragende wirtschaftliche Gelegenheit. Bestehende Softwarelieferanten entwickeln neue Versionen, um ihre Softwarepakete Euro-kompatibel zu machen.

Auch wenn eine völlig automatische Umstellung mit Standardlösungen für die Unternehmen im Regelfall nicht möglich ist, können diese Standardlösungen dazu dienen, die Investitionskosten niedrig zu halten.

Ein wichtiges Kriterium für den optimalen Umstellungszeitpunkt bildet aber auch die Menge der in Euro anfallenden Geschäftsvorfälle (Mengengerüst). Dieses sollte im Rahmen der Betroffenheitsanalyse frühzeitig aufgenommen werden.

Wie dargestellt, ist die Wahl eines frühen oder späten Umstellungszeitpunktes bzw. -zeitraumes für den Arbeitsanfall und die Projektstrukturierung im Unternehmen von entscheidender Bedeutung.

Bei der Projektstrukturierung ist grundsätzlich zwischen interner und externer Umstellung zu unterscheiden. Die externe Umstellung umfasst z.B. Preisauszeichnungen, Fakturierungen und Bilanzierungen. Die interne hingegen bezieht sich z.B. auf die Kreditoren-, Debitoren- und Finanzbuchhaltung, die Kostenrechnung und Kalkulation sowie die Lohn- und Gehaltsbuchhaltung. Für kleinere und mittlere Unternehmen empfiehlt sich eine zeitgleiche Umstellung beider Bereiche. Großunternehmen trennen hingegen häufig den internen und externen Umstellungszeitpunkt in Abhängigkeit von der Komplexität der Umstellungsaufgabe.

Bei der Umstellung des externen Rechnungswesens ist insbesondere auf die Abhängigkeiten der Unternehmen von Lieferanten oder Zulieferern zu achten, da diese aufgrund ihrer Marktposition die Umstellung und den Umstellungsablauf erheblich beeinflussen können. Im Folgenden

4 Ausnutzung der Übergangsphase 1999-2001

Kapitel wird auf die verschiedenen Umstellungsbereiche detaillierter eingegangen.

Wie bereits zu Beginn dieses Kapitels dargestellt, haben sich überwiegend nur Finanzdienstleister und große Unternehmen zur frühzeitigen Euro-Umstellung entschlossen. Alle übrigen Betroffenen müssen nun die notwendigen Schritte in den verbleibenden zwei Jahren einleiten und abschließen.

Technische Auswirkungen der Euro-Einführung auf ausgewählte Unternehmensbereiche

1 Vorbemerkungen

Im Folgenden werden die technischen Auswirkungen der Euro-Einführung beispielhaft anhand der Unternehmensbereiche Rechnungswesen und Zahlungsverkehr dargestellt. In diesen beiden Bereichen sind in erheblichem Umfang monetäre Größen enthalten. Beiden Unternehmensbereichen sollte deshalb von Seiten des Managements besondere Aufmerksamkeit zuteil werden.

2 Rechnungswesen

Jedes Unternehmen wird früher oder später von der Umstellung des betrieblichen Rechnungswesens auf den Euro betroffen sein. In Gesprächen mit Vorständen und Geschäftsführern von Unternehmen reduziert sich das Problem der Euro-Einführung häufig auf die Fragestellungen:

- Wann kann der erste Euro-Jahresabschluss erstellt werden?
- Welche Maßnahmen sind zur Eigenkapitalumstellung notwendig?

Zentrale Bedeutung hat also der Jahresabschluss, bestehend aus Bilanz und Gewinn- und Verlustrechnung und dessen Darstellung in Euro. Dabei wird häufig übersehen, dass ein Euro-Jahresabschluss, der zur Veröffentlichung bestimmt ist, natürlich auch aus einer reinen DM-Buchführung – unter Verwendung eines so trivialen Instrumentariums wie Excel-Arbeitsblätter – hergeleitet werden kann. Die umfassende Euro-fähige Umstellung des Rechnungswesens ist aber natürlich weit vielschichtiger.

Das Rechnungswesen stellt die „Schnittstelle" zu den weiteren Unternehmensbereichen dar. Letztlich wird in der Gewinn- und Verlustrechnung des Unternehmens der Erfolg eines Wirtschaftsjahres gemessen. Dieser setzt sich aber aus einer Vielzahl von Einflussgrößen zusammen. Daten

2 Rechnungswesen

aus dem Rechnungswesen werden beispielsweise auch für Zwecke der Angebotskalkulation, aber auch für eine Finanz- und Liquiditätsplanung verwendet.

Wie bereits bei den verschiedenen Umstellungsszenarien dargestellt, werden während der Übergangsphase vermehrte Anforderungen auf das Rechnungswesen zukommen, denn in dieser Phase muss das Rechnungswesen sowohl mit DM- als auch mit Euro-Geschäftsvorfällen ordnungsgemäß umgehen können.

Strikte Trennung von DM- und Euro-Währungseinheiten

Es ist davon auszugehen, dass jedes Unternehmen, welches sich für die eine oder andere Währungseinheit (DM oder Euro) in der Übergangsphase entschieden hat, mit Sicherheit auch Geschäftsvorfälle in der anderen Währungseinheit erhalten wird.

Durch geeignete organisatorische und technische Kontrollen ist sicherzustellen, dass es zu keiner Vermischung von DM- und Euro-Währungseinheiten bei der Verarbeitung im Unternehmen kommt. Dies könnte z. B. durch entsprechend ausgeprägte und ausgestellte Rechnungseingangs- und -ausgangsbücher oder Abstimm- und Kontrollsummen während der Übergangszeiten erfolgen, die jeweils für die DM- und Euro-Belege angelegt und im Rahmen von Plausibilitätsprüfungen kontrolliert werden. Weiterhin muss eine ordnungsgemäße Umrechnung der Währungsbeträge sichergestellt werden.

Dies kann in Abhängigkeit von den Belegen sowohl EDV-gestützt als auch manuell erfolgen (Taschenrechnermethode). Für die EDV-gestützte Methode bieten die Softwarelieferanten Releaselösungen an, die insbesondere die Aspekte Umrechnung von Geschäftsvorfällen, Festlegung und Wechsel der Hauswährung auf den Euro, Konvertierung von alten (historischen) Datenbeständen und Schnittstellenaspekte behandeln.

Letzter DM-Jahresabschluss am 31.12.2001

Die Umstellung des gesamten internen und externen Rechnungswesens (Buchhaltung, Controlling, Jahresabschluss und Steuern) auf den Euro muss spätestens bis zum 31. Dezember 2001 abgeschlossen sein. Dies bedeutet aber nur, dass ab 2002 der Euro als Hauswährung verwendet

Technische Auswirkungen auf ausgewählte Unternehmensbereiche

werden muss. Der letzte Jahresabschluss in DM kann noch auf den 31. Dezember 2001 aufgestellt werden (vgl. dazu Kapitel E „Bilanzierung – Auswirkungen der Euro-Einführung auf die Rechnungslegung"). Die Abschlussarbeiten werden sich in diesem Fall in das Jahr 2002 hineinziehen, und es muss sichergestellt sein, dass die letzten DM-Abschlussbuchungen ordnungsgemäß erfolgen und nachgewiesen werden. Die konkrete Vorgehensweise ist hier mit dem EDV-Bereich abzustimmen. Die von den Softwareherstellern vorgesehenen Migrationsfälle von DM zu Euro sind hierbei zu beachten.

So hat sich beispielsweise die in Kapitel M zum Projektmanagement dargestellte Beispielsfirma Nauke AG dazu entschlossen, den letzten DM-Jahresabschluss auf den 31. Dezember 1999 zu erstellen. Die Jahresabschlussarbeiten werden sich dann bis in den Februar 2000 hinziehen. Während der Übergangsphase verwendet die Gesellschaft im Jahr 1999 sowie im Januar/Februar 2000 als Hauswährung DM. Durch entsprechende Softwareanpassungen wird die korrekte Verarbeitung der verschiedenen Währungseinheiten (Erfassung und korrekte Umrechnung von DM- und Euro-Beträgen) im Kontokorrent (Personenkonten – Debitoren und Kreditoren) schon in 1999 sichergestellt. Auch das Geschäftsjahr 2000 wird zunächst in der Hauswährung DM geführt. Nach Jahresabschlusserstellung und Prüfung wird dann der gesamte Datenbestand, beginnend mit dem 1. Januar 2000, konvertiert. Die Hauswährung lautet nunmehr auf Euro. Der Jahresabschluss zum 31. Dezember 2000 erfolgt in Euro (siehe nachfolgende Abbildung).

Andere Softwarelieferanten sehen in diesem Fall die Möglichkeit vor, die DM als Hauswährung zunächst für das Geschäftsjahr 1999 beizubehalten und nur die neuen Geschäftsvorfälle (Bearbeitung von offenen Posten, Zahlungsein- und -ausgang, Sachkontenbuchungen) des Jahres 2000 in Euro abzuwickeln. Nach Abschluss der letzten DM-Bilanz und DM-Gewinn- und Verlustrechnung würde dann ein Übertrag/Vortrag in Euro erfolgen.

2 Rechnungswesen

Beispiel für die Umstellung des Rechnungswesens

```
DM-Buchführung 1999 Jahresabschlusserstellung

        Neue Geschäftsvorfälle
        des Jahres 2000 in DM

            Konvertierung der DM
            in Euro-Informationen      Euro-Buchführung

        31.12.1999                          31.12.2000
        Stichtag letzter                    Stichtag erster
        Jahresabschluss                     Jahresabschluss
        in DM                               in Euro
```

Abb. 14

Zu der Umstellung des Rechnungswesens auf den Euro gehört sicherlich auch die Frage, wie Auswertungen der Bilanz und der Gewinn- und Verlustrechnung in DM und/oder Euro während der Übergangsphase generiert werden können.

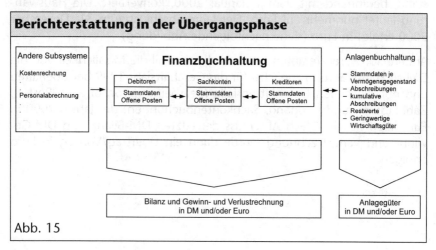

Abb. 15

Technische Auswirkungen auf ausgewählte Unternehmensbereiche

Führung von Kontokorrentkonten in Euro

Die Umstellung des Rechnungswesens von der DM auf den Euro bedeutet, dass die Hauswährung zu einem bestimmten Stichtag gewechselt und die Informationen, die bisher als offene Posten in den Kontokorrentkonten bzw. auf den Sachkonten geführt wurden, unter Zugrundelegung der Euro-Konversionskurse in den Euro umgerechnet werden.

Während der Übergangsphase ist es in einer Reihe von Softwaresystemen möglich, abweichend von der eigentlichen Hauswährung, in der zunächst alle Transaktionen geführt werden und die die Basis des Jahresabschlusses bildet, Kontokorrentkonten (Debitoren/Kreditoren) in einer anderen Währung (z. B. Euro) zu führen. Hierdurch besteht die Möglichkeit, z. B. in den Bereichen Vertriebssteuerung und Einkauf die vom Kunden bzw. Lieferanten gewünschte Währungseinheit zu nutzen. Dies setzt natürlich einen integrierten Lösungsansatz und ferner die Möglichkeit voraus, die im Rechnungswesen verfügbaren Informationen der Hauswährung über Konverter auch in der Alternativwährung den Systemanwendern verfügbar zu machen.

Rundungsdifferenzen

Sowohl bei der Überleitung der DM-„Eröffnungsbilanz" als auch bei der täglichen Verarbeitung von Geschäftsvorfällen kann es zu horizontalen und vertikalen Rundungsdifferenzen kommen, auf die in Kapitel J „Umrechnungs- und Rundungsregeln im Euro-Währungsraum" eingegangen wird. In jedem Fall müssen aber im Rechnungswesen, und hier speziell in der Finanzbuchhaltung, die Voraussetzungen dafür geschaffen werden, dass diese Differenzen automatisch entsprechenden Konten zugeordnet werden (maschinelle Buchungen). Hier sind zudem geeignete maschinelle und manuelle Plausibilitätskontrollen zu berücksichtigen.

Beleg- und Formularwesen

Mit der Umstellung des Rechnungswesens geht die entsprechende Umstellung des Beleg- und Formularwesens einher. Dies betrifft alle Bereiche des Unternehmens, in denen monetäre Größen erfasst oder ausgegeben werden. Häufig ist in Rechnungs- und Bestellformularen als Währungseinheit DM vorgedruckt. Dies ist seit dem 1. Januar 1999 nicht mehr ausreichend, und beide Möglichkeiten (DM/Euro) müssen verfügbar sein. Buchungsinformationen (Stempel, Aufkleber) müssen ebenso geändert werden, da der Geschäftsvorfall in DM oder in Euro als Transaktionswährung erfasst werden kann.

Wenn das System die Möglichkeit bietet, Auswertungen wahlweise in unterschiedlichen Währungseinheiten (DM und/oder Euro) auszugeben, muss gewährleistet werden, dass die verwendeten Währungseinheiten eindeutig auf den Auswertungen zu sehen sind, um Datenkonfusion zu vermeiden.

Umstellung des internen Rechnungswesens

Im Regelfall wird die Umstellung des internen Rechnungswesens zeitgleich mit der Umstellung der Hauswährung erfolgen. Entscheidet sich ein Unternehmen, abweichend hiervon im internen Rechnungswesen eine andere Währungseinheit als in der Finanzbuchhaltung (externes Rechnungswesen) zu verwenden, muss die Umrechnung über geeignete Umrechnungskonvertoren erfolgen.

Zum internen Rechnungswesen zählen die Kostenstellen- und Kostenträgerrechnung sowie die Controllingauswertungen (z. B. Profit-Center-Auswertungen) und das Berichtswesen. Insbesondere in diesen Bereichen sollte berücksichtigt werden, dass es neben den integrierten Lösungen auch viele unternehmensspezifische Lösungen gibt. Diese basieren häufig auf Tabellenkalkulationsprogrammen, wie z. B. Microsoft Excel. Viele Auswertungen werden heute außerhalb der eigentlichen Finanzbuchhaltung auf Basis von Datentransferinformationen in Excel erstellt, da diese durch den Sachbearbeiter leicht vorgenommen werden können und häufig nicht die technischen Kenntnisse vorhanden sind, wie sie bei direkten Datenbankabfragen (z. B. ABAP in SAP) notwendig wären.

Während im Standardsoftwarebereich von den Softwarelieferanten Informationsmaterial, Umstellungstools und -werkzeuge sowie Beratungshilfe angeboten werden, ist man bei diesen Individuallösungen im PC-Bereich – wie bei DV-Individuallösungen und deren Anpassung in der Großrechnerwelt (Host) – auf sich allein gestellt.

Sofern also historische Daten in Tabellenkalkulationsprogrammen genutzt werden sollen, müssen diese Informationen unter Zugrundelegung der Euro-Konversionskurse ermittelt werden. Hier besteht das erhebliche Risiko, dass Daten und Informationen falsch berechnet oder übertragen werden. Es sind hier geeignete interne Kontrollen und Plausibilitätsüberlegungen in die Umsetzung einzubringen.

Nachfolgend finden sich einige für den Bereich des externen und internen Rechnungswesens typische Fragestellungen, die im Hinblick auf die Einführung des Euro zu berücksichtigen sind:

Checkliste: Umstellung des internen und externen Rechnungswesens

Rechnungswesen allgemein

- Überdenken Sie den Umstellungszeitpunkt hinsichtlich des internen und externen Rechnungswesens.

- Klären Sie Pro und Contra für die Umstellung zum Ende/während des Geschäftsjahres frühzeitig ab.

- Stimmen Sie die geplante Vorgehensweise mit dem DV-Verantwortlichen ab.

- Ziehen Sie Ihren Steuerberater/Wirtschaftsprüfer bei der Umstellungsplanung hinzu und analysieren Sie die Ordnungsmäßigkeitsanforderungen.

- Erstellen Sie ein detailliertes Pflichtenheft und einen Umstellungsplan.

Buchhaltung/Jahresabschluss (Rechnungswesen extern)

- Überdenken Sie, ob die Umstellung bezüglich Buchhaltung und Jahresabschluss zeitgleich erfolgen soll.

- Entscheiden Sie sich für die Hauswährung DM oder Euro in Abhängigkeit vom Umstellungszeitpunkt.

- Stellen Sie an Ihr Buchhaltungssystem die Anforderung der Mehrwährungsfähigkeit und der korrekten Umrechnung nach den EU-Vorschriften.

2 Rechnungswesen

- Überarbeiten Sie Preis- und Stammdateien sowie Wertgrenzen in Arbeitsanweisungen und im DV-System (Rabatte, Skonti, Hauptwährung im Kontokorrent ...).

- Wollen Sie die externe Berichterstattung Ihres Unternehmens während der Übergangsphase in DM und in Euro durchführen? Wie werden die Daten zur Verfügung gestellt?

- Prüfen Sie, wie die „Offenen Posten" von DM in Euro überführt werden können und wie der Zahlungsausgleich erfolgt.

Kostenrechnung/Controlling (Rechnungswesen intern)

- Festlegung eines Zeitpunktes, ab wann die betriebliche Planung, die Kostenrechnung und die übrigen Auswertungen in Euro erfolgen sollen.

- Stammen die Daten nicht aus einem einheitlichen Datenbestand (Datenbank), so müssen die Informationen ggf. einzeln umgestellt werden.

- Bedenken Sie die Währungsumstellung bei Vorkalkulationen für in der Zukunft liegende Projekte.

- Für Zeitvergleiche sind die historischen Daten/Kennzahlen umzurechnen (z. B. Kennzahlenanalysen).

- Berücksichtigen Sie die Euro-Umstellungskosten bei der Budgetierung.

Checkliste: Fragestellungen für die technischen Abläufe

- Nehmen Sie die gesamte verfügbare Hard- und Software auf.

- Identifizieren Sie die von der Euro-Umstellung betroffenen Programme in den verschiedenen Funktionsbereichen in- und außerhalb des Rechnungswesens (eigene und fremde Systeme).

- Prüfen Sie, ob diese auf die Verarbeitung von Euro und Hauswährung angepasst werden können.
- Erstellen Sie ein Konzept zur Anpassung an die neuen Anforderungen.
- Stellen Sie Überlegungen bezüglich der Behandlung archivierter Daten an (Notwendigkeit der Konvertierung?).
- Wägen Sie den Neukauf gegen die Umstellung der Programme bzw. Releasewechsel ab.
- Bedenken Sie hierbei, ob die Umstellung selbständig erfolgen kann oder durch Dritte erfolgen muss.
- Klären Sie den Zeitpunkt und den Inhalt der vorzunehmenden Änderungen frühzeitig mit Ihrem Softwarepartner ab (bedenken Sie Kapazitätsengpässe beim Anbieter!).
- Überprüfen Sie die Hardware im Hinblick auf die neuen Softwareanforderungen. Berücksichtigen Sie die Möglichkeit von Geschäftsprozessoptimierungen.
- Nehmen Sie – wenn möglich – Ihren Wartungsvertrag für einen Releasewechsel in Anspruch.
- Definieren Sie Schnittstellen und machen Sie diese transparent.
- Umstellung zum „Big Bang" oder Phasenkonzept?

3 Zahlungsverkehr

3.1 Einführung

Seit dem 1. Januar 1999 ist der Euro sowohl rechtlich wie auch wirtschaftlich die einzige Währung der an der EWU teilnehmenden Staaten. Da die Umstellung auf die neue Währung zum einen aus technischen Gründen nicht abrupt vollzogen werden sollte und zum anderen die Bürger schrittweise an die Verwendung der neuen Währung gewöhnt wer-

3 Zahlungsverkehr

den sollen, wurde eine dreijährige Übergangsphase vom 1. Januar 1999 bis zum 31. Dezember 2001 vorgesehen.

Während der dreijährigen Übergangsphase bleiben die bisher gültigen Geldzeichen in den Euro-Teilnehmerstaaten das einzige gesetzliche Zahlungsmittel. In Deutschland können in diesem Zeitraum Bargeldzahlungen nur mit DM-Noten und -Münzen vorgenommen werden, nur für diese besteht der so genannte Annahmezwang, die Verpflichtung des Gläubigers zur Annahme des Geldes. Des Weiteren können Schuldner und Gläubiger vereinbaren, bargeldlos – z. B. per Überweisung oder Kreditkarte – zu bezahlen. Seit dem 1. Januar 1999 kann der Euro als Giralgeld im bargeldlosen Zahlungsverkehr neben der D-Mark verwendet werden. Dieses Wahlrecht zwischen den Teilnehmer-Währungen und dem Euro endet mit der Einführung von Euro-Bargeld im Jahr 2002 (vgl. Abb. 16).

Währungs- und Zahlungsmittelfunktionen in der Übergangsphase (1. Januar 1999 bis 31. Dezember 2001)

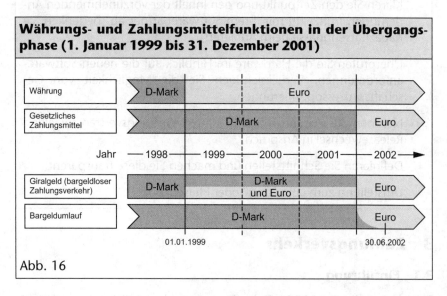

Abb. 16

Die hieraus resultierenden Auswirkungen auf den Inlandszahlungsverkehr und die Kontoführung sowie auf den grenzüberschreitenden Zahlungsverkehr in der EWU und die Vereinheitlichung technischer Standards im Zusammenhang mit der elektronischen Abwicklung des Bankverkehrs werden in den folgenden Abschnitten erläutert.

Technische Auswirkungen auf ausgewählte Unternehmensbereiche

Nachfolgend sind vorab einige grundlegende Aspekte aufgeführt, die im Hinblick auf den Zahlungsverkehr zu berücksichtigen sind.

Checkliste: Grundlegende Aspekte zum Zahlungsverkehr

- Überprüfen Sie, in welchem Umfang Sie von Bargeldzahlungsverkehr betroffen sind.
- Klären Sie diesbezügliche Investitionsentscheidungen entsprechend früh ab.
- Besprechen Sie den zukünftigen Zahlungsverkehr mit Ihren Hausbanken und Geschäftspartnern.
- Stellen Sie sicher, dass Sie die notwendige IT-Ausstattung (Hard- und Software) zur Verfügung haben.
- Prüfen Sie die Höhe Ihrer Auslandsforderungen und -verbindlichkeiten.
- Überdenken Sie Möglichkeiten, welche die Umstellungsrisiken möglichst gering halten.
- Stellen Sie Überlegungen hinsichtlich der Nutzung des electronic banking an.

Viele der Unternehmen werden den größeren Kapitalmarkt nutzen, um die vorhandenen liquiden Mittel besser anzulegen. Viele der heute eingesetzten Liquiditätsplanungs- und -steuerungssysteme benötigen eine Historie über die im Unternehmen üblichen Zahlungsströme und Zahlungsverpflichtungen (z. B. Urlaubsgeld im Juni und Weihnachtsgeld Ende November als große Kapitalabflüsse).

Diese Systeme sind als Subsysteme auf Informationen aus dem Rechnungswesen (Forderungseingang, Bestellobligo, Verbindlichkeiten etc.) angewiesen. Es muss deshalb gewährleistet werden, dass die Informationen der Systeme in konsistenter Form auch nach der Hauswährungsumstellung auf den Euro zur Verfügung stehen.

3 Zahlungsverkehr

3.2 Inlandszahlungsverkehr und Kontoführung

3.2.1 Bargeldloser Inlandszahlungsverkehr

Ungeachtet der Einführung des Euro als Bargeld und gesetzliches Zahlungsmittel ab dem Jahr 2002 (vgl. Abb. 17), spielt der Euro seit dem 1. Januar 1999 eine große Rolle im bargeldlosen Zahlungsverkehr (vgl. Abb. 17). Die Notenbanken verwenden seit Beginn der Währungsunion innerhalb des Systems der Europäischen Zentralbanken sowie bei Zahlungsvorgängen mit Geschäftsbanken ausschließlich den Euro. Der Zahlungsverkehr zwischen den deutschen Kreditinstituten – also z. B. auch bei der Weiterleitung von DM-Zahlungsaufträgen ihrer Kunden – wird ebenfalls nur noch in Euro abgewickelt. Nach dem Grundsatz „Kein Zwang – Keine Behinderung" sind für Bankkunden bis zum Ende der Übergangsphase Ende 2001 noch Kontoführung und Zahlungsverkehr in DM möglich. Per 31. Dezember 2001 werden alle noch in DM geführten Konten automatisch auf den Euro umgestellt, die Kunden können sich jedoch auch während der Übergangsphase jederzeit für den Wechsel zum Euro entscheiden.

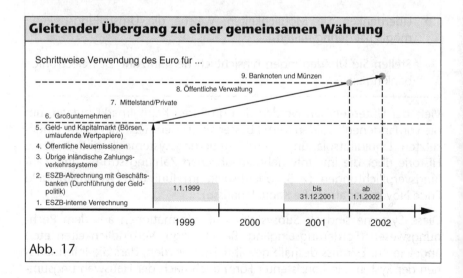

Abb. 17

Die Kundenkonten bei den Geschäftsbanken können also während der Übergangsphase wahlweise in Euro oder in DM geführt werden, im Inlandszahlungsverkehr werden als Betrags- und Währungsangaben sowohl DM als auch Euro (EUR) akzeptiert. Da auf diese Weise Konto- und Auftragswährung entkoppelt werden, spielt die Kontowährung bei der Abwicklung des Zahlungsverkehrs keine Rolle. Niemand ist gezwungen, ein zweites Konto allein „für den Euro" zu eröffnen. Unter „Kontowährung" wird dabei die Währung verstanden, in der das Konto geführt wird, während die „Auftragswährung" die Währung darstellt, in der der Empfänger sein Geld erhält. Der Kontoinhaber kann als Auftragswährung nur einen Betrag – DM oder Euro – in seinen Auftrag einstellen, deshalb ist nur ein Feld zur Angabe der Auftragswährungseinheit vorgesehen (vgl. dazu auch die Ausführungen in Abschnitt 3.4 „Vereinheitlichung technischer Standards"). Nur auf diese Weise ist sichergestellt, dass der Auftrag eindeutig ausgeführt werden kann.

Angabe der Auftragswährung auf dem Zahlungsbeleg:

- Aufgrund der parallelen Verwendung von Euro und D-Mark im Zahlungsverkehr ist es unerlässlich, dass auf dem Zahlungsbeleg die Auftragswährung – mit dem Kürzel „DM" bzw. „DEM" oder „EUR" – eindeutig angegeben wird. Ohne diese Angabe können z. B. Schecks und Wechsel nicht eingezogen werden!

- Wird in Euro-Zahlungsaufträgen das Symbol € statt der ISO-Codebezeichnung EUR angegeben, so versagen nicht umgestellte Schriftlesesysteme ihren Dienst. Um eine manuelle Nachbearbeitung zu vermeiden, sollte sichergestellt werden, dass die Software entsprechend angepasst ist.

Zahlungsverkehr zwischen den Kreditinstituten

Wie schon eingangs erwähnt, wird im Zahlungsverkehr zwischen den Kreditinstituten ausschließlich der Euro verwendet, hierbei gilt es, Umrechnungs- und Rundungsprobleme so weit wie möglich auszuschließen (zur Umrechnungs- und Rundungsproblematik vgl. die Ausführungen in Kapitel J „Umrechnungs- und Rundungsregeln im Euro-Währungsraum"). Hierzu wurde in einem Rahmenabkommen zwischen der Deut-

3 Zahlungsverkehr

schen Bundesbank und den Verbänden der Kreditwirtschaft eine bestimmte Vorgehensweise vereinbart (vgl. Abb. 18):

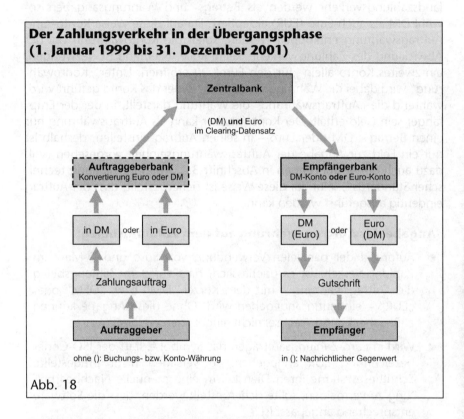

Abb. 18

Verhältnis zwischen Auftraggeberbank und Empfängerbank

Das Kreditinstitut, welches als erstes einen Zahlungsauftrag erhält („Auftraggeberbank"), ergänzt diesen Auftrag vor der Weiterleitung um die fehlende zweite Währungseinheit sowie ein Kennzeichen für die Auftragswährung und leitet dann diesen dreiteiligen Datensatz an die „Empfängerbank" weiter. Die Buchung zwischen den Kreditinstituten erfolgt dabei in Euro. Da der Empfängerbank jedoch der vollständige Datensatz zur Verfügung steht, kann sie dem Empfänger genau jenen DM-Betrag gutschreiben, den der Auftraggeber auf dem Ursprungsbeleg eingetragen

Technische Auswirkungen auf ausgewählte Unternehmensbereiche

hatte. Auf diese Weise werden Rückrechnungs- und Rundungsprobleme vermieden, niemand gewinnt oder verliert etwas durch die Umrechnung.

Zur Abwicklung des Interbank-Zahlungsverkehrs ist ein sehr leistungsfähiges System unter der Bezeichnung TARGET (**T**rans-European **A**utomated **R**eal-Time **G**ross-Settlement-**E**xpress-**T**ransfer System) aufgebaut worden, welches einen zeitnahen Informationsaustausch im Euro-Währungsgebiet ermöglicht. TARGET ist seit dem 4. Januar 1999 voll einsatzbereit, die Funktionsweise von TARGET wird im folgenden Abschnitt 3.3 „Grenzüberschreitender Zahlungsverkehr innerhalb der EWU" erläutert.

Der Kunde sollte zur Vermeidung von Rundungsdifferenzen stets in der fakturierten Währung bezahlen. Wenn z. B. ein zu zahlender Betrag auf DM lautet, sollte dieser Betrag auch dann für den Zahlungsauftrag verwendet werden, wenn der Zahlungspflichtige seine Konten bereits auf den Euro umgestellt hat. Rechnet der Auftraggeber eigenständig den DM-Betrag mit dem Euro-Konversionskurs in Euro um und überweist den Betrag als Euro-Zahlung, so könnte der Zahlungsempfänger in einigen Fällen bei der Kontrolle des Rechnungseingangs eine Zahlungsdifferenz feststellen, wie das folgende Beispiel zeigt (vgl. auch Abb. 19).

Fallbeispiel: Rundungsdifferenzen bei (Einzel-)Überweisungsaufträgen

Ein Kunde möchte während der dreijährigen Übergangsphase eine Rechnung über 700,00 DM bezahlen, führt jedoch sein Konto bereits in Euro. Rechnet er den Rechnungsbetrag selbst in Euro um, so würde er unter Zugrundelegung des Euro-Konversionskurses von 1,95583 DM/EUR sein Konto mit 357,90 EUR (kaufmännisch gerundet) belasten. Da der Bank der zu zahlende DM-Betrag jedoch nicht bekannt ist, würde sie als äquivalenten DM-Betrag 699,991557 DM, kaufmännisch gerundet 699,99 DM, ermitteln und weiterleiten. Dieser Betrag würde dann dem DM-Konto des Überweisungsempfängers gutgeschrieben. Dem Überweisungsempfänger entstünde so durch die Auftragserteilung von 357,90 EUR anstelle 700,00 DM eine interne („horizontale") Buchungsdifferenz von einem Pfennig. Das Zustandekommen von „horizontalen" Rundungsdifferenzen wird in Kapitel J „Umrechnungs- und Rundungsregeln im Euro-Währungsraum" ausführlich erläutert.

3 Zahlungsverkehr

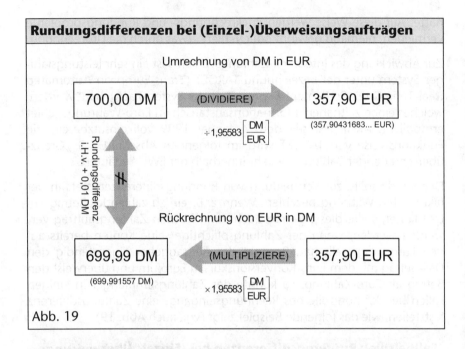

Abb. 19

Bezahlung von Einzelaufträgen (z. B. Rechnungsbeträge):

- Rechnungsbeträge sollten zur Vermeidung von Rundungsdifferenzen stets in der fakturierten Währung bezahlt werden.

- Die Umrechnung des Rechnungsbetrages sollte bei Überweisungen der Bank überlassen und nicht eigenständig vorgenommen werden.

- Bei Daueraufträgen ist zu beachten, dass diese i. d. R. nicht automatisch an die Kontowährung gekoppelt sind. Möchte der Empfänger seine Zahlungen zukünftig in Euro erhalten, so ist dies der Bank mitzuteilen, da ansonsten die Daueraufträge vorerst weiter in DM ausgeführt werden.

Werden gleichzeitig beleglos Zahlungsaufträge in DM sowie weitere Aufträge in Euro erteilt, so müssen diese in separaten Dateien eingereicht werden. Entsprechendes gilt auch für den beleghaften Zahlungsverkehr:

Technische Auswirkungen auf ausgewählte Unternehmensbereiche

Bei Scheckeinreichungen oder Sammelaufträgen für Überweisungen müssen separate „Sammler" für auf DM und Euro lautende Einzelbelege eingereicht werden. Um Rundungsdifferenzen zu minimieren, wird die Bank grundsätzlich bei Sammelaufträgen, bei denen die Auftragswährung von der Kontowährung des Kunden abweicht, zunächst jeden Einzelbetrag in die Kontowährung umrechnen und dann in der Summe buchen. Dieser Sachverhalt sei anhand des folgenden Beispiels erläutert (vgl. Abb. 20).

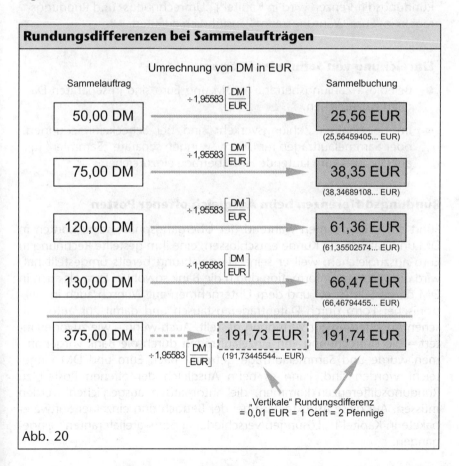

Abb. 20

3 Zahlungsverkehr

Fallbeispiel: Rundungsdifferenzen bei Sammelaufträgen

Ein Kunde reicht zugunsten seines in Euro geführten Kontos vier DM-Lastschriften über einen Gesamtbetrag i.H.v. 375,00 DM ein. Dem Konto wird dann die Summe der vier in Euro umgerechneten Einzelposten und nicht der Euro-Gegenwert von 375,00 DM (191,73 DM) belastet. Bei Umrechnung der Einzelbeträge in Euro entsteht eine sog. „vertikale" Rundungsdifferenz. Das Zustandekommen von „vertikalen" Rundungsdifferenzen wird in Kapitel J „Umrechnungs- und Rundungsregeln im Euro-Währungsraum" ausführlich erläutert.

Einreichung von Sammelaufträgen:

- Beleglose Zahlungsbeträge in DM und Euro sind in separaten Dateien einzureichen.

- Im beleghaften Zahlungsverkehr sind bei Scheckeinreichungen oder Sammelaufträgen für Überweisungen separate „Sammler" für auf DM und Euro lautende Einzelbeträge einzureichen.

Rundungsdifferenzen beim Ausgleich offener Posten

Führt ein Unternehmen während der Übergangsphase seine Konten in DM und hat sich ein Kunde entschlossen, eine ihm gestellte Rechnung in Euro auszugleichen, weil er seine Hauswährung bereits umgestellt hat, wird die Währungsinformation durch die Bank sowohl in Euro als auch in DM dargestellt (s. o.) und dem Unternehmen auf Wunsch auch in elektronischer Form durch Datenträgeraustausch und damit zur automatischen Ausziffferung zur Verfügung gestellt. Auch wenn – wie zuvor erläutert – die Umrechnung von Einzelaufträgen durch die Bank vorgenommen wurde und Sammelaufträge getrennt nach Euro und DM eingereicht worden sind, kann es beim Ausgleich der offenen Posten zu Rundungsdifferenzen kommen, die automatisch ausgeglichen werden müssen. Auf diese Aspekte wird bei der Betrachtung einzelner Softwarepakete in Kapitel L „Lösungen verschiedener Softwarelieferanten" eingegangen.

Technische Auswirkungen auf ausgewählte Unternehmensbereiche

Die Internationalisierung, der größere europäische Binnenmarkt und die technologische Entwicklung der letzten Jahre haben dazu beigetragen, dass heute der überwiegende Teil des Zahlungsverkehrs mittels Datenträger- bzw. Datenaustausch per Datenfernübertragung erfolgt. Diese früher hauptsächlich in Unternehmensbereichen anzutreffende Verfahrensweise ist durch das Homebanking inzwischen auch aus dem privaten Bereich nicht mehr wegzudenken. Durch die sprunghafte Entwicklung von Electronic Commerce, also die Möglichkeit, Gebrauchsgegenstände des täglichen Bedarfs über ein elektronisches Medium (z. B. das Internet) aus Katalogen zu bestellen und unmittelbar zu bezahlen, wird die Bedeutung des elektronischen Zahlungsverkehrs entsprechend ansteigen.

3.2.2 Belegloser Zahlungsverkehr (DTA)

Für eine problemlose Handhabung des Euro wurden die Electronic Banking-Produkte der Kreditinstitute sowie die im Einsatz befindlichen Standard-Softwareprogramme der Geschäftsbanken für den beleglosen Zahlungsverkehr (BCS, MultiCash, BB-Manager, COTEL, Deutsche Bank – dbdirekt, Dresdner Bank – drecash, Eurodirekt) um Euro-Funktionalitäten erweitert. So wurden z. B. Eingabemasken um zusätzliche Auswahl-Buttons zur Angabe der Auftragswährung ergänzt. Weiterhin wurden Anpassungen an den Datensatzformaten, die die Basis für den Austausch elektronischer Zahlungsverkehrsdateien bilden, vorgenommen.

In Deutschland ist das sog. Datenträgeraustauschformat (DTA) weit verbreitet. Es kommt regelmäßig im Rahmen der beleglosen Abwicklung des Zahlungsverkehrs zwischen Kreditinstituten und gewerblichen Kunden zum Tragen. Per DTA können sowohl Lastschriftverfahren abgewickelt als auch Lohn- und Gehaltszahlungen oder Sozialversicherungsbeiträge überwiesen und Verbindlichkeiten ausgeglichen werden. Der Austausch der Daten erfolgt zur Zeit immer noch häufig per Diskette, Magnetband oder über sonstige Datenträger. Auf dem gleichen Weg können die Banken den Unternehmen beleglos Informationen über Kontobewegungen zur Verfügung stellen. Dies ist beispielsweise sehr hilfreich, wenn ein Unternehmen (z. B. aus der Energieversorgung) eine Vielzahl kleinerer Zahlungseingänge erhält (in Form von Abschlagszahlungen) und diese über die Kundennamen oder Kundennummern, sofern diese automatisch lesbar sind, ausgeziffert werden können.

Seit November 1997 sind dank einer Verbesserung des bankinternen Netzwerkes zur Datenfernübertragung auch die Rechenzentren der Deutschen Bundesbank in einen neuen und leistungsstärkeren DFÜ-Verbund einbezogen worden. Dank der dadurch schnelleren Durchleitung des beleglosen Zahlungsverkehrsmaterials können seitdem sämtliche DTA-Lastschriften und Datensätze aus dem beleglosen Scheckeinzug zwischen den Rechenzentren statt mittels Datenträger per DFÜ weitergeleitet und somit innerhalb eines Tages eingezogen werden.

Euro-bedingte Änderungen im DTA-Datensatzaufbau

Durch die Einführung des Euro haben sich Änderungen im DTA-Datensatzaufbau ergeben, die von allen für den beleglosen elektronischen Zahlungsverkehr verwendeten Softwareprogrammen beherrscht werden müssen, um es dem Anwender zu ermöglichen, Überweisungen in DM oder Euro zu initiieren. Die Änderungen im DTA-Datensatzaufbau werden im Folgenden kurz dargestellt:

Änderungen im DTA-Datensatzaufbau		
gültig ab	Feld	Erläuterung
01. 07. 1998	C6/C6a	Die Felder können vom Kunden mit internen Referenznummern belegt werden, die bis zum Zahlungsempfänger weitergeleitet werden sollen.
01. 07. 1998	C12	Seit dem 1. Januar 1999 wird dieses Feld für die Angabe des EUR-Betrages verwendet.
01. 01. 1999	A12	Dieses Feld dient zur Aufnahme der Währungskennzeichnung (ISO-Code) zur Identifikation der Auftragswährung. (Ein Sammelauftrag kann nicht gleichzeitig DM- und EUR-Zahlungen enthalten.)

Änderungen im DTA-Datensatzaufbau

gültig ab	Feld	Erläuterung
01. 01. 1999	C9	Der EUR-Betrag wird in das C12-Feld eingestellt (s. o.). Das auch bisher für die Betragsangabe verwendete Feld C9 bleibt für den DM-Betrag reserviert. (Bei der Erteilung eines Auftrages darf vom Kunden im Einzeldatensatz nur ein Betragsfeld, also entweder C9 für DM oder C12 für EUR belegt werden, damit der Auftrag eindeutig ist.)
01. 01. 1999	C17a	Die Kennzeichnung der Auftragswährung ist zusätzlich zum Feld A12 in das C17a-Feld einzutragen.
01. 01. 1999	E8	In E8 erfolgt der Ausweis der Summe der EUR-Beträge.

Die DM-Angaben im Datensatz werden nach Abschluss der Übergangsphase entfallen, eine erneute Anpassung der Zahlungsverkehrsprogramme wird aus diesem Grund nicht notwendig sein.

3.2.3 Die Einführung des Euro-Bargeldes

Nach dem Vollzug des Übergangs auf den Euro durch Wirtschaft und Staat am Ende der dreijährigen Übergangsphase folgt vom 1. Januar 2002 bis spätestens zum 30. Juni 2002 die Phase der Einführung des Euro-Bargeldes (vgl. Abb. 16). Ab dem 1. Januar 2002 soll der Euro alleiniges Zahlungsmittel sein. Gläubiger müssen dann DM-Bargeld nicht mehr annehmen, können dies aber freiwillig bis zum Abschluss des Bargeldumtausches am 30. Juni 2002 freiwillig tun. Zur Vermeidung eines langen parallelen Umlaufs verschiedener Währungseinheiten und der damit einhergehenden Kosten und Risiken wird eine schnelle Bargeldumstellung angestrebt. Das Bundesministerium der Finanzen sowie die Deutsche Bundesbank haben mit den Verbänden der vorrangig betroffenen Wirtschaftszweige (insbesondere der Banken und des Handels) Vereinbarun-

3 Zahlungsverkehr

gen getroffen, die den Übergang auf das Euro-Bargeld so reibungslos und kostengünstig wie möglich gestalten.

Zur Vermeidung von langwierigen Zähl- und Umrechnungs- sowie Ein- und Auszahlungsvorgängen in den Bankfilialen erscheint folgende Vorgehensweise ratsam:

- Die Bestände an DM-Bargeld von Unternehmen, Selbständigen und Privatpersonen werden durch diese Ende 2001 auf das unbedingt Erforderliche reduziert. Alle noch auf DM lautende Konten werden zum 1. Januar 2002 automatisch auf Euro umgestellt.

- Die nach dem 1. Januar 2002 vorhandenen DM-Bargeldbeträge werden vorzugsweise auf die – dann schon in Euro geführten – Girokonten eingezahlt. Durch die Doppelwährungsfunktion der Girokonten werden die DM-Einzahlungen automatisch in Euro gutgeschrieben, erscheinen aber zur Information noch in DM.

- Die Ausgabe von Euro-Noten erfolgt über Geldautomaten, zudem können Euro-Noten und -Münzen über Bankschalter ausgezahlt werden. Die Ausgabe sollte möglichst durch Abbuchung vom eigenen Konto erfolgen.

Sonderfall Automatenindustrie

Probleme im Zusammenhang mit der Einführung des Euro-Bargeldes ergeben sich für die Automatenindustrie sowie die Automatenbetreiber. Zum einen wird sich die Umstellung und Adjustierung der rund zwei Millionen Bargeldautomaten auf die neuen Geldzeichen nicht ohne größeren zeitlichen Aufwand bewerkstelligen lassen, und zum anderen werden die Euro-Münzen in jedem Teilnehmerland unterschiedliche „nationale" Rückseiten tragen. Aus diesem Grund müssen zusätzliche Erkennungs- und Prüfmechanismen berücksichtigt werden. Um die Inanspruchnahme der über Bargeldautomaten angebotenen Dienstleistungen, Waren und Spiele nicht zu behindern und damit Umsatzeinbußen zu vermeiden, werden DM-Münzen – abgesichert durch entsprechende Erklärungen der Wirtschaftsverbände – für den Verbraucher auch noch während einer längeren Übergangszeit im ersten Vierteljahr 2002 erhältlich sein.

Die Einführung des Euro schafft über die beschriebenen Probleme hinaus außerdem noch eine Reihe von Sonderproblemen. Die wertmäßig größte Euro-Münze wird einen Nennwert von zwei Euro besitzen, was unter Zugrundelegung des Euro-Konversionskurses rund 3,91 DM entspricht. Mit dem 5-DM-Stück steht momentan eine höherwertige Münze zur Verfügung, es ist daher zu erwarten, dass Käufe an Automaten künftig mehr Münzstücke erfordern werden. Dies kann zu Umsatzeinbußen führen.

Für Anbieter regional oder überregional einheitlicher Leistungen ist von Bedeutung, dass gerade an Bargeldautomaten „runde Preise" besonders wichtig sind, die neuen Euro-Preise aufgrund der Höhe des Konversionskurses stets etwas über oder unter den alten Preisen liegen werden. Es kann daher z. B. im öffentlichen Nahverkehr passieren, dass die Preise für identische Strecken an verschiedenen Automaten – je nach verwendeter Währungseinheit – in der Übergangszeit unterschiedlich viel kosten können. Die Lösung dieser Probleme könnte durch bargeldlose Zahlungsmittel wie z. B. die heute schon im Gebrauch befindliche Geldkarte erleichtert werden.

Einführung des Euro-Bargeldes

Zur Lösung der sich im Zusammenhang mit der Einführung des Euro-Bargeldes ergebenden Probleme zeichnen sich folgende Lösungen ab bzw. sind bereits beschlossen:

- **Verwendung von DM-Münzen**
  In der vereinbarten Übergangszeit vom 1. Januar 2002 bis zum 28. Februar 2002 können DM-Münzen für kleinere Einkäufe bis 20 DM beim Einzelhandel verwendet werden. Die DM wird auch – ungeachtet der Tatsache, dass sie zu diesem Zeitpunkt nicht mehr gesetzliches Zahlungsmittel sein wird – von weiteren bargeldorientierten Wirtschaftszweigen wie z. B. Gaststätten freiwillig angenommen werden. Bis Ende Februar 2002 werden von Filialkreditinstituten sowohl DM-Münzen als auch DM-Noten obligatorisch und danach im Rahmen freiwilliger, institutsspezifischer Regelungen angenommen, letzteres vorzugsweise zur Gutschrift auf das Konto des Kunden.

- **Erhältlichkeit von DM-Münzen**
  Bis Ende Februar 2002 werden Betriebe des Einzelhandels und weitere bargeldorientierte bzw. Automaten verwendende Wirtschaftszwei-

ge DM-Münzen – soweit aus Kassenbeständen verfügbar – abgeben. Von Filial-Kreditinstituten werden DM-Münzen ab einem Nennwert von zehn Pfennig aus verfügbaren Kassenbeständen gegen DM-Noten oder Lastschrift auf dem Kundenkonto abgegeben.

- **Organisation von Münz-Kreisläufen (Kasino-Prinzip)**
Für Sonnenstudios, Sportstätten, Gaststätten und andere Personenkreise, die Automaten, Schließfächer etc. der Öffentlichkeit zugänglich machen, besteht die Möglichkeit der Organisation eigener „Münzkreisläufe", indem z. B. DM-Münzen wie Jetons gegen Pfandleistung ausgegeben werden, bis die Automaten auf Euro-Münzen umgestellt werden. In solchen Fällen ist darauf zu achten, dass Missbrauchsmöglichkeiten durch falsche Anreize – wie etwa die Ausgabe zu einem anderen als dem offiziellen Konversionskurs – ausgeschlossen werden.

- **Verwendung bargeldloser Zahlungsmittel**
Es ist davon auszugehen, dass die Akzeptanz bargeldloser Zahlungsmittel bis zum Jahr 2002 weiter zunehmen wird. Bestehende Zahlungsverkehrsarten wie die ec-Karte oder Kreditkarten sind schon heute in der Übergangsphase problemlos für Euro-Transaktionen einsetzbar. Unabhängig von der jeweils von einem Kreditkarten akzeptierenden Händler gewählten Transaktionswährung (DM oder Euro), wird das Girokonto des Karteninhabers in der Währung belastet, die als Kontowährung gewählt wurde. Kreditkartenkonten werden bis Ende 2001 noch in DM geführt.
Nach Einführung des Euro-Bargeldes ab dem 1. Januar 2002 gibt es Karten-Transaktionen (Buchgeld) nur noch in Euro. Die Kartenumsätze werden von diesem Zeitpunkt an vom Terminal automatisch als Euro-Umsätze interpretiert. Dies bedeutet, dass alle Kartenterminals spätestens ab dem 1. Januar 2002 auf Euro umgestellt sein müssen! Die Verantwortung hierfür liegt bei dem Karten akzeptierenden Unternehmen!

Bis zur Einführung des Euro-Bargeldes werden noch weitere Problemlösungen gefunden werden. Bezüglich des Austausches „haushaltsüblicher" Bargeldbestände während der offiziellen Übergangszeit hat die Europäische Kommission die Kreditinstitute aufgefordert, den Austausch kostenlos durchzuführen. Die Kreditinstitute streben in diesem Zusammenhang flexible, institutsspezifische Lösungen für ihre Kunden an. Die Landeszentralbanken in Deutschland werden auch nach Ende der Übergangszeit am 30. Juni 2002 zeitlich unbegrenzt DM-Bargeld zum unwiderruflich fixierten Konversionskurs in Euro umtauschen.

3.3 Grenzüberschreitender Zahlungsverkehr innerhalb der EWWU

3.3.1 Das Echtzeit-Brutto-Zahlungssystem TARGET

Seit Beginn der dritten Stufe der Wirtschafts- und Währungsunion sind die nationalen Zentralbanken der Teilnehmerländer Teil eines einheitlichen Europäischen Zentralbanksystems, in dem die Verantwortung für die gemeinsame Geldpolitik bei der Europäischen Zentralbank liegt.

Zur Gewährleistung einer sicheren Umsetzung der gemeinsamen Geldpolitik innerhalb der Europäischen Wirtschafts- und Währungsunion und der hierfür erforderlichen schnellen und effizienten Verteilung von Zentralbankgeld über den europäischen Geldmarkt wird seit dem 4. Januar 1999 das europaweite Zahlungsverkehrssystem TARGET eingesetzt. TARGET steht für **T**rans-European **A**utomated **R**eal-Time **G**ross-Settlement-**E**xpress-**T**ransfer System. Die Zielsetzung von TARGET ist die möglichst schnelle Weiterleitung der Geldbeträge von einer nationalen Zentralbank zu einer anderen. TARGET ist dezentral angelegt, seine Struktur wird als „correspondent central banking model" charakterisiert.

Im Wesentlichen besteht das System aus 15 nationalen Echtzeit-Brutto-Verrechnungssystemen (RTGS-Systeme = **R**eal-**T**ime **G**ross-**S**ettlement-Systeme) und dem Zahlungsverkehrsmechanismus EPM der Europäischen Zentralbank (EZB), die durch ein sog. Interlinking-System miteinander verknüpft sind und auf diese Weise eine einheitliche Plattform für die Verarbeitung grenzüberschreitender Zahlungen bilden. Das Interlinking-System besteht aus einem Kommunikationsnetz und einer Reihe gemeinsamer Verfahren und Einrichtungen (vgl. hierzu Abb. 21).

Vernetzung nationaler Systeme

Die Vernetzung der nationalen RTGS-Systeme über das Interlinking-System ermöglicht es, sowohl national als auch grenzüberschreitend Zahlungen abzuwickeln. Jede beteiligte nationale Zentralbank verfügt über eine Schnittstelle zwischen ihrem nationalen RTGS und dem Interlinking-System (nationale Interlinking-Komponente). Bei der Deutschen Bundesbank wurde hierzu der so genannte Elektronische Schalter mit seinen dahinter liegenden Abwicklungsverfahren Eiliger Zahlungsverkehr (EIL-ZV) und Auslandszahlungsverkehr (AZV) in TARGET eingebunden. TARGET-Zahlungen können über die folgenden Systeme abgewickelt werden:

- Belgien: ELLIPS
- Dänemark: DEBES
- Deutschland: ELS
- Griechenland: HERMES euro
- Spanien: SLBE
- Frankreich: TBF
- Irland: IRIS
- Italien: BI-REL
- Luxemburg: LIPS-Gross
- Niederlande: TOP
- Österreich: ARTIS
- Portugal: SPGT
- Finnland: BoF-RTGS
- Schweden: ERIX
- Großbritannien: CHAPS euro
- Europäische Zentralbank: EPM

Über das TARGET-System können Zahlungen unter sofortiger Belastung des Auftraggeberkontos bei der jeweiligen nationalen Zentralbank sicher taggleich einschließlich der Gutschrift auf dem Empfängerkonto abgewickelt werden. Die Verarbeitung der Zahlungen erfolgt transaktionsorientiert, d. h. auf Einzelzahlungsbasis, in Echtzeit. Die schnelle Weiterleitung großer Zahlungen und das tägliche Clearing innerhalb der nationalen Zentralbanken ermöglicht der EZB einen zeitnahen Überblick über die im Umlauf befindliche Geldmenge und unterstützt somit die Politik der EZB zur Geldmengensteuerung.

Mit Ausnahme von Zahlungen, die sich aus der Durchführung der Geld- und Währungspolitik ergeben, ist die Benutzung des TARGET-Systems grundsätzlich freigestellt. Alle anderen Zahlungen können von den Banken auch weiterhin über Korrespondenzbankverbindungen oder über private grenzüberschreitende Clearing-Systeme geleitet werden. Als Ergebnis der Einführung des Euro und des TARGET-Systems ist zu erwarten, dass Korrespondenzbankbeziehungen in Europa stark verändert oder zum Teil sogar abgebaut werden.

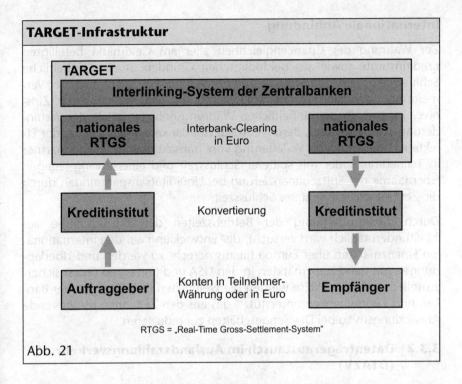

Abb. 21

Kostendeckende Preise für TARGET

Zur Förderung eines fairen Wettbewerbs mit anderen grenzüberschreitenden Zahlungsverkehrssystemen haben sich die europäischen Zentralbanken auf das Prinzip kostendeckender Preise geeinigt. Die Höhe des jeweiligen Entgelts für grenzüberschreitende TARGET-Zahlungen (ohne MwSt) richtet sich nach der Anzahl der Zahlungen, die ein TARGET-Teilnehmer in einem einzelnen RTGS-System in Auftrag gibt. Die Erhebung des Entgelts erfolgt ausschließlich durch die jeweils absendende nationale Zentralbank, die Höhe des Entgelts ist dabei unabhängig vom Zielort oder vom Zahlungsbetrag europaweit identisch. Durch das Entgelt werden die Bearbeitungs- und Abwicklungskosten für die Zahlung gedeckt.

Internationale Anbindung

Zur Wahrung der Chancengleichheit aller am Geldmarkt beteiligten Kreditinstitute sowie aus geldpolitischen Gründen ist eine einheitliche Schlusszeit aller nationalen Systeme notwendig. Dies dient auch der Vermeidung nationaler Geldmarktsegmente mit unterschiedlichem Zinsniveau innerhalb des einheitlichen Währungsgebietes sowie der Verhinderung unerwünschter, dem Neutralitätsgedanken widersprechender Effekte wie der gezielten Verlagerung von Transaktionen der Marktpartner in Teilnehmerländer mit späterer Schlusszeit und einer zwangsläufigen Übernahme der Spitzenfinanzierung bei Liquiditätsanspannungen durch die Zentralbank mit späterer Schlusszeit.

Durch die Ausdehnung der Betriebszeiten der RTGS-Systeme auf 11 Stunden täglich wird versucht, der Entwicklung auf den internationalen Finanzmärkten über Europa hinaus gerecht zu werden und Überlappungen mit den Finanzmärkten in den USA und im Fernen Osten sicherzustellen. Auf diese Weise werden die weltweiten Bemühungen der Banken und Zentralbanken unterstützt, das aus den Zeitzonen resultierende Abwicklungsrisiko bei Devisengeschäften zur reduzieren.

3.3.2 Datenträgeraustausch im Auslandszahlungsverkehr (DTAZV)

Durch die Einführung des Euro haben sich auch Änderungen im Datensatzaufbau für den Datenträgeraustausch im Auslandszahlungsverkehr ergeben, die im Folgenden kurz dargestellt werden.

Änderungen im DTA-Datensatzaufbau		
gültig ab	Feld	Erläuterung
01. 07. 1998	T24	Sind Auftraggeber und Zahlungspflichtiger nicht identisch, so ist im Feld T24 eine Stellvertretungsanzeige einzufügen („INVF", gefolgt von der Bundesland-Nr. und Firmen-Nr. bzw. Bankleitzahl des Zahlungspflichtigen).

Änderungen im DTA-Datensatzaufbau

gültig ab	Feld	Erläuterung
01. 07. 1998	U3/U4	Die Angaben zum Einkaufsland (U3 und U4) sind im Meldedatensatz für die Wareneinfuhr nunmehr optional.
01. 07. 1998	V4a/V1-3a	Beim Transithandel beschränkt sich der Warenschlüssel auf die Kapitelnummer gemäß Warenverzeichnis für die Außenhandelsstatistik.
01. 01. 1999	T13	In den Meldedatensätzen U, V und W können die Beträge wahlweise in DM oder der in Feld T13 genannten Auftragswährung angegeben werden.
01. 01. 1999	T18	Wird die Auftragswährung anstelle von DM verwendet, so muss dies im Feld T18 mit „95" gekennzeichnet werden.
01. 01. 1999	T19	Hier kann die Weisung „DM-Gegenwertzahlung" bzw. „Euro-Gegenwertzahlung" (Weisungsschlüssel „90" bzw. „91") erteilt werden. Der in den Feldern T14a und T14b angegebene Betrag ist dann der DM- bzw. Euro-Betrag, der in die in Feld T13 angegebene Auftragswährung konvertiert wird und in dieser Währung an den Begünstigten gezahlt wird. Dabei ist zu beachten, dass DM-Gegenwertzahlungen nur zu Lasten eines DM-Kontos und Euro-Gegenwertzahlungen nur zu Lasten eines Euro-Kontos erfolgen.

3.4 EDI/EDIFACT

Unter EDI (**E**lectronic **D**ata **I**nterchange) wird der elektronische Austausch strukturierter Informationen (z. B. Rechnungen, Bestellungen, Angebote) zwischen räumlich entfernten EDV-Systemen nach allgemein gültigen, d. h. unternehmensübergreifend eingeführten Standards insbesondere im Dateiformat verstanden. Eingehende Informationen können auf diese Weise ohne Neuerfassung durch den Empfänger ohne vorherigen manuellen Eingriff maschinell weiterverarbeitet werden.

Die einmalige Erfassung senkt den Bearbeitungsaufwand, reduziert die Fehlerhäufigkeit sowie die Durchlaufzeiten, die Geschäftsprozesse werden beschleunigt und die Papierflut eingedämmt. Für eine unmittelbare Weiterverarbeitung der empfangenen Dateien muss der Empfänger das gleiche Format verwenden wie der Absender. Die Kommunikationspartner müssen daher Vereinbarungen treffen, so z. B. über die Struktur der zu übermittelnden Daten oder die Bedeutung der einzelnen Datensegmente. Als Ergebnis derartiger Vereinbarungen wurde in der Vergangenheit eine Reihe von länder- oder branchenspezifischen Standards entwickelt, wie z. B. das Datenformat „ODETTE" der europäischen Automobilindustrie, SEDAST (Handel) oder die S.W.I.F.T. Message Types als internationale, bankenspezifische Formate.

Die durch diese Formate möglichen Einsparungen und Zeitvorteile beziehen sich jedoch nur auf den Nachrichtenaustausch innerhalb der jeweiligen Branche oder des jeweiligen Landes und stoßen zwangsläufig an ihre Grenzen, sobald die Unternehmen branchen- und länderübergreifend EDI-Nachrichten austauschen möchten. Die einzelnen Standards schreiben zum einen unterschiedliche Formate und Inhalte für ähnliche Sachverhalte vor und decken zum anderen nur die Nachrichten ab, die in der entsprechenden Branche erforderlich sind.

International einheitliches Datenformat

Da die gleichzeitige Einrichtung und Pflege verschiedener EDI-Kommunikationssysteme für ein Unternehmen sehr aufwändig und kostenintensiv ist, musste, um mittel- und langfristig den Anforderungen des Marktes gerecht zu werden und den vollen Nutzen von EDI auszuschöpfen, ein einheitliches Datenformat definiert werden.

Als multifunktionale Lösung wurde 1988 in gemeinsamer Arbeit von UN, Europäischer Kommission und Vertretern der einzelnen Branchen nach über 10-jähriger Entwicklungs- und Abstimmungsdauer der Standard EDIFACT (**E**lectronic **D**ata **I**nterchange **f**or **A**dministration, **C**ommerce and **T**ransport) entwickelt.

Mit EDIFACT ist die Basis geschaffen, sämtliche Geschäftsvorfälle – vom Angebot über Rechnung bis hin zum Zahlungsauftrag – länder- und branchenübergreifend abzuwickeln. Die folgende Darstellung zeigt ein Beispiel der Kommunikation zwischen Geschäftspartnern, die über den EDIFACT-Standard miteinander kommunizieren.

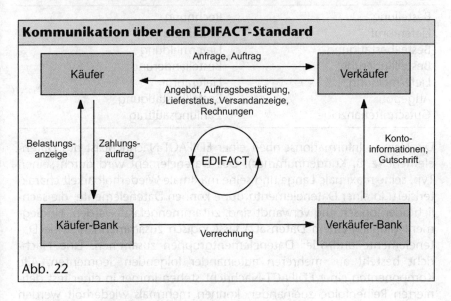

Abb. 22

EDIFACT-Grundaufbau

Ähnlich der menschlichen Schriftsprache definiert EDIFACT eine Reihe von Syntaxregeln (ISO-Norm 9735) für die Verständigung zwischen den verschiedenen einbezogenen Computersystemen. Hierzu wird ein bestimmter Zeichensatz, Wortschatz (Datenelemente und Datenelementgruppen) und Grammatik (Anordnung von Datenelementen und Datenelementgruppen) verwendet. Die Inhalte der jeweiligen Geschäftsinformation wurden und werden international festgelegt. Sie werden im EDI-

3 Zahlungsverkehr

FACT-Sprachgebrauch als Nachrichtentypen bezeichnet. Werden diese Nachrichteninhalte für eine Branche einheitlich festgelegt, so spricht man von einem Subset. Daher ist ein Subset eine Untermenge eines Nachrichtentyps, der bestimmte Teile einer Nachricht zwingend enthalten muss.

EDIFACT-Nachrichten

Nachfolgend werden die am häufigsten unterstützten Nachrichtentypen in der EDI-Ein- und -Ausgangsverarbeitung aufgeführt.

EDI-Eingangsverarbeitung	EDI-Ausgangsverarbeitung
Bestellung	Rechnung
Lieferabruf	Bestellung
Bestellbestätigung	Liefermeldung
Bestelländerung	Bestelländerung
Liefermeldung	Lieferabruf
Angebot	Bestellbestätigung
Gutschriftenanzeige	Zahlungsauftrag

Die kleinste Informationseinheit einer EDIFACT-Nachricht ist das Datenelement (z. B. Kundennummer). Das Datenelement wird durch seinen Typ, seine maximale Länge und seine maximale Wiederholbarkeit charakterisiert. In einer Datenelementgruppe können Datenelemente, die sachlich oder logisch eng verwandt sind, zusammengefasst werden. Ein Segment (ähnlich einem Datensatz) fasst logisch zusammenhängende Datenelemente und/oder Datenelementgruppen zusammen. Eine Nachricht besteht aus mehreren aufeinander folgenden Segmenten. Alle Komponenten einer EDIFACT-Nachricht stehen immer in einer fest definierten Reihenfolge zueinander, können mehrmals wiederholt werden und haben den Status „Muss" oder „Kann".

Alle Elemente einer EDIFACT-Nachricht sind durch Trennzeichen voneinander abgegrenzt und in ihrer Länge variabel. „Kann"-Elemente, die mit keinem Wert versehen sind, erhalten statt dessen zur Kennzeichnung ein Trennzeichen. Somit wird ermöglicht, dass in einer EDIFACT-Nachricht nur tatsächlich relevante Inhalte übertragen werden. Dies verringert die Übertragungskosten und erhöht die Effizienz.

EDIFACT-Anwendung

Heute wird der EDIFACT-Standard in fast allen Wirtschaftsbereichen eingesetzt. Damit dieser Standard mit den vorhandenen Warenwirtschafts-, Fakturierungs-, PPS- oder sonstigen Systemen verwirklicht werden kann, müssen diese Systeme angepasst werden. Jedes zu verwendende System muss die in den EDIFACT-Mitteilungen vorhandenen Datenelemente verarbeiten bzw. erzeugen können. Viele Unternehmen, wie z. B. SAP, Baan, J.D. Edwards oder Sage KHK, bieten zu ihren neuesten Programmen die entsprechenden EDI-Schnittstellen an. Um ohne EDI-Schnittstellen aus einer Anwendung ein EDIFACT-Format erzeugen und weiterverarbeiten zu können, besteht die Möglichkeit des Einsatzes von entsprechenden Umsetzern. Ein Umsetzer (auch Konverter genannt) ist ein Programm zur Umwandlung von Nachrichtenformaten in ein benutzerspezifisches Format. Dieser hat die Aufgabe, Datensätze aus einem Anwenderprogramm in EDIFACT-Formate bzw. EDIFACT-Nachrichten in das jeweilige Inhouse-Format umzuwandeln.

Der hier verwendete Begriff Konverter ist von dem im Rahmen der Euro-Umrechnung verwendeten Begriff abzugrenzen. Bei den Euro-Konvertern handelt es sich um Systeme, die Feldinformationen (Währungsinformationen) direkt von DM in Euro oder in der umgekehrten Richtung umsetzen.

EDIFACT bietet die Möglichkeit, vollständige Teilbereiche eines Unternehmens und somit die entsprechenden Aufgaben über die Einbindung von so genannten EDI-Centern aus dem Unternehmen auszugliedern (Outsourcing). Beispielhaft wären die Rechnungserstellung und der Rechnungsversand, der Abgleich offener Posten oder das Mahnwesen zu nennen. Hier wird sich zukünftig noch ein weites Betätigungsfeld eröffnen.

EDIFACT und dessen Anwendung ist währungsunabhängig. Die Währungen werden durch Kodierungen indiziert. Hierzu werden dreistellige Codes verwendet, die in der ISO 4217 genormt sind. Auch der Euro ist darin festgelegt und hat den Code EUR erhalten, der innerhalb des Geschäftsdatenaustausches mit EDIFACT Verwendung findet.

Ähnlich wie für das Dollarzeichen „$" wird ein Zeichen für die Europäische Währungseinheit geführt, das folgendes Aussehen besitzt: €

Das Eurosymbol ist in der ISO 10036 genormt. Weiterhin gelten für den Einsatz des Eurosymbols in Büros die ISO 3243 und 8884, für die elektro-

3 Zahlungsverkehr

nische Übertragung des Symbols die ISO 10646 und für die Tastaturbelegung die ISO 9995.

Im Hinblick auf die bereits immer international ausgerichtete EDIFACT-Anwendung besteht im Regelfall durch die Euro-Einführung kein Modifikationsbedarf. Es muss aber sichergestellt sein, dass die Systeme, die EDIFACT-Transaktionen und -Systeme führen (Vertrieb oder Einkaufsbereich, Rechnungslegung etc.), die korrekten Informationen in DM oder in Euro zur Verfügung stellen.

Die Mehrzahl der Unternehmen liefert bereits heute ihre Zahlungsaufträge elektronisch an die Bank bzw. zieht auf diesem Weg Lastschriften ein. Dabei stellt der in Abschnitt 3.2.2 dieses Kapitels beschriebene Datenträgeraustausch ein bewährtes Instrument dar. Es gibt aber gute Gründe für einen Einsatz von EDIFACT im Zahlungsverkehr:

- Möglichkeit zum automatischen Abgleich der offenen Posten durch den normierten Verwendungszweck im Zahlungsauftrag.

- Vereinfachung des Tagesauszuges durch die Möglichkeit der separaten Erstellung von Belastungs- und Gutschriftsanzeigen.

- Unabhängigkeit von den unterschiedlichen nationalen Normen durch den weltweit einheitlichen Aufbau der Banknachrichten.

- Automatische Entnahme der Zahlungsverkehrsdaten aus den vorhandenen EDIFACT-Informationen (z. B. Bankverbindung des Begünstigten).

- Erleichterung der zentralen Zahlungsabwicklung durch die Möglichkeit zur Angabe eines vom Kontoinhaber unabhängigen Auftraggebers und Begünstigten in ein- und demselben Zahlungsauftrag.

- Die Informationen für die Disposition endgültiger Zahlungen können erheblich früher vorliegen, weil der Versand von EDIFACT-Nachrichten unabhängig vom Buchungszyklus der Bank ist.

- Fehlermeldungen sind in genormter Form möglich.

- Ständige Erweiterung und Verfeinerung der Anwendungsmöglichkeiten von EDIFACT.

Umrechnungs- und Rundungsregeln im Euro-Währungsraum

1 Grundsätzliche Bemerkungen

Überwiegend aus technischen Gründen ist es auch nach dem Übergang auf die einheitliche Euro-Währung erforderlich, dass die Währungen der Euro-Teilnehmerstaaten noch für einen Zeitraum von drei Jahren als nationale Währungseinheiten (Teilnehmer-Währungen) neben dem Euro fortbestehen. Anschließend ist es noch für einen Zeitraum von sechs Monaten möglich, die nationalen Banknoten und Münzen als gesetzliche Zahlungsmittel in ihrem jeweiligen Gültigkeitsgebiet zu nutzen. Damit während dieser Übergangsphase Transaktionen zwischen dem Euro und den Teilnehmer-Währungen getätigt werden können, sind Umrechnungen vorzunehmen.

In den Artikeln 4 und 5 der EuroVorbVO sind die bei Umrechnungen zwischen dem Euro und den Teilnehmer-Währungen sowie zwischen den Teilnehmer-Währungen zu beachtenden Umrechnungs- und Rundungsregeln festgelegt. Diese Regeln gelten unmittelbar für jeden Mitgliedstaat.

Artikel 4 Verordnung (EG) Nr. 1103/97 (EuroVorbVO)

(1) Die Umrechnungskurse werden als ein Euro, ausgedrückt in den einzelnen nationalen Währungen der teilnehmenden Mitgliedstaaten festgelegt. Sie werden mit sechs signifikanten Stellen festgelegt.

(2) Die Umrechnungskurse werden bei Umrechnungen nicht gerundet oder um eine oder mehrere Stellen gekürzt.

(3) Die Umrechnungskurse werden für Umrechnungen sowohl der Euro-Einheit in nationale Währungseinheiten als auch umgekehrt verwendet. Von den Umrechnungskursen abgeleitete inverse Kurse werden nicht verwendet.

1 Grundsätzliche Bemerkungen

(4) Geldbeträge, die von einer nationalen Währungseinheit in eine andere umgerechnet werden, werden zunächst in einen auf die Euro-Einheit lautenden Geldbetrag umgerechnet, der auf nicht weniger als drei Dezimalstellen gerundet werden darf, und dann in die andere nationale Währungseinheit umgerechnet. Es dürfen keine anderen Berechnungsmethoden verwendet werden, es sei denn, sie führen zu denselben Ergebnissen.

Artikel 5 Verordnung (EG) Nr. 1103/97 (EuroVorbVO)

Zu zahlende oder zu verbuchende Geldbeträge werden bei einer Rundung, die nach einer Umrechnung in die Euro-Einheit gemäß Artikel 4 erfolgt, auf den nächstliegenden Cent auf- oder abgerundet. Zu zahlende oder zu verbuchende Geldbeträge, die in eine nationale Währungseinheit umgerechnet werden, werden auf die nächstliegende Untereinheit oder, gibt es keine Untereinheit, auf die nächstliegende Einheit oder entsprechend den nationalen Rechtsvorschriften oder Gepflogenheiten auf ein Vielfaches oder einen Bruchteil der Untereinheit oder Einheit der nationalen Währungseinheit auf- oder abgerundet. Führt die Anwendung des Umrechnungskurses zu einem Resultat genau in der Mitte, so wird der Betrag aufgerundet.

Seit dem 1. Januar 1999 gelten für die Umrechnung zwischen den nationalen Währungen der Euro-Teilnehmerstaaten (Teilnehmer-Währungen) und dem Euro unwiderruflich festgelegte Umrechnungskurse. Diese definitiven Euro-Konversionskurse sind exakt mit den vorgegebenen sechs signifikanten Stellen anzuwenden, d. h., sie dürfen weder gerundet noch um eine oder mehrere Stellen gekürzt werden.

Euro und D-Mark stellen dabei nicht zwei Währungen dar, der Euro ist vielmehr eine alternative Möglichkeit der Darstellung der jeweiligen Teilnehmer-Währungen. Diese besitzen seit dem 1. Januar keinen eigenständigen rechtlichen Status mehr, sondern sind nur noch Denominationen des Euro – so wie der Pfennig eine Denomination der D-Mark ist. Unabhängig von dieser rechtlichen Bedeutung sind Euro und D-Mark in der technischen Implementierung wie zwei verschiedene Währungen auseinander zu halten.

Umrechnungs- und Rundungsregeln

Umrechnungskurse mit „sechs signifikanten Stellen":

Ein Umrechnungskurs mit sechs signifikanten Stellen ist ein Kurs, der ab der von links gezählten ersten Stelle, die nicht eine Null ist, sechs Ziffern besitzt. Wieviele Stellen vor und wieviele Dezimalstellen diesen sechs signifikanten Stellen zugerechnet werden müssen, hängt davon ab, welche Teilnehmer-Währung in Euro umgerechnet werden soll. Der DM-Konversionskurs zum Euro wird aufgrund des vergleichsweise hohen Wertes der D-Mark nur durch eine einzige Stelle links vom Komma dargestellt und rechts vom Komma durch fünf Dezimalstellen (1 EUR = 1,95583 DM). Anders sieht es z. B. beim Irischen Pfund aus. Da ein Irisches Pfund weniger als einem Euro entspricht, hat der Konversionskurs sechs Dezimalstellen (1 EUR = 0,787564 IEP).

Untereinheiten des Euro

Artikel 2 EuroVorbVO:	Artikel 6 EuroVorbVO:
• Seit dem 1. Januar 1999 ist die Währung der an der EWU teilnehmenden Staaten der Euro. • Die Währungseinheit ist ein Euro. • Ein Euro ist in 100 Cent unterteilt.	• Der Euro wird in die Teilnehmer-Währungen gemäß den Konversionskursen unterteilt.

Währung	1 Euro
Untereinheiten	100 Cent	1,95583 DM = 6,55957 FRF, 2,20371 NLG = …
	„Dezimale Untereinheit" (Artikel 2 EuroVorbVO)	„Nicht-dezimale Untereinheit" (Artikel 6 EuroVorbVO)

Abb. 23

Wichtige Punkte für die Durchführung von Umrechnungen:

1. Eine Teilnehmer-Währung lässt sich nicht mehr direkt in eine andere Währung umrechnen, die Umrechnung muss „über" den Euro erfolgen (sog. „Dreiecksmethode").

2. Dies bedeutet, dass eine Umrechnung von z. B. Französischer Franc (FRF) in Deutsche Mark (DM) nunmehr als Umrechnung FRF/Euro gefolgt von einer Umrechnung Euro/DM vorzunehmen ist, um die nicht mehr erlaubte Verwendung von „inversen Kursen" zu vermeiden.

Durchführung von Rundungen

Im Rahmen von Umrechnungen zwischen dem Euro und anderen Währungen sind Rundungen vorzunehmen. Rundungen von Währungsbeträgen sind an und für sich nichts Neues und waren auch schon vor der Einführung des Euro weit verbreitet. Sie standen jedoch bislang nicht im Mittelpunkt des öffentlichen Interesses und sind nur selten gesetzlich geregelt worden. Eventuelle Probleme wurden von den Wirtschaftsakteuren selbst gelöst und in den verschiedenen nationalen und internationalen Finanzmärkten Rundungsregeln durch vielfältige Marktkonventionen und nationale Gepflogenheiten festgelegt.

Da jedoch mit Einführung des Euro Geldbeträge, die in Euro oder in einer Teilnehmer-Währung ausgedrückt werden, nicht unter Zugrundelegung eines marktbestimmten Wechselkurses, sondern vielmehr unter Anwendung gesetzlich festgelegter Umrechnungskurse und Umrechnungsregeln konvertiert werden, gewinnen die Rundungen bei der Umstellung auf den Euro eine neue Qualität.

Im Folgenden werden die im Zusammenhang mit der Euro-Einführung bei der Umrechnung und Rundung von Währungsbeträgen von Softwarelieferanten zu erfüllenden Algorithmen und Anforderungen dargestellt, die von diesen erfüllt werden müssen, wenn die angebotene Software Euro-fähig sein soll.

2 Verbot der Verwendung „inverser" Kurse

Bisher werden in sog. mehrwährungsfähigen DV-Buchführungssystemen (Multicurrency) für die Umrechnung sämtlicher Teilnehmer-Währungen untereinander (z. B. FRF in DM oder umgekehrt DM in FRF) bzw. von Teilnehmer-Währungen in Nicht-Teilnehmer-Währungen (z. B. DM in US-$ oder umgekehrt US-$ in DM) sog. „inverse Kurse" („Cross Rates") verwendet. Diese Umrechnungsbeziehungen sollen in der nachfolgenden Abbildung verdeutlicht werden.

Umrechnungs- und Rundungsregeln

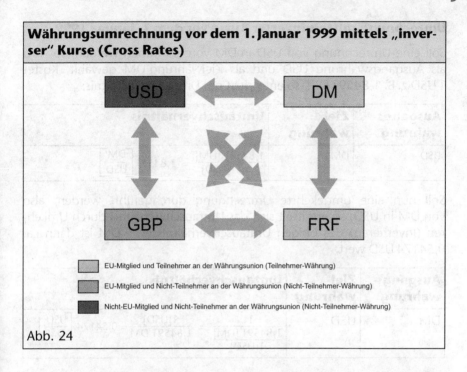

Währungsumrechnung vor dem 1. Januar 1999 mittels „inverser" Kurse (Cross Rates)

EU-Mitglied und Teilnehmer an der Währungsunion (Teilnehmer-Währung)

EU-Mitglied und Nicht-Teilnehmer an der Währungsunion (Nicht-Teilnehmer-Währung)

Nicht-EU-Mitglied und Nicht-Teilnehmer an der Währungsunion (Nicht-Teilnehmer-Währung)

Abb. 24

In „mehrwährungsfähigen" DV-Buchführungssystemen können Währungsumrechnungen mittels vom Anwender zu pflegenden, systemseitig hinterlegten inversen Kursen automatisch durchgeführt werden. Die Tabellenpflege kann je nach Anforderung täglich, monatlich oder zu anderen Periodenintervallen erfolgen.

Andernfalls (bei sog. „Einwährungssystemen" oder Systemen, die nur eine begrenzte Anzahl von Fremdwährungen verwalten können) sind die Umrechnungen jeweils manuell vorzunehmen (sog. „Taschenrechnermethode"). Dies wird im Regelfall nur bei Unternehmen zum Tragen kommen, die ein geringes Fremdwährungsaufkommen in den Geschäftsvorfällen haben.

Unabhängig von der technischen Umsetzung gestaltet sich die prinzipielle Vorgehensweise bei der Umrechnung mittels „inverser" Kurse wie folgt:

2 Verbot der Verwendung „inverser" Kurse

Umrechnung mittels inverser Kurse vor dem 1. Januar 1999

Soll eine Umrechnung von USD in DM vorgenommen werden, so wird als Ausgangswährung USD und als Zielwährung DM gewählt. Kostet 1 USD z. B. 1,84591 DM, so entspricht das Umtauschverhältnis:

Ausgangs- währung	Ziel- währung	Umtauschverhältnis
USD	DM	$\dfrac{1,84591\,[DM]}{1\,[USD]} = 1,84591 \left[\dfrac{DM}{USD}\right]$

Soll nun eine umgekehrte Umrechnung durchgeführt werden, also von DM in USD, so ermittelt sich das Umtauschverhältnis durch Umkehren (Invertieren) des obigen Umtauschverhältnisses. 1 DM ist dann ca. 0,54174 USD wert.

Ausgangs- währung	Ziel- währung	Umtauschverhältnis
DM	USD	$\dfrac{1}{\dfrac{1,84591\,[DM]}{1\,[USD]}} = \dfrac{1\,[USD]}{1,84591\,DM} = 0,54174 \left[\dfrac{USD}{DM}\right]$

Umrechnung zwischen Teilnehmer-Währungen und Nicht-Teilnehmer-Währungen vor dem 1. Januar 1999 mittels „inverser" Kurse (z. B. USD in DM und umgekehrt)

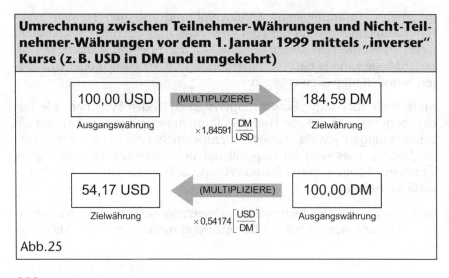

Abb. 25

Umrechnungs- und Rundungsregeln J

Wie schon in Abschnitt 1 dieses Kapitels erläutert, handelt es sich bei dem Euro nicht einfach um eine weitere Währung, sondern vielmehr um eine alternative Darstellung der Landeswährungen der jeweiligen Teilnehmerstaaten. Der Euro wird umrechnungstechnisch nicht wie alle sonstigen Währungen behandelt werden können. Die bisherige Vorgehensweise der Durchführung von Umrechnungen auf Grundlage der vom Benutzer im Buchführungssystem gepflegten Umrechnungskurse kann im Zusammenhang mit der Handhabung des Euro nicht mehr angewandt werden. Die Verwendung inverser Kurse ist deshalb seit dem 1. Januar 1999 für die Umrechnung zwischen Teilnehmer-Währungen (z. B. FRF in DM und umgekehrt DM in FRF) bzw. von einer Teilnehmer-Währung in eine Nicht-Teilnehmer-Währung (z. B. DM in USD) und umgekehrt (z. B. USD in DM) auch untersagt. Die Ausgangswährung ist stattdessen zunächst in einen auf die Euro-Einheit lautenden Geldbetrag umzurechnen, erst dann wird in die Zielwährung umgerechnet. Die Funktionsweise der Umrechnung wird im Folgenden erläutert.

3 Umrechnungen während der Übergangsphase

3.1 Umrechnungen zwischen dem Euro und Nicht-Teilnehmer-Währungen

Da die EU-Vorschriften auf Umrechnungen zwischem dem Euro und den Teilnehmer-Währungen (z. B. EUR in DM oder EUR in FRF) sowie zwischen den Teilnehmer-Währungen (z. B. DM „über" EUR in FRF) beschränkt sind, finden sie keine Anwendung auf Devisentransaktionen mit Währungen außerhalb der „Euro-Sphäre" („Nicht-Teilnehmer-Währungen"), z. B. unter Beteiligung des US-Dollars (USD) oder des japanischen Yen (JPY), in Form eines Umtausches USD in EUR oder EUR in JPY. Für derartige Geschäfte können die bestehenden Usancen auch künftig unverändert angewandt werden, d. h., es finden weiterhin „inverse" Kurse Verwendung. Dies wird in der nachfolgenden Abbildung 26 veranschaulicht.

3 Umrechnungen während der Übergangsphase

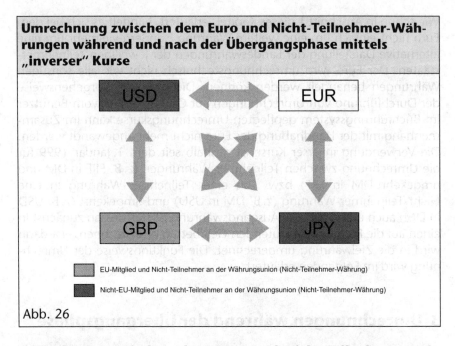

Umrechnung zwischen dem Euro und Nicht-Teilnehmer-Währungen während und nach der Übergangsphase mittels „inverser" Kurse

Abb. 26

Umrechnung zwischen dem Euro und Nicht-Teilnehmer-Währungen während und nach der Übergangsphase mittels „inverser" Kurse

Soll eine Umrechnung von Euro in USD vorgenommen werden, so wird als Ausgangswährung Euro und als Zielwährung USD gewählt. Kostet 1 EUR z. B. 1,05955 USD, so entspricht das Umtauschverhältnis:

Ausgangswährung	Zielwährung	Umtauschverhältnis
EUR	USD	$\frac{1{,}05955\ [USD]}{1\ [EUR]} = 1{,}05955\left[\frac{USD}{EUR}\right]$

Soll nun eine umgekehrte Umrechnung durchgeführt werden, also von USD in EUR, so ermittelt sich das Umtauschverhältnis durch Umkehren (Invertieren) des obigen Umtauschverhältnisses. 1 EUR ist dann 0,94380 USD wert.

Umrechnungs- und Rundungsregeln

Ausgangs-währung	Ziel-währung	Umtauschverhältnis
USD	Euro	$\dfrac{1}{\dfrac{1,05955\,[USD]}{1\,[EUR]}} = \dfrac{1\,[EUR]}{1,05955\,[USD]} = 0,94380 \left[\dfrac{EUR}{USD}\right]$

Umrechnung zwischen dem Euro und Nicht-Teilnehmer-Währungen während und nach der Übergangsphase mittels „inverser" Kurse

Abb. 27

Mit welcher Genauigkeit diese Wechselkurse angewandt und wie eventuell notwendige Rundungen vorgenommen werden, richtet sich nach den für den Umtausch maßgeblichen Kontrakten, Marktkonventionen oder Gepflogenheiten.

3.2 Umrechnung „über" den Euro während der Übergangsphase

3.2.1 Anwendung der „Dreiecksmethode"

Mit Beginn der dritten Stufe der Europäischen Währungsunion am 1. Januar 1999 hat gemäß Artikel 4, Abs. 4 der EuroVorbVO jede Umrechnung zwischen Teilnehmer-Währungen bzw. von einer Teilnehmer-Währung in eine Nicht-Teilnehmer-Währung (und umgekehrt) immer „über" den Euro zu erfolgen.

3 Umrechnungen während der Übergangsphase

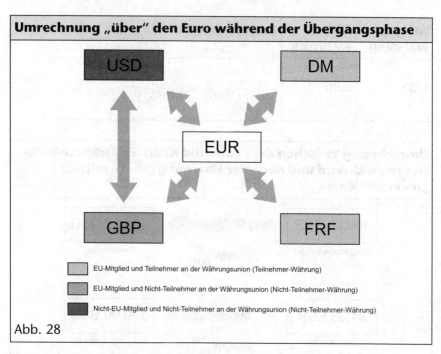

Abb. 28

Die Durchführung der Umrechnungen erfolgt mit Hilfe der seit dem 1. Januar 1999 gültigen und fixierten Konversionskurse des Euro gegenüber den Teilnehmer-Währungen. Die exakten Wechselkursrelationen zeigt folgende Tabelle:

Land	Währung	1 EUR
Belgien	Belgische Franc (BEF)	40,3399
Deutschland	Deutsche Mark (DEM)	1,95583
Finnland	Finnmark (FIM)	5,94573
Frankreich	Französische Franc (FRF)	6,55957
Irland	Irisches Pfund (IEP)	0,787564
Italien	Italienische Lira (ITL)	1.936,27
Luxemburg	Luxemburgische Franc (LUF)	40,3399

Land	Währung	1 EUR
Niederlande	Niederländische Gulden (NLG)	2,20371
Österreich	Österreichische Schilling (ATS)	13,7603
Portugal	Portugiesische Escudo (PTE)	200,482
Spanien	Spanische Peseta (ESP)	166,386

Es steht somit jeweils ein einziger Konversionskurs zur Verfügung. Aus diesem Grund ist bei Umrechnungen wie folgt vorzugehen:

> **Vorgehensweise bei Umrechnungen „über" den Euro:**
>
> - Bei der Umrechnung von Euro-Beträgen in eine Teilnehmer-Währung ist der Ausgangsbetrag mit dem festen Konversionskurs zu **multiplizieren**.
>
> - Bei der Umrechnung von auf Teilnehmer-Währungen lautenden Beträgen in Euro ist der Ausgangsbetrag durch den festen Konversionskurs zu **dividieren**.

Diese Division muss entsprechend in den Euro-fähigen DV-Systemen angesetzt werden. Bei Unternehmen mit großen Datenvolumen ist zu berücksichtigen, dass die EDV-technische Umsetzung der Division aufwändiger als die Multiplikation ist und zu einer Verschlechterung des Laufzeitverhältnisses führen kann.

Die Durchführung der Umrechnung zwischen Teilnehmer-Währungen bzw. von einer Teilnehmer-Währung in eine Nicht-Teilnehmer-Währung (und umgekehrt) „über" den Euro gemäß den Bestimmungen der Artikel 4 und 5 der EuroVorbVO wird als „Dreiecksmethode" (Triangulation, Triangel-Prinzip, Triangel-Methode) bezeichnet (die Durchführung von Umrechnungen mit der Dreiecksmethode wird in Abschnitt 3.2.5 dieses Kapitels erläutert).

3.2.2 Zu beachtende Rundungsregeln

Nach Einzug der nationalen Münzen wird ein Cent als Untereinheit des Euro die Münze mit dem niedrigsten Wert sein und auch die niedrigste Untereinheit, in der Geldverbindlichkeiten in gesetzlichen Zahlungsmitteln beglichen werden können. Zu zahlende oder zu verbuchende Geldbeträge sind deshalb auf den nächstliegenden Cent auf- oder abzurunden.

Welche Dezimalstelle für die geforderte Rundung auf den nächstliegenden Cent ausschlaggebend ist, wird in der EuroVorbVO nicht festgelegt. Die kaufmännische Rundungsregel schreibt im Allgemeinen nur vor, dass alle Zahlen größer/gleich fünf aufzurunden und alle Zahlen kleiner als fünf abzurunden sind.

Es ist jedoch für eine Rundung auf zwei Dezimalstellen üblich, von der dritten Stelle gemäß der Vierer/Fünfer-Regel auf die zweite Stelle zu runden. Diese Vorgehensweise ist aus zwei Gründen zu empfehlen:

1. Würde man von der letzten Stelle eines Umrechnungsergebnisses an immer weiter nach vorne runden, bis man an der zweiten Stelle nach dem Komma – also dem nächstliegenden Cent – angekommen ist, so ergibt das für einen Betrag von 1,33497 EUR komplett von hinten nach vorn gerundet 1,34 EUR. Rundet man hingegen nur von der dritten Stelle an, lautet das Ergebnis 1,33 EUR. Da das Ziel einer mathematischen Rundung darin besteht, einen Wert zu erhalten, der möglichst wenig vom Ausgangswert abweicht, ist die zweite Variante mit nur einem Rundungsschritt der ersten vorzuziehen.

2. Die erste Variante verursacht außerdem einen höheren Arbeitsaufwand und könnte die EDV vor erhebliche Probleme stellen.

„Kaufmännische" Rundung nach Umrechnung in Euro:
Bei Rundungen, die nach einer Umrechnung mit dem sechsstelligen Konversionskurs in Euro gemäß Artikel 4 EuroVorbVO erfolgen, empfiehlt es sich, das Umrechnungsergebnis ab der dritten Dezimalstelle zu runden: Bis zur Vier wird abgerundet, ab Fünf wird aufgerundet.

Exakt auf einen halben Cent lautende Resultate sind somit entsprechend der kaufmännischen Rundungsregel stets aufzurunden. Analog zu dieser Vorgehensweise ist bei Umrechnungen von Euro in Teilnehmer-Währungen auf- oder abzurunden (in Deutschland also auf den Pfennig als Untereinheit der Deutschen Mark). Hierbei ist allerdings zu beachten, dass in mehreren Teilnehmerländern aufgrund bestehender Gepflogenheiten oder nationaler Rechtsvorschriften nicht auf die jeweilige Untereinheit der Teilnehmer-Währung zu runden ist, sondern auf die Einheit der Teilnehmer-Währung oder einen Bruchteil oder ein Vielfaches der Untereinheit oder Währungseinheit. So gibt es z. B. im Falle des Belgischen Francs (BEF) eine Untereinheit (Centime), doch sind Beträge, die sich aus einer Umrechnung in BEF ergeben, auf den nächstliegenden BEF zu runden, da dies den nationalen Gepflogenheiten entspricht.

3.2.3 Anwendungsbereich der Umrechnungs- und Rundungsregeln

Die Rundungsregeln des Artikels 5 der EuroVorbVO sind nach der Durchführung von Umrechnungen (Multiplikation bzw. Division des ursprünglichen Währungsbetrages mit bzw. durch den jeweiligen Konversionskurs) anzuwenden. Für andere Operationen sind sie ohne Belang. Des Weiteren sind sie für sog. „zu zahlende oder zu verbuchende" Geldbeträge gültig.

Anwendung auf zu zahlende Geldbeträge

Unter dem Begriff „zu zahlende Geldbeträge" sind sämtliche Formen von Geldschulden zu verstehen. Entsprechende Beträge sind auf den nächstliegenden Cent (bei Umrechnungen von einer Teilnehmer-Währung) oder auf ein Vielfaches bzw. einen Bruchteil der Untereinheit oder Einheit der Teilnehmer-Währung (bei Umrechnungen vom Euro) auf- oder abzurunden. Das Resultat einer Umrechnung ist dabei nicht nur dann auf- oder abzurunden, wenn eine Zahlung getätigt wird (in diesem Fall wäre eine Rundung aus technischen Gründen unvermeidlich), sondern schon vorher, wenn ein Geldbetrag (entweder vom Schuldner, vom Gläubiger oder von Dritten) berechnet und erfasst wird. Auf diese Weise ist sichergestellt, dass der Betrag angegeben wird, der letzten Endes „zu zahlen" ist.

Anwendung auf zu verbuchende Beträge

Unter die zweite Kategorie „zu verbuchende Beträge" fallen sämtliche anderen Geldbeträge, wie z. B. Beträge, zu denen Aktiva bewertet werden, Beträge in Rechtsvorschriften oder Verkaufsangebote. Die Rundungsregeln sind hierfür grundsätzlich gültig, sodass die in Euro umgerechneten Beträge auf den nächstliegenden Cent auf- oder abzurunden sind. Diese Regel ist als das vom EG-Gesetzgeber festgelegte Minimum

3 Umrechnungen während der Übergangsphase

an Genauigkeit zu verstehen, die Rundungsungenauigkeit darf nicht höher ausfallen.

Es kann empfehlenswert sein, umgerechnete Beträge mit einem höheren Genauigkeitsgrad als auf Cent zu runden. Ein Beispiel hierfür sind Verkaufsangebote zu Preisen, die mit Bruchteilen der kleinsten Untereinheit einer nationalen Währungseinheit ausgedrückt werden, wie z. B. Gaspreise je m^3 oder Strompreise je KWh. Sofern die nationalen Rechtsvorschriften dies zulassen, wäre zwecks Erreichung eines vergleichbaren Grades an Genauigkeit die doppelte Angabe eines Euro-Preises in Cent-Bruchteilen mit Artikel 5 der EuroVorbVO vereinbar (zur Problematik von doppelten Preisangaben mit einem hohen Genauigkeitsgrad vgl. die Ausführungen in Abschnitt 5.4.1 dieses Kapitels).

Alle Geschäfte, die bis zur vollständigen Einführung des Euro weiterhin in Teilnehmer-Währungen abgewickelt werden, sind von den Rundungsregeln nicht betroffen, so z. B. alle DM-Transaktionen, bei denen die Geschäftspartner die Geschäftsvorfälle nur in DM verarbeiten. Hiervon betroffen sind insbesondere Bargeldgeschäfte des täglichen Lebens. Bei diesen kann bis zur Einführung von Euro-Banknoten und -Münzen ausschließlich mit nationalen Währungseinheiten gezahlt werden. Ebenso unberührt von den Umrechnungs- und Rundungsregeln bleiben sämtliche im Bankensektor, an den Finanzmärkten und in anderen Bereichen der Wirtschaft gebräuchlichen Berechnungs- und Rundungsverfahren für die Ermittlung von Zinsen, Gebühren oder Zahlungs- und Lieferverpflichtungen. Für den Fall, dass die dabei ermittelten Beträge nicht in der dem Basisgeschäft zugrunde liegenden Währungseinheit verrechnet werden sollen, wären für eine dann erforderliche Konversion die Bestimmungen zur Umrechnung und Rundung anzuwenden (vgl. auch die Ausführungen zum Zahlungsverkehr in Kapitel I „Betroffene Unternehmensbereiche").

Anwendungsbereich der Rundungsregeln der EuroVorbVO:
- Die Rundungsregeln gelten ausschließlich für Umrechnungen zwischen dem Euro und Teilnehmer-Währungen sowie für Umrechnungen zwischen den Teilnehmer-Währungen und für „zu zahlende oder zu verbuchende Geldbeträge".

- Rundungsregeln oder -verfahren in anderen Bereichen, die für die Berechnung von Geldbeträgen von Bedeutung sein mögen, jedoch nicht mit der eigentlichen Umstellung zusammenhängen, bleiben unberührt.
- Die vom EU-Gesetzgeber festgelegten Rundungsregeln stellen das Minimum an Genauigkeit dar. In Einzelfällen kann es empfehlenswert sein, umgerechnete Beträge mit einem höheren Genauigkeitsgrad als auf Cent zu runden.
- Rundungsverfahren in einem Umfeld mit einer einzigen Währung (z. B. bei Zins- oder Gebührenberechnungen) fallen nicht unter die EuroVorbVO. In diesen Fällen finden Marktkonventionen oder nationale Gepflogenheiten weiterhin Anwendung. Dabei werden Devisentransaktionen mit Nicht-Teilnehmer-Währungen nur insoweit berührt, als es dabei auch um eine Umrechnung zwischen einer nationalen Währungseinheit und dem Euro geht.

3.2.4 Durchführung von Umrechnungen zwischen dem Euro und den Teilnehmer-Währungen

Bei Umrechnungen zwischen dem Euro und den Teilnehmer-Währungen während der Übergangsphase dürfen nur die definitiven Konversionskurse verwendet werden.

Für die Umrechnung von Euro in DM wird der Ausgangsbetrag in der Ausgangswährung (100 EUR) mit dem festen Konversionskurs multipliziert, für die Umrechnung von DM in Euro wird der Ausgangsbetrag in der Ausgangswährung (100 DM) durch den festen Konversionskurs dividiert, um den Zielbetrag in der jeweiligen Zielwährung zu erhalten.

Verbot der Verwendung „inverser" Kurse:

Die Berechnung eines inversen Kurses für die Umrechnung von DM in Euro ist nicht zulässig (Artikel 3 Abs. 3 EuroVorbVO), da inverse Kurse zwangsläufig eine Rundung der Umrechnungskurse implizieren. Bei hohen Beträgen könnten bei der Verwendung inverser Kurse große Rundungsdifferenzen auftreten.

3 Umrechnungen während der Übergangsphase

Umrechnung zwischen dem Euro und Teilnehmer-Währungen während der Übergangsphase

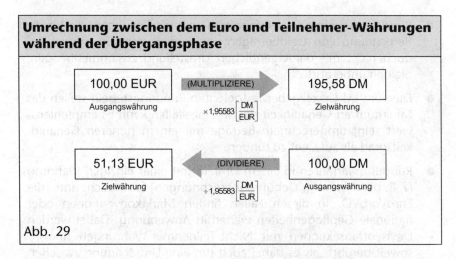

Abb. 29

3.2.5 Umrechnungen zwischen den Teilnehmer-Währungen

Im Rahmen von Umrechnungen zwischen den Teilnehmer-Währungen bzw. von einer Teilnehmer-Währung in eine Nicht-Teilnehmer-Währung (und umgekehrt) „über" den Euro nach der „Dreiecksmethode" sind die jeweiligen Beträge in der Ausgangswährung zunächst in Euro und anschließend in die gewünschte Zielwährung umzurechnen. Das Zwischenergebnis in Euro darf hierbei für den anschließenden Rechenschritt nicht auf weniger als drei Dezimalstellen gerundet werden.

Umrechnung von DM in FRF mittels der „Dreiecksmethode"

Euro-Konversionskurse:
1 EUR = 1,95583 DM und
1 EUR = 6,55957 FRF

1. Schritt:
Dividieren des Ausgangsbetrages in der Ausgangswährung (z. B. 200 DM) durch den festgesetzten Konversionskurs DM/EUR:

$$\frac{200{,}00\ [\text{DM}]}{1{,}95583\left[\frac{\text{DM}}{\text{EUR}}\right]} = 102{,}25837623\ldots\ [\text{EUR}]$$

Umrechnungs- und Rundungsregeln

2. Schritt:
Multiplikation des ungekürzten oder des auf nicht weniger als drei Dezimalstellen gerundeten Euro-Zwischenergebnisses mit dem Konversionskurs FRF/EUR:

$$102{,}25837623\ldots \text{[EUR]} \times 6{,}55957 \left[\frac{\text{FRF}}{\text{EUR}}\right] = 670{,}77097702\ldots \text{[FRF]}$$
$$= 670{,}77 \text{ [FRF]} \text{ (gerundet)}$$

oder

$$102{,}258 \text{ [EUR]} \times 6{,}55957 \left[\frac{\text{FRF}}{\text{EUR}}\right] = 670{,}76850906 \text{ [FRF]}$$
$$= 670{,}77 \text{ [FRF]} \text{ (gerundet)}$$

Im Rahmen des zweiten Schritts ist es zulässig, anstelle der zweiten Alternative auch jedes andere aus dem ersten Schritt abgeleitete Zwischenergebnis in EUR zugrunde zu legen, soweit es mit mindestens drei Dezimalstellen fortgeführt wird. Unzulässig ist nur eine Rundung des Zwischenergebnisses auf weniger als drei Dezimalstellen. Andere Berechnungsmethoden können grundsätzlich ebenfalls angewandt werden, sofern sie zu denselben Ergebnissen führen.

Im obigen Beispiel führt sowohl die Multiplikation des ungekürzten (102,25837623... EUR) als auch des auf nicht weniger als drei Dezimalstellen gerundeten Euro-Zwischenergebnisses (102,258 EUR) mit dem Konversionskurs FRF/EUR i.H.v. 6,55957 FRF/EUR in beiden Fällen zu dem gleichen Ergebnis von 670,77 FRF. Diese Übereinstimmung ist jedoch nicht die Regel. In Abhängigkeit davon, ob bei der Berechnung des Euro-Zwischenbetrages drei oder mehr Dezimalstellen verwendet werden, können die Ergebnisse einer Umrechnung mittels der Dreiecksmethode leicht differieren (vgl. dazu die Ausführungen in Abschnitt 4 dieses Kapitels).

3 Umrechnungen während der Übergangsphase

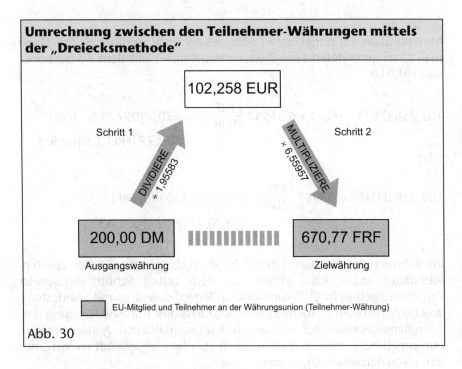

Abb. 30

3.2.6 Umrechnungen zwischen den Teilnehmer-Währungen und Nicht-Teilnehmer-Währungen

Sind während der Übergangsphase Umrechnungen zwischen Teilnehmer- und Nicht-Teilnehmer-Währungen durchzuführen (z. B. von USD in DM), so müssen diese unter Zugrundelegung des Konversionskurses zwischen der Teilnehmer-Währung und dem Euro sowie des Wechselkurses zwischen dem Euro und der Nicht-Teilnehmer-Währung vorgenommen werden. Die Umrechnung ist analog zur Umrechnung zwischen Teilnehmer-Währungen „über" den Euro unter Anwendung der „Dreiecksmethode" oder einer anderen geeigneten Methode durchzuführen. Für die implizite Umrechnung zwischen der Teilnehmer-Währung und dem Euro sind die Bestimmungen der Artikel 4 und 5 der EuroVorbVO maßgeblich.

Für die Umrechnung sind zwei Fälle zu unterscheiden:

1. Die Umrechnung von einer Nicht-Teilnehmer-Währung in eine Teilnehmer-Währung und

2. die Umrechnung von einer Teilnehmer-Währung in eine Nicht-Teilnehmer-Währung.

Umrechnung von Nicht-Teilnehmer-Währungen in Teilnehmer-Währungen (z. B. von 100,00 USD in DM)

Bei Anwendung des Konversionkurses von 1,95833 DM/EUR und einem angenommenen Wechselkurs von 1,05955 USD/EUR gelangt man für die Umrechnung von 100,00 USD in DM zu folgendem Ergebnis (vgl. auch Abb. 31)

1. Schritt:
Umrechnung des Ausgangsbetrages in der Ausgangswährung (100 USD) in einen Euro-Zwischenbetrag mittels Division des Ausgangsbetrages durch den Wechselkurs USD/EUR.

$$\frac{100,00 \, [USD]}{1,05955 \left[\frac{USD}{EUR}\right]} = 94,37968949\ldots [EUR]$$

2. Schritt:
Umrechnung des Euro-Zwischenbetrages in DM mittels Multiplikation mit dem Konversionskurs DM/EUR. Bei dieser Operation sind die in Artikel 5 der EuroVorbVO niedergelegten Rundungsregeln zu beachten, d. h., der Euro-Zwischenbetrag ist entweder ungekürzt zu verwenden oder auf nicht weniger als drei Dezimalstellen zu runden.

$$94,37968949\ldots [EUR] \times 1,95583 \left[\frac{DM}{EUR}\right] = 184,59062809\ldots [DM]$$
$$= 184,59 \, [DM] \text{ (gerundet)}$$

oder

$$94,380 \, [EUR] \times 1,95583 \left[\frac{DM}{EUR}\right] = 184,5912354 \, [DM]$$
$$= 184,59 \, [DM] \text{ (gerundet)}$$

3 Umrechnungen während der Übergangsphase

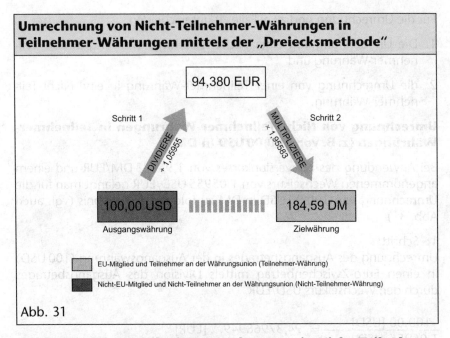

Abb. 31

Umrechnung von Teilnehmer-Währungen in Nicht-Teilnehmer-Währungen (z. B. von 100,00 DM in USD)

Im Fall der Umrechnung von einer Teilnehmer-Währung in eine Nicht-Teilnehmer-Währung findet Artikel 5 der EuroVorbVO keine Anwendung.

1. Schritt:
Umrechnung des Ausgangsbetrages in der Ausgangswährung (100 DM) in einen Euro-Zwischenbetrag mittels Division des Ausgangsbetrages durch den Konversionskurs DM/EUR.

$$\frac{100{,}00 \ [DM]}{1{,}95583 \left[\frac{DM}{EUR}\right]} = 51{,}12918811\ldots \ [EUR]$$

Der Euro-Zwischenbetrag muss nicht auf den nächsten Cent auf- oder abgerundet werden, da es sich hierbei nicht um einen „zu zahlenden oder zu verbuchenden" Geldbetrag handelt.

Umrechnungs- und Rundungsregeln

2. Schritt:
Umrechnung des Euro-Zwischenbetrages in USD mittels Multiplikation mit dem Wechselkurs USD/EUR. Dieser Schritt fällt nicht unter die Euro-VorbVO.

$$51{,}12918811\ldots \text{[EUR]} \times 1{,}05955 \left[\frac{\text{USD}}{\text{EUR}}\right] = 54{,}17393127\ldots \text{[USD]}$$
$$= 54{,}17 \text{ [USD] (gerundet)}$$

oder

$$51{,}129 \text{ [EUR]} \times 1{,}05955 \left[\frac{\text{USD}}{\text{EUR}}\right] = 51{,}17373195 \text{ [USD]}$$
$$= 54{,}17 \text{ [USD] (gerundet)}$$

Umrechnung von Teilnehmer-Währungen in Nicht-Teilnehmer-Währungen mittels der „Dreiecksmethode"

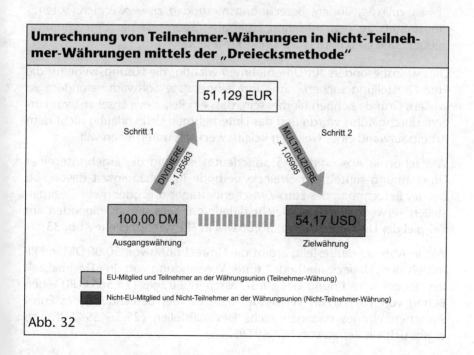

Abb. 32

4 Verwendung von bilateralen Wechselkursen für die Umrechnung

Artikel 4 Abs. 4 der EuroVorbVO schreibt für die Umrechnungen zwischen Teilnehmer-Währungen vor, dass Geldbeträge, die von einer Teilnehmer-Währung in eine andere umgerechnet werden sollen, zunächst in einen auf die Euro-Einheit lautenden (Zwischen-)Geldbetrag, der auf nicht weniger als drei Dezimalstellen gerundet werden darf, und sodann in die andere Teilnehmer-Währung umgerechnet werden. Dieser Algorithmus wird (vgl. die Ausführungen in den vorhergehenden Abschnitten) auch als „Dreiecksmethode" bezeichnet. Es dürfen jedoch auch andere Berechnungsmethoden verwendet werden, soweit sie zu denselben Ergebnissen wie die Dreiecksmethode führen.

> Es ist zulässig, andere Berechnungsmethoden zu verwenden, sofern diese stets zu dem gleichen Ergebnis führen wie die Umrechnung „über" den Euro mittels der Dreiecksmethode.

Dies ist insbesondere für Unternehmen wichtig, die Lösungswege für die Euro-Umstellung suchen, ohne ihre eingesetzte Software verändern zu wollen. Gründe können hierbei sein, dass ein Releasewechsel erst vor kurzem durchgeführt wurde und das Unternehmen sich vorläufig nicht dem Arbeitsaufwand eines weiteren Releasewechsels unterziehen will.

Wie schon in Abschnitt 3.2.5 angedeutet, können die Ergebnisse einer Umrechnung mittels der Dreiecksmethode in Abhängigkeit davon, ob bei der Berechnung des Euro-Zwischenbetrages drei oder mehr Dezimalstellen verwendet werden, leicht differieren. Dies sei im Folgenden am Beispiel der Umrechnung von 50,00 DM in FRF gezeigt (siehe Abb. 33).

Wie in Abb. 33 dargestellt, ergibt die Umrechnung von 50,00 DM in FRF mittels der „Dreiecksmethode" unter Verwendung von drei Dezimalstellen bei der Berechnung des Euro-Zwischenbetrages (25,565 EUR) einen Betrag von 167,70 FRF. Verwendet man bei der Berechnung des Euro-Zwischenbetrages dagegen sechs Dezimalstellen (25,564594 EUR), so ergibt sich ein Betrag von 167,69 FRF.

Umrechnungs- und Rundungsregeln

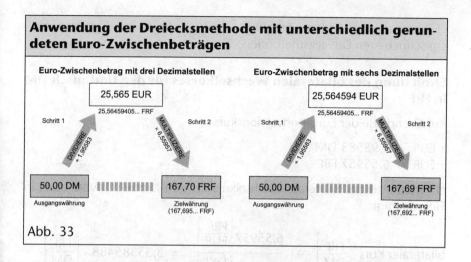

Abb. 33

Zur Vermeidung derartiger Rundungsdifferenzen zwischen den EDV-Systemen eines Unternehmens sollte bei der gesamten Software auf gleich viele Dezimalstellen gerundet werden.

Wird bei der Umrechnung ein bilateraler Wechselkurs anstelle der Dreiecksmethode verwendet, so muss dieser, um Artikel 4 Abs. 4 der EuroVorbVO zu entsprechen, zu einem dieser bei Verwendung der Dreiecksmethode möglichen Ergebnisse führen.

Der Umfang der Rundungsdifferenzen ist nicht nur von der Anzahl der signifikanten Stellen, mit denen der bilaterale Kurs festgelegt wird, abhängig, sondern auch von der Höhe der umgerechneten Beträge und den gewählten spezifischen Umrechnungskursen. Die Anwendung eines bilateralen Kurses kann daher selbst bei einer hohen Anzahl signifikanter Stellen zu Ergebnissen führen, die unterhalb der Bandbreite der nach der Dreiecksmethode möglichen Ergebnisse liegen.

In der Praxis wird es schwierig sein, einen bilateralen Wechselkurs zu errechnen, der stets zu demselben Ergebnis führt wie die vorgeschriebene Dreiecksmethode. Selbst ein bilateraler Wechselkurs mit einer hohen Anzahl von signifikanten Stellen (mehr als 15) kann in manchen

4 Verwendung von bilateralen Wechselkursen für die Umrechnung

Fällen zu einem anderen Ergebnis führen als die Anwendung der vorgeschriebenen Dreiecksmethode.

Ermittlung des bilateralen Wechselkurses für den Umtausch DM in FRF

Auf Grundlage der Euro-Konversionskurse:

1 EUR = 1,95583 DM und
1 EUR = 6,55957 FRF

ermittelt sich der bilaterale Wechselkurs für den Umtausch von 1 DM in FRF wie folgt:

$$\text{bilateraler Kurs} \left[\frac{FRF}{DM}\right] \Rightarrow \frac{6{,}55957 \left[\frac{FRF}{EUR}\right]}{1{,}95583 \left[\frac{DM}{EUR}\right]} = 3{,}35385488\ldots \left[\frac{FRF}{DM}\right]$$

Für firmeninterne Kalkulations- und Kostenrechnungszwecke oder die innerbetriebliche Leistungsverrechnung kann es durchaus sinnvoll sein, auf die „Dreiecksmethode" zu verzichten und den direkteren Umrechnungsweg über bilaterale Wechselkurse zu wählen. Dabei ist zu beachten, dass es in jedem Einzelfall nötig ist, sich zu versichern, ob die „Dreiecksmethode" angewandt werden muss oder nicht. Für die Umrechnung mit Hilfe bilateraler Wechselkurse sollten in jedem Fall feste Regeln vorgegeben werden, die mit dem Wirtschaftsprüfer/Steuerberater abgesprochen werden sollten. Auch wenn bei der Verwendung bilateraler Wechselkurse mit einer hohen Zahl von Dezimalstellen gravierende Unterschiede zur „Dreiecksmethode" unwahrscheinlich sind, sollten Unternehmen vorsichtig sein.

Die bei der Verwendung bilateraler Wechselkurse auftretenden Abweichungen können sich auf eine DV-gestützte Buchhaltungssysteme durchaus störend auswirken. Unter Umständen kann die Verwendung bilateraler Wechselkurse größere Probleme und mehr Arbeit verursachen, als durch den Verzicht auf die „Dreiecksmethode" eingespart werden könnte.

Verwendung von bilateralen Wechselkursen für die Umrechnung

- Die Angabe von bilateralen Kursen zu Informationszwecken, z. B. um den Kunden „näherungsweise" einige Umrechnungen zu erleichtern, ist nach den beiden Euro-Verordnungen nicht verboten. Es sollte in diesen Fällen klargestellt werden, dass die bilateralen Kurse allein zu Informationszwecken angegeben werden und dass Berechnungen mit diesen Kursen nicht unbedingt den korrekten Gegenwert eines in einer Teilnehmer-Währung ausgedrückten Betrags ergeben, wenn dieser in eine andere Teilnehmer-Währung umgerechnet wird.

- Bilaterale Wechselkurse sowie Werte, die mit Hilfe von bilateralen Wechselkursen berechnet wurden, dürfen im Rechnungswesen prinzipiell nicht eingesetzt werden.

- Die Verwendung bilateraler Wechselkurse für firmeninterne Zwecke sollte nur auf Basis fester Regeln erfolgen und zuvor mit dem Wirtschaftsprüfer/Steuerberater abgesprochen werden.

5 Rundungsprobleme im Rahmen der Umrechnung

5.1 Grundsätzliche Bemerkungen

Bei der Umrechnung und Rundung von Währungsbeträgen im Zusammenhang mit dem Euro sind die verbindlichen Regelungen des Europäischen Rates zu beachten. Aufgrund dieser Regelungen kann es zu Rundungsdifferenzen kommen. Es lassen sich horizontale und vertikale Rundungsdifferenzen unterscheiden. Diese Rundungsdifferenzen werden im Regelfall automatisch von den Euro-fähigen Programmen bearbeitet und entsprechend gebucht. Auf die hierbei verwendeten Schemen und Algorithmen wird im Rahmen der Vorstellung verschiedener EDV-Programme in Kapitel L „Lösungen verschiedener Softwarelieferanten" eingegangen.

5 Rundungsprobleme im Rahmen der Umrechnung

5.2 „Horizontale" Rundungsdifferenzen

5.2.1 „Horizontale" Rundungsdifferenzen bei Umrechnungen von Teilnehmer-Währungen in Euro und zurück

„Horizontale" Rundungsdifferenzen können bei der Umrechnung von Teilnehmer-Währungen in Euro und zurück von Euro auftreten. Dies ist darauf zurückzuführen, dass der Wert der kleinsten (Rundungs-)Einheit einer Teilnehmer-Währung (in Deutschland also der Pfennig) betragsmäßig nicht immer gleich dem Wert der kleinsten Euro-Einheit (dem Cent) ist. In den meisten der Euro-Teilnehmerstaaten besitzt die Untereinheit Cent betragsmäßig einen höheren Wert als die jeweils kleinste nationale Einheit, in der Zahlungen in gesetzlichen Zahlungsmitteln geleistet werden.

Aufgrund des Konversionskurses i.H.v. 1,95583 DM/EUR ist der Wert des Pfennigs als kleinster (Rundungs-)Einheit der D-Mark betragsmäßig geringer als der Wert der Euro-Untereinheit Cent. Es kann daher bei der Umrechnung von DM in Euro und zurück von EUR in DM zu „horizontalen" Rundungsdifferenzen kommen, wie nachfolgend gezeigt wird.

Entstehung einer positiven „horizontalen" Rundungsdifferenz bei der Umrechnung von DM in EUR

Unter Zugrundelegung des Konversionskurses von 1,95583 DM/EUR ergibt die Umrechnung von 500,00 DM einen Betrag i.H.v. 255,65 EUR (bei Rundung auf zwei Dezimalstellen).

Werden diese 255,65 EUR mittels Multiplikation mit dem Konversionskurs wieder in DM „zurückgerechnet", so errechnet sich nach Rundung auf zwei Dezimalstellen ein Betrag i.H.v. 500,01 DM (ungerundet: 500,00793950 DM) anstelle der ursprünglichen 500,00 DM. Es ergibt sich somit eine positive „horizontale" Rundungsdifferenz i.H.v. 0,01 DM, also ein Pfennig (vgl. Abb. 34).

Umrechnungs- und Rundungsregeln

Rückrechnung mit Entstehung einer positiven „horizontalen" Rundungsdifferenz

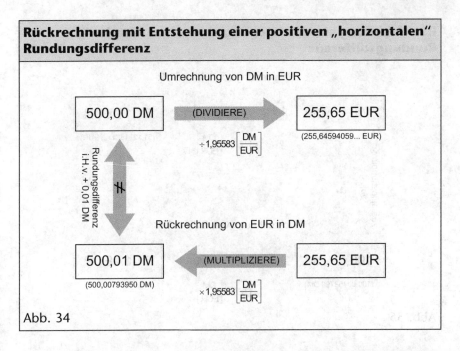

Abb. 34

Eine „horizontale" Rundungsdifferenz bei der Rückrechnung vom Ausgangsbetrag ist jedoch nicht zwingend die Regel. Ob eine Abweichung auftritt, hängt von der Höhe des jeweiligen Ausgangsbetrages ab. Rechnet man das obige Beispiel mit einem Ausgangsbetrag i.H.v. 100,00 DM, so ergibt sich aus der Rückrechnung des auf zwei Dezimalstellen gerundeten Euro-Betrages i.H.v. 51,13 EUR nach Rundung auf zwei Dezimalstellen wieder der Ausgangsbetrag i.H.v. 100,00 DM (ungerundet: 100,00158790 DM, vgl. Abb. 35).

5 Rundungsprobleme im Rahmen der Umrechnung

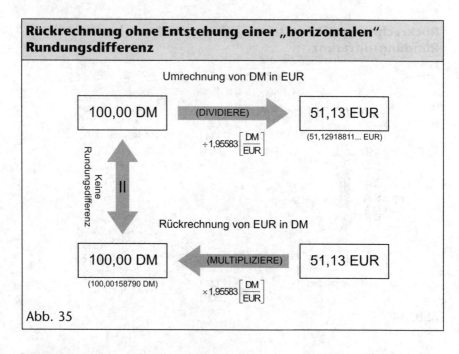

Abb. 35

In Abhängigkeit vom Ausgangsbetrag kann es zudem neben positiven „horizontalen" Rundungsdifferenzen auch zu negativen Abweichungen kommen. So ergibt sich im zugrunde gelegten Beispiel (vgl. Abb. 36) für einen Ausgangsbetrag i.H.v. 250,00 DM aus der Rückrechnung des auf zwei Dezimalstellen gerundeten Euro-Betrages i.H.v. 127,82 EUR ein Betrag i.H.v. 249,99 DM. Es kommt somit zu einer negativen „horizontalen" Rundungsdifferenz i.H.v. 0,01 DM (1 Pfennig).

Die Möglichkeit der Entstehung „horizontaler" Rundungsdifferenzen hat zur Folge, dass unterschiedliche Beträge in einer Teilnehmer-Währung auf den gleichen Euro-Betrag abgebildet werden können. Abbildung 37 verdeutlicht diesen Sachverhalt am Beispiel der Umrechnung von DM in EUR. Sowohl für 100,00 DM als auch 100,01 DM ergibt sich ein Euro-Betrag i.H.v. 51,13 EUR.

Rückrechnung mit Entstehung einer negativen „horizontalen" Rundungsdifferenz

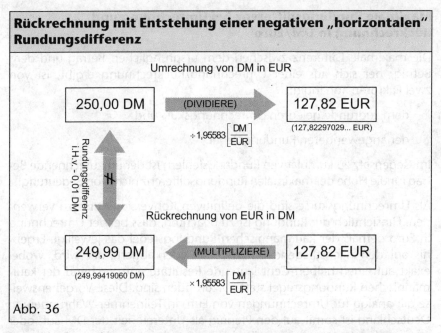

Abb. 36

Umrechnung unterschiedlicher DM-Beträge in den gleichen EUR-Betrag

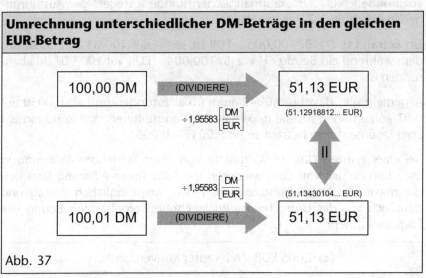

Abb. 37

5 Rundungsprobleme im Rahmen der Umrechnung

Maximale Rundungsdifferenz bei Umrechnung und Rückrechnung in DM/Euro

Die maximale Differenz zwischen dem ursprünglichen Betrag und dem Betrag, der sich aus einer Umrechnung/Rückrechnung ergibt, ist von zwei Faktoren abhängig:

- dem zugrunde gelegten Umrechnungskurs und
- der angewendeten Rundungsregel.

Im Gegensatz zu kumulativen Rundungsfehlern ist der umzurechnende Betrag für die Höhe der maximalen Rundungsdifferenz nicht von Bedeutung.

Als Umrechnungskurse sind die definitiven Konversionskurse zu verwenden. Hinsichtlich der Rundung ist zu beachten, dass bei der Umrechnung in Euro gemäß der kaufmännischen Rundungsregel das jeweilige Ergebnis auf den nächstliegenden Cent auf- oder abgerundet wird, wobei exakt auf einen halben Cent lautende Resultate entsprechend der kaufmännischen Rundungsregel stets aufzurunden sind. Diese Vorgehensweise gilt analog für Umrechnungen von Euro in Teilnehmer-Währungen; in Deutschland ist somit auf den Pfennig als Untereinheit der DM auf- oder abzurunden (vgl. zur „kaufmännischen Rundungsregel" die Ausführungen in Abschnitt 3.2.2 dieses Kapitels).

Ein Betrag i.H.v. z. B. 100,005... EUR ist somit auf 100,01 EUR aufzurunden, während ein Betrag i.H.v. z. B. 100,004... EUR auf 100,00 EUR abzurunden ist.

Allgemein gilt, dass bis $n,004\overline{9}$ auf $n,00$ abzurunden und ab $n,0050$ auf $n,01$ aufzurunden ist, die maximale Rundungsdifferenz bei Rundung auf zwei Dezimalstellen beträgt somit $n,004\overline{9} = 0,005$.

Bei einer ganzen Umrechnungskette von einer Teilnehmer-Währung in Euro und zurück von Euro wieder in die Teilnehmer-Währung lässt sich die maximale Abweichung zwischen dem ursprünglichen Betrag und dem sich aus der Umrechnung/Rückrechnung ergebenden Betrag wie folgt berechnen:

$$(\pm)\ 0{,}005\ \text{EUR} \times \text{relevanter Konversionskurs}$$

Umrechnungs- und Rundungsregeln

Maximale Rundungsdifferenz bei Rundung auf zwei Dezimalstellen

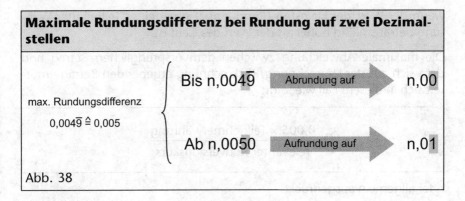

Abb. 38

Bezogen auf eine Rückrechnung aus EUR in DM ergibt sich bei Zugrundelegung des definitiven Konversionskurses 1,95583 DM/EUR als maximal mögliche „horizontale" Rundungsdifferenz:

$$0,005 \, [EUR] \times 1,95583 \, \frac{DM}{EUR} = 0,00977915 \, [DM]$$
$$= 0,01 \, [DM]$$
$$= 1 \, \text{Pfennig}$$

Unabhängig von der Höhe der umzurechnenden Beträge schlägt die bestehende Inkonsistenz im Falle der DM bei Rückrechnungen aus dem Euro also generell nur mit höchstens einem Pfennig zu Buche.

Bei einer ganzen Umrechnungskette von DM in EUR und zurück von EUR wieder in DM beträgt die maximale „horizontale" Rundungsdifferenz je Einzelposten bei Zugrundelegung des Konversionskurses von 1,95583 DM/EUR knapp ± 1 Pfennig.

5.2.2 „Horizontale" Rundungsdifferenzen bei Umrechnungen vom Euro in eine Teilnehmer-Währung und zurück

Auch bei der Umrechnung vom Euro in eine Teilnehmer-Währung und zurück von der Teilnehmer-Währung in Euro kann es zu „horizontalen" Rundungsdifferenzen kommen. Diese treten allerdings nur dann auf,

5 Rundungsprobleme im Rahmen der Umrechnung

wenn der Wert der kleinsten (Rundungs-)Einheit einer Teilnehmer-Währung betragsmäßig höher als der Wert des Cent ist.

Die maximale Abweichung zwischen dem ursprünglichen Betrag und dem sich aus der Umrechnung/Rückrechnung ergebenden Betrag ermittelt sich in diesem Fall wie folgt:

$$(\pm) \frac{0{,}005 \times \text{Teilnehmerwährung}}{\text{relevanter Konversionskurs}}$$

oder allgemein ausgedrückt:

$$(\pm) \frac{\frac{WE_{min}}{2}}{\text{relevanter Konversionskurs}}$$

mit WE_{min} = kleinste (Rundungs-)Einheit der betrachteten Teilnehmer-Währung

Bezogen auf eine Rückrechnung aus DM in EUR ergibt sich bei Zugrundelegung des definitiven Konversionskurses 1,95583 DM/EUR als maximal mögliche „horizontale" Rundungsdifferenz:

$$\frac{0{,}005\ [DM]}{1{,}95583\ \frac{DM}{EUR}} = 0{,}00255645\ldots\ [EUR]$$
$$= 0{,}00\ [EUR]$$
$$= 0\ \text{Cent}$$

> Bei einer ganzen Umrechnungskette von EUR in DM und zurück von DM wieder in EUR tritt bei Zugrundelegung des Konversionskurses von 1,95583 DM/EUR je Einzelposten keine „horizontale" Rundungsdifferenz auf, es ergibt sich stets wieder der Ausgangsbetrag in EUR.

Maximale Rundungsdifferenz bei Umrechnung und Rückrechnung von anderen EWU-Währungen

Im Rahmen der Umrechnung vom Euro in eine Teilnehmer-Währung und zurück von der Teilnehmer-Währung in Euro können sich nur bei drei der Teilnehmer-Währungen „horizontale" Rundungsdifferenzen ergeben. Es handelt sich um den Belgischen und den Luxemburgischen Franc (BEF bzw. LUF) sowie das Irische Pfund (IEP), da bei diesen drei Währungen die kleinsten (Rundungs-)Einheiten einen betragsmäßig höheren Wert als der Cent haben. Folglich können sich bei einer Umrechnung und anschließenden Rückkonvertierung eines ursprünglich in einer dieser drei Teilnehmer-Währungen ausgedrückten Betrages keine Rundungsdifferenzen ergeben.

Dabei ist zu beachten, dass zwar sowohl der Belgische als auch der Luxemburgische Franc eigentlich mit dem Centime eine Untereinheit besitzen, die einen betragsmäßig kleineren Wert als der Cent hat. Im nationalen Rundungsgebrauch wird jedoch auf den Franc gerundet, sodass dieser die kleinste (Rundungs-)Einheit darstellt, die betragsmäßig einen höheren Wert als der Cent hat.

Die folgende Übersicht zeigt die maximalen horizontalen Rundungsdifferenzen für alle Teilnehmer-Währungen (jeweils auf die nächstliegende Einheit auf- oder abgerundet), die sich aus Rückkonvertierungen der Teilnehmer-Währungen auf Grundlage der definitiven Konversionskurse ergeben.

5 Rundungsprobleme im Rahmen der Umrechnung

Maximale horizontale Rundungsdifferenzen für alle Teilnehmer-Währungen

Währungscode (ISO 4217)	Stückelung	Kleinste (Rundungs-) Einheit	Umrechnung: TNW* – EUR – TNW* maximale Rundungsdiff. (ungerundet)	Umrechnung: TNW* – EUR – TNW* maximale Rundungsdiff. (gerundet)	Umrechnung: EUR – TNW* – EUR maximale Rundungsdiff. (ungerundet)	Umrechnung: EUR – TNW* – EUR maximale Rundungsdiff. (gerundet)
BEF	1 BEF = 100 Centimes	1 BEF	± 0,2016…	0 BEF	± 0,0001…	± 1 BEF
DEM	1 DEM = 100 Pfennig	1 Pfennig	± 0,0097…	± 1 Pfennig	± 0,0025…	0 Pfennig
FIM	1 FIM = 100 Penni	1 Penni	± 0,0297…	± 3 Penni	± 0,0008…	0 Penni
FRF	1 FRF = 100 Centimes	1 Centime	± 0,0327…	± 3 Centimes	± 0,0007…	0 Centimes
IEP	1 IEP = 100 Penny	1 Penny	± 0,0039…	0 Penny	± 0,0063…	± 1 Penny
ITL	ITL	1 ITL	± 9,6813…	± 10 ITL	± 0,0000…	0 ITL
LUF	1 LUF = 100 Centimes	1 LUF	± 0,2016…	0 LUF	± 0,0001…	± 1 LUF
NLG	1 NLG = 100 Cent	1 Cent	± 0,0110…	± 1 Cent	± 0,0022…	0 Cent
ATS	1 ATS = 100 Groschen	1 Groschen	± 0,0688…	± 7 Groschen	± 0,0003…	0 Groschen
PTE	1 PTE = 100 Centaro	10 Centaro	± 1,0024…	± 1 PTE	± 0,0000…	0 PTE
ESP	ESP	1 ESP	± 0,8319…	± 1 ESP	± 0,0000…	0 ESP

* Teilnehmerwährung

Abb. 39

Umrechnungs- und Rundungsregeln

5.3 „Vertikale" Rundungsdifferenzen

5.3.1 Entstehung „vertikaler" Rundungsdifferenzen

Ist eine Vielzahl von Einzelbeträgen, die Elemente einer Summe oder eines Saldos darstellen, umzurechnen, so entspricht die Summe der umgerechneten Einzelbeträge nicht immer dem Ergebnis der Umrechnung der Summe der Ausgangsbeträge.

In der folgenden Abb. 40 ergibt die Addition der in EUR umgerechneten DM-Einzelbeträge einen Gesamtbetrag i.H.v. 255,64 EUR, während die Umrechnung der Summe der DM-Einzelbeträge (500,00 DM) zu einem Betrag i.H.v. 255,65 EUR führt. Es entsteht eine „vertikale" Rundungsdifferenz i.H.v. 0,01 EUR oder 1 Cent.

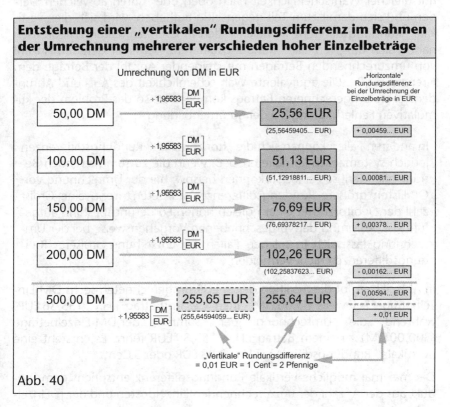

Abb. 40

5 Rundungsprobleme im Rahmen der Umrechnung

Entstehungsorte für „vertikale" Rundungsdifferenzen sind z. B. alle Aufzeichnungen aus Abrechnungssystemen, die Einzelposten, Summen und Salden aufweisen (z. B.: Eingangs-/Ausgangsrechnungen, Belege, Journale, Konten oder Primanoten), eine Kette von veranlassten Banküberweisungen oder die Ermittlung der zu zahlenden Summe für den Einkauf in einem Laden, der seine Preise sowohl in der jeweiligen nationalen Währungseinheit als auch in Euro angibt.

Der kumulierte Umfang der Differenzen wird von den verarbeiteten Mengengerüsten beeinflusst. Die potentielle „vertikale" Rundungsdifferenz erhöht sich im Normalfall mit jeder Position um die maximale „horizontale" Rundungsdifferenz innerhalb dieser Position. Da die „horizontalen" Rundungsdifferenzen bei unterschiedlichen umzurechnenden Beträgen mit gleicher Wahrscheinlichkeit nach oben oder unten abweichen werden und sich damit zum Teil gegenseitig aufheben, wird sich die „vertikale" Rundungsdifferenz in vielen Fällen in Grenzen halten. Theoretisch nähert sich die „vertikale" Rundungsdifferenz bei einer geraden Anzahl von umzurechnenden Beträgen mit steigender Anzahl der Beträge dem Grenzwert „0". Die äquivalente Wahrscheinlichkeit des Auf- und Abrundens eines umgerechneten Betrags kompensiert so das Problem der kumulativen Fehlerhäufung bei der Summenbildung.

In anderen Fällen können sich die „horizontalen" Rundungsdifferenzen jedoch systematisch kumulieren, z. B. wenn die zu summierenden Beträge alle identisch sind. So können beispw. bei der Umrechnung von OP-Listen größere Rundungsdifferenzen auftreten, wenn eine Großzahl der Debitoren mit einem gleich hohen Forderungsbestand aufgeführt ist. Aufgrund der vorgeschriebenen Vorgehensweise bei der Umrechnung lässt sich in solchen Fällen die Entstehung größerer Rundungsdifferenzen nicht vermeiden.

In Abb. 41 ergibt die Addition der in EUR umgerechneten sechs DM-Einzelbeträge à jeweils 50,00 DM einen Gesamtbetrag i.H.v. 153,36 EUR, während die Umrechnung der Summe der DM-Einzelbeträge (300,00 DM) zu einem Betrag i.H.v. 153,39 EUR führt. Es entsteht eine „vertikale" Rundungsdifferenz i.H.v. 0,03 EUR oder 3 Cent.

Die maximal mögliche vertikale Rundungsdifferenz entspricht dem Produkt aus der Anzahl der umzurechnenden Einzelposten und der je Einzelposten maximal möglichen „horizontalen" Rundungsdifferenz. Wie in Abschnitt 5.2.1 erläutert, beträgt bei Umrechnungen von DM in EUR die maximale „horizontale" Rundungsdifferenz je Einzelposten theoretisch ± 0,5 Cent oder knapp ± 1 Pfennig.

Entstehung einer „vertikalen" Rundungsdifferenz im Rahmen der Umrechnung mehrerer gleich hoher Einzelbeträge

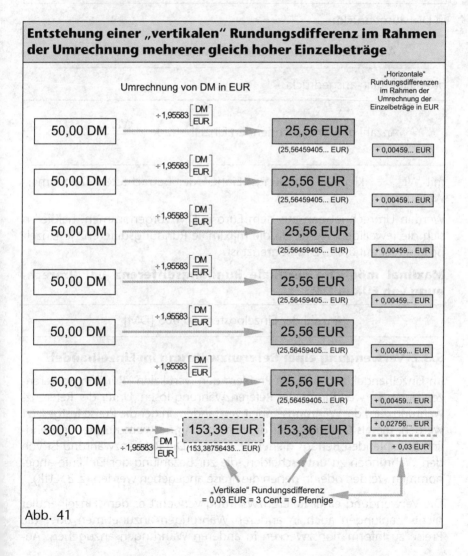

Abb. 41

Maximal mögliche vertikale Rundungsdifferenz bei Umrechnung von DM in EUR

> Anzahl der umzurechnenden Einzelbeträge × 0,005 [EUR]

in DM ausgedrückt:

> Anzahl der umzurechnenden Einzelbeträge × 0,01 [DM]

oder allgemein ausgedrückt:

$$\text{Anzahl der umzurechnenden Einzelbeträge} \times \frac{WE_{min}}{2}$$

mit WE_{min} = kleinste (Rundungs-)Einheit der betrachteten Teilnehmer-Währung

Werden Umrechnungen aus dem Euro in DM vorgenommen, halbieren sich die jeweiligen Werte, da die maximale Rundungsdifferenz je Einzelposten hier auf 0,005 DM begrenzt ist.

Maximal mögliche vertikale Rundungsdifferenz bei Umrechnung von EUR in DM:

> Anzahl der Einzelposten × 0,005 [DM]

5.3.2 Verwendung einer Referenzwährung im Einzelhandel

Im Einzelhandel lässt sich das Problem der „vertikalen" Rundungsdifferenzen durch Verwendung einer Referenzwährung lösen. Unter der Referenzwährung wird die Währungseinheit verstanden, in der die Preise festgesetzt werden, die als Grundlage für die Berechnung des vom Kunden letztendlich zu zahlenden Betrags dienen (z. B. DM). Die Referenzwährung ist von den Währungen zu unterscheiden, die zur Bezahlung der Einkäufe angenommen werden oder in denen die Preise angegeben werden (z. B. EUR).

Die Verwendung einer Referenzwährung verwehrt es dem Einzelhändler nicht, Zahlungen auch in anderen Währungen anzunehmen oder die Preise zu Informationszwecken in anderen Währungen anzugeben. Äu-

Umrechnungs- und Rundungsregeln

ßert ein Kunde den Wunsch, in einer anderen Währung als der Referenzwährung zu bezahlen, so sind allerdings die in der anderen Währung angegebenen Preise nicht für die Berechnung des zu zahlenden Endbetrags heranzuziehen; diese Berechnung müsste vielmehr auf der Grundlage der Referenzwährung erfolgen. Der Rundungsfehler bleibt in diesem Fall bei der Umrechnung des DM-Endbetrages in EUR auf maximal einen halben Cent (maximale „horizontale" Rundungsdifferenz) beschränkt.

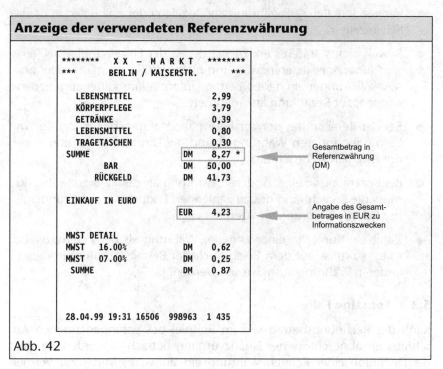

Abb. 42

Die verwendete Referenzwährung ist auf Regalen und auf Belegen deutlich anzuzeigen, sodass unmissverständlich klar wird, dass nur die Referenzwährungsbeträge zur Berechnung des zu zahlenden Gesamtbetrags herangezogen werden und z. B. die EUR-Beträge nur informationshalber angegeben werden (vgl. Abb. X19). Bei der Berechnung der zur Information angegebenen EUR-Beträge sind die Umrechnungs- und Rundungsregeln zu beachten.

5 Rundungsprobleme im Rahmen der Umrechnung

Der Einzelhändler ist während der Übergangszeit nicht verpflichtet, Euro zur Bezahlung anzunehmen, soweit nichts anderes erklärt wurde. Zahlt ein Kunde in einer anderen Währung als der Referenzwährung, so muss auf dem Beleg auch der Betrag (Summe) in dieser anderen Währung ausgewiesen werden.

Verwendung einer Referenzwährung:

- Verwendete Referenzwährung auf Regalen oder z. B. Belegen deutlich anzeigen.

- Soweit nichts anderes erklärt wurde, ist der Einzelhändler bei Verwendung einer Referenzwährung nicht verpflichtet, Euro oder andere Währungen, in denen Beträge informationshalber angegeben werden, zur Bezahlung anzunehmen.

- Bei der Berechnung der zur Information angegebenen Beträge in Euro oder anderen Währungen sind die Umrechnungs- und Rundungsregeln zu beachten.

- Bei Bezahlung in einer anderen Währung als der Referenzwährung muss die Berechnung des zu zahlenden Endbetrags auf Grundlage der Referenzwährung erfolgen.

- Zahlt ein Kunde in einer anderen Währung als der Referenzwährung, so muss auf dem Beleg auch der Betrag (Summe) in dieser anderen Währung ausgewiesen werden.

5.3.3 Sonstige Fälle

Kann der Rechnungsbetrag wie im Beispiel des vorangegangenen Abschnitts als abgeschlossener Finanzvorgang betrachtet werden, so stellt die Definition einer Referenzwährung ein sinnvolles Mittel zur Vermeidung „vertikaler" Rundungsdifferenzen dar.

Es kann aber auch empfehlenswert sein, einzelne Beträge anstelle der Gesamtsumme umzurechnen und zu runden. Ein Beispiel hierfür ist das deutsche Zahlungssystem, in dem jede Zahlung auf sämtlichen Stufen des Zahlungsprozesses in zwei verschiedenen Einheiten angegeben wird (vgl. hierzu die Ausführungen zum Zahlungsverkehr in Kapitel I „Technische Auswirkungen der Euro-Einführung auf ausgewählte Unternehmensbereiche").

Umrechnungs- und Rundungsregeln

In anderen Fällen ist eine Lösung nicht so leicht zu finden, so z. B. wenn Unternehmen auf regelmäßiger Basis wechselseitige Transaktionen tätigen.

Wechselseitige Transaktionen zwischen Unternehmen

Unternehmen B bestellt bei Unternehmen A Waren, die von A an B zu verschiedenen Zeitpunkten in vier gleich großen Warenlosen geliefert werden. Jedes Warenlos wird mit 220,00 DM bewertet (vgl. Abb. 43).
A erfasst die Verkäufe einzeln in EUR und erwartet von B eine Zahlung i.H.v. 449,92 EUR. Überweist B nun mit einer einzigen Zahlung die Summe der Einzelbeträge i.H.v. 880,00 DM oder den Gegenwert von 449,94 EUR, dann würden beide Beträge um 0,02 EUR differieren. B hat somit aus Sicht von A zu viel bezahlt. Bei DV-gestützten Buchführungssystemen, bei denen die Transaktionen nur auf Grundlage der Beträge abgestimmt werden, kann diese Differenz Probleme verursachen, da das Buchführungssystem in diesem Fall ohne die Verwendung anderer Kriterien für die Verrechnung von Zahlungen und Forderungen nicht in der Lage sein wird festzustellen, ob B seine Schulden vollständig beglichen hat.

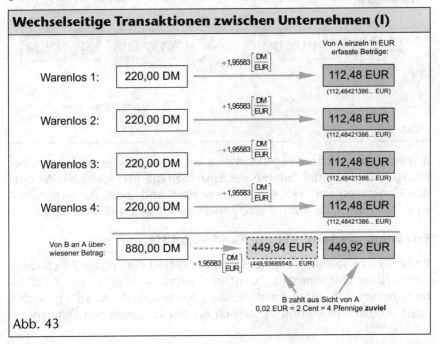

Abb. 43

5 Rundungsprobleme im Rahmen der Umrechnung

In Abhängigkeit von der Höhe der zu zahlenden Beträge ist auch der umgekehrte Fall, dass B zu wenig zahlt, möglich. Wird jedes Warenlos z. B. mit 120,00 DM bewertet, so ergibt sich folgendes Bild:

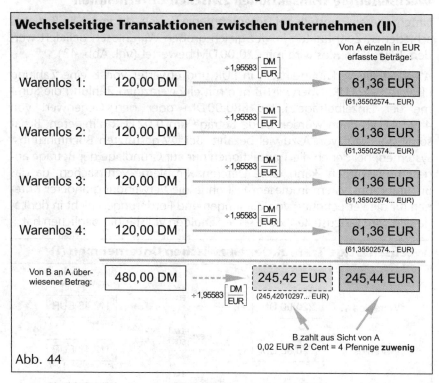

Abb. 44

B würde bei gleicher Vorgehensweise wie zuvor in diesem Fall in einer einzigen Zahlung die Summe der Einzelbeträge i.H.v. 480,00 DM oder den Gegenwert von 245,42 EUR überweisen und somit aus Sicht von A zu wenig zahlen, da A von B eine Zahlung i.H.v. 245,44 EUR erwartet.

Erfassung auf Sonderkonto Rundungsdifferenzen

Kommt es zu solchen Fehlanpassungen, so sind die entstandenen Differenzen (hier also einmal +2 Cent und einmal −2 Cent) vom Buchführungssystem auf einem Sonderkonto „Rundungsdifferenzen" zu verbuchen. Andernfalls kommt es je nach Art der entstandenen Differenz zu einer Gutschrift i.H.v. zwei Cent zugunsten von B oder zur Versendung eines Mahnschreibens an B, da das automatisierte Mahnwesen die Forderung immer noch mit zwei Cent als offen führt.

Zur Vermeidung von Problemen bei Rundungsdifferenzen sollten sich die Vertragspartner darüber verständigen, wie wechselseitige Transaktionen betrachtet werden sollen:

- Mehrere Transaktionen werden entweder als Einzelkontrakte mit getrennten Zahlungsverpflichtungen betrachtet oder
- jede einzelne Position wird nur als Teil der (internen) Berechnung der letztlich zu zahlenden Endsumme betrachtet.

Im ersten Fall sind die Einzelbeträge umzurechnen und zu runden, im zweiten Fall nur die schließlich in Rechnung gestellten Beträge. Es kann auch vorkommen, dass in Rechnung gestellte Endpreise nicht direkt gezahlt, sondern auf einem Girokonto der Vertragspartner verbucht werden. In solchen Fällen wird üblicherweise in regelmäßigen Abständen (z. B. am Quartals- oder Jahresende) entsprechend der jeweiligen Vereinbarung zwischen den Vertragspartnern der Saldo des Kontos ermittelt. Dieser periodische Saldo wäre dann umzurechnen.

5.4 Spezielle Probleme

5.4.1 Doppelte Preisangaben mit einem hohen Genauigkeitsgrad

Sollen Preisangaben nicht nur zu Informationszwecken in mehreren Währungen erfolgen, so können sich aufgrund der dabei zu beachtenden Umrechnungs- und Rundungsregeln Probleme bei Preisangaben mit einem hohen Genauigkeitsgrad ergeben.

Bei der Umrechnung einer DM-Preisangabe in EUR ist der EUR-Betrag i. Allg. auf den nächstliegenden Cent auf- oder abzurunden. Sind Preisangaben jedoch mit einem höheren Genauigkeitsgrad angegeben als die kleinste verwendete Währungseinheit (z. B. bei Preisangaben für Benzin, Gas, Strom, Wasser), so kann es durchaus angebracht sein, eine Rundung des Gegenwerts auf den nächstliegenden Cent nicht vorzunehmen. Das folgende Beispiel verdeutlicht diese Problematik am Beispiel des Kaufs von Benzin an Tankstellen, da diese üblicherweise ihre Preise für einen Liter Benzin mit einer Genauigkeit von einem zehntel Pfennig ausweisen.

Doppelte Preisangaben für den Verkauf von Benzin

Beträgt der Preis für einen Liter Benzin z. B. 1,689 DM, so wäre für eine Bezugsmenge von 50 l ein Betrag von 84,45 DM zu zahlen. Rechnet man den DM-Preis je l in EUR um und rundet dabei auf zwei Dezimalstellen, so ergibt sich ein Literpreis i.H.v. 0,86 EUR. Für 50 l Benzin wären dann 43,20 EUR zu zahlen. Rechnet man diesen Betrag in DM zurück, so erhält man 84,10 DM, es ergibt sich somit eine Differenz i.H.v. 0,35 DM zuungunsten der Tankstelle.

Erhöht man die Anzahl der Dezimalstellen der EUR-Preisangabe auf drei, ergibt sich ein Literpreis i.H.v. 0,864 EUR und für 50 l Benzin wären dann 43,20 EUR zu zahlen. Dieser Betrag entspricht 84,49 DM, sodass sich eine Differenz i.H.v. 0,04 DM zuungunsten des Verbrauchers ergibt.

Erst eine Rundung der EUR-Preisangabe auf vier Dezimalstellen führt in diesem Beispiel zu einem ähnlichen Genauigkeitsgrad wie bei der ursprünglichen DM-Preisangabe. Es ergibt sich ein Literpreis i.H.v. 0,8636 EUR. Für 50 l Benzin wären dann 43,18 EUR zu zahlen. Dieser Betrag entspricht dem bei Verwendung der DM-Preisangabe ermittelten Betrag i.H.v. 84,45 DM, es kommt zu keiner Differenz (vgl. Abb. 45).

Wie das Beispiel in Abb. 45 zeigt, ist eine Rundung auf den nächstliegenden Cent nicht angebracht, da dies bedeuten würde, dass der Preis in Euro mit einem geringeren Genauigkeitsgrad angegeben wird als der Preis in DM. Der Verbraucher würde so in gewisser Weise irregeführt werden. Um einen ähnlichen Genauigkeitsgrad wie bei der ursprünglichen DM-Preisangabe zu erreichen, sollten für den in EUR umgerechneten Betrag mehr als zwei Dezimalstellen verwendet werden. Da die in der EuroVorbVO geforderte Rundung auf den nächstliegenden Cent als Mindeststandard für den Genauigkeitsgrad von Umrechnungen in Euro zu verstehen ist, ist dies auch zulässig.

Umrechnungs- und Rundungsregeln

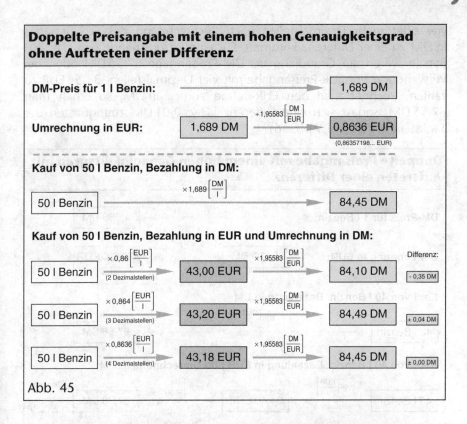

Abb. 45

Preisangaben in EUR mit mehr als zwei Dezimalstellen

Im Allgemeinen sollte bei Preisen, die in der Teilnehmer-Währung mit einem hohen Genauigkeitsgrad angegeben sind, bei Preisangaben in EUR ein ähnlicher Genauigkeitsgrad verwendet werden. Die jeweils für die Erreichung eines ähnlichen Genauigkeitsgrades nötige Anzahl der Dezimalstellen hängt vom jeweiligen Euro-Konversionskurs ab.

Im obigen Beispiel ergibt sich für den Bezug von 50 l Benzin bei einer auf vier Dezimalstellen gerundeten EUR-Preisangabe nach Rückrechnung des EUR-Betrages in DM wieder genau der bei Verwendung der DM-Preisangabe ermittelte Betrag und es kommt zu keiner Differenz. Bei einer anderen Bezugsmenge oder bei Zugrundelegung eines anderen Bezugspreises für einen Liter Benzin kann es jedoch auch bei einer EUR-Preisangabe mit vier oder mehr Dezimalstellen nach Rückrechnung des EUR-Betrages in DM zu einer Differenz kommen. Für eine Bezugsmenge von z. B. 40 l Benzin wären auf Grundlage der DM-Preisangabe 67,56 DM oder, bei Verwendung der EUR-Preisangabe mit vier Dezimalstellen, 34,54 EUR zu zahlen. Rechnet man den EUR-Betrag zurück in DM, so erhält man 67,55 DM, sodass sich eine Differenz i.H.v. 0,01 DM zuungunsten der Tankstelle ergibt (vgl. Abb. 46).

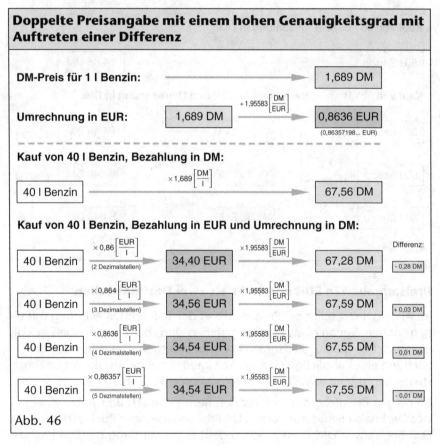

Abb. 46

Die Entstehung dieser Differenz ist auf die Umrechnung des EUR-Betrages in DM zurückzuführen und nicht auf die Anzahl der Dezimalstellen der EUR-Preisangabe. Selbst bei einer Erhöhung der Anzahl der Dezimalstellen der EUR-Preisangabe auf sechs oder mehr erhält man nach Rückrechnung des EUR-Betrages in DM wieder 67,55 DM anstelle von 67,56 DM. Die Ursache für diese Differenz ist auf die Möglichkeit des Auftretens „horizontaler" Rundungsdifferenzen bei der Umrechnung von Teilnehmer-Währungen in Euro und wieder zurück von Euro in Teilnehmer-Währungen, die, wie bereits in Abschnitt 5.2.1 erläutert, bei Umrechnungen von DM in EUR und wieder zurück von EUR in DM maximal ± 1 Pfennig betragen können, zurückzuführen.

Doppelte Preisangaben mit einem hohen Genauigkeitsgrad

- Bei Preisen, die in der Teilnehmer-Währung mit einem hohen Genauigkeitsgrad angegeben sind, sollte bei EUR-Preisangaben ein ähnlicher Genauigkeitsgrad verwendet werden.

- Die jeweils für die Erreichung eines ähnlichen Genauigkeitsgrades nötige Anzahl der Dezimalstellen hängt vom jeweiligen Euro-Konversionskurs ab.

- Unabhängig vom verwendeten Genauigkeitsgrad der EUR-Preisangabe können bei der Umrechnung von EUR in die Teilnehmer-Währung „horizontale" Rundungsdifferenzen auftreten.

5.4.2 Umrechnung von Kleinbeträgen

Ein ähnliches Problem wie bei Preisangaben mit einem hohen Genauigkeitsgrad stellt sich bei der Umrechnung von Kleinbeträgen aus einer Teilnehmer-Währung in Euro, da auch hier im Rahmen der Umrechnung zwangsläufig gerundet werden muss.

So fällt z. B. die Rundung von 65,70556 EUR auf 65,71 EUR absolut gesehen gleich hoch aus wie die Rundung von 0,70556 EUR auf 0,71 EUR. Relativ betrachtet wirkt sich in diesem Beispiel die Aufrundung auf den nächstliegenden Cent bei dem viel kleineren Cent-Wert deutlich stärker aus als bei einem höheren Wert.

Bei Umrechnungen von DM in EUR fällt die erforderliche Rundung vor allem bei der Umrechnung von Beträgen von einem bis zehn Pfennig relativ groß aus. Wie in der folgenden Übersicht dargestellt, kann die Rundungsdifferenz mehr als 95 Prozent betragen.

5 Rundungsprobleme im Rahmen der Umrechnung

Aufgrund der zu beachtenden Rundungsregeln fallen die Aufrundungen (in der nachfolgenden Darstellung grau hinterlegt) durchweg stärker aus als die Abrundungen.
Ein mögliches Beispiel für die Umrechnung von Kleinbeträgen sind Inventarlisten, die von DM in EUR umgerechnet werden sollen.

Rundungsfehler bei der Umrechnung von DM in EUR

D-Mark-Ausgangsbetrag	Umrechnung in EUR (ungerundet)	Umrechnung in EUR (kaufmännisch gerundet)	Prozentuale Abweichung
0,01	0,00511291...	0,01	+ 95,58 %
0,02	0,01022583...	0,01	./. 2,21 %
0,03	0,01533875...	0,02	+ 30,39 %
0,04	0,02045167...	0,02	./. 2,21 %
0,05	0,02556459...	0,03	+ 17,35 %
0,06	0,03067751...	0,03	./. 2,21 %
0,07	0,03579043...	0,04	+ 11,76 %
0,08	0,04090335...	0,04	./. 2,21 %
0,09	0,04601626...	0,05	+ 8,66 %
0,10	0,05112918...	0,05	./. 2,21 %

Umrechnung von DM in EUR mit dem Konversionskurs von 1,95583 DM/EUR

Wertansatz in EUR mit 2 Dezimalstellen (kaufmännisch gerundet)

	Anzahl	Wertansatz in DM	Wertansatz in EUR (ungerundet)	Wertansatz in EUR (kaufm. gerundet)	Prozentuale Abweichung
Posten A	1000	0,05	0,02556459...	0,03	+ 17,35 %
Posten B	500	0,15	0,07669378...	0,08	+ 4,31 %
Posten C	250	0,24	0,12782297...	0,13	+ 1,70 %
Posten D	400	0,80	0,40903350...	0,41	+ 0,24 %

Zur Vermeidung derartiger Rundungsdifferenzen bietet es sich an, ähnlich wie bei der Vorgehensweise bei Preisen mit einem hohen Genauigkeitsgrad, den den einzelnen Posten zugemessenen Wertansatz in EUR mit mehr als zwei Dezimalstellen anzugeben, um so die Abweichungen zu verringern.

Wertansatz in EUR mit 3 Dezimalstellen

	Anzahl	Wertansatz in DM	Wertansatz in EUR (ungerundet)	Wertansatz in EUR (3 Dezimalstellen)	Prozentuale Abweichung
Posten A	1000	0,05	0,02556459…	0,026	+ 1,70 %
Posten B	500	0,15	0,07669378…	0,077	+ 0,40 %
Posten C	250	0,24	0,12782297…	0,128	+ 0,14 %
Posten D	400	0,80	0,40903350…	0,409	./. 0,01 %

Wertansatz in EUR mit 4 Dezimalstellen

	Anzahl (Stk.)	Wertansatz in DM je Stk.	Wertansatz in EUR (ungerundet) je Stk.	Wertansatz in EUR (4 Dezimalstellen) je Stk.	Prozentuale Abweichung
Posten A	1000	0,05	0,02556459…	0,0256	+ 0,14 %
Posten B	500	0,15	0,07669378…	0,0767	+ 0,01 %
Posten C	250	0,24	0,12782297…	0,1278	./. 0,02 %
Posten D	400	0,80	0,40903350…	0,4090	./. 0,01 %

Zur Verringerung der Abweichungen könnte man auch anstelle der Umrechnung des Wertansatzes eines einzelnen Postens und anschließender Multiplikation der Anzahl des Posten mit dem EUR-Wertansatz die in DM bewertete Menge eines Postens (z. B. 1000 Stk. A zu 0,05 DM/Stk. = 500,00 DM) in EUR umrechnen. Erfolgt die Angabe der Beträge nicht mehr auf Stückbasis, sondern z. B. zu 100 oder 1.000 Stück, so wird der Rundungseffekt sofort unerheblich.

5.4.3 Umrechnung von Schwellenwerten und Bandbreiten

5.4.3.1 Umrechnung von Schwellenwerten

Schwellenwerte werden in EDV-Systemen häufig verwendet, um Handlungen des Systems zu definieren. Mögliche Beispiele hierfür sind u. a.:

- **Erstellung von Auswertungen:**
  Auf Basis definierter Schwellenwerte werden z. B. Übersichten in der Form „alle Forderungen über 10.000 DM, die älter als 30 Tage sind" erstellt.

- **Durchführung von Kalkulationen:**
  Auf Basis definierter Schwellenwerte werden hier als Beispiel Portoberechnungen für Warensendungen erstellt, z. B. in der Form „Bis zu einem Warenwert von 150 DM sind pauschal 7,50 DM Porto zu zahlen. Ist der Warenwert höher, erfolgt die Sendung portofrei.".

- **Vergabe von Berechtigungsstufen:**
  Auf Basis definierter Schwellenwerte ist es Mitarbeitern einer bestimmten Berechtigungsstufe z. B. nicht erlaubt, Transaktionen über einen Betrag von 5.000 DM vorzunehmen.

- **Gültigkeitsprüfungen:**
  Auf Basis definierter Schwellenwerte werden z. B. Gültigkeitsprüfungen durchgeführt, um festzustellen, ob ein eingegebener/erfasster Betrag in eine plausible Größenordnung fällt.

In Abhängigkeit von der Gestaltung des jeweiligen EDV-Systems kann es sehr aufwändig sein, die Änderung der Schwellenbeträge vorzunehmen, wenn diese in der Software „hartkodiert" sind. Gültigkeitsprüfungen sowie Dateneingabemasken, die in die von einer Anwendung verwendeten „Formulare" implementiert sind, lassen sich dagegen i. d. R. leichter ändern, da sich dies nicht direkt auf die Software auswirkt. Noch einfacher ist es, Schwellenwerte zu ändern, die in einer speziellen Nachschlagetabelle oder einer besonderen Parameterdatei abgespeichert sind.

Da Schwellenwerte i. d. R. auf runde, leicht zu merkende Beträge festgesetzt sind, wird es normalerweise nicht zufriedenstellend sein, die Schwellenwerte automatisch auf „krumme" EUR-Beträge umzurechnen. Hinzu kommt, dass die Änderung von Schwellenwerten oftmals eine recht wichtige Managemententscheidung darstellt und daher die Aufmerksamkeit der Unternehmensleitung erfordert.

5.4.3.2 Umrechnung von Bandbreiten

Die automatische Umrechnung der Ober- und Untergrenzen von Bandbreiten kann in Abhängigkeit von der Teilnehmer-Währung, in der diese Bandbreiten vor der Umrechnung ausgedrückt waren, verschiedene Probleme ergeben.

Überschneidung von Kategorien

Ist der Wert der kleinsten (Rundungs-)Einheit einer Teilnehmer-Währung betragsmäßig kleiner als der Wert des Cents als kleinste Euro-Einheit, kann im Zusammenhang mit der Umrechnung von Bandbreiten Folgendes auftreten (z. B. bei der Umrechnung von zuvor in DM definierten Bandbreiten in EUR):

Kategorie	DM	EUR
Kategorie I	$x \leq 200{,}00$	$x \leq 102{,}26$
Kategorie II	$200{,}01 \leq x \leq 400{,}00$	$102{,}26 \leq x \leq 204{,}52$
Kategorie III	$400{,}01 \leq x \leq 600{,}00$	$204{,}52 \leq x \leq 306{,}78$
Kategorie IV	$600{,}01 \leq x$	$306{,}78 \leq x$

Nach der Umrechnung der Kategoriengrenzen von DM in EUR kommt es zu einer Überschneidung der Kategorien. Die in EUR ausgedrückten Obergrenzen der Kategorien I bis III decken sich mit den Untergrenzen der jeweils nächsthöheren Kategorie. Transaktionen in Höhe dieser Beträge lassen sich keiner Kategorie eindeutig zuordnen.

Abhängig von den technischen Spezifikationen des EDV-Systems können derartige Transaktionen wie folgt behandelt werden:

- Zuordnung zu zwei Kategorien,
- nur Zuordnung zur unteren Kategorie,
- nur Zuordnung zur oberen Kategorie oder
- unterschiedliche Zuordnung zu einer Kategorie durch verschiedene Teile des EDV-Systems.

Lücken zwischen den Kategorien

Ist der Wert der kleinsten (Rundungs-)Einheit einer Teilnehmer-Währung betragsmäßig größer als der Wert des Cents als kleinste Euro-Einheit, kann im Zusammenhang mit der Umrechnung von Bandbreiten Folgendes auftreten (z. B. bei der Umrechnung von zuvor in IEP definierten Bandbreiten in EUR):

Kategorie	IEP	EUR
Kategorie I	x ≤ 100,00	x ≤ 126,97
Kategorie II	100,01 ≤ x ≤ 250,00	126,99 ≤ x ≤ 317,43
Kategorie III	250,01 ≤ x ≤ 500,00	317,45 ≤ x ≤ 634,87
Kategorie IV	500,01 ≤ x	634,88 ≤ x

Nach der Umrechnung der Kategoriengrenzen von IEP in EUR kommt es zu Lücken zwischen den Kategorien. Transaktionen i.H.v. 126,98 EUR bzw. 317,44 EUR fallen in keine Kategorie.

Abhängig von den technischen Spezifikationen des EDV-Systems können derartige Transaktionen wie folgt behandelt werden:

- Zuordnung zu keiner der vier Kategorien,
- Zusammenfassung mit der nächstunteren Kategorie,
- Zusammenfassung mit der nächstoberen Kategorie oder
- unterschiedliche Zuordnung zu einer Kategorie durch verschiedene Teile des EDV-Systems.

Behandlung von Bandbreiten während der Übergangsphase

Die gezeigten Widersprüchlichkeiten lassen sich während der Übergangsphase, in der Beträge in Teilnehmer-Währungen wie auch in Euro zugeordnet werden müssen, relativ leicht vermeiden. Es ist ausreichend, alle Bandbreiten nicht in beiden Einheiten (Teilnehmer-Währung und Euro), sondern nur in einer Referenzwährung zu führen und alle zu klassifizierenden bzw. in Vergleichsoperationen zu verwendenden Beträge zunächst in diese Referenzeinheit umzurechnen. In der Regel wird man hier die jeweilige Teilnehmer-Währung als Referenzwährung wählen, da diese in allen bestehenden Bandbreiten zumeist als Basis dienen dürfte.

Behandlung von Bandbreiten nach der Übergangsphase

Da die Teilnehmer-Währungen nach dem Ende der Übergangsphase ihren Status als Untereinheiten des Euro verloren haben und nicht mehr existieren werden, wird es nach Ablauf der Übergangsphase nicht mehr möglich sein, die Teilnehmer-Währungen als Referenzeinheiten beizubehalten.

Die dann notwendige und zwangsläufig Rundungen umfassende „Umstellung" der bislang in Teilnehmer-Währungen ausgedrückten Geldbeträge in Euro kann, wie oben gezeigt, zu Widersprüchlichkeiten (Überschneidungen oder Lücken) führen. Zur Vermeidung dieser Widersprüchlichkeiten gibt es verschiedene Wege:

Bezogen auf Überschneidungen bestünde eine Möglichkeit zur Gewährleistung von Konsistenz der Kategorien nach Umrechnung in Euro darin, nur die Obergrenze jeder Klasse umzurechnen und die Untergrenze der darauf folgenden Kategorie durch Addition von einem Cent zur Obergrenze der vorhergehenden Kategorie abzuleiten:

Kategorie	DM	EUR
Kategorie I	$x \leq 200{,}00$	$x \leq 102{,}26$
Kategorie II	$200{,}01 \leq x \leq 400{,}00$	$102{,}26 + 0{,}01 = 102{,}27 \leq x \leq 204{,}52$
Kategorie III	$400{,}01 \leq x \leq 600{,}00$	$204{,}52 + 0{,}01 = 204{,}58 \leq x \leq 306{,}78$
Kategorie IV	$600{,}01 \leq x$	$306{,}78 + 0{,}01 = 306{,}79 \leq x$

Bezogen auf Lücken bestünde eine weitere Möglichkeit darin, die Obergrenze jeder Kategorie und die Untergrenze der darauf folgenden Kategorie durch den gleichen Betrag in der zuvor verwendeten Teilnehmer-Währung (hier also DM) zu definieren:

Kategorie	IEP	EUR
Kategorie I	$x \leq 100{,}00$	$x \leq 126{,}97$
Kategorie II	$100{,}00 < x \leq 250{,}00$	$126{,}97 < x \leq 317{,}43$
Kategorie III	$250{,}00 < x \leq 500{,}00$	$317{,}43 < x \leq 634{,}87$
Kategorie IV	$500{,}00 < x$	$634{,}87 < x$

Organisatorisch-technische Lösungsansätze für die Übergangsphase

1 Einführung

Von der Euro-Einführung ist insbesondere das Rechnungswesen und mit diesem u. a. die Buchhaltung eines Unternehmens betroffen. Dabei gilt es, zwischen der Übergangsphase und der Konversionsphase zu unterscheiden.

Während der dreijährigen Übergangsphase (Doppelwährungsphase) ist es jedem Unternehmen nach dem Grundsatz „Kein Zwang – Keine Behinderung" möglich, die Verwendung des Euro sowie den Zeitpunkt der Euro-Umstellung frei zu wählen. Eine rechtliche Verpflichtung zu einer parallelen Buchhaltung in der „alten" Hauswährung und Euro besteht nicht, es bleibt dem jeweiligen Unternehmen überlassen, ob die EDV während der Übergangsphase in der Lage sein muss, unternehmensrelevante Werte z. B. in DM und Euro zu verarbeiten und entsprechend darzustellen.

Spätestens zum Ende der Übergangsphase ist die Hauswährung auf Euro umzustellen. Unter der Hauswährung wird in diesem Zusammenhang die Währung verstanden, in der das Rechnungswesen geführt wird, also die Währung, in der die Geschäftsvorfälle in den Konten und Journalen gebucht werden. Von der Hauswährung wird die sog. „Transaktionswährung" (Geschäftsvorgangs- bzw. Erfassungswährung) unterschieden. Als Transaktionswährung wird die Währung bezeichnet, in der Geschäftsvorfälle (Transaktionen) im Buchhaltungsystem erfasst werden.

Mit der Umstellung der Hauswährung auf den Euro sind auch die historischen Daten umzustellen. Die Umstellung geschieht während einer Konversionsphase, die u. U. zeitlich auch kurz nach der Übergangsphase und der Umstellung der Hauswährung (in den ersten Monaten des Jahres 2002) liegen kann. In der Konversionsphase sind von jedem Unternehmen soweit gewünscht die historischen Daten und das Berichtswesen unter Anwendung von sog. „Konversionsprogrammen" auf den Euro umzustellen. Die Konversionsprogramme sind dabei kein Bestandteil des

Anwendungssystems i.e.S., sie werden lediglich für die (einmalige) währungsmäßige Umsetzung der Datenbestände eingesetzt.

Welche Euro-Funktionalitäten zu welchem Zeitpunkt in einem Unternehmen zum Einsatz kommen, hängt maßgeblich vom Umfang der Integration des Unternehmens in Fremdwährungsräume ab. Für lokal oder regional tätige Kleinbetriebe stellt sich die Situation anders dar als für größere Unternehmen oder multinationale Konzerne, die nicht nur große Teile ihres Umsatzes, sondern auch die Wertschöpfung außerhalb der deutschen Landesgrenzen erwirtschaften.

Es ist daher nicht für jedes Unternehmen zwingend notwendig, während der Übergangsphase die Euro-Verarbeitung in seinem DV-Buchhaltungssystem zu realisieren, zumal ein Großteil der hierfür zu implementierenden Funktionen nach Ende der Übergangsphase nicht mehr benötigt wird.

Im Abschnitt 2 werden zunächst die an eurofähige DV-Buchhaltungssysteme zu stellenden Anforderungen kurz dargestellt, in Abschnitt 3 werden die verschiedenen DV-technischen Varianten zur Verarbeitung von DM und Euro dargestellt.

2 Euro-Fähigkeit von DV-Buchhaltungssystemen

Während der dreijährigen Übergangsphase ist es jedem Unternehmen freigestellt, seine Geschäftsvorgänge wahlfrei in der jeweiligen Hauswährung (z. B. DM) oder Euro abzuwickeln. Eine kaufmännische Software kann daher nur dann als vollständig Euro-fähig bezeichnet werden, wenn sie in der Lage ist, unter Beachtung der gesetzlichen Vorgaben, Geschäftsvorfälle sowohl in DM als auch in Euro korrekt abzubilden. Für die Dauer der Übergangsphase gehören hierzu insbesondere alle geltenden Verträge, Richtlinien und Vorschriften der Europäischen Union. Die Software sollte ferner in der Lage sein, eine Umstellung der Hauswährung auf den Euro durchzuführen sowie eine Konvertierung aller buchhalterischen Daten einschließlich der historischen Daten sowie sonstiger Geld- und Währungsbeträge in den Euro anzubieten.

Organisatorisch-technische Lösungsansätze

Mindestanforderungen für eine Euro-fähige Software:

- Umrechnungen sind nach den geltenden Richtlinien vorzunehmen:
  - Die Euro-Konversionskurse sind mit sechs signifikanten Stellen anzugeben (d. h., die Wechselkurspflege muss mindestens die Eingabe von vier Vor- und sechs Dezimalstellen gewährleisten).
  - Umrechnungen zwischen der Hauswährung (z. B. DM) und Teilnehmer- sowie Nicht-Teilnehmer-Währungen sind mittels der Dreiecksmethode oder einer anderen, stets zum gleichen Ergebnis wie die Dreiecksmethode führenden Methode durchzuführen.
  - Das System darf die Verwendung inverser Kurse für die Durchführung von Umrechnungen zwischen der Hauswährung (z. B. DM) und Teilnehmer- sowie Nicht-Teilnehmer-Währungen nicht erlauben.
  - Im Rahmen von Umrechnungen entstehende Rundungsdifferenzen müssen ausgewiesen und ggfs. auch verbucht werden.
- Die Konvertierung der buchhalterischen Daten einschließlich der historischen Daten sollte innerhalb der Übergangsphase zu jedem buchhalterisch sinnvollen Zeitpunkt möglich sein.
  - Der gesamte Konvertierungsprozess muss protokolliert werden, damit später alle Transaktionen und Vorgänge nachvollzogen werden können.
  - Die Konvertierung sollte auch die Anpassung sonstiger Währungsbeträge wie z. B. Restwerte von abgeschriebenen Anlagen oder Schwellenbeträge (z. B. Kreditlimitbegrenzungen bei Debitoren, die in Euro und DM abgewickelt werden) automatisch vornehmen.
  - Eventuell auftretende Ungleichheiten z. B. bei Kontensalden, OP-Salden oder der Bilanz müssen registriert und durch automatische Korrekturbuchungen bereinigt werden.
  - Nach Abschluss der Konvertierung sollten die historischen Daten auch weiterhin für Auswertungs- und Vergleichszwecke zur Verfügung stehen.

2 Euro-Fähigkeit von DV-Buchhaltungssystemen

Eine Euro-fähige Software sollte dem Anwender weiterhin bestimmte Grundfunktionen zur Verfügung stellen.

Grundfunktionen einer Euro-fähigen Software:
- Listen, Auswertungen und Reports sollten wahlweise in Euro oder DM bzw. in beiden Währungen ausgegeben werden können.
- Auf Rechnungen, Mahnungen oder sonstigen Vorgängen, die ein Unternehmen nach außen verschickt, sollte eine Doppelausweisung in DM und Euro (dabei entweder Umrechnung der jeweiligen Summe oder der Einzelposten) möglich sein.
- Die Umrechnung von der jeweiligen Transaktionswährung (z. B. DM, EUR, USD, FRF) in die Hauswährung (DM oder EUR) sollte in Echtzeit (online) über einen Konverter erfolgen und dem Anwender direkt zur Verfügung stehen.

Prüfung von Umrechnungsgewinnen und -verlusten

Die dargestellten Anforderungen an die Systeme führen teilweise dazu, dass während der Übergangsphase Umrechnungsgewinne bzw. -verluste aus technischen Gründen entstehen können, die sich folglich in der Gewinn- und Verlustrechnung der Unternehmen niederschlagen. In den einzelnen Unternehmen ist zu prüfen, welche Bedeutung diese Umrechnungsgewinne und -verluste haben. Wie in Kapitel J „Umrechnungs- und Rundungsregeln im Euro-Währungsraum" dargestellt, liegen diese Abweichungen im Pfennig- bzw. im Cent-Bereich und dürften im Regelfall nicht den Umfang von Gewinnen und Verlusten aus früheren Fremdwährungstransaktionen aufweisen.

Aus Sicht der ordnungsgemäßen Rechnungslegung ist es hinlänglich ausreichend, wenn geeignete Aufwands- und Ertragskonten für die Umrechnungsdifferenzen gebildet und durch die Systeme entsprechend angesprochen (gebucht) werden.

Organisatorisch-technische Lösungsansätze K

3 DV-technische Varianten zur Verarbeitung von DM und Euro

3.1 Einführung

DV-gestützte Buchhaltungssysteme lassen sich unabhängig von der Möglichkeit, den Euro zu verarbeiten, hinsichtlich der Verarbeitung von Währungsdaten in die beiden wesentlichen Kategorien der einfachen („Einwährungsfähigkeit") und der mehrfachen Währungsdatenverarbeitung („Mehrwährungsfähigkeit") untergliedern (vgl. Abb. 47).

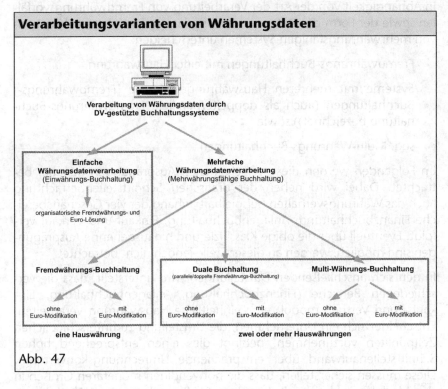

Abb. 47

Die einfache Währungsdatenverarbeitung kann nur mit einer einheitlichen Währungsgröße umgehen. Es gibt keine Unterscheidung zwischen der Haus- und der Transaktionswährung. Fremdwährungsvorgänge sind organisatorisch (manuell) zu handhaben. Dies kommt im Regelfall nur bei sehr einfachen Systemen zur Anwendung.

Die mehrfache Währungsdatenverarbeitung erlaubt die Verarbeitung von Geschäftsvorfällen in einer beliebigen Anzahl von Währungen und die Durchführung von Umrechnungen zwischen diesen Währungen auf Grundlage systemseitig hinterlegter, vom Benutzer zu pflegender Wechselkursrelationen (vgl. auch Kapitel J „Umrechnung- und Rundungsregeln im Euro-Währungsraum", Abschnitt 2 „Verbot der Verwendung „inverser" Kurse").

In Abhängigkeit von der Art der Verarbeitung von Fremdwährungsvorfällen sowie der Form der Datenspeicherung lassen sich folgende Varianten von mehrwährungsfähigen Systemen unterscheiden:

- Fremdwährungs-Buchhaltungen mit einer Hauswährung,
- Systeme mit mehreren Hauswährungen (duale [Fremdwährungs-] Buchhaltungen (auch als doppelte/parallele Fremdwährungs-Buchhaltung bezeichnet)) sowie
- sog. Multi-Währungs-Buchhaltungen.

Im Folgenden werden diese verschiedenen Ausprägungen genauer betrachtet. Dabei wird neben der grafischen Schnittstellenbetrachtung auch das Währungsverhalten beispielhaft anhand der vier Geschäftsbereiche Finanzbuchhaltung, Anlagenbuchhaltung, Einkauf und Verkauf verfolgt. Eventuell über die obige Klassifizierung hinausgehende Ausprägungen sind möglich, werden an dieser Stelle jedoch nicht betrachtet.

In den sich anschließenden Darstellungen wird unterstellt, dass die verschiedenen Bereiche (Finanzbuchhaltung, Anlagenbuchhaltung, Einkaufs- und Vertriebsmodul) eine einheitliche Hauswährung verarbeiten. Entscheidet sich ein Unternehmen, die Umstellung zu unterschiedlichen Zeitpunkten vorzunehmen, bedingt dies einen entsprechend hohen Schnittstellenaufwand über entsprechende Umrechnungskonvertoren. Diese müssen sicherstellen, dass die notwendigen monetären Größen in den Modulen in der jeweils korrekten Größe vorliegen und Abstimmungen vorgenommen werden.

Organisatorisch-technische Lösungsansätze

3.2 Einfache Währungsdatenverarbeitung (Einwährungs-Buchhaltung)

Die einfache Währungsdatenverarbeitung in Form der Einwährungs-Buchhaltung (vgl. Abb. 48) ist dadurch charakterisiert, dass alle Konten in einer Hauswährung (z. B. DM) geführt werden. Ursprünglich auf eine andere Währungseinheit lautende Buchungsinformationen können daher nur verarbeitet werden, wenn sie zunächst manuell in die Hauswährung umgerechnet werden. Während der Übergangsphase werden DV-technische Anpassungen an den Euro nicht vorgenommen, ein Konverter ist für die Doppelwährungsphase nicht notwendig, die Datenbasis wird weiter in der bestehenden Hauswährung geführt, es erfolgt keine Anpassung der Masken und Listen.

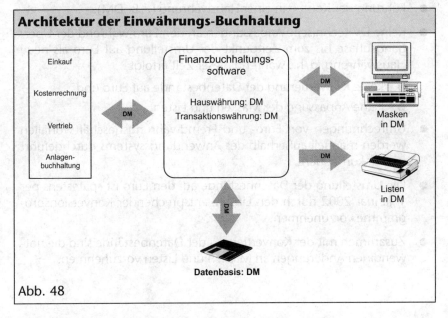

Abb. 48

Analog zur bisherigen Vorgehensweise bei der Buchung von Fremdwährungsgeschäftsvorfällen erfolgt die korrekte Erfassung von Euro-Geschäftsvorfällen mittels einer organisatorischen Lösung. Die Fremdwährungs- und Euro-Geschäftsvorfälle werden vor der Erfassung in der Buchhaltungsmaske außerhalb des Anwendungssystems manuell („Taschenrechnerlösung") bzw. mittels Verwendung von DV-Modulen (z. B. Excel-Arbeitsbögen) in die Hauswährung umgerechnet. Die Umrechnung ist zu dokumentieren (Tippstreifen, Ausdruck).

Diese Verfahrensweise kann während der Übergangsphase bis zum Zeitpunkt des Übergangs auf den Euro als neue Hauswährung aufrechterhalten werden. Die Umstellung der Datenbestände auf die neue Hauswährung Euro ist spätestens zum 1. Januar 2002 durch den Einsatz entsprechender Konversionsprogramme vorzunehmen. Zu diesem Zeitpunkt werden dann die mit der Umstellung auf den Euro notwendigen Änderungen an Masken und Listen vorgenommen.

Charakteristika von Einwährungs-Buchhaltungen:

- Führung der Konten in einer Hauswährung (z. B. DM).

- Keine DV-technische Anpassungen an den Euro während der Übergangsphase bis zum Zeitpunkt der Umstellung auf Euro als neue Hauswährung, d. h., während dieser Zeit erfolgt
  - keine Konvertierung der Datenbestände auf Euro und
  - keine Anpassung der Masken und Listen.

- Umrechnungen von Euro- und Fremdwährungsgeschäftsvorfällen werden manuell außerhalb des Anwendungssystems durchgeführt und dokumentiert.

- Die Umstellung der Datenbestände auf den Euro ist spätestens per 1. Januar 2002 durch den Einsatz entsprechender Konversionsprogramme vorzunehmen.

- Zusammen mit der Konvertierung der Datenbestände sind die notwendigen Änderungen an Masken und Listen vorzunehmen.

Organisatorisch-technische Lösungsansätze K

Abb. 49

3.3 Mehrfache Währungsdatenverarbeitung (Mehrwährungsfähigkeit)

3.3.1 Vorbemerkungen

Ohne Berücksichtigung der weiteren Verarbeitungs- und Speicherungsform der Fremdwährungsdaten ist unter einer „mehrwährungsfähigen" Buchhaltung ein System zu verstehen, mit dem (vgl. Abschnitt 3.1) die Verarbeitung von Geschäftsvorfällen in einer beliebigen Anzahl von Währungen und die Durchführung von Umrechnungen zwischen diesen Währungen auf Grundlage systemseitig hinterlegter, vom Benutzer zu pflegender Wechselkursrelationen möglich ist. Diese üblicherweise in Tabellenform hinterlegten Wechselkursrelationen bilden die Währungsparität jeder im Programm durchführbaren monetären Transaktion, d. h. das systemseitige Verhältnis zweier Währungen zueinander, ab. Fremdwährungsgeschäftsvorfälle können also in ihrer jeweiligen Währung erfasst und in die Hauswährung umgerechnet werden.

3 DV-technische Varianten zur Verarbeitung von DM und Euro

Es erscheint somit auf den ersten Blick praktikabel, den Euro einfach als weitere Fremdwährung in das System aufzunehmen und sich auf diese Weise die vorhandene Mehrwährungsfähigkeit zunutze zu machen. Die Schwierigkeit besteht jedoch darin, dass es sich beim Euro nicht um eine weitere Fremdwährung handelt, die umrechnungstechnisch wie andere Fremdwährungen behandelt werden kann. Die im Rahmen der Euro-Verarbeitung zu erzielende Mehrwährungsfähigkeit geht über die bisher gewöhnlich in Buchhaltungssystemen realisierte Mehrwährungsfähigkeit hinaus. Hinzu kommen die seit dem 1. Januar 1999 gültigen Konversionskurse sowie die für die Durchführung von Umrechnungen vorgeschriebenen Regeln (Umrechnung „über" den Euro, Beachtung der Rundungsregeln, Anwendung der Konversionskurse mit sechs „signifikanten" Stellen).

Für eine ordnungsgemäße Durchführung von Fremdwährungsumrechnungen müssen mehrwährungsfähige Systeme daher mit folgenden Wechselkursarten agieren können:

- die seit dem 1. Januar 1999 gültigen Konversionskurse zwischen den Teilnehmer-Währungen (Verwendung im Rahmen der Anwendung der Dreiecksmethode),
- die freien Wechselkurse zwischen dem Euro und den Nicht-Teilnehmer-Währungen (z. B. USD, GBP) sowie
- die freien Wechselkurse zwischen zwei Drittstaaten (z. B. USD/GBP).

Um den oben beschriebenen Anforderungen an eine korrekte Fremdwährungsumrechnung zu genügen, sind Euro-fähige Systeme um entsprechende Umrechnungskonvertoren zu ergänzen. Der (Euro-)Konverter stellt dabei keinen Standardbaustein des Systems dar, seine Aufgabe besteht darin, sämtliche während der Übergangsphase anfallenden Währungsumrechnungen korrekt durchzuführen. Die (permanent mitlaufenden) Umrechnungskonvertoren sind von den in Abschnitt 1 dieses Kapitels erwähnten „Konversionsprogrammen" zu unterscheiden, welche die Datenbestände während der Konversionsphase von der „alten" Hauswährung auf Euro umsetzen.

Organisatorisch-technische Lösungsansätze

3.3.2 Fremdwährungs-Buchhaltung

Grundsätzliches

Eine Fremdwährungs-Buchhaltung ist als mehrwährungsfähiges System im Gegensatz zu den Einwährungssystemen in der Lage, Geschäftsvorfälle auch in anderen Währungen als der Hauswährung zu erfassen. Fremdwährungssysteme sind in der Praxis am häufigsten anzutreffen. Die Geschäftsvorfälle werden dabei in der jeweiligen Fremdwährung (Transaktionswährung) erfasst bzw. fakturiert und in die Hauswährung (z. B. DM) umgerechnet. Die Umrechnung der erfassten (Fremdwährungs-)Beträge erfolgt mittels der systemseitig hinterlegten Kursrelationen (Fremdwährungstabellen). Der ursprüngliche Währungsbetrag wird dabei im Speicherbeleg zusätzlich zur Hauswährung abgelegt.

Der Euro wird zunächst als Fremdwährung verstanden, solange das Unternehmen als Hauswährung noch DM verwendet. Nach der Umstellung der Hauswährung auf Euro wird dann die DM als Fremdwährung behandelt.

Bezüglich der Abbildung des Euro in einer Fremdwährungs-Buchhaltung lassen sich zwei Lösungsansätze unterscheiden:

- Fremdwährungs-Buchhaltung ohne Euro-Modifikation und
- Fremdwährungs-Buchhaltung mit Euro-Modifikation.

Fremdwährungs-Buchhaltung ohne Euro-Modifikation

Die Fremdwährungs-Buchhaltung ohne Euro-Modifikation kommt dann zur Anwendung, wenn ein Euro-Release nicht zur Verfügung steht oder sich das Unternehmen entscheidet, aus Kosten- oder anderen Gründen auf einen Releasewechsel zu verzichten.

DV-technische Anpassungen an den Euro werden nicht vorgenommen, d. h., das System wird nicht um die Umrechnungskonvertoren ergänzt, die Umrechnung sämtlicher Fremdwährungsbeträge (also einschließlich aller Euro-Beträge) erfolgt mittels Fremdwährungstabellen. Die Datenbasis wird weiterhin in der bisherigen Datenbasis (DM) geführt, eine Anpassung der Masken und Listen erfolgt nicht.

3 DV-technische Varianten zur Verarbeitung von DM und Euro

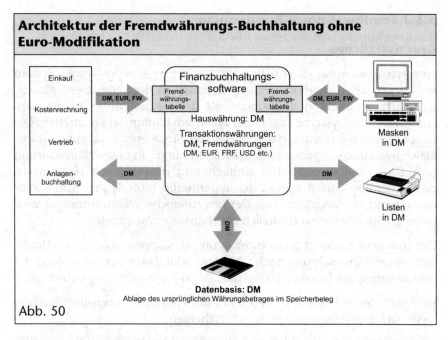

Abb. 50

Der relevante Wert für die Euro-Kursrelation muss in diesem Fall in die Fremdwährungstabelle eingetragen werden. Für Umrechnungen zwischen der Hauswährung und dem Euro ist gegen diese Vorgehensweise nichts einzuwenden, problematisch wird es jedoch bei der Durchführung von Umrechnung zwischen der Hauswährung und Teilnehmer- sowie Nicht-Teilnehmer-Währungen, die „über" den Euro vorzunehmen sind. Da das System nicht um entsprechende Umrechnungskonvertoren ergänzt wurde, werden derartige Umrechnungen mittels bilateraler Wechselkurse durchgeführt, die unter Zugrundelegung der Euro-Konversionskurse berechnet werden. Die Verwendung bilateraler Wechselkurse für die Umrechnung führt jedoch nicht – wie in Artikel 4 Abs. 4 der EuroVorbVO gefordert – zu stets dem gleichen Ergebnis wie die Umrechnung mittels der Dreiecksmethode (vgl. hier Kapitel J „Umrechnungs- und Rundungsregeln im Euro-Währungsraum"). Dies gilt auch für den Fall, dass die Anzahl der Dezimalstellen, mit denen die Kursrelationen hinterlegt sind, sehr groß ist.

Organisatorisch-technische Lösungsansätze

Bei Anwendung einer Fremdwährungs-Buchhaltung ohne Euro-Modifikation können also Ungenauigkeiten und Abweichungen zu den gesetzlichen Vorschriften auftreten. Das System ist nicht 100 %ig Euro-fähig im Sinne der in Abschnitt 2 beschriebenen Anforderungen. Spätestens zum Ende der Übergangsphase ist die Hauswährung auf Euro umzustellen sowie die Konversion der Datenbestände auf die neue Hauswährung vorzunehmen. Hinzu kommen auch die notwendigen Änderungen an den Masken und Listen.

Charakteristika der Fremdwährungs-Buchhaltung ohne Euro-Modifikation:

- Führung der Konten in einer Hauswährung.

- Möglichkeit zur Erfassung des Euro als weitere Transaktionswährung.

- Euro-Kursrelation zur Hauswährung wird in die vorhandene Fremdwährungstabelle eingetragen. Die übrigen Kursrelationen werden unter Zugrundelegung der Euro-Konversionskurse berechnet.

- Verwendung bilateraler Kursrelationen für Umrechnungen, damit sind Ungenauigkeiten möglich.

- Keine 100 %ige Euro-Fähigkeit im Sinne der in Abschnitt 2 beschriebenen Anforderungen.

- Die Umstellung der Datenbestände auf den Euro ist spätestens per 1. Januar 2002 durch den Einsatz entsprechender Konversionsprogramme vorzunehmen.

- Zusammen mit der Konvertierung der Datenbestände sind die notwendigen Änderungen an Masken und Listen vorzunehmen.

Fremdwährungs-Buchhaltung mit Euro-Modifikation

Diese Variante stellt eine Erweiterung dar, deren Ziel es ist, EDV-gestützte Funktionen zur korrekten und komfortablen Verarbeitung von Euro-Transaktionen zu gewährleisten. Für die Erfüllung der gesetzlichen Vorschriften ist das System u. a. um entsprechende Umrechnungskonvertoren ergänzt worden, die eine korrekte Durchführung von Umrechnungen zwischen

3 DV-technische Varianten zur Verarbeitung von DM und Euro

der Hauswährung und Teilnehmer- sowie Nicht-Teilnehmer-Währungen „über" den Euro gewährleisten. Die prinzipielle Verarbeitung ergibt sich aus Abb. 51.

Unterschiede zur vorherigen Variante ohne Euro-Modifikation bestehen insbesondere in den Bereichen Komfort und Funktionsumfang in der Euro-Verarbeitung sowie gegebenenfalls in der Datenbasis. Die Fremdwährungsinformationen werden für Auswertungszwecke statistisch fortgeschrieben.

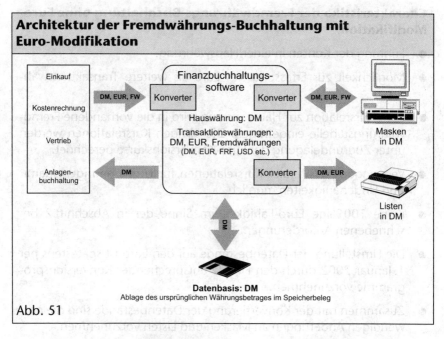

Abb. 51

Auch bei einer Fremdwährungs-Buchhaltung mit Euro-Modifikation ist spätestens zum Ende der Übergangsphase die Hauswährung auf Euro umzustellen sowie die Konversion der Datenbestände auf die neue Hauswährung und die Änderung der Masken und Listen auf die neue Hauswährung vorzunehmen.

Organisatorisch-technische Lösungsansätze K

Charakteristika der Fremdwährungs-Buchhaltung mit Euro-Modifikation:

- Führung der Konten in einer Hauswährung.
- Möglichkeit zur Erfassung des Euro als neue Transaktionswährung.
- Korrekte Durchführung von Umrechnungen zwischen der Hauswährung und Teilnehmer- sowie Nicht-Teilnehmer-Währungen „über" den Euro mittels entsprechender Umrechnungskonvertoren.
- Euro-Fähigkeit im Sinne der weiter oben beschriebenen Anforderungen.
- Die Umstellung der Datenbestände auf den Euro ist spätestens per 1. Januar 2002 durch den Einsatz entsprechender Konversionsprogramme vorzunehmen.
- Zusammen mit der Konvertierung der Datenbestände sind die notwendigen Änderungen an Masken und Listen vorzunehmen.

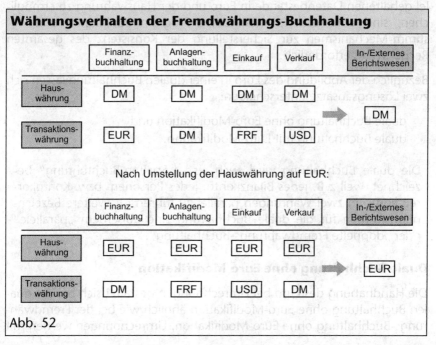

Abb. 52

3.3.3 Duale Buchhaltung

Grundsätzliches

Die duale Buchhaltung ist prinzipiell dadurch gekennzeichnet, dass die Programmfunktionen und Daten sowohl in Hauswährung (z. B. DM) als auch in einer zweiten Währung (z. B. Euro) vorgehalten werden können. Der volle Funktionsumfang des Anwendungssystems ist dabei sowohl in der Hauswährung als auch in der zweiten Währung verfügbar. Es werden somit zwei vollständig in sich abgestimmte Rechenwerke (parallel) in zwei unterschiedlichen Währungen geführt. Dateninkonsistenzen und Umrechnungsprobleme können so nicht auftreten.

Die Integration des Euro als zweite Währung in eine duale Buchhaltung erfordert unabhängig von der Tatsache, ob das System um eine Euro-Modifikation erweitert wurde oder nicht, umfangreiche technische Anpassungen. Zunächst sind sämtliche Hauswährungs-Datenbestände zu kopieren und in Euro zu konvertieren. Um eine Fortschreibung der parallel gehaltenen Datenbestände in Euro und der Hauswährung zu ermöglichen, sind entsprechend modifizierte Programmfunktionen und Abstimm-Mechanismen zur Sicherstellung der Konsistenz des gesamten Rechenwerks erforderlich.

Bezüglich der Abbildung des Euro in einer dualen Buchhaltung lassen sich zwei Lösungsansätze unterscheiden:

- duale Buchhaltung ohne Euro-Modifikation und
- duale Buchhaltung mit Euro-Modifikation.

> Die duale Buchhaltung wird auch als „4-Spalten-Buchführung" bezeichnet, weil z. B. jedes Bilanzkonto, jedes Personen- bzw. Kontokorrentkonto in zwei Währungen parallel zu führen ist. Weitere Bezeichnungsformen für die duale Buchhaltung sind außerdem „parallele" oder „doppelte Fremdwährungs-Buchhaltung".

Duale Buchhaltung ohne Euro-Modifikation

Die Handhabung des Euro bei Umrechnungen gestaltet sich bei der dualen Buchhaltung ohne Euro-Modifikation ähnlich wie bei der Fremdwährungs-Buchhaltung ohne Euro-Modifikation. Umrechnungen werden mit

Organisatorisch-technische Lösungsansätze K

Hilfe von in Fremdwährungstabellen hinterlegten Wechselkursrelationen durchgeführt. DV-technische Anpassungen an den Euro in Form der Ergänzung des Systems um entsprechende Umrechnungskonvertoren werden nicht vorgenommen.

Die Durchführung sämtlicher Umrechnungen erfolgt mittels in Fremdwährungstabellen hinterlegter bilateraler Wechselkurse, sodass Ungenauigkeiten und Abweichungen zu den gesetzlichen Vorschriften auftreten können. Das System ist nicht 100%ig Euro-fähig im Sinne der weiter oben beschriebenen Anforderungen.

Die abschließende Umstellung auf den Euro spätestens zum Ende der Übergangsphase kann in der dualen Buchhaltung ohne Euro-Modifikation ohne den Einsatz von Konversionsprogrammen durch Ausblendung der Hauswährung (DM) erfolgen. Dies ist in den Programmspezifikationen und Umsetzungen entsprechend zu berücksichtigen.

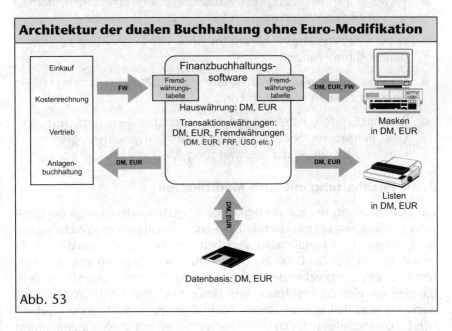

Abb. 53

Charakteristika der dualen Buchhaltung ohne Euro-Modifikation:

- Führung der Konten in einer Hauswährung (z. B. DM) und einer zweiten Währung (z. B. Euro).
- Komplette Vorhaltung von Programmfunktionen in der Hauswährung (DM) und in der zweiten Währung (Euro).
- Führung zweier vollständig in sich abgestimmter Rechenwerke (parallel) in zwei unterschiedlichen Währungen (redundante Bestandsführung).
- Euro-Kursrelation zur Hauswährung wird in die vorhandene Fremdwährungstabelle eingetragen. Die übrigen Kursrelationen werden unter Zugrundelegung der Euro-Konversionskurse berechnet.
- Verwendung bilateraler Kursrelationen für Umrechnungen, damit sind Ungenauigkeiten möglich.
- Keine 100%ige Euro-Fähigkeit im Sinne der weiter oben beschriebenen Anforderungen.
- Geringe Wartezeiten bei Auswertungen in der Hauswährung (DM) oder der zweiten Währung (Euro).
- Abschließende Umstellung auf den Euro spätestens zum Ende der Übergangsphase ohne den Einsatz von Konversionsprogrammen durch Ausblendung der Hauswährung (DM).

Duale Buchhaltung mit Euro-Modifikation

Zur Sicherstellung der Euro-Fähigkeit einer bestehenden dualen Buchhaltung ist diese um entsprechende Euro-Funktionalitäten zu erweitern, um eine korrekte und komfortable Verarbeitung von Euro-Transaktionen zu gewährleisten. Für die Erfüllung der gesetzlichen Vorschriften ist das System u. a. um entsprechende Umrechnungskonvertoren ergänzt worden, die eine korrekte Durchführung von Umrechnungen zwischen der Hauswährung und Teilnehmer- sowie Nicht-Teilnehmer-Währungen „über" den Euro gewährleisten. Das Währungsverhalten der dualen Buchhaltung mit Euro-Modifikation zeigt Abb. 54.

Organisatorisch-technische Lösungsansätze **K**

Architektur der dualen Buchhaltung mit Euro-Modifikation

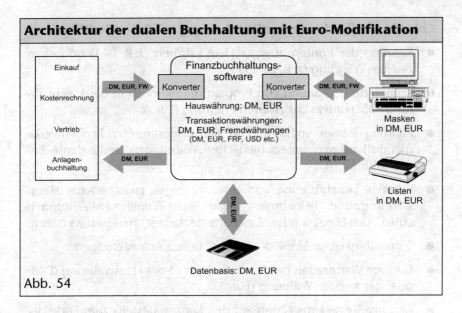

Abb. 54

Die abschließende Umstellung auf den Euro spätestens zum Ende der Übergangsphase kann durch Ausblendung der Hauswährung (DM) erfolgen. Dies ist in den Programmspezifikationen und Umsetzungen entsprechend zu berücksichtigen.

Währungsverhalten der dualen Buchhaltung

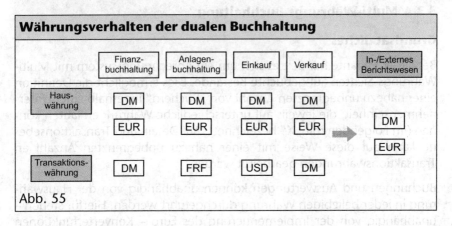

Abb. 55

3 DV-technische Varianten zur Verarbeitung von DM und Euro

Charakteristika der dualen Buchhaltung mit Euro-Modifikation:

- Führung der Konten in einer Hauswährung (z. B. DM) und einer zweiten Währung (z. B. Euro).
- Komplette Vorhaltung von Programmfunktionen in der Hauswährung (DM) und in der zweiten Währung (Euro).
- Führung zweier vollständig in sich abgestimmter Rechenwerke (parallel) in zwei unterschiedlichen Währungen (redundante Bestandsführung).
- Korrekte Durchführung von Umrechnungen zwischen der Hauswährung und Teilnehmer- sowie Nicht-Teilnehmer-Währungen „über" den Euro mittels entsprechender Umrechnungskonvertoren.
- Euro-Fähigkeit im Sinne der beschriebenen Anforderungen.
- Geringe Wartezeiten bei Auswertungen in der Hauswährung (DM) oder der zweiten Währung (Euro).
- Abschließende Umstellung auf den Euro spätestens zum Ende der Übergangsphase ohne den Einsatz von Konversionsprogrammen durch Ausblendung der Hauswährung (DM).

3.3.4 Multi-Währungs-Buchhaltung

Grundsätzliches

Bei dieser Variante handelt es sich um ein Abrechnungssystem mit Multi-Währungs-Sichten auf gebuchte Bestände. Dies ermöglicht die Definition einer nahezu unbegrenzten Anzahl von „Büchern" innerhalb einer Unternehmenseinheit, die jeweils auf unterschiedliche Währungen lauten können (im Folgenden mit „X" bezeichnet). Auf Detail- und Transaktionsebene kann auf diese Weise mit einer nahezu unbegrenzten Anzahl an Transaktionswährungen gearbeitet werden.

Buchungen und Auswertungen können unabhängig von der Hauswährung in jeder beliebigen Währung durchgeführt werden. Hierfür stehen – unabhängig von der Implementierung des Euro – Konverterfunktionen zur Verfügung, die die jeweils notwendigen Umrechnungen durchführen.

Organisatorisch-technische Lösungsansätze

Die Datenbestände sind grundsätzlich Multi-Währungs-Bestände mit Umrechnung in die jeweils gewünschte Ausgabewährung.

Derartige Systeme erfordern zur Umstellung auf den Euro nur geringfügige technische Anpassungen, die hauptsächlich die Implementierung geeigneter (Euro-fähiger) Umrechnungskonvertoren in die bereits vorhandenen Konvertoren betreffen.

Da eine Vielzahl weiterer Buchungsmerkmale je Geschäftsvorfall berücksichtigt und erfasst werden muss, handelt es sich um extrem komplexe Systeme, die erhöhte Anforderungen an die Hardwareausstattung des Unternehmens stellen. Zur Vermeidung von Performancebeeinträchtigungen ist im Regelfall bei Einsatz derartiger Systeme eine Verbesserung der DV-Infrastruktur des Unternehmens erforderlich.

Multi-Währungs-Buchhaltung

Die Handhabung des Euro bei Umrechnungen gestaltet sich bei der Multi-Währungs-Buchhaltung ohne Euro-Modifikation ähnlich wie bei zuvor beschriebenen Varianten. Umrechnungen werden mit Hilfe von in Fremdwährungstabellen hinterlegten Wechselkursrelationen durchgeführt. DV-technische Anpassungen an den Euro in Form der Ergänzung der bereits vorhandenen Umrechnungskonvertoren um die Euro-spezifischen Umrechnungs- und Rundungsregeln werden nicht vorgenommen (vgl. Abb. 56).

Charakteristika der Multi-Währungs-Buchhaltung ohne Euro-Modifikation:

- Frei wählbare Hauswährung.

- Auswertungen und Listen in jeder beliebigen Währung möglich.

- Multi-Währungs-Datenbestände mit Umrechnung in die jeweils gewünschte Ausgabewährung.

- Keine Ergänzung der bereits vorhandenen Umrechnungskonvertoren um die Euro-spezifischen Umrechnungs- und Rundungsregeln:
    - Euro-Kursrelation zur Hauswährung wird in die vorhandene Fremdwährungstabelle eingetragen. Die übrigen Kursrelationen werden unter Zugrundelegung der Euro-Konversionskurse berechnet.

3 DV-technische Varianten zur Verarbeitung von DM und Euro

- Verwendung bilateraler Kursrelationen für Umrechnungen, damit sind Ungenauigkeiten möglich.
- Keine 100%ige Euro-Fähigkeit im Sinne der beschriebenen Anforderungen.
- Nur relativ geringfügige technische Anpassung für die Umstellung auf Euro nötig.

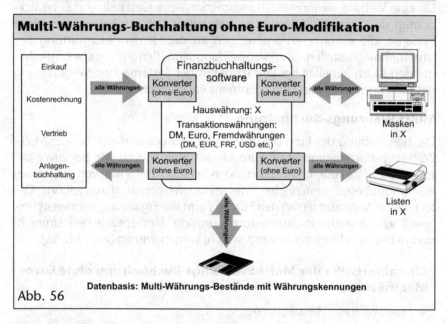

Abb. 56

Multi-Währungs-Buchhaltung mit Euro-Modifikation

Zur Sicherstellung der Euro-Fähigkeit einer bestehenden Multi-Währungs-Buchhaltung ist diese um entsprechende Euro-Funktionalitäten zu erweitern, um eine korrekte und komfortable Verarbeitung von Euro-Transaktionen zu gewährleisten. Für die Erfüllung der gesetzlichen Vorschriften sind u. a. die bereits vorhandenen Konvertoren um entsprechende Euro-Funktionalitäten zu erweitern, um eine korrekte Durchführung von Umrechnungen zwischen der Hauswährung und Teilnehmer- sowie Nicht-Teilnehmer-Währungen „über" den Euro zu gewährleisten. Die prinzipielle Verarbeitung ergibt sich aus Abb. 57.

Organisatorisch-technische Lösungsansätze K

Multi-Währungs-Buchhaltung mit Euro-Modifikation

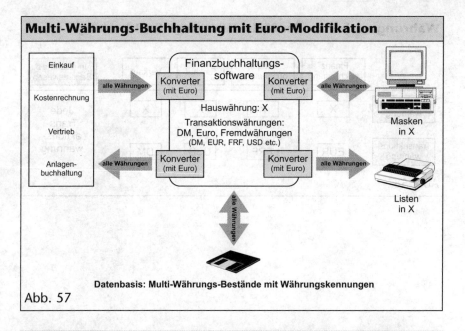

Abb. 57

Datenbasis: Multi-Währungs-Bestände mit Währungskennungen

Charakteristika der Multi-Währungs-Buchhaltung mit Euro-Modifikation:

- Frei wählbare Hauswährung.
- Auswertungen und Listen in jeder beliebigen Währung möglich.
- Multi-Währungs-Datenbestände mit Umrechnung in die jeweils gewünschte Ausgabewährung
- Ergänzung der bereits vorhandenen Umrechnungskonvertoren um die Euro-spezifischen Umrechnungs- und Rundungsregeln.
- Korrekte Durchführung von Umrechnungen zwischen der Hauswährung und Teilnehmer- sowie Nicht-Teilnehmer-Währungen „über" den Euro mittels entsprechender Umrechnungskonvertoren.
- Euro-Fähigkeit im Sinne der oben beschriebenen Anforderungen.

3 DV-technische Varianten zur Verarbeitung von DM und Euro

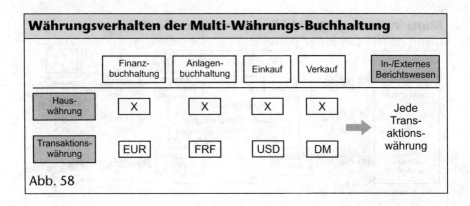

Abb. 58

Lösungen verschiedener Softwarelieferanten

1 Einführung

Im Folgenden werden einige Produktlinien verschiedener namhafter Softwarelieferanten und EDV-Anbieter betrachtet und deren konzeptionelle Lösungsansätze von der Übergangsphase bis hin zum Übergang auf den Euro als gesetzliches Zahlungsmittel kurz dargestellt. Im Einzelnen handelt es sich um die folgenden Firmen (die vollständigen Adressen der einzelnen Softwareanbieter sind in Anhang 2 aufgeführt):

- Lexware GmbH & Co. KG,
- DATEV eG,
- sage KHK Software GmbH & Co. KG,
- SAP AG,
- J.D. Edwards Deutschland GmbH,
- Baan Deutschland GmbH,
- ISB Varial Software GmbH.

Im Mai 1999 wurden von diesen Firmen Informationen zur Euro-Umstellung hinsichtlich folgender Schwerpunkte zur Verfügung gestellt:

- Finanzbuchhaltung,
- Anlagenbuchhaltung,
- Kostenrechnung,
- vorhandene Währungsschnittstellen von oder zu weiteren Modulen,
- Behandlung und Darstellung historischer Daten sowie
- Verarbeitung entstehender Euro-Umrechnungsdifferenzen.

Weitere EDV-unterstützende Module, wie z. B. das Auftragswesen oder die Lohn- und Gehaltsabrechnungen, werden bei der folgenden Darstellung nur am Rande erwähnt.

Die im Folgenden dargestellten Softwaresysteme und deren Reihenfolge beinhalten weder eine Wertung noch eine sonstige Aussage über die Qualitäten der einzelnen Systeme. Die Darstellung soll vielmehr einen Eindruck von der Vielzahl verschiedener Lösungsansätze für die Umsetzung der mit der Einführung des Euro zu beachtenden Vorschriften und die Handhabung der daraus resultierenden Probleme bieten.

An einem der Softwareanbieter, der Firma J.D. Edwards Deutschland GmbH, werden die Speicherung der verschiedenen Währungsinformationen, die verschiedenen Aspekte der Umstellung (Übergang von der DM auf den Euro als Hauswährung), die Durchführung von Umrechnungen und die Auswertungsmöglichkeiten sowie die Schnittstellenaspekte detaillierter dargestellt.

Da sich die von dieser Firma verwendeten Konzepte bei den anderen dargestellten Softwarelösungen auf die eine oder andere Weise wiederfinden, wird bei diesen auf umfangreiche Detaildarstellungen im Wesentlichen verzichtet.

2 Lexware financial office

2.1 Vorbemerkungen

Die in Freiburg ansässige und zur Haufe-Verlagsgruppe gehörende Firma Lexware bietet mit dem Lexware financial office eine vor allem auf Freiberufler, Handwerker und kleinere Betriebe ausgerichtete Komplettlösung für die Bereiche Buchhaltung, Faktura und Lohnabrechnung. Die Kernstücke von Lexware financial office sind die Programme Lexware buchhalter, Lexware lohn+gehalt und Lexware faktura plus. Zusätzlich zu diesen drei Programmen umfasst der Lieferumfang des Lexware financial office die folgenden Zusatzmodule:

- Lexware financial facts:
  Dieses Modul stellt auf Wunsch umfangreiche und applikationsübergreifende Auswertungen über betriebswirtschaftliche Kennzahlen und Salden sowie vorläufige Ergebnisse zur Verfügung.

Lösungen verschiedener Softwarelieferanten

- PLZDirectory:
  Ein elektronisches Postleitzahlenverzeichnis.

- Lexware europricing:
  Lexware europricing ermöglicht die Durchführung von Euro-Umrechnungen.

- Bankleitzahlen:
  Dieses Modul enthält ein Verzeichnis der deutschen Kreditinstitute und ihrer Bankleitzahlen.

- MediaBook:
  Das MediaBook beinhaltet eine Art Nachschlagewerk, das Erläuterungen zu den Bereichen der Lohn- und Gehaltsabrechnung und der Finanzbuchhaltung enthält. Außerdem ist noch ein Lexikon mit einer Vielzahl von Fachbegriffen vorhanden.

Die Steuerung des Lexware financial office erfolgt mit Hilfe des control panel (vgl. Abb. 59), sämtliche Programme und Zusatzmodule werden hierüber gestartet. Die gesamte Firmen- und Benutzerverwaltung erfolgt ebenfalls über das control panel.

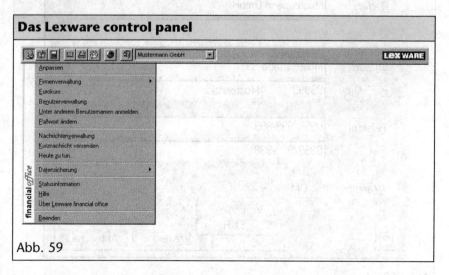

Abb. 59

2 Lexware financial office

Im Folgendem werden nur die Funktionalitäten des Programms Lexware buchhalter hinsichtlich der Umsetzung der Euro-Anforderungen betrachtet. Die folgenden Angaben beziehen sich dabei auf die Version 4.12 des Lexware buchhalter.

Sämtliche Lexware-Programme gewährleisten dank vierstellig angelegter Jahres-Datumsformate eine korrekte Datumsverarbeitung.

2.2 Umstellung

Ab Version 4.0 des Lexware buchhalter ist der Euro als Währung integriert, der Anwender kann somit bei der Anlage neuer Firmen als Firmenwährung (Hauswährung) DM oder Euro wählen (vgl. Abb. 60), zwischen diesen kann jederzeit gewechselt werden (vgl. Abschnitt 2.5).

Definition der Firmenwährung bei der Firmenanlage

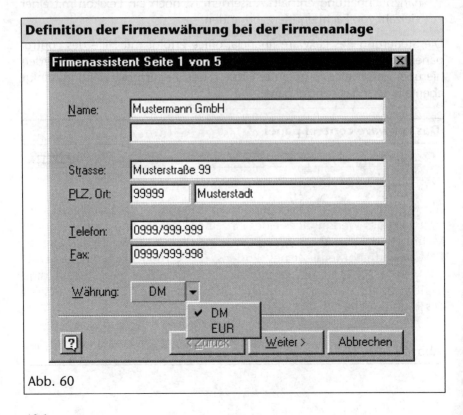

Abb. 60

Sämtliche Umrechnungen zwischen DM und Euro werden auf Grundlage des Euro/DM-Konversionskurses durchgeführt, der systemseitig hinterlegt und vom Anwender nicht mehr verändert werden kann (vgl. Abb.61).

Im Lexware financial office systemseitig hinterlegter Euro-/DM-Konversionskurs

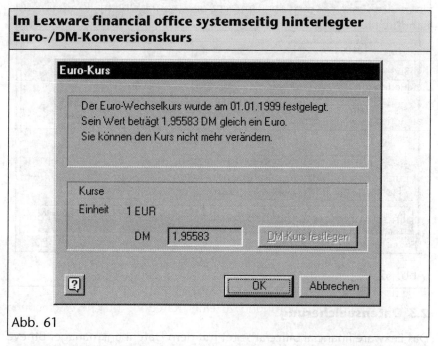

Abb. 61

Unabhängig von der jeweils eingestellten Firmenwährung können Buchungen sowohl in DM als auch in Euro vorgenommen werden (vgl. Abb. 62).

Anwender, die bisher mit einer älteren Version des Lexware buchhalter oder einem anderen System gearbeitet haben und auf die Version 4.12 des Lexware buchhalter umsteigen, können ihre Daten automatisch in die Version 4.12 übernehmen und dabei in DM und Euro konvertieren lassen. Nach der Übernahme stehen die Daten dann sowohl in DM und Euro zur Verfügung (vgl. auch die Ausführungen im nachfolgenden Abschnitt 2.3). Der Zeitpunkt der Umstellung der Buchhaltung von DM auf Euro kann somit frei gewählt werden.

2 Lexware financial office

Wahlweises Buchen in Euro oder DM

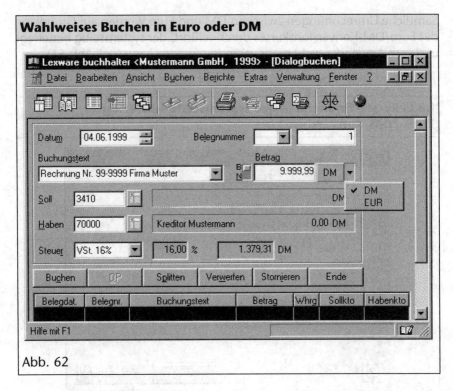

Abb. 62

2.3 Datenspeicherung

Das Lexware financial office arbeitet mit dem Datenbankmanager Btrieve von Novell, die Datenspeicherung bei den im Lexware financial office enthaltenen Programmen geschieht unabhängig von der jeweils festgelegten Firmenwährung bzw. der Währung, in der gebucht wurde, stets sowohl in DM als auch in Euro (parallele/duale Datenspeicherung). Bei der Speicherung und Verarbeitung einer Transaktion wird diese jeweils von der Erfassungswährung (DM oder Euro) in die jeweils andere Währung (Euro oder DM) umgerechnet. Die Architektur des Lexware financial office stellt sich in Anlehnung an die Ausführungen in Kapitel K „Organisatorisch-technische Lösungsansätze für die Übergangsphase" wie folgt dar (vgl. Abb. 63).

Architektur des Lexware financial office

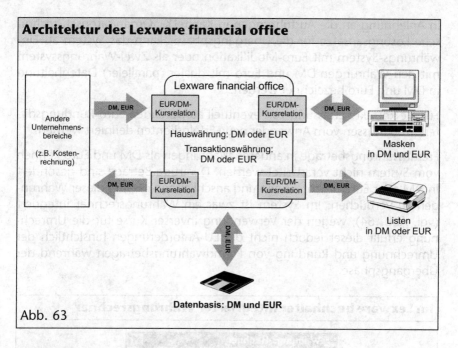

Abb. 63

2.4 Umrechnung

Währungsumrechnungen können vom Lexware financial office systemseitig nur zwischen Euro und DM vorgenommen werden. Es können keine Geschäftsvorfälle in anderen Währungen als DM und Euro direkt mit automatischer Umrechnung verarbeitet werden. Das Lexware financial office ist ursprünglich als ein sog. „Einwährungs-System" konzipiert gewesen (vgl. dazu die Ausführungen in Kapitel K „Organisatorisch-technische Lösungsansätze für die Übergangsphase"), d. h., es konnte nur mit einer Währung (z. B. der DM) umgehen, sämtliche Fremdwährungsumrechnungen waren organisatorisch (manuell) durchzuführen. Um die Euro-Funktionalität zu integrieren, wurde das System um die Möglichkeit erweitert, neben der ursprünglichen Firmenwährung auch den Euro verarbeiten zu können. Für die Durchführung von Umrechnungen zwischen diesen beiden Währungen ist der Euro-Konversionskurs systemseitig hinterlegt (vgl. Abb. 61) und kann nicht verändert werden.

2 Lexware financial office

In Anlehnung an die Ausführungen in Kapitel K „Organisatorisch-technische Lösungsansätze für die Übergangsphase" kann das System als Einwährungs-System mit Euro-Modifikation oder als Zwei-Währungssystem mit den Währungen DM und Euro mit dualer (paralleler) Datenhaltung in DM und Euro bezeichnet werden.

Für die korrekte Erfassung von eventuell auftretenden Euro-Rundungsdifferenzen müssen vom Anwender neue Erfolgskonten definiert werden.

Fremdwährungsbeträge in anderen Währungen als DM und Euro können vom System nicht verarbeitet werden. Derartige Beträge sind gesondert in DM oder Euro umzurechnen und anschließend in einer dieser Währungen zu verbuchen. Im System ist zwar ein Währungsrechner integriert (vgl. Abb. 64); wegen der Verwendung inverser Kurse für die Umrechnung erfüllt dieser jedoch nicht die EU-Anforderungen hinsichtlich der Umrechnung und Rundung von Fremdwährungsbeträgen während der Übergangsphase.

Im Lexware buchhalter integrierter Währungsrechner

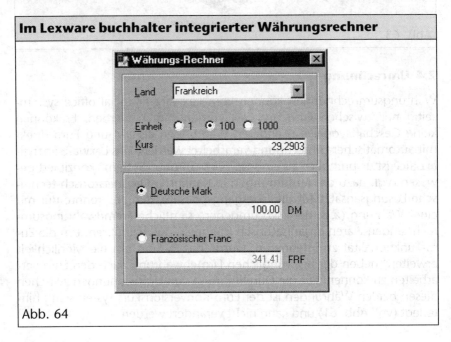

Abb. 64

Für die korrekte Durchführung von Fremdwährungsumrechnungen ist im Lieferumfang des Lexware financial office das Zusatzmodul europricing enthalten. Mit Hilfe von europricing können beliebige Währungen (auch Nicht-Teilnehmer-Währungen) in Euro umgerechnet werden. Gleichzeitig besteht die Möglichkeit, eigene Rundungsregeln aufzustellen, anhand derer Euro-Preise festgelegt werden können (vgl. Abb. 65).

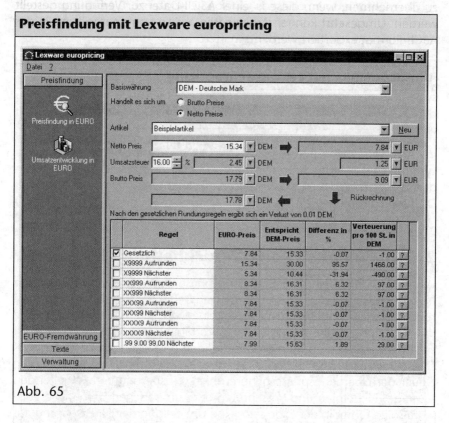

Abb. 65

Wird z. B. mit Signalpreisen wie „XX,49" gearbeitet, wird Lexware europricing beim Umrechnen nach Bedarf auf z. B. „XX,49" auf- oder abrunden. Rundungsregeln können dabei in unbegrenzter Anzahl frei definiert werden.

2 Lexware financial office

Über die reine Durchführung von Umrechnungen hinaus können mit Lexware europricing außerdem Umsatzanalysen durchgeführt werden. Das Programm liefert einen genauen Umsatzvergleich zwischen verschiedenen Währungen und dem Euro, Mehr- und Minderumsätze können auf diese Weise erkannt werden (vgl. Abb. 66).

Lexware europricing ist in der Lage, Artikeldaten von anderen Systemen zu übernehmen, wenn diese in einer ASCII-Datei zur Verfügung gestellt werden. Umgekehrt können Artikeldaten aus Lexware europricing in das ASCII-Format exportiert werden.

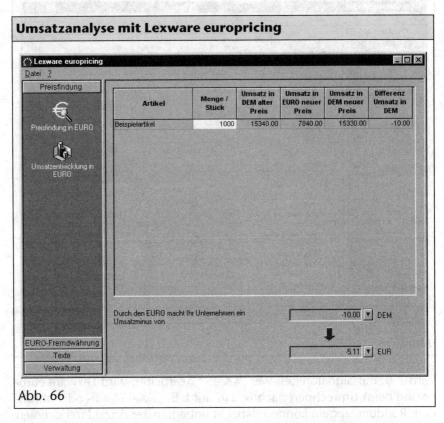

Abb. 66

Lexware europricing kann – ebenso wie die anderen zum Lexware financial office gehörenden Module – auch separat erworben werden.

2.5 Auswertungen

Sämtliche Auswertungen können wahlweise in DM oder in Euro dargestellt werden. Welche dieser Währungen für Auswertungen verwendet wird, hängt von der als Firmenwährung (Hauswährung) definierten Währung ab (siehe auch Abschnitt 2.2 dieses Kapitels). Es kann jederzeit zwischen DM und Euro als Firmenwährung gewechselt werden (vgl. Abb. 67).

Nachträgliche Änderung der Firmenwährung (Hauswährung)

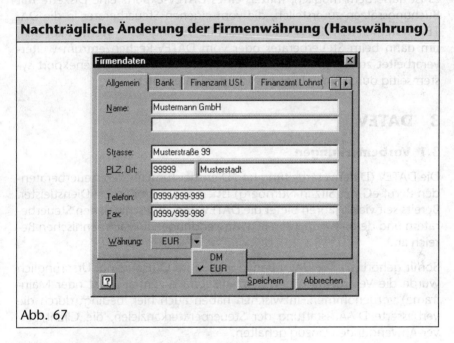

Abb. 67

2.6 Schnittstellen

Datenimport

Lexware buchhalter bietet die Möglichkeit, Buchungsdaten sowie Debitoren- und Kreditorendaten aus anderen Programmen zu übernehmen, wenn diese in einer ASCII-Datei mit korrektem Aufbau zur Verfügung gestellt werden. Die notwendigen Einstellungen zu Zeichensatz, Trennzeichen, Datums- und Zahlenformat und Reihenfolge der Importfelder können über einen Importassistenten vorgenommen werden.

Datenexport

Zur Übergabe von Buchungs-, Debitoren- oder Kreditorendaten an ein anderes Programm ist es möglich, einen frei wählbaren Zeitraum im ASCII-Format in einer Datei abzuspeichern. Der Inhalt und die Reihenfolge der ASCII-Datei kann über die jeweilige Steuerdatei beliebig verändert werden.

Es ist außerdem möglich, mittels eines DATEV-Exports eine Diskette mit Buchungssätzen zu erstellen, die vom eigenen Steuerberater in die DATEV-Systeme NESY, DESY oder Kanzlei REWE eingelesen werden können, um dann beim Steuerberater oder vom DATEV-Rechenzentrum weiterverarbeitet zu werden. Der Anwender wird auch beim Datenexport systemseitig durch einen Exportassistenten unterstützt.

3 DATEV

3.1 Vorbemerkungen

Die DATEV (Datenverarbeitung und Dienstleistung für den steuerberatenden Beruf eG mit Sitz in Nürnberg) ist einer der großen DV-Dienstleister. Bereits seit vielen Jahren bietet die DATEV den angeschlossenen Steuerberatern und deren Mandanten EDV-Anwendungen im kaufmännischen Bereich an.

Somit gehört die DATEV zu den Pionieren im Outsourcing. Ursprünglich wurde die Verarbeitung der Geschäftsvorfälle zentral (Host oder Mainframe) vorgenommen. Inzwischen haben auch hier, bedingt durch die verbesserte DV-Ausstattung der Steuerberaterkanzleien, die Client/Server-Anwendungen Einzug gehalten.

Eine große Zahl von kleineren und mittleren Unternehmen sowie Freiberuflern bedient sich dieses Leistungsangebotes über ihren Steuerberater. Der große Vorteil ist hierin zu sehen, dass sich die Gewerbetreibenden und Freiberufler nicht um die DV-Abwicklung im eigentlichen Sinne kümmern müssen. Die Geschäftsvorfälle müssen aber entsprechend aufbereitet zur Verfügung stehen. Und auch dieser Personenkreis muss selbständig entscheiden können, ab wann die Rechnungslegung in Euro erfolgen soll.

Im Hinblick auf die große Anzahl von unterschiedlichen Mandanten und abzurechnenden Unternehmen hat die DATEV alle notwendigen Vorkehrungen getroffen, damit die unterschiedlichen Anforderungen durch ihre Kunden ab dem 1. Januar 1999 erfüllt werden können.

Die DATEV hat für die Euro-Umstellung einen „Allgemeinen Rahmenplan" definiert, der folgende Punkte als wesentliche Merkmale für die Kunden im Hinblick auf die Euro-Einführung enthält:

- Die Umstellung auf den Euro erfolgt grundsätzlich in den WIN32-Anwendungen am PC und im Rechenzentrum (zusätzlich in einigen DOS-Anwendungen z. B. DESY, NESY, PC-REWE). Der Anwender muss also einige technische Restriktionen beachten.
- Seit dem 1. Januar 1999 ist die wahlfreie Eingabe in Euro und in DM auf Geschäftsvorfallebene möglich.

3.2 Umstellung

Im Vergleich zu anderen Systemen genügen für die DATEV-Abwicklung zwei Währungen. Es sind die Basis- oder Hauswährung, in der die Buchführung und der Jahresabschluss erstellt werden (also zunächst bisher DM), und eine so genannte Alternativwährung – in anderen Systemen Transaktionswährung genannt. Dies wäre zukünftig der Euro bzw. bei der Umstellung der Hauswährung auf Euro die DM. Der DATEV-Begriff der Alternativwährung wird somit synonym als eine Transaktionswährung verstanden. Weitere Währungen sind systemseitig nicht zugelassen und vorgesehen. Dies entspricht dem relativ geringen Fremdwährungsanteil bei den Geschäftsvorfällen der DATEV-Kunden.

Die Basiswährung Euro kann erstmals für das Wirtschaftsjahr 1999 definiert werden und wird pro Mandant festgelegt. Eine Schlüsselung der Basiswährung kann nur erfolgen, sofern noch keine Buchung für das Wirtschaftsjahr verarbeitet wurde. Bei abweichenden Geschäftsjahren ist die Übernahme spätestens für das Geschäftsjahr 2001/2002 vorgesehen. Ein erneuter Wechsel von Euro nach DM ist nicht mehr möglich.

Die Daten der Vorjahre werden bei der Umstellung nicht umgerechnet. Dadurch ist die Bebuchung der Vorjahre in der ursprünglichen Währung weiterhin möglich. Sie werden weiterhin in der ursprünglichen Hauswährung geführt und ggf. in die neue Hauswährung, z. B. bei der Auswertungserstellung, umgerechnet. Dies ist insbesondere hilfreich, wenn sich die Jahresabschlusserstellung in DM noch einige Zeit hinzieht. Zwischenzeitlich kann die Buchführung des neuen Jahres bereits in Euro erfolgen.

Durch dieses relativ einfache Umstellungsverfahren stehen die Informationen des alten Geschäftsjahres in DM und die des neuen in Euro zur Verfügung. Diese Vorgehensweise trägt der Mehrzahl der DATEV-Anwender Rechnung, die kein ausgeprägtes Controlling-Instrumentarium haben und somit durch geeignete andere Verfahren sicherstellen müssen, dass Mehrjahresvergleiche für Banken etc. zur Verfügung stehen (z. B. durch geeignete EXCEL-Auswertungen etc.).

3.3 Datenspeicherung

Die Verarbeitung der Buchungen und Speicherung des Datenbestandes erfolgt in der Basis- oder Hauswährung, die benutzerseitig im Programm definiert wird. In Alternativwährung erfasste Beträge werden jedoch zusätzlich gespeichert und während der Buchungsverarbeitung in die Hauswährung umgerechnet. Die folgende Abbildung verdeutlicht grafisch diese technische Realisierung.

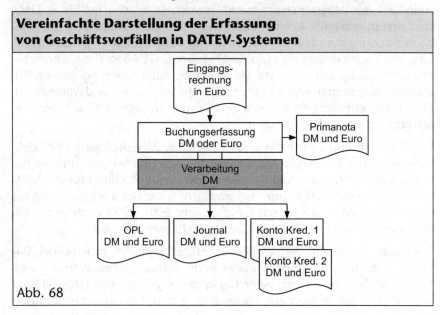

Abb. 68

Während der Erfassung von Geschäftsvorfällen an Bildschirmen kann zwischen den beiden verfügbaren Währungen beliebig oft gewechselt werden, d. h., dass DM- und Euro-Beträge in den Buchungszeilen erfasst werden können. Gebucht wird jedoch ausschließlich in der Hauswährung. Auch die daraus resultierenden Datenbestände, z. B. Monatsverkehrszahlen und Jahresverkehrszahlen, werden nur in der Hauswährung generiert und gespeichert.

Beim Buchen in Personenkonten (Debitoren und Kreditoren) übernimmt das System automatisch die anwenderseitig vordefinierten Währungseinstellungen im Kunden- und Lieferantenstammsatz, sodass Mahnungen und Zahlungsträger in der gewählten Währung erstellt werden. Für die Geld- und Kontokorrentkonten werden Abstimmkonten und Auswertungen zur Verfügung gestellt, die neben den in der Hauswährung verbuchten Beträgen auch die in der Alternativwährung erfassten Werte ausgeben. Spätestens ab dem 1. Januar 2002 ist die gesamte DATEV-Buchhaltung in der Hauswährung Euro zu führen.

3.4 Umrechnung

Die Kursrelation zwischen DM und Euro ist programmseitig hinterlegt. Die Umrechnungen erfolgen laut Hersteller mit 28stelliger Genauigkeit, wobei die Rundungsdifferenzen auf genau 6 Stellen ermittelt werden.

Zusätzlich wurde von der DATEV ein 5-Punkte-Prinzipienplan für die Umrechnung von DM in Euro bzw. von Euro in DM definiert, der in der Übergangsphase zu beachten ist:

Prinzipienplan der DATEV für die Umrechnung

- Alle Werte innerhalb einer Auswertung müssen in sich nachrechenbar und nachvollziehbar sein.

- Alle Werte innerhalb von zusammengehörigen Auswertungen müssen in sich nachrechenbar und nachvollziehbar sein.

- Die Herleitung von umgerechneten Werten muss nachvollziehbar sein. Für externe Auswertungen ist die Umrechnung zu dokumentieren.

- Bei der Umrechnung sind zunächst die Einzelbeträge umzurechnen und anschließend die Summen und Salden auf Basis der umgerechneten Werte neu zu bilden.
- Die umgerechneten Einzelwerte müssen 1:1 per Taschenrechner aus den Werten der Hauswährung nachrechenbar sein.

Ergeben sich im Bestand der Hauswährung durch Rundungsdifferenzen Restsalden, so werden diese automatisch vom Programm ausgebucht. DATEV empfiehlt die erfolgswirksame Ausbuchung auf entsprechend eingerichteten Aufwands- und Ertragskonten für Euro-Rundungen. Damit wird den Anforderungen der Ordnungsmäßigkeit Genüge getan.

3.5 Auswertungen

In der Übergangsphase werden dem Anwender einige Listen, Auswertungen und Reports parallel in Euro und DM angeboten. Beispielsweise kann bei einer DM-Buchführung auch der komplette Jahresabschluss mit Bilanz und GuV, ergänzt um Kontennachweis, Kontokorrentlisten und Anlagespiegel als Paket in Euro angeboten werden. Für die Erstellung der Werte in einer Alternativwährung werden die Listen und Reports in der Regel zunächst in der Hauswährung aufbereitet und anschließend mit Hilfe von Konvertern umgerechnet (vgl. die folgende Abbildung).

Da die Geschäftsvorfälle sowohl in DM als auch in Euro angefallen und erfasst sein können, bietet dieses Verfahren die Sicherheit, dass nur ein konsistenter Datenbereich verarbeitet wird. Umgerechnete Auswertungen und Vorjahresvergleiche enthalten in der Fußzeile einen Hinweistext auf mögliche Umrechnungsdifferenzen.

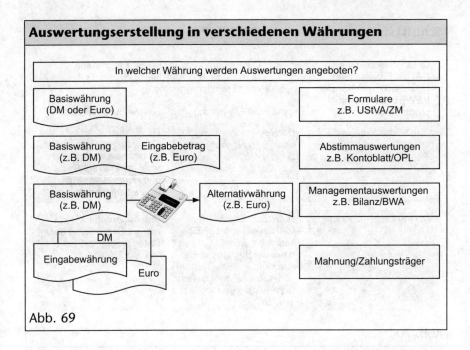

Abb. 69

3.6 Schnittstellen

Das DATEV-System stellt Schnittstellen zur Verfügung, die verhindern, dass die Umstellung in einer „Big-Bang-Aktion" zu einem bestimmten Stichtag erfolgen muss. Alle Datensätze dieser Schnittstellen sind deshalb mit einer Währungserkennung versehen.

Damit trägt die DATEV insbesondere den heutigen Anforderungen Rechnung, dass die Mandanten häufig über eine Vielzahl von Subsystemen verfügen, die bereits DATEV-Anwendungen des Rechnungswesens (Finanz- und Anlagenbuchhaltung, Kostenrechnung) speisen. Besonders wichtig ist in diesem Fall zukünftig eine klare Währungskonvention (DM oder Euro) je Geschäftsvorfall oder Informationen, damit die Folgeverarbeitung in DATEV gewährleistet ist. Abb. 70 zeigt zusammenfassend das Verhalten der DATEV-Anwendungen im Zusammenspiel mit anderen Anwendungen sowie Fremdprogrammen.

Schnittstellenverhalten der DATEV-Programme

Datenerfassung mit DATEV-Programmen (z.B. DESY und Kanzlei-REWE) oder Fremdprogrammen	Datenübernahme in DATEV-Programme (z.B. DESY und Kanzlei-REWE) oder Fremdprogramme:	
	...mit Euro Aktivierung	...ohne Euro-Aktivierung
...mit Euro Aktivierung	Datenübernahme und weitere Bearbeitung der Daten problemlos möglich (DM und Euro).	Daten, die mit einem Euro-fähigen Programm erfasst wurden, können nicht in ein Programm ohne Euro-Aktivierung eingelesen werden.
...ohne Euro-Aktivierung	Datenübernahme möglich. Datenformat bleibt bestehen. Bereits vorhandene Buchungen können nicht in Euro-Buchungen geändert oder weitere Euro-Buchungen ergänzt werden.	Datenübernahme und weitere Bearbeitung der Daten problemlos möglich (nur DM).

Abb. 70

4 sage KHK

4.1 Vorbemerkungen

Der Frankfurter Softwarehersteller sage KHK, Mitglied der sage Group plc., Großbritannien, bietet mit seinen neuesten Versionen, sage KHK Classic Line 2000 und sage KHK Office Line 2000, vollständig „Euro-fähige" kaufmännische Standardsoftware an.

Diese Softwarepalette bietet betriebswirtschaftliche Anwendungen für Kleinunternehmer bis hin zu Mittelständlern an. Die Plattformen reichen dementsprechend von Einplatz-PCs mit Microsoft Windows 95/98 bis hin zu Client-Server-Lösungen für Novell Netware oder Microsoft Windows NT. Einen Überblick über die angebotenen Bereiche bietet die folgende Abbildung.

Lösungen verschiedener Softwarelieferanten

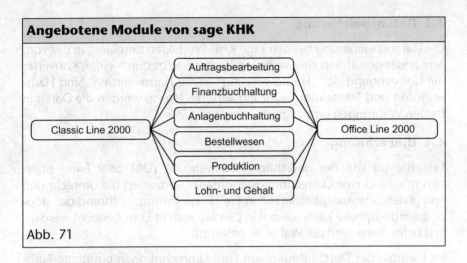

Abb. 71

4.2 Umstellung

Ab dem 1. Januar 1999 bis zum Ende des Umstellungszeitpunktes ist es möglich, die DM als Hauswährung (Buchhaltungs- oder Hauswährung) durch den Euro zu ersetzen. Die Möglichkeit der Gesamtkonvertierung aller Daten (Beleg- und Saldeninformationen) in die Euro-Währung ist gegeben und jeweils zum Jahresende möglich. Dabei wird der gesamte Prozess der Konvertierung protokolliert und somit nachvollziehbar gemacht. Weiterhin wird empfohlen, geeignete Sicherungskopien vor der Konvertierung zu erstellen.

Bei der Classic Line 2000 erfolgt die Umstellung durch die Installation der Version 1.2.x. Hierbei können Datenbestände der CL Windows, der CL 97 und der Version 8 vollständig übernommen werden.

Für die Office Line 2000 besteht außerdem die Möglichkeit, Daten aus nicht Euro-fähiger Software zu übernehmen und die Umstellung außerhalb der Euro-fähigen Versionen vorzunehmen.

Rückwirkende Buchungen in alten Geschäftsjahren sind auch nach der Konvertierung weiter möglich.

4.3 Datenspeicherung

Die Datenspeicherung bei den sage KHK-Produkten geschieht in der vom Anwender gewählten Hauswährung. Dabei erfolgt durch einen Konverter die Umrechnung der „Fremdwährung" in die Hauswährung. Sind Hauswährung und Transaktionswährung verschieden, so werden die Daten in beiden Währungen gespeichert.

4.4 Umrechnung

Unabhängig von der gewählten Hauswährung (DM oder Euro) übernimmt eine Online Umrechnungsautomatik (Konverter) die Umrechnung von „Fremdwährungsbeträgen" in die Hauswährung. Während der Doppelwährungsphase kann sowohl in DM als auch in Euro gebucht werden. Erst beim Beleg wird die Währung bestimmt.

Im Rahmen der Durchführung von Euro-Umrechnungen ermittelte Euro-Zwischenbeträge werden auf nicht weniger als drei Dezimalstellen gerundet. Die aufgrund der Rundungsproblematik bei der Konvertierung auftretenden Abweichungen (Differenzen) hinsichtlich Kontensalden, offenen Posten und Bilanz werden durch automatische Korrekturbuchungen bereinigt.

Die Euro-Konversionskurse sind systemseitig mit sechs signifikanten Stellen hinterlegt. Innerhalb der Finanzbuchhaltung und Kostenrechnung ist zudem eine automatische Aufnahme der Rundungsdifferenzen durch spezielle Konten, Kostenstellen und/oder Kostenträger vorgesehen, um deren jeweilige Entstehung festzuhalten und zu dokumentieren. Rundungsdifferenzen werden bei der Buchung in speziellen „Euro-Differenzkonten" gesammelt und somit dokumentiert. Insbesondere im Hinblick auf die EU-Regelungen bezüglich der Behandlung von Umrechnungsdifferenzen bietet sage KHK die Wahlmöglichkeit, die Umrechnungsdifferenzen in der Bilanz erfolgsneutral als Eigenkapitalposition auszuweisen oder im Jahr der Umrechnung erfolgswirksam zu behandeln.

Die Umrechnungs- und Rundungsregeln der Artikel 4 und 5 der Euro-VorbVo werden damit hinreichend beachtet. Die deutschen Anwender werden sich im Regelfall für die erfolgsneutrale Behandlung entscheiden.

4.5 Auswertungen

Listen, Reports und Auswertungen können wahlweise in zwei Währungen (DM oder Euro) dargestellt werden. Auch alle in Kundenstammdaten gespeicherten Währungsangaben zu Skonti, Boni, Rabatten und Preisen sind in DM und Euro ausweisbar und weiterverarbeitungsfähig.

4.6 Schnittstellen

In den jeweiligen Programmen von sage KHK (interne Schnittstellen) ist, wie auch bei externen Schnittstellen, eine von der Hauswährung unabhängige Vorgangs- und Erfassungswährung vorgesehen. Das Buchhaltungsprogramm erkennt bei jedem Betrag, ob es sich um Euro oder DM handelt, sofern eine Währungskennung angegeben ist, und kann die notwendige Umrechnung veranlassen. Dabei ist eine automatische Umrechnung in beide Richtungen möglich. Die Währungskennung muss vom jeweiligen Hersteller anderer Programme und Module mitgeliefert werden, um die reibungslose Erfassung und Weiterverarbeitung der Daten zu gewährleisten. Dies ist im Rahmen der Euro-Projektabwicklung bei der Verwendung bzw. Anpassung von Subsystemen zu berücksichtigen.

Im Bereich der Preistabelle werden drei verschiedene Möglichkeiten der Preisdarstellung angeboten: jeweils nur in DM oder in Euro oder in DM und Euro parallel.

Beleglose Zahlungen sind nach dem neuen Format für das „Electronic Banking" ausführbar. Damit ist es seit dem 1. Januar 1999 möglich, neben der DM auch mit dem Euro eine beleglose Zahlung zu tätigen. Dies geschieht im Regelfall dann über Datenträgeraustausch mit dem relevanten Kreditinstitut.

5 SAP

5.1 Vorbemerkungen

SAP ist einer der führenden Standardsoftwareanbieter in der Welt. Ursprünglich hat SAP sehr leistungsfähige Mainframe-Anwendungssysteme für den kaufmännischen Bereich (SAP R/2) entwickelt. SAP ist frühzeitig auf die Client/Server-Technologie übergegangen und hat das System

SAP R/3 entwickelt, welches sowohl die kaufmännischen Funktionen als auch die üblichen anderen betrieblichen Anforderungen abdeckt.

Die neueste technische Produktarchitektur des Systems R/3 stellt das Business Framework dar. Es bietet Unternehmen eine bewegliche betriebswirtschaftliche Infrastruktur, indem es mit konfigurierbaren betriebswirtschaftlichen Komponenten arbeitet. Dadurch sind Unternehmen in der Lage, schnell auf veränderte betriebswirtschaftliche Anforderungen zu reagieren und die Unternehmenssoftware, ohne den Geschäftsverlauf zu beeinträchtigen, entsprechend den neuen Anforderungen zu ändern oder zu erweitern.

Betriebswirtschaftliche Komponenten sind konfigurierbare Softwaremodule, wie z. B. die Module für die Bereiche Anlagenbuchhaltung, Finanzbuchhaltung, Personalwirtschaft, Controlling, Treasury, Vertrieb und Logistik, die an die individuellen Bedürfnisse der Unternehmen angepasst werden können. Sie interagieren über Standardschnittstellen und bieten Betrieben ein hohes Maß an Flexibilität und Beweglichkeit.

Zur Problematik der Euro-Einführung hat die SAP AG in den beiden Aufsätzen „Das SAP-System und die Europäische Währungsunion" und „System R/3, System R/2 – Euro-Fähigkeit der SAP Release – Übersicht" die relevanten Informationen für die Anwender herausgegeben. Diese können über das Euro-Informationsforum der SAP AG (http://sapnet.sap-ag.de/euro) bezogen werden. Hier finden sich auch weitere Informationen über die Euro-Einführung.

SAP hat die verschiedenen denkbaren Szenarien für die Umstellung auf den Euro analysiert und bewertet und ist für ihr Produkt zu dem Ergebnis gekommen, dass der Anwender durch eine doppelte Datenhaltung keinen Vorteil erlangen würde, da ein gleichwertiger Informationsgehalt mittels einer dynamischen Umrechnung erreicht werden kann.

Das Ziel von SAP war es demnach, eine Lösung zu finden, die in allen SAP-Ausprägungen eingesetzt werden kann und möglichst wenig Änderungsaufwand in Schnittstellen und bestehenden Programmen für den Anwender erfordert.

Die parallele Währungsbuchhaltung ist daher für SAP unfunktional, da Umrechnungsdifferenzen nicht vermieden, sondern nur zwischen den

Büchern versteckt werden, d. h., der Abschluss des einen Buches geht nicht einfach durch Umrechnung aus dem Abschluss des anderen hervor. Deshalb müssten bei der Umstellung der Bücher, trotz paralleler Datenhaltung, auch hier Korrekturbuchungen erfolgen. Des Weiteren wäre an den Schnittstellen zu Nicht-SAP-Systemen eine parallele Verwaltung und Führung von Währungen sinnvoll, wenn diese mit SAP-Produkten kombiniert würden. Dies ist in der Mehrzahl aller Anwendungen nicht realisierbar. Außerdem erfordert das Führen der Bücher in zwei Währungen auch parallele Abstimmungsarbeiten im Monats- und Jahresabschluss.

Die SAP AG bietet deshalb ihren Kunden als Lösung die Umstellung der Hauswährung zu einem vom Anwender festgelegten Stichtag.

5.2 Umstellung

Die Hauptgründe für die Entscheidung der SAP AG zur Stichtagsumsetzung sind die zu gewährleistende System- und Datenstabilität sowie die erforderliche Kompatibilität mit der jeweiligen kundenspezifischen Systemumgebung.

Der Umstellungstermin kann von den Unternehmen frei gewählt werden. Zuvor muss in diesem Zusammenhang jedoch der Abschluss und die Dokumentation des letzten in nationaler Währung zu bilanzierenden Geschäftsjahrs erfolgen, da während der Hauswährungsumstellung alle Belege, die resident im System gehalten werden, umgesetzt werden. Das Rechnungswesen stellt sich somit nach der Hauswährungsumstellung so dar, als ob es schon immer in Euro geführt worden wäre. Der Konzernabschluss kann unabhängig hiervon auch noch später durchgeführt werden. Rückbuchungen in der „alten" Hauswährung (z. B. DM) können aufgrund der Konvertierung des historischen Datenbestandes in Euro nicht mehr vorgenommen werden. Auch Rückbuchungen in der „neuen" Hauswährung Euro sind nicht möglich, da hierdurch rundungsdifferenzenbedingte Anpassungsbuchungen, die während der Hauswährungsumstellung erfolgen, überschrieben werden würden.

5 SAP

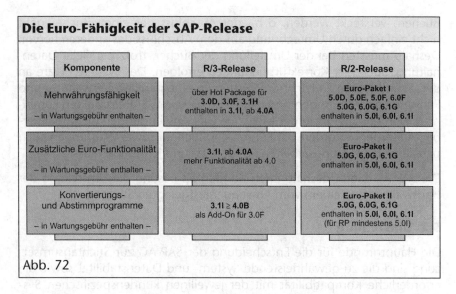

Abb. 72

Die SAP Euro-Lösung besteht aus den drei oben dargestellten Komponenten:

- **Mehrwährungsfähigkeit**:
  Gemäß der EU-Verordnung 1103/97 wird hier die Euro-Umrechnung und Rundungslogik abgebildet, d. h., es werden keine inversen Kurse verwendet und die Umrechnung zwischen den Teilnehmerwährungen findet über den Euro statt.

- **Zusätzliche Euro-Funktionalität**:
  Für die komfortable Umstellung und Abwicklung der Geschäftsprozesse während der Doppelwährungsphase werden zusätzliche Funktionen angeboten, z. B. geschäftspartnerindividuelle Umstellfunktionen oder ein flexibles Reporting in Euro und/oder der nationalen Währung.

- **Konvertierung**:
  SAP bietet für das R/2- und das R/3-System Programmpakete zur Umstellung der Hauswährung inkl. Abstimmreporte und Umsetzleitfaden an.

Das Programmpaket für die technische Umsetzung der nationalen Währung in Euro im R/3-System beinhaltet Programme zur Konvertierung von Beträgen, Umrechungskursen und Währungsschlüssel.

Im Rahmen der Umsetzung der Hauswährung in Euro entstehende Rundungsdifferenzen werden automatisch abgestimmt und verbucht. Abstimmprogramme leiten erfolgswirksame Korrekturbuchungen mit Gegenbuchungen auf verschiedene Konten ein, auf denen die entstandenen Rundungsdifferenzen ausgewiesen werden.

Schließlich müssen noch kundenspezifische Tabellen und Entwicklungen im SAP-System berücksichtigt werden. Mittels Vorlaufprogrammen werden diese Tabellen und Modifikationen ermittelt und in das Umsetzpaket mit aufgenommen. Diese Tabellen können entweder manuell oder maschinell in das Regelwerk des Umsetzpaketes aufgenommen werden.

Für den Bereich der Großrechner-Umgebung (Mainframe) im R/2-System gelten die folgenden Aussagen:

Die drei Komponenten der SAP Euro-Lösung werden für das R/2-System in zwei Programmpaketen, dem Euro-Paket I und dem Euro-Paket II, bereitgestellt. Beide Pakete werden kostenlos im Rahmen des Software-Pflegevertrages geliefert. Die Leistungen des Euro Paketes I – dieses Paket enthält die Komponente der Rundungs- und Umrechnungslogik – ist seit März 1998 als Standard-Vorabkorrektur (Patch) für die Release 5.0D und höher verfügbar. Euro-Paket II, das für die Währungsumstellung benötigt wird – es beinhaltet Euro-Paket I, Programme zur Währungsumstellung und zusätzliche Funktionalitäten (Massenänderungen für Vertriebskonditionen etc.) –, ist – je nach Releasestand – seit Mitte/Ende des letzten Jahres ausgeliefert. Nähere Informationen hierzu können dem eingangs erwähnten Aufsatz „System R/3, System R/2 – Euro-Fähigkeit der SAP Release – Übersicht" entnommen werden.

Neben den dargestellten Komponenten der Euro-Lösung in den Programmpaketen bietet SAP einen umfangreichen Service für die Währungsumstellung an:

SAP Euro-Services

- Im **SAPNet**, dem Intranet der SAP AG, welches auch Kunden und Partnern zur Verfügung steht, wird ausführliche Unterstützung angeboten. Die SAP Euroline, ein Rundschreiben für die Kunden, bietet aktuelle Informationen über den Euro. Beratung und Unterstützung des Projektmanagements und des Projektteams für die Einführung des Euro bietet der SAP Euro-Guide. Für die Analyse auftretender Probleme bietet SAP einen Support Guide für die Hauswährungsumstellung an, welcher Schritt für Schritt die Umstellung begleitet.

- Weiterhin werden für Kunden verschiedene **Schulungen** und **Workshops** angeboten.

- SAP bietet auch an, durch einen **Remote Service** die Umstellarbeiten von SAP-Spezialisten direkt im System des Kunden vorzunehmen. Nach der Schaffung der notwendigen Systemvoraussetzungen und einer handhabbaren Systemumgebung wird die Hauswährung in Euro umgesetzt.

5.3 Datenspeicherung

Die Verarbeitung der Buchungen und die Speicherung des Datenbestandes erfolgt in der vom Unternehmen gewählten Hauswährung. In der Transaktionswährung erfasste Beträge werden ebenfalls gespeichert und während der Buchungsverarbeitung in die Hauswährung umgerechnet.

Bei der Umsetzung von großen Datenvolumen darf die Laufzeit nicht vernachlässigt werden. Die Umsetzlaufzeit bei der parallelen Konvertierung verschiedener Datenbanktabellen könnte bei großen Anwendungen durch den Einsatz zusätzlicher temporär gemieteter Hardware erheblich verringert werden. Außerdem besteht die Möglichkeit, die Umsetzung durch eine spätere Konvertierung von im Tagesgeschäft nicht dringend benötigten Datenbeständen zeitlich zu entzerren.

Bei der Umsetzung auf den Euro konvertiert SAP den gesamten historischen Datenbestand mit Ausnahme des Personalwesens aus Gründen der Kontinuität und besseren Vergleichbarkeit ebenfalls in Euro.

Beispiel: Euro-Umstellung bei den Landeszentralbanken

Alle Landeszentralbanken in Deutschland haben als erste Anwender der SAP-Software am 3. Januar 1999 den Euro als Transaktionswährung eingeführt und ihre Hauswährung problemlos auf den Euro umgestellt. Die Umstellung dauerte z. B. bei der Landeszentralbank Baden-Württemberg insgesamt 15,5 Stunden, von der Datenanalyse (30 Minuten) über die Konversionsphase (6,5 Stunden) bis hin zu zwei jeweils zweistündigen Sicherheitsläufen. Dabei wurden rund 230.000 Finanzbuchhaltungs- und 6,5 Mio. Kostenrechnungsbelege im SAP-System konvertiert, das entspricht rund 15 Gigabyte.

5.4 Umrechnung

SAP erfüllt die gesetzlichen Anforderungen hinsichtlich der Rundungs- und Kursumrechnungsregeln. Für die Kursumrechnungsregeln bedeutet dies, dass Umrechnungen unter Verwendung der fixierten Umrechnungskurse nach dem Triangel-Prinzip erfolgen. Dabei dürfen die Umrechnungskurse weder gerundet noch gekürzt werden und sind mit sechs signifikanten Stellen zu verwenden.

Die Rundungsregel besagt, dass bei Verwendung der Dreiecksmethode für Umrechnungen das Zwischenergebnis in Euro auf nicht weniger als drei Stellen gerundet werden darf. Diese Anforderungen werden programmseitig erfüllt. Rundungsdifferenzen werden mit Hilfe von Abstimmprogrammen erfolgswirksam auf separaten Rundungsdifferenzkonten ausgebucht.

5.5 Auswertungen

Die SAP AG bietet eine Stichtagsumstellung, da dem Anwender durch eine parallele Währungsbuchhaltung keine Vorteile entstünden. Für die Doppelwährungsphase bietet die SAP AG den Anwendern flexible Umrechnungsmöglichkeiten im internen und externen Rechnungswesen. Hierdurch kann der identische Informationsgehalt bereitgestellt werden. Zur besseren Vergleichbarkeit der historischen mit den aktuellen Daten wird der historische Datenbestand ebenfalls in Euro konvertiert, damit können Controlling- und Berichtsanforderungen erfüllt werden. Die Euro-Umstellungspakete werden mit der Standard-Version ausgeliefert und – neben Schulung und Beratung – durch SAP Service Produkte ergänzt. Zu den SAP Service Produkten zählen der Euro Guide, die Euro Line, der Support Guide zur Hauswährungsumstellung und das Euro-Informationsforum im SAPNET.

5.6 Schnittstellen

Es muss überprüft werden, ob Schnittstellenprogramme vor der Umstellung schon Belege in Euro entgegennehmen können und/oder ob sie nach der Umstellung noch Werte in nationaler Währung an vorgelagerte Systeme übergeben müssen.

Diese Schnittstellenanalyse, die der Umsetzung vorausgeht, muss überprüfen, inwieweit im Schnittstellenprogramm der Währungsschlüssel übergeben wird. Die Datenübergabe, z. B. Faktura in Euro, während die Hauswährung noch auf DM lautet, verläuft problemlos, falls der Währungsschlüssel übergeben wird, denn in diesem Fall wird der Datentausch über die Transaktionswährung vorgenommen.

6 J.D. Edwards

6.1 Vorbemerkungen

Der amerikanische Softwarehersteller J. D. Edwards in Denver, Colorado, USA, im folgenden kurz „JDE" genannt, bietet zwei Softwaresysteme an:

- WorldSoftware, die auf die Technik der IBM AS/400 begrenzt ist und

- OneWorld, welche auf Client-/Server-Architektur beruht und nicht an eine bestimmte Hardwareplattform gebunden ist.

Damit trägt JDE der weltweiten Entwicklung zur Client-/Server-Technologie und der Entwicklung Betriebssystem-unabhängiger Anwendungssysteme Rechnung.

WorldSoftware ist innerhalb des deutschsprachigen Raums (Deutschland, Österreich, Schweiz) bei ca. 450 großen Industrieunternehmen und Unternehmen des Mittelstands installiert. Weltweit bestehen etwa 4.400 Installationen. OneWorld ist dagegen, wie dargestellt, ein neu entwickeltes

Softwaresystem, das in Deutschland und der Schweiz 17 Mal installiert wurde. Weltweit existieren bislang etwa 140 Installationen.

Es ist allerdings abzusehen, dass zukünftige Installationen auf der neuen Client/Server-Architektur aufbauen, sodass die klassischen Hostsysteme, wie die IBM AS/400, auch in Deutschland durch diese Technologie langsam verdrängt werden. Weltweit werden sich die zukünftigen Installationen zugunsten von OneWorld verschieben, und existierende Hostsysteme werden zu Client/Server-Systemen migrieren.

J.D. Edwards vertreibt auf dem deutschen Markt unter anderem folgende Softwaremodule:

- Finanzanwendungen,
- Vertrieb/Logistik,
- Fertigungswirtschaft und
- Projektverwaltung.

Ergänzt werden diese Module durch einige spezielle Branchenlösungen, z. B. im Bereich der Energiewirtschaft und der Chemischen Industrie.

Bereits in früheren Programmversionen hat JDE die Mehrwährungsfähigkeit in ihren Softwaremodulen umgesetzt, da ihre Software auf dem gesamten Weltmarkt eingesetzt wird.

Für die Umsetzung der zusätzlichen Anforderungen aus den EU-Vorschriften wurden in den neuen Releasen von WorldSoftware A7.3 CU9 (CU = Cumulative Update) und CU10 insgesamt über 170 Programme verändert. Die meisten Veränderungen mussten für die Realisierung der Dreiecksmethode vorgenommen werden. Das Release A7.3 CU9 stand seit Juni 1998 und CU10 seit August 1998 zur Verfügung. Das neue Software-Release B7.3 von OneWorld, das ebenfalls die Umrechnung mit Hilfe der Dreiecksmethode ermöglicht, ist seit Dezember 1998 erhältlich. Die folgenden Ausführungen gelten für beide Softwaresysteme.

Trotz Einsatz der neuen Euro-Release kann die Hauswährung bis zum Umstellungstermin im Jahr 2002 problemlos weiterhin in Landeswährung geführt werden. Der individuelle Umstellungszeitpunkt auf den Euro kann von den Kunden eigenständig und zu einem frei definierten Termin durchgeführt und mit Hilfe der Datenkonvertierung vollzogen werden.

6.2 Umstellung

Die hohe Flexibilität beider Softwaresysteme von JDE wird durch das Prinzip der Mehrbuchfähigkeit gewährleistet. Dieses Prinzip erlaubt das Führen mehrerer so genannter Bücher (Ledger) für jedes eingerichtete Unternehmen im System. In diesen Büchern werden beispielsweise die Journalbuchungen in Hauswährung und in Fremdwährung sowie mögliche Budgetbeträge gespeichert. Die Bücher werden jeweils durch einen Buchartencode definiert, der sich aus zwei alphanumerischen Zeichen zusammensetzt und die Art der enthaltenen Daten beschreibt. Der Buchartencode ist Teil der Kontierung bei der Erfassung eines Geschäftsvorfalls.

Die Benennung der einzelnen Bucharten ist dem Anwender grundsätzlich freigestellt. JDE gibt für die Namensgebung folgende Empfehlung:

Buchartencode	Beschreibung
AA	AA = Actual Amount Transaktionen in Hauswährung
CA	CA = Currency Amount Transaktionen in Fremdwährung
AC	Bewertung von Salden in einer alternativen Währung (Saldenwährungsumrechnung)
XA	Transaktionen nach detaillierter Währungsumrechnung

Die in den Büchern gespeicherten verschiedenen Informationen können miteinander verglichen und auftauchende Differenzen somit berechnet werden, z. B. zwischen AA-Buch und dem Budgetbuch (BA-Buch) zur Ermittlung von Planabweichungen.

Die Eingabe einer Eingangsrechnung in Fremdwährung löst bei der Buchung Einträge in zwei Büchern aus: dem AA-Buch sowie dem CA-Buch. Im CA-Buch wird der ursprüngliche Rechnungsbetrag in Fremdwährung und im AA-Buch der mit dem Währungskurs umgerechnete Betrag in

Hauswährung gebucht und steht somit für vielfältige Auswertungen und Berechnungen zur Verfügung.

Beispiel: **Eingabe einer Eingangsrechnung in Euro (vor Umstellung der Hauswährung auf Euro)**

Eine Eingangsrechnung in Höhe von 100,00 EUR wird nach der systeminternen Umrechnung mit einem Betrag von 195,58 DM im AA-Buch und zusätzlich mit einem Betrag von 100,00 EUR im CA-Buch gebucht.

Buchung einer Eingangsrechnung in Euro im AA- und CA-Buch

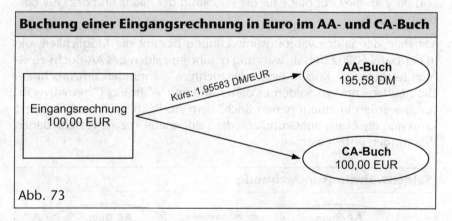

Abb. 73

Euro-Umrechnungen ohne Wechsel der Hauswährung

Einige Voraussetzungen für die ordnungsmäßige Durchführung von Euro-Umrechnungen wurden von JDE bereits vor Einführung der Euro-Release durch die vorhandene Funktionalität der Mehrwährungsfähigkeit erfüllt. Die Fremdwährungsverarbeitungen im Finanzmodul werden im Folgenden dargestellt. Wie oben bereits beschrieben, wird bei der Eingabe von Journaleintragungen in Fremdwährung die Umrechnung in der Hauswährung vorgenommen und in zwei Büchern gespeichert. Zusätzlich besteht die Möglichkeit, die in Hauswährung bereits vorhandenen Daten in andere Währungen – als die Haus- und Transaktionswährung – umzurechnen, um z. B. die Reporting-Anforderungen einer ausländischen Muttergesellschaft zu erfüllen. Diese Umrechnung kann auf zwei verschiedenen Ebenen stattfinden:

6 J.D. Edwards

- auf Saldenebene (Saldenwährungsumrechnung),
- auf Transaktionsebene (detaillierte Währungsumrechnung).

Alle Buchungen, gleichgültig zu welchem Buch sie gehören, werden technisch in mehreren speziellen Dateien gespeichert. In diesem Zusammenhang sind insbesondere die Transaktionsdatei (F0911) und die Saldendatei (F0902) zu nennen. In der Transaktionsdatei werden die Transaktionen aller Bücher (einzelne Buchungssätze), gekennzeichnet durch den Buchartencode, erfasst. Bei der Buchung der Transaktionen wird die Saldendatei, welche die Salden aller Finanzbuchhaltungskonten speichert und die z. B. die Grundlage für die Erstellung der Bilanz und der GuV darstellt, aktualisiert.

Mit Hilfe der Saldenwährungsumrechnung besteht die Möglichkeit, die in der Datei F0902 in Hauswährung geführten Salden des AA-Buchs zu einem festgelegten Kurs in eine oder mehrere Währungen umzurechnen. Die neuberechneten Salden in dieser anderen Währung (Alternativwährung) werden in einem neuen Buch, dem AC-Buch, gespeichert. Somit kann nun die Bilanz auf Grundlage der Saldendatei in zwei verschiedenen Währungen erstellt werden.

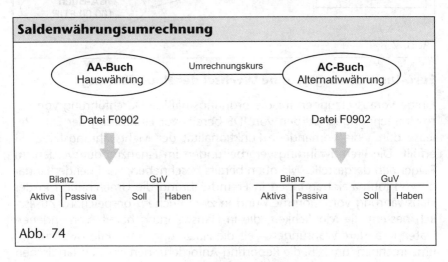

Abb. 74

Die eben beschriebene Methode vollzieht sich nur auf der Saldenebene. Mit Hilfe der sog. detaillierten Währungsumrechnung ist es möglich, alle Transaktionen in einer alternativen Währung zu führen. Diese Funktion ist ursprünglich für die Buchführung in hochinflationären Ländern geschaffen worden. Dabei werden die eingegebenen Transaktionen des AA-Buchs auf der Grundlage von aktuellen Währungskursen in die Alternativwährung umgerechnet und im XA-Buch hinterlegt. Diese Art der Umrechnung erfordert eine entsprechend höhere Speicherkapazität, da nach der Währungsumrechnung alle Transaktionen in der Transaktionsdatei F0911 zweifach geführt werden, in Hauswährung (AA-Buch) und in einer alternativen Währung (XA-Buch).

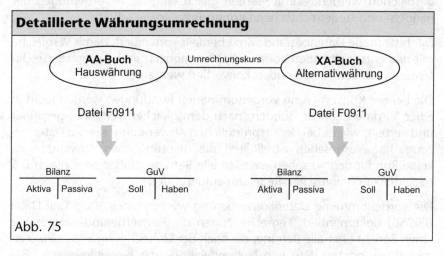

Abb. 75

Konvertierung und Wechsel der Hauswährung

Durch die Nutzung von Konvertierungsprogrammen ab dem Release A7.3 CU9 hat der Anwender die Möglichkeit, zwischen dem 1. Januar 1999 und dem 1. Januar 2002 jederzeit die aktuelle Hauswährung – bis dahin geführt in Landeswährung, also DM – durch den Euro als neuer Hauswährung zu ersetzen.

Bevor die Konvertierungsprogramme eingesetzt werden, sollten entsprechende Reports gestartet werden, um zu kontrollieren, ob die Datenintegrität gewährleistet ist. Nur wenn die Datenbasis korrekt ist, kann eine vollständige und exakte Konvertierung erfolgen. Vor dem Beginn der Konvertierung müssen die Konvertierungskonstanten eingestellt werden. Diese Konstanten umfassen – in der mandantenfähigen Software – das zu konvertierende Unternehmen, die Währung, in die konvertiert werden soll – also im Regelfall in den Euro –, das Gültigkeitsdatum, den Währungskurs und die Umrechnungsmethode. Durch den Konvertierungsprozess werden die Betragsfelder in allen Datentabellen von der Landeswährung in den Euro umgerechnet, die Integrität innerhalb der Tabellen bewahrt und eine Prüfdatei erstellt. Diese Prüfdatei ermöglicht das Nachvollziehen der Umrechnung, da sowohl die ursprünglichen Beträge in Landeswährung sowie die konvertierten Beträge in Euro für jede Tabelle gespeichert werden. Damit werden gleichzeitig die Anforderungen der handels- und steuerrechtlichen Ordnungsmäßigkeit erfüllt.

Der historische Datenbestand wird ebenfalls konvertiert, damit Vergleiche mit den entsprechenden Vorjahreszahlen möglich sind. Ausgelagerte Datenbestände können gesondert konvertiert werden.

Die bei der Konvertierung vorgenommenen Rundungen werden nicht in einer Summe gebucht, sondern nach dem gleichen Verfahren gerundet und verteilt, wie es bei der ursprünglichen Anwendung, die die Daten erzeugt hat, vorgesehen ist. Sollten die ursprünglichen Anwendungen keine Rundungen vorsehen, werden alle Beträge größer oder gleich 0,5 nach der kaufmännischen Regelung aufgerundet.

Die vorgenommene Datenkonvertierung wird in einer Audit Trail Datei (F0086) dokumentiert. Ferner erzeugen die Konvertierungsprogramme einen Bericht über alle Beträge, die nach der Umrechnung in den Euro einen abgerundeten Wert von Null aufweisen, was beispielsweise im Bereich der Anlagenbuchhaltung von Bedeutung sein kann.

6.3 Datenspeicherung

Bei der Speicherung der Daten bzw. der Währungsinformationen müssen drei Zeiträume unterschieden werden:

- Datenspeicherung vor Umstellung der Hauswährung,
- Datenspeicherung nach der Datenkonvertierung,
- Datenspeicherung ab dem Jahr 2002.

Die folgenden Ausführungen werden unter der Prämisse dargestellt, dass an der Datenbankstruktur selbst keine Veränderungen vorgenommen worden sind.

Datenspeicherung vor Umstellung der Hauswährung

Die Speicherung der Daten vor der Umstellung der Hauswährung von DM in den Euro erfolgt bei JDE – wie dargestellt – unter anderem in der Transaktionsdatei (F0911) und der Saldendatei (F0902) in den relevanten Büchern. Die aktuellen Beträge in der Hauswährung werden im AA-Buch hinterlegt. Transaktionen in der Fremdwährung werden zusätzlich im CA-Buch gespeichert. In den Datensätzen ist jeweils ein Feld vorhanden, das kennzeichnet, in welcher Währung die Buchung vorgenommen worden ist. Der historische Datenbestand liegt für die Auswertungen in Hauswährung vor.

Datenspeicherung nach der Datenkonvertierung

Durch die Datenkonvertierung werden alle Betragsfelder der Tabellen mit Hilfe des fixierten Kurses von DM in den Euro umgerechnet und in den Dateien als neue Hauswährung gespeichert. Die Hauswährung ist somit auf den Währungscode Euro umgestellt. Der historische Datenbestand liegt nach der Konvertierung ebenfalls in der Hauswährung Euro vor, soweit er in die Umrechnung mit einbezogen worden ist. Die DM-Beträge werden nun im CA-Buch abgespeichert. Im Fall von ursprünglichen Fremdwährungstransaktionen (z. B. Erfassung einer Eingangsrechnung mit einem Betrag von FRF 100) werden diese Fremdwährungsinformationen durch den DM-Wert überschrieben. Wenn diese Information erhalten bleiben soll, kann für die Buchart CA vor der Konvertierung eine gesonderte Auswertung oder Datensicherung vorgenommen werden.

Datenspeicherung ab dem Jahr 2002

Spätestens nach dem 30. Juni 2002 werden die nationalen Währungseinheiten der Teilnehmerländer nicht mehr weitergeführt. Die aktuellen Beträge in der Hauswährung Euro werden im AA-Buch gespeichert. Buchungen in Fremdwährung können nur noch bei Geschäftsvorfällen mit Nicht-Teilnehmerländern auftreten und werden wie bislang im CA-Buch mit ihrem Währungskennzeichen erfasst. Es tritt somit wieder die Situation vor Umstellung der Hauswährung – jetzt mit dem Euro – ein.

6.4 Umrechnung

Vorgehensweise bei der Umrechnung

Mit dem Einsatz der Euro-Release besteht die Möglichkeit, Umrechnungen zwischen dem Euro und den Teilnehmer-Währungen sowie zwischen den Teilnehmer-Währungen untereinander und zwischen Teilnehmer-Währungen und Nicht-Teilnehmer-Währungen gemäß den EU-Vorschriften durchzuführen.

Wurde die Euro-Umrechnungsfunktionalität aktiviert, so ist auf der Transaktionsebene (d. h. bei der Erfassung von Transaktionen in Euro bzw. in einer Teilnehmer-Währung wie z. B. eine in FRF ausgestellte Eingangsrechnung) für die o.g. Umrechnungen die Verwendung inverser Kurse (auf Basis bilateraler Wechselkurse) nicht mehr möglich. Stattdessen sind die seit dem 1. Januar 1999 gültigen Euro-Konversionskurse fest im System hinterlegt.

Ab dem Releasestand A7.3 CU9 werden die Euro-Konversionskurse zentral eingerichtet. Grundvoraussetzung hierfür ist zunächst die Aktivierung der Mehrwährungsfähigkeit in den Finanzbuchhaltungskonstanten (Stammdaten). Im nächsten Schritt ist der Euro als zusätzliche Währung einzurichten. Ferner sind die Währungen aller an der Währungsunion teilnehmenden Länder in einer gesonderten Tabelle mit ihrem Gültigkeitsdatum, d. h. mit ihrem Eintrittsdatum in die europäische Währungsunion, einzurichten.

Die wesentlichen Schritte zur Einrichtung der Euro-Fähigkeit sind in den nachfolgend abgebildeten Eingabemasken (WorldSoftware A7.3 CU10) dargestellt.

Einrichtung der Euro-Fähigkeit: Definition der Mitgliedstaaten der Währungsunion

Abb. 76

Einrichtung der Euro-Fähigkeit: Definition der Teilnehmer-Währungen nach dem Öffnen der Detailebene zur Eingabe des Anfangsdatums für die Währungsunion

Abb. 77

6 J.D. Edwards

In einer Kurstabelle sind alle möglichen Beziehungen zwischen den Teilnehmer-Währungen (z. B. zwischen DM und Euro oder DM und FRF „über" den Euro mit den Euro-Konversionskursen) abzubilden. Für eine Umrechnung von z. B. DM in Euro sind unter anderem das Gültigkeitsdatum, der Umrechnungskurs und die Umrechnungsmethode (Multiplikator oder Divisor) anzugeben.

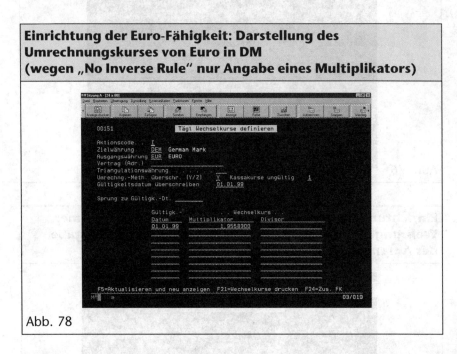

Abb. 78

Für die Durchführung von Umrechnungen zwischen dem Euro und Nicht-Teilnehmer-Währungen sowie für Umrechnungen zwischen Nicht-Teilnehmer-Währungen untereinander finden weiterhin inverse Kurse Verwendung.

Im Rahmen von Umrechnungen ermittelte Euro-Beträge werden intern mit 15 Dezimalstellen berechnet.

Einrichtung der Euro-Fähigkeit: Darstellung des Umrechnungskurses von DM in EUR (wegen „No Inverse Rule" nur Angabe eines Divisors)

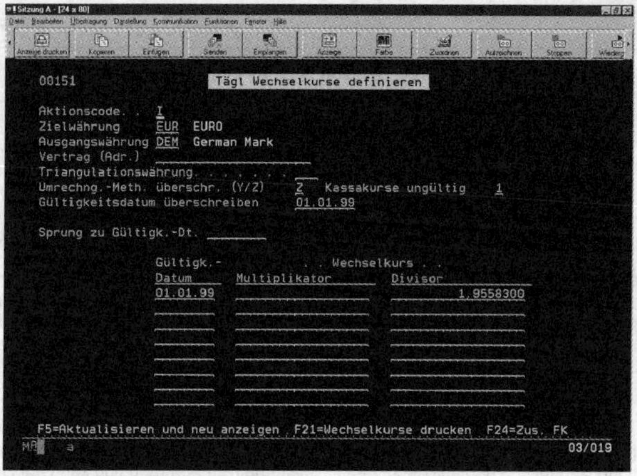

Abb. 79

Berechnung von Kursgewinnen und -verlusten bei Zahlungsvorgängen in Euro

Vor der Euro-Einführung wurden Kursgewinne und -verluste auf der Basis von Veränderungen zwischen dem Kurs zum Zeitpunkt der Buchung und dem Kurs, zu dem die Zahlung erfolgte, ermittelt. Seit dem 1. Januar 1999 können derartige Kursdifferenzen nur bei Umrechnungen zwischen Nicht-Teilnehmer-Währungen bzw. von Euro in Nicht-Teilnehmer-Währungen und umgekehrt auftreten.

Wie in Kapitel J „Umrechnungs- und Rundungsregeln im Euro-Währungsraum" ausführlich dargestellt, kann es trotz korrekter Anwendung der von der EU für die Umrechnung von Währungsbeträgen erlassenen Vorschriften zu Differenzen kommen. Diese müssen von den Softwaresystemen erkannt und korrekt verarbeitet werden.

Die in JDE im Rahmen von Umrechnungen entstehenden (Rundungs-) Differenzen werden erfolgswirksam auf den in den automatischen Buchungsanweisungen eingerichteten Konten gebucht. Bezüglich der daraus resultierenden Kursgewinne und -verluste (es handelt sich allerdings nur um Rundungsdifferenzen) nimmt JDE eine Unterscheidung zwischen sog. alternativen Kursgewinnen und -verlusten vor.

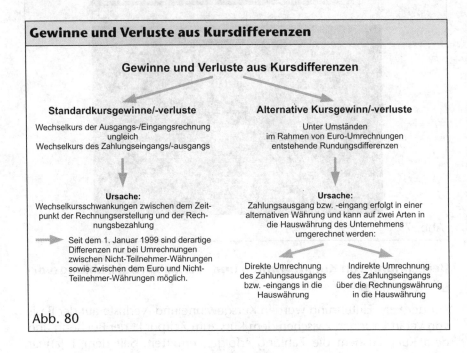

Abb. 80

Alternative Kursgewinne und -verluste treten im Wesentlichen in den Bereichen der:

- Debitorenbuchhaltung und der
- Kreditorenbuchhaltung

auf.

Debitorenbuchhaltung

Die Höhe eines Gewinns/Verlusts aus alternativer Kursdifferenz ermittelt sich wie folgt:

	Betrag aus direkter Umrechnung des Zahlungseingangs in die Hauswährung
./.	Betrag aus der indirekten Umrechnung des Zahlungseingangs über die Rechnungswährung in die Hauswährung
=	Gewinn/Verlust aus alternativer Kursdifferenz

Dieser Sachverhalt sei im Folgenden anhand eines Beispiels erläutert:

Beispiel: Berechnung von Rundungsdifferenzen in der Debitorenbuchhaltung mit Hauswährung DM bei einer in der alternativen Währung FRF ausgestellten Rechnung und einem Zahlungseingang in der alternativen Währung Euro

	Währung	Betrag
Hauswährung	DM	400,00
Rechnungswährung	FRF	1.341,54
Zahlungswährung	EUR	204,52
Standardkursdifferenz	–	–
Alternative Kursdifferenz	DM	0,00
Als Gewinn (Ertrag) zu buchende Rundungsdifferenz	DM	0,01

Die Hauswährung des Unternehmens lautet auf DM. Die Ausgangsrechnung wurde i.H.v. 1.341,54 FRF gestellt. Die Zahlung des Rechnungsbetrages durch den Debitor erfolgt in der alternativen Währung Euro.

Unter Zugrundelegung der Euro-Konversionskurse von 1 EUR = 1,95583 DM sowie 1 EUR = 6,55957 FRF ergibt sich:

6 J.D. Edwards

- **Direkte Umrechnung des Zahlungseingangs in die Hauswährung:**
  Die direkte Umrechnung des von der Bank gutgeschriebenen Zahlungseingangs i.H.v. 204,52 EUR in die Hauswährung erfolgt durch Multiplikation mit dem Konversionskurs DM/EUR:

  $$204{,}52 \, [EUR] \times 1{,}95583 \left[\frac{DM}{EUR}\right] = 400{,}0063516 \, [DM]$$
  $$= 400{,}01 \, [DM] \text{ (gerundet)}$$

- **Indirekte Umrechnung des Zahlungseingangs über die Rechnungswährung in die Hauswährung:**
  1. Umrechnung des Zahlungseingangs in die Rechnungswährung durch Multiplikation mit dem Konversionskurs FRF/EUR:

  $$204{,}52 \, [EUR] \times 6{,}55957 \left[\frac{FRF}{EUR}\right] = 1.341{,}563256400000000 \, [FRF]$$
  $$= 1.341{,}56 \, [FRF] \text{ (gerundet)}$$

  2. Umrechnung von der Rechnungswährung in die Hauswährung mittels der Dreiecksmethode:

     2.1 Dividieren des FRF-Betrages durch den Konversionskurs FRF/EUR:

  $$\frac{1.341{,}56 \, [FRF]}{6{,}55957 \left[\frac{FRF}{EUR}\right]} = 204{,}519503565020000 \, [EUR]$$
  $$= 204{,}520 \, [EUR] \text{ (gerundet)}$$

     2.2 Multiplikation des mit 15 Dezimalstellen berechneten Euro-Zwischenergebnisses mit dem Konversionskurs DM/EUR:

  $$204{,}519503565020000 \, [EUR] \times 1{,}95583 \left[\frac{DM}{EUR}\right]$$
  $$= 400{,}005380657574000 \, [DM]$$
  $$= 400{,}01 \, [DM] \text{ (gerundet)}$$

Lösungen verschiedener Softwarelieferanten

- **Berechnung des Gewinns/Verlusts aus alternativer Kursdifferenz:**

		Betrag:
	Betrag aus direkter Umrechnung des Zahlungseingangs in die Hauswährung	400,01 DM
./.	Betrag aus der indirekten Umrechnung des Zahlungseingangs über die Rechnungswährung in die Hauswährung	400,01 DM
=	Gewinn/Verlust aus alternativer Kursdifferenz	0,00 DM

Entstehung einer als Gewinn (Ertrag) zu buchenden Rundungsdifferenz ohne Auftreten einer alternativen Kursdifferenz in der Debitorenbuchhaltung

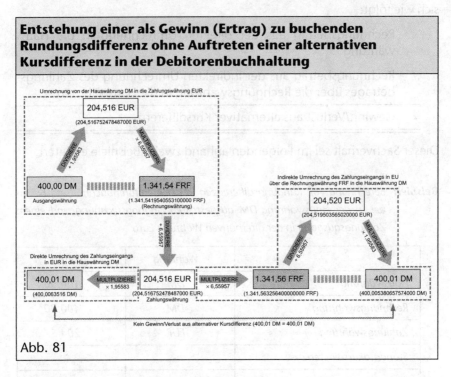

Abb. 81

In dem Beispiel ergibt sich weder ein Gewinn noch ein Verlust aus alternativer Kursdifferenz.

445

Buchhalterische Behandlung der entstehenden Rundungsdifferenz:

Da bei der Rückrechnung des Zahlungsbetrages i.H.v. 204,52 EUR in die Hauswährung DM zwei Dezimalstellen zugrunde gelegt werden, kommt es – unabhängig davon, ob die Berechnung direkt oder indirekt vorgenommen wird – zu einer rundungsbedingten Differenz i.H.v. 0,01 DM, die erfolgswirksam gemäß den eingestellten Buchungsanweisungen gebucht wird.

Kreditorenbuchhaltung

Die Höhe eines Gewinns/Verlusts aus alternativer Kursdifferenz ermittelt sich wie folgt:

	Rechnungsbetrag aus der direkten Umrechnung in die Hauswährung
./.	Rechnungsbetrag aus der indirekten Umrechnung des Zahlungsbetrages über die Rechnungswährung in die Hauswährung
=	Gewinn/Verlust aus alternativer Kursdifferenz

Dieser Sachverhalt sei im Folgenden anhand zweier Beispiele erläutert.

***

Beispiel: *Berechnung von Rundungsdifferenzen in der Kreditorenbuchhaltung bei einer in der Hauswährung DM ausgestellten Eingangsrechnung und einem Zahlungsausgang in der alternativen Währung Euro*

	Währung	Betrag
Hauswährung	DM	400,00
Rechnungswährung	DM	400,00
Zahlungswährung	EUR	204,52
Standardkursdifferenz	–	–
Alternative Kursdifferenz	DM	./. 0,01

Lösungen verschiedener Softwarelieferanten

Die Hauswährung des Unternehmens lautet auf DM. Es liegt eine in DM gestellte Eingangsrechnung über einen Betrag i.H.v. 400,00 DM vor. Die Zahlung des Rechnungsbetrages erfolgt in der alternativen Währung Euro.

Da in diesem Fall die Rechnungswährung der Hauswährung entspricht, kann der Zahlungsbetrag hier nur direkt in die Hauswährung umgerechnet werden:

- **Direkte Umrechnung des Zahlungsausgangs in die Hauswährung:**
  1. Der zur Zahlung angewiesene Betrag lautet in Euro und wird wie folgt berechnet:

$$\frac{400,00 \, [DM]}{1,95583 \left[\frac{DM}{EUR}\right]} = 204,516752478487000 \, [EUR]$$

$$= 204,52 \, [EUR] \, (gerundet)$$

  2. Aus der Rückrechnung des Zahlungsbetrages i.H.v. 204,52 EUR in die Hauswährung DM ergibt sich:

$$204,52 \, [EUR] \times 1,95583 \left[\frac{DM}{EUR}\right] = 400,0063516 \, [DM]$$

$$= 400,01 \, [DM] \, (gerundet)$$

- **Berechnung des Gewinns/Verlusts aus alternativer Kursdifferenz:**

	Betrag:
Rechnungsbetrag aus der direkten Umrechnung in die Hauswährung	400,00 DM
./. Rechnungsbetrag aus der indirekten Umrechnung des Zahlungsbetrages über die Rechnungswährung in die Hauswährung	400,01 DM
= Verlust aus alternativer Kursdifferenz	./.0,01 DM

6 J.D. Edwards

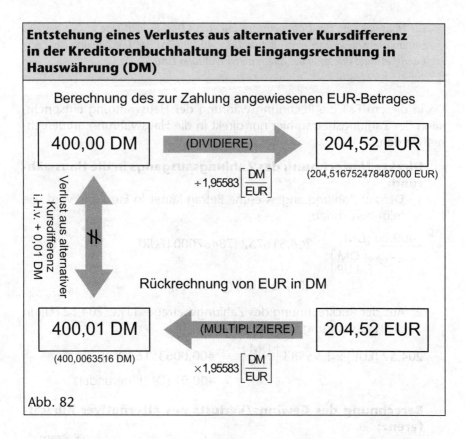

Abb. 82

- **Buchhalterische Behandlung des alternativen Kursverlustes:**
  Aus der Rückrechnung des Euro-Zahlungsbetrages in die Hauswährung ergibt sich ein alternativer Kursverlust i.H.v. 0,01 DM. Dieser alternative Kursverlust resultiert aus einer horizontalen Rundungsdifferenz im Rahmen der Umrechnung von der Hauswährung (DM) in die alternative Währung (EUR) (vgl. zu horizontalen Rundungsdifferenzen die Ausführungen in Kapitel J „Umrechnungs- und Rundungsregeln im Euro-Währungsraum") und wird automatisch erfolgswirksam gebucht.

Lösungen verschiedener Softwarelieferanten

Beispiel: Berechnung von Rundungsdifferenzen in der Kreditorenbuchhaltung mit Hauswährung DM bei einer in der FRF ausgestellten Eingangsrechnung und einem Zahlungsausgang in der alternativen Währung Euro

	Währung	Betrag
Hauswährung	DM	400,00
Rechnungswährung	FRF	1.341,54
Zahlungswährung	EUR	204,52
Standardkursdifferenz	–	–
Alternative Kursdifferenz	DM	./. 0,01

Die Hauswährung des Unternehmens lautet auf DM. Es liegt eine in FRF gestellte Eingangsrechnung über einen Betrag i.H.v. 1.341,54 FRF vor. Die Zahlung des Rechnungsbetrages erfolgt in der alternativen Währung Euro.

- **Ermittlung des zur Zahlung angewiesenen Betrages in Euro:**

$$\frac{1.341,54\,[FRF]}{6,55957\,\left[\frac{FRF}{EUR}\right]} = 204,516454584676000\,[EUR]$$

$$= 204,52\,[EUR]\,(gerundet)$$

- **Direkte Umrechnung des Zahlungsausgangs in die Hauswährung:**

Die direkte Umrechnung des Zahlungsausgangs i.H.v. 204,52 EUR in die Hauswährung erfolgt durch Multiplikation des ungekürzten EUR-Zahlungsbetrags mit dem Konversionskurs DM/EUR:

$$204,516454584676000\,[EUR] \times 1,95583\,\left[\frac{DM}{EUR}\right]$$

$$= 399,999417370346\,[DM]$$

$$= 400,00\,[DM]\,(gerundet)$$

- **Indirekte Umrechnung des Zahlungsausgangs über die Rechnungswährung in die Hauswährung:**
  1. Umrechnung des Zahlungsausgangs in die Rechnungswährung durch Multiplikation mit dem Konversionskurs FRF/EUR:

  $$204{,}52\,[\text{EUR}] \times 6{,}55957\left[\frac{\text{FRF}}{\text{EUR}}\right] = 1.341{,}563256400000000\,[\text{FRF}]$$
  $$= 1.341{,}56\,[\text{FRF}]\,(\text{gerundet})$$

  2. Umrechnung von der Rechnungswährung in die Hauswährung mittels der Dreiecksmethode:

      2.1 Dividieren des FRF-Betrages durch den Konversionskurs FRF/EUR:

      $$\frac{1.341{,}56\,[\text{FRF}]}{6{,}55957\left[\frac{\text{FRF}}{\text{EUR}}\right]} = 204{,}519503565020000\,[\text{EUR}]$$
      $$= 204{,}520\,[\text{EUR}]\,(\text{gerundet})$$

      2.2 Multiplikation des mit 15 Dezimalstellen berechneten Euro-Zwischenergebnisses mit dem Konversionskurs DM/EUR:

      $$204{,}519503565020000\,[\text{EUR}] \times 1{,}95583\left[\frac{\text{DM}}{\text{EUR}}\right]$$
      $$= 400{,}005380657574000\,[\text{DM}]$$
      $$= 400{,}01\,[\text{DM}]\,(\text{gerundet})$$

- **Berechnung des Gewinns/Verlusts aus alternativer Kursdifferenz:**

		Betrag:
	Rechnungsbetrag aus der direkten Umrechnung des Zahlungsbetrages in die Hauswährung	400,00 DM
./.	Rechnungsbetrag aus der indirekten Umrechnung des Zahlungsbetrages über die Rechnungswährung in die Hauswährung	400,01 DM
=	Verlust aus alternativer Kursdifferenz	./.0,01 DM

Entstehung eines Verlustes aus alternativer Kursdifferenz in der Kreditorenbuchhaltung bei Eingangsrechnung in Teilnehmer-Währung (FRF)

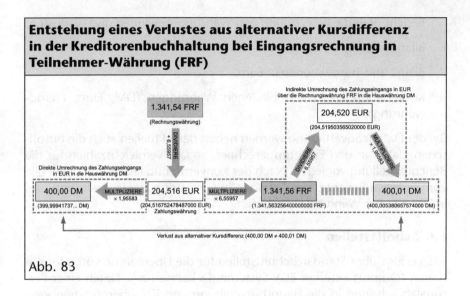

Abb. 83

- **Buchhalterische Behandlung des alternativen Kursverlustes:**
Aus der Rückrechnung des Euro-Zahlungsbetrages in die Hauswährung ergibt sich ein alternativer Kursverlust i.H.v. 0,01 DM. Dieser alternative Kursverlust resultiert aus einer horizontalen Rundungsdifferenz im Rahmen der Umrechnung von der Hauswährung (DM) in die alternative Währung (EUR) (vgl. zu horizontalen Rundungsdifferenzen die Ausführungen in Kapitel J „Umrechnungs- und Rundungsregeln im Euro-Währungsraum") und wird erfolgswirksam gebucht.

6.5 Auswertungen

Seit dem 1. Januar 1999 ist es notwendig, bestimmte Abfragen und Berichte in Hauswährung sowie in Euro generieren zu können. Bei Einsatz von WorldSoftware sind prinzipiell alle Berichte in Hauswährung erstellbar. Mit Hilfe der bereits vorhandenen Funktionalität der Mehrwährungsfähigkeit und den Erweiterungen der Euro-Release werden Möglichkeiten der Berichterstellung in Euro gegeben. Unter anderem lassen sich die folgenden Berichte erzeugen (vor Datenkonvertierung):

6 J.D. Edwards

- Bericht über die Berechnung von Währungsgewinnen und -verlusten,
- Bilanz in Euro,
- Bilanz und Transaktionen in Euro,
- Kontenabfragen in verschiedenen Währungen (DM, Euro, Fremdwährung).

Bei der Datenkonvertierung werden neben den aktuellen auch die historischen Daten in den Euro umgerechnet, sodass Vergleichszahlen für die Berichterstellung vorliegen. Nach der Konvertierung lassen sich daher alle vorhandenen Berichte und Abfragen in Euro als neuer Hauswährung und in DM als alter Währung vornehmen.

6.6 Schnittstellen

JDE verfügt über Standardschnittstellen für die Übernahme von Informationen (Output) externer EDV-Systeme. Es können z. B. Daten einer Personalabrechnung in die Hauptbuchhaltung von JDE übernommen werden. Mit Hilfe eines Batch-Programms wird die Datei mit den Lohn- und Gehaltsdaten zunächst sequenziell gelesen. Mit einfach zu erfassenden Parametern wird dabei gesteuert, in welchen Spalten die entsprechenden Informationen wie Beträge, Buchungsdatum, Kontierungsinformationen und Buchungstexte gelesen werden.

Das Batch-Programm speichert die gelesenen Daten zunächst in einer Schnittstellendatei. Die Schnittstellendatei für die Hauptbuchhaltung ist die Datei F0911Z1. Mit einem weiteren parametergesteuerten Batch-Programm werden die Daten der Schnittstellendatei in die JDE-Systemdatei übertragen. Die Systemdatei für die Buchungstransaktionen der Hauptbuchhaltung ist die F0911. Bei der Übertragung von der Schnittstellen- in die Systemdatei können Buchungsbeträge verschiedener Währungen mit der vorhandenen Funktionalität für Fremdwährungsverarbeitung in die Hauswährung des Unternehmens umgerechnet werden. Es wäre also durchaus möglich, das externe Personalabrechnungssystem noch in DM abzuwickeln, selbst wenn die Hauswährung der Hauptbuchhaltung von JDE bereits auf den Euro umgestellt worden ist. Die DM-Werte würden im CA-Buch abgespeichert und die vom Programm errechneten Euro-Beträge in das AA-Buch eingestellt werden.

Bei dem Ablauf des Übertragungsvorgangs wird ein Stapel erzeugt, der dann genau wie bei einer manuellen Datenerfassung gebucht werden kann, um die Saldendatei der Hauptbuchhaltung (F0902) zu aktualisieren. Für andere Systemdateien, z. B. Debitoren und Kreditoren, existieren ebenfalls entsprechende Schnittstellen- und Systemdateien.

7 BAAN

7.1 Vorbemerkungen

Bei Baan handelt es sich um ein in Holland ursprünglich ansässiges Unternehmen, welches integrierte Software – insbesondere für die Produktionsunterstützung – auf Client/Server-Basis erstellt. Zwischenzeitlich wird die volle Leistungspalette angeboten.

Baan entwickelte für die Einführung des Euro die Enterprise-Resource-Planning-Software (ERP), die die betrieblichen Veränderungsprozesse initialisiert und unterstützt. Ergänzend veranschaulicht Baan Business Information (BBI) mit Hilfe des Dynamic Enterprise Modelers (DEM) die Abbildung von Betriebsprozessen in Form von branchenspezifischen Referenzmodellen. In diesen Referenzmodellen, die die Lenkung, Überwachung und Ausführung aller Aktivitäten ermöglichen, werden branchenspezifische und unternehmensspezifische Strukturen zusammengeführt.

Für die Analyse, Strukturierung und Optimierung von Betriebsprozessen eignen sich diese branchenspezifischen Referenzmodelle ebenfalls. Diese Referenzmodelle können auch zur Einführung des Euro genutzt werden.

Außerdem gewährleisten branchenspezifische Unternehmensmodelle eine optimale Implementation und Parameterisierung des Softwaresystems, indem die Referenzmodelle die verschiedenen betrieblichen Funktionen aufeinander abstimmen und somit die Abstimmung zwischen verschiedenen Modulen sicherstellen.

7.2 Umstellung

Abb. 84 gibt einen Überblick über die Anforderungen, welche im Zusammenhang mit dem Euro stehen, und die jeweiligen Lösungen der Baan-Produkte.

7 BAAN

Die Euro-Fähigkeit der Baan-Software

Euro-Anforderungen		Baans ERP Software			
		BaanERP	Baan IVc4	Baan IV5 (nur für Unix verfügbar)	Triton 3.1.b.7
Dreiecksmethode (Triangulation)		✓	✓	✓	✓
Konvertierung	intern	✓	✓	✓	✓
	extern	✓	✓	✓	✓
Mehrwährungsfähigkeit		✓	(✓) nur Berichtswesen		

Abb. 84

- **Dreiecksmethode (Triangulation):**
  Baan ERP, Baan IVc4, Baan IVbx und Triton 3.1b verfügen über alle Funktionen, die für die korrekte Durchführung von Umrechnungen mittels der Dreiecksmethode (Triangulation) erforderlich sind.

- **Konvertierung:**
  Baan bietet zwei Konvertierungsprogramme an, welche die Umstellung der Währung aus zwei Perspektiven betrachten:

Konvertierungsprogramme von Baan

- **Externe Konvertierung:**
  Bei der Umstellung eines Kunden oder eines Lieferanten auf den Euro können mit diesem Programm Transaktionsbeträge durch Euro-Beträge ersetzt werden, und zwar jeweils für den oder die ausgewählten Kunden und Lieferanten. Hierbei werden auch alle Beziehungen, die zwischen Unternehmen und Geschäftspartnern herrschen, wie z. B. Zahlungsbedingungen, Rahmenverträge etc., konvertiert.

- **Interne Konvertierung:**
  Dieses Programm konvertiert die vorherige Hauswährung in Euro. Entstehende Rundungsdifferenzen werden automatisch auf einem zuvor festgelegten Buchungskonto verbucht.

- **Mehrwährungsfähigkeit:**
Diese Funktionalität ist nur in Baan ERP verfügbar, jedoch ist in Baan IV4c standardmäßig ein mehrwährungsfähiges Reportingsystem enthalten. Bei Baan ERP stehen optional drei Hauswährungen (Basiswährungen) zur Verfügung. Dadurch ist es möglich, den Euro als Hauswährung einzuführen und parallel dazu die nationale Währung als zusätzliche Basiswährung während der Übergangsphase bereitzustellen.

7.3 Datenspeicherung

Die Verarbeitung der Buchungen und die Speicherung des Datenbestandes erfolgt in Abhängigkeit von der vom Unternehmen gewählten Lösung. Entscheidet sich das Unternehmen ab dem 1. Januar 1999 für den Euro als alleinige Firmenwährung, so erfolgt die Verarbeitung und Speicherung des Datenbestandes in Euro als Hauswährung – andernfalls bleibt die DM Hauswährung.

Sobald die Konvertierung der Hauswährung auf Euro erfolgt, wird aus Gründen der Kontinuität und der besseren Vergleichbarkeit auch der gesamte historische Datenbestand in Euro umgesetzt. Damit können die Anforderungen des Controlling und des Berichtswesens erfüllt werden.

7.4 Umrechnung

Die Umrechnung erfolgt bei den zuvor dargestellten Baan-Systemen mittels der Dreiecksmethode (Triangulation), d. h., der Transaktionsbetrag je Geschäftsbereich wird in einen Euro-Betrag und anschließend in die Firmen- bzw. Hauswährung umgerechnet. Diese Funktion ist für sämtliche Unternehmen, die nicht sofort zu Beginn der Übergangsphase auf den Euro als Firmenwährung übergehen, unerlässlich.

Die Umrechnungen erfolgen laut Hersteller mit bis zu 6stelliger Genauigkeit im Nachkommabereich. Dabei werden eventuell anfallende Rundungsdifferenzen auf wahlweise separaten Konten erfolgswirksam verbucht. Dies entspricht der Vorgehensweise bei anderen Systemen.

7.5 Auswertungen

Unter Baan IVc wird dem Anwender die Möglichkeit gegeben, mittels 20 Standardberichten verschiedene Auswertungen in Euro und in der alten Hauswährung DM abzurufen. Dieser Doppelreportingbedarf wird sich aber vermutlich mit zunehmender Akzeptanz des Euro sukzessive abbauen.

Baan liefert die Konvertierungstools und die Reports jedoch erst ab der Version Baan IVc4 mit aus. Alle Anwender, die eine frühere Baan IVc-Version im Einsatz haben, erhalten diese Tools in Form eines Patches nachgeliefert.

Zu beachten ist weiterhin – wie Abb. 84 zeigt –, dass Baan IVc4 nur in Bezug auf das Reporting mehrwährungsfähig ist. Die Euro-Leistungsfähigkeit – welche auch das mehrwährungsfähige Berichtswesen umfasst – ist erst ab Baan ERP verfügbar.

7.6 Schnittstellen

Baan stellt eine Schnittstelle bereit, die mit einer Währungskennung versehen ist. Will ein Unternehmen auch ein Modul eines anderen Softwareherstellers in sein System integrieren, so muss geprüft werden, inwieweit dieses Modul die notwendige Währungskennung bereitstellt. Wie in allen Einführungsprojekten gehört die Lösung der Schnittstellenanforderungen zu den wesentlichen Aufgaben.

8 ISB Varial Software GmbH

8.1 Vorbemerkungen

Die Firma ISB Varial Software GmbH (im Folgenden kurz „ISB" genannt) bietet die seit 25 Jahren am Softwaremarkt beständige Standardlösung VARIAL für das Finanz- und Personalwesen an. Zu ihrem Kundenstamm zählen mittelständische Unternehmen der verschiedensten Branchen.

Bei ihrem Softwarepaket VARIAL GUIDE handelt es sich um mehrwährungsfähige, mandantenorientierte Anwendungen, die entweder als integriertes System oder auch einzeln eingesetzt werden können. Die ISB bietet unter anderem Softwareanwendungen für die Bereiche Finanzbuchhaltung, Anlagenbuchhaltung, Kostenrechnung, Personalabrechnung sowie für die Unternehmensplanung an.

VARIAL GUIDE besitzt eine graphische Oberfläche (unter Windows 3.11, Windows 95 und Windows NT) und kann mit Hilfe der Client/Server-Technik auf verschiedenen Hardwareplattformen wie Windows NT, Novell, MS-Network und UNIX als Einzel- oder Mehrplatzsystem eingesetzt werden.

Zur Abdeckung der Anforderungen aus der Umstellung auf den Euro wurde das Fremdwährungsmodul des Softwarepaketes verändert. Es wurde gesetzeskonform um die Berechnungsmethodik der Dreiecksmethode und die Rundungsregeln erweitert. In VARIAL GUIDE Release 2.0 wurden die neuen Verfahrensweisen erstmals eingesetzt, dieses Release wird daher auch als Euro-Release bezeichnet.

8.2 Umstellung

Mit Einsatz des Softwarepaketes VARIAL GUIDE kann der Umstellungszeitpunkt frei gewählt werden. Die Vorgehensweise bei der Umstellung auf den Euro als neue Eigenwährung (Währung, in der die Firma geführt wird, in anderen Softwarelösungen als Hauswährung bezeichnet) ist je nach gewähltem Szenario unterschiedlich. VARIAL GUIDE unterstützt während der Übergangsphase bis zum 1. Januar 2002 zwei mögliche Szenarien:

- Umstellung zum Geschäftsjahresbeginn
- Umstellung im laufenden Geschäftsjahr

Die Umstellung zum Geschäftsjahresbeginn bedeutet die Umstellung in der ersten Periode des neuen Geschäftsjahres. Im neuen Jahr wird somit die Eigenwährung der Firma von DM auf Euro geändert, der Euro stellt somit keine Fremdwährung mehr dar. Trotzdem ist es noch möglich, im alten Geschäftsjahr weiterhin in DM und im neuen in Euro zu buchen. Das bedeutet, dass das alte Geschäftsjahr noch nicht abgeschlossen sein muss, bevor die Umstellung erfolgt.

Um eine Umstellung im laufenden Geschäftsjahr zu ermöglichen, wird ein so genannter Zwischenabschluss erstellt, der die in DM gebuchten Perioden exakt von den in Euro gebuchten trennt. Für das erste Teiljahr ist im Firmenstamm die Eigenwährung DM hinterlegt, für das zweite Teiljahr muss ein neuer Firmenstamm mit der Eigenwährung Euro angelegt werden. Ebenso wie bei der Umstellung zum Geschäftsjahresbeginn kann bis zum endgültigen Jahresabschluss im ersten Teiljahr noch in DM und im zweiten in Euro gebucht werden.

Unabhängig davon, ob die Umstellung zum Geschäftsjahresbeginn oder im laufenden Jahr vorgenommen wird, ist der unkontrollierte Abbruch der Umstellungsprozedur abgesichert. Bei der Übernahme der Buchungsdaten wird jeder tausendste Datensatz in einer Datei gespeichert. Ferner wird jeder gelesene und umgesetzte Datensatz mit einem Kennzeichen versehen, das die erfolgte Übernahme genau protokolliert.

8.3 Datenspeicherung

Die Datenhaltung von VARIAL GUIDE erfolgt entweder mit Hilfe von relationalen Datenbanken (ORACLE, Informix, SQL-Server) oder von Dateien auf Grundlage der ISAM-Technik (Index Sequential Access Method). Die Dateistruktur der Datenhaltung ist vom gewählten Speichermedium (ORACLE, SQL-Server, Informix, ISAM) unabhängig.

Die Vornahme von Buchungen erfolgt bei VARIAL GUIDE auf der Grundlage der Stapeltechnik. Bei der Erfassung der Buchungssätze wird unter anderem die Eigenwährung, die Währung des Buchungssatzes und der Umrechnungskurs mitgegeben. Der aktuelle Umrechnungskurs wird aus einer Kurstabelle herangezogen.

Im Rahmen der Umstellung werden die Stammdaten der Sach- und Personenkonten in die neue Eigenwährung des Unternehmens, den Euro, umgerechnet. Dadurch erfolgt keine Erweiterung der Datenbasis.

Eine Erhöhung des vorhandenen Datenvolumens kommt nur durch die Duplizierung der offenen Posten zustande. Im Rahmen der Umstellung werden sämtliche offenen Posten kopiert und mit einer neuen Satzart und der Währung Euro in der OP-Datei gespeichert.

In den Dateien selbst ergibt sich nur eine geringe Veränderung. Die Datensätze wurden im Wesentlichen um ein zusätzliches Feld erweitert. Dieses Feld wird an die bereits vorhandenen Datensätze in den Kontensatz- und OP-Dateien angehängt. Es enthält die Anzahl der Dezimalstellen des mitgegebenen Währungskurses. Die Information, über wie viele Dezimalstellen der jeweilige Währungskurs verfügt, ist für die Umrechnung der Beträge wichtig. Vor dem 1. Januar 1999 wurden die Kurse mit festen drei Vor- und vier Dezimalstellen geführt, seitdem können die sieben Stellen flexibel belegt werden.

8.4 Umrechnung

Die ISB hat die gesetzlichen Vorgaben mit Entwicklung des so genannten Euro-Servers umgesetzt. Die entsprechenden neuen Berechnungslogiken sind nur einmal im Euro-Server zentral realisiert, sodass alle Anwendungen auf ihn zugreifen müssen. Die Steuerung, nach welcher Logik umgerechnet wird, erfolgt über die Eigenwährung der Firma und das Buchungsdatum.

Der Umrechnungskurs und sein Verhältnis zur Eigenwährung wird in der Währungstabelle hinterlegt. Die dort eingetragenen Kurse beziehen sich immer auf die Eigenwährung. Bis zum 31. Dezember 1998 konnten dort die bisherigen Beziehungen 1:1, 1:100 und 1:1000 angegeben werden. Seit dem 1. Januar 1999 gelten diese Beziehungen nicht mehr. Zur Euro-Umstellung wurden die Beziehungen um den

- Eurokurs EWWU und den
- Eurokurs Drittland

erweitert.

Das Zwischenergebnis bei der Dreiecksmethode wird gesetzeskonform immer auf drei Dezimalstellen gerundet.

Zur richtigen Erfassung der Euro-Rundungsdifferenzen müssen neue Erfolgskonten angelegt werden. Die Hinterlegung der Erfolgskonten erfolgt unter anderem pro Währung in der Kurstabelle. Dort können die Aufwands- und Ertragskonten nach Warenein- und -ausgang getrennt hinterlegt werden.

Im Fall der Umstellung werden sämtliche Kontensalden und die offenen Posten der Personenkonten in den Euro als neue hinterlegte Eigenwährung umgerechnet. Die dabei auftretenden Rundungsdifferenzen werden automatisch auf dem Euro-Umrechnungsdifferenzenkonto erfasst. Differenzen, die sich dabei zwischen dem Haupt- und Nebenbuch (Debitoren, Kreditoren) ergeben, müssen manuell berücksichtigt werden.

8.5 Auswertungen

Die Auswertungen von VARIAL GUIDE (z. B. Bilanz und GuV) können in jeder beliebigen Währung ausgedruckt werden. Wird eine von der Hauswährung abweichende Auswertung z. B. in Euro oder DM gewünscht, muss diese Währungsart als Auswahlkriterium angegeben werden. Der Umrechnungskurs, die Beziehung zur Eigenwährung und die Berechnungsart (Multiplikation oder Division) werden dann automatisch ergänzt.

Online-Anzeigen in verschiedenen Währungen sind unter anderem für Kontenabfragen (Personen- und Sachkonten) möglich. Zum Umrechnen in den Euro befindet sich auf dem Bildschirm der so genannte Euro-Button. Bei den Personenkonten ist die Umrechnung der Umsätze, der offenen Posten und der Warenwerte möglich, bei den Sachkonten lassen sich die Salden in der Währung Euro anzeigen.

8.6 Schnittstellen

Es gibt nur eine sequenzielle Schnittstelle für die Finanzbuchhaltung, die von internen und externen Applikationen gleichermaßen genutzt wird. Über diese Schnittstelle werden Stamm- und Bewegungsdaten übergeben. Von der Finanzbuchhaltung können vordefinierte Schnittstellen fremder Anwendungen, z. B. DATEV, KIFOS, DARTS ausgelesen und verarbeitet werden.

Die Schnittstelle setzt sich aus verschiedenen Schnittstellendateien zusammen, die verschiedene Übergaben, z. B. Buchungen, Stammdaten, Steueraufteilungen etc. unterstützen. Je nach Übergabeart werden die Schnittstellendateien mit Daten gefüllt und von der empfangenden Anwendung ausgelesen und verarbeitet.

Durch das neue Euro-Release von VARIAL GUIDE wurde die sequenzielle Schnittstelle um ein zusätzliches Feld erweitert. Dieses Feld beschreibt, mit welcher Eigenwährung (1 = Euro, 0 = alte Eigenwährung) der Datensatz übergeben wird. Anhand des Kennzeichens werden bei unterschiedlichen Währungen der Anwendungen die übergebenen Beträge entsprechend umgerechnet. Vor der Umrechnung kontrolliert die empfangende Anwendung im eigenen Firmenstamm, welche Währung dort als Eigenwährung hinterlegt ist. Das Buchungsprogramm der empfangenden Applikation greift dann auf die Umrechnungslogik des Euro-Servers zurück.

Die Euro-Umstellung als Projektaufgabe

Die Euro-Einführung führt, wie dargestellt, zu erheblichen Veränderungen in allen Unternehmensbereichen. Da bei der Euro-Einführung gegebenenfalls auch noch die Jahr-2000-Umstellung zu beachten ist, wird es für viele Unternehmen – nicht nur für Großunternehmen – notwendig sein, eine entsprechende Projektorganisation aufzubauen, die der Abwicklung aller relevanten Anforderungen dient.

Die nachfolgenden Abschnitte beschreiben zunächst die Elemente eines modernen Projektmanagements. Nachfolgend wird dann an einem Beispiel die praktische Einführung bei einer Gesellschaft dargestellt.

1 Einführung in das Projektmanagement und in die Vorgehensweise

Ein Projekt ist normalerweise ein einmalig abgegrenztes Vorhaben, das unter Verwendung knapper Ressourcen durchzuführen ist. Hierzu zählen insbesondere finanzielle, zeitliche, räumliche und sachliche Restriktionen.

Die Einführung des Euro und die damit verbundene Euro-gerechte Umstellung der EDV entspricht einem solchen einmaligen Unterfangen im Unternehmen und sollte insbesondere im Hinblick auf die zu erwartende Komplexität als Projektaufgabe aufgefasst werden. Ziel eines Euro-Projekts ist es, das jeweilige Unternehmen bis spätestens zum Ende der Übergangsphase „Euro-fähig" zu machen.

Unter Projektmanagement werden die Maßnahmen zur Durchführung des Vorhabens, wie Planung, Steuerung und Kontrolle, verstanden. Zur Abwicklung komplexer, in der Regel einmaliger Sonderaufgaben hat sich das Projektmanagement als geeignetes Führungskonzept dargestellt. Die Erfüllung dieser Vorhaben erfordert ein breites Kompetenzspektrum interner und externer Wissensträger sowie eine geeignete Organisationsform, auf die in Abschnitt 6 dieses Kapitels näher eingegangen wird. Die einzelnen Komponenten eines Projektmanagements lassen sich wie folgt unterteilen (vgl. Abb. 50):

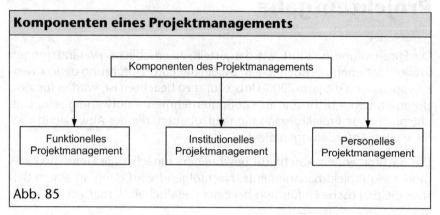

Abb. 85

Das funktionelle Projektmanagement umfasst die Festlegung des Projektgegenstands sowie der Projektziele und -aufgaben. Außerdem fallen hierunter die Prozess- und Ablauforganisation sowie die Bereitstellung der notwendigen Instrumente zur Bewältigung der anstehenden Aufgaben.

Die zentrale Aufgabe des institutionellen Projektmanagements ist das Ressourcenmanagement in- und außerhalb des Unternehmens. Dazu zählt sowohl die projektinterne Aufbauorganisation durch Verteilung der Kompetenzen, Aufgaben und Verantwortung als auch die projektexterne Aufbauorganisation in Form der Einbindung des Projekts in die Unternehmensorganisation. Aufgrund individueller Unterschiede in der betrieblichen Organisation sind hierbei sehr verschiedene Projektorganisationsformen, auf die später eingegangen wird, denkbar.

Das personelle Projektmanagement umfasst die Projektträger sowie die Projekthalter. Im Hinblick auf den Projekterfolg sollte diese Komponente in keinem Fall unterschätzt werden.

Das Projektmanagement stellt aufgrund der Komplexität und der Interdisziplinarität seiner Aufgabenstellungen hohe Anforderungen sowohl an die Unternehmensführung als auch an das übrige Management, Projektleitung und die Projektmitarbeiter. Da sich Projekte von dem immer wiederkehrenden Tagesgeschäft – insbesondere in der Aufgabenorganisation

– unterscheiden, bedürfen sie einer gesonderten Behandlung. Oberste Priorität haben im Rahmen des Projektmanagements die Aufgaben der Projektplanung, -steuerung und -kontrolle.

Das Projektmanagement soll sicherstellen, dass die vereinbarten Ziele unter Beachtung der personellen, technischen, terminlichen, finanziellen und sonstigen sachlichen Restriktionen erreicht werden.

Ein Projekt hat unterschiedliche Lebensphasen. Als erstes ist die Problemanalyse zu nennen, wozu auch die Projektdefinition und -planung zu zählen sind. Hierauf baut die Phase der Konzeption auf, die die Ist-Analyse und die Erstellung eines Soll-Konzepts beinhaltet. Daran schließt sich die Phase der Gestaltung und Detaillierung an, die nun die Systementwicklung und -beschreibung umfasst. Darauf folgt die Phase der Realisation, die aus Aufgabenorganisation, Durchführungsvorbereitungen und Programmierung besteht. Abgeschlossen wird das Projekt mit der Nutzung (Produktivstellung).

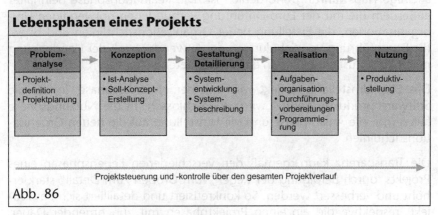

Abb. 86

Von der Problemanalyse zur Nutzung

Unter Berücksichtigung der in Abb. 86 definierten Lebensphasen eines Projekts lässt sich ein phasenweiser Projektablauf für die EDV-Umstellung auf den Euro beispielhaft wie folgt beschreiben:

Die Phase der Problemanalyse umfasst die Bestimmung des Übergangsszenarios (der Strategie) für den Übergang auf den Euro sowie im Anschluss hieran die Festlegung des Projektbeginns, der Phasenplanung und die Bestimmung der Projektleiter und -mitarbeiter. Bezüglich des letzteren Punktes ist festzulegen, welche internen und externen Mitarbeiter (wer), welche Aufgaben (was), in welchem Zeitraum (wann) und mit welchen Mitteln (womit) zu erledigen haben.

In der Konzeptionsphase schließen sich Inventur und Analyse der bestehenden betrieblichen Software sowie der Entwurf eines anforderungsgerechten Soll-Konzepts für die Euro-gerechte Software an. Daraufhin ist das zu erreichende Szenario in Verbindung mit einer Wirtschaftlichkeitsanalyse und Vorgehensplanung zu beschreiben.

Die Phase der Gestaltung und Detaillierung ist durch die Auswahl der geeigneten Software sowie der weiteren Detaillierung der Projektaufgaben und der Erstellung einer konkreten Projektbeschreibung gekennzeichnet.

Im Falle eines EDV-Umstellungsprojektes wird unter der Realisationsphase jede Tätigkeit verstanden, die zur endgültigen Einführung des Euro als alleinige Hauswährung erforderlich ist. Die Realisationsphase beinhaltet außerdem die mit der Euro-Einführung verbundenen notwendigen Umorganisationen, die Erstellung neuer Organisationsrichtlinien und bspw. die Durchführung von Schulungen der Anwender bzgl. der Handhabung neuer Euro-Zusatzfunktionen der verwendeten Software.

Das Euro-Umstellungsprojekt wird mit der Nutzungsphase, in der die Software produktiv gesetzt wird, abgeschlossen. In die Nutzungsphase fallen u. a. die Anlaufphase und die Umstellung auf die neuen Organisationsrichtlinien.

Die Transparenz kann, gemäß den verschiedenen Lebensphasen eines Projekts, durch Befolgung der Regel „vom Groben zum Detail" stark erhöht und verbessert werden. So konkretisiert und detailliert sich das Projekt, respektive die einzelnen Projektphasen mit zunehmender Dauer. Hierbei ist bei den Euro-Projekten insbesondere zu beachten, dass sich Verschiebungen in der Priorität ergeben können.

Bei einem phasenweisen Projektablauf sind die einzelnen Projektphasen durch Entscheidungssituationen miteinander zu verbinden. Ein weiteres Ziel hierbei ist die Schaffung dieser Entscheidungssituationen durch Einschnitte, an denen über die Weiterführung und Entwicklungsrichtung entschieden wird (Meilensteine). Hierdurch wird sichergestellt, dass die

Euro-Umstellung als Projektaufgabe M

Tätigkeiten der Folgephase auf den genehmigten und erreichten Zwischenergebnissen aufbauen. So müssen in jeder Projektphase die erarbeiteten Ergebnisse dokumentiert und analysiert werden. Die Dokumentation kann zur Beurteilung der Wirtschaftlichkeit des Projekts herangezogen werden und als Erfahrungssammlung für spätere Projekte dienen. Sobald die Bewertung einer Projektphase positiv ausgefallen ist, wird im Regelfall die darauf folgende Projektphase freigegeben.

Den Abschlusspunkt einer Projektphase bildet die Erreichung eines genau definierten und termingebundenen, von der Qualitätssicherung abgenommenen Sachergebnisses. Die Abschlusspunkte einer Projektphase werden auch als Meilensteine bezeichnet. Die Meilensteine dienen sowohl der Orientierung des Auftraggebers (Sponsors) über Zwischenergebnisse und Projektablauf als auch der Entscheidungsfindung für etwaige richtungsweisende und vom ursprünglichen Projektplan abweichende Entscheidungen. Art und Anzahl der Projektphasen und Meilensteine sind grundsätzlich dem Umfang des Projekts und der Höhe des Risikos anzupassen.

Meilensteine sind gedanklich vorweggenommene Soll-Zustände, die in der Zukunft durch aktives Handeln Realität werden sollen und zuvor bewusst gewählt und geplant wurden.

2 Projektplanung

2.1 Vorbemerkungen

Die Projektplanung besitzt ein besonderes Gewicht, da ohne realistische Vorgaben (Soll-Werte) eine sinnvolle, strukturierte Bearbeitung der nachfolgenden Aufgaben Projektsteuerung und -kontrolle nicht möglich ist. Eine fundierte Projektplanung ist außerdem die Basis für eine funktionierende Projektsteuerung und -umsetzung.

Die Projektplanung umfasst dabei sowohl die systematische Informationsgewinnung über den zukünftigen Ablauf des Projekts als auch die gedankliche Vorwegnahme des notwendigen Handelns im Projekt und geht von der abgestimmten Projektdefinition aus.

2 Projektplanung

Die Planung beginnt mit der Ermittlung sämtlicher zukünftiger Aktivitäten, die der Projektzielerreichung dienen. Projektmisserfolge in der Gestalt von Terminverzögerungen, Qualitätsmängeln und Zeitdruck zu Projektende – unmittelbar vor der Produktivsetzung – resultieren oftmals aus einer unvollständigen, nicht angemessenen Projektplanung.

Zentrales Ziel der Projektplanung ist die Ermittlung realistischer Zielvorgaben. Zu berücksichtigen sind dabei die zu erbringenden Arbeitsleistungen und terminlichen Vorgaben, wie auch Ressourceneinsatz, zulässige Kosten und die Zerlegung des Projekts in Einzelschritte – z. B. Teilprojekte – unter Beachtung der gegebenen Restriktionen. Demnach erarbeitet die Projektplanung Vorgaben für die Projektdurchführung.

Änderungen der Projektplanung sind durchzuführen, falls sich wichtige Voraussetzungen oder Annahmen als unzutreffend herausgestellt haben. Dies kann sich bei einem Euro-Einführungsprojekt insbesondere aus erhöhten Marktanforderungen während der Übergangsphase ergeben.

Alles in allem ist die Projektplanung sowohl für die Steuerung des Projekts als auch für die Kontrolle des Projektfortschritts als Basis anzusehen. Die Projektkontrolle führt eine Abweichungsanalyse (Soll-Ist-Vergleich) durch und gibt etwaige Abweichungen an die Projektsteuerung weiter. Diese wiederum erarbeitet und leitet daraufhin Maßnahmen oder Alternativen ein, die zur Erfüllung der ursprünglichen Vorgaben führen. Reichen die ihr zur Verfügung stehenden Möglichkeiten zur Korrektur nicht aus, so müssen Änderungen in der Projektplanung vorgenommen werden.

Die Projektplanung stellt keinen einmaligen Vorgang dar, der nur zu Beginn eines Projekts stattfindet. Vielmehr handelt es sich um einen revolvierenden Vorgang, der fortwährend auf der Grundlage aktueller oder sicherer Informationen aus der Projektkontrolle durchgeführt wird.

Durch die Phaseneinteilung des Projekts wird der zeitliche und logische Projektablauf strukturiert. Eine solche Einteilung hat insbesondere folgenden Vorteil: Während das Gesamtprojekt aufgrund seiner Komplexität in den ersten Phasen zumeist noch nicht genau zu überschauen ist, lässt sich eine kurze Phase, die aus dem Gesamtprojekt herausgebrochen ist, relativ genau planen. Hieraus ergibt sich innerhalb des Projekts eine zweistufige Planung, wie folgender Abbildung zu entnehmen ist:

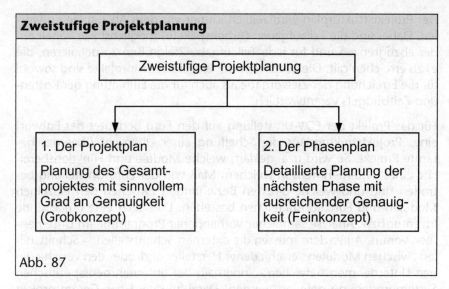

Abb. 87

Aufgrund von unvollständigen Informationen und allgemeinen Unsicherheiten kann der erste Projektplan nur grobe Anhaltspunkte zu Aufwand und Terminen liefern. Mit zunehmender Projektdauer nimmt die Sicherheit der Projektplanung fortlaufend zu. Deshalb wird es mit fortschreitender Projektdauer notwendig, aufgrund der neuen und sicheren Daten den Projektplan zu überarbeiten.

Im Folgenden wird nun auf die verschiedenen technischen Elemente der Projektplanung eingegangen, die im Rahmen eines Euro-Projekts entsprechend anzuwenden sind.

2.2 Entwerfen eines Projektstrukturplans

Um einen Projektstrukturplan entwerfen zu können, muss die Projektaufgabe strukturiert werden. Strukturierung bedeutet hierbei die Zerlegung der Projektaufgabe in Elemente und Beziehungen.

Die Projektstrukturierung dient der Schaffung einer Übersicht über das Projekt, der Darstellung von Zusammenhängen, der Definition von Schnittstellen (Interfaces) und der Bildung von sinnvollen Teilprojekten. Diese Teilprojekte werden dann eigenständig im Rahmen einer Detailplanung und Realisierung umgesetzt.

2 Projektplanung

Der Projektstrukturplan wird zeitlich immer vor dem Ablaufplan entworfen. Dabei sind die Teilaufgaben (Arbeitspakete) möglichst klar voneinander abzugrenzen und für jede Teilaufgabe Zielgrößen zu definieren, die es zu erreichen gilt. Die Mitglieder der einzelnen Teilprojekte sind sowohl für die Erreichung der Zielvorgabe als auch für die Einhaltung der Kosten- und Zeitbudgets verantwortlich.

Für das Projekt der EDV-Umstellung auf den Euro bedeutet der Entwurf eines Projektstrukturplans die Schaffung einer Übersicht über das gesamte Projekt. So wird u. a. geklärt, welche Module und Funktionsbereiche eines Unternehmens in welchem Maß von der Euro-Umstellung betroffen sind und welche direkten Beziehungen zwischen den einzelnen Modulen und Funktionsbereichen bestehen. Dies setzt eine umfassende Inventur bzw. Analyse sämtlicher vorhandener Programme im Unternehmen voraus. Außerdem müssen die externen Schnittstellen – Schnittstellen zwischen Modulen verschiedener Hersteller und/oder den verschiedenen Unternehmensbereichen – innerhalb der unternehmensspezifischen Systemumgebung definiert werden. Daraufhin wird das Gesamtprojekt in Teilprojekte gegliedert, um verantwortliche „(Teil-)Stellen" zu schaffen. Dabei entspricht der Projektstrukturplan im Wesentlichen der Struktur der Systemumgebung und gibt den Inhalt des Projekts hierarchisch strukturiert wieder.

In der Praxis und der betriebswirtschaftlichen Literatur finden sich drei verschiedene Arten von Projektstrukturplänen: der objektorientierte, der funktionsorientierte und der gemischtorientierte Strukturplan.

Der objektorientierte Projektstrukturplan ist durch die Zerlegung des Projekts in einzelne Gegenstände, die herzustellen bzw. darzustellen sind, charakterisiert. Dies kann sich z. B. im Rahmen der Euro-Einführung auf die einzelnen Rechnungswesenmodule (Finanz- und Anlagenbuchhaltung) und deren Euro-Fähigkeit beschränken.

Kennzeichnend für den funktionsorientierten Projektstrukturplan ist die Zerlegung des Projekts in einzelne Tätigkeiten, die durchzuführen sind. Beispielhaft könnten hier die Tätigkeiten für die Finanzbuchhaltungsumstellung dargestellt werden.

Der gemischtorientierte Projektstrukturplan kombiniert das funktions- und objektbezogene Gliederungsprinzip und wird der Praxis weitgehend gerecht, indem er den unterschiedlichen Spezifika der Projekte Rechnung trägt. Ein weiterer großer Vorteil dieser Mischform ist, dass sie die vollständige Erfassung sämtlicher zu erledigender Tätigkeiten sicherstellt.

An der Spitze des entsprechenden hierarchischen Schemas steht die zu erreichende Hauptaufgabe, die in Teilaufgaben gegliedert ist. Diese unterteilen sich in Unteraufgaben. Letztlich entstehen Aufgaben, die nicht mehr untergliederbar sind. Dabei handelt es sich um ein sog. Arbeitspaket, das alle Tätigkeiten eines Projekts umfasst, die sachlich zusammengehören und z. B. von einer Gruppe durchgeführt werden sollen (Top-Down-Ansatz). Die Summe dieser Arbeitspakete bildet den gesamten Umfang des Projekts ab.

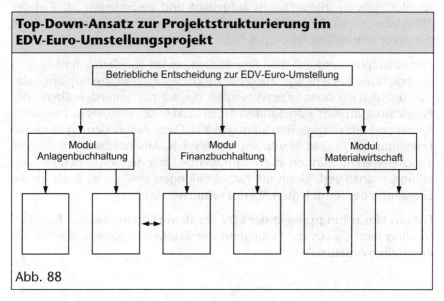

Abb. 88

Da die Herstellung von Projektstrukturplänen äußerst komplex ist und ein grundlegendes und zusammenhängendes Verständnis der Betriebsprozesse voraussetzt, können Projektstrukturpläne nur von sachkompetenten Mitarbeitern erstellt werden. Dies ist bei der Projektorganisation und Mitarbeiterauswahl zu beachten. Eine weitere Möglichkeit besteht in der Verwendung von Tools zur Projektsteuerung, die in Abschnitt 5 dieses Kapitels näher beschrieben werden.

2.3 Entwerfen eines Projektablaufplans

Der Projektstrukturplan und der Projektablaufplan müssen harmonisch aufeinander abgestimmt sein. Bei einem Auseinanderdriften der beiden Teilpläne entsteht besonders für die Kostenplanung (Projektkosten) ein nahezu unlösbares Problem.

Diese Problematik kann man durch die Entwicklung eines Standardstrukturplans und eines Standardablaufplans umgehen, womit eine Verknüpfung und Harmonisierung von Projektstruktur und -ablauf gewährleistet wird. Die Konsequenz dieser Integration ist ein allgemeiner und umfassender Standardprojektplan, der sowohl ablaufbezogen (zeitlich) als auch strukturbezogen (hierarchisch) aufgebaut und veränderbar ist. Ziel der Ablaufplanung ist die visuelle Darstellung der logischen Zusammenhänge der zuvor ermittelten Arbeitspakete.

Der Ablaufplan wird aus dem Projektstrukturplan abgeleitet, und zwar in umgekehrter Reihenfolge zur Erstellung des Projektstrukturplans, also von unten nach oben. Zuerst werden die auf der untersten Ebene des Projektstrukturplans aufgeführten Arbeitspakete des Projekts in Tätigkeitsfolgen und -abhängigkeiten aufgegliedert. Diese Aufgliederung ist für die Erstellung des Projektablaufplans unerlässlich. Anschließend werden die Tätigkeitsverknüpfungen in Zusammenarbeit mit den jeweiligen Fachabteilungen analysiert. Denn die Fachabteilungen sind später auch für die Einhaltung des festgelegten Ablaufs verantwortlich.

Für das Umstellungsprojekt der EDV vor dem Hintergrund der Euro-Einführung folgt daraus die Festlegung der Bearbeitungszeitpunkte für alle ermittelten Arbeitspakete.

Euro-Umstellung als Projektaufgabe

Bottom-up-Ansatz für den Entwurf eines Projektablaufplans

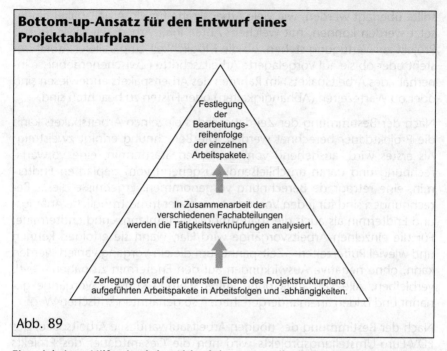

Abb. 89

Ein wichtiges Hilfsmittel der Ablaufplanung stellt die Netzplantechnik dar. Bei überschaubaren und einfachen Projektaufgaben kann die Tätigkeitsliste für einen Netzplan oftmals ohne Verwendung des Projektstrukturplans erstellt werden.

2.3.1 Projektterminplanung

Im Rahmen des Projektmanagements stellt ein Termin einen Zeitpunkt dar, wie beispielsweise ein Meilenstein (Stichtag eines wichtigen Zwischenzieles), ein Anfangs- oder ein Endtermin.

Die Zeitdauer für jedes Element des Projektablaufs muss möglichst realistisch geschätzt werden, wobei die Dauer den Zeitraum zwischen Anfangs- und Endtermin darstellt. Für die Bestimmung der Projektdauer ist zuerst für jedes Arbeitspaket der benötigte Arbeitsaufwand zu bestimmen. Voraussetzung hierfür ist wiederum eine exakte Erfassung der einzelnen Arbeitsumfänge sowie der vorgesehenen Hilfsmittel. Als nächstes

2 Projektplanung

sollte überlegt werden, wie viele Arbeitskräfte für ein Arbeitspaket eingesetzt werden können, mit welchem Anteil ihrer Arbeitszeit diese für das Projekt zur Verfügung stehen, ob die Möglichkeit zu paralleler Arbeit besteht oder ob sie auf vorgelagerte Arbeitsschritte (Zwischenergebnisse innerhalb des Arbeitspakets) im Rahmen des Arbeitspakets angewiesen sind oder ob Wartezeiten (Abhängigkeiten) oder Fristen zu beachten sind.

Nach der Bestimmung der Zeitdauer jedes einzelnen Arbeitspakets kann die Projektdauer berechnet werden. Die Berechnung erfolgt zweistufig: Als erstes wird, ausgehend vom geplanten Starttermin, eine Vorwärtsrechnung und daran anschließend, ausgehend vom geplanten Endtermin, eine retrograde Berechnung vorgenommen. Ergebnisse dieser Berechnungen sind für jeden Vorgang sowohl der frühestmögliche Anfangs- und Endtermin als auch die spätestmöglichen Anfangs- und Endtermine. Für die einzelnen Arbeitsvorgänge wird klar, wann sie erfolgen können und wieviel Pufferzeiten – Zeitspanne, um die ein Vorgang variiert werden kann, ohne negative Auswirkungen auf den Endtermin zu haben – evtl. verbleiben. Alle Vorgänge ohne Puffer werden kritische Vorgänge genannt und bilden aneinandergereiht den so genannten kritischen Weg.

Nach der Bestimmung des nötigen Arbeitsaufwandes je Arbeitspaket des EDV-Euro-Umstellungsprojekts wird nun die Gesamtdauer des Projekts zweistufig berechnet. Die Berechnung erfolgt, wie zuvor beschrieben, zuerst vorwärts, ausgehend vom geplanten Starttermin, und anschließend rückwärts, ausgehend vom geplanten Endtermin.

Die Anfangs- und Endtermine für das Euro-Projekt sind im Wesentlichen von der Unternehmensstrategie abhängig. Sofern das Unternehmen mit der abschließenden Einführung bis zum Ende der Übergangsphase (31. Dezember 2001) warten will, können die notwendigen Aktivitäten zur Umstellung im Rechnungswesen und den angrenzenden Bereichen natürlich sehr viel flexibler und mit mehr Pufferzeiten ausgestaltet werden als für Unternehmen, die im Jahr 2000 bereits die volle Euro-Fähigkeit in den Anwendungen und Systemen erreichen wollen.

Die Zeitschätzung der einzelnen Arbeitspakete sollte im Zusammenspiel von Projektleitung und den Mitarbeitern im Projektteam, die die jeweiligen Arbeitspakete bearbeiten, erfolgen und im Regelfall keine Sicherheitszuschläge enthalten.

2.3.2 Verschiedene Techniken der Terminplanung

Es gibt unterschiedliche Möglichkeiten der Terminplanung. Die einfachste Form ist der Terminplan, der einer simplen Auflistung sämtlicher Aktivitäten mit den geschätzten Zeitdauern in Verbindung mit den jeweiligen geplanten Start- und Endterminen der einzelnen Aktivitäten entspricht. Um Zeitverschiebungen darzustellen, können zusätzlich die tatsächlichen Start- und Endtermine in den Terminplan aufgenommen werden. Ein Hauptvorteil des Terminplans sind der geringe Arbeitsaufwand und die geringen absoluten Kosten. Dieses Verfahren wird aber nur bei übersichtlichen Projekten mit einem geringen Verknüpfungsgrad der einzelnen Aktivitäten angewandt.

Ein weiteres Verfahren ist die Erstellung eines Gantt-Diagramms, sog. Balkendiagramm, das die geplanten Zeitdauern der Vorgänge als Balken über einer Zeitachse abträgt. Außerdem können der Bearbeitungsstand am Balken gekennzeichnet, wichtige Meilensteine eingetragen und in geringem Maße Verknüpfungen einzelner Vorgänge kenntlich gemacht werden. Der größte Vorteil besteht in der guten Lesbarkeit aufgrund des direkten Zeitbezugs. Auch diese Methode ist nur für Projekte mit einem geringen Verknüpfungsgrad der einzelnen Aktivitäten anzuwenden und mag deshalb bei Euro-Projekten in größeren Organisationen häufig nicht zum Tragen kommen.

Die komplexeste Methode, die der Realität am ehesten entspricht, stellt die Netzplantechnik dar. Kennzeichnend ist die Veranschaulichung zeitlicher und logischer Aufeinanderfolgen von Vorgängen durch die grafische Darstellung von Ablaufstrukturen. Es werden drei Netzplanverfahren unterschieden: Vorgangspfeilnetz (VPN), Vorgangsknotennetz (VKN) und Ereignisknotennetz (EKN). In der Praxis findet das Vorgangsknotennetz am häufigsten Verwendung, u. a. aufgrund der relativen Einfachheit der Darstellbarkeit der Vorgänge im Vergleich zu den beiden übrigen Netzplantechniken und der Möglichkeit, parallele, sich beeinflussende Vorgänge gut abbilden zu können. Grundsätzlich wird der Netzplan aus dem Projektstrukturplan abgeleitet und stellt ein grafisches Modell des Projektablaufs dar. Hauptvorteile der Netzplantechnik liegen in den Möglichkeiten der Darstellung zeitlicher und sachlicher Abhängigkeiten, der Unterstützung durch die EDV, der Anwendung verschiedener Auswertungsmöglichkeiten sowie der Zuordnung der Mitarbeiter und Kosten zu einzelnen Aufgaben gemäß der Verknüpfung. Als Nachteile sind erforderliche Schulungsmaßnahmen für die Anwender und der hohe Änderungsaufwand bei manueller Anwendung zu nennen. Für diese Methode gibt es zwischenzeitlich hinreichend viele EDV-Systeme, die als Einzelplatz- oder Netzwerkversionen betrieben werden können. Diese bieten sich für die strategische Abwicklung eines Euro-Projekts an.

2.3.3 Planung der Projektkapazität

Zunächst steht die Ermittlung des erforderlichen Aufwands zur Fertigstellung der einzelnen Vorgänge im Mittelpunkt. Die Kapazitätsplanung dient der ex-ante Ermittlung evtl. auftretender Engpässe, um zu verhindern, dass das Projekt unter Termin- und/oder Kostendruck gerät. Werden Engpässe festgestellt, können Gegenmaßnahmen bereits während der Planung eingeleitet werden. Die zweite zentrale Aufgabe der Kapazitätsplanung stellt die Optimierung der Einsatzmittelauslastung dar, d. h. Synchronisation durch den Ausgleich von Spitzen- und Unterbelastung.

Die Kapazitätsplanung kann für das Euro-EDV-Umstellungsprojekt von entscheidender Bedeutung sein. Falls ein Unternehmen sich dazu entschließt, erst im Jahr 2002 endgültig auf den Euro umzustellen, könnten Verzögerungen im Projektablauf schwer wiegende Konsequenzen haben. Das Unternehmen würde die Umstellung u. U. nicht mehr termingerecht abschließen können und erhebliche wirtschaftliche Nachteile erleiden.

Zusammenfassend handelt es sich bei der Kapazitätsplanung – in personeller und sachlicher Hinsicht – um die Ermittlung der während der Projektlaufzeit benötigten Ressourcen hinsichtlich Qualität und Quantität. Besteht ein Ungleichgewicht zwischen vorhandenen und benötigten Ressourcen, so muss entweder der Projektablauf umgestellt oder müssen mehr Ressourcen (z. B. Arbeitskräfte) beschafft werden. Dies kann beispielsweise durch den vermehrten Einsatz externer Kräfte gelöst werden, sofern diese auf dem leergefegten DV-Beratungsmarkt gewonnen werden können.

Auch hierzu gibt es unterschiedliche methodische Ansätze. Das Balkendiagramm und der Netzplan sind schon aus dem vorherigen Abschnitt bekannt. Neu hinzu kommt in diesem Zusammenhang das Belastungsdiagramm. Um die Kapazität genau zu planen, muss als erstes geklärt werden, welche Vorgänge welche Kapazitäten benötigen und wie hoch der Bedarf ist. Schließlich werden sämtliche Kapazitätsanforderungen zu einem Gesamtbedarf summiert und mit den verfügbaren Ressourcen verglichen. An den Soll-Ist-Vergleich schließt sich der Kapazitätsausgleich an, dessen Ergebnis einen akzeptablen Kompromiss zwischen Soll- und Ist-Kapazität darstellen soll. Normalerweise übersteigt die Soll-Kapazität die Ist-Kapazität. Um diese Diskrepanz zu glätten, stehen den Unternehmen unterschiedliche Möglichkeiten zur Verfügung. Sie können neues Personal einstellen und/oder innerhalb des Unternehmens Mitarbeiter vermehrt in dem Projekt beschäftigen oder Aufträge an Fremdfirmen vergeben. Außerdem besteht die Möglichkeit, nicht kritische Vorgänge innerhalb der genannten Pufferzeiten zu verschieben und/oder zeitlich zu strecken. Andernfalls wird es zu einer Verschiebung des Endtermins kommen. Die nachfolgende Darstellung gibt die grafische Analyse eines erfolgreichen Kapazitätsausgleichs wieder.

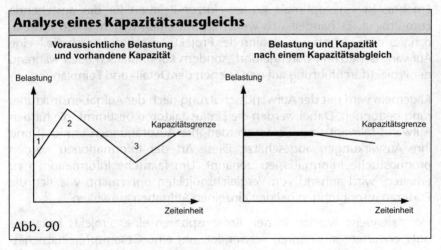

Abb. 90

Im linken Diagramm beschreiben die Felder 1 und 3 Situationen, in denen die vorhandene Kapazität nicht ausgeschöpft wird. Feld 2 symbolisiert dagegen Belastungen, die von der vorhandenen Kapazität zu diesem Zeitpunkt nicht abgearbeitet werden können.

2 Projektplanung

Durch einen Kapazitätsausgleich (Situation im rechten Diagramm) kann die Spitzenbelastung in Feld 2 auf die freien Kapazitäten in den Feldern 1 und 3 aufgeteilt werden. Somit wird ein Engpass vermieden. Zur Veranschaulichung wurde in diesem Fall davon ausgegangen, dass keine sonstigen Restriktionen vorhanden sind, d.h. die Tätigkeiten, die während der Spitzenbelastung in Feld 2 anfallen, können einfach zeitlich entzerrt werden.

Abschließend ist festzuhalten, dass die Kapazitäts- und Terminplanung natürlich in einem wechselseitigen Zusammenhang stehen.

Die Kapazitäts- und Terminplanung wird maßgeblich von der Aufwandsschätzung beeinflusst. Hierbei werden primär die Ressourcen betrachtet, die einen Engpass für die Projektabwicklung darstellen oder maßgeblich die Kosten des Projekts beeinflussen, wie z.B. sachliche Ressourcen (Rechnerzeiten) und Personalbedarf.

Bei der Aufwandsschätzung handelt es sich um einen iterativen Prozess. Ergebnis ist eine optimale Kosten-Nutzen-Relation für das anstehende Euro-Projekt. Es handelt sich weiterhin um einen dynamischen Prozess, d.h., es wird nicht nur zu Beginn des Projekts – nach der Vorstudie – eine Aufwandsschätzung durchgeführt, sondern kontinuierlich auch während der Projektdurchführung auf den Ebenen der Detail- und Feinplanung.

Allgemein wird mit der Aufwandsschätzung nach der Aufgabenstrukturierung begonnen. Dabei werden die Einflussfaktoren bestimmt, die für den Aufwand relevant sind. Ferner werden ihre Ausprägungen ermittelt und ihre Auswirkungen abgeschätzt. Diese Art der Informationen werden prognostische Informationen genannt. Um faktische Informationen zu erhalten, wird anhand von Vergleichsobjekten untersucht, wie sich die Faktorenausprägungen bei den einzelnen Aufgaben auswirken.

Normalerweise werden in den Anfangsphasen eines Projekts bekannte oder erwartete Indikatoren verwendet, um eine Gesamtprojektabschätzung vornehmen zu können. Unterschieden werden folgende Methoden der Aufwandsschätzung: Analogie-, Relationen-, Multiplikator-, Gewichtungs- und Prozentsatzmethode sowie Faktorenverfahren und das Function-Point-Verfahren. Weitergehende Informationen hierzu finden sich in der einschlägigen betriebswirtschaftlichen Literatur. Allgemein ver-

Euro-Umstellung als Projektaufgabe

bindliche Aufwandsschätzverfahren für laufende Europrojekte haben sich aufgrund der unterschiedlichen firmenspezifischen Struktur noch nicht entwickelt. Wichtig ist aber, dass die verwendeten Schätzverfahren in das Projekt dergestalt eingebunden sind, dass Informationen über die Genauigkeit der Schätzungen zeitnah ins Projektteam zurückfließen.

Während sich die Aufwandsschätzung mehr mit den qualitativen Aspekten (wieviele Mitarbeiter und welche EDV-Ausstattung ist für diese Projektphase notwendig) beschäftigt, befasst sich die Projektkostenplanung mit den quantitativen (monetären) Aspekten und dient einerseits als Grundlage für die notwendigen Finanzierungspläne im Unternehmen und andererseits der Überwachung der anfallenden Projektkosten. Hier erfolgt die Ermittlung sämtlicher Kosten, die in Verbindung mit der Erstellung der zukünftigen Euro-fähigen Systeme anfallen.

Basis der Projektkostenplanung ist der Projektstrukturplan. Hieraus werden die Mengensätze für Eigenleistung und Fremdbezug von den am Projekt beteiligten Abteilungen und externen Kräften ermittelt und in einer unternehmensspezifischen Kalkulation zusammengestellt. Den Schlusspunkt der Kostenplanung bildet die Budgetzuteilung.

Die jeweiligen Abteilungen und Projekt- bzw. Teilprojektteams, die mit der Bearbeitung der Aufgabenpakete betraut werden, sind auch für die Einhaltung des Budgets verantwortlich. Während der Projektdurchführung dürfen Budgets nur verändert werden, falls eine erneute Kostenschätzung realistischere Werte liefert, die Plansätze für eine bestimmte notwendige Leistungserbringung nicht ausreichen oder der Leistungsumfang variiert wird. Projektkosten und Projektdauer stehen im Regelfall in einer wechselseitigen Abhängigkeit. Die optimale Projektdauer wird, wie schon beschrieben, durch eine Netzplanberechnung ermittelt.

In den meisten Unternehmen wird das EDV-Euro-Umstellungsprojekt zu höheren als den zunächst erwarteten Kosten führen. Eine frühzeitige Wirtschaftlichkeitsanalyse erscheint aus diesem Grund sinnvoll. Drei wesentliche Verfahren der Wirtschaftlichkeitsermittlung kommen zum Tragen: der Kosten-Nutzen-Vergleich, die Nutzwertanalyse und die Kostenvergleichsrechnung.

2.3.4 Projektpersonalplanung

Die Projektpersonalplanung berücksichtigt und analysiert den Einsatz von Mitarbeitern im Projektteam.

Zunächst muss die pro Mitarbeiter zur Verfügung stehende Kapazität und seine individuelle Qualifikation ermittelt werden. Dies kann formal durch Fragebögen oder durch Einzelgespräche geschehen.

Da die intern zum Euro-Projekt abgestellten Mitarbeiter häufig auch noch Teile des Tagesgeschäfts abwickeln, sollte eine schriftliche Aufgabenbeschreibung erfolgen, aus der sich ergibt, welche Aufgabe, mit welcher Kapazität und welchem Budget in welcher Zeit von den Mitarbeitern zu erbringen ist. Hiermit kann festgestellt werden, ob das Aufgabenpensum zu groß ist. Es sollte ein entsprechendes Aus- und Weiterbildungsprogramm aufgestellt werden. Hierbei ist darauf zu achten, dass das erforderliche Know-how rechtzeitig zur Verfügung steht.

Falls Mitarbeiter über einen längeren Zeitraum ausschließlich einem Projekt zur Verfügung stehen, darf die Laufbahnplanung nicht vernachlässigt werden. Dabei hat der Projektleiter folgende Aufgaben: die Mitarbeiter zu beurteilen, bei absehbarem Projektende Empfehlungen über den anschließenden Einsatz seiner Teammitglieder auszusprechen sowie während des Projekts Weiterentwicklungs- und Personalförderungsmaßnahmen für seine Teammitglieder bereitzustellen. Dies kann insbesondere im Hinblick auf die lange Laufzeit des Euro-Projekts (Übergangsphase: drei Jahre) von erheblicher Bedeutung sein.

2.3.5 Zusätzliche Planungsaspekte

Neben den zuvor erwähnten Planungsaspekten gibt es noch weitere. Hierzu zählt die Gewährleistung eines gewissen Qualitätsstandards. Dies berücksichtigt auch die Einhaltung der gesetzlichen Vorschriften. Bei Veränderungen im Bereich des Rechnungswesens durch die Euro-Umstellung sind beispielsweise die Grundsätze ordnungsmäßiger Buchführung (GoB) sowie die Grundsätze ordnungsmäßiger DV-gestützter Buchführungssysteme (GoBS) zu beachten. Die Einhaltung dieser Vorschriften soll im Folgenden in dem Begriff der Qualität subsumiert werden.

Die Ziele der Wirtschaftlichkeit und Termintreue konkurrieren mit den Anforderungen an die Qualität. Die Vernachlässigung der Qualität führt jedoch im Regelfall zu wirtschaftlichen Nachteilen für die Unternehmen. Qualitätsanforderungen müssen für jedes Projekt neu definiert werden. Für die Einhaltung und Definition sind die Teammitglieder und der Projektleiter verantwortlich.

Deshalb ist es enorm wichtig, die qualitativen und quantitativen Anforderungen an das Euro-fähige System exakt zu definieren. Der Erfolg des EDV-Euro-Umstellungsprojekts hängt entscheidend von dem Nutzen der implementierten Lösungen ab. Eine wichtige Aufgabe des Projektmanagements ist demnach die Qualitätssicherung, welche die Qualitätsplanung, -lenkung und -kontrolle umfasst. Ansatzpunkt stellt hier das so genannte Total Quality Management (TQM) dar. Ferner ist auch die Planung und anschließende Implementierung eines angemessenen Informationswesens im Projektmanagement von Bedeutung.

Die Vorteile eines ausgeklügelten Projektinformationswesens liegen einerseits in dem effizienten Einsatz der Mitarbeiter und andererseits in einer verstärkten Motivation des einzelnen Projektmitglieds, weil dieses laufend über den Projektfortschritt informiert wird.

EDV-technisch bietet sich beispielsweise die Nutzung von Workgroup-Software-Systemen (z. B. LOTUS NOTES) an, in denen alle relevanten Informationen – einschließlich dem aktuellen Zeitplan – den Projektmitarbeitern als geschlossene Benutzergruppe zur Verfügung gestellt werden. Schließlich ist noch der Einsatz der Hilfsmittel und „Werkzeuge" zu planen, damit das Projektteam in der Lage ist, möglichst effizient zu arbeiten. Diese Planung schließt z. B. die erforderlichen Arbeitsmittel (DV-Systeme), die benötigte Maschinenkapazität und die Raumplanung ein.

3 Projektkontrolle

3.1 Vorbemerkungen

Die folgenden Ausführungen beschäftigen sich mit der Kontrolle der einzelnen Planungsphasen und -elemente. Zentrale Aufgabe der Projektkontrolle ist die ständige Durchführung von Abweichungsanalysen, um eventuell auftretende Planabweichungen festzustellen. Die Projektkontrolle bezieht sich demnach sowohl auf den Projektablauf als auch auf den Projektgegenstand.

Kosten und Termine sind die primären Überwachungsparameter des Projektablaufs. Hinzu kommen die Qualitätsanforderungen. Im IT-Bereich wie auch konkret bei dem EDV-Euro-Umstellungsprojekt können durch einseitige Termin- und Kostenorientierung der Erfolg und der Nutzen der Umstellungslösung leiden. Deshalb muss jedes Arbeitspaket die Qualitätssicherung bestehen. Parallel hierzu und während des Projektablaufs werden die Kosten und Termine kontrolliert.

Eine effektive Projektkontrolle setzt vollständige, überprüfbare und realistische Planvorgaben voraus, die mit aktuellen Ist-Werten verglichen werden. Inhaltlich müssen die Daten dementsprechend konform sein.

Der Kontrollprozess setzt sich aus drei Phasen zusammen. Zuerst müssen Daten zur Verfügung stehen, die die aktuelle Situation innerhalb eines Projekts wiedergeben. Hieran schließt sich eine Abweichungsanalyse an. Die folgende Ursachenanalyse stellt die Gründe für das Auftreten von Differenzen fest und zeigt, wenn möglich, Korrektur- und Lösungsmaßnahmen auf. Typische Gründe für Differenzen im Soll-/Ist-Vergleich sind u. a. unvollständige Projektabwicklungen, unrealistische Planvorgaben oder unvorhersehbare Änderungen im Projektablauf.

Da die Abweichungsanalyse weder die Ursachen der Abweichungen noch die zu ergreifenden Korrekturmaßnahmen aufzeigen kann, ist es von entscheidender Bedeutung, dass sich der Projektleiter aktiv in den Kontrollprozess integriert, um ausreichende Kenntnis der Abweichungsgründe zu erlangen, die ihn in die Lage versetzt, die notwendigen Korrekturmaßnahmen einzuleiten. Die Überprüfung der Sachergebnisse basiert in der Regel auf einer umfangreichen sachgebietsspezifischen Dokumentation, die somit als elementarer Teilaspekt der Projektkontrolle und -planung anzusehen ist.

Insbesondere in den Anfangsphasen kommt der Kontrolle eines Projekts eine entscheidende Bedeutung zu, da Inkonsistenzen, Lücken oder Divergenzen in der Startphase erhebliche Auswirkungen auf die Kosten und die Qualität der Ergebnisse des Gesamtprojekts haben können.

Im EDV-Euro-Umstellungsprojekt werden die Dokumentationen jedes einzelnen Arbeitspakets sachgebietsspezifisch für die jeweiligen Module (Finanz- und Anlagenbuchhaltung, Kostenrechnung, Materialwirtschaft etc. ...) zusammengefasst. Die Kontrolle sollte in bestimmten periodischen Abständen erfolgen. Die zeitlichen Abstände sind in Abhängigkeit vom Umfang und Komplexitätsgrad des Projekts zu wählen. Der eigentliche Kontrollvorgang besteht in einer schriftlichen Fortschrittsabfrage und wird in Projektsitzungen mit allen Beteiligten abgestimmt.

3.2 Termin-, Kostenkontrolle und Kapazitätskontrollen

Wie dargestellt, gehört zu einer angemessenen Kontrolle die regelmäßige Ermittlung des Projektstandes. Die Kontrolle der Termine und Kosten erfolgt auf der Grundlage der dargestellten detaillierten Netz- und Teilnetzpläne.

Nur aufgrund einer ständigen Aktualisierung der Plantermine können unter Inanspruchnahme einer Abweichungs- oder Trendanalyse die Folgen von Differenzen für den weiteren Projektverlauf erkannt werden. Bei Abweichungsanalysen handelt es sich um statische, zeitpunktbezogene Betrachtungen eines Projekts.

Trendanalysen stellen die Entwicklung eines Vorgangs während einer bestimmten Periode dar, indem sie u. a. Verschiebungen von Planterminen aufzeichnen, wobei sie auf besonders wichtige Arbeitsvorgänge limitiert werden sollten. Die Trendanalyse ist insbesondere als Warninstrument anzusehen und eignet sich für die Kosten-, Kapazitäts- und Terminüberwachung. Die Erstellung von Trendanalysen ist allerdings mit einem erheblichen Arbeitsaufwand verbunden.

Einen weiteren wichtigen Teil der Projektkontrolle stellt die Kostenüberwachung dar. Verantwortlich für Überschreitungen der Soll-Kosten können u. a. ungenaue Abgrenzungen innerhalb des Projekts, Veränderungen der Zielsetzung oder das Aufholen zeitlicher Verzögerungen sein. Die Kostenabweichung ergibt sich aus der Differenz zwischen den für den aktuellen Arbeitsstand eingeplanten Kosten und den tatsächlich angefallenen Kosten (vgl. Abb. 91).

3 Projektkontrolle

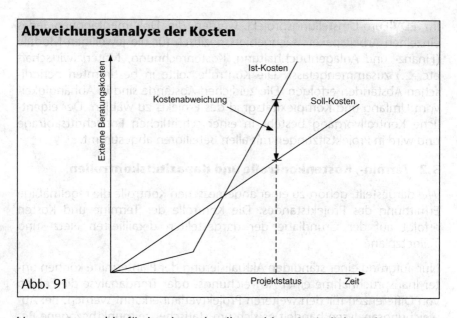

Abb. 91

Voraussetzung hierfür ist eine schnelle und kontinuierliche Erfassung der Ist-Kosten je Arbeitspaket, die dann mit den Soll-Kosten verglichen werden. Damit Planungsabweichungen rasch erfasst und die resultierenden Korrekturmaßnahmen schnellstmöglich eingeleitet werden können, empfiehlt es sich, in Abstimmung mit dem betrieblichen Rechnungswesen kurze Zeitabstände zwischen den einzelnen Kostenkontrollen auszuwählen. Diese können beispielsweise auf monatlicher Basis erfolgen. Das Resultat einer Verknüpfung von Kosten-, Terminüberwachung und Qualitätssicherung ist eine integrierte Leistungskontrolle. Folglich müssen für jedes Arbeitspaket zur Kontrolle eine technische Leistungsbeschreibung, ein abgestimmter Terminplan und ein detaillierter Kostenplan erarbeitet werden. Diese Soll-Größen werden mit den Ist-Größen (simultan aufgelaufene Projektkosten und Arbeitsfortschritt) erfasst und grafisch dargestellt. Aus dieser Darstellung lässt sich eine Schätzung der Terminabweichung ermitteln. Der weitere Kostenverlauf könnte dann aus den festgestellten Kostenabweichungen abgeschätzt werden. Hierbei ist für den langfristigen Projekterfolg entscheidend, ob die festgestellten Abweichungen eher einen einmaligen Charakter besitzen oder ob sie als ein Anhaltspunkt für weiterhin auftretende Abweichungen zu werten sind, die zu weitergehenden Folgeverzögerungen im Projekt führen werden.

3.3 Kapazitätskontrolle

Die Kontrolle der Kapazitätsplanung soll dafür Sorge tragen, dass die verfügbaren Kapazitäten gleichmäßig ausgelastet werden. Für das EDV-Euro-Umstellungsprojekt bedeutet dies, dass die gleichmäßige Auslastung von Mitarbeitern und externen Beratern und die Vermeidung von Engpässen sichergestellt werden soll.

4 Projektsteuerung

Die Projektsteuerung zählt neben der Projektplanung in ihren verschiedenen Ausprägungen und der Projektkontrolle zu den integralen Bestandteilen des Projektmanagements. Die Projektsteuerung ist dabei ein kontinuierlicher, das gesamte Projekt begleitender Prozess.

Jede Projektplanung ist zwangsläufig mit Fehlern behaftet. Die Zukunft ist unsicher, und weitaus nicht alle Entwicklungen können antizipiert werden. Dies führt zu den schon erwähnten Abweichungen zwischen Projektplanung und Projektablauf. Die Abweichungen sind durch die Projektsteuerung aktiv und wirkungsvoll auszugleichen. Die Projektsteuerung umfasst dabei sämtliche projektinterne Aktivitäten der Projektverantwortlichen, die für die erfolgreiche Projektdurchführung notwendig sind.

Der Projektablauf muss grundsätzlich aktiv gesteuert werden. Ein erster Schritt ist die formale Freigabe einzelner Bearbeitungsaktivitäten. Die Projektverantwortlichen sind ferner verpflichtet, sich ständig durch Kommunikation über den Fortgang des Projekts zu informieren und aktiv einzugreifen, sobald Anzeichen für Abweichungen in der Termin- und/oder Kostenkontrolle wahrgenommen werden.

Aufgrund von veränderten Rahmenbedingungen, Kostenüberschreitungen, Terminverzögerungen oder neu hinzukommenden notwendigen Tätigkeiten u. a. m. ist es unerlässlich, die Netzpläne und den Projektstrukturplan laufend anzupassen. Nur dies eröffnet dem Projektteam alternative Steuerungsmaßnahmen, um deren Auswirkungen abzuschätzen.

Zusammengefasst stehen Projektkontrolle und -steuerung in einem engen Zusammenhang. Die Projektkontrolle führt eine Abweichungsanalyse durch und meldet der Projektsteuerung etwaige Differenzen zwischen Soll- und Ist-Werten. Die Projektsteuerung erarbeitet Maßnahmen, um die Abweichungen in der Projektdurchführung zu korrigieren. Sofern eine befriedigende Korrektur nicht mehr möglich ist, werden Änderungen in der Projektplanung vorgeschlagen und anschließend durchgeführt.

5 Anwendung von Projektmanagementsystemen

Aufgrund der Komplexität von Euro-Projekten und weiteren Projekten im IT-Bereich ist es ratsam, ein Projektverwaltungstool einzusetzen. Vor dem Kauf eines EDV-gestützten Projektmanagementsystems sollte das Unternehmen ein Anforderungsprofil ausarbeiten, das die Unternehmensorganisation und die betriebsindividuellen Managementschwerpunkte berücksichtigt, damit die benötigten Funktionen ersichtlich werden und das Produkt erworben werden kann, das dem Anforderungsprofil gerecht wird. Projektverwaltungstools helfen, den Überblick über einen längeren Zeitraum zu wahren, auf unvorhergesehene Änderungen schnell zu reagieren und somit Zeit und Budgetmittel effizient zu nutzen.

Projektmanagementsysteme setzen an der erfolgreichen Steuerung der konkurrierenden Zielgrößen Qualität, Zeit und Kosten an, indem sie den Anspruch erheben, die Vielzahl von Beziehungen und das hohe Volumen an Datenmengen vor allem schnell, aber auch zuverlässig zu beherrschen. Besonders deutlich wird die Überlegenheit eines Tools im Berichtswesen. Termine, Kosten und Leistungen lassen sich jederzeit in anschaulicher Form (Tabellen, Berichte oder Grafiken) darstellen. Aufgrund der Filterung besteht die Möglichkeit, gezielt Informationen u. a. über die Termineinhaltung einzelner Vorgänge oder Teilprojekte bereitzustellen.

Auch bei notwendigen Planänderungen erleichtert ein Projektmanagementsystem die Arbeit, da es die bestehenden Pläne abändert und überarbeitet.

Unterstützung bietet das Tool auch für die Phase der Projektstrukturierung. Nachdem die einzelnen Projektvorgänge erfasst wurden, wird die Projektstruktur festgelegt. Das System zerlegt mit Hilfe eines gewählten Projektstrukturplans das Gesamtvorhaben in Phasen und Teilprojekte. Die Projektstrukturanalyse bildet die Grundlage für die folgende Termin- und Ablaufplanung. Durch die Bereitstellung eines Projektplanungswerkzeuges werden so genannte Anordnungsbeziehungen (Reihenfolgen und Abhängigkeiten zwischen Vorgängen) hergestellt, die mit Zeitabständen versehen sind. Zeitliche Restriktionen werden auf diese Weise ebenfalls berücksichtigt.

Für die zeitliche Planung stehen zumeist ein Projektkalender und mehrere Ressourcenkalender zur Verfügung, die individuell gestaltbar sind. Daraufhin kann systemseitig eine Terminrechnung durchgeführt werden. Anschließend erfolgt eine Kapazitätsplanung, die die benötigten Ressourcen bezüglich Quantität und Qualität disponiert und auch eine Bedarfsermittlung beinhaltet. In der Bedarfsermittlung erfolgt eine Gegenüberstellung von Bedarf und Verfügbarkeit sowie ein Einsatzmittelabgleich.

Die Software ermöglicht eine Überprüfung des Projektverlaufs auf Planabweichungen hin. Bei dem Auftreten unvorhergesehener Probleme erlaubt das System das Durchspielen verschiedener Lösungsvarianten, d. h., anschließend kann die beste Lösung ausgewählt werden (Szenariotechnik).

EDV-gestützte Projektmanagementsysteme können infolge ihrer hohen Funktionalität überaus hilfreich sein. Am Markt ist eine Vielzahl von Einzelplatz- und netzwerkfähigen Systemen verfügbar. Dies kann von einfachen Systemen – wie MS-Projekt – bis zu extrem komplexen Client-server-basierten Systemen reichen. Im Rahmen der Euro-Projekt-Initiierung sollten die aufgezeigten Anforderungen, die an diese Tools gestellt werden, zusammengetragen werden.

6 Projektorganisation

6.1 Vorbemerkungen

Die Durchführung von Euro-Projekten setzt eine Zusammenarbeit verschiedenster Bereichs-/Fachabteilungen voraus (z. B. Rechnungswesen, Einkauf, Vertrieb, EDV-Abteilung). Erfahrungsgemäß entsteht hieraus ein gewisses Konfliktpotential. Um einen möglichst effizienten Ablauf zu gewährleisten, bietet sich der Aufbau einer speziellen Projektorganisation an.

6 Projektorganisation

Für ein reibungsloses Zusammenspiel zwischen Projekt- und Unternehmensorganisation müssen Verantwortungen, Zuständigkeiten und Kompetenzen im Vorfeld eindeutig definiert werden.

Bei der Gestaltung der Projektorganisation muss sowohl das Prinzip der Stabilität als auch das Prinzip der Flexibilität in ausreichender Weise berücksichtigt werden. Das Prinzip der Stabilität besagt, dass innerhalb festgelegter Regelungen und Einrichtungen so viele Projektaktivitäten wie möglich abgewickelt werden. Hierdurch wird das Projektvorgehen für die Beteiligten einheitlich, transparent, kontrollierbar und effizient. Unter dem Flexibilitätsprinzip wird die Anpassung der Projektorganisation an die sich ändernden Anforderungen verstanden.

> **Definition „Projektorganisation":**
>
> „Unter Projektorganisation wird die mit der Durchführung eines Projekts beauftragte Organisation und ihre Eingliederung in die bestehende Firmen-Organisation verstanden." (Vgl. Kummer, W./Spühler, R.W./Wyssen, R.: Projektmanagement: Leitfaden zu Methode und Teamführung in der Praxis, 2. Aufl., Zürich 1986, S. 41.)

Es werden drei Grund-Organisationsformen unterschieden, mit denen das Projektmanagement in eine bestehende Unternehmensorganisation integriert werden kann:

- die reine Projektorganisation,
- die Einfluss-Projektorganisation und
- die Matrix-Projektorganisation.

In der Praxis werden nicht die „reinen" Grundformen, sondern vielmehr Mischformen angewandt, bei denen die jeweiligen Unternehmensanforderungen Berücksichtigung finden. Dies wird auch bei der Euro-Einführung zum Tragen kommen.

6.2 Reine Projektorganisation

Bei der reinen Projektorganisation wird das Projekt für seine Dauer fest in die Unternehmensorganisation integriert. Die zeitliche Befristung der „Projektstelle" ist das Unterscheidungskriterium zur Linienstelle. Merkmale der reinen Projektorganisation sind:

Euro-Umstellung als Projektaufgabe M

- Das Projekt bildet innerhalb der Unternehmensstruktur eine selbständige Einheit.
- Die Mitarbeiter verschiedener Bereiche/Fachabteilungen sind für die Dauer des Projekts fachlich und personell dem Projektleiter unterstellt.

In Abb. 92 ist grafisch eine reine Projektorganisation dargestellt.

Reine Projektorganisation

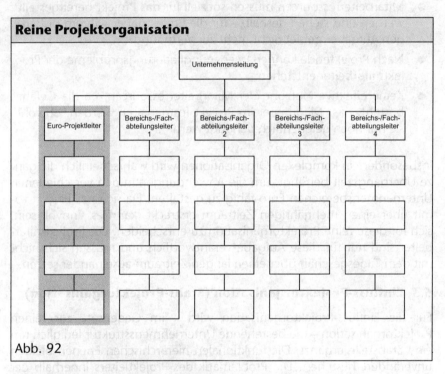

Abb. 92

Vorteile der reinen Projektorganisation:

- Der Projektleiter erhält alle erforderlichen Kompetenzen (eindeutige Weisungsbefugnis → Linienautorität), um das Projekt erfolgreich durchzuführen.
- Optimale Ausrichtung der Projektmitarbeiter auf das Projektziel, da diese nur für Projektaufgaben zuständig sind.

6 Projektorganisation

- Kurze Kommunikationswege machen eine straffe Mitarbeiterführung und eine schnelle Reaktionsfähigkeit bei Projektabweichungen/Störungen möglich.

Nachteile der reinen Projektorganisation:

- Mitarbeiterressourcen müssen speziell für das Projekt bereitgestellt werden und stehen deshalb – für die Projektdauer – ihrem bisherigen Aufgabengebiet nicht mehr zur Verfügung.
- Nach Projektende können Wiedereingliederungsprobleme der Projektmitarbeiter entstehen.
- Keine effektive Nutzung der Mitarbeiterressourcen, da die Gefahr besteht, dass Mitarbeiter im Projekt festgehalten werden, obwohl sie nur noch gelegentlich benötigt werden.

Insbesondere in komplexen Organisationen wird wahrscheinlich die ganze Übergangszeit benötigt, um die Anwendungen in den verschiedenen Unternehmensbereichen Euro-fähig zu gestalten. Da sich das Projekt somit über einen mehrjährigen Zeitraum erstreckt, kann es sinnvoll sein, sich für diese reine Projektorganisation zu entscheiden. Die Projektmitarbeiter sind nur für diese Aufgabe verantwortlich und müssen sich nicht mit dem Tagesgeschäft über einen langen Zeitraum auseinander setzen.

6.3 Einfluss-Projektorganisation (Stabs-Projektorganisation)

Für die Einfluss-Projektorganisation wird – im Gegensatz zur reinen Projektorganisation – die bestehende Unternehmensstruktur lediglich um eine Stabstelle ergänzt. Die funktionalen hierarchischen Ebenen bleiben unverändert bestehen. Die Problematik des Projektleiters innerhalb der Unternehmensorganisation spiegelt sich aber in folgender Aussage wider:

„Da ihm keinerlei Exekutive zugebilligt wird, muß er versuchen, den Fachabteilungsleiter mit großer Überredungskunst und psychologisch-diplomatischem Geschick zur Mitarbeit an seinem Projekt zu begeistern." (Vgl. Rinza, P.: Projektmanagement: Planung, Überwachung und Steuerung von technischen und nichttechnischen Vorhaben, 2. Aufl., Düsseldorf 1985.)

Für diese Organisationsform sind charakteristisch:

- Der Projektleiter ist mit einer Stabstelle in die Unternehmensorganisation eingebunden.
- Die (Projekt-)Mitarbeiter bleiben ihren bisherigen Vorgesetzten funktionell und personell unterstellt.
- Der Projektleiter ist Projektkoordinator und hat gegenüber den Bereichen/Fachabteilungen und der Unternehmensleitung eine Informations- und Beratungsfunktion.

Abb. 93 verdeutlicht grafisch den Aufbau einer Einfluss-Projektorganisation.

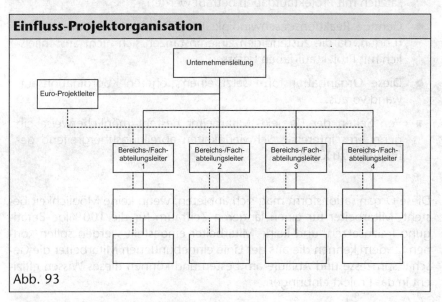

Abb. 93

Vorteile der Einfluss-Projektorganisation:

- Es sind keine Veränderungen in der bestehenden Organisationsstruktur notwendig.
- Flexibler Einsatz von Mitarbeiterressourcen, da diese ohne größere organisatorische Schwierigkeiten gleichzeitig in verschiedenen parallel laufenden Projekten mitarbeiten können.

6 Projektorganisation

- Die Mitarbeiter können Erfahrungen aus anderen, gleichzeitig laufenden Projekten einbringen.

- Problemstellungen können eventuell eine bereichsübergreifende Bearbeitung erfordern, wodurch eine Kooperation verschiedener Bereiche/Fachabteilungen notwendig wird.

Nachteile der Einfluss-Projektorganisation:

- Der Projektleiter hat kaum Entscheidungs- und Weisungsbefugnis.

- Die Mitarbeiter sind einer Doppelbelastung ausgesetzt, da sie zusätzlich mit Projektaufgaben betraut werden.

- Geringe Reaktionsgeschwindigkeit bei Projektabweichungen/Störungen, da die zuständigen Linieninstanzen sich nicht ausschließlich mit Projektaufgaben befassen.

- Diese Organisationsform setzt einen höheren Koordinationsaufwand voraus.

- Von Seiten der (Projekt-)Mitarbeiter besteht möglicherweise ein geringeres Interesse, Schwierigkeiten abteilungsübergreifend gemeinsam zu lösen.

Diese Organisationsform mag sich anbieten, wenn keine Möglichkeit besteht, Mitarbeiter für einen längeren Zeitraum für die 100%ige Betätigung freizusetzen, und keine Mitarbeiter eingestellt werden sollen/können. Zudem kennen die aus der Linie eingebundenen Mitarbeiter die Geschäftsprozesse und Abläufe am besten und können dieses Wissen effizient in das Projekt einbringen.

6.4 Matrix-Projektorganisation

Die Matrix-Projektorganisation ist zweidimensional aufgebaut. Sie kann als Kombination von reiner Projektorganisation und Einfluss-Projektorganisation angesehen werden. Wie die folgende Abbildung verdeutlicht, wird hierbei die funktional orientierte Unternehmensorganisation, die vertikal gegliedert ist, durch eine projektorientierte Organisationsstruktur, die horizontal verläuft, ergänzt.

Die Matrix-Organisationsform ist durch folgende Merkmale gekennzeichnet:

- Der Projektleiter ist, wie die Bereichsleitung/Fachabteilung, direkt der Unternehmensleitung unterstellt.
- Als Gesamtprojektverantwortlicher ist der Projektleiter für die Planung, Steuerung, Überwachung und Terminierung sowie für die Kosten des Projekts zuständig.
- Die einzelnen Fachbereiche sind für die projektbezogene fachliche Umsetzung verantwortlich.
- Die (Projekt-)Mitarbeiter sind fachlich dem Projektleiter und personell ihrem bisherigen (Linien-)Vorgesetzten unterstellt.

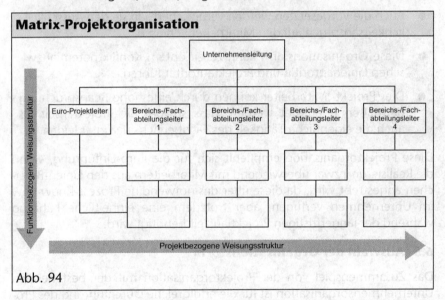

Abb. 94

Vorteile der Matrix-Projektorganisation:

- Der Projektleiter und seine Mitarbeiter fühlen sich für das Projekt verantwortlich.
- Fachwissen und Erfahrungen der Mitarbeiter können gezielt eingesetzt werden.

- Ein flexibler Personaleinsatz ist praktizierbar.

- Die Projektmitarbeiter werden nicht aus ihrer ursprünglichen Organisationseinheit herausgelöst, wodurch die einzelnen Fachbereiche nicht in ihrem Ablauf beeinträchtigt werden. Außerdem bestehen nach Projektende keine Schwierigkeiten bei der Reintegration der Mitarbeiter.

Nachteile der Matrix-Projektorganisation:

- Bei den Projektmitarbeitern führt die Unterstellung in funktionsbezogene und projektbezogene Weisungssysteme zur Verunsicherung.

- Auch die Vorgesetzten werden verunsichert, da sie den Ausschließlichkeitsanspruch auf den Mitarbeiter verlieren.

- Diese Organisationsform kann zu erhöhtem Konfliktpotential zwischen Linienautorität und Projektautorität führen.

- Die (Projekt-)Mitarbeiter können durch eine hohe Beanspruchung dermaßen überlastet werden, dass sowohl die Projektarbeit als auch die eigentliche Tätigkeit des Fachbereichs darunter leiden.

Diese Projektorganisation empfiehlt sich für die Euro-Einführung, wenn die Realisierung zwar überwiegend mit Mitarbeitern aus den Linien-Bereichen angestrebt wird, da diese über das notwendige Prozess-Know-how im Unternehmen verfügen, aber trotzdem eine einheitliche Führung während der längerfristigen Projektlaufzeit benötigt wird.

6.5 Auswahl der Organisationsform

Das Zusammenspiel von der Projektorganisation mit der bestehenden Unternehmensorganisation ist für die erfolgreiche Durchführung des Projektmanagements von entscheidender Bedeutung. Aus diesem Grund sollten bei der Ausprägung bzw. Gestaltung der Projektorganisation die folgenden Punkte beachtet werden:

- Anzahl der Projekte, die bereits im Unternehmen durchgeführt werden,
- Projektgröße und -dauer,

- bisherige Projekterfahrungen,
- Verfügbarkeit der Mitarbeiter, insbesondere der Wissens- und Leistungsträger,
- vorhandene Unternehmensstruktur,
- Erfordernis einer bereichs-/fachabteilungsübergreifenden Zusammenarbeit.

6.6 Praxisbeispiel: Projektorganisation

Abb. 95 zeigt die typischen Elemente einer Euro-Aufbauorganisation:

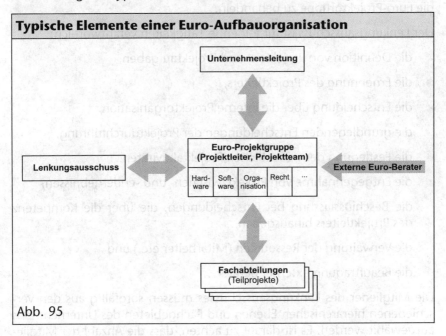

Abb. 95

Die Rollen und Aufgaben der verschiedenen Beteiligten werden im Folgenden beschrieben:

Unternehmensleitung

Ein Mitglied der Unternehmensleitung muss in dem Euro-Projekt vertreten sein, da nur auf diese Weise die zukünftige Unternehmensentwicklung (strategische Ausrichtung) frühzeitig in das Projekt getragen werden kann. Außerdem nimmt die Unternehmensleitung häufig die Rolle des sog. Sponsors ein, der dem Projekt im Unternehmen die nötige Achtung verschafft. Der Projekterfolg ist entscheidend von der aktiven Teilnahme der Unternehmensleitung abhängig.

Lenkungsausschuss

Der Lenkungsausschuss steuert das gesamte Euro-Projekt und trifft Grundsatzentscheidungen. Alle Entscheidungs- und Verantwortungsträger des Projekts sind hier zusammengefasst. Detailfragen sind aber durch die Euro-Projektgruppe zu behandeln.

Der Lenkungsausschuss ist für folgende Tätigkeiten verantwortlich:

- die Definition von Projektziel und Projektaufgaben,
- die Ernennung des Projektleiters,
- die Entscheidung über die interne Projektorganisation,
- die grundlegenden Entscheidungen der Projektdurchführung,
- die Festlegung der wesentlichen Projektaktivitäten,
- die Entgegennahme von Projektzwischen- und -endergebnissen,
- die Beschlussfassung bei Entscheidungen, die über die Kompetenz des Projektleiters hinausgehen,
- die Verwaltung der Ressourcen (Mitarbeiter etc.) und
- die Beauftragung externer Berater.

Die Mitglieder des Lenkungsausschusses müssen sorgfältig aus den verschiedenen hierarchischen Ebenen und Fachgebieten des Unternehmens ausgewählt werden. Es ist darauf zu achten, dass die Anzahl der Mitglieder auf ein vernünftiges Niveau beschränkt bleibt, um eine effektive Arbeitsweise zu gewährleisten. Der Lenkungsausschuss tritt in regelmäßigen Abständen zum Projektreview zusammen.

Fachabteilungen

Die Fachabteilungen des Unternehmens werden von der Projektgruppe mit der Bearbeitung der identifizierten Teilprojekte betraut. Sie versorgen die Projektgruppe mit fachspezifischen Informationen und mit den jeweiligen Teilprojektergebnissen.

Externe Euro-Berater

Aufgrund des Umfanges und der Komplexität des Euro-Projekts könnte es für manche Unternehmen durchaus sinnvoll sein, externe Euro-Spezialisten hinzuzuziehen. Diese können die Projektgruppe aufgrund ihrer vorherigen Euro-Erfahrungen, die sie an anderen Projekten gewonnen haben, unterstützen.

Externe Euro-Berater könnten unter anderem sein:

- Unternehmensberater,
- IT- und DV-Dienstleister,
- Wirtschaftsprüfer,
- Rechts-/Steuerberater.

Euro-Projektgruppe

Die Euro-Projektgruppe – das Herz der Euro-Einführung –, bestehend aus dem Projektleiter und dem Projektteam, ist für die operative Leitung des Projekts und damit für das laufende Projektmanagement verantwortlich. Die Ernennung des Projektleiters erfolgt durch den Lenkungsausschuss. Der Projektleiter ist für die Erreichung des Projektzieles verantwortlich. Außerdem soll er den wirtschaftlichen und technischen Erfolg des Projekts gewährleisten.

Der Projektleiter hat unter anderem folgende Aufgaben:

- Projektteam bestimmen und strukturieren,
- Projektziel in Zusammenarbeit mit dem Lenkungsausschuss definieren,
- Termine und Kosten des Projekts planen und überwachen,

6 Projektorganisation

- Steuerung des Projekts,
- Aufbau eines Überwachungs-, Steuerungs- und Informationssystems,
- Delegation von Projektaufgaben,
- Information der Unternehmensleitung und des Lenkungsausschusses über den Projektverlauf,
- Wirtschaftlichkeit des Projekts prüfen.

Als Mitglieder des Euro-Projektteams sind qualifizierte Mitarbeiter einzusetzen, die grundsätzlich aus allen Abteilungen eines Unternehmens stammen können. Die richtige Zusammensetzung des Projektteams ist ein notwendiger Faktor für den Erfolg des Projekts.

Bei größeren Projekten könnte es sinnvoll sein, das Projektteam in verschiedene Teams einzuteilen. Beispielhaft könnte ein IT-Teilprojekt mit den Bereichen Hardware, Software und DV-Organisation gebildet werden (siehe Abb. 96). Die Abstimmung zwischen den Projekten und den Teilprojekten erfolgt in periodischen Abständen und wird vom Projektleiter gesteuert.

Das folgende Beispiel aus der Praxis soll darstellen, wie sich eine deutsche Aktiengesellschaft in 1998 entschlossen hat, mit der Euro-Problematik umzugehen.

Praxisbeispiel: Nauke AG

Bei der Nauke AG handelt es sich um eine börsennotierte Aktiengesellschaft mit den Geschäftsfeldern Immobilien und Logistik. Zusätzlich zur Euro-Umstellung stellt die Nauke AG im Rechnungswesen und in den rechnungswesennahen Bereichen von einer Mainframe-Lösung auf eine Client-server-Lösung um. Für die Durchführung der Projektplanung, -leitung und -koordination aller im Zusammenhang mit der Euro-Einführung in der Nauke AG notwendigen Teilaufgaben wurde im Frühjahr 1998 vom Vorstand der Nauke AG ein Euro-Kernteam beauftragt, welches durch externe Berater unterstützt wird.

Für das Euro-Kernteam wurden die folgenden Zielsetzungen formuliert:

- *Durchführung einer Euro-Diagnose für die Nauke AG.*

Euro-Umstellung als Projektaufgabe

- Unterstützung des Vorstandes bei der Strategieentwicklung zur Euro-Einführung im Konzern.
- Aufbau einer Euro-Projektstruktur und Definition von Teilprojektverantwortlichen zur Organisation der Euro-Umstellung.
- Ableitung eines Grobprojektplanes aus der verabschiedeten Euro-Umstellungs-Strategie der Nauke AG mit anschließender (Weiter-)Entwicklung der Projekt-Feinplanung.
- Projektleitung/-koordination sowie Unterstützung der Teilprojektverantwortlichen bei der Durchführung operativer Umstellungsarbeiten.
- Unterstützung bei der Erstellung eines Konzeptes zur Erweiterung der DV-Systeme um die benötigten Euro-Funktionalitäten.

Durchführung einer Euro-Diagnose

Die operative Projektarbeit des Euro-Kernteams wurde mit einer checklistenbasierten Ist-Analyse (Euro-Diagnose) eingeleitet, die mittels eines Fragebogens in den Monaten März und April 1998 durchgeführt wurde.

Zielsetzung dieser Euro-Diagnose war eine systematische, alle betrieblichen Funktions- und Verantwortungsbereiche und sämtliche Konzerneinheiten der Nauke AG umfassende Aufnahme der voraussichtlichen Betroffenheit durch die Einführung des Euro sowie die Abfrage des zu dem damaligen Zeitpunkt aktuellen Vorbereitungsstatus bei der Nauke AG.

Im Rahmen der Euro-Diagnose wurde auf folgende Felder eingegangen:

- Unternehmensstrategie,
- Externes Rechnungswesen,
- Controlling,
- Finanzmanagement/Zahlungsverkehr,
- Formularwesen,
- Vertrieb/Marketing,
- Einkauf/Logistik,

6 Projektorganisation

- Personalwesen,
- Vertragswesen,
- EDV.

Die Durchführung dieser Analyse oblag zunächst einem sehr kleinen Projektteam, das mit Mitarbeitern des Rechnungswesens sowie externen Beratern besetzt war. Die Gesellschaft hat diesen Weg beschritten, da das unternehmenseigene Know-how gering ausgeprägt ist und daher externe Unterstützung benötigt wurde. Als Ergebnis der Euro-Diagnose ergab sich, dass

- die Nauke AG aufgrund ihrer Branchenzugehörigkeit/Geschäftsfeldausrichtung nicht extrem von der Euro-Umstellung betroffen ist (kein Kreditinstitut, kein Handelsunternehmen, noch geringer Internationalisierungsgrad),
- in den Konzerneinheiten noch keine wesentlichen Aktivitäten zur Euro-Umstellung entfaltet waren und
- die dezentralen Konzerneinheiten eine abwartende Haltung hinsichtlich der Vorgaben aus der Holding einnahmen.

Entwicklung der Euro-Strategie der Nauke AG

Die Ergebnisse der Euro-Diagnose wurden Ende April im Vorstand präsentiert und erläutert. Hierauf aufbauend wurde zeitgleich ein Strategievorschlag zur Euro-Umstellung unterbreitet, welcher im Mai 1998 vom Vorstand verabschiedet wurde.

Bei der Entwicklung der Euro-Strategie wurden die folgenden Rahmenbedingungen zugrunde gelegt (z. T. stichpunktartig dargestellt):

Nauke AG Euro-Strategie – Rahmenbedingungen

- Keine frühe Umstellung zum 1. Januar 1999.
- Sämtliche Softwaresysteme und Schnittstellen sind im Zuge der Migration auf die Client-server-Welt im Umbruch.
- Wichtige Softwarepartner der Nauke AG entwickeln gemeinsame Lösungen für die Themen Euro und Jahr 2000.

- Die Nauke AG ist aufgrund ihrer Branchenzugehörigkeit/Geschäftsfeldausrichtung von der Euro-Umstellung nicht extrem betroffen (kein Kreditinstitut, kein Handelsunternehmen, noch geringer Internationalisierungsgrad).
- Die Nutzung von Lerneffekten/Erfahrungsschatz früher Euro-Umsteller bzw. Softwarelieferanten für die Umstellung zu einem späteren Zeitpunkt ist möglich.
- In Teilbereichen ist die Schaffung von DV-technisch/organisatorischen Übergangslösungen zur Verarbeitung von Geschäftsvorfällen wahlweise in DM oder Euro bereits zum 1. Januar 1999 notwendig.
- Die Wahl eines Umstellungszeitpunktes zum 1. Januar 200x kann weitgehend von unternehmenspolitischen Erwägungen geleitet werden!

  Pro 1. Januar 2000:
  - Positive Signalwirkung: Flexibilität, Innovationskraft, Nauke AG als „früher Umsteller".
  - Anzahl der Euro-Transaktionen wird im Laufe der Zeit zunehmen.

  Pro 1. Januar 2001:
  - Mehr Zeit für komplexe DV-Umstellungen im Gesamtkonzern.
  - Intensive Nutzung der Lernkurve „früher Umsteller" und Softwarehäuser.

  Pro 1. Januar 2002:
  - Keine zusätzlichen Zwischenlösungen hinsichtlich Beibehaltung der DM für Bund, Fiskus, Lohn und Gehalt nötig.

Kurzfristiger Handlungsbedarf wird bzgl. der folgenden Punkte gesehen:

- Schaffung von DV-technisch/-organisatorischen Übergangslösungen für alle rechnungsschreibenden, -empfangenden und sonstigen der Buchhaltung vorgelagerten Systeme.
  - Ermittlung/Abschätzung der Belegvolumina und deren Verteilung auf DM, Euro und sonstige Währungen.
  - Aufnahme aller Schnittstellenanpassungserfordernisse.

– Entscheidung über die konkret zu verfolgende DV-technisch/-organisatorische Realisierungsvariante auf der Basis kurzfristig zu erhebender Daten.

- Aufstockung des Euro-Teams in der Holding auf Plangröße unter Einbeziehung von DV- und Geschäftsfeld-Know-how-Trägern.
- Herbeiführung eines Beschlusses über die personelle Besetzung der Euro-Projektleiterposition.

Die von der Nauke AG daraufhin beschlossene Strategie zur Euro-Umstellung sieht im Einzelnen vor:

- Umstellung auf nennwertlose Stückaktien und zeitgleiche Umstellung der Aktien auf Euro zum 1. Januar 2000,
- Umstellung des Rechnungswesens auf Euro zum 1. April 2000, rückwirkend auf 1. Januar 2000,
- erster Jahresabschluss in Euro zum 31. Dezember 2000,
- Lohn- und Gehaltsabrechnung in Euro ab 1. Januar 2002,
- kurzfristige Schaffung von DV-technisch/-organisatorischen Übergangslösungen zur Abwicklung von kunden-/lieferantenbeeinflussten Euro-Geschäftsvorfällen wahlweise in Euro bereits zum 1. Januar 1999.

Aufbau einer Euro-Projektstruktur

Nach Ableitung der Euro-Umstellungsstrategie erfolgte der Aufbau einer Euro-Projektorganisation für die Nauke AG, die im Wesentlichen die im Sinne einer Matrix-Organisation definierten Teilprojektverantwortlichkeiten für einzelne betriebliche Teilfunktionen (externes Rechnungswesen, Controlling, u. a.) auf der einen Seite und für einzelne Teilkonzernbereiche (Holding, Service, Immobilien, Logistik) auf der anderen Seite vorsieht (vgl. Abb. 96).

Dabei ist vorgesehen, dass die dezentralen Konzerneinheiten (Töchter und Beteiligungsgesellschaften) die Euro-Einführung unter Koordination der für die einzelnen Teilkonzernbereiche verantwortlichen Euro-Manager sowie mit fachlicher Unterstützung des Euro-Kernteams weitestgehend in Eigenverantwortung zu realisieren haben.

Euro-Umstellung als Projektaufgabe M

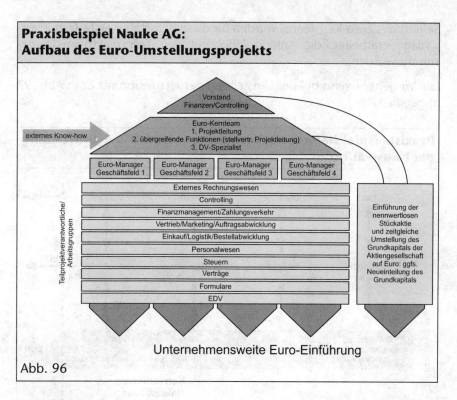

Abb. 96

Projektplanung

Eine erste Grobprojektplanung wurde unmittelbar im Anschluss an die Verabschiedung der Euro-Umstellungsstrategie für den Nauke-Konzern erarbeitet.

Diese sah vor, dass im Anschluss an durch Arbeitsgruppen-Meetings zu realisierende Aktivierung der einzelnen Teilprojektteams eine erste Feinplanung zu erstellen ist, die anschließend im Zuge des Projektfortschrittes kontinuierlich zu aktualisieren und weiterzuentwickeln ist.

Nach erstem Durchlauf durch diese Arbeitsgruppen-Meetings, der Ende November 1998 abgeschlossen war, wurden die gemeinsam mit den Teilprojektteams erarbeiteten Aktivitätenlisten in einem ersten Entwurf eines Feinprojektplanes konsolidiert.

6 Projektorganisation

Seitens des Euro-Kernteams wurden für diese Aktivitäten erste Terminvorschläge erarbeitet, die Anfang 1999 mit den Teilprojektteams abgestimmt wurden.

Die Vorgehensweise bei der Umstellung der Hauswährung ist in Abb. 97 abgebildet.

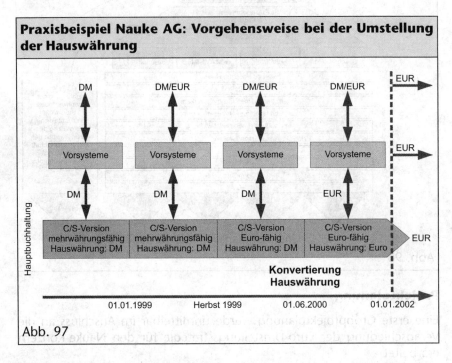

Abb. 97

Projektleitung und -koordination

1. Vorbemerkungen:

Im Rahmen der übernommenen Funktion der Projektleitung und -koordination wurden zwei große Informations- und Sensibilisierungs-Workshops mit Vertretern der dezentralen Konzerneinheiten abgehalten. Parallel hierzu wurden die Teilprojektteams aktiviert und die Vorbereitungen für die im Oktober/November abgehaltenen Arbeitsgruppen-Meetings getroffen.

Darüber hinaus wurde von zentraler Stelle die interne und externe Informationsversorgung über alle die Euro-Einführung im Allgemeinen und die Umstellung im Nauke-Konzern im Speziellen betreffenden Aspekte sichergestellt.

Schließlich wurden die in der Euro-Umstellungsstrategie vorgesehenen kurzfristigen Übergangslösungen für die Zeit nach dem 1. Januar 1999 und vor Umstellung der Hauswährung geschaffen. Dies betraf insbesondere das Eingangs- und Ausgangsbelegwesen.

2. Information und Sensibilisierung der dezentralen Konzerneinheiten:

Zur Koordination der Euro-Umstellungsarbeiten in den dezentralen Konzerneinheiten wurden die Vertreter der wichtigsten dezentralen Tochter- und Beteiligungsgesellschaften des Immobilien- und Logistikbereichs zu zwei großen zentralen Euro-Workshops geladen. Ziel dieser Workshops war insbesondere die Schaffung einer breiten Informationsbasis sowie Sensibilisierung der dezentralen Konzerneinheiten.

Hierbei wurden daher folgende Inhalte berührt:

- Euro-Präsentationen durch das Euro-Team (Rahmenbedingungen der Euro-Umstellung, Nauke-Euro-Strategie, grundsätzliche Möglichkeiten zur Abwicklung von Euro-Geschäftsvorfällen mit Euro-fähigen und nicht-Euro-fähigen IT-Systemen, neue Umrechnungs- und Rundungsregeln usw.).
- Diskussion wichtigster unternehmensindividueller Fragen zur Euro-Umstellung der dezentralen Einheiten.
- Aufnahme von Mengengerüsten, IT-Systemen, geplanten Vorgehensweisen bei der Euro-Umstellung und bereits durchgeführten Maßnahmen.
- Vorstellung der Euro-Manager als Ansprechpartner in den Geschäftsbereichszentralen.
- Angebot zum fortgesetzten Informationsaustausch (weitere Workshops etc.).

3. Bildung und Aktivierung der Teilprojektteams:

In Zusammenarbeit mit den für die einzelnen Konzernteilbereiche benannten Euro-Managern wurden die funktionalen Teilprojektteams bestimmt, Verantwortlichkeiten festgelegt und im Rahmen von Abstimmungsgesprächen die Arbeitsgruppen aktiviert. Hierbei wurden insbesondere folgende Aktivitäten entfaltet:

- Festlegung des fachlichen Rahmens, Informationsversorgung der Arbeitsgruppen.
- Bestimmung der in Angriff zu nehmenden Umstellungsarbeiten.
- Ermittlung zeitlicher Restriktionen, Setzen von terminlichen Prioriäten (was muss noch 1998, was soll bzw. kann erst 1999 oder noch später umgesetzt werden?).
- Definition von Einzelaktivitäten für die Feinprojektplanung ausgehend von dem bereits erstellten Grobprojektplan.
- Start der operativen Umsetzungsarbeiten in verschiedenen funktionalen Teilbereichen.

4. Interne und externe Informationssteuerung:

Zur Schaffung einer breiten internen und externen Informationsbasis wurden verschiedene Aktivitäten entfaltet mit dem Ziel einer optimalen und aktuellen Informationsversorgung mit allen die Euro-Einführung im Nauke-Konzern betreffenden Aspekte:

- Bereitstellung von Entwürfen standardisierter Kunden- bzw. Lieferantenanschreiben, in denen die Nauke-Euro-Strategie sowie die 1999 bevorzugte Währungseinheit bei der Abwicklung der Geschäftsvorfälle nach außen kommuniziert werden.
- Information der Nauke-Mitarbeiter zur Einführung des Euro im Konzern mit der Lohn- und Gehaltsabrechnung im Oktober 1998.
- Information der Tochter- und Beteiligungsgesellschaften über die Nauke-Euro-Strategie, einheitliche Vorgehensweise, interne Projektorganisation sowie die Ansprechpartner.

- Information der Rechnungswesen- und Controlling-Leiter über die Nauke-Euro-Strategie.
- Einrichtung eines Euro-Help-Desk über ein E-Mail-Postfach, auf das alle relevanten Euro-Ansprechpartner Zugriff haben. Von dort aus können Euro-Fragen beantwortet werden.
- Bereitstellung von Euro-Informationen im Nauke-Intranet.

Praxisbeispiel Nauke AG: Informationssteuerung im Euro-Umstellungsprojekt

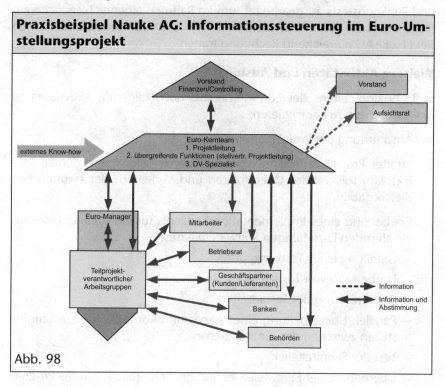

Abb. 98

Euro-Funktionserweiterung der EDV-Systeme

Im Rahmen der Entfaltung sicherstellender Maßnahmen und Aktivitäten zur Gewährleistung einer zeit- und fachgerechten Funktionserweiterung der im Nauke-Konzern relevanten DV-Systeme erfolgte in einem ersten Schritt eine Überprüfung der Euro-Konzepte der wichtigsten IT-Systemlieferanten. Diese ergab zunächst keine wesentlichen Beanstandungen.

6 Projektorganisation

Die bei der Nauke AG im Einsatz befindlichen Kernsysteme sind in den derzeit verfügbaren Releases noch nicht Euro-fähig.

Eine praktische Überprüfung der in den Euro-Konzeptionen der Systemlieferanten theoretisch zugesicherten Funktionalitäten wird nach der Anlieferung der Systeme erfolgen.

In der Vorbereitung hierauf werden entsprechende Testszenarien definiert und Funktionstests ausgearbeitet, um im Rahmen eigener Tests sicherzustellen, dass die Systeme tatsächlich den Euro-induzierten Anforderungen der Nauke AG hinreichend Rechnung tragen.

Weitere Aktivitäten und Ausblick

In 1999 sind seitens des Euro-Kernteams noch folgende Aktivitäten zu realisieren bzw. zu koordinieren:

- Abstimmung der Projektfeinplanung.

- Straffes Projektcontrolling, Vorantreiben der Aktivitäten gemäß Projektplan, rollierendes Überarbeiten und Verfeinern der terminlichen Zielvorgaben.

- Erarbeitung eines Implementationskonzepts für die Anfang 1999 anzuliefernden Euro-fähigen Softwarereleases:
  - Erstellung eines Testkonzepts,
  - Erarbeitung von Testfällen,
  - Durchführung der Testarbeiten,
  - Parallel: Überarbeitung eines Anpassungskonzepts für alle Schnittstellen zwischen den Einzelsystemen,
  - Test der Schnittstellen,
  - Übernahme der Euro-Releases und der Schnittstellen in die Produktionsumgebung.

- Erarbeitung eines Feinterminplans für die technischen Arbeiten zur Umstellung der Hauswährung von DM auf Euro im Frühjahr 2000.

Die sich im Zusammenhang mit der Euro-Einführung ergebenden Anforderungen werden sich von Unternehmen zu Unternehmen unterscheiden. Die Ausführungen in diesem Kapitel können daher nur als Orientierungshilfe für die Planung eines eigenen Euro-Projektmanagements dienen, ohne jedoch Anspruch auf Vollständigkeit erheben zu können. Dem Leser sollte ein Überblick über die Möglichkeiten zur Bewältigung der Euro-Problematik verschafft und – mittels des Praxisbeispiels – eine Möglichkeit der praktischen Umsetzung der Theorie dargestellt werden.

Einführungsgesetz zum Aktiengesetz

vom 6. September 1965 (BGBl. I S. 1185),
zuletzt geändert durch Gesetz zur Einführung des Euro (Euro-Einführungsgesetz – EuroEG) vom 9. Juni 1998 (BGBl. I S. 1242 ff.) – zum 1. Januar 1999

§ 1 Grundkapital

(2) Aktiengesellschaften, die vor dem 1. Januar 1999 in das Handelsregister eingetragen worden sind, dürfen die Nennbeträge ihres Grundkapitals und ihrer Aktien weiter in Deutscher Mark bezeichnen. Bis zum 31. Dezember 2001 dürfen Aktiengesellschaften neu eingetragen werden, deren Grundkapital und Aktien auf Deutsche Mark lauten. Danach dürfen Aktiengesellschaften nur eingetragen werden, wenn die Nennbeträge von Grundkapital und Aktien in **Euro** das gleiche gilt für Beschlüsse über die Änderung des Grundkapitals.

§ 2 Mindestnennbetrag des Grundkapitals

Für Aktiengesellschaften, die vor dem 1. Januar 1999 in das Handelsregister eingetragen oder zur Eintragung in das Handelsregister angemeldet worden sind, bleibt der bis dahin gültige Mindestbetrag des Grundkapitals maßgeblich, bis die Aktiennennbeträge an die seit diesem Zeitpunkt geltenden Beträge des § 8 des Aktiengesetzes angepaßt werden. Für spätere Gründungen gilt der Mindestbetrag des Grundkapitals nach § 7 des Aktiengesetzes in der ab dem 1. Januar 1999 geltenden Fassung, der bei Gründungen in Deutscher Mark zu dem vom Rat der Europäischen Union gemäß Artikel 109 I Abs. 4 Satz 1 des EG-Vertrages unwiderruflich festgelegten Umrechnungskurs in Deutsche Mark umzurechnen ist.

§ 3 Mindestnennbetrag der Aktien

(2) Aktien einer Gesellschaft, die vor dem 1. Januar 1999 in das Handelsregister eingetragen oder zur Eintragung in das Handelsregister angemeldet und bis zum 31. Dezember 2001 eingetragen worden ist, dürfen weiterhin auf einen nach den bis dahin geltenden Vorschriften zulässigen Nennbetrag lauten, Aktien, die auf Grund eines Kapitalerhöhungsbeschlusses ausgegeben werden, jedoch nur, wenn dieser bis zum 31. Dezember 2001 in das Handelsregister eingetragen worden ist. Dies gilt nur einheitlich für sämtliche Aktien einer Gesellschaft. Die Nennbeträge können auch zu dem vom Rat der Europäischen Union gemäß Artikel 109 I Abs. 4 Satz 1 des EG-Vertrages unwiderruflich festgelegten Umrechnungskurs in **Euro** ausgedrückt werden.

(3) Für Aktiengesellschaften, die auf Grund einer nach dem 31. Dezember 1998 erfolgten Anmeldung zum Handelsregister bis zum 31. Dezember 2001 eingetragen werden und deren Grundkapital und Aktien nach § 1 Abs. 2 Satz 2 auf Deutsche Mark lauten, gelten die zu dem vom Rat der Europäischen Union gemäß Artikel 109 I Abs. 4 Satz 1 des EG-Vertrages unwiderruflich festgelegten Umrechnungskurs in Deutsche Mark umzurechnenden Beträge nach § 8 des Aktiengesetzes in der ab dem 1. Januar 1999 geltenden Fassung.

(4) Das Verhältnis der mit den Aktien verbundenen Rechte zueinander und das Verhältnis ihrer Nennbeträge zum Nennkapital wird durch Umrechnung zwischen Deutscher Mark und **Euro** nicht berührt. Nach Umrechnung gebrochene Aktiennennbeträge können auf mindestens zwei Stellen hinter dem Komma gerundet dargestellt werden; diese Rundung hat keine Rechtswirkung. Auf sie ist in Beschlüssen und Satzung hinzuweisen; der jeweilige Anteil der Aktie am Grundkapital soll erkennbar bleiben.

(5) Beschließt eine Gesellschaft, die die Nennbeträge ihrer Aktien nicht an § 8 des Aktiengesetzes in der ab dem 1. Januar 1999 geltenden Fassung angepaßt hat, die Änderung ihres Grundkapitals, darf dieser Beschluß nach dem 31. Dezember 2001 in das Handelsregister nur eingetragen werden, wenn zugleich eine Satzungsänderung über die Anpassung der Aktiennennbeträge an § 8 des Aktiengesetzes eingetragen wird.

§ 4 Verfahren der Umstellung auf den Euro

(1) Über die Umstellung des Grundkapitals und der Aktiennennbeträge sowie weiterer satzungsmäßiger Betragsangaben auf **Euro** zu dem gemäß Artikel 109 I Abs. 4 Satz 1 des EG-Vertrages unwiderruflich festgelegten Umrechnungskurs beschließt die Hauptversammlung abweichend von § 179 Abs. 2 des Aktiengesetzes mit der einfachen Mehrheit des bei der Beschlußfassung vertretenen Grundkapitals. Ab dem 1. Januar 2002 ist der Aufsichtsrat zu den entsprechenden Fassungsänderungen der Satzung ermächtigt. Auf die Anmeldung und Eintragung der Umstellung in das Handelsregister ist § 181 Abs. 1 Satz 2 und 3 und Abs. 2 Satz 2 des Aktiengesetzes nicht anzuwenden.

(2) Für eine Erhöhung des Grundkapitals aus Gesellschaftsmitteln oder eine Herabsetzung des Kapitals auf den nächsthöheren oder nächstniedrigeren Betrag, mit dem die Nennbeträge der Aktien auf volle Euro gestellt werden können, genügt abweichend von § 207 Abs. 2, § 182 Abs. 1 und § 222 Abs. 1 des Aktiengesetzes die einfache Mehrheit des bei der Beschlußfassung vertretenen Grundkapitals, bei der Herabsetzung jedoch nur, wenn zumindest die Hälfte des Grundkapitals vertreten ist. Diese Mehrheit gilt auch für Beschlüsse über die entsprechende Anpassung eines genehmigten Kapitals oder über die Teilung der auf volle Euro gestellten Aktien sowie für Änderungen der Satzungsfassung, wenn diese Beschlüsse mit der Kapitaländerung verbunden sind. § 130 Abs. 1 Satz 3 des Aktiengesetzes findet keine Anwendung.

(3) Eine Kapitalerhöhung aus Gesellschaftsmitteln oder eine Kapitalherabsetzung bei Umstellung auf Euro kann durch Erhöhung oder Herabsetzung des Nennbetrags der Aktien oder durch Neueinteilung der Aktiennennbeträge ausgeführt werden. Die Neueinteilung der Nennbeträge bedarf der Zustimmung aller betroffenen Aktionäre, auf die nicht ihrem Anteil entsprechend volle Aktien oder eine geringere Zahl an Aktien als zuvor entfallen; bei teileingezahlten Aktien ist sie ausgeschlossen.

(4) Sofern Aktien aus einem bedingten Kapital nach dem Beschluß über eine Kapitalerhöhung aus Gesellschaftsmitteln oder über eine andere Satzungsänderung zur Umstellung auf Euro, die mit der Zahl der Aktien verbunden ist, ausgegeben worden sind, gelten sie für den Beschluß erst nach dessen Eintragung in das Handelsregister als ausge-

geben. Diese aus einem bedingten Kapital ausgegebenen und die noch auszugebenden Aktien nehmen an der Änderung der Nennbeträge teil.

(5) Für eine Kapitalerhöhung aus Gesellschaftsmitteln nach Absatz 2 können abweichend von § 208 Abs. 1 Satz 2 und § 150 Abs. 3 des Aktiengesetzes die Kapitalrücklage und die gesetzliche Rücklage sowie deren Zuführungen, auch soweit sie zusammen den zehnten Teil oder den in der Satzung bestimmten höheren Teil des bisherigen Grundkapitals nicht übersteigen, in Grundkapital umgewandelt werden. Auf eine Kapitalherabsetzung nach Absatz 2, die in vereinfachter Form vorgenommen werden soll, findet § 229 Abs. 2 des Aktiengesetzes keine Anwendung.

(6) § 73 Abs. 1 Satz 2 des Aktiengesetzes findet keine Anwendung. Im übrigen bleiben die aktienrechtlichen Vorschriften unberührt.

Aktiengesetz

vom 6. September 1965 (BGBl. I S. 1089)
zuletzt geändert durch Gesetz zur Einführung des Euro (Euro-Einführungsgesetz – EuroEG) vom 9. Juni 1998 (BGBl. I S. 1242 ff.) – zum 1. Januar 1999

§ 6 Grundkapital

Das Grundkapital muß auf einen Nennbetrag in **Euro** lauten.

§ 7 Mindestnennbetrag des Grundkapitals

Der Mindestnennbetrag des Grundkapitals ist **fünfzigtausend Euro**.

§ 8 Form und Mindestbeträge der Aktien

(1) Die Aktien können entweder als Nennbetragsaktien oder als Stückaktien begründet werden.

(2) Nennbetragsaktien müssen auf mindestens **einen Euro** lauten. Aktien über einen geringeren Nennbetrag sind nichtig. Für den Schaden aus der Ausgabe sind die Ausgeber den Inhabern als Gesamtschuldner verantwortlich. Höhere Aktiennennbeträge müssen auf **volle Euro** lauten.

(3) Stückaktien lauten auf keinen Nennbetrag. Die Stückaktien einer Gesellschaft sind am Grundkapital in gleichem Umfang beteiligt. Der auf die einzelne Aktie entfallende Betrag des Grundkapitals darf fünf Deutsche Mark nicht unterschreiten. Absatz 2 Satz 2 und 3 findet entsprechende Anwendung.

(4) Der Anteil am Grundkapital bestimmt sich bei Nennbetragsaktien nach dem Verhältnis ihres Nennbetrags zum Grundkapital, bei Stückaktien nach der Zahl der Aktien.

(5) Die Aktien sind unteilbar.

(6) Diese Vorschriften gelten auch für Anteilscheine, die den Aktionären vor der Ausgabe der Aktien erteilt werden (Zwischenscheine).

§ 76 Leitung der Aktiengesellschaft

(1) Der Vorstand hat unter eigener Verantwortung die Gesellschaft zu leiten.

(2) Der Vorstand kann aus einer oder mehreren Personen bestehen. Bei Gesellschaften mit einem Grundkapital von mehr als **drei Millionen Euro** hat er aus mindestens zwei Personen zu bestehen, es sei denn, die Satzung bestimmt, daß er aus einer Person besteht. Die Vorschriften über die Bestellung eines Arbeitsdirektors bleiben unberührt.

§ 95 Zahl der Aufsichtsratsmitglieder

Der Aufsichtsrat besteht aus drei Mitgliedern. Die Satzung kann eine bestimmte höhere Zahl festsetzen. Die Zahl muß durch drei teilbar sein. Die Höchstzahl der Aufsichtsratsmitglieder beträgt bei Gesellschaften mit einem Grundkapital

bis zu	**1 500 000 Euro**	neun,
von mehr als	**1 500 000 Euro**	fünfzehn,
von mehr als	**10 000 000 Euro**	einundzwanzig.

Durch die vorstehenden Vorschriften werden hiervon abweichende Vorschriften des Gesetzes über die Mitbestimmung der Arbeitnehmer vom 4. Mai 1976 (Bundesgesetzbl. I S. 1153), des Montan-Mitbestimmungsgesetzes und des Gesetzes zur Ergänzung des Gesetzes über die Mitbestimmung der Arbeitnehmer in den Aufsichtsräten und Vorständen der Unternehmen des Bergbaus und der Eisen und Stahl erzeugenden Industrie vom 7. August 1956 (Bundesgesetzbl. I S. 707) – Mitbestimmungsergänzungsgesetz – nicht berührt.

§ 103 Abberufung der Aufsichtsratsmitglieder

(3) Das Gericht hat auf Antrag des Aufsichtsrats ein Aufsichtsratsmitglied abzuberufen, wenn in dessen Person ein wichtiger Grund vorliegt. Der Aufsichtsrat beschließt über die Antragstellung mit einfacher Mehrheit. Ist das Aufsichtsratsmitglied auf Grund der Satzung in den Aufsichtsrat entsandt worden, so können auch Aktionäre, deren Anteile zusammen den zehnten Teil des Grundkapitals oder den anteiligen Betrag von **einer Million Euro** erreichen, den Antrag stellen. Gegen die Entscheidung ist die sofortige Beschwerde zulässig.

§ 120 Entlastung

(1) Die Hauptversammlung beschließt alljährlich in den ersten acht Monaten des Geschäftsjahrs über die Entlastung der Mitglieder des Vorstands und über die Entlastung der Mitglieder des Aufsichtsrats. Über die Entlastung eines einzelnen Mitglieds ist gesondert abzustimmen, wenn die Hauptversammlung es beschließt oder eine Minderheit es verlangt, deren Anteile zusammen den zehnten Teil des Grundkapitals oder den anteiligen Betrag von **einer Million Euro** erreichen.

§ 122 Einberufung auf Verlangen einer Minderheit

(1) Die Hauptversammlung ist einzuberufen, wenn Aktionäre, deren Anteile zusammen den zwanzigsten Teil des Grundkapitals erreichen, die Einberufung schriftlich unter Angabe des Zwecks und der Gründe verlangen; das Verlangen ist an den Vorstand zu richten. Die Satzung kann das Recht, die Einberufung der Hauptversammlung zu verlangen, an den Besitz eines geringeren Anteils am Grundkapital knüpfen. § 147 Abs. 1 Satz 2 und 3 gilt entsprechend.

(2) In gleicher Weise können Aktionäre, deren Anteile zusammen den zwanzigsten Teil des Grundkapitals oder den anteiligen Betrag von **500 000 Euro** erreichen, verlangen, daß Gegenstände zur Beschlußfassung einer Hauptversammlung bekanntgemacht werden.

§ 142 Bestellung der Sonderprüfer

(2) Lehnt die Hauptversammlung einen Antrag auf Bestellung von Sonderprüfern zur Prüfung eines Vorgangs bei der Gründung oder eines nicht über fünf Jahre zurückliegenden Vorgangs bei der Geschäftsführung ab, so hat das Gericht auf Antrag von Aktionären, deren Anteile zusammen den zehnten Teil des Grundkapitals oder den anteiligen Betrag von **einer Million Euro** erreichen, Sonderprüfer zu bestellen, wenn Tatsachen vorliegen, die den Verdacht rechtfertigen, daß bei dem Vorgang Unredlichkeiten oder grobe Verletzungen des Gesetzes oder der Satzung vorgekommen sind. Die Antragsteller haben die Aktien bis zur Entscheidung über den Antrag zu hinterlegen und glaubhaft zu machen, daß sie seit mindestens drei Monaten vor dem Tage der Hauptversammlung Inhaber der Aktien sind. Zur Glaubhaftmachung genügt eine eidesstattliche Versicherung vor einem Notar.

(3) Die Absätze 1 und 2 gelten nicht für Vorgänge, die Gegenstand einer Sonderprüfung nach § 258 sein können.

(4) Hat die Hauptversammlung Sonderprüfer bestellt, so hat das Gericht auf Antrag von Aktionären, deren Anteile zusammen den zehnten Teil des Grundkapitals oder den anteiligen Betrag von **einer Million Euro** erreichen, einen anderen Sonderprüfer zu bestellen, wenn dies aus einem in der Person des bestellten Sonderprüfers liegenden Grund geboten erscheint, insbesondere, wenn der bestellte Sonderprüfer nicht die für den Gegenstand der Sonderprüfung erforderlichen Kenntnisse hat, oder wenn Besorgnis der Befangenheit oder Bedenken gegen seine Zuverlässigkeit bestehen. Der Antrag ist binnen zwei Wochen seit dem Tage der Hauptversammlung zu stellen.

§ 147 Geltendmachung von Ersatzansprüchen

(2) Zur Geltendmachung des Ersatzanspruchs kann die Hauptversammlung besondere Vertreter bestellen. Hat die Hauptversammlung die Geltendmachung des Ersatzanspruchs beschlossen oder eine Minderheit sie verlangt, so hat das Gericht (§ 14) auf Antrag von Aktionären, deren Anteile zusammen den zehnten Teil des Grundkapitals oder den anteiligen Betrag von **einer Million Euro** erreichen, als Vertreter der Gesellschaft zur Geltendmachung des Ersatzanspruchs andere als die nach §§ 78, 112 oder nach

Satz 1 zur Vertretung der Gesellschaft berufenen Personen zu bestellen, wenn ihm dies für eine gehörige Geltendmachung zweckmäßig erscheint. Gibt das Gericht dem Antrag statt, so trägt die Gesellschaft die Gerichtskosten. Gegen die Entscheidung ist die sofortige Beschwerde zulässig. Die gerichtlich bestellten Vertreter können von der Gesellschaft den Ersatz angemessener barer Auslagen und eine Vergütung für ihre Tätigkeit verlangen. Die Auslagen und die Vergütung setzt das Gericht fest. Gegen die Entscheidung ist die sofortige Beschwerde zulässig. Die weitere Beschwerde ist ausgeschlossen. Aus der rechtskräftigen Entscheidung findet die Zwangsvollstreckung nach der Zivilprozeßordnung statt.

(3) Wird der Ersatzanspruch nicht nach Absatz 1 geltend gemacht, so hat das Gericht auf Antrag von Aktionären, deren Anteile zusammen den zwanzigsten Teil des Grundkapitals oder den anteiligen Betrag von **500 000 Euro** erreichen, besondere Vertreter zu bestellen, wenn Tatsachen vorliegen, die den dringenden Verdacht rechtfertigen, daß der Gesellschaft durch Unredlichkeiten oder grobe Verletzungen des Gesetzes oder der Satzung Schaden zugefügt wurde. Absatz 1 Satz 2 bis 4 und Absatz 2 Satz 3 bis 9 finden entsprechende Anwendung. Der gerichtlich bestellte Vertreter hat den Ersatzanspruch geltend zu machen, soweit nach seiner pflichtgemäßen Beurteilung die Rechtsverfolgung eine hinreichende Aussicht auf Erfolg bietet.

§ 254 Anfechtung des Beschlusses über die Verwendung des Bilanzgewinns

(2) Für die Anfechtung gelten §§ 244 bis 248. Die Anfechtungsfrist beginnt auch dann mit der Beschlußfassung, wenn der Jahresabschluß nach § 316 Abs. 3 des Handelsgesetzbuchs erneut zu prüfen ist. Zu einer Anfechtung nach Absatz 1 sind Aktionäre nur befugt, wenn ihre Anteile zusammen den zwanzigsten Teil des Grundkapitals oder den anteiligen Betrag von **500 000 Euro** erreichen.

§ 258 Bestellung der Sonderprüfer

(2) Der Antrag muß innerhalb eines Monats nach der Hauptversammlung über den Jahresabschluß gestellt werden. Dies gilt auch, wenn der Jahresabschluß nach § 316 Abs. 3 des Handelsgesetzbuchs erneut zu prüfen ist. Er kann nur von Aktionären gestellt werden, deren Anteile zusammen den zwanzigsten Teil des Grundkapitals oder den anteiligen Betrag von **500 000 Euro** erreichen. Die Antragsteller haben die Aktien bis zur Entscheidung über den Antrag zu hinterlegen und glaubhaft zu machen, daß sie seit mindestens drei Monaten vor dem Tage der Hauptversammlung Inhaber der Aktien sind. Zur Glaubhaftmachung genügt eine eidesstattliche Versicherung vor einem Notar.

§ 260 Gerichtliche Entscheidung über die abschließenden Feststellungen der Sonderprüfer

(1) Gegen abschließende Feststellungen der Sonderprüfer nach § 259 Abs. 2 und 3 können die Gesellschaft oder Aktionäre, deren Anteile zusammen den zwanzigsten Teil des Grundkapitals oder den anteiligen Betrag von **500 000 Euro** erreichen, innerhalb eines Monats nach der Veröffentlichung im Bundesanzeiger den Antrag auf Entschei-

dung durch das nach § 132 Abs. 1 zuständige Gericht stellen. § 258 Abs. 2 Satz 4 und 5 gilt sinngemäß. Der Antrag muß auf Feststellung des Betrags gerichtet sein, mit dem die im Antrag zu bezeichnenden Aktivposten mindestens oder die im Antrag zu bezeichnenden Passivposten höchstens anzusetzen waren. Der Antrag der Gesellschaft kann auch auf Feststellung gerichtet sein, daß der Jahresabschluß die in der abschließenden Feststellung der Sonderprüfer festgestellten Unterbewertungen nicht enthielt.

(2) Über den Antrag entscheidet das Gericht unter Würdigung aller Umstände nach freier Überzeugung. § 259 Abs. 2 Satz 2 und 3 ist anzuwenden. Soweit die volle Aufklärung aller maßgebenden Umstände mit erheblichen Schwierigkeiten verbunden ist, hat das Gericht die anzusetzenden Werte oder Beträge zu schätzen.

(3) § 99 Abs. 1, Abs. 2 Satz 1, Abs. 3 und 5 gilt sinngemäß. Das Gericht hat seine Entscheidung der Gesellschaft und, wenn Aktionäre den Antrag nach Absatz 1 gestellt haben, auch diesen zuzustellen. Es hat sie ferner ohne Gründe in den Gesellschaftsblättern bekanntzumachen. Die Beschwerde steht der Gesellschaft und Aktionären zu, deren Anteile zusammen den zwanzigsten Teil des Grundkapitals oder den anteiligen Betrag von **500 000 Euro** erreichen. § 258 Abs. 2 Satz 4 und 5 gilt sinngemäß. Die Beschwerdefrist beginnt mit der Bekanntmachung der Entscheidung im Bundesanzeiger, jedoch für die Gesellschaft und, wenn Aktionäre den Antrag nach Absatz 1 gestellt haben, auch für diese nicht vor der Zustellung der Entscheidung.

§ 265 Abwickler

(1) Die Abwicklung besorgen die Vorstandsmitglieder als Abwickler.

(2) Die Satzung oder ein Beschluß der Hauptversammlung kann andere Personen als Abwickler bestellen. Für die Auswahl der Abwickler gilt § 76 Abs. 3 Satz 3 und 4 sinngemäß. Auch eine juristische Person kann Abwickler sein.

(3) Auf Antrag des Aufsichtsrats oder einer Minderheit von Aktionären, deren Anteile zusammen den zwanzigsten Teil des Grundkapitals oder den anteiligen Betrag von **500 000 Euro** erreichen, hat das Gericht bei Vorliegen eines wichtigen Grundes die Abwickler zu bestellen und abzuberufen. Die Aktionäre haben glaubhaft zu machen, daß sie seit mindestens drei Monaten Inhaber der Aktien sind. Zur Glaubhaftmachung genügt eine eidesstattliche Versicherung vor einem Gericht oder Notar. Gegen die Entscheidung ist die sofortige Beschwerde zulässig.

§ 315 Sonderprüfung

Auf Antrag eines Aktionärs hat das Gericht Sonderprüfer zur Prüfung der geschäftlichen Beziehungen der Gesellschaft zu dem herrschenden Unternehmen oder einem mit ihm verbundenen Unternehmen zu bestellen, wenn

1. der Abschlußprüfer den Bestätigungsvermerk zum Bericht über die Beziehungen zu verbundenen Unternehmen eingeschränkt oder versagt hat,

2. der Aufsichtsrat erklärt hat, daß Einwendungen gegen die Erklärung des Vorstands am Schluß des Berichts über die Beziehungen zu verbundenen Unternehmen zu erheben sind,
3. der Vorstand selbst erklärt hat, daß die Gesellschaft durch bestimmte Rechtsgeschäfte oder Maßnahmen benachteiligt worden ist, ohne daß die Nachteile ausgeglichen worden sind.

Wenn sonstige Tatsachen vorliegen, die den Verdacht einer pflichtwidrigen Nachteilszufügung rechtfertigen, kann der Antrag auch von Aktionären gestellt werden, deren Anteile zusammen den zwanzigsten Teil des Grundkapitals oder den anteiligen Betrag von **500 000 Euro** erreichen, wenn sie glaubhaft machen, daß sie seit mindestens drei Monaten vor dem Tage der Antragstellung Inhaber der Aktien sind. Gegen die Entscheidung ist die sofortige Beschwerde zulässig. Hat die Hauptversammlung zur Prüfung derselben Vorgänge Sonderprüfer bestellt, so kann jeder Aktionär den Antrag nach § 142 Abs. 4 stellen.

Börsengesetz

vom 22. Juni 1896 (RGBl. S. 157) in der Neufassung vom 17. Juli 1996 (BGBl. I S. 1030)
zuletzt geändert durch Gesetz zur Einführung des Euro (Euro-Einführungsgesetz – EuroEG) vom 9. Juni 1998 (BGBl. I S. 1242 ff.) – zum 1. Januar 1999

§ 98

Die Preise für Wertpapiere können ab dem 1. Januar 1999 an der Börse in **Euro** festgestellt werden. Das Nähere regelt die Börsenordnung.

Diskontsatz-Überleitungs-Gesetz (DÜG)

vom 9. Juni 1998 (BGBl. I S. 1242)

§ 1 Ersetzung des Diskontsatzes aus Anlaß der Einführung des Euro

(1) Soweit der Diskontsatz der Deutschen Bundesbank als Bezugsgröße für Zinsen und andere Leistungen verwendet wird, tritt bis zum Ablauf des 31. Dezember 2001 an seine Stelle der jeweilige Basiszinssatz. Basiszinssatz ist der am 31. Dezember 1998 geltende Diskontsatz der Deutschen Bundesbank. Er verändert sich mit Beginn des 1. Januar, 1. Mai und 1. September jedes Jahres, erstmals mit Beginn des 1. Mai 1999 um die Prozentpunkte, um welche die gemäß Absatz 2 zu bestimmende Bezugsgröße seit der letzten Veränderung des Basiszinssatzes gestiegen oder gefallen ist. Für die erste Veränderung ist die Veränderung der Bezugsgröße seit der Ersetzung des Diskontsatzes maßgeblich. Sätze 3 und 4 gelten nicht, wenn sich die Bezugsgröße um weniger als 0,5 Prozentpunkte verändert hat. Die Deutsche Bundesbank gibt den Basiszinssatz im Bundesanzeiger bekannt.

(2) Die Bundesregierung wird ermächtigt, durch Rechtsverordnung mit Zustimmung des Bundesrates dasjenige Steuerungsmittel der Europäischen Zentralbank als Bezugsgröße nach Absatz 1 Satz 3 zu bestimmen, das nach seiner Aufgabe, Änderungshäufigkeit und Wirkungsweise als Bezugsgröße dem Diskontsatz am ehesten entspricht.

§ 2 Übergangsvorschrift für laufende Zinsforderungen

Soweit Zinsen für einen Zeitraum vor dem Inkrafttreten dieses Gesetzes geltend gemacht werden, bezeichnet eine Bezugnahme auf den Basiszinssatz den Diskontsatz der Deutschen Bundesbank in der in diesem Zeitraum maßgebenden Höhe.

§ 3 Andere Bezugsgrößen

(1) Wird in einem Gesetz auf den Zinssatz für Kassenkredite des Bundes Bezug genommen, tritt an dessen Stelle der um 1,5 Prozentpunkte erhöhte Basiszinssatz.

(2) Die Bundesregierung wird ermächtigt, durch Rechtsverordnung mit Zustimmung des Bundesrates

1. den Lombardsatz als Bezugsgröße durch dasjenige Steuerungsmittel der Europäischen Zentralbank zu ersetzen, das dem Lombardsatz in seiner Funktion am ehesten entspricht und
2. die Frankfurt Interbank Offered Rate für die Geldbeschaffung von ersten Adressen auf dem deutschen Markt (FIBOR) durch den Zinssatz zu ersetzen, der dieser in ihrer Funktion am ehesten entspricht.

§ 4 Vertragskontinuität

Die in diesem Gesetz geregelte Ersetzung von Zinssätzen begründet keinen Anspruch auf vorzeitige Kündigung, einseitige Aufhebung oder Abänderung von Verträgen und Abänderung von Vollstreckungstiteln. Das Recht der Parteien, den Vertrag einvernehmlich zu ändern oder aufzuheben, bleibt unberührt.

§ 5 Vorbehalt für landesrechtliche Regelungen

Für Rechtsverhältnisse, für die Landesrecht maßgeblich ist, können abweichende Regelungen getroffen werden.

Basiszinssatz-Bezugsgrößen-Verordnung (BazBV)

vom 10. Februar (BGBl. I S. 139)

§ 1 Bezugsgröße für den Basiszinssatz

Als Bezugsgröße für den Basiszinssatz nach § 1 des Diskontsatz-Überleitung-Gesetzes wird der Zinssatz für längerfristige Refinanzierungsgeschäfte der Europäischen Zentralbank (LRG-Satz) bestimmt.

§ 2 Inkrafttreten

Diese Verordnung tritt am Tage nach der Verkündung in Kraft (19. 02. 1999).

Einkommensteuergesetz 1997 (EStG 1997)

Bekanntmachung der Neufassung des EStG vom 16. April 1997 (BGBl. I S. 821) zuletzt geändert durch das Gesetz über die Einführung des Euro vom 15. Juni 1998 (BGBl. I S. 1242 ff.) – zum 1. Januar 1999

§ 6 d Euroumrechnungsrücklage

(1) Ausleihungen, Forderungen und Verbindlichkeiten im Sinne des Artikels 43 des Einführungsgesetzes zum Handelsgesetzbuch, die auf **Währungseinheiten der an der Europäischen Währungsunion** teilnehmenden anderen Mitgliedstaaten oder auf die ECU im Sinne des Artikels 2 der Verordnung (EG) Nr. 1103/97 des Rates vom 17. Juni 1997 (Abl. EG Nr. L 162 S. 1) lauten, sind am Schluß des ersten nach dem 31. Dezember 1998 endenden Wirtschaftsjahres mit dem vom Rat der Europäischen Union gemäß Artikel 109 I Abs. 4 Satz 1 des EG-Vertrages unwiderruflich festgelegten Umrechnungskurs umzurechnen und mit dem sich danach ergebenden Wert anzusetzen. Der Gewinn, der sich aus diesem jeweiligen Ansatz für das einzelne Wirtschaftsgut ergibt, kann in eine den steuerlichen Gewinn mindernde Rücklage eingestellt werden. Die Rücklage ist gewinnerhöhend aufzulösen, soweit das Wirtschaftsgut, aus dessen Bewertung sich der in die Rücklage eingestellte Gewinn ergeben hat, aus dem Betriebsvermögen ausscheidet. Die Rücklage ist spätestens am Schluß des fünften nach dem 31. Dezember 1998 endenden Wirtschaftsjahres gewinnerhöhend aufzulösen.

(2) In die Euroumrechnungsrücklage gemäß Absatz 1 Satz 2 können auch Erträge eingestellt werden, die sich aus der Aktivierung von Wirtschaftsgütern aufgrund der unwiderruflichen Festlegung der Umrechnungskurse ergeben. Absatz 1 Satz 3 gilt entsprechend.

(3) Die Bildung und Auflösung der jeweiligen Rücklage müssen in der Buchführung verfolgt werden können.

§ 52 Anwendungsvorschriften

(8a) § 6 d ist erstmals für das Wirtschaftsjahr anzuwenden, das nach dem 31. Dezember 1998 endet.

Gesetz betreffend die Erwerbs- und Wirtschaftsgenossenschaften

vom 1. Mai 1889 (RGBl. S. 55) in der Neufassung vom 19. August 1994 (BGBl. I S. 2202) zuletzt geändert durch Gesetz zur Einführung des Euro (Euro-Einführungsgesetz – EuroEG) vom 9. Juni 1998 (BGBl. I S. 1242 ff.) – zum 1. Januar 1999

§ 53 Prüfung

(1) Zwecks Feststellung der wirtschaftlichen Verhältnisse und der Ordnungsmäßigkeit der Geschäftsführung sind die Einrichtungen, die Vermögenslage sowie die Geschäftsführung der Genossenschaft einschließlich der Führung der Mitgliederliste mindestens

Gesetzestexte – GmbHG   Anhang 1

in jedem zweiten Geschäftsjahr zu prüfen. Bei Genossenschaften, deren Bilanzsumme zwei Millionen **Euro** übersteigt, muß die Prüfung in jedem Geschäftsjahr stattfinden.

§ 164

(1) Über die Umstellung der Geschäftsanteile auf **Euro** beschließt die Generalversammlung abweichend von § 16 Abs. 4 mit einfacher Stimmenmehrheit. Dies gilt auch, wenn mit der Umstellung eine Herabsetzung der Geschäftsanteile verbunden wird, durch die der Betrag der Geschäftsanteile auf volle **Euro** gestellt wird. Für die Eintragung der Umstellung in das Genossenschaftsregister gilt § 16 Abs. 5 und 6.

(2) Anmeldungen von Beschlüssen nach Absatz 1 Satz 1 zur Eintragung in das Genossenschaftsregister, die nur die Ersetzung des auf Deutsche Mark lautenden Betrags des Geschäftsanteils durch den zu dem vom Rat der Europäischen Union gemäß Artikel 109 I Abs. 4 Satz 1 des EG-Vertrages unwiderruflich festgelegten Umrechnungskurs ermittelten Betrag in **Euro** zum Gegenstand haben, bedürfen nicht der in § 157 vorgeschriebenen Form. Artikel 45 Abs. 2 des Einführungsgesetzes zum Handelsgesetzbuch ist entsprechend anzuwenden.

Gesetz betreffend die Gesellschaften mit beschränkter Haftung

vom 20. April 1892 (RGBl. S. 477) in der Fassung vom 27. April 1998 (RGBl.I. S. 786) zuletzt geändert durch Gesetz zur Einführung des Euro (Euro-Einführungsgesetz – EuroEG) vom 9. Juni 1998 (BGBl. I S. 1242 ff.) – zum 1. Januar 1999

§ 5 Stammkapital; Einlagen

(1) Das Stammkapital der Gesellschaft muß mindestens **fünfundzwanzigtausend Euro**, die Stammeinlage jedes Gesellschafters muß mindestens **hundert Euro** betragen.

(2) Kein Gesellschafter kann bei Errichtung der Gesellschaft mehrere Stammeinlagen übernehmen.

(3) Der Betrag der Stammeinlage kann für die einzelnen Gesellschafter verschieden bestimmt werden. Er muß in **Euro** durch **fünfzig** teilbar sein. Der Gesamtbetrag der Stammeinlagen muß mit dem Stammkapital übereinstimmen.

§ 7 Anmeldung

(1) Die Gesellschaft ist bei dem Gericht, in dessen Bezirk sie ihren Sitz hat, zur Eintragung in das Handelsregister anzumelden.

(2) Die Anmeldung darf erst erfolgen, wenn auf jede Stammeinlage, soweit nicht Sacheinlagen vereinbart sind, ein Viertel eingezahlt ist. Insgesamt muß auf das Stammkapital mindestens soviel eingezahlt sein, daß der Gesamtbetrag der eingezahlten Geldeinlagen zuzüglich des Gesamtbetrags der Stammeinlagen, für die Sacheinlagen zu leisten sind, **die Hälfte des Mindeststammkapitals gemäß § 5 Abs. 1** erreicht. Wird die

Gesellschaft nur durch eine Person errichtet, so darf die Anmeldung erst erfolgen, wenn mindestens die nach den Sätzen 1 und 2 vorgeschriebenen Einzahlungen geleistet sind und der Gesellschafter für den übrigen Teil der Geldeinlage eine Sicherung bestellt hat.

§ 47 Stimmrecht der Gesellschafter

(1) Die von den Gesellschaftern in den Angelegenheiten der Gesellschaft zu treffenden Bestimmungen erfolgen durch Beschlußfassung nach der Mehrheit der abgegebenen Stimmen.

(2) Jede **fünfzig Euro** eines Geschäftsanteils gewähren eine Stimme.

§ 57 h Kapitalerhöhung

(1) Die Kapitalerhöhung kann vorbehaltlich des § 57 I Abs. 2 durch Bildung neuer Geschäftsanteile oder durch Erhöhung des Nennbetrags der Geschäftsanteile ausgeführt werden. Die neuen Geschäftsanteile und die Geschäftsanteile, deren Nennbetrag erhöht wird, können auf jeden durch zehn teilbaren Betrag, müssen jedoch auf mindestens **fünfzig Euro** gestellt werden.

§ 86

(1) Gesellschaften, die vor dem 1. Januar 1999 in das Handelsregister eingetragen worden sind, dürfen ihr auf Deutsche Mark lautendes Stammkapital beibehalten; Entsprechendes gilt für Gesellschaften, die vor dem 1. Januar 1999 zur Eintragung in das Handelsregister angemeldet, aber erst danach bis zum 31. Dezember 2001 eingetragen werden. Für Mindestbetrag und Teilbarkeit von Kapital, Einlagen und Geschäftsanteilen sowie für den Umfang des Stimmrechts bleiben bis zu einer Kapitaländerung nach Satz 4 die bis dahin gültigen Beträge weiter maßgeblich. Dies gilt auch, wenn die Gesellschaft ihr Kapital auf **Euro** umgestellt hat; das Verhältnis der mit den Geschäftsanteilen verbundenen Rechte zueinander wird durch Umrechnung zwischen Deutscher Mark und **Euro** nicht berührt. Eine Änderung des Stammkapitals darf nach dem 31. Dezember 2001 nur eingetragen werden, wenn das Kapital auf **Euro** umgestellt und die in **Euro** berechneten Nennbeträge der Geschäftsanteile auf einen durch zehn teilbaren Betrag, mindestens jedoch auf **fünfzig Euro** gestellt werden.

(2) Bei Gesellschaften, die zwischen dem 1. Januar 1999 und dem 31. Dezember 2001 zum Handelsregister angemeldet und in das Register eingetragen werden, dürfen Stammkapital und Stammeinlagen auch auf Deutsche Mark lauten. Für Mindestbetrag und Teilbarkeit von Kapital, Einlagen und Geschäftsanteilen sowie für den Umfang des Stimmrechts gelten die zu dem vom Rat der Europäischen Union gemäß Artikel 109 I Abs. 4 Satz 1 des EG-Vertrages unwiderruflich festgelegten Umrechnungskurs in Deutsche Mark umzurechnenden Beträge des Gesetzes in der ab dem 1. Januar 1999 geltenden Fassung.

(3) Die Umstellung des Stammkapitals und der Geschäftsanteile sowie weiterer satzungsmäßiger Betragsangaben auf **Euro** zu dem gemäß Artikel 109 I Abs. 4 Satz 1 des EG-Vertrages unwiderruflich festgelegten Umrechnungskurs erfolgt durch Beschluß der

Gesellschafter mit einfacher Stimmenmehrheit nach § 47; § 53 Abs. 2 Satz 1 findet keine Anwendung. Auf die Anmeldung und Eintragung der Umstellung in das Handelsregister ist § 54 Abs. 1 Satz 2 und Abs. 2 Satz 2 nicht anzuwenden. Werden mit der Umstellung weitere Maßnahmen verbunden, insbesondere das Kapital verändert, bleiben die hierfür geltenden Vorschriften unberührt; auf eine Herabsetzung des Stammkapitals, mit der die Nennbeträge der Geschäftsanteile auf einen Betrag nach Absatz 1 Satz 4 gestellt werden, findet jedoch § 58 Abs. 1 keine Anwendung, wenn zugleich eine Erhöhung des Stammkapitals gegen Bareinlagen beschlossen und diese in voller Höhe vor der Anmeldung zum Handelsregister geleistet werden.

Einführungsgesetz zum Handelsgesetzbuch

vom 10. Mai 1897 (RGBl. S. 437)
zuletzt geändert durch Gesetz zur Einführung des Euro (Euro-Einführungsgesetz – EuroEG) vom 9. Juni 1998 (BGBl. I S. 1242 ff.) – zum 1. Januar 1999

Neunter Abschnitt
Übergangsvorschriften zur Einführung des Euro

Artikel 42

(1) Die §§ 244, 284 Abs. 2 Nr. 2, § 292 a Abs. 1 Satz 1, § 313 Abs. 1 Nr. 2 und § 340 h Abs. 1 Satz 1 und 2 des Handelsgesetzbuchs in der ab 1. Januar 1999 geltenden Fassung sind erstmals auf das nach dem 31. Dezember 1998 endende Geschäftsjahr anzuwenden. Der Jahres- und Konzernabschluß darf auch in Deutscher Mark aufgestellt werden, letztmals für das im Jahre 2001 endende Geschäftsjahr. Sofern der Jahresabschluß und der Konzernabschluß nach Satz 2 in Deutscher Mark aufgestellt werden, sind auch die nach § 284 Abs. 2 Nr. 2, § 292 a Abs. 1 Satz 1, § 313 Abs. 1 Nr. 2 sowie § 340 h Abs. 1 Satz 1 und 2 vorgeschriebenen Angaben weiterhin in Deutscher Mark zu machen. § 328 Abs. 4 des Handelsgesetzbuchs ist letztmals auf das spätestens am 31. Dezember 1998 endende Geschäftsjahr anzuwenden.

(2) Werden der Jahresabschluß und der Konzernabschluß in **Euro** aufgestellt, ist § 265 Abs. 2 des Handelsgesetzbuchs mit der Maßgabe anzuwenden, daß zu jedem Posten der entsprechende Betrag des vorhergehenden Geschäftsjahres in **Euro** anzugeben ist. Die Umrechnung hat insoweit auch für ein Geschäftsjahr, das vor dem 1. Januar 1999 endet, zu dem vom Rat der Europäischen Union gemäß Artikel 109 I Abs. 4 Satz 1 des EG-Vertrages unwiderruflich festgelegten Umrechnungskurs zu erfolgen. Satz 2 gilt entsprechend für die Darstellung der Entwicklung der einzelnen Posten des Anlagevermögens und des Postens „Aufwendungen für die Ingangsetzung und Erweiterung des Geschäftsbetriebs" in der Bilanz oder im Anhang nach § 268 Abs. 2 des Handelsgesetzbuchs.

(3) Stellen Unternehmen vor Umstellung ihres gezeichneten Kapitals auf **Euro** den Jahres- und Konzernabschluß in **Euro** auf, darf das gezeichnete Kapital in der Vorspalte der Bilanz weiterhin in Deutscher Mark ausgewiesen werden, sofern der sich in **Euro** erge-

bende Betrag in der Hauptspalte ausgewiesen wird. Stellen Unternehmen den Jahres- und Konzernabschluß nach Umstellung ihres gezeichneten Kapitals auf **Euro** in Deutscher Mark auf, darf das gezeichnete Kapital in der Vorspalte in **Euro** ausgewiesen werden, sofern der sich in Deutscher Mark ergebende Betrag in der Hauptspalte ausgewiesen wird. Statt des Ausweises in der Vorspalte darf das gezeichnete Kapital auch im Anhang angegeben werden.

Artikel 43

(1) Ausleihungen, Forderungen und Verbindlichkeiten, die auf **Währungseinheiten der an der Wirtschafts- und Währungsunion teilnehmenden anderen Mitgliedstaaten** oder auf die **ECU** im Sinne des Artikels 2 der Verordnung (EG) Nr. 1103/97 des Rates vom 17. Juni 1997 (ABl. EG Nr. L 162 S. 1) lauten, sind zum nächsten auf den 31. Dezember 1998 folgenden Stichtag im Jahresabschluß und im Konzernabschluß mit dem vom Rat der Europäischen Union gemäß Artikel 109 l Abs. 4 Satz 1 des EG-Vertrages unwiderruflich festgelegten Umrechnungskurs umzurechnen und anzusetzen. Erträge, die sich aus der Umrechnung und dem entsprechenden Bilanzansatz ergeben, dürfen auf der Passivseite in einen gesonderten Posten unter der Bezeichnung **„Sonderposten aus der Währungsumstellung auf den Euro"** nach dem Eigenkapital eingestellt werden. Der Posten ist insoweit aufzulösen, als die Ausleihungen, Forderungen und Verbindlichkeiten, für die er gebildet worden ist, aus dem Vermögen des Unternehmens ausscheiden, spätestens jedoch am Schluß des fünften nach dem 31. Dezember 1998 endenden Geschäftsjahres.

(2) In den Sonderposten gemäß Absatz 1 Satz 2 dürfen auch Erträge eingestellt werden, die sich aus der Aktivierung von Vermögensgegenständen aufgrund der unwiderruflichen Festlegung der Wechselkurse ergeben. Absatz 1 Satz 3 gilt entsprechend.

Artikel 44

(1) Die Aufwendungen für die Währungsumstellung auf den **Euro** dürfen als Bilanzierungshilfe aktiviert werden, soweit es sich um selbstgeschaffene immaterielle Vermögensgegenstände des Anlagevermögens handelt. Der Posten ist in der Bilanz unter der Bezeichnung **„Aufwendungen für die Währungsumstellung auf den Euro"** vor dem Anlagevermögen auszuweisen. Die als Bilanzierungshilfe ausgewiesenen Beträge sind in jedem folgenden Geschäftsjahr zu mindestens einem Viertel durch Abschreibung zu tilgen. Im Jahresabschluß von Kapitalgesellschaften ist der Posten im Anhang zu erläutern. Werden solche Aufwendungen in der Bilanz von Kapitalgesellschaften ausgewiesen, so dürfen Gewinne nur ausgeschüttet werden, wenn die nach der Ausschüttung verbleibenden jederzeit auflösbaren Gewinnrücklagen zuzüglich eines Gewinnvortrags und abzüglich eines Verlustvortrags dem angesetzten Betrag mindestens entsprechen.

(2) Absatz 1 ist erstmals auf das nach dem 31. Dezember 1997 endende Geschäftsjahr anzuwenden.

Artikel 45

(1) Anmeldungen zur Eintragung in das Handelsregister, die nur die Ersetzung von auf Deutsche Mark lautenden Beträgen durch den zu dem vom Rat der Europäischen Union gemäß Artikel 109 l Abs. 4 Satz 1 des EG-Vertrages unwiderruflich festgelegten Umrechnungskurs ermittelten Betrag in **Euro** zum Gegenstand haben, bedürfen nicht der in § 12 des Handelsgesetzbuchs vorgeschriebenen Form. Entsprechende Eintragungen werden abweichend von § 10 des Handelsgesetzbuchs nicht bekannt gemacht.

(2) Auf Eintragungen in das Handelsregister, die nur die Ersetzung von auf Deutsche Mark lautenden Beträgen durch den vom Rat der Europäischen Union gemäß Artikel 109 l Abs. 4 Satz 1 des EG-Vertrages unwiderruflich festgelegten Umrechnungskurs ermittelten Betrag in **Euro** zum Gegenstand haben, ist § 26 Abs. 7 der Kostenordnung anzuwenden.

(3) Für die Anmeldung der Erhöhung des Grund- oder Stammkapitals aus Gesellschaftsmitteln oder der Herabsetzung des Kapitals auf den nächsthöheren oder nächstniedrigeren Betrag, mit dem die Nennbeträge der Aktien auf volle **Euro** oder die Nennbeträge der Geschäftsanteile auf einen durch zehn teilbaren Betrag in **Euro** gestellt werden können, zum Handelsregister und für die Eintragung in das Handelsregister ist die Hälfte des sich aus § 26 Abs. 1 Nr. 3 oder 4 der Kostenordnung ergebenden Wertes als Geschäftswert zugrunde zu legen.

Handelsgesetzbuch

vom 10. Mai 1897 (RGBl. S. 219),
zuletzt geändert durch Gesetz zur Einführung des Euro (Euro-Einführungsgesetz – EuroEG) vom 9. Juni 1998 (BGBl. I S. 1242 ff.) – zum 1. Januar 1999

§ 244 Sprache; Währungseinheit

Der Jahresabschluß ist in deutscher Sprache und in **Euro** aufzustellen.

§ 284 Erläuterung der Bilanz und der Gewinn- und Verlustrechnung

(1) In den Anhang sind diejenigen Angaben aufzunehmen, die zu den einzelnen Posten der Bilanz oder der Gewinn- und Verlustrechnung vorgeschrieben oder die im Anhang zu machen sind, weil sie in Ausübung eines Wahlrechts nicht in die Bilanz oder in die Gewinn- und Verlustrechnung aufgenommen wurden.

(2) Im Anhang müssen

1. die auf die Posten der Bilanz und der Gewinn- und Verlustrechnung angewandten Bilanzierungs- und Bewertungsmethoden angegeben werden;
2. die Grundlagen für die Umrechnung in **Euro** angegeben werden, soweit der Jahresabschluß Posten enthält, denen Beträge zugrunde liegen, die auf fremde Währung lauten oder ursprünglich auf fremde Währung lauteten;

3. Abweichungen von Bilanzierungs- und Bewertungsmethoden angegeben und begründet werden; deren Einfluß auf die Vermögens-, Finanz- und Ertragslage ist gesondert darzustellen;

§ 292 a Befreiung von der Aufstellungspflicht

(1) Ein börsennotiertes Unternehmen, das Mutterunternehmen eines Konzerns ist, braucht einen Konzernabschluß und einen Konzernlagebericht nach den Vorschriften dieses Unterabschnitts nicht aufzustellen, wenn es einen den Anforderungen des Absatzes 2 entsprechenden Konzernabschluß und Konzernlagebericht aufstellt und ihn in deutscher Sprache und **Euro** nach den §§ 325, 328 offenlegt. Bei der Offenlegung der befreienden Unterlagen ist ausdrücklich darauf hinzuweisen, daß es sich um einen nicht nach deutschem Recht aufgestellten Konzernabschluß und Konzernlagebericht handelt.

§ 313 Erläuterung der Konzernbilanz und der Konzern-Gewinn- und Verlustrechnung. Angaben zum Beteiligungsbesitz

(1) In den Konzernanhang sind diejenigen Angaben aufzunehmen, die zu einzelnen Posten der Konzernbilanz oder der Konzern-Gewinn- und Verlustrechnung vorgeschrieben oder die im Konzernanhang zu machen sind, weil sie in Ausübung eines Wahlrechts nicht in die Konzernbilanz oder in die Konzern-Gewinn- und Verlustrechnung aufgenommen wurden. Im Konzernanhang müssen

1. die auf die Posten der Konzernbilanz und der Konzern-Gewinn- und Verlustrechnung angewandten Bilanzierungs- und Bewertungsmethoden angegeben werden;

2. die Grundlagen für die Umrechnung in **Euro** angegeben werden, sofern der Konzernabschluß Posten enthält, denen Beträge zugrunde liegen, die auf fremde Währung lauten oder ursprünglich auf fremde Währung lauteten;

3. Abweichungen von Bilanzierungs-, Bewertungs- und Konsolidierungsmethoden angegeben und begründet werden; deren Einfluß auf die Vermögens-, Finanz- und Ertragslage des Konzerns ist gesondert darzustellen.

§ 318 Bestellung und Abberufung des Abschlußprüfers

(3) Auf Antrag der gesetzlichen Vertreter, des Aufsichtsrats oder von Gesellschaftern, bei Aktiengesellschaften und Kommanditgesellschaften auf Aktien jedoch nur, wenn die Anteile dieser Gesellschafter zusammen den zehnten Teil des Grundkapitals oder den anteiligen Betrag in Höhe von **einer Million Euro** erreichen, hat das Gericht nach Anhörung der Beteiligten und des gewählten Prüfers einen anderen Abschlußprüfer zu bestellen, wenn dies aus einem in der Person des gewählten Prüfers liegenden Grund geboten erscheint, insbesondere wenn Besorgnis der Befangenheit besteht. Der Antrag ist binnen zwei Wochen seit dem Tage der Wahl des Abschlußprüfers zu stellen; Aktionäre können den Antrag nur stellen, wenn sie gegen die Wahl des Abschlußprüfers bei der Beschlußfassung Widerspruch erklärt haben. Stellen Aktionäre den Antrag, so haben sie glaubhaft zu machen, daß sie seit mindestens drei Monaten vor dem Tage der

Hauptversammlung Inhaber der Aktien sind. Zur Glaubhaftmachung genügt eine eidesstattliche Versicherung vor einem Notar. Unterliegt die Gesellschaft einer staatlichen Aufsicht, so kann auch die Aufsichtsbehörde den Antrag stellen. Gegen die Entscheidung ist die sofortige Beschwerde zulässig.

§ 340 h Währungsumrechung

(1) Auf ausländische Währung lautende Vermögensgegenstände, die wie Anlagevermögen behandelt werden, sind, soweit sie weder durch Verbindlichkeiten noch durch Termingeschäfte in derselben Währung besonders gedeckt sind, mit ihrem Anschaffungskurs in **Euro** umzurechnen. Andere auf ausländische Währung lautende Vermögensgegenstände und Schulden sowie am Bilanzstichtag nicht abgewickelte Kassageschäfte sind mit dem Kassakurs am Bilanzstichtag in **Euro** umzurechnen. Nicht abgewickelte Termingeschäfte sind zum Terminkurs am Bilanzstichtag umzurechnen.

Gesetz über Kapitalanlagegesellschaften (KAGG)

vom 16. April 1957 (BGBl. I S. 378) in der Neufassung vom 14. Januar 1970 (BGBl. I S. 127)
zuletzt geändert durch Gesetz zur Einführung des Euro (Euro-Einführungsgesetz – EuroEG) vom 9. Juni 1998 (BGBl. I S. 1242 ff.) – zum 1. Januar 1999

§ 9 b Sicherheitsleistung

(1) Die Kapitalanlagegesellschaft darf Wertpapiere nach § 9 a nur übertragen, wenn sie sich vor der Übertragung der Wertpapiere für Rechnung des Sondervermögens ausreichende Sicherheiten durch Verpfändung oder Abtretung von Guthaben oder Verpfändung von Wertpapieren nach Maßgabe der Sätze 2 bis 5 und des Absatzes 2 hat gewähren lassen. Die Guthaben müssen auf Deutsche Mark lauten und bei der Depotbank unterhalten werden; der Schutz der Guthaben durch eine Sicherungseinrichtung (§ 12 Abs. 3 Satz 2) muß gewährleistet sein. Zu verpfändende Wertpapiere müssen von einem geeigneten Kreditinstitut verwahrt werden. Schuldverschreibungen sind als Sicherheit geeignet, wenn sie **zur Sicherung der in Artikel 18.1 der Satzung des Europäischen Systems der Zentralbanken und der Europäischen Zentralbank genannten Kreditgeschäfte von der Europäischen Zentralbank oder der Deutschen Bundesbank** zugelassen sind; Aktien sind geeignet, wenn sie an einer Börse in einem Mitgliedstaat der Europäischen Union oder in einem anderen Vertragsstaat des Abkommens über den Europäischen Wirtschaftsraum zum amtlichen Handel zugelassen sind. Als Sicherheit unzulässig sind Wertpapiere, die vom Wertpapier-Darlehensnehmer oder von einem zu demselben Konzern gehörenden Unternehmen ausgestellt sind, es sei denn, es handelt sich um Pfandbriefe oder Kommunalschuldverschreibungen. Die Depotbank hat dafür zu sorgen, daß die erforderlichen Sicherheiten rechtswirksam bestellt und jederzeit vorhanden sind.

§ 35 Bankguthaben; Wertpapieranlage

(1) Die Kapitalanlagegesellschaft hat von jedem Grundstücks-Sondervermögen einen Betrag, der mindestens 5 vom Hundert des Wertes des Sondervermögens entspricht, in Guthaben mit einer Kündigungsfrist von längstens einem Jahr bei der Depotbank oder in Wertpapieren zu unterhalten, **die zur Sicherung der in Artikel 18.1 der Satzung des Europäischen Systems der Zentralbanken und der Europäischen Zentralbank genannten Kreditgeschäfte von der Europäischen Zentralbank oder der Deutschen Bundesbank zugelassen sind** oder deren Zulassung nach den Emissionsbedingungen beantragt wird, sofern die Zulassung innerhalb eines Jahres nach ihrer Ausgabe erfolgt. Die Kapitalanlagegesellschaft darf anstelle der in Satz 1 genannten Werte Anteile an einem oder mehreren nach dem Grundsatz der Risikomischung angelegten Geldmarkt- oder Wertpapier-Sondervermögen erwerben, die von einer Kapitalanlagegesellschaft oder von einer ausländischen Investmentgesellschaft, die zum Schutz der Anteilinhaber einer wirksamen öffentlichen Aufsicht unterliegt, ausgegeben wurden, wenn nach den Vertragsbedingungen oder der Satzung der Kapitalanlagegesellschaft oder der ausländischen Investmentgesellschaft das Vermögen nur in Wertpapieren nach Satz 1, in Geldmarktpapieren nach § 8 Abs. 3 Satz 1 und 2 sowie in Bankguthaben bei der Depotbank oder einem anderen Kreditinstitut angelegt werden darf und diese Mitglied einer geeigneten inländischen oder ausländischen Einlagensicherungseinrichtung sind, welche die Bankguthaben in vollem Umfang schützt. § 8b Abs. 1 Satz 4 ist nicht anzuwenden, wenn dieses Sondervermögen ein Spezialfonds ist. Beträge, die über den nach Satz 1 zu haftenden Mindestbetrag hinausgehen, können bis zu einem Betrag von weiteren 5 vom Hundert des Wertes des Sondervermögens auch in an einer deutschen Börse amtlich notierten Aktien und festverzinslichen Wertpapieren gehalten werden.

Gesetz über die Mitbestimmung der Arbeitnehmer in den Aufsichtsräten und Vorständen der Unternehmen des Bergbaus und der Eisen und Stahl erzeugenden Industrie

vom 21. Mai 1951 (BGBl. I S. 347)
zuletzt geändert durch Gesetz zur Einführung des Euro (Euro-Einführungsgesetz – EuroEG) vom 9. Juni 1998 (BGBl. I S. 1242 ff.) – zum 1. Januar 1999

§ 9 Erweiterter Aufsichtsrat

(1) Bei Gesellschaften mit einem Nennkapital von mehr als **zehn Millionen Euro** kann durch Satzung oder Gesellschaftsvertrag bestimmt werden, daß der Aufsichtsrat aus fünfzehn Mitgliedern besteht. Die Vorschriften der §§ 4 bis 8 finden sinngemäß Anwendung mit der Maßgabe, daß die Zahl der gemäß § 6 Abs. 1 und 2 zu wählenden Arbeiter zwei, die Zahl der in § 6 Abs. 3 bezeichneten Vertreter der Arbeitnehmer drei beträgt.

(2) Bei Gesellschaften mit einem Nennkapital von mehr als **fünfundzwanzig Millionen Euro** kann durch Satzung oder Gesellschaftsvertrag bestimmt werden, daß der Aufsichtsrat aus einundzwanzig Mitgliedern besteht. Die Vorschriften der §§ 4 bis 8 finden sinngemäß Anwendung mit der Maßgabe, daß die Zahl der in § 4 Abs. 1 Buchstaben a und b bezeichneten weiteren Mitglieder je zwei, die Zahl der gemäß § 6 Abs. 1 und 2 zu wählenden Arbeiter drei und die Zahl der in § 6 Abs. 3 bezeichneten Vertreter der Arbeitnehmer vier beträgt.

Gesetz zur Ergänzung des Gesetzes über die Mitbestimmung der Arbeitnehmer in den Aufsichtsräten und Vorständen der Unternehmen des Bergbaus und der Eisen und Stahl erzeugenden Industrie

vom 7. August 1956 (BGBl. I S. 707)
zuletzt geändert durch Gesetz zur Einführung des Euro (Euro-Einführungsgesetz – EuroEG) vom 9. Juni 1998 (BGBl. I S. 1242 ff.) – zum 1. Januar 1999

§ 5 Zusammensetzung des Aufsichtsrats

(1) Der Aufsichtsrat besteht aus fünfzehn Mitgliedern. Er setzt sich zusammen aus

a) sieben Vertretern der Anteilseigner,

b) sieben Vertretern der Arbeitnehmer,

c) einem weiteren Mitglied.

Bei Unternehmen mit einem Gesellschaftskapital von mehr als **fünfundzwanzig Millionen Euro** kann durch Satzung oder Gesellschaftsvertrag bestimmt werden, daß der Aufsichtsrat aus einundzwanzig Mitgliedern besteht. In diesem Fall beträgt die Zahl der in Satz 2 Buchstabe a und b bezeichneten Mitglieder je zehn.

Preisangaben und Preisklauselgesetz

vom 3. Dezember 1984 (BGBl. I S. 1429),
zuletzt geändert durch Gesetz zur Einführung des Euro (Euro-Einführungsgesetz – EuroEG) vom 9. Juni 1998 (BGBl. I S. 1242 ff.) – zum 1. Januar 1999

§ 2

(1) Der Betrag von Geldschulden darf nicht unmittelbar und selbsttätig durch den Preis oder Wert von anderen Gütern oder Leistungen bestimmt werden, die mit den vereinbarten Gütern oder Leistungen nicht vergleichbar sind. Das Bundesministerium für Wirtschaft kann auf Antrag Ausnahmen genehmigen, wenn Zahlungen langfristig zu erbringen sind oder besondere Gründe des Wettbewerbs eine Wertsicherung rechtfertigen und die Preisklausel nicht eine der Vertragsparteien unangemessen benachteiligt.

Der Geld- und Kapitalverkehr, einschließlich der Finanzinstrumente im Sinne des § 1 Abs. 11 des Kreditwesengesetzes sowie die hierauf bezogenen Pensions- und Darlehensgeschäfte, bleibt vom Indexierungsverbot ausgenommen. Desgleichen bleiben Verträge von gebietsansässigen Kaufleuten mit Gebietsfremden vom Indexierungsverbot ausgenommen.

(2) Die Bundesregierung wird ermächtigt, durch Rechtsverordnung ohne Zustimmung des Bundesrates

1. die Voraussetzungen näher zu bestimmen, unter denen Ausnahmen vom Preisklauselverbot nach Absatz 1 Satz 2 einzeln oder allgemein genehmigt werden können, oder solche Ausnahmen festzulegen,
2. die Ausnahmen nach Absatz 1 Satz 3 und 4 für bestimmte Arten von Rechtsgeschäften aus Gründen des Verbraucherschutzes zu begrenzen und
3. statt des Bundesministeriums für Wirtschaft eine andere Bundesbehörde zu bestimmen, die für die Erteilung dieser Genehmigungen zuständig ist.

Umwandlungsgesetz (UmwG)

vom 28. Oktober 1994 (BGBl. I S. 3210; Ber. I 1995 S. 428)
zuletzt geändert durch Gesetz zur Einführung des Euro (Euro-Einführungsgesetz – EuroEG) vom 9. Juni 1998 (BGBl. I S. 1242 ff.) – zum 1. Januar 1999

§ 46 Inhalt des Verschmelzungsvertrags

(1) Der Verschmelzungsvertrag oder sein Entwurf hat zusätzlich für jeden Anteilsinhaber eines übertragenden Rechtsträgers den Nennbetrag des Geschäftsanteils zu bestimmen, den die übernehmende Gesellschaft mit beschränkter Haftung ihm zu gewähren hat. Der Nennbetrag kann abweichend von dem Betrag festgesetzt werden, der auf die Aktien einer übertragenden Aktiengesellschaft oder Kommanditgesellschaft auf Aktien als anteiliger Betrag ihres Grundkapitals entfällt. Er muß mindestens **fünfzig Euro** betragen und durch zehn teilbar sein.

§ 258 Möglichkeit des Formwechsels

(1) Eine eingetragene Genossenschaft kann auf Grund eines Umwandlungsbeschlusses nach diesem Gesetz nur die Rechtsform einer Kapitalgesellschaft erlangen.

(2) Der Formwechsel ist nur möglich, wenn auf jeden Genossen, der an der Gesellschaft neuer Rechtsform beteiligt wird, als beschränkt haftender Gesellschafter ein durch zehn teilbarer Geschäftsanteil von mindestens **fünfzig Euro** oder als Aktionär mindestens eine volle Aktie entfällt.

§ 263 Inhalt des Umwandlungsbeschlusses

(3) Die Geschäftsanteile einer Gesellschaft mit beschränkter Haftung sollen auf einen höheren Nennbetrag als **hundert Euro** nur gestellt werden, soweit auf die Genossen der formwechselnden Genossenschaft volle Geschäftsanteile mit dem höheren Nenn-

betrag entfallen. Aktien können auf einen höheren Betrag als Mindestbetrag nach § 8 Abs. 2 und 3 des Aktiengesetzes nur gestellt werden, soweit volle Aktien mit dem höheren Betrag auf die Genossen entfallen. Wird das Vertretungsorgan der Aktiengesellschaft oder der Kommanditgesellschaft auf Aktien in der Satzung ermächtigt, das Grundkapital bis zu einem bestimmten Nennbetrag durch Ausgabe neuer Aktien gegen Einlagen zu erhöhen, so darf die Ermächtigung nicht vorsehen, daß das Vertretungsorgan über den Ausschluß des Bezugsrechts entscheidet.

§ 273 Möglichkeit des Formwechsels

Der Formwechsel ist nur möglich, wenn auf jedes Mitglied, das an der Gesellschaft neuer Rechtsform beteiligt wird, als beschränkt haftender Gesellschafter ein durch zehn teilbarer Geschäftsanteil von mindestens **fünfzig Euro** oder als Aktionär mindestens eine volle Aktie entfällt.

§ 318 Eingeleitete Umwandlungen; Umstellung auf den Euro

(1) Die Vorschriften dieses Gesetzes sind nicht auf solche Umwandlungen anzuwenden, zu deren Vorbereitung bereits vor dem 1. Januar 1995 ein Vertrag oder eine Erklärung beurkundet oder notariell beglaubigt oder eine Versammlung der Anteilsinhaber einberufen worden ist. Für diese Umwandlungen bleibt es bei der Anwendung der bis zu diesem Tage geltenden Vorschriften.

(2) Wird eine Umwandlung nach dem 31. Dezember 1998 in das Handelsregister eingetragen, so erfolgt eine Neufestsetzung der Nennbeträge von Anteilen einer Kapitalgesellschaft als übernehmendem Rechtsträger, deren Anteile noch der bis dahin gültigen Nennbetragseinteilung entsprechen, nach den bis zu diesem Zeitpunkt geltenden Vorschriften. Wo dieses Gesetz für einen neuen Rechtsträger oder einen Rechtsträger neuer Rechtsform auf die jeweils geltenden Gründungsvorschriften verweist oder bei dem Formwechsel in eine Kapitalgesellschaft anderer Rechtsform die Vorschriften anderer Gesetze über die Änderung des Stammkapitals oder des Grundkapitals unberührt läßt, gilt dies jeweils auch für die entsprechenden Überleitungsvorschriften zur Einführung des **Euro** im Einführungsgesetz zum Aktiengesetz und im Gesetz betreffend die Gesellschaften mit beschränkter Haftung; ist ein neuer Rechtsträger oder ein Rechtsträger neuer Rechtsform bis zum 31. Dezember 1998 zur Eintragung in das Handelsregister angemeldet worden, bleibt es bei der Anwendung der bis zu diesem Tage geltenden Gründungsvorschriften.

Ausgewählte Softwareanbieter mit Euro-Lösungen

Baan Deutschland GmbH
Scharnhorststr. 15
30175 Hannover
Tel.: 0511/8504-0
Fax: 0511/8504-299
http://www.baan.de

DATEV eG
Paumgartnerstraße 6–14
90329 Nürnberg
Tel.: 0911/319-0
Fax: 0911/319-3196
http://www.datev.de

J. D. Edwards Deutschland GmbH
Monzastr. 2b
63225 Langen
Tel.: 06103/762-0
Fax: 06103/762-299 oder -297
http://www.jdedwards.de

Lexware GmbH
Haufe Verlagsgruppe
Jechtinger Straße 8
79111 Freiburg
Tel.: 0761/4704-0
Fax: 0761/4704-500
http://www.lexware.de

sage KHK Software GmbH & Co. KG
Berner Straße 23
60437 Frankfurt/Main
Tel.: 069/50007-130
Fax: 069/50007-262
http://www.sagekhk.de

SAP AG
Neurottstraße 16
69190 Walldorf/Baden
Tel.: 06224/747474
Fax: 06224/757575
http://www.sap-ag.de

ISB Varial Software GmbH
Hauptstraße 18
57074 Siegen
Tel.: 0180/5152000
Fax: 0180/5152001
http://www.varial.de

Ausgewählte Internet-Adressen zum Euro und Jahr-2000-Problem

Behörden und Institutionen (Euro):
- Bundesfinanzministerium (http://www.bundesfinanzministerium.de)
- Bundesministerium für Wirtschaft
  (http://www.bmwi.de/infomaterial/unternehmen_euro.html)
- Bundesverband Deutscher Banken (http://www.bdb.de)
- Deutsche Bundesbank (http://www.bundesbank.de)
- Deutsche Bundesregierung (http://www.bundesregierung.de/03/europaf.html)
- Deutscher Industrie- und Handelstag DIHT (http://www.ihk.de)
- Europäische Kommission (http://www.europa.eu.int/euro/)
- Europäische Kommission, Vertretung für Deutschland (http://www.eu-kommission.de)
- Europäische Zentralbank (http://www.ecb.int)
- Europäisches Parlament (http://www.europaparlament.org)
- Europäisches Parlament, Informationsbüro für Deutschland
  (http://www.europarl.de/euro/)
- Fédération des Experts Comptables Européens (FEE) (http://www.euro.fee.be/)

Kreditinstitute (Euro):
- Commerzbank (http://www.//www.commerzbank.de)
- Credit Suisse (http://www.credis.de/Investmentperspektiven/euro.htm)
- Deutsche Bank (http://www.deutsche-bank.de)
- DG Bank (http://www.dgbank.de)
- Dresdner Bank (http://www.dresdner-bank.de)
- Frankfurter Sparkasse (http://www.fraspa1822.de)
- Postbank (http://www.postbank.de/info/euro)
- SGZ-Bank (Volks- und Raiffeisenbanken) (http://www.sgz-bank.de)
- HypoVereinsbank (http://www.hypovereinsbank.de)

KPMG (Euro):
- http://www.kpmg.de
- http://www.kpmg.co.uk
- http://www.kpmg.com
- http://www.kpmgconsulting.com

Haufe Verlagsgruppe (Euro):
- http://www.euro-office.de
- http://www.haufe.de

Sonstige (Euro):
- DATEV eG (http://www.datev.de/d/aktuell/index.html)
- euro aktuell – Infodienst der Sparkassen und des Wirtschaftsmagazins dm (http://www.euro-aktuell.de)
- European Commission ISPO – Information Society Project Office (http://www.ispo.cec.be/y2keuro)
- IBM (http://www-5.ibm.com/euro/de)
- Institut der Wirtschaftsprüfer (http://www.idw.de)
- Lotus (http://www.lotus.de)
- Microsoft (http://www.microsoft.com/germany/euro/)
- SAP AG (http://www.sap.com/euro/index.htm)
- Siemens AG (http://www.siemens.de)

Jahr-2000-Problem:
- Bundesamt für Sicherheit in der Informationstechnik (http://www.bsi.bund.de)
- Bundesaufsichtsamt für das Kreditwesen (http://www.bakred.de)
- Compaq (http://www.compaq.com/year2000/)
- DATEV eG (http://www.datev.de/d/aktuell/index.html)
- Digital (http://ww1.digital.com/year2000/e_home.html)
- European Commission ISPO – Information Society Project Office (http://www.ispo.cec.be/y2keuro)
- Fachverband Informationstechnik (http://www.fvit-eurobit.de/PAGES/FVIT/Jahr2000/Aktionsplan.html)
- Hewlett Packard (http://www.hp.com/year2000/)
- IBM (http://www.ibm.com/ibm/year2000/)
- INITIATIVE 2000 (http://www.initiative2000.de/)
- Initiative Informationsgesellschaft Deutschland (IID) – Bericht der Bundesregierung zur Jahr-2000-Problematik in der Informationstechnik (http://www.iid.de/jahr2000)
- Institut für Informatik an der Universität Bern (http://www.ie.iwi.unibe.ch/zeit)
- Jahr-2000-Service von DM Online in Kooperation mit den Sparkassen (http://www.2000kommt.de)
- Microsoft (http://www.microsoft.com/germany/jahr2000/)

Ausgewählte Internet-Adressen   Anhang 3

- SAP AG (http://www.sap.com/y2000/index.htm)
- Siemens AG (http://www.siemens.de)
- U.S. Securities and Exchange Commission (SEC) (http://www.sec.gov/news/home2000.htm)
- US-Senatsbericht zum Jahr-2000-Problem (http://www.senate.gov/~y2k/)
- Verband der Automobilindustrie e.V. (http://www.vda.de/akuzrt/deutsch/html/frames.htm)
- Year 2000 Information Center (http://www.year2000.com)
- Aktuelle Meldungen und Kommentare zum Jahr-2000-Problem (http://www.zeitbombe-jahr2000.de)
- The Cassandra Project (http://www.cassandraproject.org)

Euro-Umrechnungskurse

Euro-Teilnehmerländer[1]

Land	Währung ISO-Kürzel	Kurs
Belgien/Luxemburg	BEF/LUF	40,3399
Deutschland	**DEM**	**1,95583**
Finnland	FIM	5,94573
Frankreich	FRF	6,55957
Irland	IEP	0,787564
Italien	ITL	1936,27
Niederlande	NLG	2,20371
Österreich	ATS	13,7603
Portugal	PTE	200,482
Spanien	ESP	166,386

Nicht-Euro-Teilnehmerländer (EU)[2]

Land	Währung ISO-Kürzel	Kurs
Dänemark	DKK	7,4335
Griechenland	GRD	326,55
Großbritannien	GBP	0,65880
Schweden	SEK	8,6930

Nicht-Euro-Teilnehmerländer (Drittstaaten)[2]

Land	Währung ISO-Kürzel	Kurs
Schweiz	CHF	1,6014
Japan	JPY	116,68
USA	USD	1,0450
Kanada	CAD	1,5619

Die variablen Kurse für 1 Euro können tagesaktuell auf der Internet-Seite der Europäischen Zentralbank (European Central Bank) abgerufen werden (http://www.ecb.int).

---

[1] Fixierte Kurse für 1 Euro (EUR)
[2] Variable Kurse für 1 Euro (EUR), Stand: 27. 08. 1999

Überregional tätige Einzelhandelsunternehmen mit freiwilliger Selbstverpflichtung[1]

AVA AG, Bielefeld

Dohle Handelsgruppe Service GmbH & Co. KG, Siegburg

EDEKA Zentrale AG, Hamburg

Feneberg Lebensmittel GmbH, Kempten

Frey & Kissel GmbH & Co. KG, Landau/Pfalz

GLOBUS Holding GmbH & Co. KG, St. Wendel

Hussel Süßwaren-Fachgeschäfte GmbH, Hagen

Ihr Platz GmbH & Co. KG, Osnabrück

Karstadt AG, Essen

Lidl & Schwarz Stiftung & Co. KG, Neckarsulm

Metro AG, Köln, mit den Vertriebslinien
- Kaufhof
- Kaufhalle
- Realkauf
- Allkauf
- Kriegbaum
- extra
- Tip
- Media Markt
- Saturn
- Praktiker
- Wirichs
- Adler Modemärkte
- Reno
- Dinea
- Divi Möbel

Meyer & Beck Handels KG, Berlin

Rewe-Zentral-AG, Köln, mit den Vertriebsschienen und Tochterunternehmen
- Rewe-Markt
- HL-Markt
- HL Deutscher Supermarkt
- miniMal

---

[1] Einhaltung der freiwilligen Selbstverpflichtung des Deutschen Einzelhandels

Anhang 5   Überregional tätige Einzelhandelsuntern. mit freiw. Selbstverpflichtung

- Otto Mess
- Stüssgen
- Kafu
- Kontra
- toom-Markt
- Globus-SB-Warenhaus
- Petz
- Penny-Markt
- Groka
- idea-Drogeriemarkt
- sconti-Drogeriediscount
- toom-Baumarkt
- ProMarkt
- Kaufpark
- FBL

Spar Handels-AG, Hamburg

tegut... (Stiftung & Co.), Fulda

Tengelmann Warenhandelsgesellschaft, Mülheim an der Ruhr, mit folgenden Unternehmen und Vertriebsschienen (jeweils in Klammern)
- Emil Tengelmann (TENGELMANN)
- Kaisers Kaffee-Geschäft AG (KAISER'S)
- Plus Warenhandelsgesellschaft mbH & Co. oHG (Plus)
- GROSSO-MAGNET WHG GmbH & Co. oHG (GROSSO u. MAGNET)
- kd kaiser's drugstore GmbH (kd)
- LeDi Lebensmittel-Diskont GmbH & Co. oHG (LeDi)
- Takko ModeMarkt GmbH (TAKKO u. INGRID S.)
- KIK Textilien und Non-Food GmbH (kik TEXTIL-DISKONT)
- Deutsche Heimwerkermarkt Holding GmbH (OBI)

TOP-Markt Gesellschaft für Baumärkte mbH

Parfümerie Yaska GmbH & Co., Osnabrück

Glossar

Auftragswährung Die Auftragswährung ist die Währung, in der der Empfänger einer Überweisung sein Geld erhält. Siehe auch → *Kontowährung*.

Ausgangswährung Nationale Währung, von der in eine andere umgerechnet wird.

Basiswährung Siehe → *Hauswährung*.

Bilateraler Wechselkurs Ein bilateraler Wechselkurs bestimmt das Umtauschverhältnis zwischen zwei Währungen, z. B. für die Umrechnung von DM in FRF. Für die (umgekehrte) Umrechnung von FRF in DM ist der bilaterale Wechselkurs zu invertieren. Synonym kann auch die Bezeichnung → *„inverser Wechselkurs"* verwendet werden.

Die Verwendung bilateraler Kurse für die Vornahme von Umrechnungen während der → *Übergangsphase* ist nur zulässig, sofern diese stets zu dem gleichen Ergebnis führen wie die Umrechnung „über" den Euro mittels der → *Dreiecksmethode*.

In Abhängigkeit von den am 1. Januar 1999 beschlossenen Konversionskursen könnte selbst ein bilateraler Kurs mit einer hohen Anzahl von signifikanten Stellen (mehr als 15) in manchen Fällen zu einem anderen Ergebnis führen als die Anwendung der vorgeschriebenen Dreiecksmethode.

Die Angabe von bilateralen Kursen zu Informationszwecken ist erlaubt, der Einsatz dieser Werte im Rechnungswesen ist prinzipiell aber nicht statthaft.

Buchhaltungswährung Unter der Buchhaltungswährung versteht man die für die Rechnungslegung maßgebliche Währung, in der die Geschäftsvorfälle in den Konten und Journalen gebucht werden. Die Buchhaltungswährung wird von Softwarelieferanten häufig auch als → *Hauswährung* bezeichnet, dabei wird zwischen Haus- und → *Transaktionswährung* unterschieden.

Buchgeld Die Verwendung einer Währung im nichtbaren Zahlungsverkehr. Die Verwendung des Euro als Buchgeld ist in den → *Teilnehmerstaaten der EWWU* seit dem 1. 1. 1999 möglich.

Cent — Untereinheit des → *Euro*, wobei 1 Cent = 0,01 Euro entspricht.

Datenträger-austausch-Format (DTA) — Standarddatenformat für die sog. beleglose Abwicklung des Zahlungsverkehrs zwischen den Kreditinstituten und den gewerblichen Kunden. Es können sowohl Lastschriftverfahren abgewickelt werden als auch Lohn- und Gehaltszahlungen oder Sozialversicherungsbeiträge überwiesen und Verbindlichkeiten ausgeglichen werden. Der DTA erfolgt in der Regel per Diskette, Magnetband oder häufig per Online-Datenübertragung. Auf diesem Weg können Banken den Unternehmen außerdem beleglos Informationen über Kontenbewegungen zur Verfügung stellen.

Denomination — = Benennung.

Euro und D-Mark stellen nicht zwei Währungen dar, der Euro ist vielmehr eine alternative Möglichkeit der Darstellung der jeweiligen → *Teilnehmer-Währungen*. Diese besitzen seit dem 1. Januar keinen eigenständigen rechtlichen Status mehr, sondern sind nur noch Denominationen des Euro – so wie der Pfennig eine Denomination der D-Mark ist. Unabhängig von dieser rechtlichen Bedeutung sind Euro und D-Mark in der technischen Implementierung wie zwei verschiedene Währungen auseinanderzuhalten.

Doppelte Währungs-datenverarbeitung — Bei der doppelten (oder auch parallelen) Währungsdatenverarbeitung werden Buchungen für jeden Geschäftsvorfall auf der Basis von fixierten Wechselkursen in die jeweils andere Währungseinheit umgerechnet und verbucht. Die Datenbildung und -speicherung erfolgt dabei automatisch z. B. sowohl in der → *Hauswährung* (z. B. DM) als auch in einer zweiten Währung (z. B. → *Euro*). Siehe auch → *duale Buchhaltung*.

Dreiecksmethode (Triangulation) — Bezeichnung für die Verfahrensweise im Rahmen der Umrechnung zwischen Teilnehmer-Währungen bzw. von einer → *Teilnehmer-Währung* in eine → *Nicht-Teilnehmer-Währung* (und umgekehrt) gemäß der Bestimmungen der Artikel 4 und 5 der EuroVorbVO.

Die jeweiligen Beträge in der → *Ausgangswährung* werden hierbei zunächst in → *Euro* und anschließend in die gewünschte → *Zielwährung* umgerechnet. Das Zwischenergebnis in Euro darf hierbei für den anschließenden Rechenschritt nicht auf weniger als drei Nachkommastellen gerundet werden.

Duale Buchhaltung Bei einer dualen Buchhaltung werden die Programmfunktionen und Daten in zwei Währungen (z. B. DM und → Euro) vorgehalten. Der volle Funktionsumfang des Anwendungssystems ist dabei in beiden Währungen verfügbar. Es werden somit zwei vollständig in sich abgestimmte Rechenwerke (parallel) in zwei unterschiedlichen Währungen geführt. Dateninkonsistenzen und Umrechnungsprobleme können somit nicht auftreten.

ECU European Currency Unit, deutsch: Europäische Währungseinheit.

Gemeinschaftliche Rechen- und Bezugseinheit, die mit dem → *Europäischen Währungssystem (EWS)* eingeführt wurde. Sie beruht auf einem Währungskorb, der sich aus den gewichteten Währungen der Mitgliedstaaten zusammensetzt. Mit Beginn der Dritten Stufe der → *EWWU* am 1. 1. 1999 wurde die ECU im Verhältnis 1:1 durch den Euro ersetzt.

EDI Unter EDI (Electronic Data Interchange) wird der elektronische Austausch strukturierter Informationen (z. B. Rechnungen, Bestellungen, Angebote) zwischen räumlich entfernten EDV-Systemen nach allgemeingültigen, d. h. unternehmensübergreifend eingeführten Standards insbesondere im Dateiformat verstanden. Eingehende Informationen können auf diese Weise ohne Neuerfassung durch den Empfänger ohne vorherigen manuellen Eingriff maschinell weiterverarbeitet werden.

EDIFACT EDIFACT (Electronic Data Interchange For Administration Commerce and Transport) ist ein branchenunabhängiger international gültiger Standard für den elektronischen Datenaustausch. EDIFACT ermöglicht es, in einem EDV-System erstellte Daten zu einem räumlich entfernten System zu übertragen und dort ohne vorherigen manuellen Eingriff weiterzuverarbeiten. Dieser Standard ist die Basis für die länder- und branchenübergreifende Abwicklung aller Arten von Geschäftsvorfällen, er wird zunehmend zwischen Unternehmen zur automatischen Abwicklung von Geschäftsvorfällen verwendet.

Eigenwährung Siehe → *Hauswährung*.

Glossar

Einfache Währungs-datenverarbeitung
Die einfache Währungsdatenverarbeitung kann nur mit einer einheitlichen Währungsgröße umgehen. Es gibt keine Unterscheidung zwischen der → *Haus-* und der → *Transaktionswährung*. Siehe auch → *Einwährungs-Buchhaltung*.

Einwährungs-Buchhaltung
Eine Einwährungs-Buchhaltung ist dadurch charakterisiert, daß alle Konten in einer → *Hauswährung* (z. B. DM) geführt werden. Ursprünglich auf eine andere Währungseinheit lautende Buchungsinformationen können daher nur verarbeitet werden, wenn sie vor der Erfassung in der Buchhaltungsmaske außerhalb des Anwendungssystems manuell („Taschenrechnerlösung") bzw. mittels Verwendung von DV-Modulen (z. B. Excel-Arbeitsbögen) in die → *Hauswährung* umgerechnet werden.

Euro
Bezeichnung der Europäischen Währung, die am 1. 1. 1999 in den an der Dritten Stufe der → *EWWU* teilnehmenden EU-Mitgliedstaaten eingeführt wurde. Die Währungseinheit Euro unterteilt sich in 100 Cent. Als gesetzliches Zahlungsmittel steht der Euro erst ab dem 1. 1. 2002 zur Verfügung.

(Euro-)Konverter
Siehe → *Umrechnungskonvertoren*.

Europäische Kommission
Ausführendes Organ der Europäischen Gemeinschaft mit Initiativ-, Gesetzgebungs-, Verwaltungs-, Aufsichts- und Kontrollbefugnissen. Ferner ist die Europäische Kommission an der Aufstellung des Haushaltsplans der EG beteiligt. Sie besteht aus 20 Mitgliedern (sog. Kommissaren), die von den Mitgliedstaaten für eine Amtszeit von 5 Jahren ernannt werden.

Europäische Wirtschafts- und Währungsunion (EWWU)
Wirtschafts- und Währungsgebiet, in dem die Grundfreiheiten des Binnenmarktes verwirklicht sind, die Wirtschaftspolitiken zwischen den Mitgliedern aufeinander abgestimmt werden, eine einheitliche Währung verwendet wird, die Wechselkurse der Teilnehmerländer unwiderruflich festgelegt sind und in dem gegenüber Drittlandswährungen nur noch eine einheitliche Geld- und Wechselkurspolitik betrieben wird.

Europäische Zentralbank (EZB)
Notenbank der Staaten der → *EWWU* mit Sitz in Frankfurt am Main. Seit dem 1. 1. 1999 bestimmt sie unabhängig von den Weisungen der Regierungen der → *Teilnehmerstaaten der EWWU* die Geldpolitik des Euro-Wäh-

rungsgebietes, vorrangig mit dem Ziel der Preisniveaustabilität.

Europäischer Rat (ER) Politisches Leitungsgremium, dem die Staats- und Regierungschefs der → *Mitgliedstaaten der EU* angehören. Er legt die allgemeinen politischen Zielvorstellungen für die Wirtschafts-, Sozial- und Außenpolitik fest. Der Europäische Rat tritt mindestens zweimal jährlich zusammen. Der Präsident der → *Europäischen Kommission* nimmt an den Gipfeln teil, hat aber kein Stimmrecht.

Europäisches Parlament (EP) Vertretung der Völker der → *Mitgliedstaaten der EU*, deren Mitglieder seit 1979 für eine Legislaturperiode von 5 Jahren direkt gewählt werden. Als gemeinsames Organ der Europäischen Gemeinschaften wirkt das Europäische Parlament an der Gemeinschaftsgesetzgebung und an der Aufstellung des Gemeinschaftshaushalts mit. Beitritte zur EU, wichtige internationale Abkommen und die Ernennung der Kommissionsmitglieder bedürfen seiner Zustimmung.

Europäisches System der Zentralbanken (ESZB) Das ESZB setzt sich aus der → *Europäischen Zentralbank (EZB)* und den Zentralbanken der Mitgliedsländer der → *EWWU* zusammen. Die nationalen Notenbanken sind ausführende Organe, während die → *EZB* die Geldpolitik festlegt.

Europäisches Währungsinstitut (EWI) Vorläufer der → *Europäischen Zentralbank (EZB)* mit Sitz in Frankfurt am Main, das Anfang 1994 zur Vorbereitung der Währungsunion gegründet wurde. Deshalb hatte das EWI die Aufgabe, die Zusammenarbeit zwischen den nationalen Zentralbanken und die Koordinierung der Geldpolitiken der Mitgliedstaaten zu verstärken, das Funktionieren des → *Europäischen Währungssystems* zu überwachen und die Dritte Stufe der → *EWWU* vorzubereiten.

Europäisches Währungssystem (EWS) System fester, aber anpassungsfähiger Wechselkurse, das seit dem 13. 3. 1979 besteht. Sein Ziel war es, in der Gemeinschaft eine Zone monetärer Stabilität zu schaffen. Hierzu wurden zwischen den Teilnehmerwährungen sog. Leitkurse festgelegt, von denen die Wechselkurse nur einen bestimmten Prozentsatz nach oben bzw. unten abweichen dürfen. Die nationalen Zentralbanken waren zu Kursstützungen verpflichtet, wenn die Wechselkurse die Schwankungsgrenzen verlassen. Mit Ausnahme von Griechenland, Großbritannien und Schweden nahmen Ende 1996 alle Mitglieder der EU teil.

Mit Beginn der Währungsunion ist ein reformiertes EWS, das sog. EWS II, in Kraft getreten, mit dem zukünftige EWWU-Teilnehmerländer an den Euro herangeführt werden sollen sollen.

Externe Euro-Umstellung Die externe Euro-Umstellung umfasst z. B. Preisauszeichnungen, Fakturierungen und die Bilanzierungen. Siehe auch → *interne Euro-Umstellung.*

Firmenwährung Siehe → *Hauswährung.*

Fremdwährungs-Buchhaltung Eine Fremdwährungs-Buchhaltung ist als mehrwährungsfähiges System (→ *mehrfache Währungsdatenverarbeitung*) im Gegensatz zu einer → *Einwährungs-Buchhaltung* in der Lage, Geschäftsvorfälle auch in anderen Währungen als der → *Hauswährung* zu erfassen. Die Geschäftsvorfälle werden dabei in der jeweiligen Fremdwährung (→ *Transaktionswährung*) erfasst bzw. fakturiert und in die Hauswährung umgerechnet. Die Umrechnung der erfassten (Fremdwährungs-)Beträge erfolgt mittels systemseitig hinterlegter Kursrelationen (Fremdwährungstabellen). Der ursprüngliche Währungsbetrag wird dabei im Speicherbeleg zusätzlich zur Hauswährung abgelegt.

Glättung Bei der Umrechnung von DM in Euro entstehende gebrochene Beträge (z.B. Steuerfreibeträge, Ordnungsgelder, Gebühren, Bagatellbeträge, Mindestbeträge im Gesellschaftsrecht) auf glatte Zahlen stellen.

Hauswährung Unter der Hauswährung versteht man die für die Rechnungslegung (internes und externes Rechnungswesen) maßgebliche Währung, in der die Geschäftsvorfälle in den Konten und Journalen gebucht werden und Bestände bewertet werden. Anstelle des Begriffs Hauswährung werden auch die Bezeichnungen → *Basiswährung,* → *Buchhaltungswährung,* → *Eigenwährung,* → *Firmenwährung* und → *Transaktionswährung* verwendet.

„Horizontale" Rundungsdifferenz „Horizontale" Rundungsdifferenzen können bei der Umrechnung von Beträgen aus einer → *Teilnehmer-Währung* in den → *Euro* auftreten. Die Ursache hierfür ist, dass der Wert der kleinsten (Rundungs-)Einheit einer Teilnehmer-Währung (z. B. der Pfennig) betragsmäßig nicht immer gleich dem Wert der kleinsten Euro-Einheit (dem Cent) ist.

Die maximale Höhe einer „horizontalen" Rundungsdifferenz ist von zwei Faktoren abhängig:

- dem zugrunde gelegten Umrechnungskurs und
- der angewandten Rundungsregel.

Im Gegensatz zu kumulativen Rundungsfehlern ist der umzurechnende Betrag für die Höhe der maximalen Rundungsdifferenz nicht von Bedeutung.

Als Umrechnungskurse sind die definitiven → *Konversionskurse* zu verwenden. Hinsichtlich der Rundung ist zu beachten, dass bei der Umrechnung in Euro gemäß der kaufmännischen Rundungsregel das jeweilige Ergebnis auf den nächstliegenden Cent auf- oder abzurunden ist, wobei exakt auf einen halben Cent lautende Resultate stets aufzurunden sind.

Allgemein gilt, dass bis $n,004\bar{9}$ auf $n,00$ abzurunden und ab $n,0050$ auf $n,01$ aufzurunden ist, die maximale Rundungsdifferenz bei Rundung auf zwei Nachkommastellen beträgt somit $n,004\bar{9} = 0,005$.

- Für die maximale Abweichung bei Rückrechnung aus dem Euro in eine Teilnehmer-Währung gilt:

$$(\pm)\ 0{,}005\ \text{EUR} \times \text{relevanter Umrechnungskurs}$$

- Für die maximale Abweichung bei Rückrechnung aus einer Teilnehmer-Währung in den Euro gilt:

$$(\pm)\ \frac{0{,}005 \times \text{Teilnehmer-Währung}}{\text{relevanter Umrechnungskurs}}$$

Bei einer ganzen Umrechnungskette von DM in EUR und zurück von EUR in DM beträgt die maximale „horizontale" Rundungsdifferenz je Einzelposten bei Zugrundelegung des Konversionskurses von 1,95583 DM/EUR knapp ± 1 Pfennig. Im umgekehrten Fall einer ganzen Umrechnungskette von EUR in DM und zurück von DM in EUR tritt dagegen keine „horizontale" Rundungsdifferenz auf, es ergibt sich stets wieder der Ausgangsbetrag in EUR. Siehe auch → *„vertikale" Rundungsdifferenz*.

Glossar

Interne Euro-Umstellung	Die interne Euro-Umstellung bezieht sich auf z. B. Kreditoren-, Debitoren- und Finanzbuchhaltung, die Kostenrechnung und die Kalkulation sowie die Lohn- und Gehaltsbuchhaltung. Siehe auch → *externe Euro-Umstellung*.
Inverser Kurs	Mittels „inverser" Kurse wird das Umrechnungsverhältnis zwischen zwei nationalen Währungen angegeben, z. B. von DM in FRF. Für die (umgekehrte) Umrechnung von FRF in DM ist der Wechselkurs zu invertieren. Synonym kann auch die Bezeichnung → *„bilateraler Wechselkurs"* verwendet werden.
Kontowährung	Die Kontowährung ist die Währung, in der ein Konto bei einem Kreditinstitut geführt wird. Siehe auch → *Auftragswährung*.
Konvergenzkriterien	Quantitative Referenzwerte, deren Erfüllung für den Eintritt eines Mitgliedstaates in die → *EWWU* Voraussetzung ist. Sie sind wichtiger Bestandteil des → *Maastricht-Vertrages*. Mit ihnen sollen die Voraussetzungen für eine hohe Stabilität der Einheitswährung geschaffen werden. Im Einzelnen bestimmen sie Grenzwerte für die Inflationsraten, Zinssätze, Haushaltsdefizite, Staatsschulden und die Wechselkursentwicklungen in den → *Teilnehmerstaaten der EWWU*.
Konversionsphase	Als Konversionsphase wird der Zeitraum bezeichnet, innerhalb dessen von einem Unternehmen die historischen Daten und das Berichtswesen auf den Euro umgestellt werden. Siehe auch → *Übergangsphase*.
Konversionsprogramme	Konversionsprogramme werden in der → *Konversionsphase* für die Umstellung der historischen Daten und des Berichtswesens auf den Euro verwendet. Sie sind kein Bestandteil des Anwendungssystems i. e. S., sondern werden lediglich für die (einmalige) währungsmäßige Umsetzung der Datenbestände genutzt.
Konverter	Siehe → *Umrechnungskonvertoren*.
Maastricht-Vertrag	Vertrag über die Europäische Union vom 7. 2. 1992, der am 1. 11. 1993 in Kraft getreten ist. Mit dem Vertrag wurde die Europäische Union als Staatenverbund gegründet. Kernpunkte des Vertrages sind die Bestimmungen zur Einführung der Wirtschafts- und Währungsunion und zur Politischen Union.

Glossar

Mehrfache Währungsdatenverarbeitung (Mehrwährungsfähigkeit)

Die mehrfache Währungsdatenverarbeitung (Mehrwährungsfähigkeit) erlaubt die Verarbeitung von Geschäftsvorfällen in einer beliebigen Anzahl von Währungen und die Durchführung von Umrechnungen zwischen diesen Währungen. In Abhängigkeit von der Art der Verarbeitung von Fremdwährungsvorfällen sowie der Form der Datenspeicherung lassen sich folgende Varianten von mehrwährungsfähigen Systemen unterscheiden: → *Fremdwährungs-Buchhaltungen* mit einer Hauswährung, Systeme mit mehreren Hauswährungen (→ *duale Buchhaltungen*) sowie sog. → *Multi-Währungs-Buchhaltungen*.

Mitgliedstaaten (der Europäischen Union)

Neben den 6 Gründungsmitgliedern Bundesrepublik Deutschland, Belgien, Frankreich, Italien, Luxemburg und Niederlande sind inzwischen 9 weitere Länder aufgenommen worden: Dänemark, Großbritannien, Irland, Griechenland, Spanien, Portugal, Österreich, Finnland und Schweden. Im Zuge der Erweiterung der EU wird sich die Zahl der Mitglieder um eine Reihe mittel- und osteuropäischer Staaten weiter erhöhen.

Multi-Währungs-Buchhaltung

Bei dieser (eher theoretischen) Variante handelt es sich um ein Abrechnungssystem mit Multi-Währungs-Sichten auf gebuchte Bestände. Die Hauswährung ist frei wählbar, Buchungen und Auswertungen können unabhängig von der Hauswährung durchgeführt werden. Die Datenbestände sind grundsätzlich Multi-Währungs-Bestände mit Umrechnung in die jeweils gewünschte Ausgabewährung.

Nicht-Teilnehmer-Währungen

Nationale Währungseinheiten der an der Währungsunion nicht teilnehmenden Staaten (z. B. USD, JPY etc.).

Rat der Europäischen Union (Ministerrat)

Zusammen mit dem Europäischen Parlament zentrales Gesetzgebungsorgan. Ihm obliegen die maßgeblichen Beschlüsse in der → *EWWU* sowie in der Außen- und Sicherheitspolitik und der Innen- und Justizpolitik der Europäischen Union. Er tagt sowohl als Allgemeiner Rat (Rat der Außenminister), als Rat der Wirtschafts- und Finanzminister (ECOFIN-Rat) als auch in der Konstellation der jeweiligen Fachminister (Agrar-Rat, Verkehrs-Rat, usw.).

Rechnungswährung

Währung, in der eine Rechnung ausgestellt ist.

Referenzwährung

Möglichkeit der Vermeidung → *„vertikaler" Rundungsdifferenzen* im Einzelhandel. Unter der Referenzwährung wird die Währungseinheit verstanden, in der die Preise festgesetzt werden, die als Grundlage für die Berechnung des vom Kunden letztendlich zu zahlenden Betrags dienen (z. B. DM). Die Referenzwährung ist von den Währungen zu unterscheiden, die zur Bezahlung der Einkäufe angenommen werden oder in denen die Preise angegeben werden (z. B. EUR).

(Rundungs-)Einheit Bezeichnung für die kleinste (Rundungs-)Einheit einer Teilnehmer-Währung (in Deutschland der Pfennig).

Stückaktie Aktie ohne Nennbetrag, wird auch als nennwertlose Aktie bezeichnet. Sie verkörpert einen Anteil am Grundkapital der Aktiengesellschaft. Dieser Anteil stellt den fiktiven Nennbetrag dar und ergibt sich aus der Division des Grundkapitals der Gesellschaft durch die Anzahl der ausgegebenen Stückaktien.

TARGET Zur Gewährleistung einer sicheren Umsetzung der gemeinsamen Geldpolitik innerhalb der Europäischen Wirtschafts- und Währungsunion und der hierfür erforderlichen schnellen und effizienten Verteilung von Zentralbankgeld über den europäischen Geldmarkt wird seit dem 1. Januar 1999 das europaweite Zahlungsverkehrssystem TARGET eingesetzt. TARGET steht für T̲rans-Euro̲pean A̲utomated R̲eal-Time G̲ross-Settlement-E̲xpress-T̲ransfer.

Über das TARGET-System können Zahlungen unter sofortiger Belastung des Auftraggeberkontos bei der jeweiligen nationalen Zentralbank sicher taggleich einschließlich der Gutschrift auf dem Empfängerkonto abgewickelt werden. Die Verarbeitung der Zahlungen erfolgt transaktionsorientiert, d. h. auf Einzelzahlungsbasis, in Echtzeit. Die schnelle Weiterleitung großer Zahlungen und das tägliche Clearing innerhalb der nationalen Zentralbanken ermöglicht der → *Europäischen Zentralbank* (EZB) einen zeitnahen Überblick über die im Umlauf befindliche Geldmenge und unterstützt somit die Politik der EZB zur Geldmengensteuerung.

Teilnehmerstaaten (der EWWU) Die Teilnehmerstaaten der EWWU wurden auf dem Brüsseler EU-Gipfel am 2./3. Mai 1998 festgelegt. Von Beginn an nehmen folgende Staaten an der → *EWWU* teil: Deutschland, Frankreich, Niederlande, Luxemburg, Belgien, Österreich, Irland, Finnland, Italien, Spanien und Portugal.

Glossar

Teilnehmer-Währungen — Nationale Währungseinheiten der an der Währungsunion teilnehmenden Mitgliedstaaten der → *Europäischen Gemeinschaft*.

Transaktionswährung — Als Transaktionswährung (Geschäftsvorgangs- oder Erfassungswährung) wird die Währung bezeichnet, in der Geschäftsvorfälle (Transaktionen) im Buchhaltungssystem erfaßt werden. Siehe auch → *Buchhaltungswährung* und → *Hauswährung*.

Triangulation — Siehe → *Dreiecksmethode*.

Usance — Brauch, Gepflogenheit im Geschäftsverkehr

Übergangsphase, Übergangszeitraum — Die Übergangsphase erstreckt sich über drei Jahre vom 1. Januar 1999 bis zum 31. Dezember 2001. Innerhalb dieser Zeitspanne bestehen die Währungen der an der Währungsunion teilnehmenden Staaten als nationale Währungseinheiten neben dem Euro fort. Anschließend ist es noch für einen Zeitraum von sechs Monaten möglich, die nationalen Banknoten und Münzen als gesetzliches Zahlungsmittel in ihrem jeweiligen Gültigkeitsgebiet zu nutzen. Siehe auch → *Konversionsphase*.

Umrechnungskonvertoren — Umrechnungskonvertoren gewährleisten die korrekte Fremdwährungsrechnung in eurofähigen Systemen. Sie stellen keine Standardbausteine des Systems dar, sondern gewährleisten während der → *Übergangsphase* die korrekte Durchführung sämtlicher anfallender Währungsumrechnungen. Die (permanent mitlaufenden) Umrechnungskonvertoren sind von den → *Konversionsprogrammen* zu unterscheiden, welche die Datenbestände während der → *Konversionsphase* von der alten → *Hauswährung* auf Euro umsetzen.

„Vertikale" Rundungsdifferenz — Ist eine Vielzahl von Einzelbeträgen, die Elemente einer Summe oder eines Saldos darstellen (z. B. bei Dateien, Konten oder Bilanzen) umzurechnen, so entspricht die Summe der umgerechneten Einzelbeträge nicht immer dem Ergebnis der Umrechnung der Summe der Ausgangsbeträge.

Entstehungsorte für „vertikale" Rundungsdifferenzen sind z. B. alle Aufzeichnungen aus Abrechnungssystemen, die Einzelposten, Summen und Salden aufweisen (z. B.: Eingangs-/Ausgangsrechnungen, Belege, Journale, Konten, Primanoten etc.), eine Kette von veranlassten Banküberweisungen oder die Ermittlung der zu zahlenden Summe für den Einkauf in einem Laden, der seine Preise sowohl in der jeweiligen nationalen Währungseinheit als auch in Euro angibt.

Der kumulierte Umfang der Differenzen wird von den verarbeiteten Mengengerüsten beeinflusst. Die potentielle „vertikale" Rundungsdifferenz erhöht sich im Normalfall mit jeder Position um die maximale → „horizontale" Rundungsdifferenz innerhalb dieser Position.

Die maximal mögliche „vertikale" Rundungsdifferenz entspricht dem Produkt aus der Anzahl der umzurechnenden Einzelposten und der je Einzelposten maximal möglichen („horizontalen") Rundungsdifferenz.

- Maximal mögliche vertikale Rundungsdifferenz bei Umrechnung von DM in Euro:

$$\text{Anzahl der Einzelposten} \times 0{,}01 \text{ [DM]}$$

oder allgemein ausgedrückt:

$$\text{Anzahl der umzurechnenden Einzelbeträge} \times \frac{WE_{min}}{2}$$

mit WE_{min} = kleinste (Rundungs-)Einheit der betrachteten Teilnehmer-Währung

- Maximal mögliche „vertikale" Rundungsdifferenz bei Umrechnung von Euro in DM:

$$\text{Anzahl der Einzelposten} \times 0{,}005 \text{ [DM]}$$

Siehe auch → „horizontale" Rundungsdifferenzen.

Da die „horizontalen" Rundungsdifferenzen bei unterschiedlichen umzurechnenden Beträgen mit gleicher Wahrscheinlichkeit nach oben oder unten abweichen werden und sich damit zum Teil gegenseitig aufheben, wird sich die „vertikale" Rundungsdifferenz in Grenzen halten. Theoretisch nähert sich die „vertikale" Rundungsdifferenz bei einer geraden Anzahl von umzurechnenden Beträgen mit steigender Anzahl der Beträge dem Grenzwert „0". Die äquivalente Wahrscheinlichkeit des Auf- und Abrundens eines umgerechneten Betrags kompensiert so das Problem der kumulativen Fehlerhäufung bei der Summenbildung.

Glossar

	In anderen Fällen können sich die „horizontalen" Rundungsdifferenzen jedoch systematisch kumulieren, z. B. wenn die zu summierenden Beträge alle identisch sind.
Zahlungswährung	Währung, in der eine Zahlung vorgenommen wird.
Zielwährung	Nationale Währung, in die von einer anderen umgerechnet wurde.

Literaturverzeichnis

van Aken, K.: Sind Ihre Buchhaltungssysteme euro kompatibel? FEE euronews 3, Brüssel 1997.

Arbeitskreis „Externe Unternehmensrechnung" der Schmalenbach-Gesellschaft: Die dritte Stufe der Europäischen Währungsunion – Auswirkungen auf die externe Rechnungslegung, DB (1997), S. 237–241.

Arnold, W.: Kontoführung und Zahlungsverkehr: Kreditwirtschaft sichert ab 1. Januar 1999 reibungsloses Funktionieren zu, Unternehmen Euro – Informationen und Tips für die Wirtschaft zur Währungsumstellung, Nr. 3 (1998), S. 6–7, Bonn 1998.

Berendt, M./Hultsch, S./Klingenfuß, V./Schlüter, T.: Informationstechnologie – Herausforderungen durch den Euro, in: Euro in der Unternehmungspraxis, hrsg. von K.-H. Lemnitzer und L. Stein, Stuttgart 1998, S. 107–32.

Bundesverband der Deutschen Industrie e.V.: Euro-Umstellung in der Datenverarbeitung, in: Euro-Service Nr. 5, Januar 1998.

Clemm, H./Nonnenmacher, R.: Rückstellungen für ungewisse Verbindlichkeiten und für drohende Verluste aus schwebenden Geschäften, in: Beck'scher Bilanz-Kommentar, Handels- und Steuerrecht – §§ 238 bis 339 HGB –, bearb. von W. D. Budde, H. Clemm, H. Ellrott, G. Förschle und C. Schnicke, 3. Aufl., München 1995, S. 299–351.

Cohen, L./Mack, R.: The Domino Effect of hidden Year 2000 Problems, Gartner Group, 28. April 1997, (http://www.gartner.com/hotc/msd0497.html).

Commerzbank AG: Europäische Währungsunion: Auswirkungen auf die Unternehmenspraxis, Frankfurt am Main 1997.

Commerzbank AG: Europäische Währungsunion – Startschuß für den Euro, Frankfurt a.M. 1998.

DATEV: Euro-Umstellung in den DATEV-Anwendungen.

DATEV: Von der DM zum EURO, September 1997.

DATEV: Der Euro kommt, März 1998.

Deutsche Bank AG: Euro-Special: Zahlungsverkehr, Frankfurt a. M. 1998.

Deutsche Bundesbank: TARGET – ein WWU-weites Echtzeit-Brutto-Zahlungssystem der Zentralbanken, in: Deutsche Bundesbank: Informationsbrief zur Europäischen Wirtschafts- und Währungsunion, Nr. 1, September 1996, S. 19–24.

Deutsche Bundesbank: Umrechnungs- und Rundungsregeln im Euro-Währungsraum, in: Deutsche Bundesbank: Informationsbrief zur Europäischen Wirtschafts- und Währungsunion, Nr. 5, April 1997, S. 21–27.

Deutsche Bundesbank: Die Einführung des Euro in Gesetzgebung und öffentlicher Verwaltung, in: Deutsche Bundesbank: Informationsbrief zur Europäischen Wirtschafts- und Währungsunion, Nr. 12, April 1998, S. 3–39.

Deutsche Bundesbank: Das Dienstleistungsangebot der Deutschen Bundesbank im unbaren Zahlungsverkehr nach Eintritt der Stufe 3 der Europäischen Wirtschafts- und Währungsunion, in: Deutsche Bundesbank: Informationsbrief zur Europäischen Wirtschafts- und Währungsunion, Nr. 13, Mai 1998, S. 11–19.

Deutscher Sparkassen- und Giroverband: Der Euro im Mittelstand: Ein praxisorientierter Leitfaden, Stuttgart 1997.

Deutscher Sparkassen- und Giroverband: Der Euro und Ihr Unternehmen: Chancen und Handlungsmöglichkeiten, Stuttgart 1997.

Donselaar van, F.: Baans Euro-Lösung, hrsg. von Fa. Baan, Oktober 1997.

Drexl, A./Kolisch, R./Sprecher, A.: Neuere Entwicklungen in der Projektplanung, zfbf (1997), S. 49 ff.

Dritter Bericht des Arbeitsstabes der Europäischen Wirtschafts- und Währungsunion vom 21. April 1999 (http://www.bundesfinanzministerium.de)

Ernst, C.: Bilanzrechtliche Regelungen anläßlich der Einführung des Euro, ZGR (1998), S. 20–34.

Europäische Kommission: Einführung des Euro in der Rechnungslegung, WPg (1997), S. 450–463.

Europäische Kommission: Texte zum Euro n°10: Rechtlicher Rahmen für die Verwendung des Euro – Fragen und Antworten zu den Euro-Verordnungen, Brüssel 1997.

Europäische Kommission: Vorbereitung der Finanzinformationssysteme auf den Euro, Brüssel 1997.

Europäische Kommission: Die Einführung des Euro und die Rundung von Währungsbeträgen, Brüssel 1998.

Europäische Kommission: Praktische Aspekte der Einführung des Euro, Brüssel 1998.

Europäische Zentralbank: Die einheitliche Geldpolitik in Stufe 3 – Allgemeine Regelungen für die geldpolitischen Instrumente und Verfahren des ESZB, September 1998 (http://www.bundesbank.de/ezb/geschaeftsbericht/allgreg1709b.pdf)

Ewald, J.: Bedeutung und Handhabung von Rundungsdifferenzen, in: Das große Euro-Handbuch – Praxis der Währungsumstellung und Strategien für neue Märkte, hrsg. von Klaus W. Staehle, 3. Aufl., Berlin/Heidelberg/New York 1999, Teil 7.06, S. 1–9.

Fédération des Experts Comptables Européens (FEE): The Euro: The Use of Triangulation, Brüssel 1998.

Feyerabend, H.-J./Steck, A.: Rechtliche Aspekte der Einführung des Euro, in: Euro in der Unternehmungspraxis, hrsg. von *K.-H. Lemnitzer* und *L. Stein*, Stuttgart 1998, S. 33–60.

Fleury, R.: Das Jahr 2000, 13. 3. 1998, (http://www.fleury.de/Texte/jahr2000.htm).

Förschle, G.: Umstellung der Rechnungslegung auf den Euro, in: Die Vorbereitung auf den Euro – Rechtlicher Rahmen, strategische und organisatorische Anpassung, Vermögenssicherung und Rechnungslegung –, hrsg. vom *IDW*, Düsseldorf 1997, S. 93–126.

Funke, R.: Wert ohne Nennwert – Zum Entwurf einer gesetzlichen Regelung über die Zulassung nennwertloser Aktien, AG (1997), S. 385–388.

Gesellschaft für Zahlungssysteme (GZS): Der Euro kommt – kommen Sie noch mit? Was der Zahlungsverkehr für den kartengestützten Zahlungsverkehr bedeutet, Frankfurt 1998.

Grass, S.: Der 29. Februar 2000 ist ein gutes Testdatum, Handelsblatt, Nr. 47 vom 9. 3. 1998.

Hakkenberg, H.: Baan And The Introduction Of The Euro, What's Going On!, hrsg. von Fa. Baan, February 1998.

Handelsrechtsausschuß des Deutschen Anwaltsvereins: Stellungnahme zu Änderungen im Gesellschaftsrecht durch das Euro-Einführungsgesetz, ZIP (1998), S. 358–360.

Heider, K.: Einführung der nennwertlosen Aktie in Deutschland anläßlich der Umstellung des Gesellschaftsrechts auf den Euro, AG (1998), S. 1–10.

Heinl, M./Linner, C./Otto, L.: Euro-Handbuch für Unternehmen, Neuwied, Kriftel, Berlin 1998.

Heusinger, S.: Der Referentenentwurf vom 28. 5. 1997: Ein wesentlicher Schritt hinsichtlich der Klärung bilanzrechtlicher Fragen bei der Einführung des Euro, DStR (1997), S. 1260–1264.

Heusinger, S.: Die Einführung der EURO-Währung und ihre Auswirkung auf die Rechnungslegung, DStR (1997), S. 427–432.

Hirzel, M.: Projektmanagement mit Standard-Struktur-Plänen, zfo (1985), S. 394–400.

IDW: Positionspapier zu wesentlichen Rechnungslegungsfragen im Zusammenhang mit der Einführung des Euro, WPg (1997), S. 400–405.

Jager de, P., You've got to be kidding, Januar 1997 (http://year2000.com/archive/kidding.html).

J.D. Edwards: Euro – Draft Design Specifications.

J.D. Edwards: Implementation Guide featuring the euro (A7.3 CU9).

J.D. Edwards: Supplemental Documentation.

Jungbluth, V.: Alles im Griff, Projektmanagementsysteme im Vergleich, c't, Nr. 7/1997, S. 178–189.

Jungbluth, V.: Optimallösung, Krisenmanagement mit Projektplanungssystemen, c't, Nr. 4/1998, S. 140–143.

Jungbluth, V.: Perfekt geplant, Projektmanagementsysteme im Vergleich, c't, Nr. 4/ 1998, S. 144–158.

Jungbluth, V.: Projekt-Management-Systeme nähern sich der Alltagspraxis, Computerwoche, Nr. 12/1998, S. 30–34.

Jungbluth, V.: Teamwork, Einführung in die EDV-gestützte Projektplanung, c't, Nr. 7/ 1997, S. 172–177.

Keeling, D.: The European Unions' Economic and Monetary Union (EMU), in: PeopleSoft White Paper Series, hrsg. von Fa. PeopleSoft, January 1998.

Kerzner, H.: Projectmanagement, A Systems Approach to Planning, Scheduling and Controlling, 5. Aufl., New York/London/Bonn/Boston u.a. 1995.

Keßler, H./Winkelhofer, G.: Projektmanagement: Leitfaden zur Steuerung und Führung von Projekten, Berlin/Heidelberg et al. 1997.

Klett, C./Niehörster, N.: Konsequenzen der Euro-Einführung – Probleme und Lösungsansätze, in: BBK Nr. 4 vom 20. 2. 1998, Fach 7, S. 1065–1072.

König, M.: Aktie und Euro, EWS (1996), S. 156–160.

Kulzer, R.: Die Existenz steht auf dem Spiel, Handelsblatt, Nr. 47 vom 9. 3. 1998.

Kummer, W./Spühler, R.W./Wyssen, R.: Projekt-Management: Leitfaden zu Methode und Teamführung in der Praxis, 2. Aufl., Zürich 1986.

Laabs, D.: Praxiswissen Euro: Erfolgreiche Umstellung in der EDV, Kissing 1999.

Langenbucher, G.: Umrechnung von Fremdwährungsabschlüssen, in: Handbuch der Konzernrechnungslegung, Kommentar zur Bilanzierung und Prüfung, Band II, hrsg. von *K.-H. Küting* und *C.-P. Weber*, 2. Aufl., Stuttgart 1998, S. 633–673.

Lemnitzer, K.-H./Stein, L.: Auswirkungen der Währungsunion auf Unternehmen, WPKMitt. (1997), S. 90–100.

Lemnitzer, K.-H./Stein, L.: Auswirkungen der Währungsunion auf das Rechnungswesen, in: Euro in der Unternehmenspraxis, hrsg. von *K.-H. Lemnitzer und L. Stein*, Stuttgart 1998, S. 61–94.

Lemnitzer, K.-H./Stein, L.: Kreditinstitute und der Euro, in: Euro in der Unternehmenspraxis, hrsg. von *K.-H. Lemnitzer* und *L. Stein*, Stuttgart 1998, S. 187–211.

Litke, H.-D.: Projektmanagement: Methoden, Techniken, Verhaltensweisen, 3. Aufl., München 1995.

Littkemann, J.: Erfolgreiches Innovationscontrolling: Ergebnisse einer empirischen Untersuchung, zfb (1997), S. 1309–1331.

Marquardt, M.: Satzungsänderung und Satzungsdurchbrechung, in: Münchener Handbuch des Gesellschaftsrechts, Band 3, hrsg. von *H.-J. Priester* und *D. Mayer*, München 1996, S. 231–259.

Natzel, I.: Einführung des Euro – ein arbeitsrechtliches Problem?, DB (1998), S. 366–370.

Niehoff, W./Westerhaus, Ch.: TARGET: Zahlungsverkehrssystem für die Europäische Währungsunion (I), Die Bank, Nr. 3 (1997), S. 240–246.

Niehoff, W./Westerhaus, Ch.: TARGET: Zahlungsverkehrssystem für die Europäische Währungsunion (II), Die Bank, Nr. 4 (1997), S. 162–167.

Obernosterer, K. u.a.: Der EURO-Almanach: Gebrauchsanleitung zur Währungsumstellung für Unternehmen, Wien 1997.

OFD Düsseldorf: Verfügung vom 11. 12. 1998, DB (1999), S. 22–24.

OFD Düsseldorf: Verfügung vom 19. 2. 1999, DB (1999), S. 458–459.

Oracle: The Euro in Release 10.7, Februar 1998.

Page-Jones, M.: Praktisches DV-Projektmanagement: Grundlagen und Strategien – Regeln, Ratschläge und Praxisbeispiele, München/Wien 1991.

Pfitzer, N.: Wesentliche Rechnungslegungsfragen mit der Einführung des EURO, hrsg. vom *IDW* Landesgruppe Berlin/Brandenburg, Berlin 1998.

Pinnau, Torsten: Euro-Folgen für Fibu-Systeme in der Doppelwährungsphase, Computerwoche Nr. 17 (1998), S. 63–64.

Platz, J./Schmelzer, H.: Projektmanagement in der industriellen Forschung und Entwicklung, Einführung anhand von Beispielen aus der Informationstechnik, Berlin/Heidelberg/New York 1986.

Platz, J.: Projektmanagement erfolgreich einführen, Überlegungen und praktische Erfahrungen beim Aufbau eines Einführungskonzepts, zfo (1987), S. 217–226.

Plewka, H./Schlösser, J.: Ausgewählte handelsbilanzielle Probleme bei der Einführung des EURO, DB (1997), S. 337–345.

Plewka, H.: Umstellung auf den Euro, Berlin 1998.

Pooten, H.: Bilanzrechtliche Auswirkungen des Entwurfs eines Gesetzes zur Einführung des Euro, DStR (1998), S. 51–54.

Rinza, P.: Projektmanagement: Planung, Überwachung und Steuerung von technischen und nichttechnischen Vorhaben, 2. Aufl., Düsseldorf 1985.

Sage KHK: Linie 100, November 1997.

Sage KHK: Der Euro und das Jahr 2000 in der kaufmännischen EDV, Februar 1998.

Sage KHK: So sind Sie auf den Euro und auf das Jahr 2000 vorbereitet, Februar 1998.

Sage KHK: Die neue Software-Generation mit Erfahrung, März 1998.

Sandrock, O.: Der Euro und sein Einfluß auf nationale und internationale privatrechtliche Verträge, EWS (1997), Beilage 3 zu Heft 8/1997, S. 1–20.

SAP AG: Die SAP Systeme und die Europäische Währungsunion, Walldorf 1997.

SAP AG: Euro-Fähigkeit der SAP Systeme R/2 und R/3, Bonn 1998.

SAP AG: System R/3, System R/2 – Euro-Fähigkeit der SAP Release – Übersicht, März 1998.

Schick, W./Trapp, C.: Die Konsequenzen der Einführung des Euro für die GmbH, GmbHR (1998), S. 209–215.

Schneider, U. H.: Die Anpassung des Aktienrechts bei Einführung der Europäischen Währungsunion, DB (1996), S. 817–822.

Schneider, U. H.: Die Vereinbarungen und die Erfüllung von Geldschulden in Euro, DB (1996), S. 2477–2482.

Schröer, H.: Zur Einführung der unechten nennwertlosen Aktie aus Anlaß der Europäischen Währungsunion, ZIP (1997), S. 221–229.

Schürmann, T.: Die Anpassung des Gesellschaftsrechts bei Einführung des Euro, DB (1997), S. 1381–1387.

Seibert, U.: Die Umstellung des Gesellschaftsrechts auf den Euro, ZGR (1998), S. 1–19.

Sitruk, H.: Ist mehrwährungsfähige Software die Lösung?, FEE euronews Nr. 3, November 1997, S. 12–13.

Steffan, B./Schmidt, V.: Die Änderung des Gesellschaftsrechts durch das geplante Gesetz zur Einführung des Euro (EuroEG), DB (1998), S. 559–567.

Tischbierek, A.: Euro-Umstellungsaufwendungen als Anwendungsfall von § 249 Abs. 2 HGB?, DB (1997), S. 1041–1048.

Wegmann, B.: Die Kapitalerhöhung, in: Münchener Handbuch des Gesellschaftsrechts, Band 3, hrsg. von *H.-J. Priester* und *D. Mayer*, München 1996, S. 844–866.

Wilms, H./Jochum, G.: Die Einführung des EURO, 2. Aufl., Bonn 1998.

Wirtschaftskammer Österreich: Der Euro-Leitfaden für Ihr Unternehmen, Wien 1997.

Zöllner, Z.: Umwandlungsfähige Rücklagen, in: Beck'sche Kurz-Kommentare, GmbH-Gesetz, Band 20, hrsg. von *A. Baumbach* und *A. Hueck*, 16. Aufl., München 1996, S. 1090–1092.

Stichwortverzeichnis

A

Abgabenordnung, 2. Euro-Einführungsgesetz 39 f.
Absatzmarkt 267
Abschlussprüfung 173
–, Bestätigungsvermerk 175
–, Euro-Formulierung 174
–, Prüfungsbericht 174
Abschreibungen 157
Aktien, Umstellung und Glättung 80
Aktiengesellschaft, Aktiengesetz 31 ff.
–, Beispiel 113
–, Euro-Umstellung 102
–, Nennbeträge 79 f.
–, Nennbetragsaktie 78
–, Nennbetragsglättung 32
–, Neugründung 32, 112
–, Umstellung 79
Aktiengesetz 427
Aktiensplit, Beispiel 96
–, Checkliste 97
Aktivierung, Euro-Umstellung 198
–, Handelsbilanz 198
–, Steuerbilanz 199
Anhang 161
–, Pflichtangaben 162 f.
Anlagenbuchhaltung, Abschreibungen 157
–, Anlagespiegel 156
–, Checkliste 149 f.
–, Umstellung 155 ff.
Anpassungsklauseln, Vertragsrecht 67
Arbeitnehmerdarlehen 252
Arbeitsvertrag, Euro-Klausel 241
–, Individualvereinbarung 240

–, Rechtskontinuität 75
Aufrechnungen, Beispiel 54
–, Erklärung 53 ff.
Aufwand, Euro-Umstellung 197
–, Handelsbilanz 197
–, Steuerbilanz 198
Auslandszahlungsverkehr, Datenträgeraustausch 318
–, DTA-Datensatzaufbau 319
Automatenindustrie 312

B

BAAN 453 ff.
Barzahlung, Gesetzliche Zahlungsmittel 25 f.
–, Übergang 52
–, Wahlrechte 52
Basiszinssatz 29
Basiszinssatz-Bezugsgrößen-Verordnung 433
Beibehaltungsklausel, Drittstaaten 72
Belegloser Zahlungsverkehr 309 f.
Berichtswesen, Euro-Umstellung 220
Bescheinigungen 227
Bestätigungsvermerk 175
Betriebliche Altersversorgung 251
Betriebsrat, Informationsrecht 239
–, Mitbestimmungsrecht 237 f.
Betriebsvereinbarungen 239
Bewertung, Bewertung 230
–, Steuerliche Buchführung 230
Bewertungsvereinfachungen 158 ff.
Bilanzierung 139 ff.
–, Steuerliche Buchführung 230
Bilanzierungshilfe, Abschreibungszyklen 204 f.

559

Stichwortverzeichnis

–, Beispiel 203
–, Checkliste 205 f.
–, Euro-Aufwendungen 202
–, Euro-Umstellung 200 ff.
–, Handelsbilanz 200
–, Steuerbilanz 206
Bilanzrecht, Eurojahresabschluss 34
Bilateraler Wechselkurs, Beispiel 348
BMF-Euro-Einführungsschreiben, Jahresabschluss 43
–, Steueranmeldung 43
–, Steuererklärung 43 f.
Börsengesetz 432
Börsenrecht, Euro-Notierung 35
Buchführung, Rundungsdifferenzen 145
–, Umstellung 144

D

Datenverarbeitung, Anforderungen 255 ff.
DATEV 414 ff.
Debitorenbuchhaltung, Checkliste 150
Devisentermingeschäft, Beispiel 74
Diskontsatz, Übergangsregelung 28 f.
Diskontsatz-Überleitungs-Gesetz 432
Doppelte Preisangaben 368
–, Beispiel 370
–, Benzin 369
Dreiecksmethode, Umrechnung 333
Drittes Euro-Einführungsgesetz, Entwurf 40 ff.
DTA-Datensatzaufbau 310 f.
Duale Buchhaltung 394
–, mit Euro-Modifikation 397 f.
–, ohne Euro-Modifikation 394 f.
Durchschnittsmethode 159
DV-Buchhaltungssysteme, Euro-Fähigkeit 381

–, Grundfunktionen 382
–, Verarbeitungsvarianten 383

E

ECOFIN-Rat 6
EDI/EDIFACT 320
–, Anwendung 323 ff.
–, Nachrichten 322
–, Standard 321
EG-Vertrag, Art. 2 18
–, Art. 3a 18
Eigenkapital, bilanzielles –, satzungsmäßiges – 160
–, Umstellung 159 f.
Einführungsgesetz zum Aktiengesetz 425
Einführungsgesetz zum Handelsgesetzbuch 437
Einkommensteuer, Euro-Einführungsschreiben 231
Einkommensteuergesetz 434
Einsparungen 259
Einwährungs-Buchhaltung 385 f.
Einzelhandel, Doppelte Preisauszeichnung 45 f.
–, Euro-Vorbereitung 46 f.
–, Referenzwährung 362
–, Selbstverpflichtung 47 ff.
Euro-Aufbauorganisation 495 ff.
–, Euro-Projektgruppe 497
–, Lenkungsausschuss 496
Euro-Bargeld, Übersicht 313 ff.
–, Zahlungsverkehr 311
Euro-Einführungsgesetz, Basiszinssatz 29
–, Diskontsatz Deutsche Bundesbank 28 f.
–, Diskontsatz-Überleitungs-Gesetz 27 ff.
–, FIBOR 30
–, Lombardsatz 30
Euro-Einführungsschreiben, BMF 42 ff.
–, Einkommensteuer 231

–, Lohnsteuer 231
–, Steuerliche Buchführung 229
–, Umrechnungsgewinne 44
–, Zuschreibungen 44
Euro-Einführungsverordnung, EG (VO) Nr. 974/98 22 ff.
–, Inhalt 22 ff.
Europäischer Binnenmarkt 4
Europäisches Währungssystem, ECU 3
–, Schwankungsbreiten 3
Europäische Wirtschafts- und Währungunion, 2. Stufe 5
–, Amsterdam-Vertrag 6
–, Dritte Stufe 7
–, ECOFIN-Rat 6
–, Europäischer Binnnenmarkt 4
–, Europäische Zentralbank 7
–, Euro und Cent 5
–, EWS II 6
–, Grünbuch 5
–, Jacques Delors 3
–, Maastricht 4
–, TARGET 7
–, Teilnehmerstaaten 8
–, Zeitlicher Ablauf 4 ff.
Europäische Zentralbank, Direktorium 11
–, ESZB 11
–, EZB-Rat 12
–, Organisation 11
Euro-Projektgruppe 497
–, Euro-Diagnose 599
–, Euro-Strategie 500
–, Praxisbeispiel 498
Euro-Strategie 500
Euro-Teilnehmerwährungen 339 f.
–, Beispiel 342
–, Dreiecksmethode 340
–, Umrechnungen 340

–, Umrechnung Nicht-Teilnehmer 344
Euro-Umrechnung 334
–, Bandbreiten 375 f.
–, Bilaterale Wechselkurse 346
–, EuroVorbVO 338
–, Horizontale Rundungsdifferenz 349, 355
–, Kaufmännische Rundung 336
–, Kleinbeträge 371
–, Maximale horizontale Rundungsdifferenz 358
–, Maximale Rundungsdifferenz 354 f.
–, Nicht-Teilnehmer 344
–, Rundungsregeln 335 f.
–, Schwellenwerte 374
–, Teilnehmerwährungen 339
–, Transaktionen 365
–, Vertikale Rundungsdifferenz 359
–, zu verbuchende Beträge 337
Euro-Umrechnungskurse 9
Euro-Umrechnungsrücklage 190
Euro-Umstellung, Projektmanagement 463
Euro-Umstellungsprojekt, Informationssteuerung 507
–, Projektleitung 504
–, Übersicht 503
Euro-Vorbereitungsverordnung, EG (VO) Nr. 1103/97 20 ff.
–, Inhalt 20 ff.
EWG-Vertrag, Jacques Rueff 1
EWS II, Bandbreite 10
–, Leitkurse 10
–, Teilnehmerstaaten 10
EWWU-Teilnehmerstaaten 9
Externes Rechnungswesen, Checkliste 297 f.
EZB s. Europäische Zentralbank
EZB-Geldpolitik, Mindestreserven 15

–, Offenmarktgeschäfte 14
–, Ständige Fazilitäten 15
EZB-Rat, Aufgaben 13
–, Direktorium 13
–, Geldpolitik 14
–, Offenmarktgeschäfte 14

F

Festbewertung 158
FIBOR, Überleitungsregeln 30
Finanzdienstleister 271
Freiwillige Selbstverpflichtung, Einzelhandel 45 f., 47 f.
Fremdwährungs-Buchhaltung 389
–, Beispiel 390
–, Euro-Modifikation 392
–, Währungsverhalten 393
Fremdwährungsumrechnung 176 ff.
–, Gesetzliche Methode 178
–, Nicht-monetäre Positionen 179
–, Umrechnung 177

G

Geschäftsgrundlage 59
–, Euro-Einführung 61
–, Vertragskontinuität 62
–, Wegfall 60 f.
Gesellschaftsrecht, Einführung 77
Gesetz über Kapitalanlagegesellschaften 441
Gleitklauseln 64
GmbH, Beschlussfassung 116
–, Checkliste Euro-Umstellung 117
–, Euro-Nennbeträge 114
–, Euro-Umrechnung Beispiel 118
–, Euro-Umstellung 115
–, Kapitalmaßnahmen 114 f.
–, Mindeststammkapital 33
–, Nennbeträge 33

–, Nennbetragsglättung 119 f.
–, Neugründungen 33 f.
–, Rundungsproblematik 118
–, Stammkapital 114
GmbH-Gesetz 435
GmbH-Kapitalerhöhung 121
GmbH-Kapitalherabsetzung, Beschlussfassung 128 f.
–, Checkliste 130 f.
–, Gläubigerschutzbestimmungen 129
–, Nennbetragsglättung 127
GmbH-Nennbetragsglättung, Checkliste 132 f.
–, Neustückelung 131
GmbH-Neugründung, Euro-Einführung 134 f.
Grenzüberschreitende Zahlungen, Kontogutschriften 25
Grundkapital, Beispiel Rundungsdifferenz 85
–, Checkliste Euro-Umstellung 83 f.
–, Gerundete Nennbeträge 85
–, Hauptversammlung 82
–, Rundungsproblematik 84
–, Umstellung 80 f.
Grundpfandrechte, Ausländische Währung 45

H

Handelsgesetzbuch 439
Hauptbuch, EDV-Schnittstellen 141
–, Umstellung 140 f.
Hauptversammlung, Einladung 82 f.
–, Euro-Umstellung 82
Horizontale Rundungsdifferenzen, Beispiel 351
–, Euro-Umrechnung 350
–, Rückrechnung 353

I

Internes Rechnungswesen, Checkliste 297
–, Umstellung 296
Investitionen 261
ISB Varial Software GmbH 456 ff.
IT-Strategie, Handlungsfelder 257

J

Jahr-2000-Problematik 270 ff.
–, Betriebliche Abläufe 276 f.
–, BIOS 276
–, British Standard Institution 270
–, EDV-Problem 274
–, Euro-Umstellung 280 ff.
–, Finanzdienstleister 271
–, MS-Office 275
–, Übersicht 278 f.
–, Ursprung 273
Jahresabschluss, Einzel-, Konzernabschluss 152
–, Steuerliche Buchführung 229
–, Umrechnungsbeispiel 155
–, Umstellung 150 ff.
–, Umstellungszeitpunkt 153
–, Wahlrecht 151
J.D. Edwards 430 ff.

K

Kapitalerhöhung, Checkliste 91
–, GmbH-Beispiel 121
–, GmbH-Beschlussfassung 123
–, GmbH-Einlagen 124 f.
–, GmbH-Geschäfsanteile 120
–, GmbH-Geschäftsanteile 120
–, GmbH-Übernahmevereinbarung 125
–, Nennbetragsglättung-Beispiel 88
Kapitalherabsetzung, Checkliste 95 f.
–, GmbH 128 f.

–, Nennbetragsglättung Beispiel 89
Kaufkraftverlust, Nominalwertprinzip 58 f.
–, Vertragsanpassung 57
Kleinbeträge, Rundungsfehler 372
–, Umrechnung 371
Kommanditgesellschaft, Euro-Einführung 136 f.
Kontokorrentkonten, Rechnungswesen 295
Konzernabschluss 164
–, Differenzen 171
–, Mutter-, Tochterunternehmen 166
–, Stichtagskursmethode 167, 172
–, Stille Reserven 165
–, Umrechnungsalternativen 169
–, Zeitbezugsmethode 167 ff.
Konzernanhang 173
Kosten- und Leistungsrechnung, Euro-Umstellung 216
Kreditorenbuchhaltung, Checkliste 150
Kursgewinn, Behandlung 187
–, Wertaufholung 187
Kurssicherungsgeschäfte, Devisentermingeschäft 74
–, Vertragsrecht 73 f.

L

Lagebericht 163
Lagerbuchhaltung, Checkliste 150
Leistungsvorbehalte 64
Lexware financial office 404 ff.
Lohnsteuer, Lohn- und Gehaltsabrechnung 231
Lohn- und Gehaltsabrechnung, 2. Euro-Einführungsgesetz 38
–, Brutto-/Nettoabrechnung 249
Lombardsatz, Überleitungsregeln 30

Stichwortverzeichnis

M
Maastricht-Vertrag 4, 17
Märkte 258
Mahnverfahren 31
Marketing 261
Marktveränderungen 264 f.
Mehrwährungsfähige Buchhaltung 387 f.
Mindestreserven, EZB-Geldpolitik 15
Mitbestimmungsgesetz 442
Mitbestimmungsrecht, Betriebsrat 237 f.
Monetäre Positionen 182
Multi-Währungs-Buchhaltung 398 f.
–, mit Euro-Modifikation 400 f.
–, ohne Euro-Modifikation 399

N
Nebenbücher 148
–, Anlagenbuchhaltung 149
–, Übersicht 149
Nennbetragsaktie, Aktiengesellschaft 78
Nennbetragsglättung, Aktien-
gesellschaften 32
–, Beispiel 88
–, Beschlussfassung 91
–, Checkliste GmbH 126 f.
–, Checkliste Kapitalerhöhung 92 f., 95 f.
–, Checkliste Neustückelung 100 f.
–, GmbH-Beschlussfassung 123
–, GmbH-Einlagen 124 f.
–, GmbH-Kapitalerhöhung 121 f.
–, GmbH-Rücklagen 122
–, Kapitalerhöhung 90
–, Kapitalherabsetzung 93
–, Kapitalmaßnahmen 87 f.
–, Neustückelung 97 f.
–, Rücklagen 91
–, Vor- und Nachteile 94
Nennwertlose Aktien, Beispiel 106

–, Checkliste für Einführung 108 f.
–, Hauptversammlung 107
–, Umstellung 104 ff.
Neustückelung, Aktionäre 99
–, Checkliste Nennbetragsglättung 100 f.
–, Nennbetragsglättung 97 f.
New York, Bundesrecht 71
Nicht-monetäre Positionen 180
–, Bewertung 181

O
Offene Posten, Rundungsdifferenzen 308
Offenmarktgeschäfte, EZB-Geldpolitik 14
Organisation 262

P
Personalabrechnung, Finanzverwaltung
 243 f.
–, Lohnsteuer 244
–, Lohnsteuerbescheinigungen 244
–, Lohn- und Gehaltsabrechnung 249
–, Reisekostenabrechnung 250
Personalvereinbarungen 235
–, Betriebsverfassung 236
–, Rundungsregeln 241 f.
–, Tarifvertrag 236
–, Vertragskontinuität 236
Personalvorschüsse 252
Personalwesen, Umstellungsszenarien
 248 ff.
Personalwirtschaft 235 ff.
Personengesellschaften, Euro-Einführung
 135 f.
Pfändung 252
Planungsrechnung, Euro-Umstellung 218
Preisangaben 443
Preisauszeichnung, Selbstverpflichtung
 45 f.
Preisklausel, Beispiel 65

–, Gesetz 443
Preispolitik 260
Produktpolitik 268
Projektkontrolle 481
–, Abweichungsanalyse 484
–, Kapazitätskontrollen 483
–, Kostenkontrolle 483
Projektmanagement, Euro-Umstellung 463
–, Lebensphasen 465
–, Problemanalyse 465
Projektmanagementsystem 486
Projektorganisation 487
–, Einfluss-Organisation 491
–, Matrix-Organisation 492
–, Organigramm 489
–, Praxisbeispiel 495
–, Stabs-Organsiation 490
Projektplanung 467
–, Ablaufplan 472
–, Kapazitätsausgleich 477
–, Kapazitätsplanung 476
–, Personalplanung 480
–, Pyramidenmodell 473
–, Strukturplan 469
–, Terminplanung 473
–, Top-Down-Ansatz 471
–, Zwei-Stufen-Modell 469
Projektsteuerung 485

R
Rechnungslegung, Eurojahresabschluss 34
Rechnungswesen, Beleg- und Formularwesen 295
–, Berichterstattung 294
–, Euro-Einführung 291 ff.
–, Kontokorrentkonten 295
–, Letzter DM-Jahresabschluss 292 f.

–, Übersicht 214 ff.
–, Umstellung 294
Referenzwährung, Einzelhandel 363
Reisekostenabrechnung, Vorschlag Bundessteuerberaterkammer 250
Rückstellungen 206 f.
–, Aufwandsrückstellungen 209
–, Außenverpflichtung 208
–, Handelsbilanz 207
–, Steuerbilanz 213 f.
–, Ungewisse Verbindlichkeiten 207
–, Wirtschaftliche Verursachung 209
Rundungsdifferenzen, Abstimmungsdifferenzen 148
–, Aufwand 146
–, Buchhaltung 145
–, Ertrag 147
–, Haftung Arbeitgeber 253
–, Rechnungswesen 295
–, Rundungsdifferenzen 295
–, Sonderkonto 366 f.

S
sage KHK 420 ff.
Sammelaufträge, Rundungsdifferenzen 308
SAP 423 ff.
Schuldverschreibungen, Rentenpapiere 35 f.
Selbstverpflichtung, Dokumentation 48 f.
–, Einzelhandel 47 f.
Sicherungsgeschäfte, antizipatorisches – 195
–, Beispiel Kursgewinn 192 f.
–, Kursgewinn 195
Sonderkonto, Rundungsdifferenzen 366
Sonderposten aus Währungsumstellung 188
–, Steuerliche Anerkennung 189

Sozialversicherungsträger, Beispiel Monatsbeträge 245
–, Sozialgesetzbuch SGB IV 245 ff.
–, Zweites Euro-Einführungsgesetz 233
Spannungsklausel 64
Spekulationskontrakte, Beispiel 192
Ständige Fazilitäten, EZB-Geldpolitik 15
Stammkapital, GmbH Euro-Umstellung 117
Steueranmeldung 225
Steuererklärung 225
Steuererstattungen 227
Steuerfestsetzung 226
Steuerliche Buchführung 227
–, Bilanzierung 230
–, Euro-Einführungsschreiben 229
–, Jahresabschluss 229
–, Rechnungswesen 228
–, Verbot unterjährige Umstellung 228
Steuern, Finanzverwaltung 223
–, Jahr 2002 224
–, Übergangsphase 224
Steuerzahlungen 227
Strategie 263
Stückaktien, Checkliste für Einführung 108 f.
–, Umstellung 104 ff.
–, Vor- und Nachteile 110
Stückaktiengesetz, Fiktiver Nennbetrag 26 f.

T
Tabaksteuergesetz, 2. Euro-Einführungsgesetz 39
TARGET, Infrastruktur 317
–, Ländersysteme 316
–, RTGS 315
Tarifvertrag, Personalvereinbarungen 236
Teilnehmerstaaten-EWWU 9

U
Übergangsphase, Big Bang 283 f.
–, IT-Strategie 282 f.
–, phasenweise Einführung 284 f.
–, Übersicht 286 ff.
Überweisungsaufträge, Rundungsdifferenzen 306
–, Sammelaufträge 307
Umrechnung, Beispiel Bilanz 155
Umrechnungskurse 327
–, Cross Rates 329
–, Dreiecksmethode 333
–, Nicht-Teilnehmer 332
–, Rundungen 328
–, Verbot inverser Kurse 328
Umrechnungskurse-Euro, EWWU-Teilnehmerstaaten 9
Umsatzsteuer, Euro-Einführungsschreiben 232
Umsatzsteuergesetz, 2. Euro-Einführungsgesetz 39
Umstellungsgebühren, Depotgebühren 111
–, GmbH 133 f.
–, Notargebühren 111 f.
–, Registergebühren 111
Umstellungsgewinn 182
–, Beispiel 184
–, Gewinnrealisierung 185
–, Neutralisierung 186, 196
–, Realisierung 183, 191
Umstellungsverlust, Beispiel 184
Umwandlungsgesetz 444

V
Verbrauchsfolgeverfahren 159
Verordnungen des Rates, Euro-Einführungsverordnung 20
–, Euro-Vorbereitungsverordnung 20

Vertikale Rundungsdifferenz, Beispiel 359 f.
–, Einzelbeträge 361
Vertragsanpassung, Kaufkraftverlust 57
Vertragsautonomie 62 ff.
–, Wertsicherungsklauseln 63
Vertragskontinuität, Anerkennung des Euro 70
–, Anpassungen 56
–, Bundesstaat New York 71
–, EU-Mitgliedstaaten 68 f.
–, EuroVorbVO 54 ff.
–, nationales Schuldrecht 55
–, Nicht-EU-Staaten 69 f.
Vertragsrecht 51 ff.

W

Werner-Plan, Währungspolitik 2
–, Währungsschlange 3
Wertaufholung, Kursgewinne 187
Wertsicherungsklausel 63
–, Drittstaaten 72
Wettbewerbspotenziale 266
Wirtschaftsprüfer-Institut, Prüfungsstandards 272

Z

Zahlungsverkehr, Bargeldlos Inland 302 f.
–, Checkliste 301
–, Inlandszahlungsverkehr 302
–, Kreditinstitute 304
–, Rundungsdifferenzen 305
–, TARGET 305
–, Übergangsphase 304
–, Übersicht 300
Zinsvereinbarungen, Vertragsrecht 73
Zweites Euro-Einführungsgesetz, Gewerbeordnung 38
–, Lohn- und Gehaltsabrechnung 38
–, Sozialgesetzbuch 38 ff.
–, Sozialversicherung 233
–, Umsatzsteuergesetz 39

Euro-Scheine und -Münzen

EU-einheitliche Euro-Scheine
(Vorder- und Rückseite)

Quelle: Europäische Zentralbank

EU-einheitliche Euro-Scheine
(Vorder- und Rückseite)

Quelle: Europäische Zentralbank

Euro-Scheine und -Münzen

EU-einheitliche Euro-Scheine
(Vorder- und Rückseite)

Quelle: Europäische Zentralbank

Euro-Scheine und -Münzen

Quelle: Bundesministerium der Finanzen

Nach einer Selektion von neun europäischen Preisträgern durch ein Preisgericht haben die Finanzminister der Europäischen Union auf dem Amsterdamer Gipfel am 16./17. Juni 1997 den endgültigen Entwurf ausgewählt. Die Vorderseiten der Münzen sind bei allen Ländern gleich, wobei die Rückseiten länderspezifische Motive aufweisen.

Von vorneherein bestand bei der Münzgestaltung Übereinstimmung darin, dass insbesondere die höherwertigen Münzen automaten- und fälschungssicher sein müssen. Besonderes Merkmal der neuen Münzen ist die leichte Erkennbarkeit für blinde und sehbehinderte Menschen. Zur leichteren Identifizierbarkeit unterscheiden sich die Münzen jeweils im Durchmesser, in der Dicke, im Gewicht und in der Beschaffenheit der Münzränder.

Euro-Münzen	Farbe	Durch-messer	Dicke in mm	Gewicht in g	Form	Rändelung
1 Cent	kupfern	16,25 mm	1,36	2,3	rund	glatt
2 Cent	kupfern	18,75 mm	1,36	3	rund	glatt mit Einkerbung
5 Cent	kupfern	21,25 mm	1,36	3,9	rund	glatt
10 Cent	gelb	19,75 mm	1,51	4,1	rund	feine Wellenstruktur
20 Cent	gelb	22,25 mm	1,63	5,7	Blume	ohne Randprägung
50 Cent	gelb	24,25 mm	1,88	7,8	rund	feine Wellenstruktur
1 Euro	weiß/gelb	23,25 mm	2,125	7,5	rund	gebroche, gerifflet
2 Euro	weiß/gelb	25,55 mm	1,95	8,5	rund	fein geriffelt (Schrift)

Quelle: Bundesministerium der Finanzen

Euro-Scheine und -Münzen

Nationale Münzseite

Belgien/Luxemburg   Italien   Niederlande

Quelle: Europäische Zentralbank

Euro-Scheine und -Münzen

Nationale Münzseite

Quelle: Europäische Zentralbank

Euro-Scheine und -Münzen

Nationale Münzseite

Quelle: Europäische Zentralbank